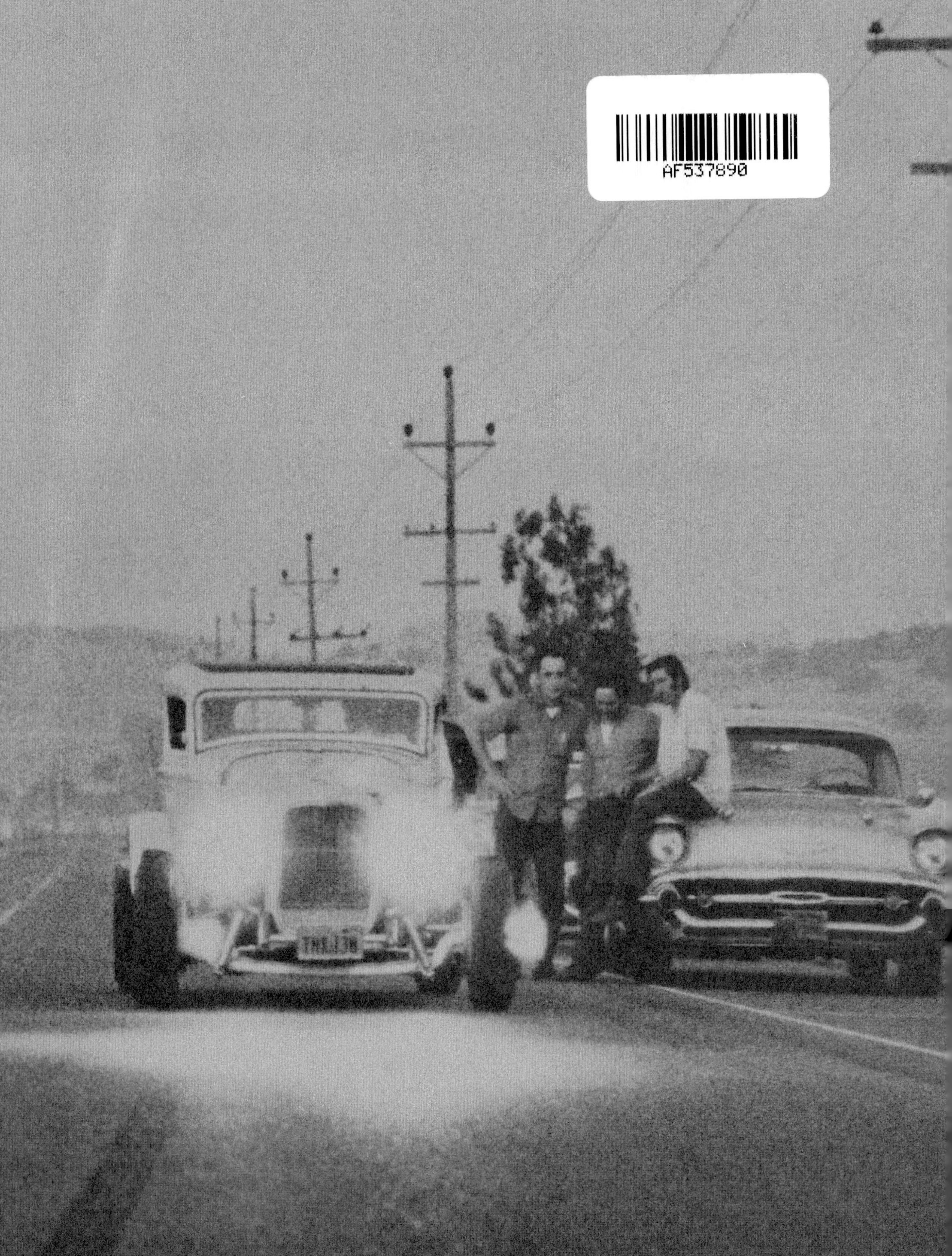

New Hollywood 1967–1976

Trouble in Wonderland

Filmmuseum Berlin – Deutsche Kinemathek
und
54. Internationale Filmfestspiele Berlin
Retrospektive 2004

Redaktion: Gabriele Jatho, Hans Helmut Prinzler
Redaktionelle Mitarbeit: Daniela Sannwald
Recherche: Klaus Hoeppner, Nicolaus Schröder
Register: Regina Hoffmann

Leitung der Retrospektive: Hans Helmut Prinzler
Organisation: Connie Betz

Fachberatung: Alexander Horwath, Regina Schlagnitweit

Gestaltung und Layout: Volker Noth Grafik-Design
Cover-Foto: AMERICAN GRAFFITI, George Lucas, 1973
Satz: Volker Noth Grafik-Design + Satzinform, Berlin
Repro: Wolfgang Theis, Filmmuseum Berlin +
Satzinform, Berlin
Druck und Bindung: druckhaus köthen, Köthen

Unserer Dank gilt den Hauptsponsoren
der 54. Internationalen Filmfestspiele Berlin
L'Oréal Paris, Volkswagen, Sat.1

Gefördert aus Landes- und Bundesmitteln

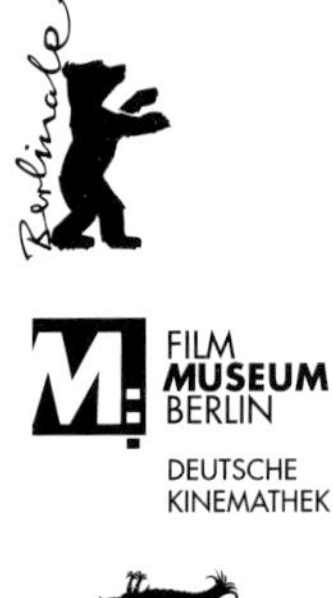

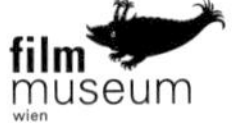

ISBN 3-86505-154-5

New Hollywood 1967–1976
Trouble in Wonderland

Herausgegeben von
Hans Helmut Prinzler
und Gabriele Jatho

BERTZ

Inhalt

Inhalt

Fünfzig Porträts

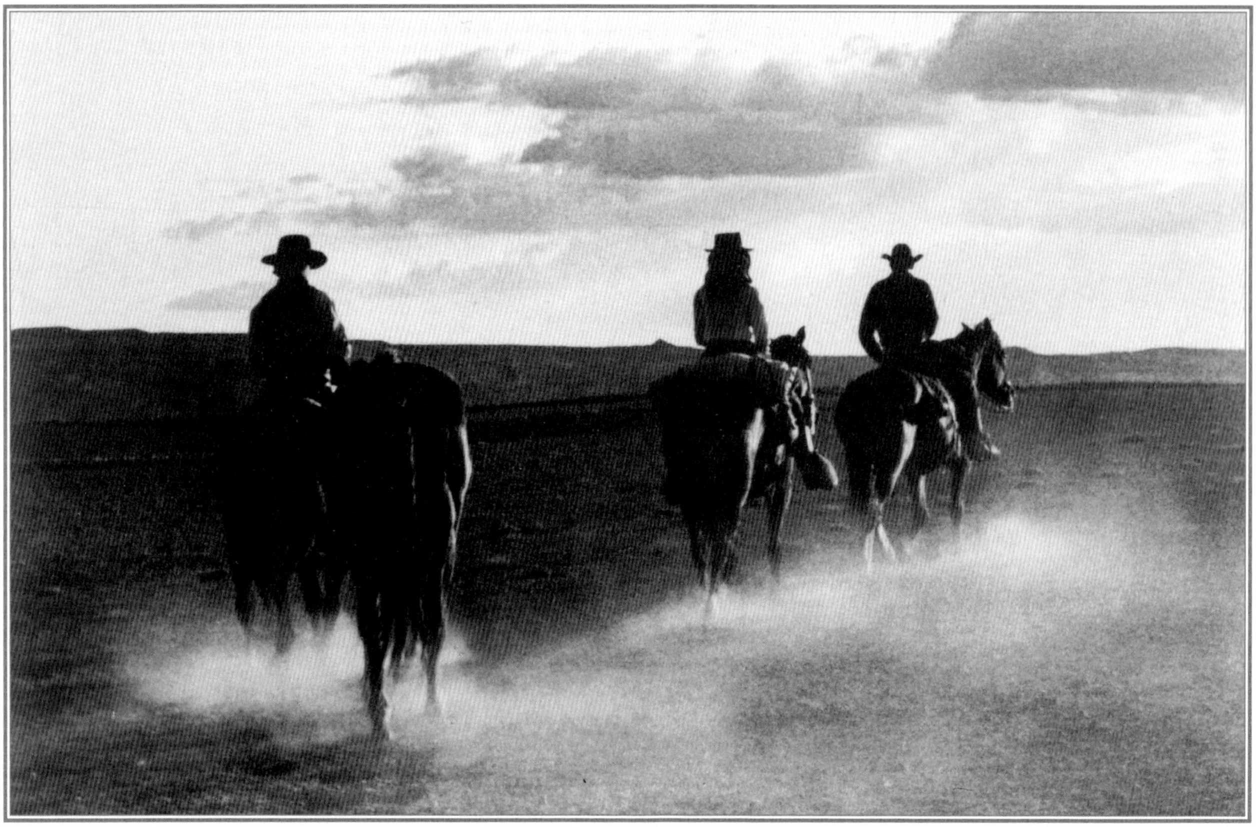

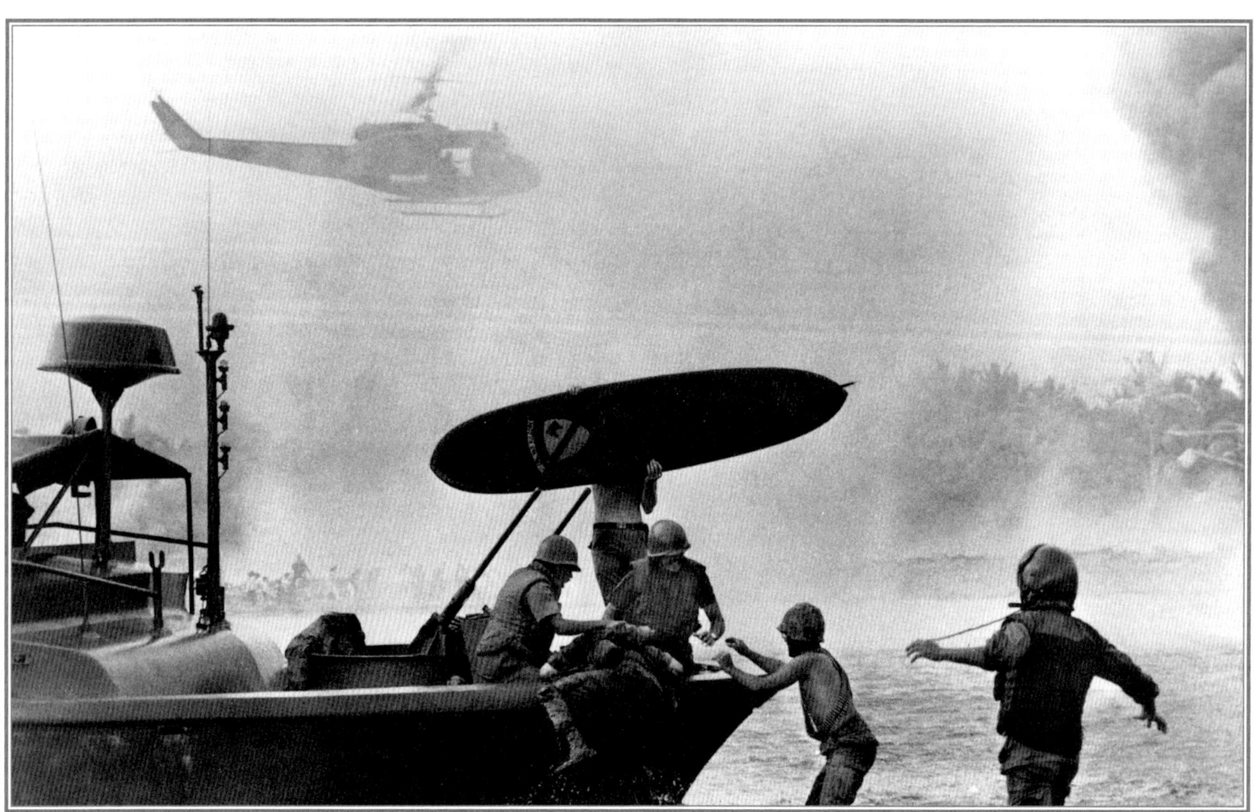

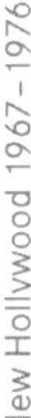

Die fünfte Generation

Von Hans Helmut Prinzler

1 In Hollywood, dem Wunderland in Kalifornien, ist über Jahrzehnte hart daran gearbeitet worden, den Menschen beim Träumen zu helfen. Investiert wurden Phantasie und Geld. Produziert wurden Filme, *moving pictures*. Die Fabrikation folgte tradierten Vorgaben: Genremustern, Identifikationsangeboten, Erwartungshaltungen des Publikums, Glücksversprechen. Hohe Priorität hatte deshalb das Happy-End. In der Ökonomie gibt es aber – abgesehen von der Insolvenz – kein Ende, schon gar nicht ein glückliches. Ökonomie ist ein Prozeß, es gibt Booms und Krisen, Höhen und Tiefen. „Old Hollywood" geriet in den späten fünfziger Jahren in seine schwerste Krise: Das aufkommende Fernsehen nahm ihm das Publikum; der Supreme Court in Washington hatte die Studios zur Entflechtung ihrer Monopolstruktur verurteilt; Aufwand und Ertrag ließen sich immer weniger in der Verhältnismäßigkeit steuern. Die Steuermänner – teils alte Studiobosse, teils neue Manager – mußten mit viel Geld operieren und hatten es mit *professionals* zu tun. Das waren neben den Schauspielerinnen und Schauspielern, den Drehbuchautoren und Kameraleuten vor allem die Regisseure.

2 Hollywoods erste Regiegeneration, geboren vor 1890 – Cruze, Griffith, DeMille, Dwan – war zu Beginn der sechziger Jahre im Ruhestand oder verstorben. Nur Chaplin drehte noch ein Spätwerk, aber er war ohnehin kein Hollywood-Regisseur. Die Protagonisten der zweiten Generation, geboren zwischen 1890 und 1905 – George Cukor, John Ford, Howard Hawks, Henry Hathaway, Alfred Hitchcock, William Wellman, William Wyler – standen noch in Lohn und Brot und realisierten ihre letzten Filme. Die dritte Generation, geboren zwischen 1905 und 1920 – Robert Aldrich, Sam Fuller, Vincente Minnelli, Nicholas Ray, Don Siegel, Frank Tashlin, Robert Wise –, spürte sehr unmittelbar die Auflösung des Studiosystems und reagierte frustriert oder verunsichert. Es kündigte sich der Übergang zur vierten Generation an, geboren zwischen 1920 und 1935: Stanley Donen, John Frankenheimer, Sidney Lumet, Mike Nichols, Sam Peckinpah, Arthur Penn, Sydney Pollack. Auch Robert Altman, Monte Hellman und Jerry Schatzberg gehören zu dieser Generation: Regisseure, die sich ihre professionellen Voraussetzungen vor allem beim Fernsehen verschafft hatten und nun zum Kino drängten. Sie trafen in der ersten Hälfte der sechziger Jahre auf eine nur noch scheinbar festgefügte Studiostruktur. „In den sechziger Jahren blühte in Hollywood das Kino der herzlosen Mittelmäßigkeit, ein Kino, das weniger denn je mit den tatsächlichen Erfahrungen und Sensibilitäten der Zuschauer zu tun hatte." (Hans C. Blumenberg)

Und dann kam bereits, Ende der sechziger Jahre, die fünfte Generation, geboren nach 1935: junge, ungestüme Filmschulabsolventen oder Autodidakten, die sich für gesellschaftliche Realität interessierten, mit den traditionellen Genres spielten und einen neuen Ton ins amerikanische Kino brachten. Zu ihnen gehörten Hal Ashby, Peter Bogdanovich, Francis Ford Coppola, Brian De Palma, Peter Fonda, William Friedkin, Dennis Hopper, Terrence Malick, George Lucas, John Milius, Martin Scorsese, Steven Spielberg. Sie machten das amerikanische Kino der späten sechziger und frühen siebziger Jahre spannend, sie waren „New Hollywood".

3 Der schmerzhafte Übergang von „Old Hollywood" zu „New Hollywood" wurde begleitet von politischen und gesellschaftlichen Veränderungen in vielen Teilen der Welt. Aufruhr, Gewalt und Konfrontation überlagerten den Alltag in den USA und andernorts. Der Krieg in Vietnam spaltete die amerikanische Nation. Die Afroamerikaner forderten militant ihre Rechte ein. Studenten begehrten auf. In der Popkultur

THE SHOOTING: Jack Nicholson, Millie Perkins, Warren Oates

APOCALYPSE NOW

manifestierte sich ein kultureller Paradigmenwechsel. Zu den etablierten Medien entwickelte sich eine Gegenöffentlichkeit. Und auch in Europa fand in der Filmprofession ein Generationswechsel statt, der in der amerikanischen Filmemacherszene aufmerksam zur Kenntnis genommen wurde. In New York hatte sich schon Ende der fünfziger Jahre, getragen von Dokumentaristen und Experimentalfilmern, ein Independent-Kino entwickelt, das mit Namen wie Kenneth Anger, John Cassavetes, Shirley Clarke, Jonas Mekas und Andy Warhol verbunden ist. In einem Manifest zum unabhängigen amerikanischen Kino (30. September 1960) heißt es am Ende: „Wir wollen keine falschen, polierten, glatten Filme – wir möchten sie rauh, unpoliert, aber lebendig; wir wollen keine Filme in Rosa – wir wollen sie in der Farbe des Bluts."

4 Diese Farbe gefiel offenbar auch den Rebellen des „New Hollywood". Sie richteten ihre Kameras immer wieder auf Körper, Verletzungen, Wunden, auf Außenseiter, Kampfhähne und Neurotiker. Das Kino der fünften Generation wendete sich damit thematisch und ästhetisch an ein Publikum, das nicht mehr familiär definiert war und eher aus Zwanzig- bis Vierzigjährigen bestand. Dieses Publikum wollte andere Filme sehen: „Filme, die eher von den Charakteren als von der Handlung lebten, sich nicht um traditionelle Erzählkonventionen scherten, das Gebot der technischen Makellosigkeit ignorierten, sprachliche Tabus brachen, allgemein anerkannte Verhaltensnormen sprengten und es wagten, auf ein Happy-End zu verzichten." (Peter Biskind)

5 Die Kernzeit des „New Hollywood" wird auf die Jahre 1967 bis 1976 datiert. Sie begann mit zwei Filmen der vierten Generation – BONNIE AND CLYDE von Arthur Penn und THE GRADUATE von Mike Nichols. Sie endete mit Blockbustern von Steven Spielberg und George Lucas: JAWS und STAR WARS – und einem Meisterwerk: TAXI DRIVER von Martin Scorsese. Wie bei jeder Phase gab es Vorläufer (THE SHOOTING von Monte Hellman, 1965) und Nachzügler (THE DEER HUNTER von Michael Cimino, 1978, APOCALYPSE NOW von Francis Ford Coppola, 1976–79). Und es gab einen Höhepunkt in den Jahren 1971 und 1972 mit THE LAST PICTURE SHOW von Peter Bogdanovich, THE GODFATHER von Francis Ford Coppola, THE FRENCH CONNECTION von William Friedkin, THE PANIC IN NEEDLE PARK von Jerry Schatzberg, THE KING OF MARVIN GARDENS von Bob Rafelson und all den kleinen, schmutzigen Filmen, die Teil des „New Hollywood"-Kinos waren.

6 Dreißig Jahre später blicken wir auf „New Hollywood" zurück, mit einer Retrospektive der Berlinale und einer Publikation. Wir sehen von heute aus Amerika sensibler und kritischer, nehmen die politischen und kulturellen Veränderungen der letzten Jahrzehnte wahr und gewinnen für den neuen Blick auf „New Hollywood" eine zusätzliche historische Dimension: die Nähe aus der Entfernung. Es ist ein sehr differenziertes und ambivalentes Bild, das im „New Hollywood"-Film von Amerika vermittelt wird. In ihm dominieren die dunklen Seiten, die Abgründe, die traumatischen Narben von Krieg und Gewalt. Dies geschieht in vielen variierten Genres, die uns aus dem amerikanischen Kino vertraut sind: Actionfilm und Film noir, Western, Road Movie, Melodram, Psychothriller – und auch als ironische Komödie. Immer wieder erstaunt uns dabei die Radikalität, in der die Themen formuliert und zu Ende gedacht werden. Nie zuvor und danach ist Amerika realer und verstörender ins Kino gekommen – nie persönlicher und berührender.

7 Filme sind Zeugnisse ihrer Zeit. Wir sehen und lesen sie – retrospektiv – mit dem Wissen von heute. Das macht die Begegnung mit „New Hollywood" besonders spannend. Und es ist natürlich eine Kinolust ohnegleichen, den großen Schauspielerinnen und Schauspielern jener Jahre bei der Arbeit zuzuschauen, selbst wenn sie uns eine Menge *trouble* zumuten.

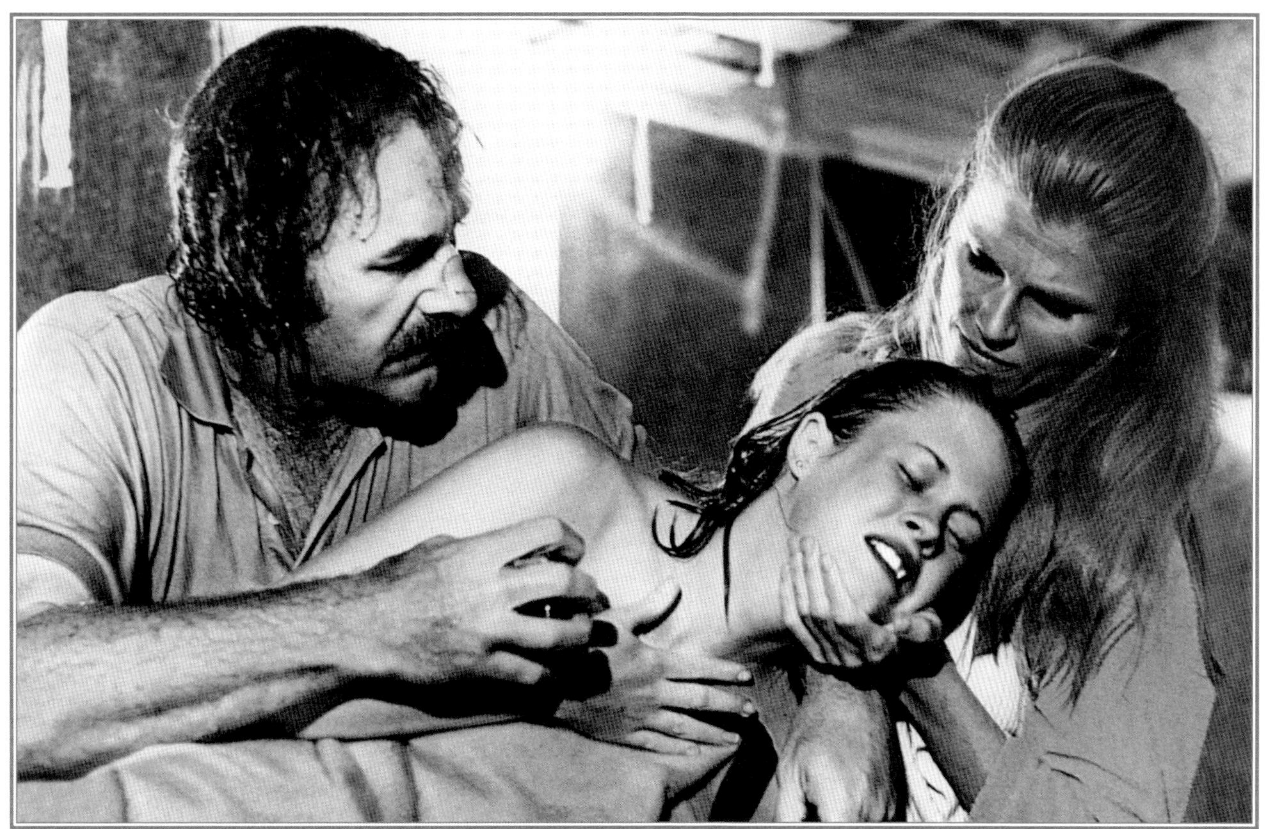

NIGHT MOVES: Gene Hackman, Melanie Griffith, Jennifer Warren

Die Todesspur

Von Dominik Graf

NIGHT MOVES, Arthur Penns klassischer Detektivfilm aus dem Jahr 1975 mit Gene Hackman in der Hauptrolle, ist für mich der *sundowner* der „New Hollywood"-Ära. In vielerlei Hinsicht. NIGHT MOVES ist ein Film, der das Ende aller Hoffnungen der Sechziger in sich trägt (wenn es in jenen Sechzigern jemals wirkliche Hoffnungen gab; ich weiß es nicht). Ein Ende in vollkommener Melancholie, ohne Zorn. Ein perfektes Abbild verlorener Illusionen. Und man kann den Film auch quasi langsam schlürfen wie einen Drink; er schmeckt wie ein Schluck unter Freunden, er hat viel guten sarkastischen Humor, er verliert auch in den rasantesten Momenten nicht gerade den Verstand (wie überhaupt selten ein Arthur Penn-Film), und er läßt einem den glasklaren Durchblick, den es braucht, um die bösartigen Intrigen langsam zu erahnen. Der Film ist eiskalt, mit herzerwärmenden Augenblicken, und er ist enorm entspannt erzählt. Diese besondere Qualität liegt unter anderem maßgeblich an der Musik von Michael Small. Ein Jazz-Rhythmus mit einem singenden Baß treibt die Titelmusik vom ersten Bild weg an, nach ein paar Takten kommt dann die eingängige und lakonische Hauptmelodie dazu, die zuerst von einem Vibraphon gespielt wird. Kontrastiert wird dieses Hauptthema während des gesamten Films immer wieder von zart dissonanten Bläser-Flöten-Akkorden. Es sind flirrende, langgezogene Flächen, wie man sie schon von Jerry Fieldings THE WILD BUNCH-Musik her kennt. Oder später von Lalo Schifrins Komposition zu MISSION: IMPOSSIBLE. Oder von den Gil Evans-Arrangements zu Miles Davis' „Aranjuez"-Version. Diese klingelnden hohen Bläsersätze bedeuten immer dasselbe: bei Peckinpahs Mexikobildern ebenso wie bei Miles Davis' „Sketches of Spain" – nämlich

Hitze, Wüste, Staub, Anspannung, dichte Atmosphäre, zum Zerreißen gespannt. Und blendendes Licht. Licht, das einen erblinden läßt. Licht, aus dem sich aber auch allmählich eine Erkenntnis für die Hauptfigur formt wie eine Fata Morgana. Diese Erkenntnis kann Tod und Vergeblichkeit der eigenen Anstrengungen betreffen. Oder auch einfach die Antwort auf die Frage „Wer war's?"

Ich habe diese flirrenden Flötenflächen zum ersten Mal in der Paulus-Episode von Rossellinis ATTI DEGLI APOSTOLI (1968) gehört. Sozusagen in ihrem Urzustand. Natürlich in dem Augenblick, in dem Saulus quasi ein Licht aufgeht und er zum Paulus wird. Das ist nur konsequent, denn Rossellini wie Penn glauben ja als Regisseure auf völlig unterschiedliche Weise fest daran, daß es von Nutzen ist, mit Filmen auch gleichzeitig ein wenig Licht in die Höhle der Unwissenden zu bringen. Damit wir alle im Kino mal ein bißchen mehr erkennen als immer nur die ewig gleichen Schatten an der Wand. Selbst wenn es weh tut. Denn im Film tut es auch den Figuren Arthur Penns weh, wenn ihnen die Augen geöffnet werden. Schon die Art, in der Helen Keller (Patty Duke) in THE MIRACLE WORKER (1962) eine gewisse Helligkeit in ihrem vollkommenen Dunkel zuteil wird, ist nicht nur humanistisch, sondern ist auch unerbittlich quäkerhaft, amerikanisch aufklärerisch. Eine körperliche Qual wie in einer Besserungsanstalt. Immer steht bei Penn die Bigotterie der Gesellschaft gegen die melancholische und gleichzeitig auch rebellisch einsame Einsicht des einzelnen. Ob Billy the Kid, Helen Keller, der Detektiv Harry Moseby, Little Big Man - sie haben alle schon einmal resigniert; sie wissen zuviel über sich und die anderen, und dies quasi schon lange bevor der Film beginnt, ihre Geschichte zu erzählen. Die Geschichte droht jeweils mit Tod oder im Licht zu enden. Oder mit Tod im Licht.

Der Film NIGHT MOVES beginnt in L. A. Ein klassischer Privatdetektivfall: alleinstehende, saufende Mutter, Ex-Starlet und steinreiche Produzentenwitwe, sucht ihre entlaufene, minderjährige Tochter, die sich beim Stiefvater in Florida verkrochen hat; aber so einfach ist es natürlich nicht, alle sind eigentlich nur hinter der Erbschaft des armen Mädchens her. Der Film endet dann im gleißenden Sonnenlicht mitten auf dem Meer, mit einem der irrsten und zugleich lakonischsten Showdowns des amerikanischen Kinos überhaupt: Duell eines zweimotorigen Flugzeugs mit einer kleinen Motorjacht. Das Flugzeug fliegt beim Aufprall auseinander, säuft ab, und im Moment des Untergehens erst erkennt Gene Hackman den Piloten, der ihn killen wollte: Er sieht ebenso überrascht wie wir den Drahtzieher aller Verbrechen. Dieser Moment ist scheinbar endlos lang und ohne Ton inszeniert. Hackman selbst ist schwer angeschossen, und sein Wissen nützt ihm nun sowieso nichts mehr, denn er bekommt sein Schiff nicht mehr flott. Am Ende sehen wir, wie seine Jacht sich auf dem weiten Ozean einsam im Kreis dreht. Dann wird es gleißend hell, und die Titelmusik kehrt zurück, fröhlicher denn je ...

Schickt die alten, angefaulten Mythen zum Teufel

Die Fackel der Aufklärung flackert ja doch immer sehr heftig in jenem Verblödungssturm, den die Nixons, die George Bushs und die Berlusconis entfachen, wenn sie mit ihrer Propaganda auftreten, und diese Fackel muß dementsprechend stets und von allen, die es besser wissen, gut beschützt werden. Penn hat die Fackel der Aufklärung sehr hoch gehalten. Auch in NIGHT MOVES wissen die Figuren, daß sie 1975 in der falschen Zeit leben, und sie wissen genau, wann ihre richtigen Helden starben: „Wo waren Sie, als Kennedy erschossen wurde?" – „Welcher?" – „Egal welcher." Der Tod dieser Idole hat in jener Generation eine Lücke hinterlassen wie ein Atomschlag.

Gute Genrefilme spiegeln meistens ein noch schärferes Bild von der Gesellschaft, in der sie entstehen, als es Satiren, Komödien oder ernsthafte Dramen vermögen. NIGHT MOVES ist als Endpunkt des klassischen Detektivfilms eine erbarmungslose Bestandsaufnahme der USA in den Siebzigern. Natürlich neben THE LONG GOODBYE

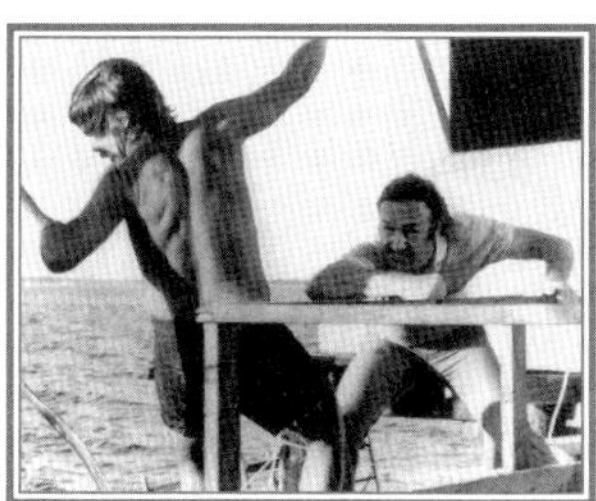

NIGHT MOVES: Gene Hackman

von Altman. Aber man sieht an diesen beiden Filmen auf jeden Fall eines: Amerikanische Regisseure, die ihr Handwerk im Fernsehen gelernt haben, sind im „New Hollywood" zumeist gnadenloser mit den Kinomythen umgegangen als alle vor ihnen und bislang auch nach ihnen. Altman, Penn, Siegel, Lumet, Peckinpah, Frankenheimer haben im Fernsehen ihre Westernserien absolviert, und als Kinoregisseure entlarven sie dann die zerborstenen Idole des Westerns in einer Weise, daß einem Hören und Sehen vergeht. Sie hielten sich dabei einfach an die hochneurotische Wirklichkeit der amerikanischen Geschichte, sie zersägten die Denkmäler, sie ramponierten alle Monumente bis zur Unkennntlichkeit. Daß Leute wie George Roy Hill unter den Trümmern dann wieder ein paar ganz charmante Box-Office- und Oscar-taugliche Helden herauszogen wie Butch Cassidy, das wirkte auf uns jüngere Zuschauer damals eher falschversöhnlich.

Die Diagnose über die USA in NIGHT MOVES ist rabenschwarz. (Wann wäre die Analyse einer westlichen Industriegesellschaft in einem wirklich guten Film eigentlich mal nicht katastrophal ausgefallen?) Absolut hoffnungslos. Immerhin wenigstens stark sonnendurchflutet. Und dies ist ja auch genau unsere Welt, wie wir sie sehen wollen, wenn wir ihr die blöde Grinsemaske vom Gesicht ziehen: vollkommen amoralisch, von verlogenen Idealen gerade noch zusammengehalten wie ein Wolkenkratzer, der an den Nahtstellen mit Taubendreck gekittet ist. Total kaputt. Aber wenigstens sexy. Auf grandiose Weise dem Todestrieb verfallen. Licht. Blut. Körper. Erkenntnis. Tod. Und das ist Penns Welt. In THE LEFT HANDED GUN (1958) lacht ein Kind über die groteske Position eines toten erschossenen Körpers auf der Straße. Unschuldiges Lachen? Oder schon dröhnendes Höllengelächter, als sei der Leibhaftige gerade in das Kind gefahren?

Penn wollte, daß „die Leute sehen, was ein Schuß in einem Körper anrichtet". Und zack! – schon standen (stehen ja auch heute wieder) die Sittenwächter und die Jugendschützer auf dem Plan und wollten (und wollen immer noch) das Publikum vor solcherart tieferen Erkenntnissen schützen. Wenn nämlich die Körper von Bonnie und Clyde von den unzähligen Kugeln geschüttelt werden, dann weiß man für Momente, was ein Mensch ist: eine biologische Hülle, gefüllt mit Körperflüssigkeiten.

Penn hat die Mythen des ewigen paranoiden US-Krieges nach innen und nach außen heftig angekratzt: Er hat in LITTLE BIG MAN (1970) den alten Westen zersägt, den Ehrenkodex der Gangster attackiert, und in NIGHT MOVES verpaßt er dem Mythos des amerikanischen *private eye* auf seine Weise ebenso tiefe Schrammen, wie es Altman im Zwillingsfilm THE LONG GOODBYE getan hat. Gene Hackman ist ein Mann mit kinderloser, fast zerstörter Ehe, er lebt in einem normalen Einfamilienhaus, mit einer erfolgreichen und gebildeten Frau, die sich mit ihrem Liebhaber Rohmer-Filme anschaut.

Erwähnen muß man da natürlich sofort den berühmten Dialog über Rohmer: „Kommst du mit? Wir schauen uns einen Rohmer-Film an." – „Nein danke, ich habe schon mal einen Film von Rohmer gesehen. Es war, als ob man zuschaut, wie Farbe trocknet." (Christian Petzold hat mich noch mal darauf aufmerksam gemacht, daß in der deutschen Synchronisation „Rohmer" amerikanisch ausgeprochen wird, also so ähnlich wie Roumer. Warum?)

Als Hackman von seiner viel Dekolletée zur Schau stellenden Auftraggeberin – „meine Titten waren die besten in Hollywood, als sie noch auf dem Markt waren" – auf das klassisch Geheimnisumwitterte seines Berufs angesprochen wird, sagt er: „Das war vielleicht so, bevor wir unsere eigene Gewerkschaft hatten." Er ist seiner Frau nicht ebenbürtig in seinem dämlichen Schuhabtreterberuf, und das weiß er auch. Er ist eine gebrochene Existenz. Sein Selbstbewußtsein ist im Arsch. Einmal erzählt er von seinem Vater. Dem möchte man dann aber auch eher nicht begegnen, so wie Hackman von ihm erzählt. Eine Genealogie von emotional unfähigen Männern tut sich vor einem auf. Nur: Hackman ahnt vielleicht als erster in der Reihe von Testosteron-Idioten, die ihre kriegerischen Männermythen aufrechterhalten haben, die Wahrheit

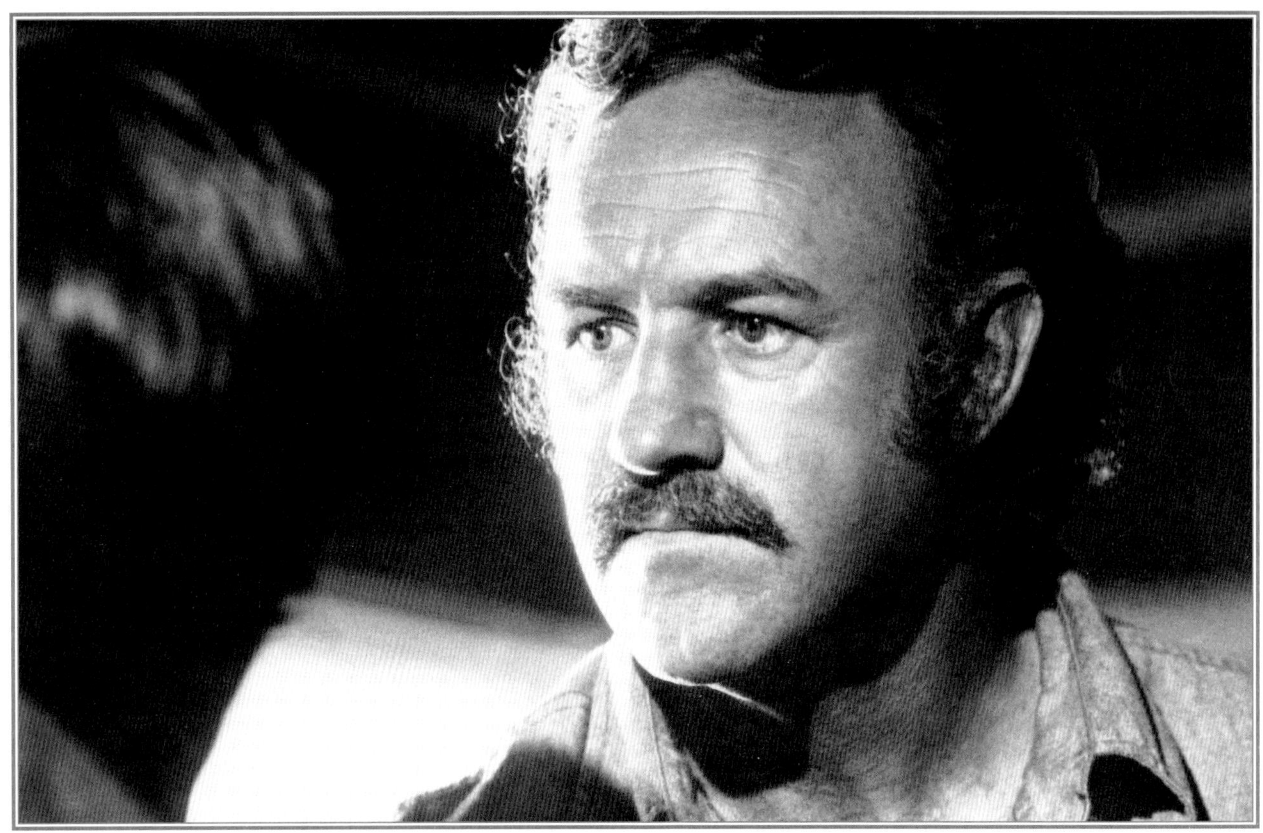

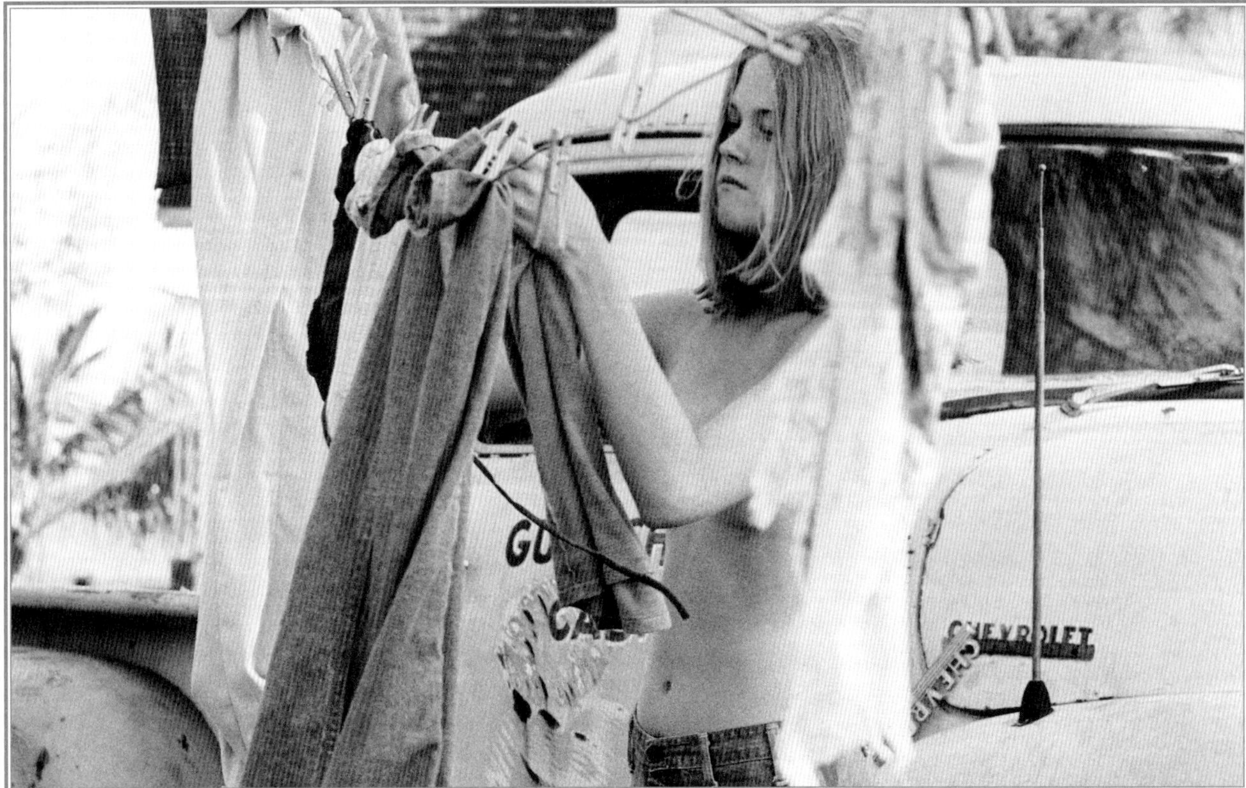
CHEVROLET

dahinter. Vielleicht erscheint NIGHT MOVES mir auch deshalb als der Penn-Film, der auf unglaubliche Weise bei all seiner Todesstille herzerwärmender ist als beispielsweise seine viel bekannteren Produktionen BONNIE AND CLYDE (1967) oder ALICE'S RESTAURANT (1969).

Gene Hackman, die Frauen, die Dialoge

Eine wirklich seltene Frauenriege hat Gene Hackman hier um sich: Melanie Griffith, Susan Clark, Jennifer Warren. Und die Dialoge sind gelassen, klar, knapp, intelligent. Sehnsüchtig nach Verständnis für einander und analytisch gleichermaßen.

Am herausstechendsten unter den Frauen wirkt Jennifer Warren, eine heute verschwundene Diva, verewigt in einigen grandiosen Filmen der Siebziger. Als sie nach zehn Minuten ihres Auftritts endlich die schreckliche Wollmütze absetzt, worauf ihr Haar wie Gold um ihr Gesicht fällt, und er sie anschaut wie ein Prinz in einem Märchen die Prinzessin, die ihm immer zugedacht war, da sagt sie: „Geben Sie es zu, Sie haben gedacht, ich hätte ein Glatze." Und wie er dann zurückgrinst! So wie er auch grinst, als er zufällig mit ansehen muß, wie Melanie Griffith zum x-ten Mal ihren Busen aller Welt präsentiert. Er wendet sich ab und lächelt still für sich. Hackman ist in diesem Film der ganz große Hackman, der Hackman aus Coppolas THE CONVERSATION, der irre Cop aus Friedkins THE FRENCH CONNECTION, der, der in BONNIE AND CLYDE als Schauspieler für alle Welt sichtbar wurde, und auch der, der leider dann bei Penns TARGET zehn Jahre später nicht mehr so richtig helfen konnte. Vielleicht weil Penn da vergaß, dem Film eine ähnlich knallharte Schlußapotheose zu geben, wie er sie sonst immer so effektsicher aus der Tasche gezogen hatte?

NIGHT MOVES ist ein einziges Schlachtfeld der Beziehungen. Erstmal beschattet der Detektiv, der früher Sportler war, seine eigene Ehefrau und erfährt, daß sie fremdgeht. Der Mann, mit dem sie fremdgeht, wirkt sehr distinguiert, hört Bach, geht am Stock und hat – wahrscheinlich als größten Trumpf – keinen solchen Schnurrbart wie Gene Hackman / Harry Moseby. Stur und diskommunikativ verweigert Hackman sich nach der Entdeckung des Ehebruchs zunächst einer Aussprache mit seiner Frau (Susan Clark). Bis sie kurz vor dem Showdown wieder zusammenkommen. Und da erzählt er ihr zum ersten Mal, daß er auch seinem verschwundenen Vater einstmals nachspioniert hat, bis er ihn nach monatelanger Suche in Baltimore auf einer Parkbank sitzen sah, wo er in einen Comic vertieft war und die Lippen mit den Worten, die er las, mitbewegte. Er ging damals, ohne den Vater gesprochen zu haben. „Ich bin nicht besonders stolz darauf." Seine Frau seufzt auf vor Glück, daß er in diesem Moment einmal so offen mit ihr ist: „Es hat so lange gedauert, bis wir so weit gekommen sind, ich möchte das nicht alles wegwerfen." Und dann muß er am anderen Morgen nach Florida. Sie bringt ihn zum Flugplatz, und als er zögert wegzugehen, sagt sie, mit den Tränen kämpfend, sozusagen als einziges Argument dafür, sich jetzt noch einmal für kurze Zeit zu trennen: „Du kannst nicht zurückkommen, wenn du jetzt nicht fliegst." Man weiß am Ende des Films nicht, ob er am Leben bleibt und ob er jemals nach Hause zurückkehren wird.

Auf dem Schlachtfeld in NIGHT MOVES bekriegen sich die Generationen. Nachdem Hackman das kleine Mädchen bei ihrer Mutter abgeliefert und sein Geld kassiert hat, sieht er im Wegfahren, wie sich die glückliche Familie in der Garageneinfahrt schon wieder prügelt. Und der alte Stuntregisseur, den Hackman kennenlernt, ist sauer, weil ihm die jungen Stuntmen die Mädchen ausspannen. Und Hackman mit seinem Vaterkomplex, und so weiter und so fort. Und das senkrechte Generationenschlachtfeld wird sozusagen waagrecht weitergeführt, im Ehekrieg. Der Liebhaber: „Ich glaube, Harry will, daß ich rausgehe." Die Ehefrau: „Ich halte das nicht für nötig." Der Liebhaber: „Ich denke, Harry hält es vielleicht für nötig." Der Ehemann (Harry): „Harry denkt, wenn Sie ihn nochmal Harry nennen, stopft er Ihnen die Katze in den Rachen."

NIGHT MOVES: Gene Hackman

NIGHT MOVES: Melanie Griffith

So läuft das. Und ab nach Florida. Dort kommt die Liebesszene mit Jennifer Warren. Erstmal geht es um ein Schachspiel, das 1922 gespielt wurde und bei dem der Verlierer hätte gewinnen können, er sah aber seine Chance nicht. Und kurz darauf kommt einer der besten US-Filmdialoge des Jahrzehnts. Hackman fragt Warren: „Wieso waren Sie so komisch heute nacht auf dem Boot?" Sie kontert mit der Gegenfrage: „Wo waren Sie, als Kennedy erschossen wurde?" – „Welcher?"- „Egal welcher." Er erzählt es ihr. Dann fragt er, warum sie ihm diese Frage gestellt habe. Sie: „Weil das eine der Fragen ist, auf die jeder eine Antwort hat." Jeder Amerikaner vielleicht. Immer ist sie präsent, die Katastrophe dieser US-Generation.

Melanie Griffith und Gene Hackman: Sie erwacht schreiend wie ein Kind aus einem Albtraum. Hackman kommt zu ihr, nimmt sie in den Arm und tätschelt zart ihren Rükken, wie es der Vater, den sie nie hatte, vielleicht getan hätte. Sie bittet ihn: „Machen Sie weiter. Das soll einen ja an die Zeit erinnern vor der Geburt, an das Herz der Mutter. Glauben Sie, man kann so weit zurückdenken?" Er antwortet nicht, weil sie ihn in diesem Moment sehr rührt. Er weicht Melanie Griffiths Blick aus: „Delly, ich weiß, das kommt einem alles sehr unverständlich vor, wenn man 16 ist. Aber keine Sorge, wenn man erst mal 40 ist", Pause, er schaut sie an: „ist es auch nicht besser." Sie lachen beide. Er grinst sein breitestes Hackman-Grinsen. Dann sagt sie: „Ich finde die Menschen scheußlich. Aber Sie sind okay." Und er sagt, wieder sehr ernst: „Ja. Ich bin ein As." Das ist der geheime Höhepunkt des Films und all seiner geschliffenen Dialoge. Wie er das sagt: „Ich bin ein As." Das ist der Selbsthaß einer vaterlosen Generation, der inzwischen in Melancholie umgeschwungen ist. Einer Generation, die weiß, daß ihre Väter ja auch nur schweigende Monster oder endlos Müll redende Weicheier und Betrüger waren. Und er gehört nun auch wieder einer Generation an, die bei dem Versuch, Väter zu sein, an ihre Grenzen stoßen.

Arthur Penns Simplicissimus-Perspektive in LITTLE BIG MAN und seine Ironie in BONNIE AND CLYDE scheinen mir in NIGHT MOVES vertieft und erweitert. Alle Figuren haben drei Dimensionen und sind alle in drei Dimensionen miteinander verhakt und verbunden, zum Guten oder zum Bösen. Hackman soll Vater und Liebhaber gleichzeitig sein für all diese phantastischen Frauen, die ihn hier zufällig umgeben und die ihn wie eine Trainingswand für ihre Auflehnung und für ihre Sehnsüchte gleichermaßen benutzen. Und von allen Männern in diesem Film ist er tatsächlich noch immer bei weitem der beste. Er ist hilflos, kinderlos, verkracht, schwach und stark in einem, vielleicht würde er uns im Leben abstoßen, weil er genau wieder so einer ist, der sich hinter einer dieser bekannten männlichen Mauern aus Schweigen versteckt, aber der Film läßt uns ihn genauso ansehen, wie er damals auf seinen Vater auf der Parkbank schaute: ein wahrhaft klassischer Fall.

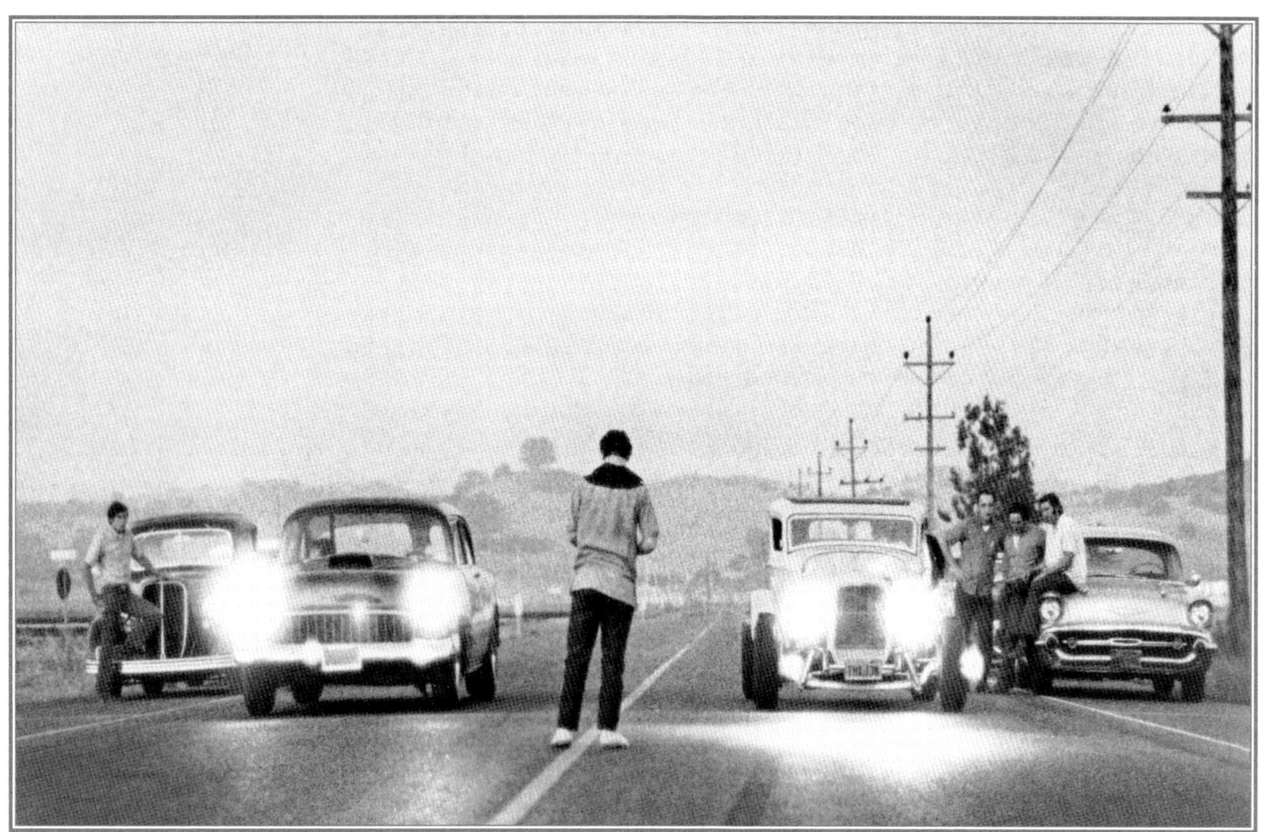

Recycling von Gewalt und Gesetzlosigkeit

Von Elisabeth Bronfen

Innerhalb des strukturierten Mythenmarktes kann die Kontinuität und Beharrlichkeit bestimmter Genres als Schlüssel dienen, um tiefe und hartnäckig anhaltende Anliegen einer bestimmten Kultur zu identifizieren. Gleichzeitig signalisieren größere Brüche in der Entwicklung wichtiger Genres eine bedeutende Krise kultureller Werte und Organisation.
Richard Slotkin: Gunfighter Nation. The Myth of the Frontier in Twentieth-Century America. Norman: University of Oklahoma 1992, S. 8.

AMERICAN GRAFFITI: Charlie Martin Smith (Mitte)

Terrence Malicks DAYS OF HEAVEN setzt mit einer sepiabraunen Fotografie ein. Langsam fährt die Kamera von oben herab die Aufnahme einer belebten Straße in Chicago am Anfang des 20. Jahrhunderts entlang. Es folgen Bilder, die Menschen aus dieser Straße ins Blickfeld rücken: einen Jungen mit einer Zigarette im Mund, die er sich anzündet, während er uns verstohlen anblickt; das Gesicht eines sichtlich verarmten Kindes, das mit einer Aufnahme von Arbeiterkindern, die im Hof unter Wäscheleinen spielen, überblendet wird. Ruhig wandert die Kamera über diese Fotografien, fokussiert eine lächelnde Braut, entfernt sich dann wieder und überblendet zu einer Gruppe gutgekleideter Herren, die mit erhobenen Zylindern ihr Publikum grüßen. Als Gegenpol zur urbanen Welt sehen wir Männer, die in einem Boot einen Fluß entlangpaddeln, eine Frau, die sich auf einer Klippe am See ausruht, einen Jungen, der ausgelassen über einen Felsspalt springt. Dann hält die Kamera bei einer jungen Frau, die auf einer Straße hockt, für einen kurzen Moment inne: Wir erkennen das Gesicht der Schauspielerin Linda Manz, die aus dem Off alle Ereignisse kommentieren wird. Sie schaut uns eindringlich an und signalisiert, daß wir die folgende Geschichte als ihren Augenzeugenbericht zu verstehen haben. Über sie wird die Welt der Einwanderer, die dem amerikanischen Traum folgten, wiederbelebt: als Geschichte Lindas, die dem materiellen Glück wie dem tragischen Scheitern ihrer beiden Freunde Bill (Richard Gere) und Abby (Brooke Adams) beiwohnt. Mit dem Schnitt, der diese Titelsequenz beendet, werden die sepiabraunen Fotografien zu bewegten Bildern: ein Recycling jener Wiedergabe des Arbeiterlebens am Anfang des 20. Jahrhunderts, die uns aus der

Dokumentarfotografie bekannt ist. DAYS OF HEAVEN nähert sich dieser vergangenen Zeit durch Reproduktionen, die bereits existieren. Malick setzt diese vertrauten Bilder – die Posen, Gesten und Haltungen der Arbeiter – in eine Filmgeschichte um, die auch inhaltlich ein Recycling vornimmt. Erzählt er doch die tradierte Geschichte des *American dream,* in der ein Liebespaar aus Geldsucht einen reichen Mann betrügt und Tod und Verderben auf sich zieht.

Auch die Titelsequenz von BONNIE AND CLYDE (1967) setzt mit einem Rückgriff auf Fotografien einer vergangenen Zeit ein, nun aber nicht als ruhige Fahrt über diese Bilder, sondern als *slide show,* bei der jeder Bildwechsel vom Klicken des Projektors begleitet wird. Zur Einführung in die mythische Geschichte jenes Liebespaares – Bonnie Parker und Clyde Barrow –, das während der Depression Banken im Südwesten ausraubte, wird unsere Aufmerksamkeit auf Schnappschüsse aus dem familiären Hintergrund der beiden gelenkt. Im Sekundentakt sehen wir zuerst das Foto einer abgearbeiteten Farmersfrau, offensichtlich eine *sharecropper,* die ihr Baby im Arm hält, danach einen kleinen Jungen, der inmitten seiner Familie auf den Knien seines Vaters sitzt, dann eine Gruppe Kinder, die auf der Veranda vor einem Farmhaus spielt, und schließlich einen jungen Mann, der uns verschmitzt ansieht. Ihm wird als nächstes *slide* ein Name zugeordnet: Warren Beatty. Die weißen Buchstaben werden rot, dann setzt eine neue Bildsequenz ein. Wieder eine Mutter mit einem kleinen Kind in den Armen, dann Fotos des Mädchens mit seinen Freundinnen – auf einem Auto spielend, auf einem Pferd sitzend – und schließlich eine junge Frau im Overall, die vor einer Scheune steht. Wieder Schrift: Faye Dunaway. Erst weiß, dann rot. Grafische Zeichen, die das blutige Gemetzel vorwegzunehmen scheinen, mit dem ihre kurze Geschichte des Ruhmes enden wird. Weitere Familienbilder folgen, um die Schauspieler vorzustellen, die die anderen Mitglieder der Räuberbande darstellen: Michael J. Pollard, Gene Hackman und Estelle Parsons. Alle *slides* sind Schnappschüsse, flüchtige Bildeindrücke, die, weil sie kaum eine Sekunde auf der Leinwand aufflackern, nur als unruhige Spuren in unserem Gedächtnis verweilen. Als nächstes *slide* folgt der Titel des Films, durch den sichtbar wird, daß eine doppelte Transformation stattgefunden hat: Zwei Gesichter, wie sie im mittleren Westen der Depressionsära zu finden sein könnten, werden als Hauptfiguren einer Gangsterlegende isoliert und gleichzeitig an die Starkörper zweier Hollywoodschauspieler gekoppelt. Nachdem wir nämlich weitere Fotos zu sehen bekommen, die alle aus dem Familienalbum der Parkers stammen könnten – Menschen beim Essen, mit Tieren spielend, bei Schießübungen –, wird ein Bild hervorgehoben, auf dem wir deutlich Faye Dunaway erkennen. Die Kamera verweilt, um uns Zeit zu geben, biografische Informationen zu Bonnie Parker zu lesen, bevor sie dann zu einer Fotografie von Warren Beatty übergeht, die auf der rechten Bildseite ebenfalls mit einer biografischen Skizze versehen ist. Somit macht Arthur Penn deutlich, daß er die Geschichte von Bonnie und Clyde, die auf historischen Fakten gründet, auf der Basis von Reproduktionen erzählen und zeigen wird, deklariert sie zu Momentaufnahmen ohne psychologische Tiefe, als Konglomerat verschiedener Posen seiner beiden Helden: eine Verschränkung von Starkörper, Legende und Fotos aus einem Familienalbum.

Mit seiner Titelsequenz zu MEAN STREETS führt Martin Scorsese eine weitere Art des Recyclings als kinematographisches Verfahren vor. Zuerst hören wir Scorseses Stimme aus dem Off, die die *tagline* des Films rezitiert: „You don't make up for your sins in the church, you do it in the streets, you do it at home, the rest is bullshit – and you know it." Gleichzeitig sehen wir seinen Protagonisten Charlie (Harvey Keitel), der, aus einem Albtraum erwacht, zum Spiegel geht, sich kurz betrachtet, bevor er sich wieder ins Bett legt. Dann setzt mit dem Song „Be my Baby" jener Sechziger-Jahre-Jukebox-Soundtrack ein, der im Verlauf des Films immer wieder dazu dienen wird, die emotionale Befindlichkeit der diversen Figuren zu charakterisieren. Gleichzeitig fährt

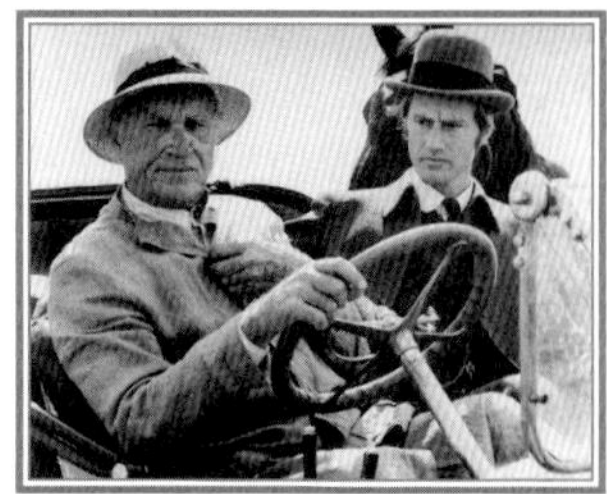
DAYS OF HEAVEN: Robert Wilke, Sam Shepard

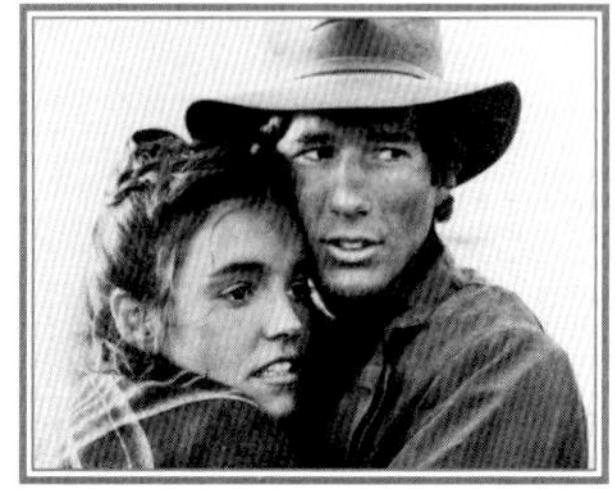
DAYS OF HEAVEN: Brooke Adams, Richard Gere

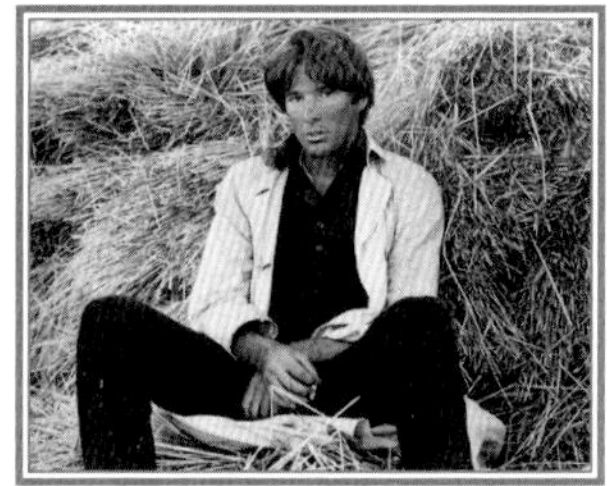
DAYS OF HEAVEN: Richard Gere

die Kamera um einen 8-mm-Projektor herum, bis wir dessen weißen Lichtstrahl sehen, bevor sie dann auf eine weiße Leinwand schneidet, auf der ein *home movie* abläuft – mit Charlie als Hauptfigur: die nächtlichen Lichter Manhattans, Harvey Keitel, wie er verlegen in die Kamera grinst, die Ecke einer bestimmten Straße in Little Italy. Für einen Augenblick hält Scorsese sein *home movie* an, um den Titel seines Films über dieses Standbild zu blenden. Dann läuft der Film weiter und zeigt uns Charlie in verschiedenen Posen mit seinen Freunden – auf der Straße, vor einem Auto, vor einem Schaufenster mit Neonzeichen, bei der Taufe eines Kindes, vor der Kirche mit seinem Priester –, an all jenen Orten also, die im *voice-over* angesprochen wurden. Das Leben dieser zweiten Generation Italoamerikaner wird so als Attitüde eingeführt, als Selbstinszenierung für eine imaginierte Kamera, die sich die Straßen von Little Italy zur Bühne nimmt. Alles was folgt, entspricht einem Film, der in Charlies Kopf ablaufen könnte. Das bedeutet auch, daß Scorsese seinen Helden als einen jungen Mann charakterisiert, der mit ironischer Distanz auf sich und seine Umwelt blickt, weil er sich als Star in seinem *home movie* imaginiert und seine Welt immer schon in bezug auf die Kinobilder, die er im Kopf hat, wahrnimmt.

Pop Stance

Alle drei Titelsequenzen stellen nicht nur diejenigen vor, die am Herstellen des jeweiligen Films mitgewirkt haben, sondern führen gleichzeitig eine bestimmte Haltung gegenüber der Bildwelt ein. Mal dient der Rückbezug auf historische Fotografien der idealisierenden Verschönerung einer vergangenen Welt, an die Terrence Malick erinnern möchte, mal erhalten die Schauspieler, die zwei legendäre Outlaws verkörpern, ihre Autorität, indem sie von Arthur Penn mit Schnappschüssen aus dem Leben des Gangsterpärchens identifiziert werden, mal wird das Selbstverständnis eines unbedeutenden Mafioso auf Posen reduziert, die er für Martin Scorsese und dessen handgehaltene *home movie*-Kamera zur Schau stellt. Damit, daß die erzählte Welt, die jeder dieser drei Filme präsentieren wird, immer schon durch visuelle Reproduktionen gefiltert ist – die Dokumentarfotografie, das Familienalbum, das *home movie* –, geht auch ein thematisches Recycling einher. Rekurrieren doch alle drei Filme ebenso auf das Genre des Gangsterfilms, um an den Randständigen Amerikas – den Einwanderern am Anfang des 20. Jahrhunderts, den Kindern der *sharecroppers* während der Depression und der zweiten Generation Italoamerikaner – eine mythische Geschichte zu entwickeln, die, wie Scorcese in seiner PERSONAL JOURNEY THROUGH AMERICAN MOVIES erklärt, besonders anschaulich Amerikas Faszination der Gewalt und Gesetzlosigkeit ergründet.

Nimmt man nun diese drei ausgewählten Titelsequenzen als paradigmatisch für jene medial selbstreflexive Haltung, die viele Filme der siebziger Jahre kennzeichnet, läßt sich folgende Diskrepanz festmachen: Die Filmsprache des „New Hollywood" stellt zwar einen Neuanfang dar, bezieht sich aber gleichzeitig explizit auf jene Bild- und Genretradition, die mit dem Zusammenbruch des Studiosystems brüchig geworden ist, und paßt diese einer neuen, nicht zuletzt auch von der französischen Nouvelle Vague inspirierten Filmsprache an sowie einer veränderten gesellschaftlichen Situation.[1] Fredric Jameson stellt deshalb für das Kino der siebziger Jahre einen Hang zur Rekombination verschiedener Stereotypen der Vergangenheit fest. Diese Tendenz leitet er davon ab, daß, im Gegensatz zum starken Generationsbewußtsein der sechziger Jahre, das Spezifische der siebziger Jahre gerade im Mangel einer Identität bestand, vor allem gemessen an der Einzigartigkeit der vorangegangenen Periode. Diese eigentümliche Ziellosigkeit, die laut Jameson nicht zu einer neuen historisch fundierten Identität, sondern zur postmodernen Feier des Pastiches und der Betonung von Oberflächen führte, wird gerne auf die soziale und politische Ernüchterung am Ende der sechziger Jahre zurückgeführt: auf kollektive Nachwehen der Attentate auf

1 Für eine ausführliche Darstellung der europäischen und experimentellen Elemente im „New Hollywood" siehe Jonathan Rosenbaum: „New Hollywood" und der Schmelztiegel der sechziger Jahre. In: Alexander Horwath (Hg.): The Last Great American Picture Show. New Hollywood 1967–1976. Wien: Viennale/Wespennest 1995, S. 102–126; sowie Robert Ray: A Certain Tendency of the Hollywood Cinema, 1930–1989. Princeton: Princeton University 1985, S. 269–295.

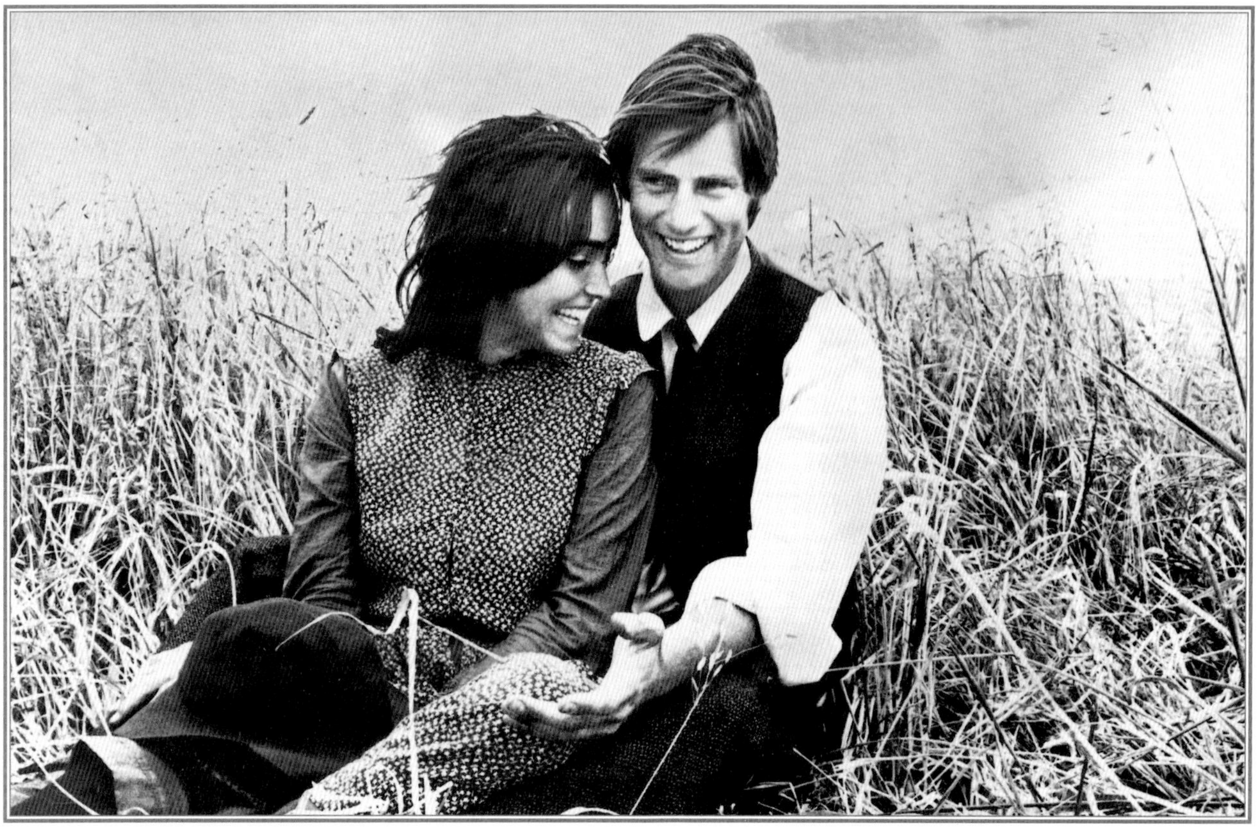

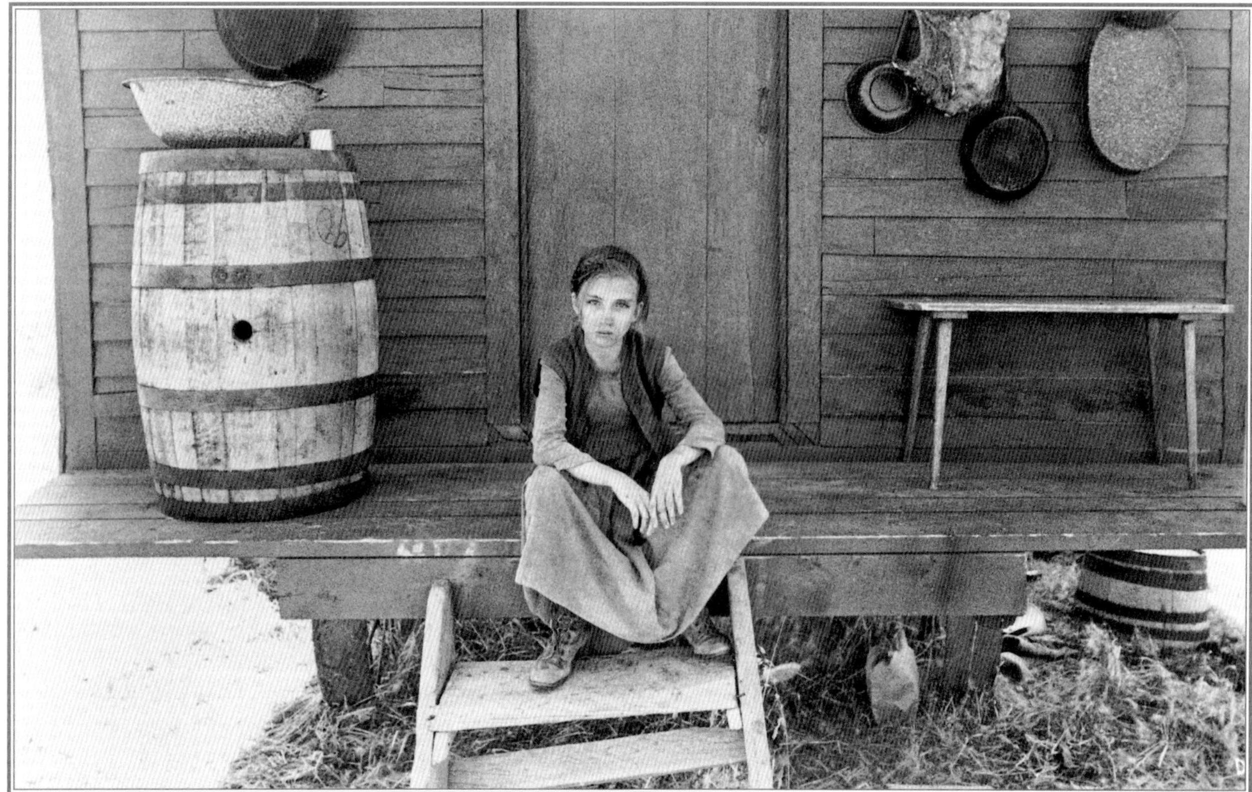

John F. Kennedy, Robert Kennedy und Martin Luther King sowie des Vietnamkrieges, Watergates und der Abdankung Richard Nixons.2 Wir sollten aber unseren Blick verlagern auf den Hang des Siebziger-Jahre-Kinos zur Rekombination vor allem gewisser Elemente der klassischen Filmgenres. Die Verschränkung von einem sozialkritischen Cinéma Vérité mit einer Betonung der Oberfläche des Filmbildes verbindet sich zusätzlich mit der vorherrschenden Kunstform der sechziger Jahre: der Pop-art.

Dabei geht es gerade nicht darum, explizite Bezüge zwischen einzelnen Filmen der siebziger Jahre und der Kunst Andy Warhols oder Roy Lichtensteins zu postulieren. Meine These lautet statt dessen, daß es lohnend ist, im „New Hollywood" ein Weiterführen dessen, was Nancy Marmer „pop stance" oder „pop temper" nennt, aufzuspüren.3 Damit ist eine ästhetische Haltung gemeint, die Zeichen, Gegenstände und Bilder aus dem Bereich der populären Alltagskultur - der Werbung, des Unterhaltungskinos und der Trash-Literatur - wiederverwertet, und zwar indem sowohl auf der Bildebene wie auf der Ebene der erzählten Geschichte Einzelteile isoliert, vergrößert und mit anderen Fragmenten rekombiniert werden. Ging es in der Pop-art um ein ironisches Aufgreifen kommerzieller Zeichensprachen, geht es - so meine These - auch beim Nachdrängen von Pop ins Kino der siebziger Jahre darum, dieses Medium als populäre Ausdrucksform sowohl zu zelebrieren als auch kritisch zu beleuchten. Von einer „pop stance" zu sprechen, bedeutet das eigene Medium als eines der Reproduktion (des Recyclings) bereits existierender Zeichen hervorzuheben. Denn „pop stance" dient vornehmlich dazu, sowohl gegenüber der Alltagswelt wie auch gegenüber den Pathosgesten der großen Gefühle, wie sie im klassischen Genrekino gefeiert werden, eine ironische Distanz einzunehmen. Einerseits soll somit sichtbar gemacht werden, daß unsere Alltagsrealität nie unmittelbar, sondern immer schon durch den Filter kommerzieller Reproduktionen getrübt ist; andererseits aber auch, daß die Träume und Ängste, an denen wir uns orientieren, unweigerlich von den Erzählmustern, Gefühlen und Gesten geprägt sind, die wir im Kino erlernt haben. Der Hang zum Pastiche und zur Oberfläche, den Jameson im Kino der siebziger Jahre festzustellen meint, kann somit durchaus auch im Sinne einer „pop stance" verstanden werden, die ganz einfach sichtbar macht, daß jegliche Lebensentwürfe im ausgehenden 20. Jahrhundert nur als Rekombination verschiedener Stereotypen möglich sind.

Von Filmen des „New Hollywood" in Verbindung mit einer „pop stance" zu sprechen, erscheint deshalb fruchtbar, weil sich hier oft das Verlangen nach einer Rückkehr zu den vom Genrekino unterstützten Mythen verschränkt mit einer Ernüchterung darüber, daß diese nur noch als Oberflächen inszeniert werden können. Auch wenn es dem Kino der siebziger Jahre laut Jameson an starkem Generationsbewußtsein mangelt, fehlt es nicht an selbstreferentieller Sicherheit, was die Filmsprache sowie die erzählten Geschichten anbelangt, die diese Filme neu kombiniert wieder in Umlauf bringen. Generationsbewußtsein zeichnet sich im „New Hollywood" also durchaus ab, jedoch als ironische Nostalgie. Für diese erste Generation von Filmemachern, die mit dem Kino aufgewachsen sind, die meist Filmschulen absolviert und sich sowohl mit Filmgeschichte als auch Filmformen beschäftigt haben, bedeutet eine Auseinandersetzung mit den Vätern, deren Filmwelten neu zu beleben. Wie David A. Cook feststellt, bringen die siebziger Jahre zum ersten Mal seit der klassischen Studioära eine konstantere Produktion von Genrefilmen hervor - allerdings als ein Experimentieren innerhalb klassischer Genres: als Revision, Korrektur oder Dekonstruktion.4 In jedem Fall aber stellt für diese Regisseure und Drehbuchautoren das Genrekino, das mit dem Zusammenbruch des Studiosystems beendet war, den Ausgangspunkt, den verlorenen Ursprung, für das eigene Schaffen dar. Nostalgisch erinnert wird, was in der Welt der Siebziger unmöglich geworden ist, nämlich ein Kino, das für den Zuschauer eine bekannte Landschaft mit vertrauten Gesichtern ausmachte und eine Mythologie in Umlauf setzte, die aus einer begrenzten Anzahl von Geschichten bestand. Laut Michael

2 Fredric Jameson: Postmodernism or, the Cultural Logic of Late Capitalism. Durham: Duke University 1999, S. 296.
3 Nancy Marmer: Pop Art in California. In: Lucy R. Lippard (Hg.): Pop Art. London: Thames & Hudson 1966, S. 148.
4 David A. Cook: Lost Illusions. American Cinema in the Shadow of Watergate and Vietnam, 1970–1979. Berkeley: University of California 2000, S. 195.

DAYS OF HEAVEN: Brooke Adams, Sam Shepard

DAYS OF HEAVEN: Linda Manz

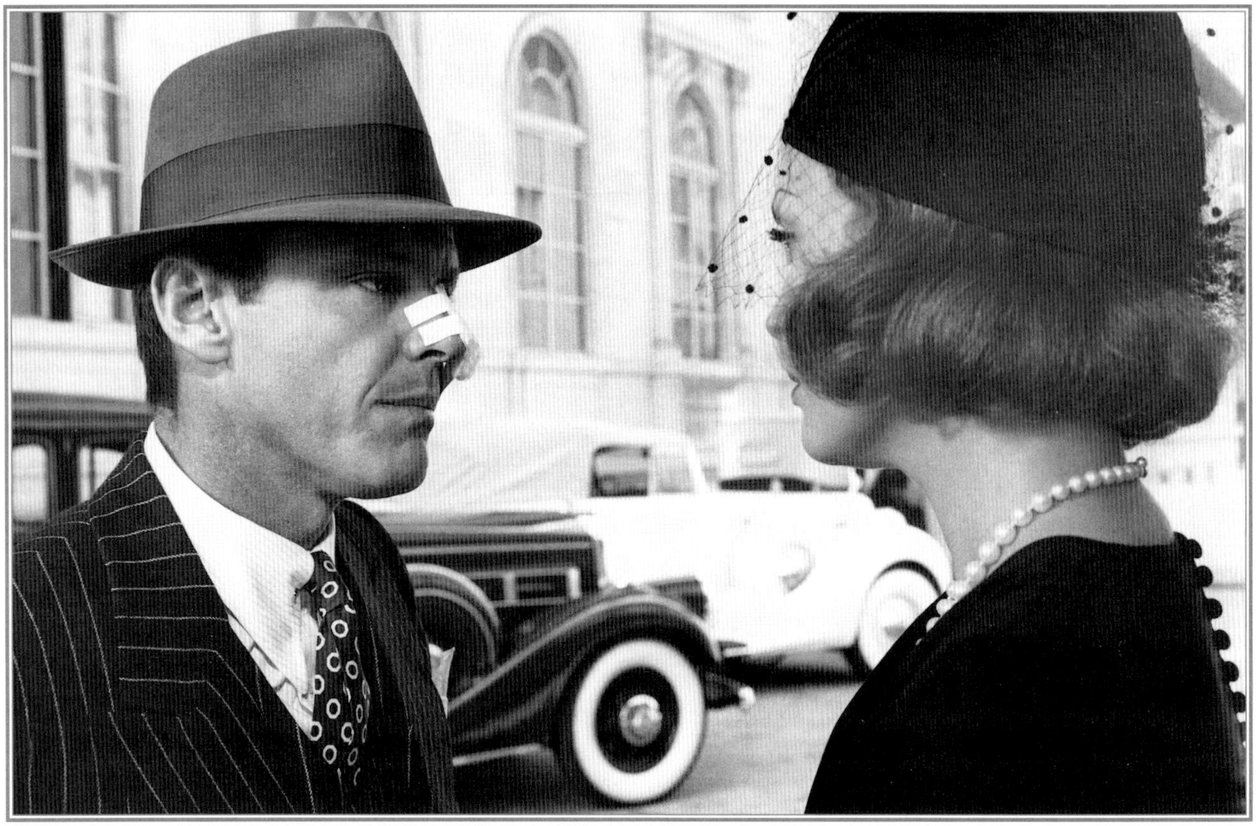

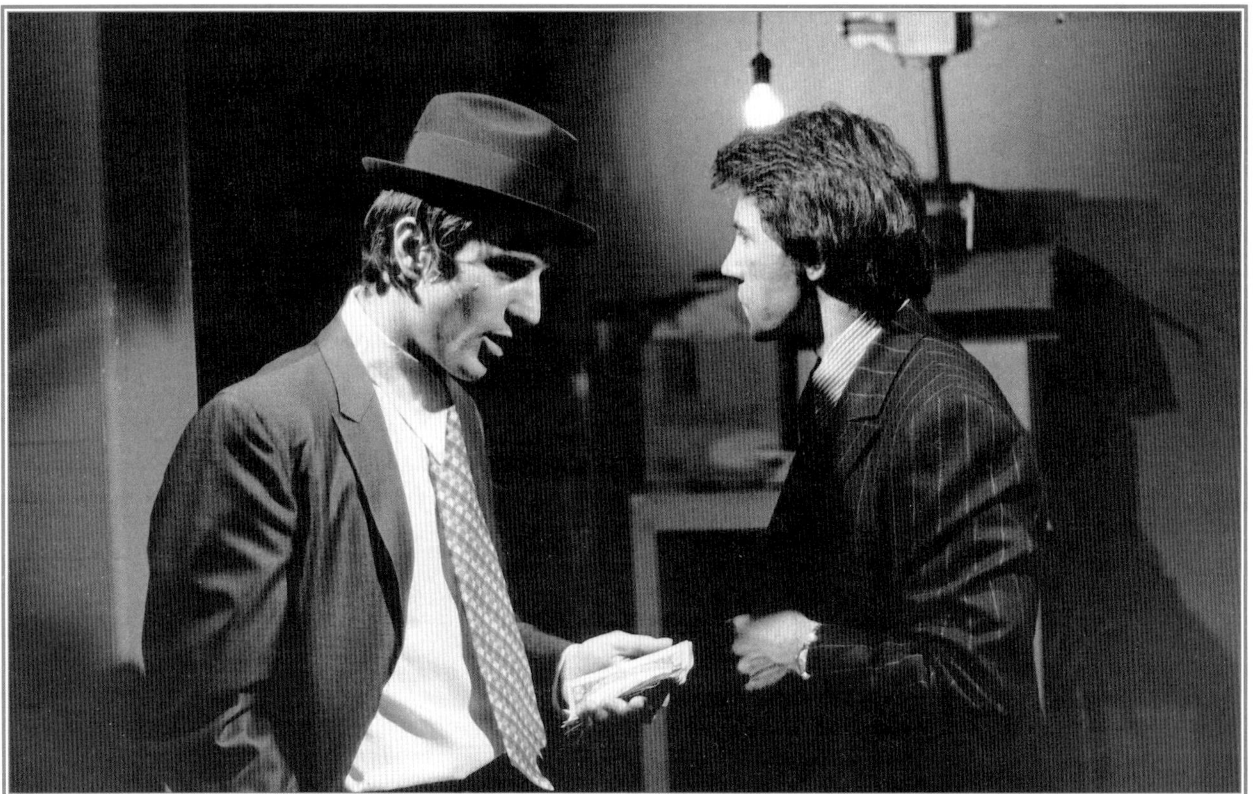

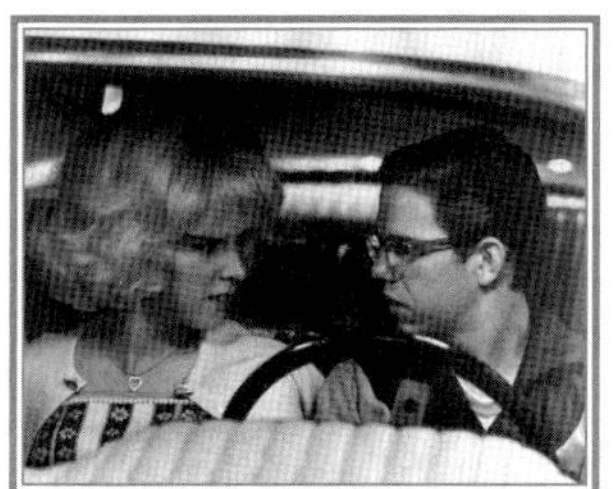

AMERICAN GRAFFITI: Candy Clark, Charlie Martin Smith

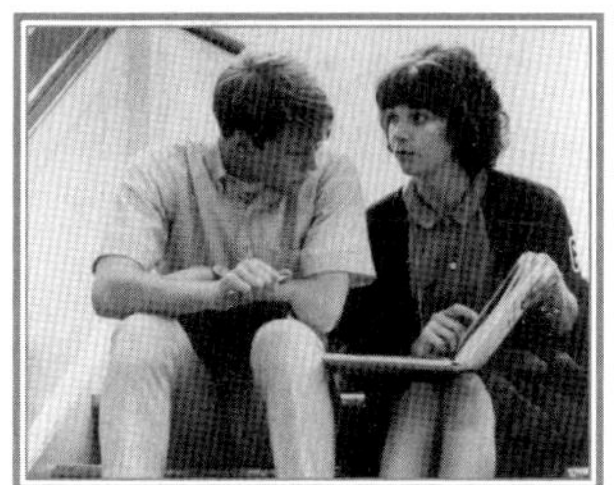

AMERICAN GRAFFITI: Ronny Howard, Cindy Williams

Wood stellte das klassische Hollywoodkino einen in sich stimmigen Kosmos dar, an dem das Publikum teilhaben wollte, weil diese fiktonale Welt kulturelle Wünsche, Ängste und Anliegen aufzugreifen wußte, die das Alltagsleben durchdrangen. Dabei belieferten Genrefilme nicht nur Mythen, die außerhalb der Kinowelt existierten, sondern nährten selber auch die Filmkarriere dieser Mythen.[5]

Genau diese Vorstellung von Kino als Denkfigur und Gefühlsmaschine für eine Massenkultur wird als kulturelles Erbe – als Vermächtnis der Väter – im „New Hollywood" aufgegriffen, jedoch im Sinne der bereits angesprochenen „pop stance" mit ironischer Distanz. Denn das Recycling des klassischen Hollywoodkinos läuft in den siebziger Jahren in seinen spannendsten Ausprägungen auf eine eklektische Hybridisierung hinaus. Wie David A. Cook schreibt, geht mit einer Rekombination von verschiedenen Stereotypen gerne die Verschränkung von Ernstem mit Komischem, vor allem aber eine Zersplitterung und Entortung von Genres einher. Erinnert man sich an Andy Warhols Entleerung amerikanischer Ikonographie, läßt sich noch in einem weiteren Sinne das Nachdrängen von Pop-art im „New Hollywood" feststellen: Die Montage von Versatzstücken aus dem klassischen Genrekino dient auch thematisch einer Revision oder Dekonstruktion des *American dream,* der im Hollywoodkino seinen Hauptvertreiber gefunden hatte.[6]

Stereotypen des Lebens

Ein Nachdrängen von Pop-art läßt sich in AMERICAN GRAFFITI sowohl für die Figuren wie die Schauplätze erkennen. Im Verlauf des Films – eine Nacht lang begleitet der Regisseur seine Protagonisten – stellt uns George Lucas eine Reihe von Teenagern vor, die mit ihrem stereotypen Verhalten weniger an die reale Jugendkultur der frühen sechziger Jahre erinnern als an Werbebilder und Musikfilme dieser Zeit. Der Musterschüler Curt (Richard Dreyfuss), der ein Stipendium gewonnen hat, soll am nächsten Morgen mit seinem aufrichtigen Freund Steve (Ronny Howard) an die Ostküste fliegen, um dort ins College zu gehen, obgleich sich beide plötzlich unsicher geworden sind, ob sie wirklich ihre kalifornische Heimatstadt verlassen wollen. Ihnen zur Seite stehen der prototypische brillentragende Verlierer Terry „the Toad" (Charlie Martin Smith) und der coole Automechaniker John (Paul Le Mat) sowie eine geheimnisvolle Blondine (Suzanne Somers), die Curt erfolglos die ganze Nacht hindurch suchen wird. Seiner Schwester Laurie (Cindy Williams), Klassensprecherin an der High-School, wird es gelingen, Steve davon abzuhalten, sie zu verlassen. Die platinblonde Draufgängerin Debbie (Candy Clark) wird Terry zu kleinen Delikten verführen, wie zum illegalen Erwerb von Alkohol. Und die Göre Carol (Mackenzie Phillips) wird darauf bestehen, John bei seinem *cruising* entlang der *main street* zu begleiten. Weil alle ununterbrochen die gleiche Radiosendung hören, werden die einzelnen Episoden zusammengehalten durch die Stimme des DJs Wolfman Jack und die Rock-'n'-Roll-Songs, die er die Nacht hindurch spielt. Diese Popmusik wird ebenso als Zitat eingesetzt wie die stereotypen Handlungen: das Treffen im Drive-in, das verstohlene Küssen im Auto, die harmlosen Schlägereien mit einer Außenseiterbande, das Rennen am Ende der Nacht, in dem das Auto von Johns Rivalen (Harrison Ford) explodiert, ohne daß irgend jemand verletzt wird.

Die affektive Wirkungskraft des Films liegt an der Oberfläche – im Wiedererkennen der Lieder, Kostüme und Gesten einer vergangenen Teenagerkultur. „Where were you in '62" heißt charakteristischerweise die *tagline* des Films. Wie Peter Lev festhält, ist diese Zeitangabe bezeichnend, stellt 1962 doch das letzte mögliche Jahr einer vermeintlichen Teenagerunschuld dar – vor dem Kennedy-Attentat, dem Anfang des Vietnamkrieges und den sozialen Unruhen der Sechziger.[7] Doch auch wenn George Lucas die Freuden und Rituale einer nostalgisch beschworenen Teenagerkultur zeigt, betont seine Mise en scène vor allem die Zeichenhaftigkeit dieser flüchtigen Welt. Wie

5 Siehe Michael Wood: America in the Movies. New York: Columbia University 1975.
6 Siehe Jim Cullen: The American Dream. A Short History of an Idea that Shaped a Nation. Oxford: Oxford University 2003.
7 Peter Lev: American Films of the '70s. Conflicting Visions. Austin: University of Texas 2000, S. 91

CHINATOWN: Jack Nicholson, Faye Dunaway

MEAN STREETS: Robert De Niro, Harvey Keitel

der Titel besagt, geht es ihm bei dieser Erinnerung an eine beendete Epoche gerade darum, diese als Vergangenheitsspur zu inszenieren, als bloße Inschrift auf der Kinoleinwand, die bezeugen soll, daß diese Figuren einmal dagewesen sind.

In diesem Sinne wirken nicht nur die Gesten und Emotionen der Mitwirkenden wie szenische Ausschmückungen der Pathosformeln, die von den damaligen Jugendzeitschriften propagiert wurden: „Ich habe die Frau meines Lebens gesehen, aber sie ist verschwunden!" – „Er hat ein großes Auto, also muß er toll sein!" – „Er hat mich verlassen, also ist mir alles egal!" Auch alle Schauplätze – Mels Drive-in, die nächtliche Hauptstraße, die Tankstelle, die Parkplätze, der Getränkemarkt – sind von jeglichen realen Hinweisen befreit und in den Status der künstlichen Zeichenwelt einer *billboard* erhoben: von funkelnden Werbezeichen umrandet und stilvoll in farbiges Neonlicht getaucht. Die Unschuld dieser Zeit wird aber als Nostalgie auch entlarvt. Unbekümmert sind diese Bilder nur deshalb, weil sie von Lucas explizit als idealisierte Erinnerungsspuren inszeniert werden, deren Referenzpunkt nicht eine erlebte Welt, sondern von der Pop-art gefilterte Zeichensprache der kommerziellen Kunst der späten fünfziger Jahre ist; eine Welt, die es nie gegeben hat, außer – wie das klassische Teenagermusical – im kollektiven Genießen und dann im kollektiven Gedächtnis seines Publikums. Bis zum Schluß bleibt Lucas jedoch nicht nur der Bildsprache des Pop treu, sondern auch einer Geste der Entlarvung, die auf jene Desaster verweist, die in dieser rein künstlichen Bildwelt keinen Platz haben.

Nachdem Curt von seiner Familie und seinen Freunden Abschied genommen hat, steigt er in ein Flugzeug, das den Namen „Magic Carpet Airlines" trägt, um uns an den uramerikanischen Mythos zu erinnern, der das Reisen an fremde Orte als zauberhafte Fluchtphantasie kodiert. Doch während das Flugzeug den klaren blauen Himmel Richtung Osten durchquert, sehen wir gleichzeitig die Schwarzweißfotografien unserer vier Helden und erfahren in knappen Sätzen, was aus ihnen – nachdem sie aus dem *American dream* aufgewacht sind – geworden ist. Steve lebt als Versicherungsagent in Modesta, Kalifornien, Terry ist beim Einsatz in Vietnam verschwunden, John wurde von einem betrunkenen Lastwagenfahrer getötet, und Curt lebt als Schriftsteller in Kanada (implizit das Resultat seiner Flucht vor der Wehrpflicht). Die Künstlichkeit jener vom Film erschaffenen flüchtigen Welt, in der es immer '62 bleiben wird, und ein ernüchternder Verweis auf die tödlichen oder einfach nur traurigen Konsequenzen, die sich jenseits der Leinwand abspielen, halten sich die Waage.

Zwar steht Martin Scorseses MEAN STREETS im krassen Gegensatz zum nostalgischen Recycling der Fünfziger-Jahre-Teenagerikonographie, doch auch er entwickelt stereotype Figuren: den schuldbesessenen Mafioso Charlie (Harvey Keitel), seinen durchgeknallten Freund Johnny Boy (Robert De Niro), den unbeholfenen Barbesitzer Tony (David Proval) und den gewaltlustigen Schmuggler Michael (Richard Romanus). Die von Scorsese ausgewählten Schauplätze – die Straßen, Bars und Wohnungen in Little Italy – werden zwar in all ihren äußerst realistischen Details wiedergegeben, doch auch seine Figuren drücken sich hauptsächlich durch Gesten aus. In einer der ersten Szenen des Films taucht Johnny Boy in der Bar seines Freundes mit zwei Frauen auf, die er gerade in Greenwich Village getroffen hat. Sein Auftritt wird als prahlerische Selbstinszenierung dargestellt und gleichzeitig von Scorsese als leere Pose entlarvt. Während „Jumpin' Jack Flash" der Rolling Stones zu hören ist, stolziert De Niro in *slow-motion* in den Raum hinein, ist sich der Blicke bewußt, die auf ihn gerichtet sind. Er will Tony, der hinter der Theke steht, und Charlie, der an der Bar sitzt, triumphierend seine Errungenschaften vorführen, um seine Unfähigkeit, Geld zu verdienen, wettzumachen. Sein Gefühl männlicher Potenz wird sowohl durch das Lied, das seinen Auftritt begleitet, wie auch durch seine Gebärden untermalt, hatte er doch beim Eintreten in die Bar, vom Gelächter der beiden Frauen begleitet, zuerst seinen Hosenschlitz geöffnet, um ihn dann wieder schmunzelnd zu schließen. Dadurch zeigt Scorsese auch auf, wie

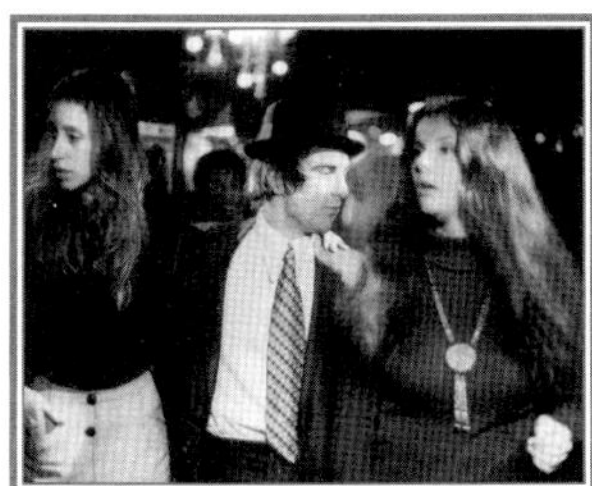

MEAN STREETS: Robert De Niro

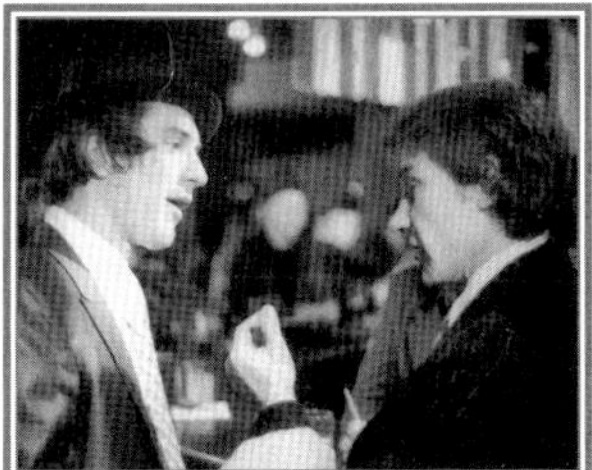

MEAN STREETS: Robert De Niro, Harvey Keitel

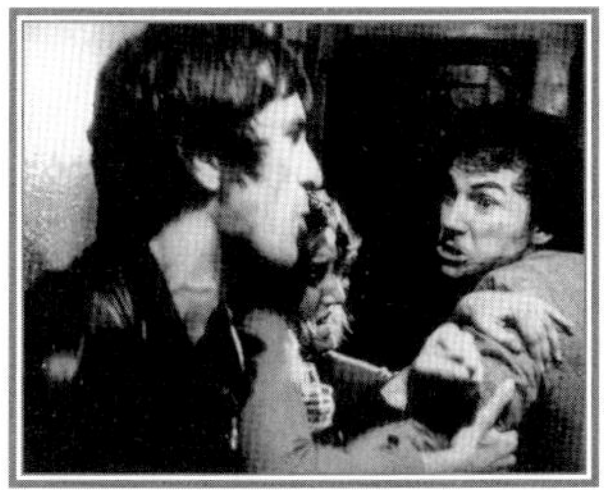

MEAN STREETS: Robert De Niro, Harvey Keitel

sehr dieser zur Schau gestellten Männlichkeit jegliche Substanz fehlt. Sie ist reines Recycling angeeigneter Gesten des italoamerikanischen Machismo; das Bekleiden einer Pose, die nur für die Dauer eines Songs anhält und ebenso flüchtig ist wie die von diesem Lied aufgerufenen Emotionen.

Scorseses „pop stance" zeichnet sich durchaus darin ab, daß er die Jukeboxmusik der sechziger Jahre wiederholt einsetzt, um seinen Figuren anstelle einer psychologischen Tiefe eine Emotionalität zu verleihen. Gleichzeitig wird dank des Popmusik-Recyclings aber auch das Fehlen jeglicher Motivation hinter den Gesten deutlich, als wären diese jungen Männer nicht von irgendeinem Sinn geleitet, sondern nur von dem Lebensgefühl, das sie von den vertrauten Jukeboxsongs kennen. Jene Ziellosigkeit, die nach Fredric Jameson typisch ist für die siebziger Jahre, wird in MEAN STREETS zum Lebensprinzip erhoben, gestalten die vier Freunde ihr Leben doch emphatisch als Stereotyp.

So erfährt in MEAN STREETS neben der Popmusik natürlich auch das Genre des Gangsterfilms ein Recycling, um die Entleerung dieser Helden wie ihrer Geschichte zu verdeutlichen. Die Eskalation von Gewalt im Verlauf des Films ist weder psychologisch begründet, noch dient sie einer moralischen Botschaft. Es geht nicht um ideologische Werte, die vom Filmbild vertreten werden, sondern darum, die Rast- und Ratlosigkeit dieser jungen Italoamerikaner durch eine Auflösung jeglicher Erzähllogik zum Ausdruck zu bringen. Sie können keine Helden mehr sein, sondern nur noch deren Posen nachstellen. Es gibt für sie kein psychologisch stimmiges Narrativ mehr, an dem sie ihr Handeln orientieren können, sondern nur noch die sinnentleerte Konsequenz jenes Gangsterfilmgenres, dem sie – als wäre das Erzählmuster dieser Gattung zum Selbstläufer geworden – folgen müssen. Johnny Boy kann ebensowenig die Pose des Außenseiters, der sich keinen Gesetzen beugen will, ablegen, wie Michael im Sinne des Film noir nur auf eine Geste der Rache zurückgreifen kann. Weil Johnny Boy sich nicht bloß weigert, ihm das geschuldete Geld zu zahlen, sondern sich auch öffentlich über die Geldgier seines Freundes lustig macht, finden sich am Ende alle in einem ausweglosen System der Gewalt eingesperrt, das das Duell der beiden Gegner im Western mit der Flucht der Gesetzlosen im Film noir verschränkt.

Um seinen Freund zu beschützen, versucht Charlie mit Johnny Boy aus der Stadt zu fliehen, wird aber von Michael eingeholt, der kaltblütig aus seinem fahrenden Auto auf seine Freunde schießen läßt. Dieser blutige Ausgang ist jedoch nicht nur deshalb erschütternd, weil er völlig unnötig ist, sondern weil er von Scorsese als reine Geste entlarvt wird, die nur als Erfüllung einer Genrekonvention Sinn ergibt. In seine Schlußsequenz blendet er nämlich, nachdem der in den Hals geschossene Johnny Boy begonnen hat, die Straße entlangzutorkeln, für einige Sekunden das Ende eines klassischen Film noir ein, in dem der Gangster die Tür seines Autos öffnet, aus dem seine angeschossene Geliebte ihm entgegenfällt. Dann kehrt Scorsese zurück zum New York der frühen Siebziger, zur Ambulanz, die eingetroffen ist, um die Verletzten zu bergen, und zu den Nebenfiguren, die in dieser Nacht von der amerikanischen Faszination für Gewalt verschont geblieben sind.

Genre-Rekombinationen

Zusammen mit der Tendenz, verschiedene stereotype Gesten zu kombinieren und diese durch Popmusikzitate zu untermalen, um eine positive oder negative Umkodierung von Filmgestalten und deren Geschichten zu erreichen, gibt es im „New Hollywood" auch ein Recycling von Genres, das einer Refiguration und somit einer neuen Sinnstiftung dient. Dabei ist wichtig festzuhalten, daß das klassische Genrekino den Mythos Amerika – das Versprechen von Freiheit und Glück – immer wieder neu ausgekleidet hat, vornehmlich um die Opfer dieses Traums zu zeigen: die vom Zivilisationsdrang des Westerns Ausgeschlossenen, die am Ende einer Gangstertragödie Hingerichteten, die im Kerker der Familienwerte des Melo lebendig Begrabenen. Gleichzeitig folgt das klassische Genrekino aber jener Tendenz, die Roland Barthes für den Mythos im allgemeinen festgestellt hat: Es schafft die Komplexität der menschlichen Handlungen ab und verleiht ihnen sowie der Welt, in der sie sich abspielen, die Einfachheit von Essenzen. Formal unterstützt wurde dieser Hang zur Reduktion von Komplexität durch die Konvention des *continuity editing*, deren Ziel es ist, die Aufmerksamkeit auf die Geschichte und nicht auf das Medium zu richten, um den Eindruck zu erwecken, daß das Geschehen vor der Kamera sich natürlich und mühelos abspielt, wenngleich es auch – ganz im Sinne des Mythos bei Barthes – mit großem Aufwand fabriziert worden ist. Gleichzeitig diente diese Konvention auch dazu, eine Filmwelt herzustellen, die geordnet und verständlich war – obgleich in ihr oft das Scheitern des amerikanischen Traums thematisiert wurde. Brüche in der Konvention des *continuity editing,* wie sie beispielsweise Scorsese in TAXI DRIVER oder Penn in BONNIE AND CLYDE bewußt der Filmsprache der Nouvelle Vague entliehen haben – die Achsensprünge, die *jump cuts,* der Blick der Kamera von der Decke eines Raumes –, bewirken eine Desorientierung des Blickes, die der Ziellosigkeit ihrer Protagonisten entspricht: Travis Bickle, der psychisch entortet nachts Taxi fährt, auf der Suche nach einer Handlung, die seinem Leben einen Sinn verleihen würde; Bonnie Parker, die ziellos mit ihrem Geliebten durch die Lande zieht und Banken ausraubt, ohne daß sie an dem erbeuteten Geld Interesse hätte. Ganz im Sinne der Pop-art dienen diese Brüche dem Versuch, die Konstruktion der Geordnetheit des Genrekinos und somit auch die von ihm transportierten Illusionen von Freiheit und Glück sichtbar zu machen.

Gleichzeitig muß aber auch festgehalten werden, daß Genrekino per Definition zwar Abweichungen und innovative Erneuerungen der Hollywoodschemata erlaubt, der Spielraum an möglichen Veränderungen aber beschränkt bleiben muß. Denn sowohl die Lust am als auch die Ausstrahlungskraft von Genrekino besteht gerade darin, daß gewisse Erwartungen erfüllt werden müssen, weil das Publikum das Genre wiedererkennen soll. Auch wenn die klassischen Filmgenres nur mit Hilfe einer der Gegenwart angepaßten Umschrift ihre Wirkungskraft nicht verlieren, beruht diese Geste der Wiederbelebung darauf, daß vertraute Elemente verändert, neu kombiniert und anders kodiert werden, gleichzeitig aber eine erkennbare Konvention beibehalten wird. In diesem Sinne sucht die Refiguration vom Genrekino in den siebziger Jahren zwar die Konventionen der Filmsprache sowie die an diese geknüpften mythischen Erzählungen aufzubrechen, nie aber das vorgegebene Gerüst gänzlich zu zerstören. Besteht doch die Funktion von Genre in der Ritualisierung kollektiver Konflikte und darin, daß auf der Ebene der Imagination eine Versöhnung angeboten wird, die in der real gelebten Welt unmöglich wäre. Genrekino entpuppt sich somit als Massenprodukt, das einer bestimmten Kultur erlaubt, mit Hilfe der Herstellung von mythischen Geschichten gesellschaftliche und kulturelle Anliegen durchzuarbeiten, wobei dieser Prozeß immer doppeldeutig bleibt. Denn auch wenn der Lustgewinn des Genrekinos daher rührt, daß in dieser Welt fiktionale Lösungen für widersprüchliche und somit nicht unlösbare gesellschaftliche Anliegen entworfen werden können, bleibt diese Konfrontation mit kulturellen Antagonismen, die sich auf der Kinoleinwand abspielt, immer eine vermeintliche. Laut Geoffrey King befinden sich die Zuschauer in der luxuriösen Position, sich scheinbar einem kulturellen Problem stellen zu können. Weil diese Konfrontation aber im Gewand der Unterhaltung präsentiert wird, bleibt dem Zuschauer immer die Möglichkeit, den Konsequenzen dieser Erkenntnis auch wieder auszuweichen.[8]

Doch das Beibehalten gewisser Konventionsgebote hängt auch mit dem zusammen, was Robert Burgoyne „genre memory" des Westerns, des Gangsterfilms und des Melos nennt. Die Wirkung dieser tradierten Filmsprache und Erzählmuster auf das Erstellen von neuen Formen gesellschaftlicher Kohärenz ergibt sich nämlich größtenteils daraus, daß Kinogenres die Funktion, die sie in der Vergangenheit hatten,

8 Geoffrey King: New Hollywood Cinema. An Introduction. New York: Columbia University 2002, S. 129.

aufrufen, um so auf die Gegenwart – auf neue Weise – reagieren zu können. Deshalb fungierte das Genrekino in der amerikanischen Kultur immer als eines der Hauptvehikel, um eine gesellschaftliche Erfahrung nicht nur zu forcieren, sondern diese auch von einer Generation zur nächsten zu transportieren.[9] Genrekino ist somit nie statisch, sondern eine wandelbare Form; es überarbeitet, erweitert und transformiert jene kulturellen Werte, die es bestimmt und tradiert. Doch es hält auch zusammen, was sich in Zeiten kultureller Krisen aufzulösen droht. Eine Entleerung jener nationalen Mythen, die im klassischen Genrekino mitenthalten waren, mag demzufolge eines der Hauptanliegen der revisionistischen Regisseure des „New Hollywood" sein, wenn sie klassische Filmgenres durch Parodie oder Hybridisierungen refigurieren. Egal wie radikal die Umgestaltung auch ausfallen mag, bleiben diese Filme einer Logik des Recyclings verhaftet, die die konventionelle Funktion des Genrekinos nicht abstreitet, Vehikel für kollektive Erinnerung und ihre kulturelle Verarbeitung zu sein. Eignen sich die Helden von Regisseuren wie Malick, Scorsese, Penn oder Lucas die Posen ihrer Vorgänger im Genrekino an, um eine wenn auch brüchige oder gänzlich zeichenhafte Identität für sich zu entwerfen, bedeutet das Abarbeiten an den Konventionen des Genres für die Filmemacher und Drehbuchautoren auch eine spielerische Erprobung möglicher Identitäten: als Hersteller nationaler Mythen, die die Vergangenheit anerkennen wollen, um sie für ihre veränderte Gegenwart nutzbar zu machen.

Noir Meets Western

Im „New Hollywood" – schreibt Alexander Horwath – werden „sämtliche Genres, vor allem aber der Western und der Film noir bzw. Polizei-/Gangsterfilm einer scharfen Neuorientierung unterzogen, die die Erfahrung einer nationalen, weite Lebensbereiche erfassenden Krise reflektierte".[10] Gerade das Genre des Film noir erwies sich natürlich nicht zuletzt deshalb als so anregend für eine Refiguration, weil es einer Kriegs- und Nachkriegsepoche entsprang, die ähnlich wie die frühen siebziger Jahre mit Fragen der politischen Korruption und des Zerfalls moralischer Werte beschäftigt war. So wird über das Aufgreifen des Noir-Genres an die paranoide Weltanschauung sowie das Gefühl unendlicher Ohnmacht gegenüber einer unausweichlichen Fatalität erinnert, die am Ende des Zweiten Weltkriegs ausgiebig inszeniert worden ist: an die dunkle, verwirrende, faszinierende und gleichzeitig bedrohliche Welt der Intrige, des Betrugs und der Dekadenz, aus der es kein Entrinnen gibt.

Der Plot von CHINATOWN beispielsweise basiert auf historischen Ereignissen, die sich in Los Angeles kurz vor dem Zweiten Weltkrieg abspielten, und diente Roman Polanski dazu, für die Verschränkung von Macht und Korruption, die diese Stadt auszeichnet, eine Gründungsgeschichte zu erstellen. Sein Privatdetektiv J. J. Gittes (Jack Nicholson) entdeckt eine Intrige, die um die Manipulation der Wasserversorgung von Los Angeles kreist. Noah Cross (John Huston) hat seinen ehemaligen Partner, den Chefingenieur des *water department,* Hollis Mulwray (Darrell Zwerling), ermorden lassen, weil dieser sich gegen seine Machenschaften stellte. Cross hatte den Plan ausgeheckt, die Wasserzufuhr zum San Fernando Valley zu stoppen, um das ausgedörrte Land billig aufzukaufen. Danach wollte er es künstlich bewässern lassen, um es mit hohem Profit wieder verkaufen zu können. Bezeichnend an der Aufdeckung dieses Skandals, der einer Entgleitung des *American dream* gleichkommt, ist, daß sie an eine zweite Untersuchung gebunden ist, die um die geheimnisvolle Evelyn Mulwray (Faye Dunaway) kreist, Gattin des ermordeten Ingenieurs und Tochter des gefährlichen, aber politisch mächtigen Entrepreneurs. *Cherchez la femme* heißt ganz im Sinne des klassischen Film noir die Devise, der Gittes folgt, um eine zweite Szene der Korruption aufzudecken: Cross' Inzest mit seiner Tochter, dessen Frucht jene junge Frau ist, die vor ihrem obszönen Vater zu schützen Evelyn bereit ist, alles aufs Spiel zu setzen. Sie stirbt wie so viele klassische Femmes fatales auf der Flucht vor der Polizei. Doch weil ihr Tod

9 Robert Burgoyne: Film Nation. Hollywood Looks at U. S. History. Minneapolis: University of Minnesota 1997, S. 8.

10 Alexander Horwath: A Walking Contradiction (Partly Truth and Partly Fiction). Das unreine Kino: New Hollywood 1967–76. In: Alexander Horwath (Hg.), a. a. O., S. 31.

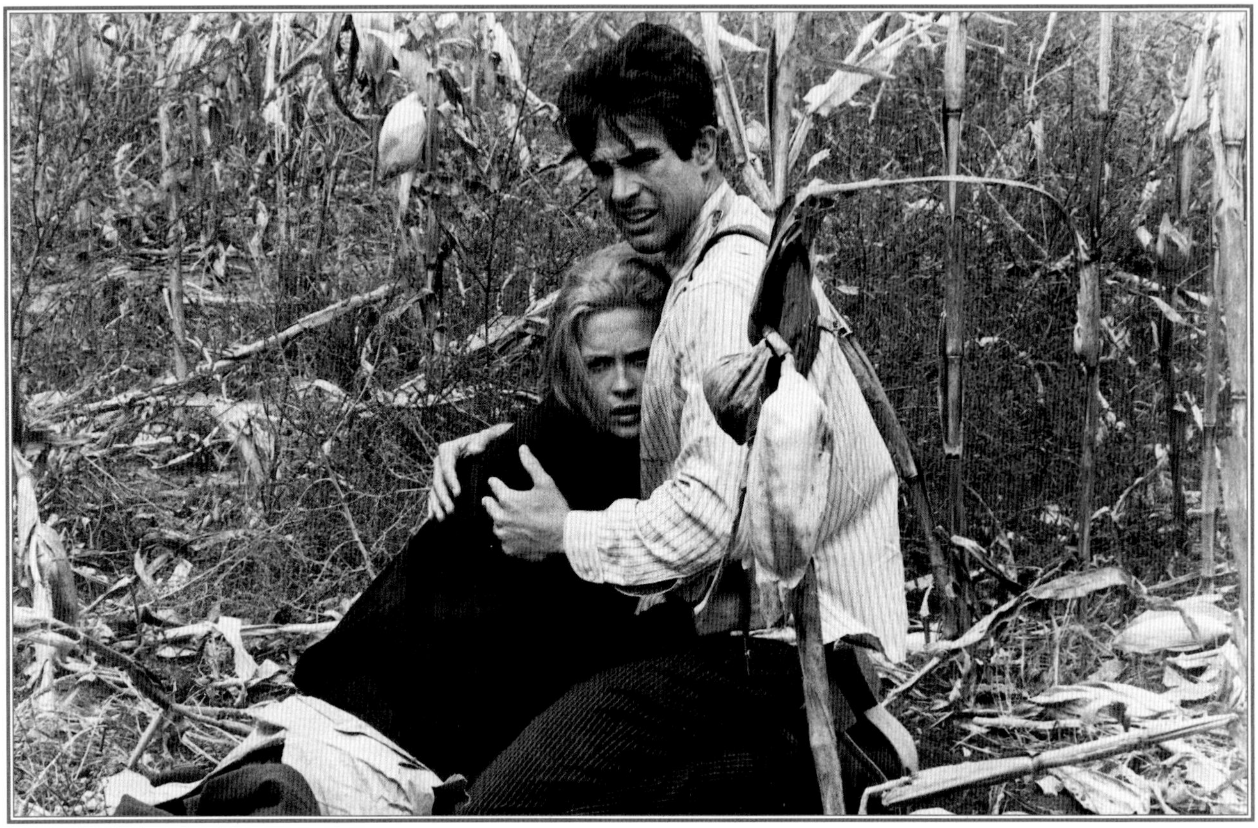

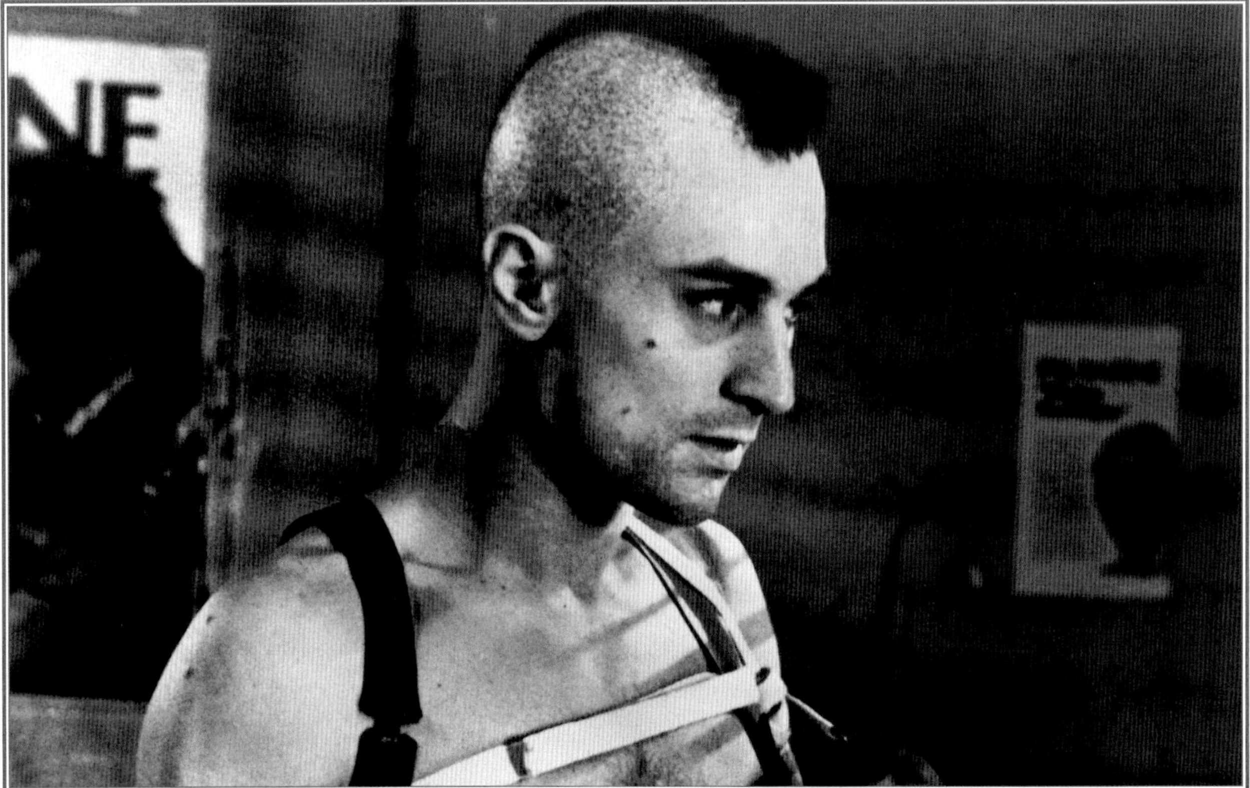

als Wiederholung eines früheren Polizeieinsatzes in Chinatown inszeniert wird, in dem ebenfalls eine unschuldige Frau ums Leben kam, fungiert er nicht nur als Chiffre für die unlösbare Verwobenheit von politischer Macht und krimineller Gewalt. Die Sympathie, die der Film unzweideutig auf die enigmatische Verführerin und Rächerin richtet, weil sie vornehmlich das Opfer männlicher Machtkämpfe und Geldsucht ist, bedeutet auch eine Transformation der Gattungsvorlage.

Im Gegensatz zur klassischen Femme fatale bedeutet Evelyn Mulwray nur insofern eine Gefahr für den Mann, als sie den Privatdetektiv ins Herz jener korrupten Welt führt, von der sie sich eigentlich absetzen will. Fatal ist sie also nur in dem Sinne, daß sie als Symptom einer Kultur der Komplizität zwischen Politik und Kriminalität figuriert, ohne davon selber zu profitieren, aber auch ohne daß ihr Opfer zur Reinigung dieser Gesellschaft führen würde. Die Tochter, die den Polizeieinsatz überlebt, landet bei ihrem obszönen Großvater. Gleichzeitig muß Gittes einsehen, daß er den Ausgang der Dinge nicht im Griff hat. Hatte er anfänglich die Situation gänzlich falsch eingeschätzt, ist er, nachdem er die schreckliche Wahrheit erkannt hat, ohnmächtig, etwas gegen Cross zu unternehmen. Sein Mitarbeiter führt ihn vom Todesschauplatz weg, mit einer Erklärung, die ebenso erschütternd wie ernüchternd ist: „Forget it, Jake, it's Chinatown."[11]

Andere Neo-Noirs wie Arthur Penns NIGHT MOVES (1975) heben noch stärker die Fehlbarkeit und Verletzlichkeit des Privatdetektivs hervor. Auch Harry Moseby (Gene Hackman), der schon lange keine großen Fälle mehr aufgeklärt hat, erhält den Auftrag, eine junge Frau, die verschwunden zu sein scheint, zurück nach Hause zu bringen. Die Suche nach Delly Grastner (Melanie Griffith) führt ihn nach Florida, zu deren Stiefvater Tom Iverson (John Crawford). Moseby wird immer klarer, daß er in einer Welt verloren ist, die er nicht versteht und die er auch nicht beherrschen kann. Anfänglich weisen seine Mitmenschen ihn nur spöttisch darauf hin, daß er sich wie ein Mann verhält, der von seinem Rollenvorbild – dem hartgesottenen Detektiv aus Hammetts Romanen – fremdgesteuert ist und nur noch mechanisch Spuren folgt. Doch je näher er den eigentlichen Handlangern der Intrige kommt, desto schmerzhafter muß er am eigenen Leib erfahren, daß er die Morde, die um ihn herum geschehen, zwar erklären, aber keine befriedigende Auflösung für sie finden kann. Um ein Schmuggelgeschäft mit südamerikanischen Antiquitäten durchzuführen, ist Iverson bereit, sowohl seine Stieftochter Delly wie seine Geliebte Paula (Jennifer Warren) zu opfern. Harry Moseby gelingt es zwar, den schamlosen Vater sowie seinen Kompagnon zu Fall zu bringen, doch ohne die beiden Frauen vor dem Tod retten zu können.

Man ist an den ebenfalls ohnmächtigen Scottie (James Stewart) in Hitchcocks VERTIGO (1958) erinnert, der gleich zweimal hilflos beobachten muß, wie eine Frau von einem Kirchturm in den Tod fällt. Denn auch Harry muß den Tod der beiden Frauen mit ansehen: In Dellys Fall betrachtet er nachträglich die Filmaufnahmen, die von ihrem Unfall gemacht wurden, bei Paula ist er Zeuge des Bootsunglücks, das er selber mitverschuldet hat. Wie bei seinem traurigen Vorgänger aus Hitchcocks Film wird seine Fehlbarkeit noch dadurch unterstrichen, daß er sich von einem alten Freund hat verführen lassen, der, um seine eigenen Geschäfte mit Tom Iverson zu verdecken, ihn überhaupt auf die Fährte der verschwunden Delly gesetzt hatte. Die Refiguration des Film noir erlaubt Penn jedoch, nicht nur darauf hinzuweisen, daß traditionelle Heldenfiguren wie der hartgesottene Detektiv im Amerika der frühen siebziger Jahre ausgedient haben. Diese Rolle des klassischen Privatdetektivs, die nur noch die eigene Fehlbarkeit und somit die Entleerung ihrer Funktion erkennen läßt, wird als Chiffre eingesetzt für eine grundsätzliche Krise des männlichen Selbstverständnisses am Ende des Vietnamkrieges.

Auch Robert Altmans THE LONG GOODBYE spielt nostalgisch darauf an, daß die Figur des *hard-boiled detective* überholt ist. Von der Chandler-Vorlage weicht er jedoch in-

11 Polanski hat erklärt, er hätte einen Film über Korruption in den späten dreißiger Jahren drehen wollen, wie sie durch das Kameraauge der siebziger Jahre betrachtet aussehe. Davon ausgehend schlägt Peter Lev vor, den Sieg des korrupten Geschäftsmanns als Chiffre zu deuten für die Versuche, den Watergate-Einbruch zu vertuschen, aber auch für Enthüllungen, die die obszöne Macht von Konzernen wie OPEC aufzudecken suchten. Vgl. Peter Lev, a. a. O., S. XXI.

BONNIE AND CLYDE: Faye Dunaway, Warren Beatty

TAXI DRIVER: Robert De Niro

sofern ab, als sein Philip Marlowe (Elliott Gould) auf die eigene Versehrtheit mit einer selbstironischen Gedankenverlorenheit reagiert. Unentwegt spricht er mit sich selbst, kommentiert sowohl seine Verwirrung über die tragischen Ereignisse, die plötzlich über ihn hereinbrechen, als auch seine Unfähigkeit, ein wirklich harter Kerl zu sein. Nur zu deutlich nimmt er sich als Abklatsch einer mythischen Figur wahr, die nicht einmal fähig ist, auf ihre Katze aufzupassen. Auch in THE LONG GOODBYE geht es um den Betrug durch einen Freund. Doch gerade in der Art, wie Altman seine Parodie des klassischen Film noir enden läßt, wird seine bedeutende Abweichung nicht nur vom Roman, sondern vom Genre überhaupt deutlich.

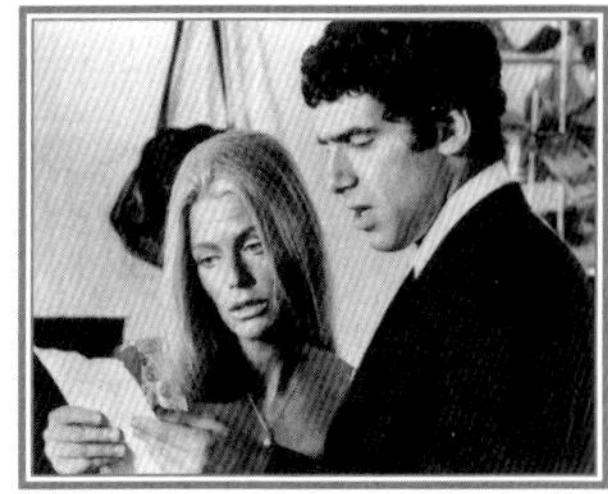

THE LONG GOODBYE: Nina Van Pallandt, Elliott Gould

Während Chandler die nostalgische Trauer Marlowes um seinen Freund Terry Lennox (Jim Bouton), der ihn eines Nachts gebeten hatte, ihn nach Tijuana zu fahren, um dann in Mexiko vermeintlich Selbstmord zu begehen, in den Vordergrund seiner Erzählung rückt, betont Altman den morschen Kern dieser Männerfreundschaft. Nachdem Marlowe sich ritterlich weigert, der Polizei zu helfen, die Terry des Mordes an seiner Frau verdächtigt, wird er von der verführerischen Eileen Wade (Nina Van Pallandt) engagiert, ihren alkoholsüchtigen Gatten Roger (Sterling Hayden) zu finden, und anschließend gebeten, sich um ihn zu kümmern. Bald begreift Marlowe, daß diese Femme fatale nicht nur weiterhin ein Verhältnis mit seinem Freund hat, sondern daß beide seine Loyalität ausgenutzt haben, um Terrys fingierten Selbstmord sowie den ihres Gatten glaubwürdig zu machen. Somit ist Altmans Welt wesentlich hoffnungsloser als die Chandlers, da hier noch nicht einmal auf Männerfreundschaft Verlaß ist. Aber die Erkenntnis des Betrugs führt auch dazu, daß Altmans Marlowe endlich handeln kann, und zwar, indem er seine verbrauchte Rolle des selbstironischen Privatdetektivs mit einer anderen kombiniert: der des kaltblütigen Rächers. Er mag zwar verwirrt sein, aber im Gegensatz zu Gittes und Moseby kann er im entscheidenden Augenblick seine Vorstellung von Gerechtigkeit gegen den gesetzlosen Freund durchsetzen. Wütend darüber, daß Terry ihn ausgenutzt hat, kehrt Marlowe nach Mexiko zurück und erschießt seinen alten Freund mit einer Kugel direkt in die Stirn.

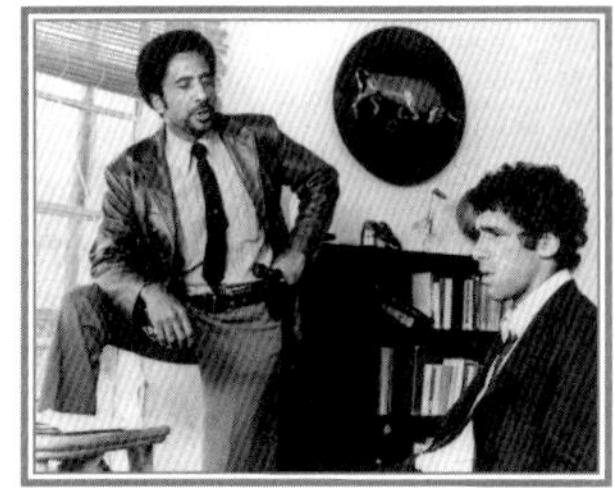

THE LONG GOODBYE: Jerry Jones, Elliott Gould

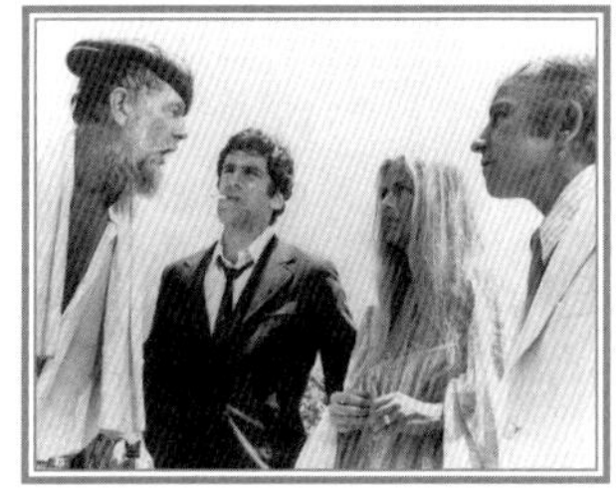

THE LONG GOODBYE: Sterling Hayden, Elliott Gould, Nina Van Pallandt, Henry Gibson

Dies wird von Altman als ethischer Akt inszeniert, sowohl, weil Marlowe einen Mörder hinrichtet, den das Gesetz nicht mehr belangen kann, als auch, weil er, indem er den Tod des anderen auf sich nimmt, aus dem Schatten eines anachronistischen Ehrenkodex heraustritt, seine klischierte Persona von sich streift und so zum Subjekt seiner Geschichte wird. Daß dies nur möglich ist, weil er selber das Gesetz bricht, unterstützt den hoffnungslosen Tonfall dieser bitteren Parodie. Während der Abspann läuft, hören wir „Hurray for Hollywood“. Die Faszination der Gewalt und Gesetzlosigkeit bleibt auch dann intakt, wenn die Figuren, die diese Geschichte tragen, als Klischees enttarnt worden sind – oder gerade dann erst recht.

Schließlich gibt es im „New Hollywood“ auch Filme wie Robert Bentons THE LATE SHOW, in dem der in die Jahre gekommene Privatdetektiv Ira Wells (Art Carney) explizit als Chiffre für das altgewordene Genre des Film noir eingesetzt wird. Auf der Beerdigung eines Freundes, der eines Nachts angeschossen bei ihm aufgetaucht ist, trifft Wells die zerstreute Margo (Lily Tomlin), für die der verstorbene Harry Reagan gearbeitet hat, und wird in eine komplizierte Intrige hineingezogen, die mit den vertrauten Versatzstücken des Genres arbeitet: Ehebruch, Diebstahl, Betrug und Mord. Als hätte der Privatdetektiv seine Zeit überlebt, steht alles unter dem Zeichen einer nostalgischen Nachträglichkeit, aber auch eines spöttischen Vorwurfs des Verspätetseins. Wells hält wie Marlowe in THE LONG GOODBYE sowohl an einem anachronistischen Ehrenkodex fest (will er doch einzig seinen Freund rächen, weil es solche Jungs aus der vergangenen Blütezeit des Detektivdaseins kaum noch gibt) als auch an den Denkfiguren und dem Idiom der Noir-Welt; er nennt Margo unentwegt *doll* und schätzt sie als eine Nachfahrin jener *dames* aus den vierziger Jahren ein, die schon damals Männern wie ihm das Leben schwergemacht haben. Um seine Versehrtheit zu verspot-

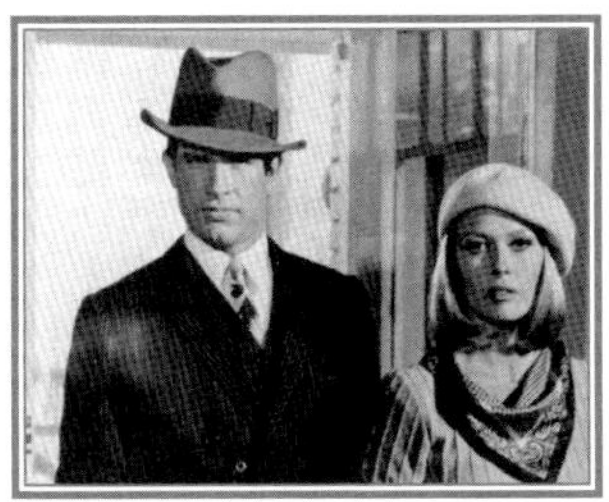

BONNIE AND CLYDE: Warren Beatty, Faye Dunaway

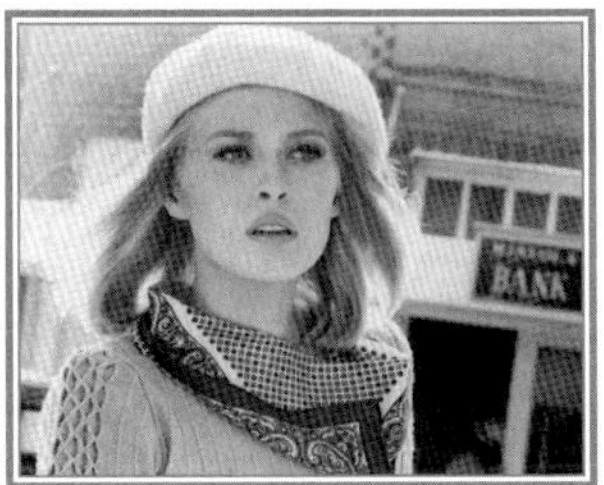

BONNIE AND CLYDE: Faye Dunaway

ten, wird ihm zudem wiederholt von seinen Widersachern vorgeworfen, er würde nur „Räuber und Gendarm" spielen wollen und komme eigentlich zu spät - etwa vierzig Jahre. Doch Bentons Hommage an den Film noir zeigt sich gerade darin, daß diejenigen, die in dem alternden Detektiv nur ein ohnmächtiges Überbleibsel einer vergangenen Zeit sehen wollen, einer Fehleinschätzung aufsitzen, für die manche von ihnen mit dem Leben bezahlen müssen. In der Schlüsselszene zeigt sich nämlich, daß Wells nicht nur listig seine Gebrechlichkeit eingesetzt hat, um seine Gegner zu täuschen, sondern auch weiterhin treffsicher schießen kann. Das traditionelle Wertesystem des Film noir, in dem das Gesetz wichtiger ist als alles illegale Geld, auch wenn es nur mit Selbstjustiz durchgesetzt werden kann, siegt.

An dem Triumph des alten Detektivs läßt sich aber auch Bentons Glauben an die Wirkungskraft des von ihm umgeschriebenen Genres ablesen. Wie Wells seine Gegner trifft der Film noir im richtigen Moment noch immer zielsicher die Wünsche und Ängste der amerikanischen Kultur. Besonders an der Figur Margos zeigt sich, daß die Faszination, Gangster zu jagen und Intrigen aufzudecken, weiterhin ansteckend sein kann. Von ihrem Einsatz als Gehilfin von Wells berauscht, schlägt sie dem alten Mann vor, sie sollten ein Team werden. Das lehnt er zuerst entschieden ab. Am Ende des Films sitzen beide auf einer Bank an einer Bushaltestelle, hinter der - als wär's ein Hauch Pop - eine *billboard* hängt, die mit einem Abbild von Boris Karloffs Frankenstein für das städtische Wachsfigurenmuseum wirbt. Eigentlich will nur sie einsteigen. Dann fährt der Bus weg, und wir sehen nur noch die leere Bank vor der Plakatwand: Bentons letzte Huldigung an die Kraft alter Pathosformeln in neuem Gewand.

Genreerinnerung an den Gangsterfilm taucht aber auch in Filmen auf, die die Flucht vor dem Gesetz mit einer Reise durch die Landschaft des Südwestens Amerikas verschränken, um die tödlichen Konsequenzen des amerikanischen Traums vom Recht auf Freiheit durch die Rekombination zweier Genres auszuloten. Denn sowohl der Western als auch der Film noir feiern zwar das Beharren des Protagonisten auf seinen uneingeschränkten Individualismus, entlarven aber gleichzeitig diese Selbstsucht als eine die Gemeinschaft gefährdende narzißtische Hartnäckigkeit. Die unnachgiebige Einsamkeit derjenigen, die das Gesetz überschreiten, weil sie sich diesem nicht beugen wollen, stellte in den mythischen Filmgeschichten Amerikas immer einen Widerspruch dar zu einem Anspruch auf ein sicheres Heim und eine glückliche Familie. Sowohl der Westernheld, der gegen alle Gefahren der *frontier* 12 kämpft, als auch der Gangster, der ein Vermögen erbeutet, tun dies, um jeweils eine Vorstellung von Häuslichkeit zu verteidigen oder zu erträumen, die sie selber nie genießen werden. Diese Außenseiter, die nur dem Gesetz des eigenen Begehrens folgen, koste es, was es wolle, stellten immer schon - als hartnäckigste Ausprägung des amerikanischen Individualismus - gleichzeitig auch jene Sündenböcke dar, die geopfert werden müssen, damit die Unterdrückung von Todestrieben das Fortbestehen der Zivilisation garantiert.

Nimmt man BONNIE AND CLYDE als prototypisches Beispiel für eine Umschrift dieser mythischen Erzählung, wird jedoch auch deutlich, wie nützlich rebellische Individuen sind, die sich gegen die Ungerechtigkeit von Institutionen wehren (in diesem Fall gegen die Banken), um von der Öffentlichkeit zu Volkshelden stilisiert zu werden. Sie genießen an unserer Stelle jene uneingeschränkte Freiheit, die das Leben im Alltag uns verbietet, und erhalten dank der Medien, die sie zu *celebrities* machen, noch zu Lebzeiten einen legendären Status. Natürlich paßt Arthur Penn diese Legende dem zeitgenössischen Geschmack dadurch an, daß er schonungslos die gewaltsamen Folgen darstellt, die der Gesetzesbruch seiner sympathischen Bankräuber mit sich bringt. Seine zeitgenössische Umschrift des Westerns ist gleichzeitig auch darin zu erkennen, daß in den Szenen, in denen die Barrow-Gang nachts im Motel überfallen wird oder das Gangsterpaar später auf offener Straße hingerichtet wird, die Polizei an die Stelle gerückt ist, die im klassischen Western den Indianern zugewiesen wurde: Aus

12 *Frontier* - sowohl als Neuland zu verstehen wie auch als Gebiet an der Siedlungsgrenze - stellt den Kernbegriff im amerikanischen Eroberungsmythos des Westens dar. Er findet einen semantischen Nachhall - auch nachdem die Westküste den USA angeschlossen wurde - als Verräumlichung des Drangs nach Freiheit, Individualität und Abenteuer, als deklariertes Grenzgebiet, von dem aus „Zivilisation" seine Bedeutung schöpft: im Science-Fiction-Film beispielsweise als Weltall, im Kriegsfilm als Front, im urbanen Gangsterfilm als Slum.

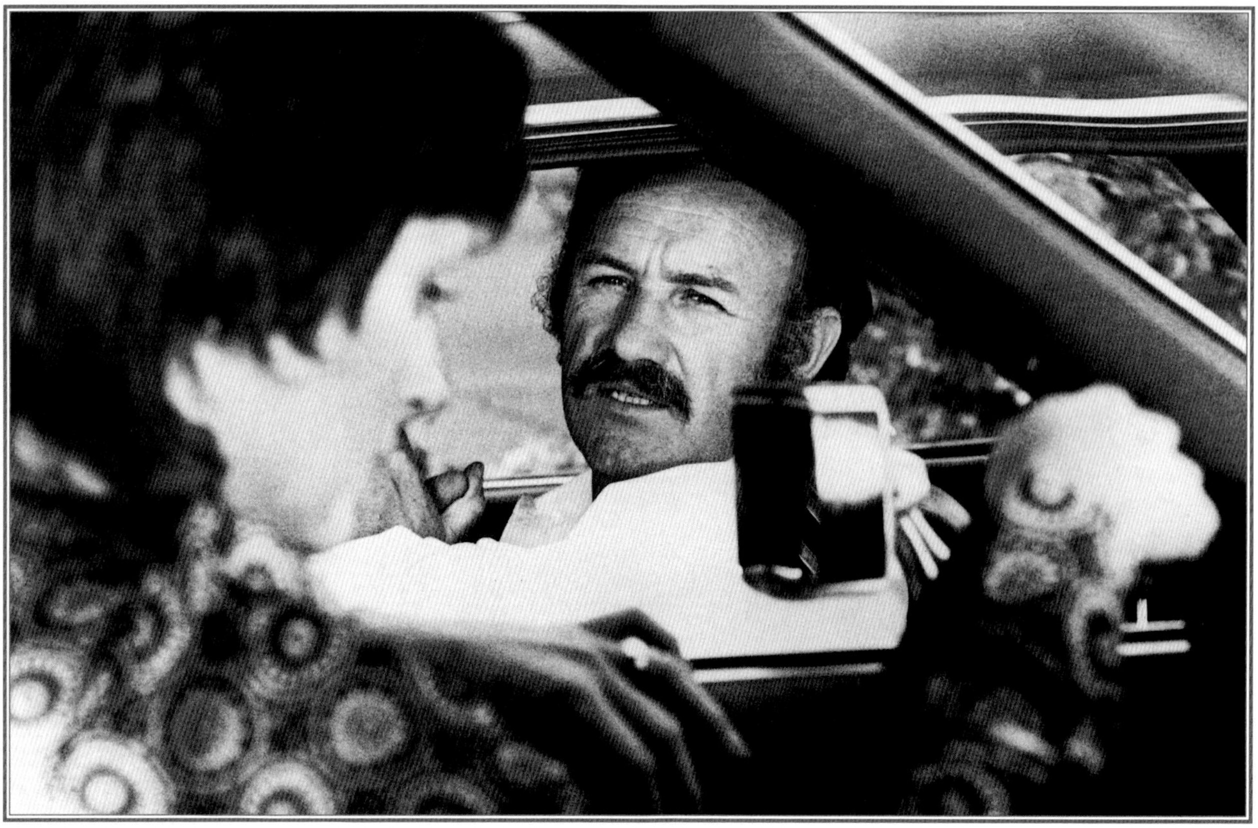

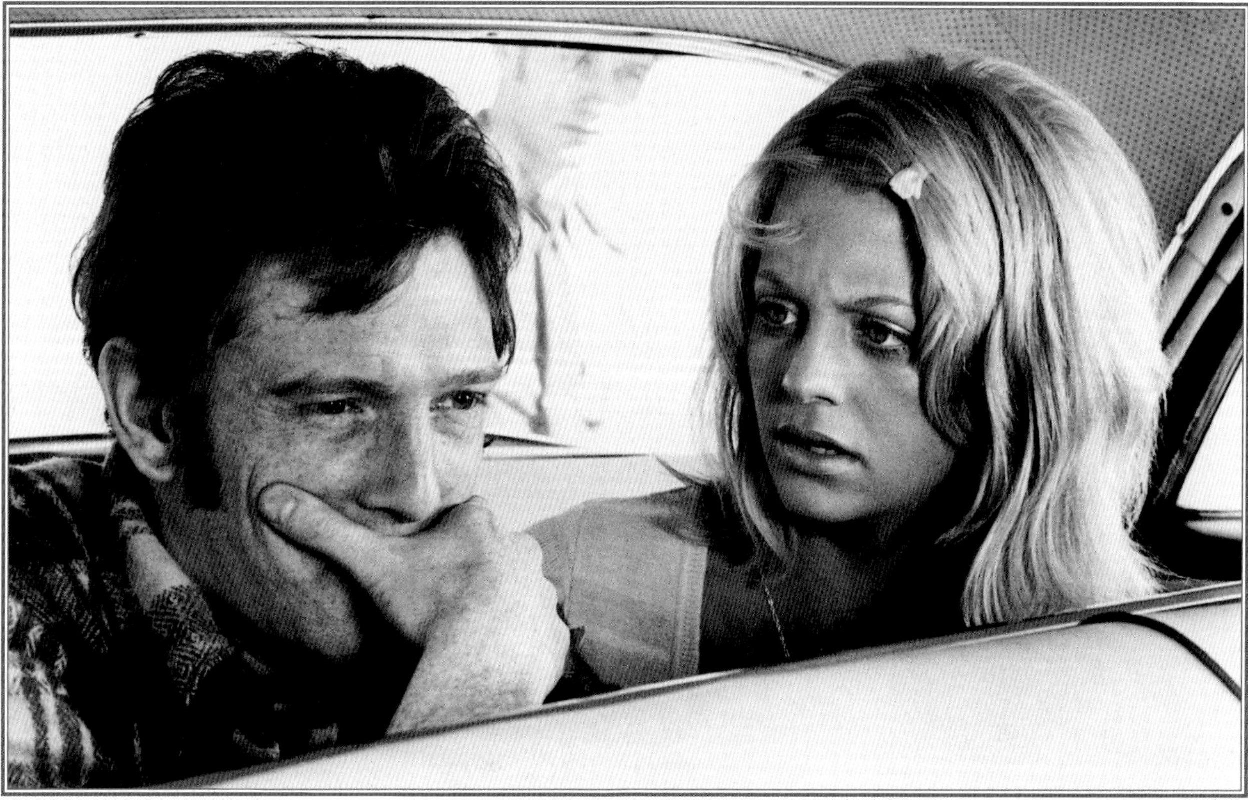

dem Hinterhalt und in der Überzahl greifen sie die Outlaws an und bleiben dabei – mit der Ausnahme des Texas Rangers Frank Hammer (Denver Pyle), der sich aus persönlichen Gründen rächen will – gänzlich anonym.

Das Aufgreifen des klassischen Außenseiterpaars muß aber nicht nur dazu dienen, den gesellschaftsfeindlichen Individualismus hervorzuheben, der dem amerikanischen Traum nach unbegrenzter Freiheit innewohnt. Es kann auch, wie in Steven Spielbergs THE SUGARLAND EXPRESS, der ebenfalls auf einer wahren Geschichte basiert, dazu führen, das hartnäckige Insistieren einer jungen Gesetzesbrecherin in den Dienst der Familie zu stellen. Nur weil sie ihren kleinen Sohn von seinen Adoptiveltern zurückhaben will, überredet Lou Jean Poplin (Goldie Hawn) ihren Gatten Clovis (William Atherton), aus dem Gefängnis auszubrechen, und entführt Maxwell Slide (Michael Sacks). Die Situationskomik auf der Reise dieser drei Gestalten quer durch die texanische Landschaft dient dazu, Lou Jeans gnadenlosen Egoismus zur Tugend zu erheben. Erbost über die Berichterstattung im Radio, besteht sie darauf, ihre eigene Version der Geschichte öffentlich in Umlauf zu setzen. Sofort wird sie zur Volksheldin. Auf dem Weg nach Sugarland halten Passanten Lou Jean und ihren Gefährten Plakate entgegen, die sie ermutigen, auf ihrem Recht als Mutter zu beharren, und reichen ihnen Geschenke durch das geöffnete Autofenster. Führt in BONNIE AND CLYDE der fast kindliche Glaube an die eigene Unversehrbarkeit die beiden Outlaws schließlich in den tödlichen Kugelhagel auf offener Straße, erweist sich diese uramerikanische Naivität als Lou Jeans Stärke. Der entführte Maxwell hat schnell erkannt, daß sein Vorgesetzter den beiden Outlaws eine Falle gestellt und Scharfschützen in das Haus der Adoptiveltern geschickt hat. Doch auf seine Warnung will Lou Jean nicht hören, und so tritt jene Erzählkonvention des Westerns ein, die für den Fortpflanzungstrieb der Gesellschaft ein Todesopfer fordert. Lou Jean zwingt Clovis, aus dem Auto auszusteigen und in das Haus zu gehen, um ihren Sohn abzuholen, und muß deshalb zusehen, wie er kaltblütig erschossen wird. Spielberg macht an dieser Szene sowohl das morsche Herzstück eines Westerngesetzes deutlich, Abmachungen zu brechen und hinterhältig zu töten – wie auch den gewalttätigen Kern von Lou Jeans mütterlichem Begehren. Seine Rekombination von Noir und Western läuft aber auch darauf hinaus, daß gerade diese gesetzwidrige Gewalt das Überleben der Familie sicherstellt. Nachdem sie das Gefängnis auf Bewährung verlassen darf, gelingt es Lou Jean, das Gericht davon zu überzeugen, ihr den Sohn zurückzugeben.

Eine der wirkungsvollsten Rekombinationen verschiedener Genres bleibt jedoch unumstritten Scorseses Noir-Western TAXI DRIVER. Explizit vom Drehbuchautor Paul Schrader als Umschrift von John Fords THE SEARCHERS (1957) konzipiert, sehen wir den klassischen Einzelkämpfer Travis Bickle (Robert De Niro), der eine blutige Schlacht schlägt, um die junge Iris (Jodie Foster) vor ihrem Zuhälter und ihrem Leben als Prostituierte zu retten. Die Schlacht findet in der Großstadtversion des Indianerlagers statt, einem schäbigen Mietshaus im Slum. Travis Bickles Widersacher Matthew, genannt „Sport" (Harvey Keitel), trägt lange Haare und das Stirnband eines stereotypen Indianers. Wie Fords Debbie (Natalie Wood) in THE SEARCHERS soll Iris zu ihrer Familie zurückkehren, also in die Art vermeintlich trauten Heims, dem Travis längst den Rücken zugekehrt hat. Mit der Begründung, er würde für den Geheimdienst arbeiten, hat er nämlich seinen Eltern verboten, jeglichen Kontakt mit ihm aufzunehmen, schickt ihnen aber jährlich Geburtstagskarten. Wie Ethan (John Wayne) ist auch Travis ein Kriegsveteran, nirgends zu Hause, unfähig, sich dem normalen Alltagsleben anzupassen, und wie sein Vorbild wandert er deshalb herum, nun nicht mehr in der grandiosen Landschaft des Monument Valley, sondern fährt nachts in seinem Taxi auf den Straßen New Yorks, die bei Scorsese jedoch eine ähnlich mythische Erscheinung aufweisen – mal schwül, mal nebelig, mal naß, mal verführerisch funkelnd. Travis ist einer der wenigen Fahrer, die bereit sind, jedes Ziel anzusteuern, weil die ganze

NIGHT MOVES: Susan Clark, Gene Hackman

THE SUGARLAND EXPRESS: William Atherton, Goldie Hawn

Stadt für ihn eine Kampfzone ist. Wie Ethan ist er zudem nicht nur Rassist, sondern versteht sich auch als auserwählt, kulturelle Werte vor dem Verfall zu retten. Der Kernsatz, den Scorsese ihn mehrfach wiederholen läßt, lautet: „Someday a real rain will come and wash all the scum off the streets." Und wie der besessene *lone ranger* des Westerns kämpft er als *lone crazed gunman* für die Zivilisation, indem er den Tod der anderen auf sich nimmt und diesen Gewaltakt als Reinigung versteht. Dabei macht Scorsese auch deutlich, daß die Möglichkeit der Freiheit, die die *frontier* dem *lone ranger* noch bieten konnte, verschwunden ist. Was gesäubert werden soll, ist das, was aus dem Zivilisationsdrang des Westerners geworden ist.

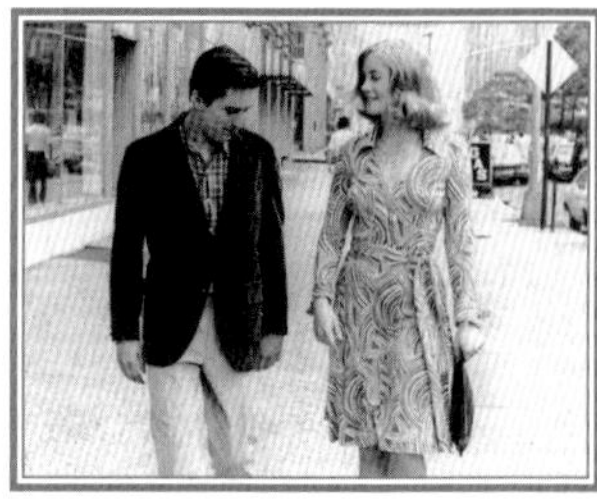
TAXI DRIVER: Robert De Niro, Cybill Shepherd

Nicht zuletzt wegen der Musik von Bernard Herrmann, dem der Film gewidmet ist, erinnert TAXI DRIVER aber auch an Alfred Hitchcocks VERTIGO. Zwar plagt Travis nicht Höhenangst, sondern Schlaflosigkeit, aber auch er ist von dem Begehren nach einer blonden Frau, die er anfangs nur als Bild wahrnimmt, besessen. Fährt Scottie (James Stewart) tagsüber ziellos durch die Straßen San Franciscos, um Madeleine (Kim Novak) nachzuspionieren, kreist Travis ständig um die gläserne Front des Büros, in dem Betsy (Cybill Shepherd) als Managerin der Wahlkampagne für einen Senator arbeitet. Wie VERTIGO beginnt auch TAXI DRIVER mit der Nahaufnahme eines Auges, um von Anfang an den voyeuristischen Blick in den Vordergrund zu rücken, der die paranoide Welt der Ohnmacht und der Sehnsucht nach bedeutungsvollen Taten beobachtet, von der diese Geschichte erzählt. Die Pointe der Rekombination von Western und Noir läuft bei Scorsese darauf hinaus, daß Travis wie Scottie sadistische Züge entwickelt, um sich an der Frau stellvertretend zu rächen, die seine Wahnvorstellungen zu korrigieren sucht. Als Antwort darauf, daß Betsy sich von seiner pornographischen Phantasie nicht vereinnahmen läßt, will er den Mann hinrichten, dessen politischen Traum sie teilt und für den sie arbeitet. Weil dieses Projekt aber scheitert, gleitet Travis einfach in ein anderes Genre und richtet seine Gewalt nun gegen einen anderen Widersacher: nicht den Vater, sondern den als Indianer kostümierten Zuhälter.

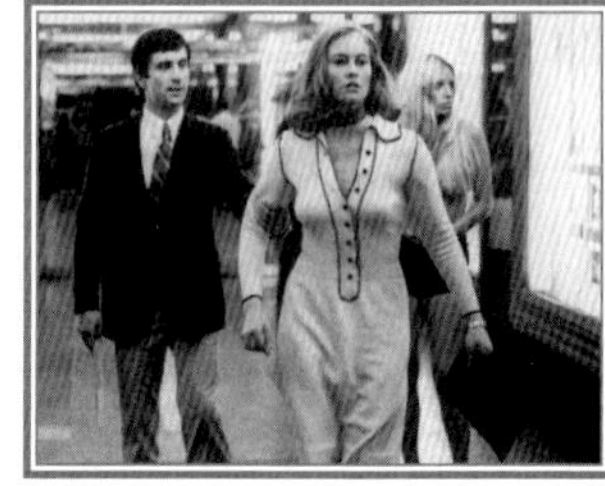
TAXI DRIVER: Robert De Niro, Cybill Shepherd

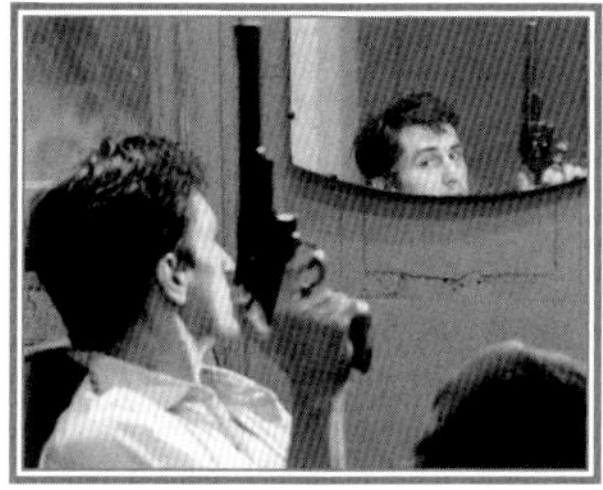
TAXI DRIVER: Robert De Niro

Doch diese Rekombination von Genres führt auch zu jenem beunruhigend offenen Ende, das einige Kritiker für inkohärent hielten, weil Travis keine Erlösung durch den Tod erfährt, sondern das Massaker überlebt und von der Presse sogar zum Helden erklärt wird. In der Schlußszene steigt Betsy zufällig in sein Taxi ein, und er bringt sie nach Hause, lehnt aber das Geld ab, das sie ihm reicht. Statt dessen fährt er weiter, und wir bleiben bei einer Nahaufnahme seiner Augen und der nächtlichen Szenerie, die an ihnen vorbeizieht. Nichts ist entschieden. Im Gegensatz zu THE SEARCHERS, könnte man nun sagen, fällt die Tür am Ende nicht ins Schloß. Scorsese lehnt die einfache Lösung des Westerns ab, die Travis allein in seine urbane Prärie zurückkehren ließe. Sein urbaner Cowboy bleibt bei uns, was auch bedeutet, daß wir mit ihm in seinem Taxi verweilen – bei seinen Eindrücken der nächtlichen Großstadt. Denkt man bei diesem in der Schwebe gelassenen Ende von TAXI DRIVER dann an das Schlußbild von VERTIGO, wird der Optimismus deutlich, der Scorseses Genre-Erinnerung zugrunde liegt. Travis hat die Frau, von der er besessen war, wiedergefunden, aber sie muß nicht wie Scotties Angebetete sterben. Sie kann einfach aus seinem Taxi aussteigen. Wie Scottie hält Travis zwar an ihrem Bild fest, aber nicht ohnmächtig, sondern beinahe ironisch. Es könnte sein, daß er nun aus seinen Obsessionen aufgewacht ist.

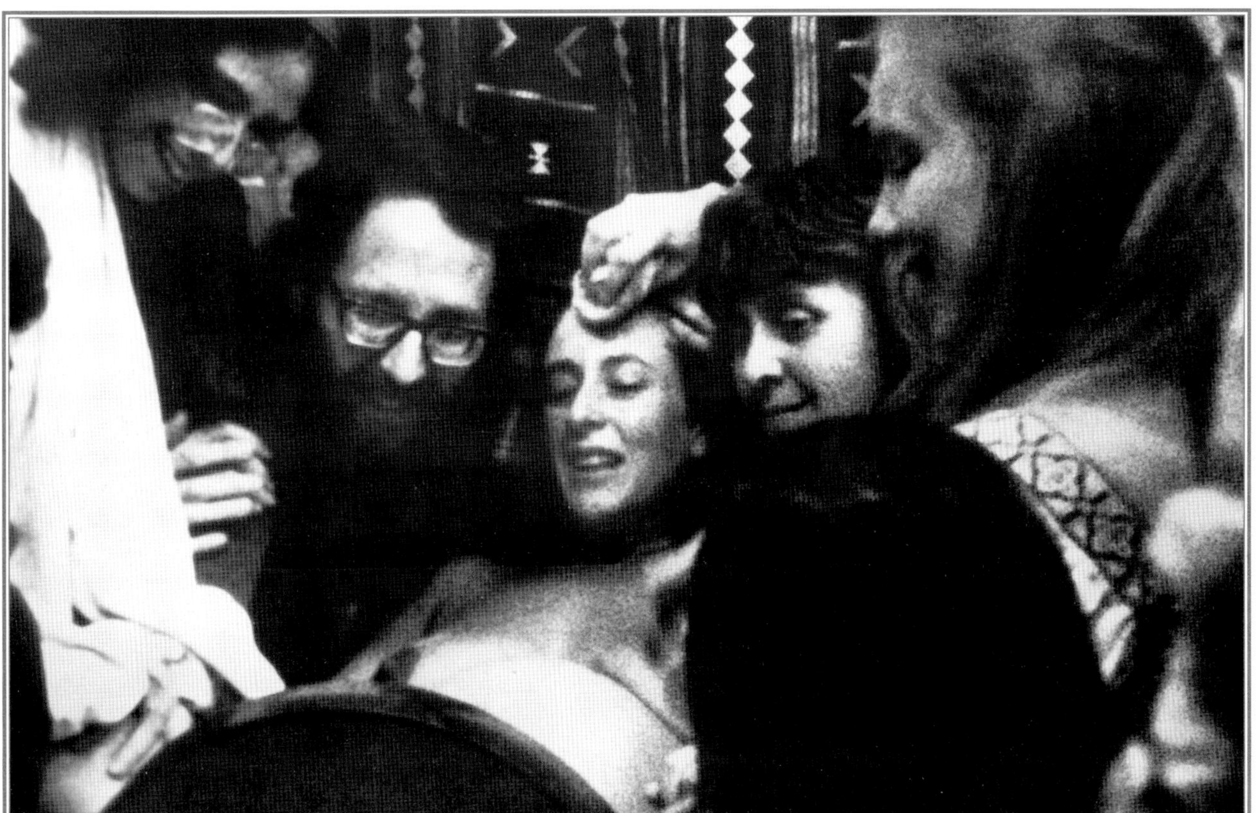

MILESTONES: Susie Solf (Mitte)

Verlorene Illusionen

Von Bert Rebhandl

Robert Kramers MILESTONES aus dem Jahr 1975 beginnt mit den Erinnerungen einer Frau, die 1891 geboren wurde. Sie ist damit älter als das Kino. Nun, in hohem Alter, aber immer noch in ihrem Schuhgroßhandel tätig, berichtet sie zwei Zuhörerinnen von den kalabrischen Volksliedern ihrer Heimat, von der Migration der Familie nach Amerika, von einem arbeitsreichen Leben in New York. „People like you with your wonderful ways", sagt abschließend die jüngere Besucherin, die fasziniert ist von der epischen Kontinuität in einer kleinbürgerlichen Biografie mit vielen Veränderungen. Mit diesem Prolog setzt Kramer seinen Film in eine historische wie in eine historiographische Perspektive. Es geht um (Wunsch-)Genealogien für die amerikanische Gegenkultur, die zu diesem Zeitpunkt in langwierigen Selbstfindungsprozessen befangen ist. Und es geht um eine Geschichte von unten, in der Meilensteine nicht die großen Ereignisse bezeichnen, sondern – im ursprünglichen Sinn des Worts – die Markierungen auf einem Weg: „Neither high nor far away, on neither emperor's nor king's throne, you're only a little slab of stone standing on the edge of the highway. People ask you for guidance; you stop them from going astray, and tell them the distance they must journey." So lautet das Zitat von Ho Chi Minh, dem Kramer den Titel seines Film entlehnt. Mangels einer großen Theorie müssen sich die Protagonisten aneinander orientieren, sie sind selbst der Horizont ihrer Geschichtsphilosophie. Die revolutionären Hoffnungen der späten sechziger Jahre werden in den siebziger Jahren persönlicher und bekommen eine andere Zeitökonomie. Es braucht „not a series of incidents, but a whole life", um die herrschenden Verhältnisse entscheidend zu verändern. Die überragende Bedeutung von MILESTONES besteht darin, daß Kramer für diese *journey* eine nicht-lineare, verzweigte Form findet, die der geographischen Diaspora der Gegenkultur in Amerika ebenso Rechnung trägt wie deren Verlust an zielgerichteter Dynamik.

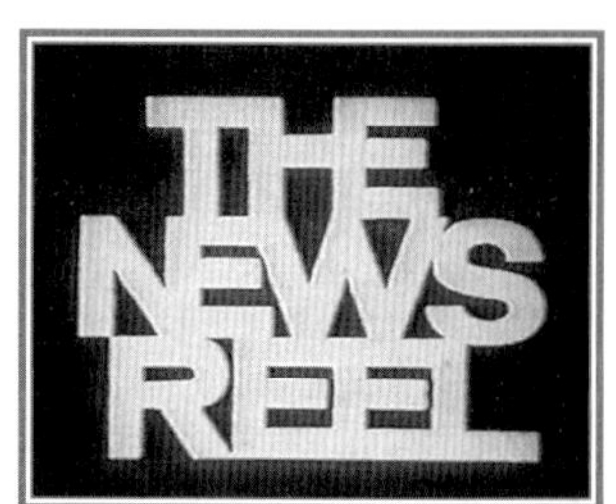

Das „flowering of participatory social life", durch das David E. James 1 die sechziger Jahre charakterisiert hat, hat keine blühenden Landschaften erbracht, sondern nur Enklaven. Selbst die beiden Arbeiteraktivisten, deren situationistisches Umherschweifen in den Industriearealen von Detroit ein Leitmotiv in MILESTONES bildet, diskutieren eine Übersiedlung auf die *ranch.* Dort wird – wie in der Kommune, in der die „Easy Rider" Station machen – ein Hippieleben mit Schwitzhütte, Akupunktur und Landwirtschaft aufrechterhalten. Die Zugehörigkeit zu dieser Gruppe zieht aber Risse durch mehrere Familien. Ein Mann möchte mit seiner Frau Amber und dem Sohn Leaf in die Stadt zurückkehren, während ein anderer Vater mit seinem Sohn Dylan an die Küste trampt, bevor er ihn wieder an den größeren Verband abtreten muß, dem sich seine Frau angeschlossen hat. Väter und Söhne, Mütter und Töchter suchen und sind gleichzeitig selbst die *milestones* in einem Land, dessen Freiheitsgeschichte noch gänzlich offen ist. Durch die kalabrische New Yorkerin, aber auch durch das zunehmende Interesse für die Ureinwohner und die Geschichte der Sklaven werden spezifische Ahnenreihen entworfen. Das Interesse an Traditionen und natürlichen Abläufen wächst (MILESTONES endet mit einer langen Gebärszene), während die Frage nach Repräsentation und Medienmacht an Bedeutung verliert, jedenfalls aber einen anderen Kontext bekommt. In einer zentralen Szene sehen zwei Frauen, im Bett liegend, eine Fernsehsendung, in der eine von ihnen (Jan Phillips) ein Interview zu ihrem Engagement in der Betreuung von inhaftierten Aktivisten gibt. Ihre schwangere Freundin Karen verhält sich bereits als – wenn auch noch solidarische – Medienkonsumentin. Dies ist umso interessanter, als Karen (Susie Solf) in MILESTONES die Tochter einer Dokumentarfilmerin namens Helen (Grace Paley) ist, die gerade ihre Vietnam-*dailies* schneidet. Das Gelingen dieser Produktion bleibt offen, während die biologische Reproduktion sich erfolgreich vollzieht.

Raum und Geschichte

Die Figur Jan Phillips vertritt eine Kontinuität im Werk von Robert Kramer, die von den Newsreel-Filmen über das in die Zukunft projizierte Guerilla-Szenario in ICE (1969) zu den komplexen Rollenspielen in MILESTONES verläuft. Am 22. Dezember 1967, einen Tag, nachdem Universal die letzte Wochenschau im amerikanischen Kino eingestellt hatte, traf sich in New York in den Räumen der Film-Makers' Cinematheque eine Gruppe von rund zwanzig Leuten, darunter auch Kramer. Jonas Mekas definierte das Vorhaben anfänglich so: „Aber vielleicht könnten wir uns eine vage Vorstellung davon machen, worüber wir reden, wenn wir es ‚contemporary newsreel' nennen. Das heißt, das Material, das viele von uns täglich bei Demonstrationen und Streiks filmen und auch in ruhigeren Momenten ... es ist da, etwas passiert, und wir glauben, daß es landesweit zu sehen sein sollte und auch in anderen Ländern. Oft liegt dieses Material nur herum, es liegt herum, und nichts geschieht damit, niemand bekommt es zu sehen, die Zeit vergeht, und es wird bloß Geschichte."2 Dieses Statement des wichtigsten Vertreters des New Yorker Undergroundfilms ist von den persönlichen Verlusterfahrungen des litauischen Immigranten geprägt, es ist aber auch ganz deutlich eine Reaktion auf die grundlegenden Veränderungen, die das amerikanische Kino in den sechziger Jahren erfährt.3 Ein neues Verhältnis zur Gegenwart und zum Raum bildet sich heraus. Während die Studioproduktionen im klassischen Paradigma der Zeit zwischen 1930 und 1945 die historische Erfahrung – die Wirtschaftskrise, den New Deal und den Zweiten Weltkrieg – gewöhnlich in ihrem Konzept einer räumlichen Homogenität aufgehoben haben, gewinnen die Filme in der Folge allmählich an Territoria-

1 David E. James: Allegories of Cinema. American Film in the Sixties. Princeton: Princeton University 1989, S. 3.

2 Jonas Mekas: Voices from the Underground. Aufzeichnungen Dezember 67 bis Juli 68. Über die Entstehung von „Newsreel": Ein Sitzungsprotokoll. In: That Magic Moment. 1968 und das Kino. Eine Filmschau. Wien: Viennale 1998, S. 35.

3 Zum Folgenden vgl. Robert B. Ray: A Certain Tendency of the Hollywood Cinema, 1930–1980. Princeton: Princeton University 1985, S. 245–325; sowie Fredric Jameson: The Geopolitical Aesthetic. Cinema and Space in the World System. London: BFI 1992, S. 1–84.

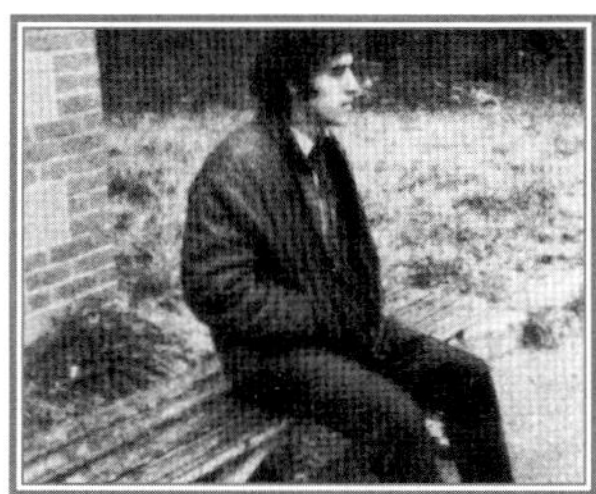

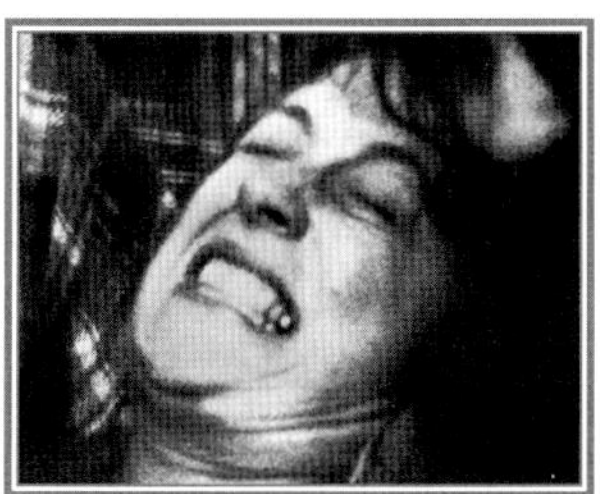

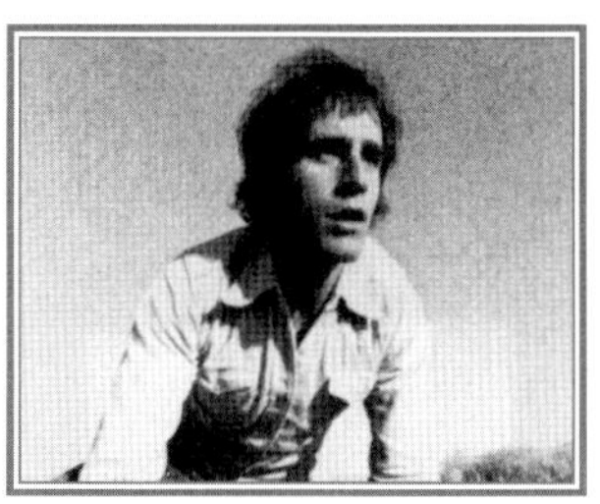

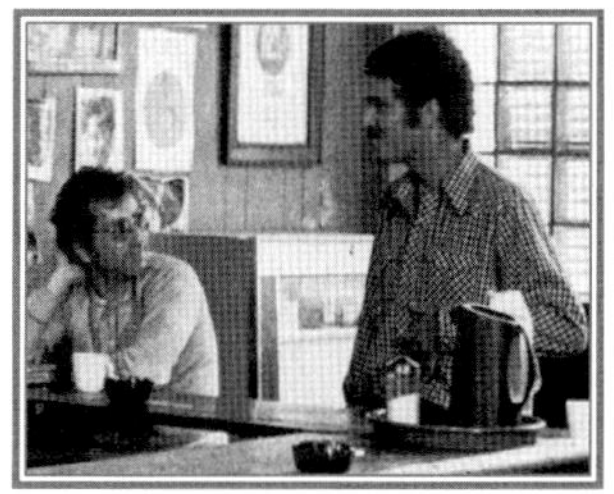

MILESTONES

lität. Die Orte werden zunehmend spezifisch (ein neuer Film noir wie CHINATOWN topographiert Los Angeles im Sinn einer Ökologie der Angst), die filmischen Formen rücken näher an das Ereignis. Die Gründe dafür sind vielfältig, in erster Linie jedoch technologisch. Die Konsequenz ist, daß Hollywood nicht länger das Monopol für die Deutung der amerikanischen Erfahrung und die Erstellung einer „aural map“[4] des Landes hat.

Das Fernsehen übertraf die Standardisierungsleistungen der Filmstudios durch neue Formate, in denen heterogenes Material wesentlich besser integriert werden konnte. Die Wochenschau im Kino mit ihren produktionsökonomisch bedingten Verspätungen wurde durch immer aktueller werdende *prime time*-Nachrichtensendungen mit einem autoritativen *anchorman* abgelöst. Zudem führte die Entwicklung von leichter handhabbaren Kameras und technischem Gerät zu einer ständig steigenden Produktion von gefilmten Bildern – von experimentellen Arbeiten der Avantgarde über *home movies* bis zu Nachrichten aus allen Erdteilen. „New Hollywood“ enthält eine Vielzahl von Versuchen, so viel wie möglich von dieser neuen visuellen Kultur auf die Seite des „dominanten Kinos“ zu holen, es in eine Filmindustrie zu inkorporieren, die sich gerade mit den Konzernstrukturen einer finanzkapitalistischen Konkurrenzgesellschaft vertraut machte. Dagegen stehen zahlreiche Experimente außerhalb des Hollywood-Zusammenhangs, vor allem in New York und San Francisco. Die Filmindustrie wird durch diese Heterogenität ähnlich informiert, wie die Öffentlichkeit insgesamt von der Gegenkultur auch dort geprägt wird, wo sie auf entschiedenen Widerstand stößt. Das amerikanische Kino differenziert sich in diesen Jahren in einer Weise aus, die das Medium selbst und seine Funktionsweisen entscheidend verändert.

Medienmacht und Repräsentation

Newsreel war der explizite Versuch, in die gesellschaftliche Selbstverständigung aus einer Position der politischen Minorität einzugreifen, und zwar so, daß das Kino eine möglichst weitgehende Gleichzeitigkeit mit dem Ereignis erreichte. Der „natürliche“ Gegner war demnach das Fernsehen. Während die Flugblattfilme der Ciné-Tracts in Frankreich um 1968 sehr sprachspielerisch sowie unmittelbar agitatorisch und die Kurzfilme in der von Chris Marker produzierten Reihe „Magazines de contreinformation“ näher an einer dokumentarischen Orthodoxie waren, in Japan Shinsuke Ogawa – der den Widerstand der Bauern gegen den neuen Flughafen bei Tokio dokumentierte – am Langfilmformat festhielt, fand Newsreel schnell zu originären Mischformen.

In dem selbstreflexiven SUMMER OF '68 ist Robert Kramer zu sehen. Mit anderen Mitgliedern der Gruppe diskutiert er wie von einem Feldherrenhügel aus die Taktik der Demonstranten während der Auseinandersetzungen am Rande des Konvents der Demokratischen Partei in Chicago. Sie stehen vor der Herausforderung, die Proteste zugleich zu dokumentieren wie auch ihre eigene Rolle als Protagonisten einer Gegenöffentlichkeit darin zu thematisieren. SUMMER OF '68 berichtet in erster Linie vom Scheitern dieses Vorhabens. „There's no way to be both legitimate and outraged.“ Die Massenmedien begreifen die Vorfälle vor allem unter dem Aspekt der Polizeigewalt („police brutality“), gehen aber auf die fundamentalen gesellschaftskritischen Metaphern vom „concentration camp“ nicht ein, die Redner verschiedentlich äußern. „Chicago gave us a success we couldn't use“, heißt es im skeptischen Off-Kommentar des Films. Die nationalen Fernsehanstalten setzen sich mit ihrer Interpretation der Geschehnisse durch, alle Versuche von Newsreel, „to talk to the nation“, scheitern, weil es der Gruppe nicht gelingt, ihren geschlossenen Kreislauf der Rezeption zu durchbrechen. Die Filme laufen vor Studenten und Wehrdienstverweigerern und werden nach der Vorführung von einem mitreisenden Mitglied des Kollektivs erläutert: „This is a portrait of reality.“ Diese Widerspiegelungstheorie genügt nur dort, wo es um die ungestörte Dokumen-

4 Robert B. Ray, a. a. O., S. 29.

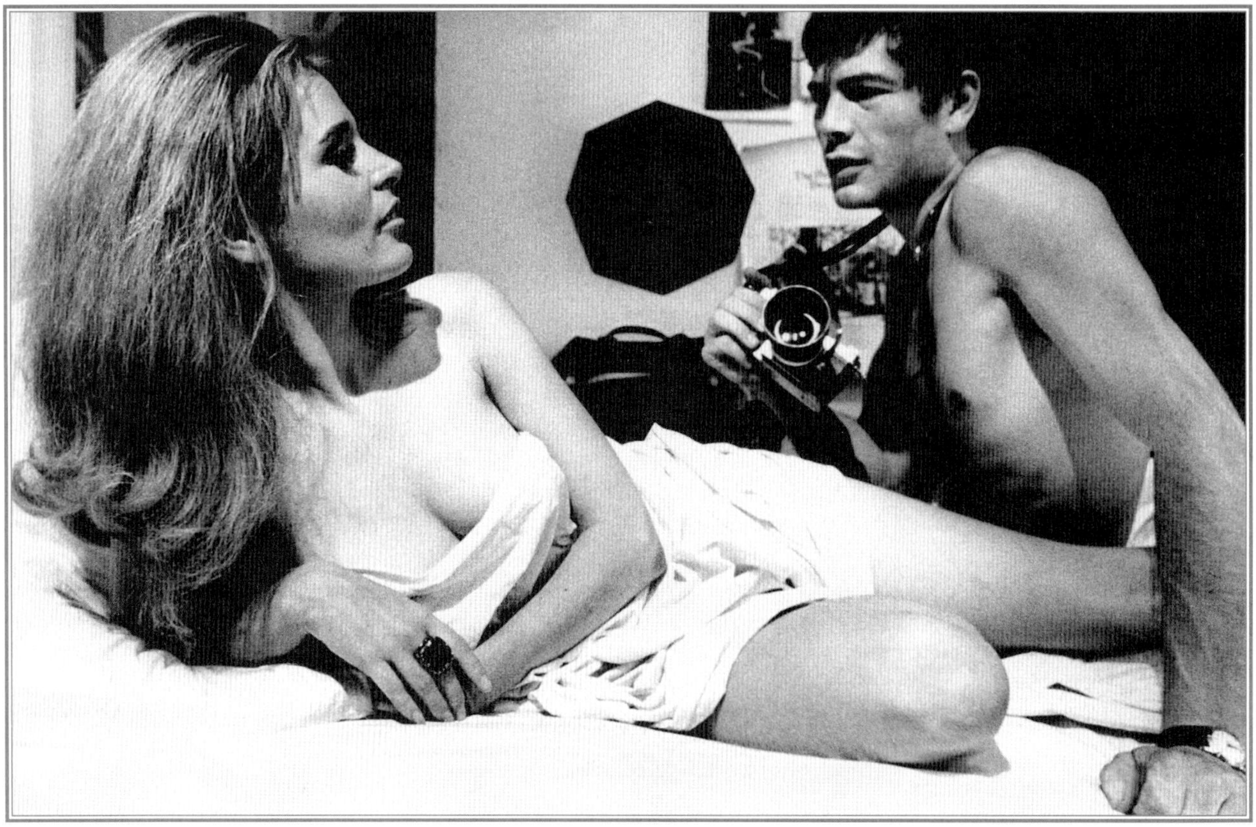

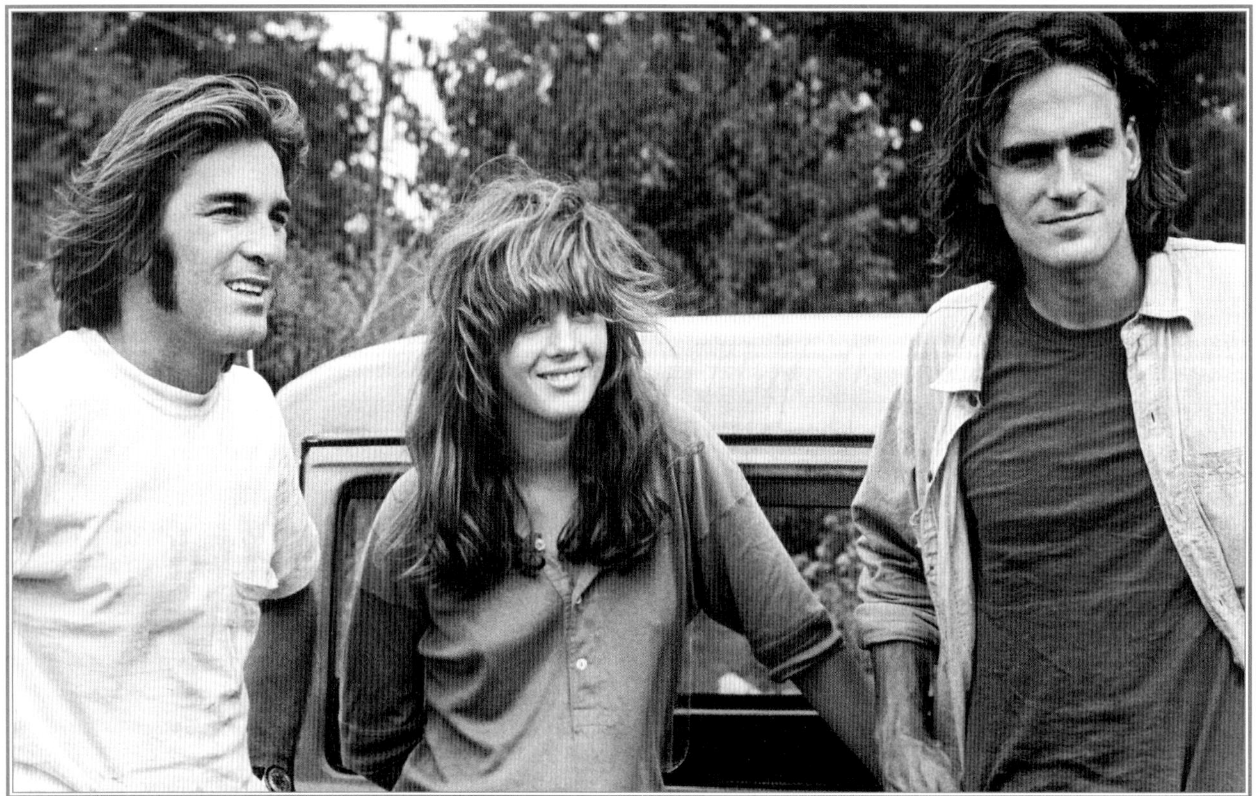

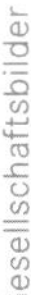

tation einer konkreten sozialen Praxis, zum Beispiel in einem Café für Wehrdienstverweigerer, geht. Sie gerät jedoch dort in die Krise, wo kältere Medien 5 wie das Fernsehen ins Spiel kommen.

Konventioneller und optimistischer als SUMMER OF '68 ist THE WOMAN'S FILM (1971) von San Francisco Newsreel, der mit der Erzählung einer weißen Arbeiterin beginnt, von der Kramers Prolog zu MILESTONES inspiriert gewesen sein könnte. Die Selbstaussagen der Frauen erfolgen hier direkt in die Kamera, sie stammen aus allen ethnischen Bevölkerungsgruppen und zumeist aus der Arbeiterklasse (eine angehende Journalistin, die mit Sekretariatsarbeiten hingehalten wird, ist die wichtigste Ausnahme). Der Effekt der Montage ist deutlich performativ: Die Zuseherinnen können einander als Teil einer großen Gruppe von Vereinzelten begreifen, die mit der Überwindung ihrer Isolation den ersten Schritt aus der Abhängigkeit in der Ehe tun können. Mit THE WOMAN'S FILM reagierte Newsreel auf die feministische Bewegung, so wie es mit BLACK PANTHER (1968; ebenfalls von der Gruppe in San Francisco in Zusammenarbeit mit der Black Panther Party hergestellt) die afroamerikanische Radikalisierung mittrug. Für das Kollektiv erwiesen sich die Anstrengungen, diese Repräsentationspolitik auch auf seine eigene Zusammensetzung anzuwenden, als große Belastung. Es kam zu mehrfachen Spaltungen.

Auf den Aufstand der Häftlinge des Attica Prison im September 1971 konnte Newsreel ein Jahr später mit TEACH OUR CHILDREN eine Antwort geben. 6 Ein Großteil der betroffenen Inhaftierten stammte aus den afroamerikanischen und puertoricanischen Minderheiten, was auf seiten der Filmemacher zur Umbenennung in Third World Newsreel führte. Der vierzigminütige Film wurde von zwei Frauen fertiggestellt und besteht aus Stellungnahmen von Betroffenen, die von agitatorisch montiertem Material strukturiert werden. Am Beginn steht ein berühmtes Zitat von Malcolm X, in dem Amerika insgesamt als Gefängnis bezeichnet wird. Dort scheint allerdings – unter Bedingungen der Ausgrenzung in Slums – noch so etwas wie jugendliche Unbeschwertheit möglich zu sein; zumindest dokumentieren dies die ersten Einstellungen, während der *establishing shot* auf das Attica Prison beiläufig erfolgt.

Die Strategien in TEACH OUR CHILDREN sind äußerst heterogen, ebenso die politischen Forderungen, die zum Ausdruck kommen. Es gibt den kaum verhohlenen, in Collageform gestalteten Aufruf zu einem Attentat auf Richard Nixon ebenso wie konkrete Vorschläge zur Verbesserung des „correctional system" in Hinsicht auf Besuchsbedingungen und Arbeitsmöglichkeiten in der Haft. Die abschließenden Aufnahmen aus einem Kraftraum in San Quentin verweisen deutlich auf die Selbstermächtigung der „people of color". TEACH OUR CHILDREN ist nicht so sehr ein Dokumentarfilm wie ein Dokument, insofern er nur in enger Beziehung zu einer vorausgesetzten Bildwelt existiert. Das selbst gedrehte, exklusive Material (das, was Mekas „Geschichte" nennt) ist wahllos montiert und verliert an Gewicht. Der Ort der Bilder in der Abfolge gibt kaum Hinweise auf die Herkunft der Aufnahmen (die zum Teil auch vom „Gegner", also von Fernsehstationen kommen mußten), implizit aber gibt sich TEACH OUR CHILDREN als oppositionelle Relektüre und Remontage ganz unterschiedlichen visuellen Materials zu erkennen. Das Gefängnis als sozialer Ort wurde in der Folge zu einem wesentlichen Thema der Newsreel-Arbeit: IN THE EVENT ANYONE DISAPPEARS (1974) und INSIDE WOMEN INSIDE (1978) setzten bei TEACH OUR CHILDREN an. In dem Maß jedoch, in dem die Themen spezifischer wurden, verloren die Filme auch an allgemeiner Relevanz, und Newsreel wurde marginal.

5 Die Unterscheidung zwischen heißen („detailreichen") und kalten Medien stammt aus dem 1964 erstmals erschienenen Buch „Understanding Media" von Marshall MacLuhan. Deutsche Ausgabe: Marshall MacLuhan: Die magischen Kanäle, Düsseldorf/Wien/New York/Moskau: Econ 1992.

6 Zur Geschichte von Newsreel vgl. David E. James, a. a. O., S. 213–231.

MEDIUM COOL: Marianna Hill, Robert Forster

TWO-LANE BLACKTOP: Dennis Wilson, Laurie Bird, James Taylor

Fiktion und Ereignis

Der Konvent der Demokratischen Partei in Chicago im Jahr 1968 war der Höhepunkt des ereignisreichen *summer of '68,* vergleichbar dem Friedensmarsch auf Washington ein Jahr zuvor, über den Chris Marker in LA SIXIEME FACE DU PENTAGONE berichtet

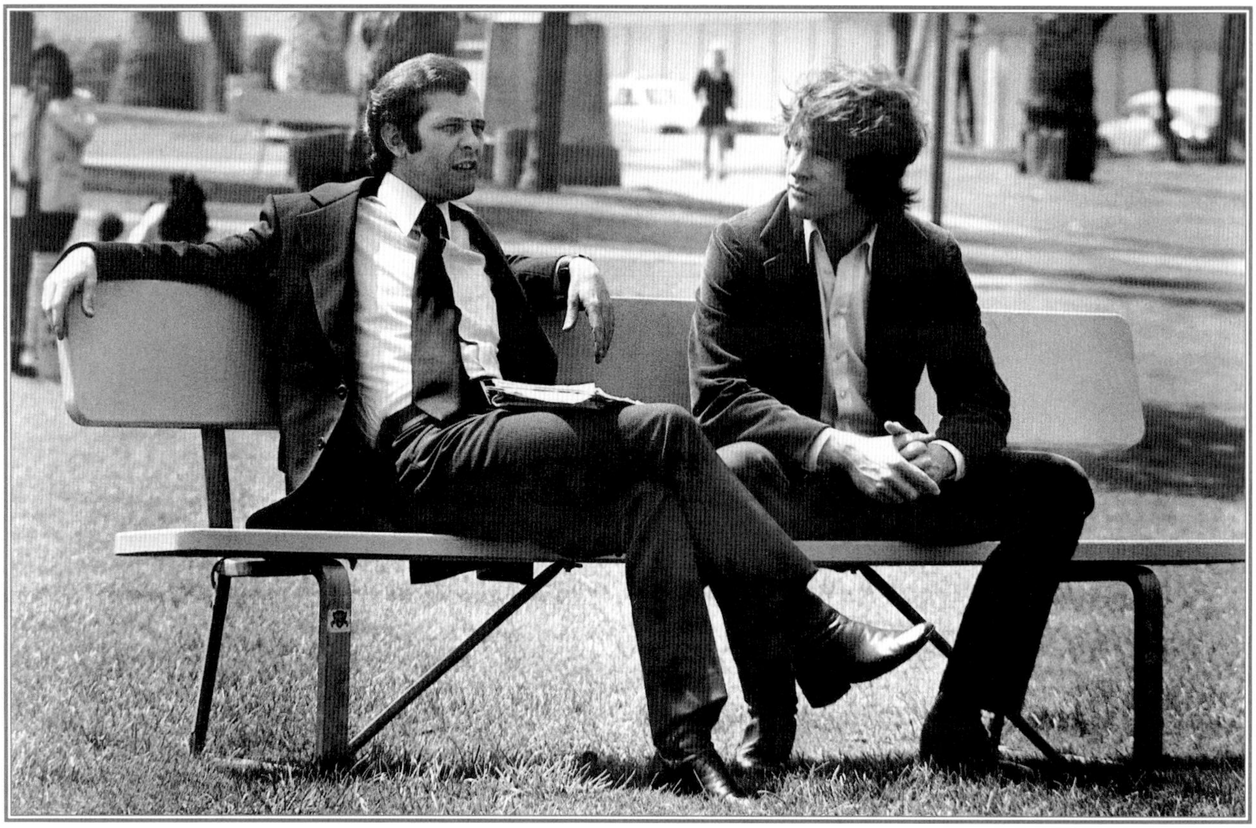

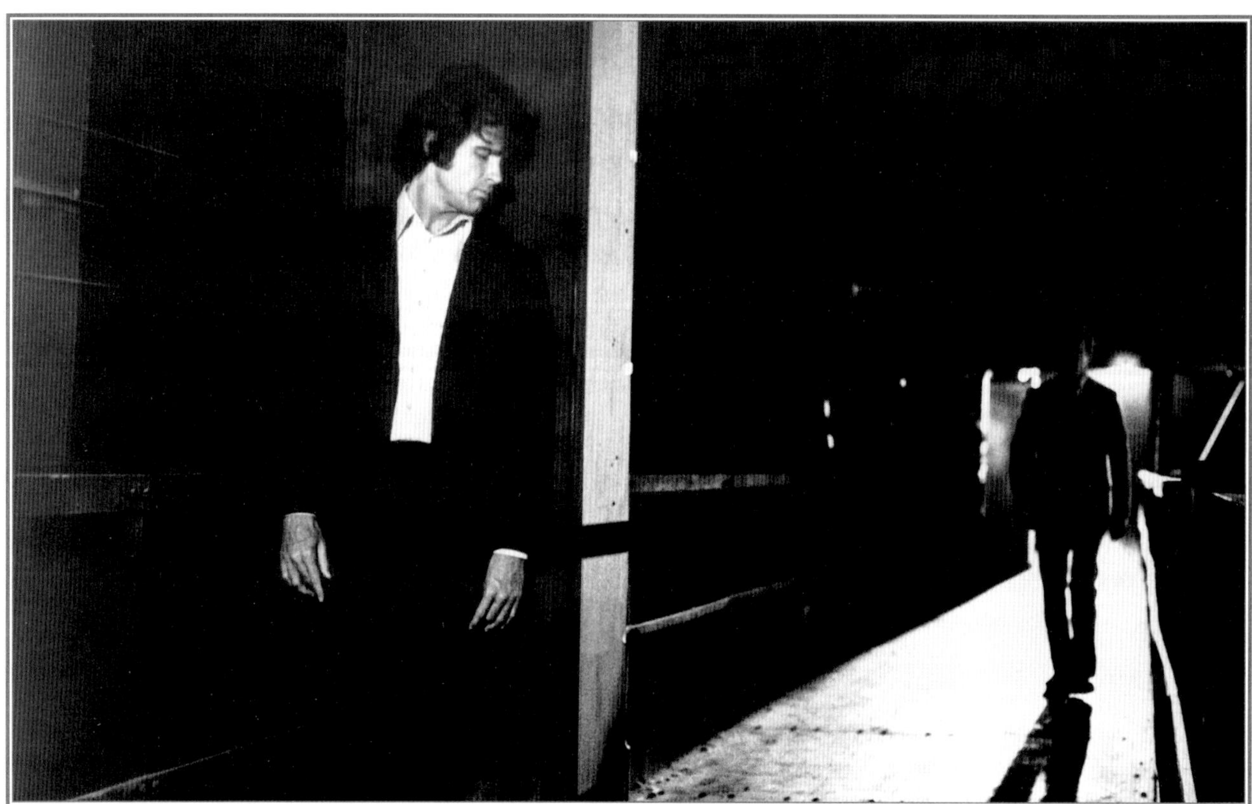

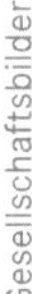

hatte. Das ist der Moment, in dem die dokumentarische Arbeit der Newsreel-Bewegung auf die fiktionale Form trifft.

MEDIUM COOL von Haskell Wexler wurde am Rande dieses politischen Spektakels gedreht, in einer Weise, die Godard in A BOUT DE SOUFFLE (1960) erprobt hatte. Während der Vorspann läuft, zeigt Wexler den Weg des Materials: Ein Motorradkurier übernimmt die Filmrolle, die bei einem Verkehrsunfall an der Peripherie gedreht wurde, und fährt über die langen Einfallstraßen in das Zentrum, wo die Medien ihren Sitz haben. In MEDIUM COOL geht es darum, welches Material welchen Bestimmungsort erreicht. Zahlreiche Film- und Fernsehteams waren während des Konvents in Chicago tätig. Eine Begegnung mit Robert Kramer und den Newsreel-Leuten inmitten der Demonstrationen ist durchaus denkbar. Wexler thematisiert ganz ausdrücklich die Passage eines Medienmenschen durch ein historisches Ereignis, das sich bereits im Stadium seiner Repräsentation befindet.

Der Fernsehjournalist John Katselas (Robert Forster) 7 gerät durch zwei an sich belanglose Ereignisse (ein Junge verliert eine Tasche neben seinem Auto, ein schwarzer Taxifahrer findet eine bedeutende Summe Geldes) an die Peripherien einer Stadt, in deren Zentrum die große Politik eine Zusammenkunft angekündigt hat. In MEDIUM COOL gilt eine ähnliche Logik der Diaspora wie in MILESTONES, allerdings achtet Wexler auf ein Minimum an Topographie. Er benennt sogar die öffentlichen Verkehrsmittel, mit denen Katselas fährt, nachdem er seinen Job und seinen Dienstwagen verloren hat. Die ärmliche Wohnung der aus Virginia zugezogenen Frau eines Vietnamkämpfers, die Quartiere der vor allem gegenüber Medienleuten mißtrauischen und abweisenden afroamerikanischen Bevölkerung sind die Orte, an denen die gesellschaftlichen Spannungen konkret werden, zu denen die Demonstranten auf eine rhetorische Weise Stellung nehmen, wenn sie polemisch „Sieg Heil" skandieren und den „pigs" von der Polizei einen Kampf liefern, der – von beiden Seiten gesehen – eine Ersatzhandlung ist.

Die letzten Einstellungen von MEDIUM COOL sind ganz nahe an SUMMER OF '68, aber während die Newsreel-Leute in den chaotischen Unruhen am Ende zumindest das Scheitern ihrer kommunikativen Strategien kompensieren können, indem sie sich unter dem Slogan „We are the people" definieren, führt Wexler seinen Protagonisten in die Isolation. Der Verkehrsunfall von Katselas verbindet nicht nur Anfang und Ende des Films motivisch, er führt auch die Suche nach einem authentischen Standpunkt innerhalb der Repräsentationszusammenhänge an einen toten Punkt: Zwei Kameras zielen im Schlußbild nicht mehr auf unterschiedliche Aktualitätsebenen eines Geschehens, wie es MacLuhan mit seiner Unterscheidung zwischen dem heißen Medium Kino und dem *medium cool* Fernsehen postuliert und Wexler den ganzen Film hindurch selbst praktiziert hat. Sie nehmen einander statt dessen selbst in den Blick – als leere Selbstreferenz, in der die individuelle Erfahrung und die politische Subjektwerdung von Katselas sinnlos werden. Die Off-Stimme der Radioberichte überlebt das Schwarzbild.

MEDIUM COOL ist einer der wichtigsten Kreuzungspunkte des amerikanischen Kinos. Das politische Ritual, das Demokratie durch *cheerleading* ersetzt, trifft auf sein visuelles Unbewußtes in den Demonstrationsritualen. Der Journalist wird zu einem Outlaw, der zwischen den Welten zu wandern beginnt und nach Hierarchien innerhalb der Bedeutungsebenen sucht. Wexler problematisiert in MEDIUM COOL unentwegt das Engagement der Berichterstatter, zum Beispiel in einem Dialog über den italienischen Exploitations-Film MONDO CANE (1962). Er definiert den Horizont der Medienmacht beinahe messianisch in einer Szene, in der Katselas zusammen mit Eileen (Verna Bloom) einer später berühmten Rede von Martin Luther King zuhört, die im Fernsehen ausgestrahlt wird. Der Sprecher bleibt im Off, das Filmbild zeigt Katselas, dem zwischendurch ein Ausruf entfährt: „Jesus, I love to shoot film." Im nächsten Satz spricht

7 Der Nachname von John wird in der Literatur zumeist mit Cassellis angegeben. Wir folgen der (phonetisch wesentlich plausibleren) Version der englischen Untertitel auf der DVD (Paramount, Widescreen Collection, 2001).

THE PARALLAX VIEW: Walter McGinn, Warren Beatty

THE PARALLAX VIEW: Warren Beatty

Luther King vom „promised land". Die beiden Motive vom prophetischen wie vom technischen Sehen kommunizieren kurz, treten dann aber sofort wieder auseinander. Paranoia ist eine Kehrseite der Prophetie. Nicht nur deswegen führt eine deutliche Linie von MEDIUM COOL zu den politischen Thrillern der siebziger Jahre, insbesondere zu THE PARALLAX VIEW von Alan J. Pakula, in dem die Massenveranstaltung nicht mehr von der Gegenkultur benutzt wird, um Aufmerksamkeit für ihre Anliegen abzuzweigen, sondern von einer mysteriösen *corporation,* die Attentate organisiert.

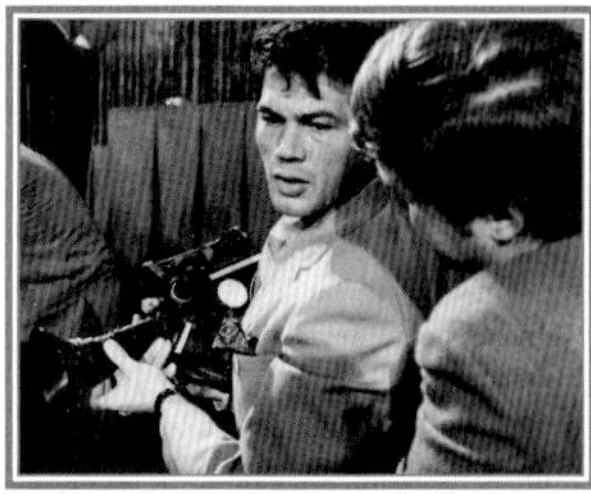

MEDIUM COOL: Robert Forster

Die Korrespondenzen zwischen den beiden Filmen sind vielfältig, vor allem in den Szenen, die während der Proben für die politische Veranstaltung spielen, aber auch strukturell – bei den Wegen, die John Katselas und Joseph Frady (Warren Beatty) zurücklegen. Am Ende wird ihr Wissen zu umfassend für sie. In den ausgeprägten Totalen und in der assoziativen Montage implodiert das Freiheitskonzept der *new frontier,* weil der Outlaw einen toten Punkt erreicht. Die Road Movies von Hoppers EASY RIDER bis Hellmans TWO-LANE BLACKTOP vollziehen diese Bewegung auf ihre Weise, aber auch sie enden jeweils nicht an einem letzten Ort, sondern in einer Form der Selbstauflösung des Mediums. Bei Hellman beginnt das Filmmaterial zu brennen, weil die Wettfahrt ziellos geworden ist. Bei Hopper endet die Reise in einem Trip. In diesem Wechsel von der Objekt- auf die Bewußtseinsebene vollzieht EASY RIDER etwas, was die Avantgardefilme der sechziger Jahre vorbereitet haben: Die politisch motivierte Suche nach einem vorkolonialen Amerika in Bruce Baillies QUIXOTE (1965) oder die Biker-Mythologie in Kenneth Angers SCORPIO RISING (1964) sind in einer Weise subjektiviert, die der Spielfilm erst lernen mußte.

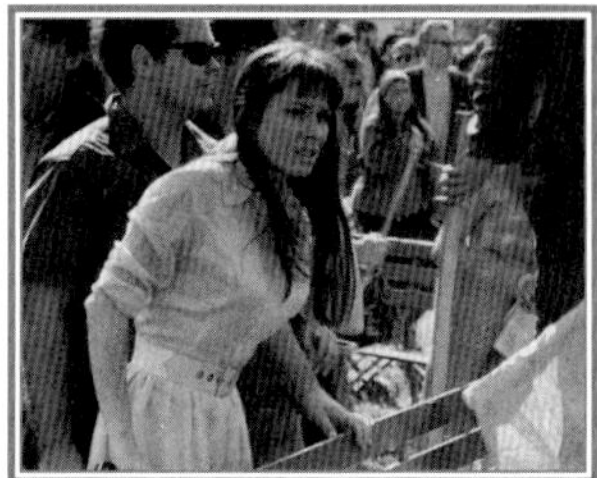

MEDIUM COOL: Verna Bloom

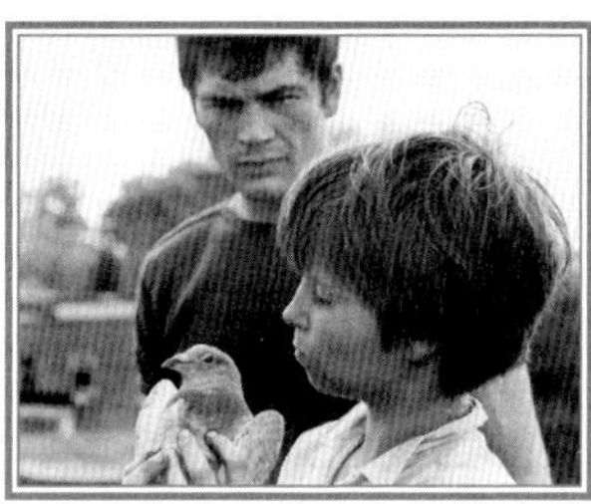

MEDIUM COOL: Robert Forster, Harold Blankenship

Kritik und Agitation

In MEDIUM COOL ist das Motiv der Selbstreflexion Haskell Wexler selbst, der am Ende noch ins Bild kommt und dann ins Dunkel des *hors-champs* fällt. Persönlich hat er aus dem Pessimismus seines einzigen Spielfilms nicht die Konsequenz gezogen, sondern dokumentarisch weitergearbeitet. Der Kameramann bemächtigt sich seiner Produktionsmittel: Seine INTERVIEWS WITH MY LAI VETERANS kamen dem Prozeß gegen die Beteiligten an dem Massaker zuvor, seine Filme über Lateinamerika (BRAZIL: A REPORT ON TORTURE, CONVERSATION WITH ALLENDE) setzten den Vietnamkrieg in einen internationalen Zusammenhang der Befreiungskämpfe. In UNDERGROUND von Emile de Antonio kommt es schließlich zu einer Konstellation, die das Kino als legale Praxis zugleich in Opposition zu terroristischen Aktivitäten setzt wie auch als deren legitime Repräsentation behauptet: Fünf Mitglieder der Weathermen sitzen mit dem Rücken zur Kamera vor einem Spiegel, in dem die Filmemacher beim Drehen dieser Einstellung zu sehen sind. Haskell Wexler hält in der Mitte stehend die Kamera, jeweils seitlich sitzend führen Emile de Antonio und Mary Lampson die Interviews. Die Untergrundkämpfer sind zu diesem Zeitpunkt in der Gesellschaft so exponiert, daß sie in Kramers evolutionäres MILESTONES-Konzept nicht mehr passen, während ICE auf eine halbfiktionale Weise noch nach einem Umfeld für sie gesucht hat.

UNDERGROUND ist ein Film über eine Zelle. Die Mitglieder werden mit Namen benannt, und in alten Fotografien und Filmaufnahmen bekommen sie auch ein Gesicht, ihre gegenwärtige Erscheinung aber bleibt der Kamera abgekehrt, geschützt durch eine *screen between us,* was buchstäblich zu verstehen ist wie auch medientheoretisch. Die Sozialisation der *professional revolutionaries* fand in den sechziger Jahren statt, ihren Schritt in die Illegalität vollzogen sie 1969. Die *days of rage* in Chicago im Oktober dieses Jahres verändern alles. Emile de Antonio und Mary Lampson erklären sich ausdrücklich solidarisch mit dem bewaffneten Kampf. Der einzige Einwand ist feministisch motiviert, als sich die Filmemacherin an der „arrogant male posture" der männlichen Weathermen stößt, an der agitatorischen Coolness ihrer Posen als Demonstrationsredner, die auf alten Bildern überliefert sind. Der geschlossene Raum und der konspirative Rahmen von UNDERGROUND sowie die vermittelnde Rolle, die sich die Filmemacher auferlegen, wirken wie ein Gegenentwurf zu der unübersichtlichen räumlichen Erstreckung und den ambivalenten Identifikationen von Robert Kramers Figuren/Darstellern in MILESTONES. Mit seinem Agitationskino besetzte Emile de Antonio eindeutig den linken Flügel der New Yorker Nachkriegsavantgarde.

1960 hatten Jonas Mekas und der Produzent Lewis Allen zwei Dutzend Filmschaffende zum ersten Treffen der New American Cinema Group eingeladen. Robert Frank, Alfred Leslie, Peter Bogdanovich, Lionel Rogosin, Shirley Clarke, Gregory Markopoulos und Emile de Antonio waren unter den Teilnehmern. Das erste Statement, veröffentlicht im Sommer 1961 in der Zeitschrift „Film Culture", richtete sich gegen das „offizielle Kino": „It is morally corrupt, aesthetically obsolete, thematically superficial, temperamentally boring." Die Kampfansage an den *product film* war allgemein genug, um viele Möglichkeiten offenzuhalten. Die Mitglieder der Group prägten das unabhängige Kino der kommenden Jahre auf höchst unterschiedliche Weise. De Antonio entwickelte mit IN THE YEAR OF THE PIG für die polemische Montage, wie sie etwa Santiago Alvarez in L. B. J. (1968) gegen Präsident Johnson angewandt hatte, eine diskursive Form. Er verband öffentliche Stellungnahmen amerikanischer Politiker und Experten mit altem und neuerem Wochenschaumaterial zu einer Geschichte des Vietnamkriegs, die so viele politische Paradoxien enthielt, daß die Legitimationsversuche der Johnson-Administration in Filmen wie WHY VIETNAM? oder KNOW YOUR ENEMY – THE VIET CONG als simple Propaganda deutlich wurden. Mit einer einfachen rhetorischen Identifikation wird der vietnamesische Freiheitskampf mit dem amerikanischen Unabhängigkeitskrieg in Beziehung gesetzt: Ho Chi Minh wird als „der George Washington seines Volkes" bezeichnet, während die Gattin des korrupten südvietnamesischen Präsidenten Diem bei ihren Auftritten sehr arrogant wirkt.

IN THE YEAR OF THE PIG funktioniert als polyphoner Film. Er macht die Widersprüche deutlich, die in der Darstellung des Fernsehens noch verdrängt werden. Derselbe Typus von Autorität (männlich, älter, habituell bürgerlich, politisch verdient) vertritt hier sowohl rassistische Positionen (die stereotypen Charakterisierungen der *orientals* durch ihre heroische Opferbereitschaft) wie auch nüchterne Kritik an der US-Politik. Der Protest gegen den Vietnamkrieg bekam durch IN THE YEAR OF THE PIG eine Rationalität, die über die Protestkultur hinausging. In der Satire MILLHOUSE: A WHITE COMEDY stellte de Antonio den republikanischen Präsidenten Nixon als B-Film-Figur bloß, deren ideologische Konstruktion nicht nur durch den Wahn der McCarthy-Anhörungen geprägt wurde, sondern allgemeiner durch die Angstphantasien im Kalten Krieg. Da in den fünfziger Jahren auch die amerikanische Kunst, vor allem der abstrakte Expressionismus, durch Kritiker wie Clement Greenberg explizit politisch begriffen wurde, konnte de Antonio selbst seine Beschäftigung mit der Malerei noch in den Zusammenhang seines engagierten Kinos stellen: PAINTERS PAINTING beginnt mit der Frage nach einer „national art" und findet die Antwort darauf in den großen Subjekten, die zwar mit amerikanischen Symbolen arbeiten, wie Jasper Johns, aber dann doch, wie Willem de Kooning oder Barnett Newman, einen Universalismus der Kunst vertreten, dessen Ort die individuelle Arbeit ist.

Rollenspiele und Authentizität

Das New American Cinema zeichnet sich auch dadurch aus, daß es die Ebenen der Politik neu definiert. Es ist Jonas Mekas, die zentrale Figur, der diese Bewegung prototypisch an sich selbst vollzieht. Der Kauf einer Bolex-Kamera, zusammen mit seinem Bruder Adolfas, unmittelbar nach der Ankunft in New York im Jahr 1949, ist anfänglich noch von einem nahezu Lumièreschen Interesse bestimmt, die litauische Kultur im Exil zu dokumentieren. Erst 1953 löst er sich aus dieser nationalistischen Bewegung, „building myself from scratch". In LOST LOST LOST (1975) rekapituliert Mekas

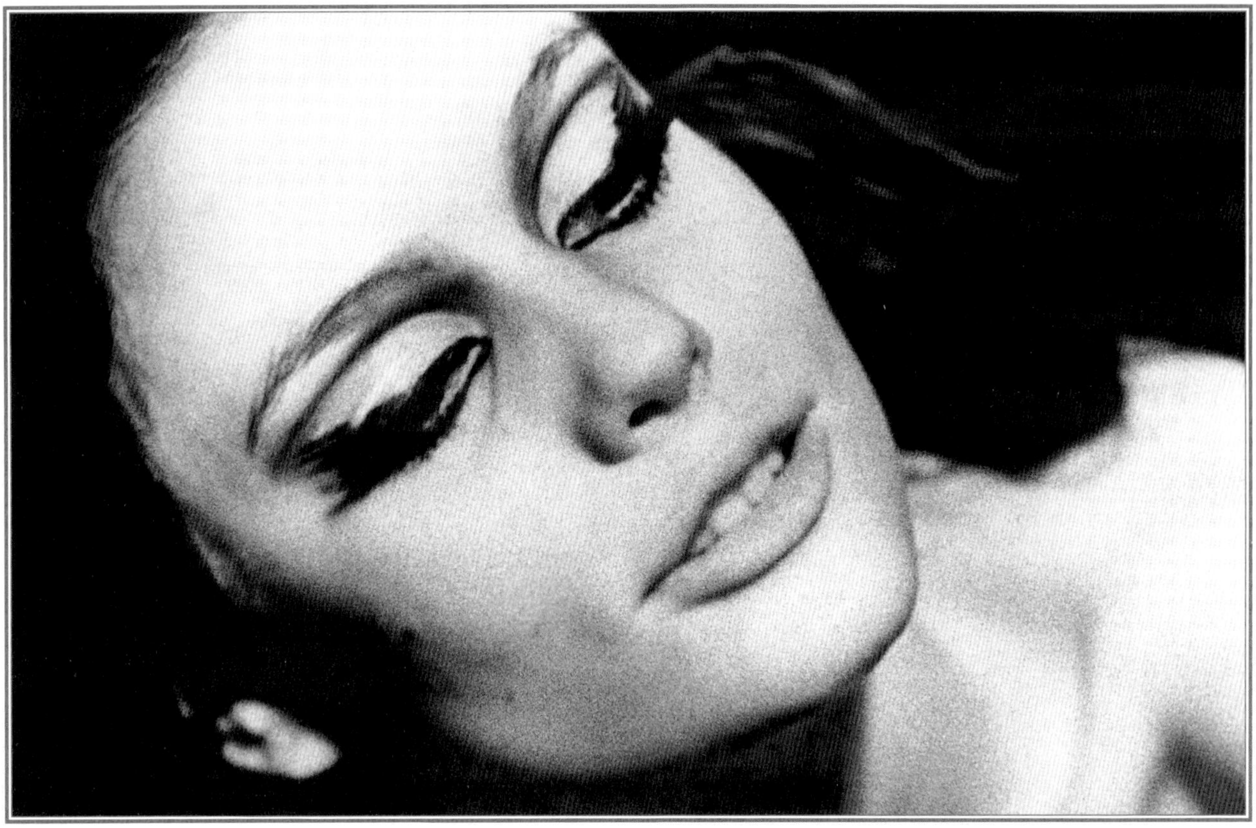

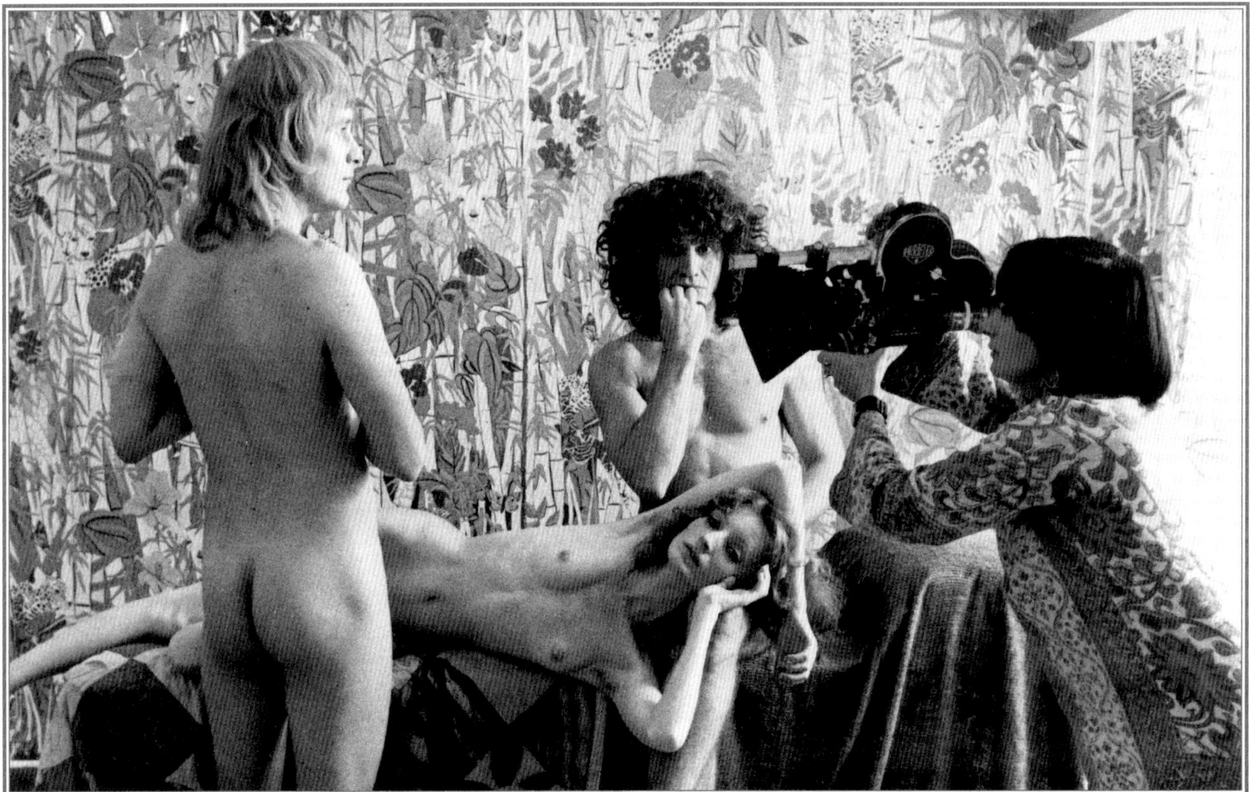

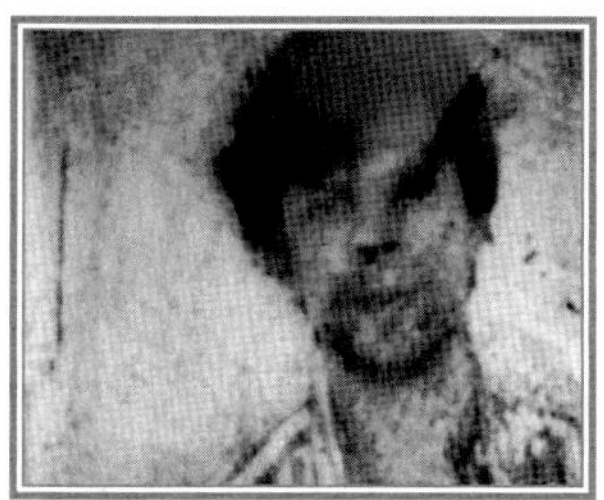
ME AND MY BROTHER: Julius Orlovsky

seinen Entwicklungsroman, und es ist ganz deutlich, wie die Möglichkeiten des Kinos auch politisch den Standpunkt der ethnischen Minderheit überwinden helfen. In dem Flaherty-Newsreel, das LOST LOST LOST enthält, fahren Mekas und Ken Jacobs mit ihren Frauen zu einem Flaherty-Filmseminar in Battleboro. Im Gepäck haben sie FLAMING CREATURES (1961/62) von Jack Smith und BLONDE COBRA (1960–63) von Jacobs, zwei „Schundfilme", die zu den (homo)sexuellen Transgressionen im New Yorker Untergrund eine Kinomythologie entwerfen. Es wird ihnen nicht nur verwehrt, die Filme bei diesem Seminar zu zeigen, sie müssen auch im Auto übernachten, was ihrer burlesken Selbststilisierung als „monks of the order of cinema" nur entgegenkommt. Gleichzeitig meint Mekas es vollkommen ernst, wenn er seinen Kameratanz auf einer Blumenwiese (den Ken Jacobs seinerseits filmt) durch die später hinzugefügte Musik als liturgisch ausweist. Das Pathos der Einsamkeit, die Beschwörung des epischen Erbes (LOST LOST LOST wird als Gesang an Odysseus intoniert), die brüchige Off-Stimme von Mekas selbst sind Strategien im Umgang mit einer Kontingenzerfahrung, mit der zwei andere Immigranten in der New Yorker Avantgarde auf ihre Weise zurechtkamen: Robert Frank und Andy Warhol.

Der Fotograf Robert Frank hatte zusammen mit Alfred Leslie den berühmtesten Beat-Film PULL MY DAISY (1958) gedreht und wurde dann nach einer kurzen Phase unter dem Einfluß des europäischen Kunstfilms (THE SIN OF JESUS, 1961; OK END HERE, 1963) immer eigenwilliger. Dem Ausdrucksoptimismus der Beat-Bewegung, deren Verständnis des Körpers als eines Schallraums, der Literatur mehr oder minder natürlich freigibt („bursting with poetry", sagt Jack Kerouac), setzt Frank eine wesentlich komplexere Auseinandersetzung mit den Zusammenhängen von Leib und Sprache, Subjektivität und Kommunikation entgegen. Die Szene von einer berühmten Lesung der *beats* Allen Ginsberg und Peter Orlovsky in ME AND MY BROTHER (1968) ist unvergeßlich. Im Bühnenhintergrund sitzt Julius Orlovsky und starrt vor sich hin. Die Poeten versuchen, ihn in ihre Performance zu integrieren, und bedrängen ihn mit ihren Mikrofonen: „Say something!" Julius schweigt, der ganze Film ME AND MY BROTHER aber unternimmt es, die „Stimmen" aus dem Inneren des psychisch kranken Mannes nach außen zu tragen und ihnen sogar Bilder zuzuordnen, die nichts anderes sein können als Erfindungen. Diese Konstruktionsleistung ist so bedeutend, weil darin auch eine medienhistorische Aussage getroffen wird: Der Film – und nicht die Poesie, wie bei den *beats*, oder die Fotografie, wie in Franks US-Porträtzyklus „The Americans" – ist der *common denominator,* der gemeinsame Nenner, für die Vermittlung zwischen Subjekt und Objekt, zwischen Innenwelt und Außenwelt. Film ist bei Frank aber nicht das Medium einer enthusiastischen Subjektivität (wie bei Stan Brakhage, der sich nach Colorado zurückzog), sondern steht schon mit ME AND MY BROTHER im Zeichen einer Umwertung des Verhältnisses von Bild (das nachträglich wird) und Sprache (die vorrangig wird). Die Gegenwärtigkeit des fotografischen Augenblicks zerbricht an dem abwesenden Subjekt Julius Orlovsky, auf den von der ersten Einstellung an sprachliche Zeichen einprasseln. Der teilnahmslose Zeuge läßt sich nicht aus der Reserve locken, weil er an einem anderen Ort ist: „Where he is seems like a meeting place." Die CONVERSATIONS IN VERMONT (1971), der melancholische Versuch einer Annäherung an seine beiden distanzierten Kinder, die damals in einer Kommune lebten, begründet eine lose Tagebuchform, die Frank später mit Video und immer stärker auf frei assoziative Weise weiterentwickelte.

THE CHELSEA GIRLS: International Velvet

LION'S LOVE: James Rado, Viva, Jérôme Ragni, Agnès Varda

Andy Warhol wiederum weist schon in der Szene, die er mit Emile de Antonio für PAINTERS PAINTING drehte, jeden individuellen Ehrgeiz von sich und stilisiert sich als unbewegter Beweger. Seine Rolle im Kontext des Kinos beschreibt David E. James als die des Produzenten als Autor. Warhol reduziert das offizielle Kino auf seine glamouröse Essenz. In THE CHELSEA GIRLS geht es hauptsächlich darum, daß Leute aus dem Umfeld der Factory sich zur Kamera in einer Weise verhalten, die als Rollenspiel mit der *star quality* zu werten ist. Das Prinzip der SCREEN TESTS, auf dem THE CHELSEA GIRLS beruht, taucht auch bei Jonas Mekas auf. Es dient dort aber der Überhöhung einer individuellen Existenz, die in der Aufnahme nicht erst ihren eigentlichen Wert gewinnt, sondern diesen nur gegen den Verlauf der Zeit (als Geschichte) bewahrt. Bei Warhol hingegen entsteht durch die Kamera kein Gedächtnisraum, sondern ein systemischer Zusammenhang in Analogie zur Filmindustrie, der ausschließlich auf Präsenz zielt. Die Räume des „Chelsea Hotel" sind das Studio, in dem Leute aus dem Umfeld der Factory kleine Szenen spielen, die unterschiedlich fiktiv sind. Das Beichtgespräch zwischen Ondine und Pepper Davis ist auch insofern leitmotivisch, als der ganze Film verschiedene Konfessionsrituale erprobt („Eric says all"). Die weinende Nico in der letzten Einstellung ist zugleich authentisch und perfekt gespielt.

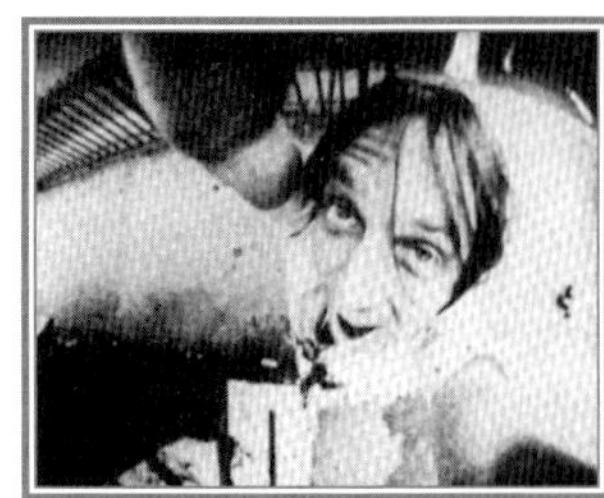

DAVID HOLZMAN'S DIARY: L. M. Kit Carson

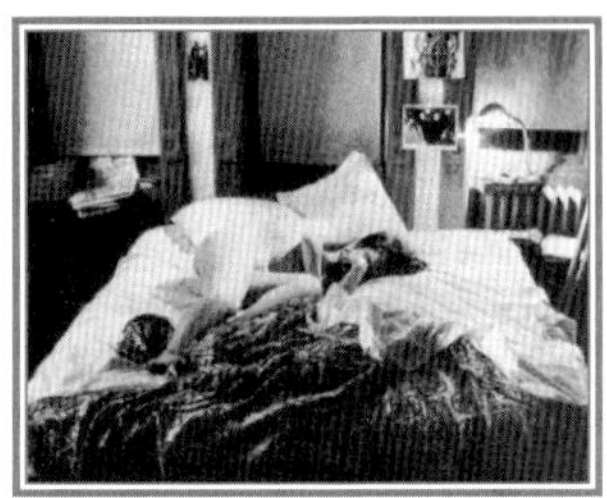

DAVID HOLZMAN'S DIARY: Eileen Dietz

Der Maler in Jim McBrides DAVID HOLZMAN'S DIARY hat die Warhol-Lektion bereits gelernt: „I'm an interesting character to watch", behauptet er, während die Figur des David Holzman selbst alle mögliche Tricks braucht, um von ihrer Durchschnittlichkeit abzulenken. Das Godard-Diktum vom Kino, das mit 24 Bildern pro Sekunde „wahr" ist, wird in diesem gespielten Tagebuchfilm zitiert und auch schon ironisch dekonstruiert. Denn die Wahrheit, gegen die Warhol noch die New Yorker Bohème mobilisieren konnte, ist die Dominanz des „offiziellen Kinos". Sie wurde während der Zeit des „New Hollywood" substantiell in Frage gestellt, jedoch nie überwunden. Symptomatisch ist dies an dem Fall von Agnès Varda zu sehen, der französischen Filmemacherin, die während ihres Aufenthalts in Amerika sowohl Dokumentarfilme drehte wie THE BLACK PANTHERS: A REPORT (1968) als auch Spielfilme.

Zwischen diesen Kategorien liegt LION'S LOVE (1969), mit dem Varda Ende der sechziger Jahre das Prinzip Warhol nach Hollywood exportierte. Die Ausgangssituation ist die eines Films im Film, den Shirley Clarke mit Viva und zwei Darstellern aus dem Musical „Hair", James Rado und Jérôme Ragni - die beiden sind auch die Autoren des Broadway-Musicals -, drehen soll. Die Figuren spielen sich selber. Das Unternehmen scheitert an der Depression der Filmemacherin, aber auch an der politischen Situation im Juni 1968, die zu permanentem Medienkonsum förmlich zwingt. Während alle Versuche mißlingen, eine Stimmung nach dem Vorbild der Factory an der Westküste zu etablieren - auch wenn Viva und ihre Kollegen einen großen Teil der Zeit im Bett verbringen -, überschlagen sich in der äußeren Welt die Ereignisse. Varda setzt die Attentate auf Martin Luther King, Robert Kennedy und Andy Warhol in den Zusammenhang einer Einstellung: Während im Fernsehen die Nachrichten zu sehen sind, läutet das Telefon, und Viva erfährt von den Schüssen auf Warhol. Die Rückschläge dreier progressiver Bewegungen (der gewaltlosen Fraktion der Bürgerrechtsbewegung, der liberalen Kräfte in der Demokratischen Partei, der Pop-Fraktion innerhalb der New Yorker Avantgarde) hebt Varda im Scheitern des eigenen Films auf. LION'S LOVE wird dadurch symptomatisch für die Tatsache, daß die Kommunikation zwischen „New Hollywood" und seinen Gegenkulturen oberflächlich bleibt.

Die meisten Versuche, aus der Position einer Minderheit (in vielen Fällen: aus der Position eines einzelnen) zur Nation zu sprechen („to talk to the nation", formulierten es die Newsreel-Aktiven), bleiben marginal wie die Meilensteine am Rande eines Highways.

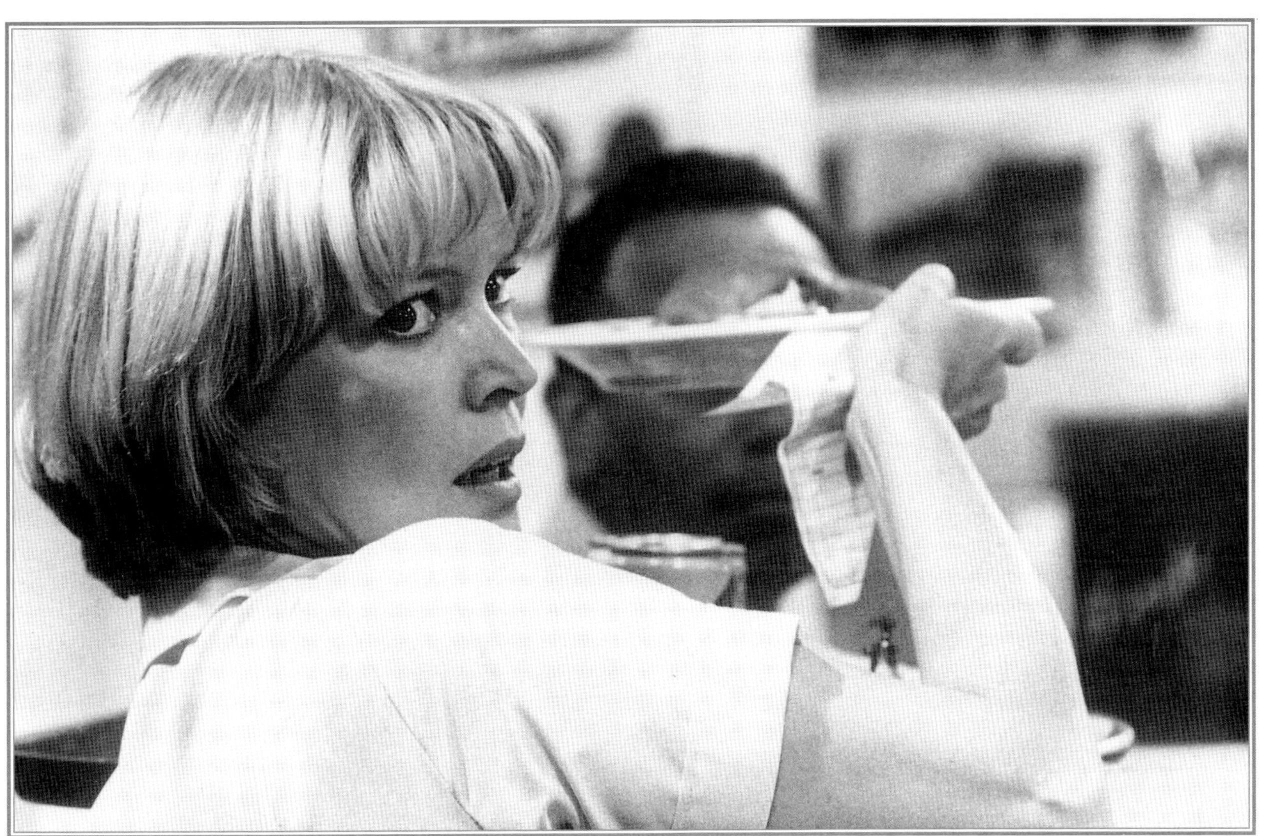

ALICE DOESN'T LIVE HERE ANYMORE: Ellen Burstyn

Im Wunderland

Von Daniela Sannwald

Innen, Tag, halbnah: Eine Frau im rosa Rüschenkleid sitzt am Klavier. Zarte, weiße Gardinen bewegen sich kaum merklich vor dem geöffneten Fenster, durch das blasses Sommerlicht fällt. Sie spielt und singt, erst holprig und mit zitternder Stimme; dann wird sie sicherer, lächelt, ist ganz versunken. Schnitt. Außen, Tag, halbtotal: dasselbe Fenster, kaum sichtbar hinter einer dichten Ligusterhecke und in einer mit Efeu bewachsenen Hauswand. Man hört den Gesang der Frau. Ein kleiner Junge diesseits der Hecke stellt sich auf die Zehenspitzen, versucht, die Sträucher beiseite zu schieben und einen Blick auf seine Mutter zu erhaschen. Es gelingt ihm nicht. Die Kamera zieht sich zurück. Man hört den Gesang der Frau.

Stärke und Schwäche, Macht und Ohnmacht, Wahrnehmbarkeit und fehlende Präsenz, Generationenkonflikt, Mythos, Zitat, Realität, Vergangenheit und das Bewußtsein davon, Abhängigkeit, Psychologie und Psychoterror, Politik, Pop – alle Topoi des „New Hollywood“ sind in dieser Szene aus Martin Scorseses Anfang 1974 gedrehtem Film ALICE DOESN'T LIVE HERE ANYMORE angelegt. Außergewöhnlich ist allerdings, daß er sich auf eine weibliche Hauptfigur konzentriert.

Alice

ALICE DOESN'T LIVE HERE ANYMORE ist eine Emanzipationsgeschichte: Im zugewachsenen, verwunschenen Schloß ist zum ersten Mal die Prinzessin zu vernehmen, die dort hundert Jahre geschlafen hat. Sie muß ihre Stimme jedoch erst finden, einstweilen tut sie sich schwer genug damit, sie überhaupt hörbar werden zu lassen. Was für eine schöne Metapher hat Scorsese da gefunden: Ellen Burstyn als durchs Hausfrauendasein verhinderte Sängerin repräsentiert ihre ganze Frauengeneration, die erst lernen muß, sich zu artikulieren, und zwar so, daß man sie überhaupt vernimmt: „I always felt like an assistant person, I led my husband's life and not mine", erinnert sich Ellen Burstyn in Ted Demmes und Richard LaGraveneses Dokumentation A DECADE UNDER THE INFLUENCE (2003), „so I started looking for a film that reflected what I saw happening around me, to myself and all other women, and I found ALICE DOESN'T LIVE HERE ANYMORE."

ALICE DOESN'T LIVE HERE ANYMORE ist eine Generationsgeschichte: Noch kann der kleine Junge die Frau – seine Mutter – nicht sehen, die ihre Stimme später erheben wird, aber er hört sie als erster und ahnt bereits, daß dieser Zeitpunkt nicht mehr fern ist. Gleichzeitig begreift er, daß man jemanden, der gerade dabei ist, sich selbst zu finden, nicht stören darf.

ALICE DOESN'T LIVE HERE ANYMORE ist eine Liebesgeschichte: Zärtlichkeit, heimliches Begehren, Entzug und Selbstgenügsamkeit, Psychoterror, Drohungen, Gewalt – alle Phasen einer Liebesbeziehung durchlaufen Alice und ihr für seine zwölf Jahre viel zu erwachsener Sohn Tommy, die einzige männliche Konstante in ihrem Leben.[1]

ALICE DOESN'T LIVE HERE ANYMORE ist schließlich eine Mode- und Stilgeschichte, die erzählt, daß der Schein einen beträchtlichen Teil des Seins ausmacht und Frisur und Kleid einer Sängerin unter Umständen wichtiger sein können als ihre Stimme. Und daß, andererseits, Haartracht und Kleidung aber auch Ausdruck einer inneren Verfassung sein können: Alice entwickelt sich vom adrett frisierten Hausmütterchen in pastellfarbenen Kittelkleidern in eine verstrubbelte, selbstbewußte Frau in Bluejeans und Hemdbluse.

Mode

Noch deutlicher demonstrieren die drei Männer, mit denen sie nacheinander zusammen ist, Alices Wandlung: Sie sind Typen, Repräsentanten eines sozialen Klimas. Da es lange dauerte, bis die Wertediskussion, die traditionelle Autoritäten, Hierarchien und Moral in Frage stellte, aus den Universitätsstädten auch die Provinz erreicht hatte, existieren sie noch zeitgleich nebeneinander. Aber „New Hollywood" begleitet und reflektiert die Aufbrüche, und deshalb steht am Ende von Alices Weg einer von den neuen Guten: Kris Kristofferson mit Bart und wildem Haarschopf, ein Individualist, sanft, aber kein Softie, sexy, aber kein Sexprotz, männlich, aber kein Macho – der neue Männertyp im Spiegel des neuen Männerfilms.

Um ihn erkennen zu können, muß Alice zunächst den Muff der Fünfziger loswerden, das heißt, ihren tendenziell gewalttätigen Ehemann (Billy Green Bush). Der ist durch die Elvis-Tolle auf dem Kopf und das Coca-Cola-Logo auf der Brust als einer von gestern charakterisiert, weil er die falschen Zeichen verwendet. Elvis ist out, Coca-Cola gleichbedeutend mit Imperialismus. Später folgt ein Zwischenspiel mit dem Provinzbeau Ben. Auch er, wenngleich besetzt mit Harvey Keitel, einem kommenden Star des „New Hollywood", steht für die alten Werte: Cowboyhut und Lederschnur mit Spange statt Krawatte, dazu ordentlich rasierte Koteletten, das ist Provinz, Country. Ganz beiläufig triumphiert der Sänger Kris Kristofferson nicht nur über die alten Männertypen, sondern auch über deren Musik. Ähnlich James Taylor in seinem einzigen Filmauftritt als „The Driver" in Monte Hellmans TWO-LANE BLACKTOP. Der Film setzt auf dessen Bekanntheit als Rock-Sänger – wie Terrence Malicks BADLANDS, zu dem Taylor einen Teil der Musik schrieb. Taylor, blaß, dunkelhaarig, melancholisch und ein wenig dämonisch, verkörpert, im Gegensatz zum stets gesund wirkenden Kristofferson, bereits „that old ennui" (Roxy Music), das auf das euphorische Engagement in den Sechzigern folgt: Sex and Drugs and Rock 'n' Roll sind nicht mehr dessen Ausdruck, sondern sollen Leere, Überdruß und Depression vertreiben. Das exzessive, ziellose

1 Alfred Lutter, der in diesem Film zum ersten und auch schon fast zum letzten Mal auf der Leinwand zu sehen ist – er trat während der Siebziger noch gelegentlich im Fernsehen auf –, verkörpert die Rolle des altklugen, aufsässigen, vernachlässigten Jungen mit gleicher Intensität wie Jodie Foster die seiner ebenfalls ein wenig sozialisationsgeschädigten Freundin Audrey. Beide sind 1974 zwölf Jahre alt, Foster hat jedoch schon damals eine beachtliche Karriere als Kinderstar hinter sich. „New Hollywood" definiert auch die Kinderrollen neu: Noch bis in die sechziger Jahre hinein waren Filmkinder wohlerzogen, meist sommersprossig, oft rothaarig, hatten eine Lücke zwischen den Schneidezähnen und einen geraden Seitenscheitel. Todd Haynes hat diese Festschreibung in FAR FROM HEAVEN (2002) en passant, aber aufs Eindrücklichste paraphrasiert. In ALICE DOESN'T LIVE HERE ANYMORE sind die Kinder frech und zerzaust und auf eine ganz andere Weise unkindlich als die Mickey Rooneys vor ihnen. Und Tatum O'Neal, ebenfalls unkindlich, aber niedlicher im landläufigen Sinn, gewann 1973 wohl gerade deshalb den Oscar als beste Nebendarstellerin für PAPER MOON. Allerdings hat „New Hollywood" insgesamt wenig Kinderrollen zu bieten: Seine Protagonisten sind selbst zu verspielt, gehören sie doch der ersten Generation an, die partout nicht erwachsen werden will.

Fahren über endlose Highways hat dieselbe Funktion – und Dennis Hoppers EASY RIDER, dessen Protagonisten dem Drogen- und Alkoholkonsum genauso viel oder wenig Genuß abzugewinnen vermögen wie dem Motorradfahren, markiert nicht nur einen frühen Höhepunkt der „New Hollywood"-Dekade, sondern ist auch ein exemplarisches Road Movie, das eine Wiederbelebung des Genres nach sich gezogen hat.

Ellen Burstyn ist älter als die übrigen Darstellerinnen des „New Hollywood"-Kinos und die meisten ihrer Regisseure: Sie war bereits Anfang vierzig, als sie die 35jährige Alice spielte. Sie hatte als Fotomodell und Tänzerin gearbeitet, bevor sie mit über dreißig ihre Schauspielerinnenkarriere begann, und so stieg sie gleich ins Fach der verheirateten, erwachsenen Frau ein. 1970 spielte sie Alex' (Donald Sutherland) Gattin in Mazurskys ALEX IN WONDERLAND, 1971 Jacys (Cybill Shepherd) umtriebige Mutter in Bogdanovichs THE LAST PICTURE SHOW, 1972 Jasons (Bruce Dern) Freundin, eine alternde Schönheitskönigin, in Rafelsons THE KING OF MARVIN GARDENS. Ein Jahr später mußte sie sich zum ersten Mal als Alleinerziehende durchschlagen: in Friedkins THE EXORCIST. Und dann kam ALICE DOESN'T LIVE HERE ANYMORE. Ellen Burstyn entspricht keinem gängigen Schönheitsideal, sie ist eine sperrige, spröde Frau: Sie wirkt stets ein wenig ungelenk und unelegant. Ihre Augen stehen weit auseinander, das flächige Gesicht mit den ausgeprägten Wangenknochen verjüngt sich nach unten, die Nase ist ein bißchen schief. Aber sie brauchte kein Make-up, um ausdrucksvoll zu sein. Ihre Figuren sind unsentimental und stark, mitunter witzig, und man nimmt ihnen ab, daß sie ohne Mann besser zurechtkommen als mit. Das war in den Siebzigern wirklich nicht die Regel.[2] Ellen Burstyn hätte mit dieser Ausstrahlung Pionierinnen, Farmersfrauen und Kleinstadtvamps spielen können. Das Kino des „Neuen Hollywood" jedoch ist in erster Linie urban. Ihr handfester Pragmatismus schien nicht in die Großstadt zu passen, hat nichts mit der duldsamen Zerbrechlichkeit der großäugigen, jungen Geschöpfe zu tun, die das Begehren der „New Hollywood"-Helden auslösen, aber nicht als deren Partnerinnen bezeichnet werden können.

Die typischen Heldinnen des „New Hollywood" sind mindestens zehn Jahre jünger als Ellen Burstyn, gehören damit zur Generation von 1968 und erfüllten perfekt deren Schönheitsideal: langhaarig, langgliedrig, träge, schlaksig und dünn, bleiben sie trotz häufiger Nacktszenen unscharf und verhuscht. Susan Sarandon in Avildsens JOE, Shirley Knight in Coppolas THE RAIN PEOPLE, Karen Black in Nortons CISCO PIKE (1971) und Passers BORN TO WIN (1971), Kitty Winn in Schatzbergs THE PANIC IN NEEDLE PARK, Laurie Bird in Hellmans TWO-LANE BLACKTOP und – im historischen Gewand – Barbara Hershey in Scorseses BOXCAR BERTHA und Faye Dunaway in Penns BONNIE AND CLYDE (1967). Sie repräsentieren die Hippie-Gegenkultur. Jane Fonda in Pakulas KLUTE, Goldie Hawn und Julie Christie in Ashbys SHAMPOO, Faye Dunaway in Lumets NETWORK (1976) und Diane Keaton in Coppolas THE GODFATHER, wiederum als historische Figur, vertreten deren mondäne Varianten – es sind immer zuerst die Reichen und Schönen, die sich mangels eigener Kreativität der subkulturellen Codes bemächtigen und damit deren Ökonomisierung und Verpoppung oder gar Vulgarisierung einleiten.

Die Codes basieren auf der äußerlichen Angleichung der seit Jahrhunderten durch Kleidung, Haartracht und Kosmetik streng unterschiedenen Geschlechter, Generationen und – in geringerem Umfang – sozialen Schichten. Das wichtigste Accessoire in diesem Kontext sind Hosen, Bluejeans, die den einerseits mobilen, andererseits ständig herumlungernden Hippies die nötige Bewegungsfreiheit und Robustheit verleihen, den drogenabhängigen Figuren Susan Sarandons und Kitty Winns ebenso wie der Drifterin Shirley Knights und den Bankräuberinnen Barbara Hersheys und Faye Dunaways; letztere sind historische Varianten der vom Establishment verhaßten Außenseiterinnen: Häufig wählten die Regisseure und Drehbuchautoren „New Hollywoods" Sujets aus der Vergangenheit, um Krieg, Gegenkultur, Machtstrukturen und die Kriminalisierung jugendlicher Rebellen zu thematisieren.

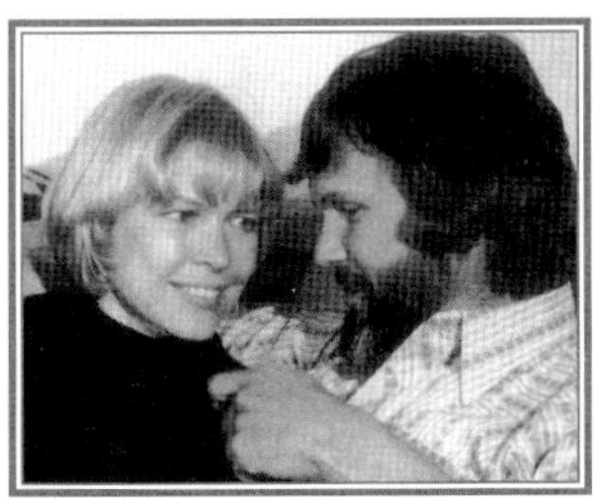

ALICE DOESN'T LIVE HERE ANYMORE: Ellen Burstyn, Kris Kristofferson

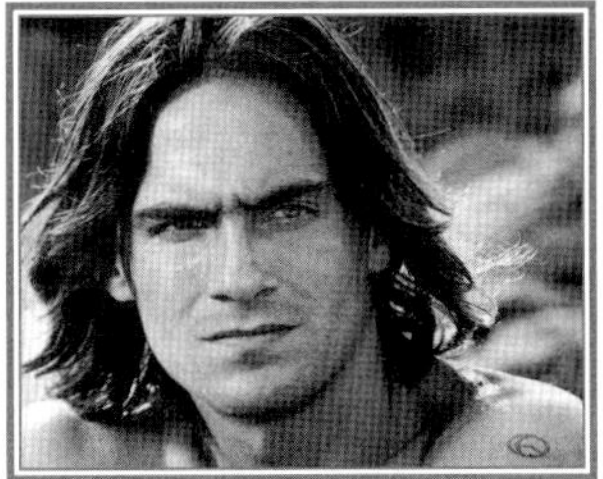

TWO-LANE BLACKTOP: James Taylor

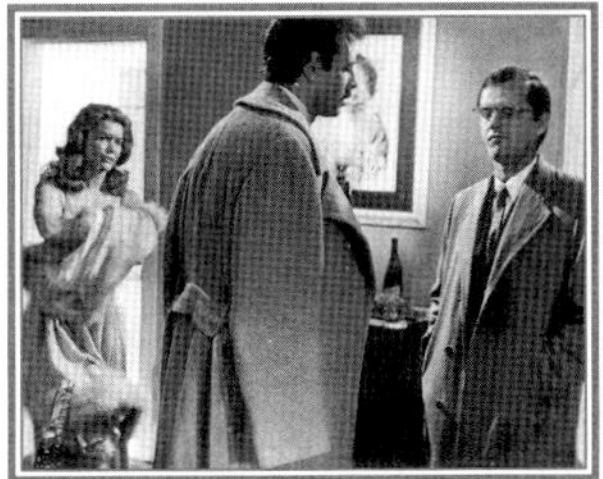

THE KING OF MARVIN GARDENS: Ellen Burstyn, Bruce Dern, Jack Nicholson

2 „I wanted her to leave the Kristofferson character and go on to Monterey, where she had a singing gig", erinnert sich Burstyn in Peter Biskinds „Easy Riders, Raging Bulls" (New York: Simon & Schuster 1998, S. 253), aber man ließ sie nicht ohne klassisches Happy-End davonkommen. Möglich, daß sie deshalb den Oscar als Beste Schauspielerin erst 1975 für ALICE gewann und nicht schon ein Jahr früher für THE EXORCIST.

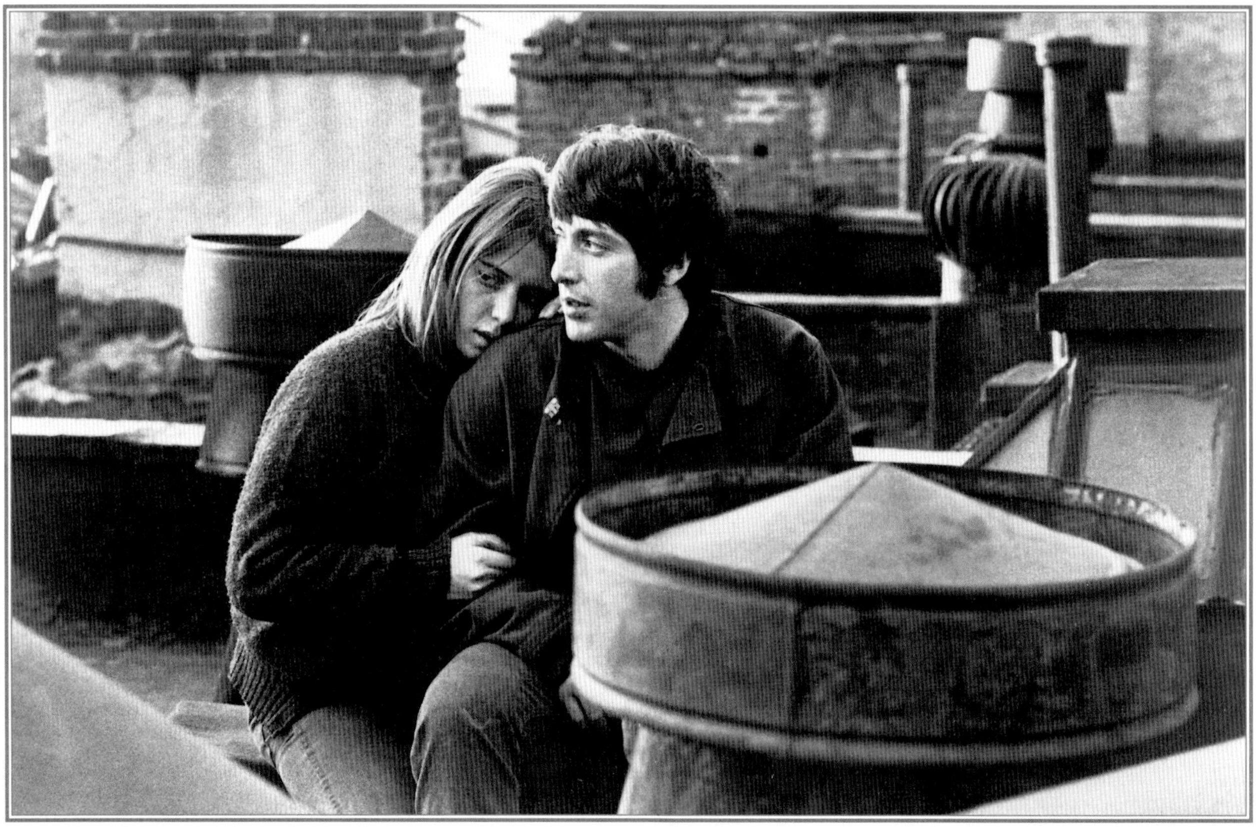

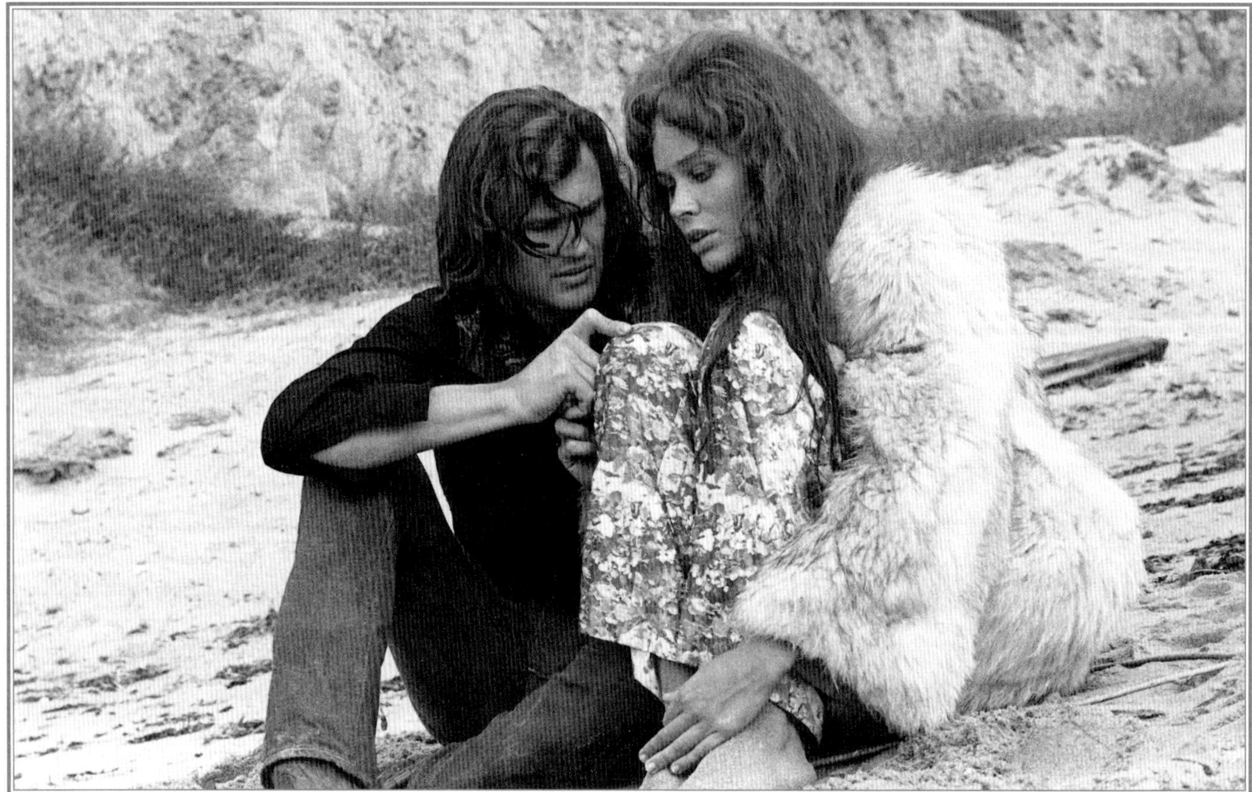

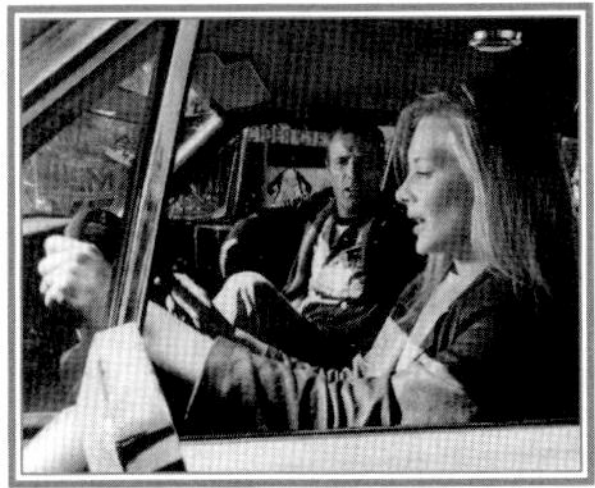

THE RAIN PEOPLE: James Caan, Shirley Knight

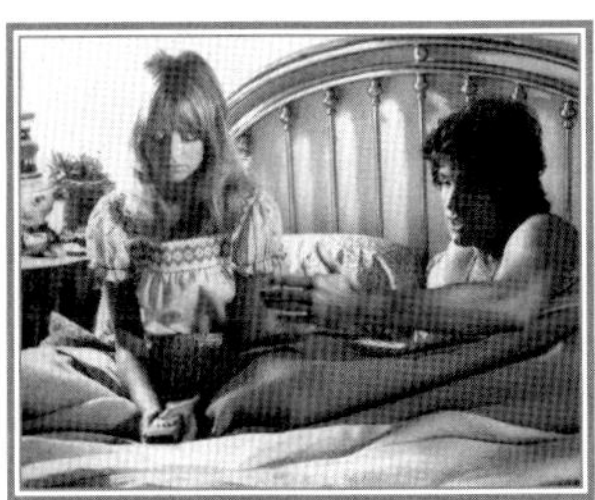

SHAMPOO: Goldie Hawn, Warren Beatty

Frauen tragen Hosen, aber keine Büstenhalter und keine hochhackigen Schuhe mehr, Männer und Frauen tragen die Haare lang, wenn auch, in den Siebzigern jedenfalls noch, die Frauen deutlich länger. Make-up fällt scheinbar weg – deswegen wirken die rehäugigen, himmelfahrtsnasigen Darstellerinnen noch jünger, frischer, mädchenhafter als ihre Kolleginnen, die zehn oder fünfzehn Jahre früher im gleichen Alter waren, Marilyn Monroe etwa oder Doris Day.3 Man zeigt sie gern, auch nackt, aber noch lieber halbnackt, in Jeans, wie die Männer.

Die Trendsetterinnen der Schickeria sind weiter als die vermeintlichen Nonkonformistinnen: Sie haben deren Codes aufgegriffen und abgewandelt, ihres ursprünglichen Sinnes beraubt und damit konsumierbar gemacht. Die Hose wird nun nicht mehr als Voraussetzung für und Ausdruck von Bewegungsfreiheit getragen, sondern als extravagantes, im arrivierten Kontext fast schon wieder provokatives Utensil: Julie Christie in SHAMPOO unterstreicht ihr Selbstbewußtsein und ihre Figur durch eine fliederfarbene, ausgestellte Hose, die ihre Beine gleichzeitig betont und verbirgt. Auf ähnliche Weise demonstriert Faye Dunaway als zynische Fernsehproduzentin in NETWORK, daß sie die Zeichen der Zeit erkannt hat. Die beiden und auch Diane Keaton in THE GODFATHER tragen ihre Haare lang und offen, aber wieviel Mühe nötig ist, um ihren aufwendigen Frisuren die lockere Beiläufigkeit und scheinbare Natürlichkeit zu verleihen, die sie zu Stilikonen in ihrem Umfeld macht, zeigt Warren Beatty in seiner Rolle als *hairdresser* an Julie Christie in SHAMPOO. Da wird geschnitten und gezupft und gezaust, gekämmt und geknetet, gestrubbelt und geföhnt, bis an den Rand der Erschöpfung – und eben auch des Beischlafs. Denn SHAMPOO ist der erste Film, der einen Friseur zum Popstar erklärt.

Das war allerdings Mitte der Siebziger nicht weiter verwunderlich, sondern ein Reflex auf die Realität, wie er in einer Montagesequenz in CISCO PIKE schon anklingt: Kris Kristofferson tourt als Verkäufer von Marihuana auch durch schicke Friseursalons. Und im gleichen Jahr, 1971, konstatiert George Segal, der Kleindealer aus BORN TO WIN, die Frau eines Geschäftspartners sehe mit ihrer Frisur nach Bronx aus, und empfiehlt lakonisch, sie solle doch besser einen Bobschnitt von Vidal Sassoon, also Manhattan, tragen. Schon 1965 nämlich hatte dieser Vater aller Starfriseure einen Laden in New York eröffnet, 1969 einen weiteren in Beverly Hills, während er von 1964 an im Swinging London Triumphe feierte.4 Er trat in diversen Werbespots auf, etablierte den eigenen Namen als Markenzeichen und war im Grunde ein Pionier der gesamten Altersbekämpfungsbranche, für die die Generation von 1968 den Weg bereitet hat. Wer nicht altern, sondern immer so frisch aussehen will wie die Schauspielerinnen des „New Hollywood", muß sich langwierigen Prozeduren unterziehen und dafür zahlen, scheitert natürlich trotzdem, wie in SHAMPOO Lee Grant als untreue Ehefrau Jack Wardens und Beattys Geliebte beweist. Warren Beattys Friseur George treibt das Spiel noch weiter: Als willenlos Verführter schläft er (nicht nur) mit seinen Kundinnen, die er damit ihrer durch ihn empfangenen, konservierten oder zurückgewonnenen Attraktivität versichert.

Es scheint kein Zufall zu sein, daß es gerade die Darstellerinnen des jungen Establishments sind und eben nicht ihre Hippieschwestern, die sich über die erste Dekade des „New Hollywood" hinaus durchsetzen konnten. Es sind, verglichen mit den Männern, ohnehin wenig genug, die zu Stars wurden. Aber ist in den Rollen nicht bereits ein Prinzip der Popindustrie angelegt: daß die Subkulturen, einmal vom Mainstream ihrer Codes beraubt oder gar gänzlich aufgesogen, nur noch ein marginales Dasein fristen oder schlicht zu existieren aufhören? Nicht die Hippie-Ikonen überlebten, sondern die Trendsetterinnen, die ohnehin ihren Namen nicht verdienten, wenn sie nicht in der Lage wären, sich ständig neue Zeichen anzueignen. Ganz explizit nimmt Diane Keaton 1977 in Woody Allens ANNIE HALL diese Aufgabe wahr: Eingekleidet vom Designer Ralph Lauren und die äußerliche Angleichung der Geschlechter ins Extrem

3 Später wird das Make-up von Männern und Frauen gleichermaßen benutzt – britische Musiker wie Keith Richards, Mick Jagger, David Bowie und ab Mitte der Siebziger die Glamrocker etablieren Kajalstift und Lidschatten auch als männliche Accessoires – in Nicholas Roegs PERFORMANCE (1970) und THE MAN WHO FELL TO EARTH (1976), gar nicht zu reden von den Helden Andy Warhols oder John Waters'.

4 1968 flog er von dort aus in die Vereinigte Staaten, um Mia Farrow für ROSEMARY'S BABY zu frisieren: Der sogenannte „Pixie Cut" kostete sie 5 000 Dollar.

THE PANIC IN NEEDLE PARK: Kitty Winn, Al Pacino

CISCO PIKE: Kris Kristofferson, Karen Black

treibend, trägt sie als schüchterne Intellektuelle mit auffälliger Brille das, was bisher Männern vorbehalten war: Sakkos im Fischgrätmuster, Schlipse, Westen, Blusen über braven Faltenröcken oder schlabbrigen Bundfaltenhosen zu flachen Schuhen. Der Preppie-Stil (hierzulande Popper-Stil) löste die Hippiemode in den Achtzigern ab.

Nur gelegentlich geraten auch männliche Darsteller aufs modische Abstellgleis – so der Hardliner Bruce Dern und die Softies Ryan O'Neal und Jon Voight, die alle drei zu sehr nach den Siebzigern aussahen, um es in die Achtziger zu schaffen. „We were not handsome, but we were interesting because we were honest"[5], kommentiert Bruce Dern seinen eigenen und Jack Nicholsons Erfolg der frühen Siebziger, als sie einander diesbezüglich noch ebenbürtig waren und zusammen in THE KING OF MARVIN GARDENS auftraten. Die Ehrlichkeit oder Aufrichtigkeit, die Dern für sich in Anspruch nimmt, kostete ihn wahrscheinlich seine Karriere. Im Gegensatz zu Nicholson gelang es ihm nicht, bestimmte Merkmale seines Spiels und seiner Physis zu kultivieren, vorhersagbar und damit nicht mehr ganz ehrlich zu sein. Da beide unter Roger Cormans Fittichen hervorgekrochen kamen, Dern allerdings Lee Strasbergs *method acting* anhing, Nicholson jedoch nicht, könnte man auf die sympathische Idee kommen, daß in diesem Fall Corman über Strasberg triumphiert hat. Oder hatte Nicholson so viel mehr Glamour? Das natürlich auch.

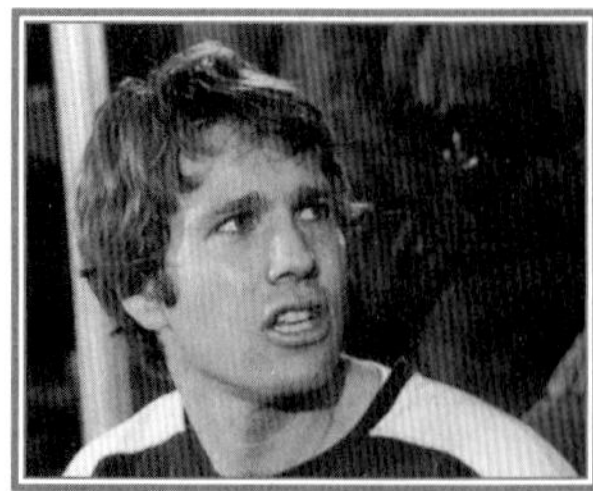
LOVE STORY: Ryan O'Neal

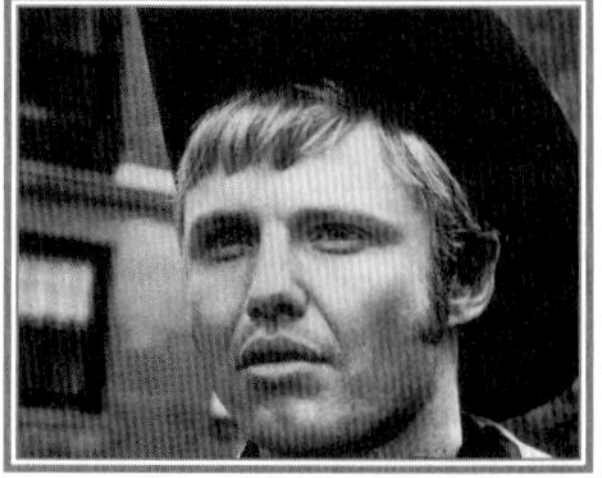
MIDNIGHT COWBOY: Jon Voight

Mangel an Glamour kann man bei den Schönlingen Ryan O'Neal und Jon Voight nicht diagnostizieren. Aber an O'Neal klebte immer ein Rest Schmalz von LOVE STORY (1970), der in seinen drei Rollen bei Bogdanovich – WHAT'S UP, DOC?, PAPER MOON, NICKELODEON – auch nicht abgehen wollte und selbst noch in Kubricks BARRY LYNDON (1975) an seinem Hochstapler und Emporkömmling im Europa des 18. Jahrhunderts haftete. Für die historischen Figuren in PAPER MOON, NICKELODEON und BARRY LYNDON war er ein zu modischer, als Barry Lyndon außerdem ein zu amerikanischer Typ. Und Jon Voight versuchte die Weichheit seiner Züge immer wieder durch harte Rollen zu konterkarieren, etwa Soldaten und Boxer, aber er war am besten als naiver Provinzler in Schlesingers MIDNIGHT COWBOY (1969) und als naiver Städter in Boormans DELIVERANCE. Auch der Versuch, in Ashbys COMING HOME seine innere Verletzbarkeit mit einer äußeren Verletzung zu parallelisieren, paßte zu ihm. Im Grunde ist Jon Voight immer ein zu großer, kleiner Junge mit blauen Glubschaugen geblieben – und so sehen Helden nicht aus, erst recht keine Antihelden.

Sprache

Wie zuletzt bei der Einführung des Tonfilms wird die Sprache im Kino des „New Hollywood" lustvoll zelebriert. Nicht daß man spricht, ist neu, sondern was man spricht. Das heißt: Dialekte, Soziolekte, Slang und ansonsten alles, was vorher verboten war – sexuelle Anspielungen und Überdeutlichkeiten, Anal- und Fäkalsprache, Flüche, lauter Distinktionsmerkmale gegenüber „Old Hollywood". Neu ist, daß Frauen sie ebenso benutzen wie Männer, und zwar unabhängig vom sozialen Milieu. Die derben Schimpfkanonaden, mit denen die Kellnerin Flo (Diane Ladd), Alices mütterliche Freundin in ALICE DOESN'T LIVE HERE ANYMORE, wahllos Gäste, Kolleginnen und selbst ihren Chef überzieht, mögen noch als Ausdruck von Milieuschäden hingenommen werden – sie selbst setzt zu einem Erklärungsversuch für ihr loses Mundwerk an, der in diese Richtung deutet. Aber auch Beatty und seine Geliebten in SHAMPOO benutzen, ebenso unbefangen wie die Gegenkulturkids, Gossensprache. So erklärt Julie Christies Tischnachbar, ein *businessman* auf der Höhe seiner Macht, bei einer Wahlparty der Republikaner: „I can get you anything you'd like, what would you like?", und sie antwortet, jedes Wort deutlich akzentuierend und dabei mit dem ausgestrecktem Daumen über ihre Schulter auf Beatty zeigend: „Well, first of all, I'd like to suck his cock." Die Stärke dieser Szene liegt in der Glaubwürdigkeit ihrer Darstellerin: Julie Christie offenbart die Verlogenheit der Gesellschaftsschicht, der sie angehört und deren Spielregeln sie per-

5 Zit. nach: Ted Demmes und Richard LaGraveneses Dokumentation A DECADE UNDER THE INFLUENCE, 2003.

fekt beherrscht, dadurch, daß sie durchblicken läßt, auch noch etwas anderes zu beherrschen – und damit nicht allein ist. Der Kontrast zwischen ihrer engelsgleichen Schönheit, die sie gleichwohl schon selbst mit einem schwarzen, engen, rückenfreien Lackabendkleid zu konterkarieren sucht, und dem verbalen sexuellen Übergriff könnte nicht größer sein. Das ungeheure Selbstbewußtsein, mit der Christie die Edelprostituierte, die sie in SHAMPOO im Grunde ist, durchscheinen läßt, hat sie sich im Free Cinema in den Filmen John Schlesingers erworben: Für eine ähnliche Rolle in DARLING ist sie 1965 als Beste Darstellerin mit einem Oscar ausgezeichnet worden.[6] Das Selbstbewußtsein ihrer Figur scheint darauf zu basieren, daß sie, wie bereits Jane Fonda als Luxuscallgirl in KLUTE, klare Verhältnisse zwischen sich und den Männern herstellt. Damit ist sie mehrere Schritte weiter als die auf der Leinwand und im Leben um Identität ringenden Geschlechtsgenossinnen zu der Zeit.

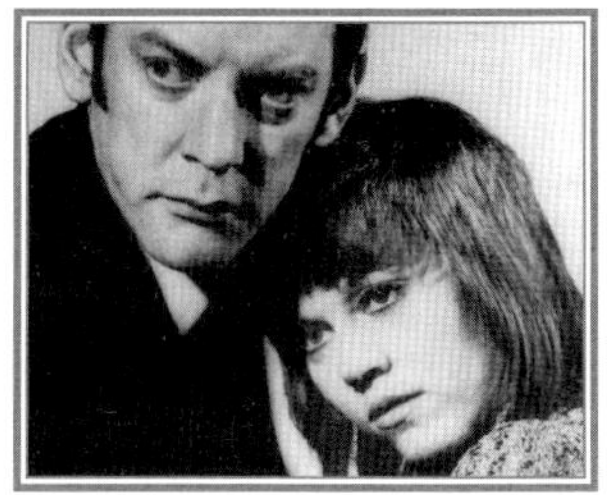

KLUTE: Donald Sutherland, Jane Fonda

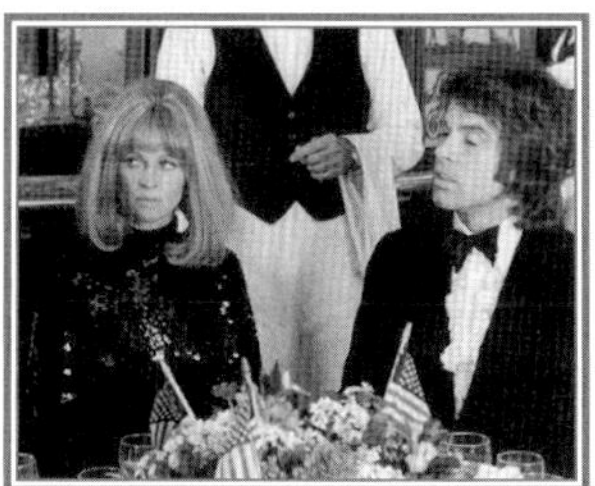

SHAMPOO: Julie Christie, Warren Beatty

Das Gegenteil dessen, was Julie Christie durch Haltung und Sprache vermittelt, führt Shirley Knight in THE RAIN PEOPLE vor. Da hat es die schwangere, junge Ehefrau gerade geschafft, sich für ein paar Tage abzusetzen, um nachzudenken, ob sie jetzt schon aufs Hausfrauen- und Mutterdasein festgelegt werden oder noch etwas eigenes will. Telefoniert sie jedoch mit ihrem Mann, verschwindet jeder Anflug von Selbständigkeit: Mit schwacher Stimme stottert und stammelt sie in den Hörer. Damit ermöglicht sie ihm, im anmaßend-herrschsüchtigen Duktus zu antworten, der sie noch mehr ins Straucheln bringt. Die Mühe, die sie beim Formulieren vernünftiger Sätze hat, ist Ausdruck ihres inneren Kampfes um Identität, den sie nur führen kann, weil sie sich der Autorität entzieht, anstatt sie zu konfrontieren. Später, in den Achtzigern, wird Mia Farrow in Woody Allens Filmen solches Gestammel zur Perfektion führen – als verhuschte Intellektuelle, die ihren Geist verstecken muß, um den Männern keine Angst zu machen.

In BOXCAR BERTHA dokumentiert Barbara Hershey mit breitem Dialekt die provinzielle Herkunft der Titelfigur und zugleich deren Naivität, in beidem unterscheidet sie sich nicht sehr von ihrem *buddy* Von (Bernie Casey), dem afroamerikanischen Mitglied der kleinen Wahlfamilie. Auf ähnliche Weise verraten Warren Beatty und Faye Dunaway mit ihrer rudimentären Sprache und rührenden Gedichten in BONNIE AND CLYDE, an dem sich Scorsese mit BOXCAR BERTHA ohnehin orientiert haben muß, ihre Provinzialität und im Grunde, trotz krimineller Umtriebe, ihre Harmlosigkeit. Auch die Bande von jugendlichen Bürgerkriegsflüchtlingen in Robert Bentons BAD COMPANY oder die Jesse-James-Gang in Philip Kaufmans THE GREAT NORTHFIELD MINNESOTA RAID (1971) bestehen aus Hinterwäldlern, *hillbillies,* die durch ihre Mundart als solche charakterisiert werden. Dialekt ist nie Herrschaftssprache.

All diese historischen Filme rücken die Außenseiter in den Mittelpunkt, setzen sie gleich mit Gegnern des Vietnamkrieges, Drogensüchtigen, Hippies, Kleinkriminellen, Bürgerrechtskämpfern, kurz: den aktuellen Feinden des US-amerikanischen Establishments. Dabei bemüht sich „New Hollywood" um die Präsentation eben jener ethnisch gemischten Ensembles, die den (erwünschten) Wegfall von Rassen- und Klassenschranken repräsentieren sollten – auch durch Betonung sprachlicher Differenzen. Fast wie eine Paradeinszenierung dieses Prinzips wirkt beispielsweise der Dokumentarfilm WINTER SOLDIER (1972), dessen Protagonisten Vietnamveteranen sind, die sich der Antikriegsbewegung angeschlossen haben und über die Gehirnwäsche innerhalb der Armee und die Kriegsverbrechen der Amerikaner berichten: Die ehemaligen Soldaten entstammen sicht- und hörbar verschiedenen Ethnien; Asiaten und Lateinamerikaner sind genauso präsent wie Afroamerikaner, und der bühnenreife Auftritt eines schwarzen Zuhörers schließlich, der großmäulig mit rappend-schleppendem Singsang und beredten *brother*-Gesten sein Anliegen vorträgt, verweist bereits auf den selbstbewußten Ghettostil der Neunziger, der sich beispielsweise in den Filmen des aus Polen stammenden Kameramannes Andrzej Bartkowiak, ROMEO MUST DIE

6 Warren Beatty: „It wasn't just a dirty moment where she says a dirty line, the subject of SHAMPOO is hypocrisy, the commingling of sexual hypocrisy and political hypocrisy. The reason Julie's line made for such an explosive moment was because it shredded that hypocrisy." (Zit. nach Peter Biskind: Easy Riders, Raging Bulls. How the Sex-Drugs-and-Rock 'n' Roll Generation Saved Hollywood. New York: Simon & Schuster 1998, S. 302.)

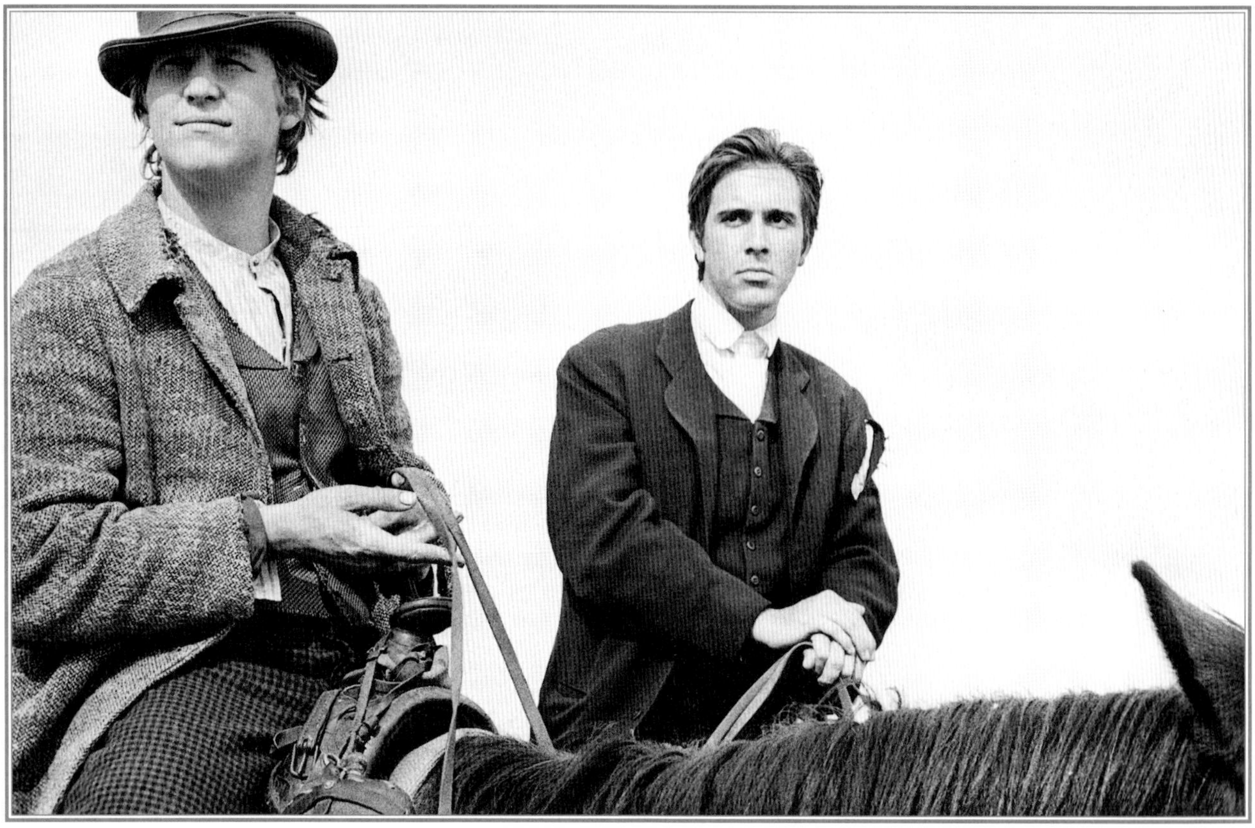

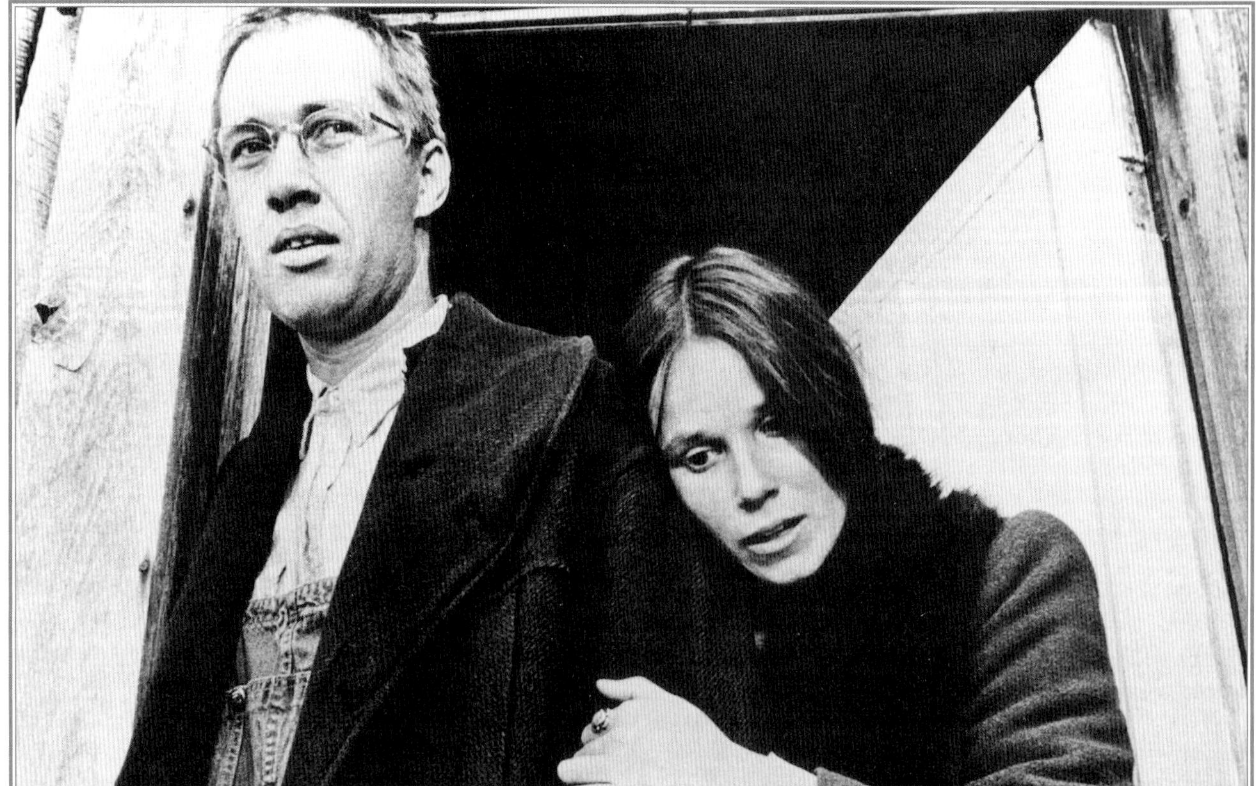

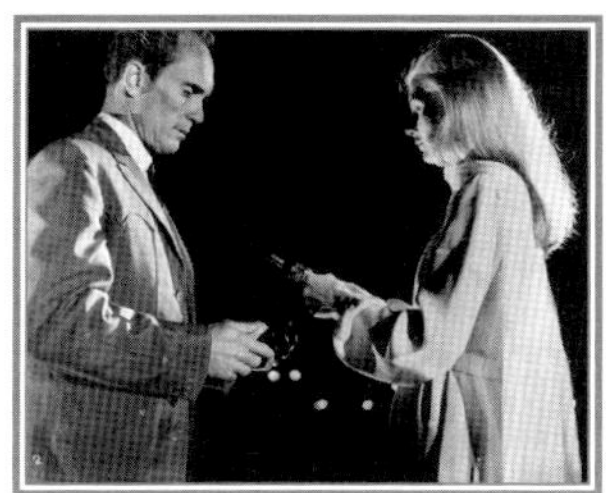

THE RAIN PEOPLE: Robert Duvall, Shirley Knight

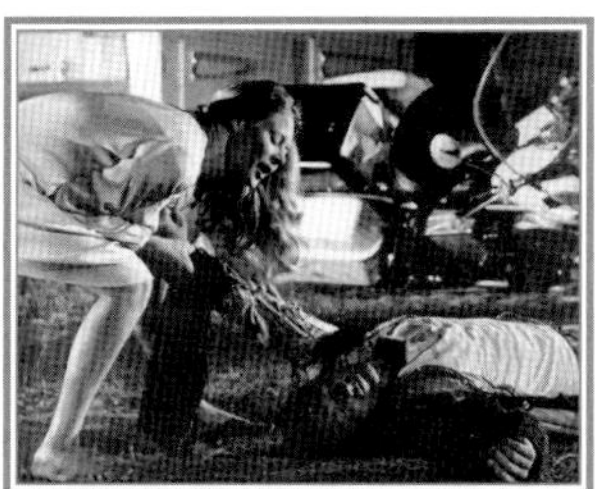

THE RAIN PEOPLE: Shirley Knight, James Caan

(2000) oder EXIT WOUNDS (2001), niederschlägt, allerdings auch schon in Charles Burnetts Ghettofilm KILLER OF SHEEP (1977) präsent ist – kein Wunder, denn darin agieren Laiendarsteller an realen Schauplätzen. Burnett erzählt ja gerade von einer Realität, die auch das „New Hollywood"-Publikum nicht kannte und auch kaum kennenlernte: Unabhängige Filme afroamerikanischer Filmemacher fanden auch damals kaum Verleiher und wurden deshalb von Kritik und Zuschauern außerhalb der *community* praktisch nicht wahrgenommen.[7] Das multiethnische Sprachgemisch findet sich auch in Mike Nichols' CATCH-22 (1970) und in Robert Altmans M*A*S*H, in denen die in Uniformen steckenden Ensemblemitglieder mit verschiedenen Akzenten und Dialekten sprechen und damit zu Individuen werden: eine seither zu den Standards des Militärfilms gehörende Strategie.

Eine ganz andere Variante der Verweigerung von Herrschaftssprache führt James Caan in THE RAIN PEOPLE vor. Sein verlangsamtes, gehemmtes Sprechen in sehr einfachen Worten und Sätzen ist das Ergebnis einer Kopfverletzung, die er als Footballspieler erlitten hat. Shirley Knight liest ihn am Straßenrand auf, während sie ihrem Ehemann davonfährt. Coppola parallelisiert in diesem Film die Schicksale der beiden, die gleichermaßen ohnmächtig und orientierungslos sind, was sich in beider sprachlichem Unvermögen ausdrückt. Allerdings gesteht er auch dem Repräsentanten der Macht, Robert Duvall als Highway-Cop, nicht zu, sich verbal zu artikulieren. Als Gegenmodell zu den beiden emotional handelnden Hauptfiguren ist Duvalls Cop seiner Gefühle beraubt, und als er mit ihnen konfrontiert wird, verfällt er in körperliche Brutalität. Sprache, so die Lektion aus THE RAIN PEOPLE, ist ein Instrument zur Identitätsfindung und Merkmal von Identität zugleich: Nur wer sich finden will oder das bereits getan hat, kann darüber verfügen. Sowohl Caan als auch Duvall spielen später, in THE GODFATHER, extrem artikulierte und in ihrer Artikulationsfähigkeit ausgesprochen gefährliche Männer, aber die haben längst keine Gefühle mehr und haben sich des Idioms der Herrschenden bemächtigt.

Sex

Sex ist allgegenwärtig im „New Hollywood"-Kino – und in der Realität, die es umgibt; mag auch die Besetzungscouch ein Standard des Studiosystems gewesen sein, gegen das die neue Generation Sturm lief, so waren jedoch die jungen Regisseure und Produzenten ähnlichen Prinzipien nicht abgeneigt, nur die Mittel waren etwas anders: Drogen statt Champagner, psychedelische Party statt Dinner bei Kerzenschein, Designermöbel statt Lederfauteuils, und alle waren jung. Paul Mazursky schildert die Zustände in ALEX IN WONDERLAND; und Donald Sutherland als erfolgreicher Debütregisseur, dem die Welt offensteht, vermittelt sehr viel von der Schnöseligkeit und Arroganz der plötzlich gefeierten Genies, die wegen ihrer Box-Office-Erfolge nun auch von der alten Garde der Produzenten hofiert werden.

Sex findet nicht mehr hinter verschlossenen Türen statt und in einer Weise, die weder das perfekte Make-up der Darsteller noch ihre hübschen Frisuren in Unordnung bringt, nein, nicht nur der gelungene Akt zwischen Männern und Frauen, sondern auch dessen Scheitern wird thematisiert, außerdem Formen abweichender Sexualität und Polygamie; man sieht viel nackte Haut, auch männliche, und immer wieder Frauen, die zerzaust, blaß und mit einem alten T-Shirt oder gar nichts am Leib aus dem Bett kommen: „I knew I didn't want to see women wake up in bed with their lipstick and hair in place", erinnert sich die Setdesignerin Polly Platt[8], die auch als Produzentin, Drehbuchautorin und Kostümdesignerin tätig war. An der Peter Bogdanovich allein zugeschriebenen, von der Nouvelle Vague und dem Cinéma Verité inspirierten Inszenierung von THE LAST PICTURE SHOW war sie maßgeblich beteiligt. Während der Dreharbeiten wurde sie jedoch als Lebensgefährtin gegen die elf Jahre jüngere Hauptdarstellerin Cybill Shepherd ausgewechselt, Bogdanovichs Entdeckung. In den Credits

7 Charles Burnett: „In cinema we're the only ones whose language is considered realistic when it's demeaning." (Zit. nach: The Internet Movie Database.)

8 Zit. nach Peter Biskind, a. a. O., S. 113.

BAD COMPANY: Jeff Bridges, Barry Brown

BOXCAR BERTHA: David Carradine, Barbara Hershey

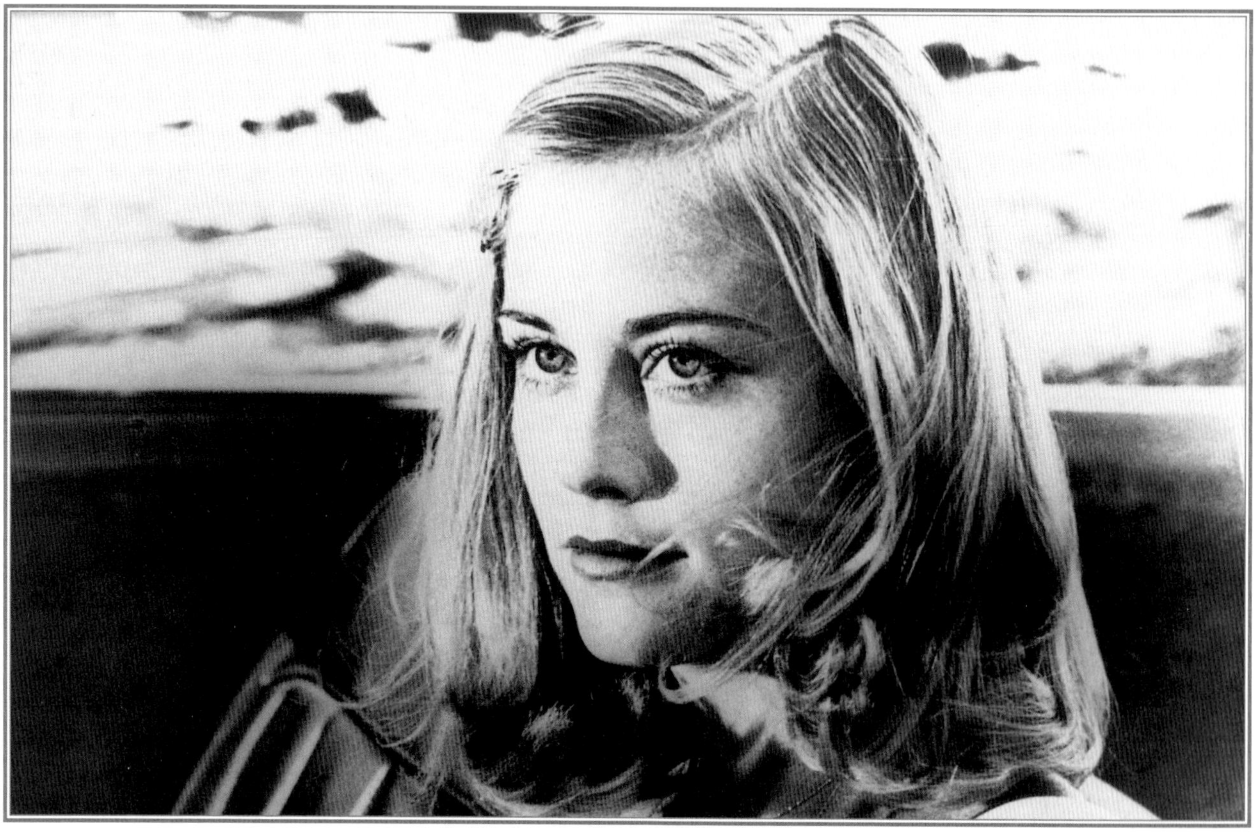

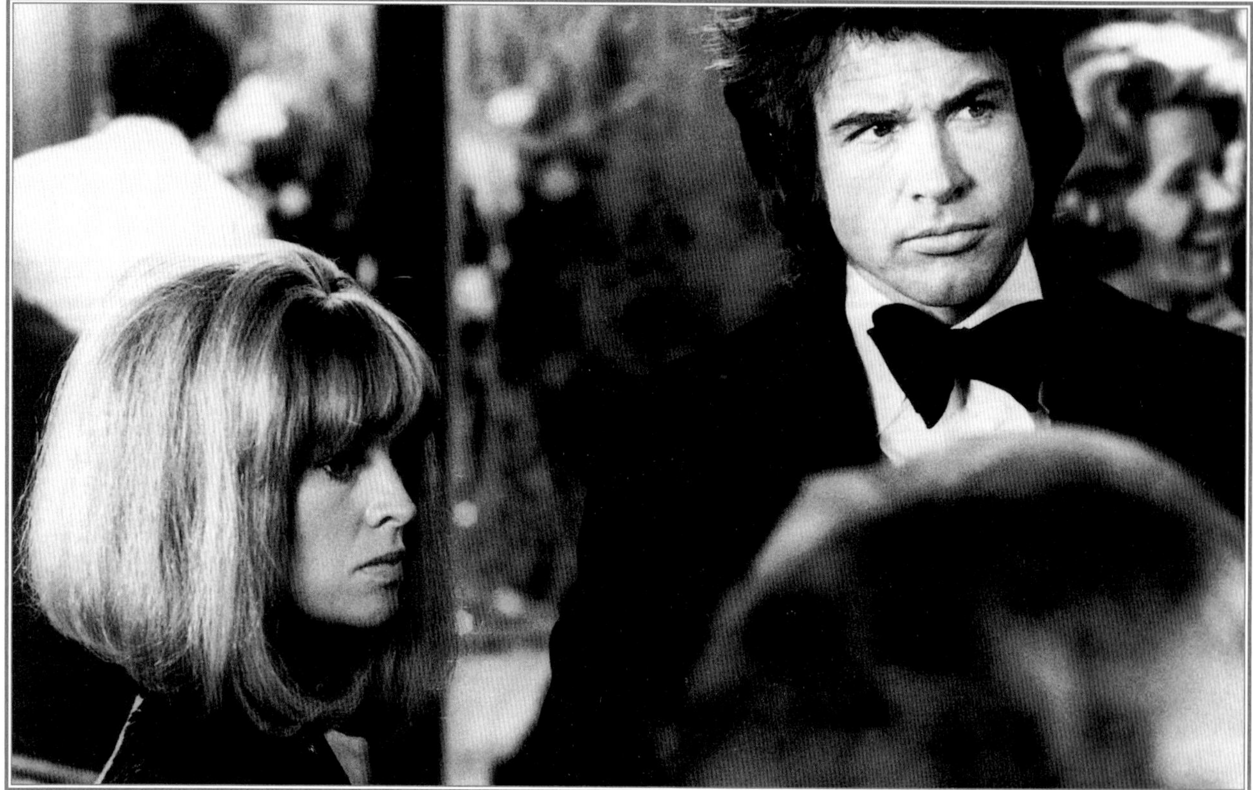

des Films taucht Platt als Produktionsdesignerin auf. Es ging, nicht nur im Film, um Sex, Jugend, Unschuld, Verführbarkeit. Und, trotz oder gerade wegen der ersten Gleichberechtigungsdiskussionen, die rundherum tobten, um männliche Dominanz. Das Streben danach konnte man, wenn man klug wie Bogdanovich war, kaschieren und allein dadurch begehrenswert erscheinen: „A lot of people thought I had to be dumb", sagt Cybill Shepherd rückblickend, „I had an agent who would slow his speech when he spoke to me. Peter didn't. He never talked down to me."[9] Außerdem hatte er aus einem Covergirl eine Filmschauspielerin gemacht.

Erst der Sex, dann die Banküberfälle: In BOXCAR BERTHA bringt der Geschlechtsakt die kleine Gang zusammen – Bertha (Barbara Hershey) ist das Bindeglied zwischen den Männern, sie schläft mit den beiden Weißen, allerdings (ein Tribut nicht nur an die Dreißiger, in denen der Film spielt) nicht mit dem dritten, schwarzen Bandenmitglied – und stimuliert sie zu neuen Überfällen. In BONNIE AND CLYDE ist es eher das Ausbleiben des Geschlechtsaktes, das die kriminellen Aktivitäten in Gang setzt. Ausgerechnet der im wirklichen Leben als sexsüchtig bekannte Warren Beatty stellt den impotenten Kleingangster mit Würde dar, und er durfte dann ja, sechs Jahre später, in SHAMPOO, auch auf der Leinwand beweisen, was er womöglich am besten konnte – mit einer gehörigen Portion Selbstironie.

Frauen konnten nun den sexuell aktiven Part übernehmen, ohne gleich Schlampen zu sein oder in Mae Wests Fußstapfen zu treten. So signalisiert Karen Black in CISCO PIKE als Hippiefreundin des Dealers und ehemalig erfolgreichen Popmusikers Cisco (Kris Kristofferson) im wesentlichen ständige Verfügbarkeit, und in BORN TO WIN, in dem sie die Rolle der dramaturgisch nicht besonders wichtigen Dealerfreundin variiert – dieses Mal als Edelhippie mit Strickmütze und Pelzmantel –, verführt sie den heroinsüchtigen Jay Jay (George Segal) sehr direkt. Dadurch entdeckt sie die Einstichnarben in seiner Armbeuge, aber daß er ein Junkie ist, scheint sie eher schick zu finden. Die Geschichten beider Filme erzählen jedoch von Kriminalität, Drogenhandel, sozialem Abstieg und dem Kampf gegen korrupte oder amoralische Polizisten als Vertreter des Establishments. Frauen sind Marginalien in diesem System.[10]

Alle weiblichen Wesen in SHAMPOO sind sexuell aktiv in bezug auf Beattys Friseur George, der sich niemals verweigert. Konsequent bieten sie sich an – so spreizt Goldie Hawn als Beattys niedliche, aber vernachlässigte Ehefrau in einer der ersten Einstellungen des Films lasziv ihre Beine unterm kurzen Nachthemd, sichtbar für Beatty und die Zuschauer. Es folgen massive physische Übergriffe von Lee Grant, die als betrogene Ehefrau sich ihrerseits ihrem ungezügelten sexuellen Appetit hingibt. Auch ihre Tochter macht sich an Beatty heran, und kurz darauf folgt Julie Christies Verbalattacke auf der Wahlparty. Konsequent steht aber auch Beatty zur Verfügung, und er tut etwas, was man im umgekehrten Fall *cock-teasing* nennen würde: Er reizt, seinerseits mit körperlichem Einsatz, die Frauen so lange, bis sie praktisch nicht anders können als über ihn herzufallen. Beattys in engen Jeans steckender Unterleib ist stets auf Augenhöhe seiner Kundinnen gefilmt, er fährt ihnen sanft und bestimmt mit beiden Händen durch die Haare, er starrt ihnen dabei intensiv in die Augen, und schließlich handhabt er den Fön, als ob es sich um ein zum Sex gehörendes Accessoire handele – und er wird für all das bezahlt. Im Grunde ist er mit einem teuren Callgirl zu vergleichen: Hausbesuche gehören zu seinem Serviceangebot – nur daß er behauptet, Friseur zu sein. Da all seine Kollegen im Salon einen schwulen Eindruck machen, ist Beattys George eine Randerscheinung unter den Friseuren. Und dann erst seine Frisur – ein sorgfältig gepflegter, toupiert wirkender Langhaarschnitt, dessen allmorgendliche Wiederherstellung lange dauern muß. Fast so lang wie das Arrangieren der zufällig wirkenden Frisuren seiner Kundinnen. Womöglich ist SHAMPOO der subversivste aller „New Hollywood"-Filme, die sich mit dem Wandel der Geschlechterrollen befassen – ein früher Beitrag zur Genderdiskussion.

9 Zit. nach Peter Biskind, a. a. O., S. 112.

10 Karen Black, 1939 geboren, hatte eine Nebenrolle in EASY RIDER und an der Seite Jack Nicholsons einigen Erfolg in Rafelsons FIVE EASY PIECES, ebenso in Claytons THE GREAT GATSBY (1973/74) und Hitchcocks FAMILY PLOT (1976). Robert Altman besetzte sie 1982 in dem großartigen Frauenensemblefilm COME BACK TO THE FIVE AND DIME, JIMMY DEAN, JIMMY DEAN. Danach spielt sich ihre Karriere praktisch im Verborgenen ab. Erstaunlicherweise ist ihre Filmbiografie extrem umfangreich – die Internet Movie Database nennt 130 Filme, in denen sie zwischen 1960 und heute aufgetreten ist, aber kaum einer davon ist, zumindest hierzulande, bekannt.

THE LAST PICTURE SHOW: Cybill Shepherd

SHAMPOO: Julie Christie, Warren Beatty

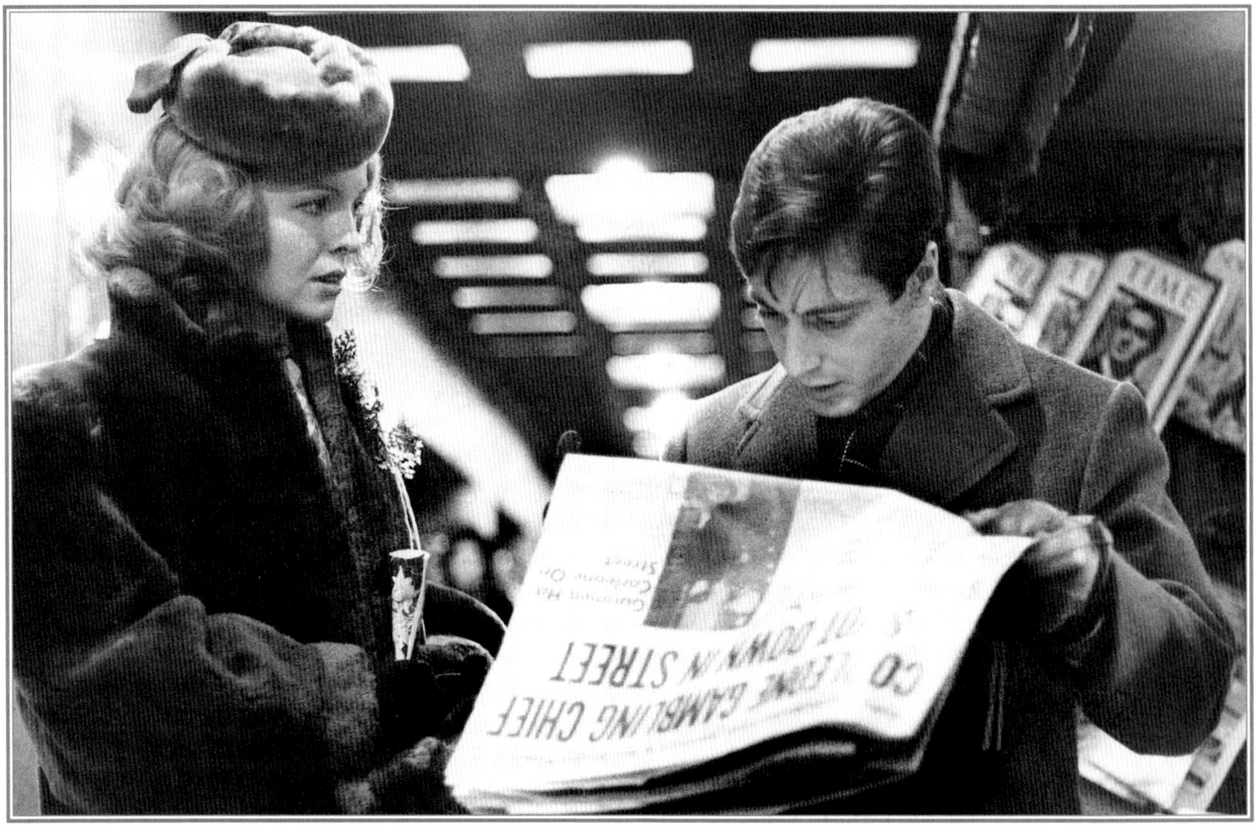

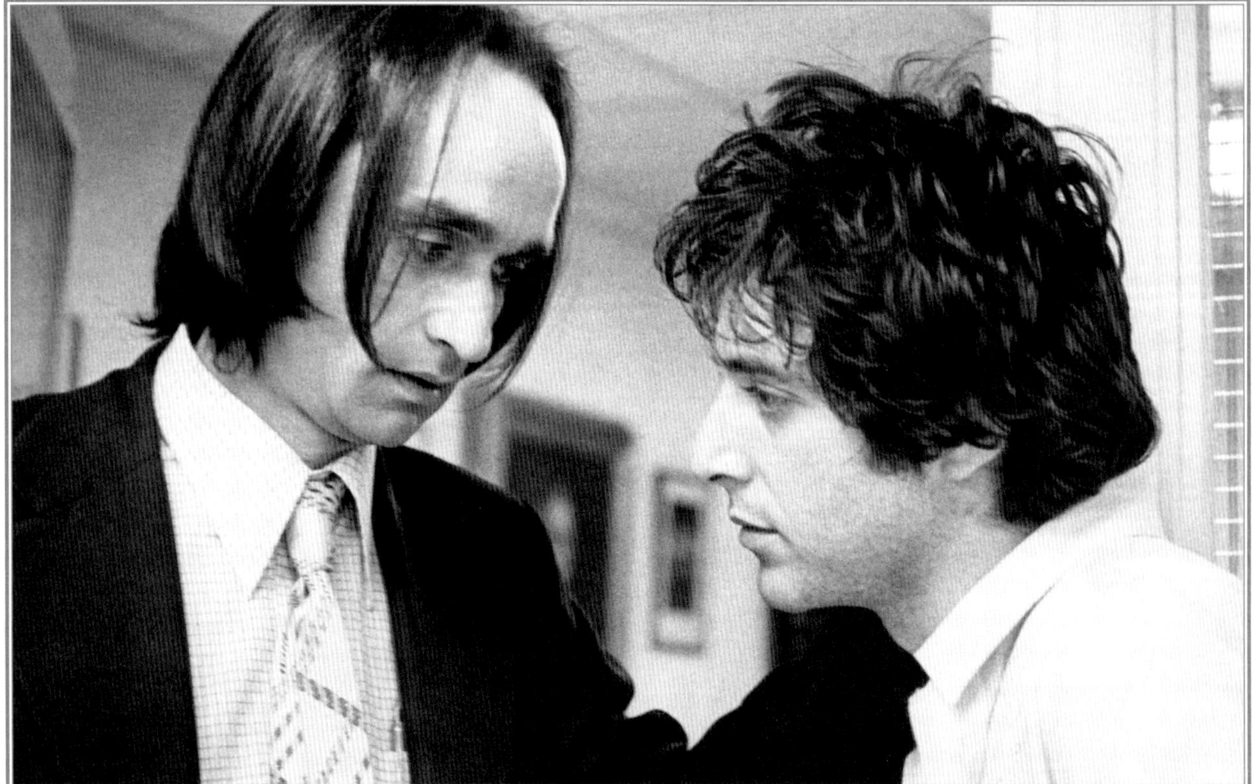

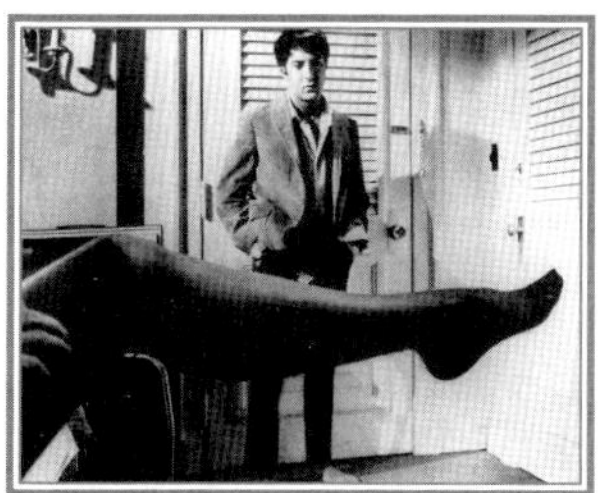

THE GRADUATE: Dustin Hoffman

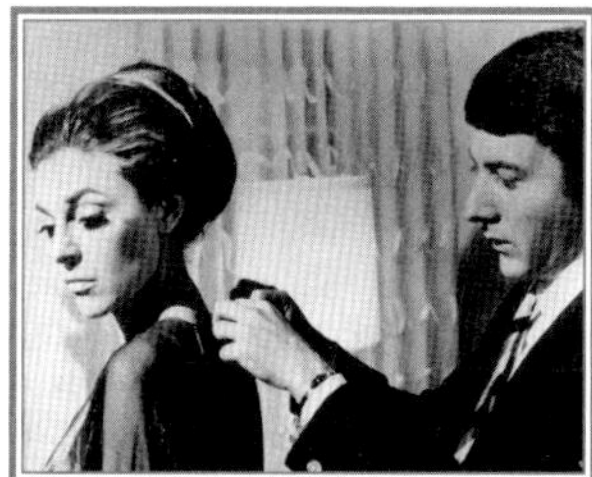

THE GRADUATE: Anne Bancroft, Dustin Hoffman

Ähnlich wie Lee Grant als nicht mehr junge, aber sexuell umso aktivere Liebhaberin ist Anne Bancrofts Mrs. Robinson in Nichols' THE GRADUATE (1967) angelegt – einer der ersten Filme, der die Initiation eines jungen Mannes durch eine ältere Frau demonstriert. „It offended my sense of values", erklärte auch prompt Doris Day, der Mike Nichols die Rolle vor Bancroft angeboten hatte.[11] Anne Bancroft war 1967 mit 36 Jahren noch keine mittelalte Frau, setzte aber Standards für ihre Kolleginnen: Man durfte, anders als bei Douglas Sirk in den Fünfzigern, nun auch als Frau sein Interesse am Sex offen zeigen. Eigentlich hätte Robert Redford Dustin Hoffmans Rolle in THE GRADUATE spielen sollen, aber Mike Nichols war überzeugt, daß der als unentschlossener, spätpubertärer, passiver Hänger nicht glaubwürdig sein konnte. Und so hat der schmächtige, eher unattraktive Dustin Hoffman als introvertierter, gehemmter *college boy* Ben Braddock, auf den Mrs. Robinsons Begehren sich richtet, sämtliche Türen für all die nicht besonders schönen, aber charismatischen männlichen Darsteller „New Hollywoods" geöffnet. Interessant zu sein war genau so wichtig wie schön zu sein, und Intelligenz und Sensibilität entschädigten allemal für fehlende Coolness.

Explizit und verblüffend ist die Homosexualität Sonnys (Al Pacino) in Sidney Lumets DOG DAY AFTERNOON (1975). Da hatte Pacino schon Coppolas THE GODFATHER I und II hinter sich und war etabliert als eiskalter, aber eindeutig italienischer und natürlich heterosexueller Mafioso, der die in der *famiglia* geltenden Regeln kennt und respektiert. Pacinos Rolle des Kleingangsters und Vietnamveteranen Sonny, der mit seinem Freund Sal (John Cazale) die Filiale einer Bank in Brooklyn zunächst einfach ausrauben will, dann aber, dilettantisch, sämtliche Bankangestellten als Geiseln nimmt, um wenigstens freien Abzug zu kriegen, erinnert an seinen Junkie und Dealer aus THE PANIC IN NEEDLE PARK vier Jahre zuvor. Al Pacino trägt die Wut der Bronx, in der er aufwuchs, mit sich und in seine Rollen hinein: Er verkörpert perfekt den kleinen, beweglichen, nervösen, temperamentvollen Gangster, der zur Gewalt neigt. Und eine solche Figur, die er auch in DOG DAY AFTERNOON spielt, soll schwul sein und der Bankraub einzig zur Beschaffung des Geldes für die Geschlechtsumwandlung seines Partners dienen? Diesen Teil des Films nimmt man Pacino, wenn er auch bravourös spielt, nicht ab – gerade als Italiener. Lumet muß es um das Programmatische gegangen sein, so taucht eine Abordnung der Schwulenbewegung vor der belagerten Bank auf, um für ihre Ziele zu werben. Aber immerhin, es gibt sie, und es gibt Transsexuelle, und das wird gezeigt. Pacino aber ist überzeugender als Gangster, der nur gelegentlich, aus Prestigegründen, überhaupt eine Sexualität hat, und die ist hetero. Gefühle indes traut man ihm nicht zu.

Teufel

Es sind die Antihelden, die animalischen, gefühllosen, gewaltbereiten Männer, die vom Kino des „New Hollywood" kamen und zu ganz großen Stars wurden: der manische, körperlich agierende WASP Jack Nicholson, dessen Hang zu Extremen in jeder Hinsicht einen vorläufigen Höhepunkt in Formans ONE FLEW OVER THE CUCKOO'S NEST fand. Der obsessive, eruptive, stets das Italoamerikanische kultivierende Robert De Niro, der mit seinem zur Harmlosigkeit tendierenden Äußeren und in seinem verbindlich-freundlichen Habitus zwar ein breiteres Rollenspektrum als Nicholson bedient, am besten aber in den Mafiarollen bei Martin Scorsese, Francis Ford Coppola und später Brian De Palma war. Schließlich Al Pacino, der nervöse Kleinkriminelle und eiskalte Drahtzieher mafiöser Aktivitäten, der vor allem aus großen dunklen Augen und einer leicht heiseren Stimme besteht und nahezu dämonisch wirken kann. Alle drei haben später den Teufel gespielt – Nicholson als gierig-geiler Verwirrer in George Millers THE WITCHES OF EASTWICK (1987), De Niro eine obskure Horrorvariante in Alan Parkers ANGEL HEART (1987) und Pacino in Gestalt eines listenreichen Anwalts in Taylor Hackfords THE DEVIL'S ADVOCATE (1997).

11 Zit. nach Peter Biskind, a. a. O., S. 34.

THE GODFATHER: Diane Keaton, Al Pacino

DOG DAY AFTERNOON: John Cazale, Al Pacino

Engel

Robert Redfords, Warren Beattys und Peter Fondas Karrieren begannen Anfang der sechziger Jahre. Diese Darsteller sind so, wie schöne Männer in sämtlichen Dekaden der Filmgeschichte eben waren: ebenmäßig, kantig, wohl proportioniert, mit vollem Haar, guten Zähnen, leicht gebräuntem Teint, schlank, athletisch. Sie bewegen sich mit Eleganz, haben ihre Körper unter Kontrolle, verfügen über ein Mindestmaß an sportlichen Fähigkeiten, beherrschen Tiere und Maschinen. Und natürlich Frauen. Sie sind nicht so schön, daß man ihnen nicht auch Intelligenz zutraute. Sie sind allerdings mitunter ein wenig ausdruckslos und deswegen in der Lage, extrem verschiedene Charaktere mit professioneller Nonchalance darzustellen: Beatty den Bankräuber der Dreißiger in BONNIE AND CLYDE und den Schickeriafriseur der Siebziger in SHAMPOO, Redford die Titelfigur aus Claytons THE GREAT GATSBY, der in den Zwanzigern spielt, und den unermüdlichen Journalisten in Pakulas ALL THE PRESIDENT'S MEN, Fonda den Motorradrebellen Captain America in Hoppers EASY RIDER und den etwas langweiligen Reporter-Detektiv in Heffrons Science-Fiction-Film FUTUREWORLD (1976). Alle drei sind, und das gibt ihren Karrieren einen besonderen Touch, nicht nur Schauspieler, sondern als eingefleischte Liberale auch politisch, ökologisch und kulturell engagiert, ebenso wie es Jane Fonda zumindest bis in die achtziger Jahre hinein war. Und dieses Engagement stammt aus den Zeiten der Proteste gegen den Vietnamkrieg.

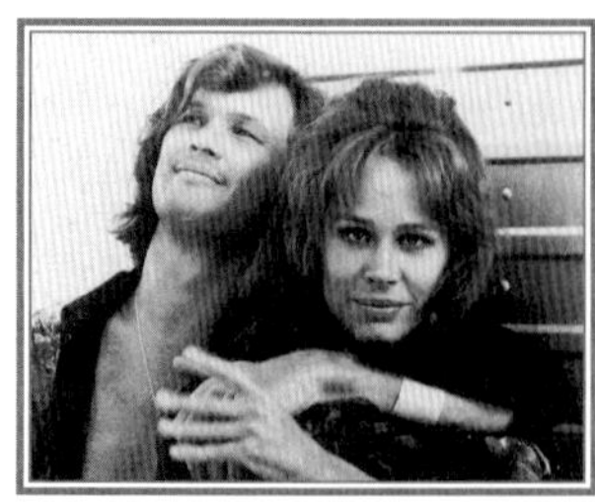

CISCO PIKE: Kris Kristofferson, Karen Black

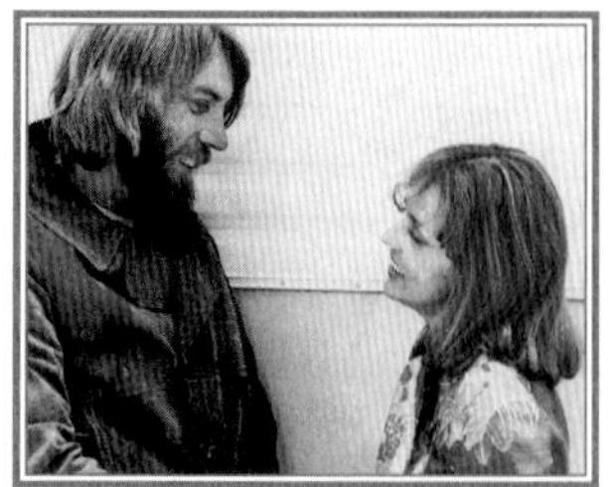

ALEX IN WONDERLAND: Donald Sutherland, Jeanne Moreau

Gesichter

Das Publikum wollte neue Gesichter sehen: „Movie stars that almost looked as if they could be your neighbour“[12], erinnert sich Sydney Pollack, realistische Figuren mit Durchschnittsgesichtern also. Und damit ist man bei den Darstellern aus der zweiten Reihe, von denen einige, wie Harvey Keitel und Gene Hackman, Jeff Bridges und Donald Sutherland, in späteren Jahren noch berühmt werden sollten, und andere, etwa Roy Scheider, George Segal, Peter Boyle und Elliott Gould, im Hintergrund geblieben sind. Sie repräsentieren Typen, die vor „New Hollywood“ das Licht der Leinwand niemals erblickt hätten: Harvey Keitel das *street kid,* Jeff Bridges den nur vordergründig netten Jungen von nebenan, Gene Hackman den korrupten Polizisten, Donald Sutherland den Schnösel, Peter Boyle den marodierenden Kleinbürger, Elliott Gould den freundlichen Nonkonformisten, Roy Scheider den Siebziger-Abenteurer und George Segal den ewigen *loser*. Da es kaum Hauptdarstellerinnen aus der Zeit gibt, die ähnliche Karrieren wie die Männer gemacht haben, sind erst recht die Nebendarstellerinnen „New Hollywoods“ in Vergessenheit geraten: Durchschnittsgesichter nimmt man Frauen übler als Männern. Die Altman-Schauspielerin Shelley Duvall war vielleicht nur deswegen nie ein Star, weil Altman von Anfang an Ensemblefilme drehte – eine Absage ans Starsystem des alten Hollywood. Und Sissy Spacek, die durch Malicks BADLANDS und De Palmas CARRIE berühmt und dann ebenfalls von Altmans Ensembles aufgesogen wurde, war mit ihrer durchscheinenden Blässe und den Sommersprossen interessant, ein Typ, aber keine Heldin.

Alex

„What it seemed like to me was boys being out of school. It was like school's out. So the energy was unbelievably high. And that's what I think characterizes North American filmmaking of the seventies – that unamicable American male energy. It's phantastic, but it wasn't a great time for women.“[13] So Julie Christie, die „New Hollywood“ als englische Gastarbeiterin kennenlernte und Hauptrollen spielte.

„New Hollywood“ ist ein *buddy*-Kino – vor und hinter der Kamera: Männerfreundschaften, deren Zerbrechen und Wiederaufleben, Gewalt, Verbrechen, Sex- und Drogenexzesse, Rockmusik, Motorräder, Autos, Kriege. „New Hollywood“ ist ein Kino der Autoren, nicht der Autorinnen – eben Alex' Wunderland, nicht Alices.

12 Zit. nach: Ted Demmes und Richard LaGraveneses Dokumentation A DECADE UNDER THE INFLUENCE, 2003.

13 Ebenda.

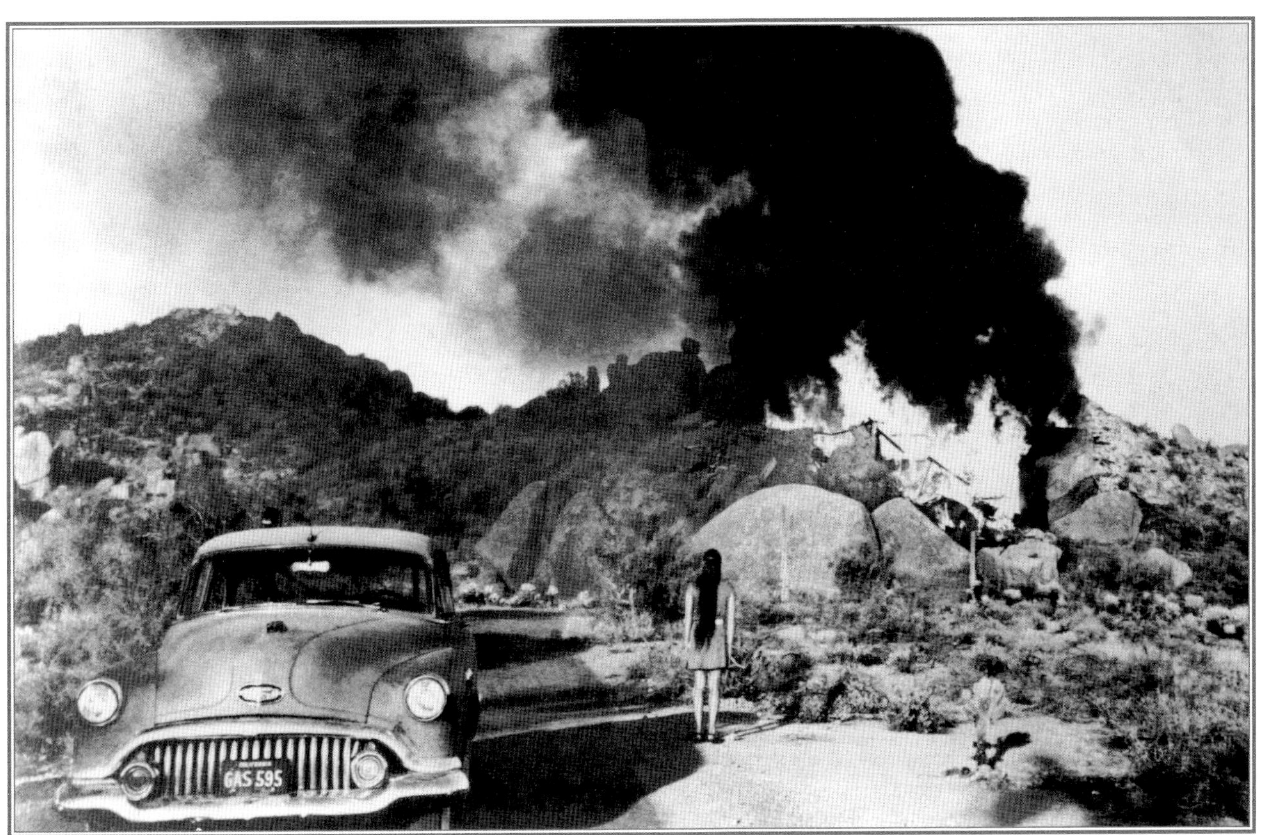

ZABRISKIE POINT

Outlaws im Namen Amerikas

Von Diedrich Diederichsen

Ende der sechziger, Anfang der siebziger Jahre nahm ein großer Teil der US-Gegenkultur Abschied von den Bezugspunkten, die sie zunächst mit den anderen globalen Gegenkulturen gemeinsam zu haben schien - Marxismus, Internationalismus, Tiersmondisme auf der einen Seite, Psychedelia, Mystik, asiatisch inspirierte Esoterik auf der anderen -, und entwickelte statt dessen eine neue große Nähe zu Amerika. Dieses Amerika war gewiß nicht identisch mit dem Nationalstaat USA, sondern stand am Anfang für den Versuch, eine Synthese aus den gegenkulturellen Inhalten mit einer oder mehreren der sehr diversen Einstellungen zu gewinnen, die man mit Amerika assoziieren kann. Natürlich kamen dafür auch nicht alle Klischees, Mythen und Zuschreibungen in Frage, die mit Amerika in Verbindung standen: nicht das imperialistische, nicht das militärisch-industrielle und auch weniger das Amerika der alten Linken. Es war ein Amerika, das die Perspektive ermordeter Ureinwohner einbezog, aber ebenso den Anarchismus und Freiheitswillen von Pionieren und Outlaws. Es war vor allem ein Amerika des Individualismus einzelner tragischer Freiheitshelden, deren Kampfziele eher die persönliche Integrität, Autonomie und Selbstbestimmung waren - weniger kollektive und im klassischen Sinne politische Ziele. Es war eine Kritik Amerikas mit Amerika.

Das neue alte Amerika der Gegenkulturen artikulierte sich nirgendwo so deutlich wie in der Pop-Musik. Um 1970 wandten sich Bands, die vorher Protestfolksongs gespielt hatten, plötzlich der Country-Musik zu. Sogar die Rolling Stones nahmen eine Bluegrass-Version ihres „Honky Tonk Woman“ auf. Die Byrds hatten mit dem Album

„Sweetheart of the Rodeo" den Anfang gemacht, und auch einige ihrer *offspring* wie die Flying Burrito Brothers oder die Soloprojekte ihrer Mitglieder Gram Parsons, Skip Battin und Roger McGuinn hatten sich der C&W-Musik zugewandt. Die wichtigste psychedelische Band der Westküstengegenkultur, The Grateful Dead, hatte zunehmend Country-Songs (etwa „Mama Tried" von dem bis dahin noch als Erzfeind geltenden Republikaner und Vietnamkriegunterstützer Merle Haggard) in ihr Live-Repertoire aufgenommen. Kurz hintereinander erschienen von ihr zwei Platten mit Americana: Auf „Workingman's Dead" ging es noch um Helden und Geschichten der Arbeiterbewegung, um Lokomotivführer („Drivin' that train, high on cocaine ...") und Bergleute, auf „American Beauty" waren diese auch vorher schon großen einsamen Helden eher Outlaws und nur in eigener Sache tragisch Scheiternde: „... and if the sheriff catches me I'll spend my life in jail" („Friend of the Devil"). Auch Bob Dylan hatte Country-Platten aufgenommen (explizit: „Nashville Skyline", verwandt: „John Wesley Harding", „Self-Portrait") und hatte sich nach seinem Motorradunfall – zumindest in seinen öffentlichen Statements und Bildern – dem Landleben zugewandt. Seine langjährige Begleitband, The Band, schließlich verkörperte die gegenkulturelle Wende zu den Americana vielleicht am nachhaltigsten. Mit ihrer ersten Platte ohne Dylan, „Music from Big Pink", begann sie eine lange rekonstruktive Reise in die US-Geschichte vor allem des 19. Jahrhunderts mit Geschichten aus dem Sezessionskrieg, vom Latifundistenleben in den Südstaaten und von Siedlern, die die Rocky Mountains überwanden, von Bauern und Hobos, von Minstrels und *medicine shows*.

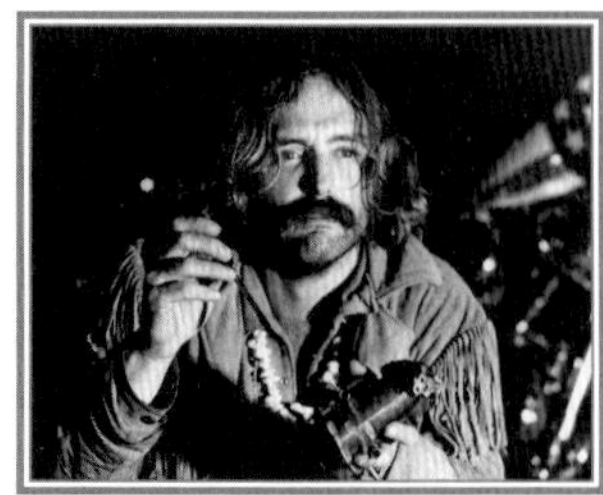

EASY RIDER: Dennis Hopper

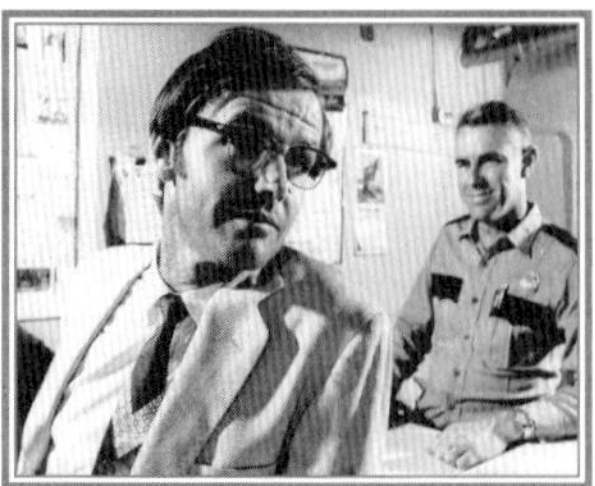

EASY RIDER: Jack Nicholson

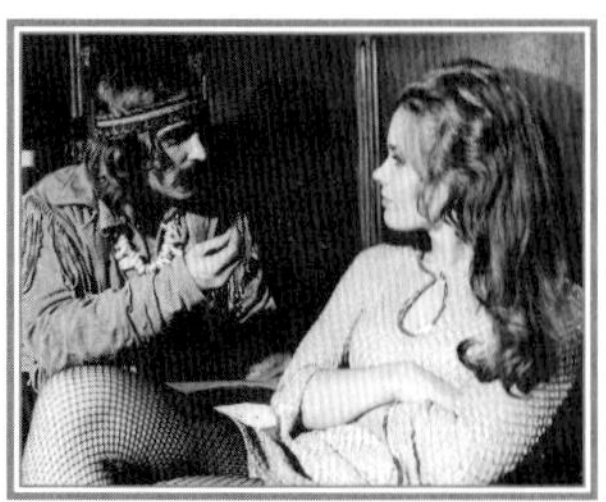

EASY RIDER: Dennis Hopper, Karen Black

Umgekehrt machte auch Nashville ein Friedensangebot, nahmen Country-Musiker Positionen jenseits der Nashville-Kultur ein. Eine neue Generation von Country-Musikern, die sogenannten Outlaws (am bekanntesten Waylon Jennings, aber auch Willie Nelson), trugen lange Haare und standen den Veranstaltungen der Grand Ole Opry, die staatstragende *family values* verbreiteten, eine Weile nicht mehr zur Verfügung. Überhaupt Outlaws. Es ist kein Wunder, daß die rechte Country-Kultur und die linke Gegenkultur im Namen der Gesetzlosigkeit zueinanderfanden: Der von heute aus gesehen sehr kleine gemeinsame Nenner der Staatsfeindlichkeit hatte aus der Perspektive von 1970 noch die Kraft, verschiedene, teilweise sehr kontroverse Milieus, Lebensstile und Weltanschauungen zu versöhnen oder auf einen Nenner zu bringen. All jene, die aus der konformistischen Disziplinarkultur – aus welchen Gründen auch immer – ausgeschlossen worden waren, hatten allemal etwas Gemeinsames. Das war zwar auch schon der Fall in der vergleichsweise überschaubaren Welt der Beatniks der Fünfziger; in der Perspektive der Massengegenkultur der frühen Siebziger hatte diese Gemeinsamkeit eine andere Bewandtnis. Sie beanspruchte nun Amerika als Legitimation. Amerika war nicht der Gegner Amerikas, sondern man war ein Outlaw im Namen Amerikas. Die Situation verschärfte sich sicher mit der Katastrophe der Regierung Nixon, der Niederlage im Vietnamkrieg, der Krise der Städte und den Transformationen der integrativ fordistischen Gesellschaft ins Fragmentarische. Bald gab es auch den Aussteiger von rechts. Retrospektiv läßt sich aber auch die bewaffnete Kleinfamilie eines Langhaarigen auf dem Titelbild einer Alternativkulturzeitschrift aus Berkeley aus dem Jahre 1970 nicht mehr eindeutig als links-gegenkulturell einsortieren. Man erkennt schon den *survivalism,* der sich ja nicht zuletzt auch durch Filme wie John Boormans DELIVERANCE, seinerseits ein Klassiker politischer Ambivalenz, inspirieren ließ.

Die meisten der genannten Künstler waren in den späten Sechzigern und frühen Siebzigern auf den emblematischen Soundtracks des „New Hollywood" vertreten, die in gewisser Hinsicht auch ein neues Genre der Schallplattenindustrie begründeten. Grateful Dead in Antonionis ZABRISKIE POINT (1969), die Byrds in Hoppers EASY RIDER, neben ihnen eine Vorläuferband der auch mit Truckerliedern bekannt gewordenen Little Feat: The Fraternity of Man steuerten einen der bekanntesten Songs aus dem

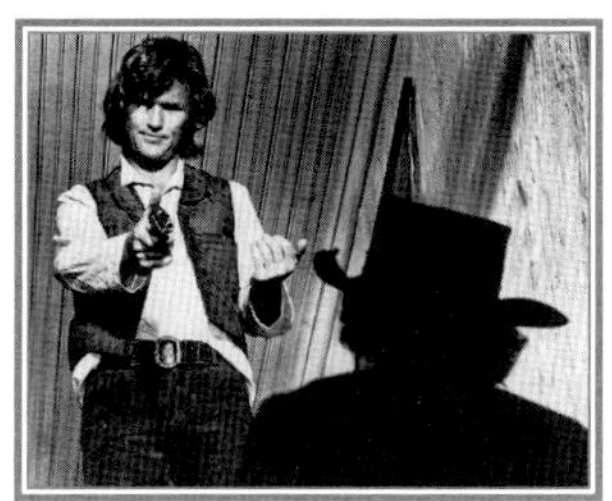

PAT GARRETT AND BILLY THE KID: Kris Kristofferson

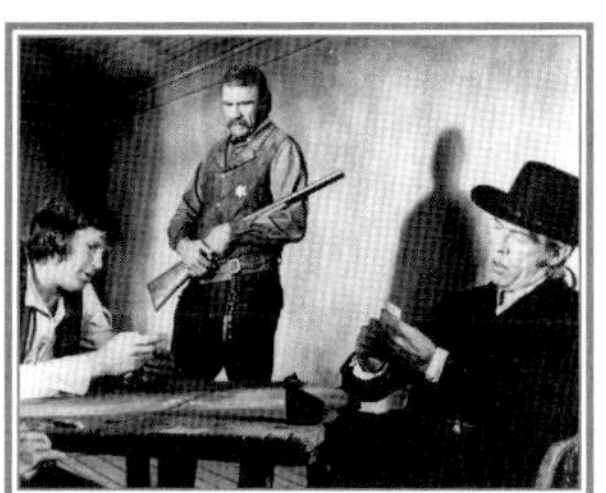

PAT GARRETT AND BILLY THE KID: Kris Kristofferson, Richard Jaeckel, James Coburn

EASY RIDER-Soundtrack bei – „Don't Bogart that Joint" verbreitete gegenkulturelle Gemütlichkeit beim Kiffen zum Sound von Pedal-Steel-Guitars und Südstaatenakzent. The Band fehlte nur aus rechtlichen Gründen auf dem Soundtrack-Album, ihr im Film enthaltener Song „The Weight" mußte dann von Ersatzleuten gespielt werden. Das ideologische Programm der nun kommenden „New Hollywood"-Jahre bringt schließlich vor allem eine Band auf den Punkt, die diesem Film ihre Karriere verdankt: Steppenwolf. Aber nicht mit dem EASY RIDER-Welthit „Born to Be Wild", sondern mit der 1970 erschienenen, ambitionierten LP „Monster". Der fünfzehnminütige Titelsong beschreibt die Gegenkultur als einen Aufstand gegen Amerika im Namen eines anderen Amerika.

Auch die Bildende Kunst hat sich auf eine Suche nach Amerika begeben: Fast könnte man sagen, auf die Suche nach einer amerikanischen Substanz in der Landschaft und sogar in den geologischen Beschaffenheiten des Kontinents. Die Künstler der Land Art und die Nachfahren des Minimalismus wollten zunächst gerade kein ideologisches Amerika rekonstruieren, sondern buchstäblich das naturgeschichtliche Amerika hinter Amerika: die Freilegung der Verbindungen von Naturgeschichte und politischer Geschichte, Land und Landnahme – wie sie später zu einem Thema etwa auch des Filmemachers James Benning werden sollte. Neben den Projekten von Leuten wie Michael Heizer oder Walter De Maria waren das in den Siebzigern vor allem die Unternehmungen von Robert Smithson, der sich für aufgegebene Spuren oder kontingente Reste des Zivilisationsprozesses auf dem Gebiet der USA ebenso interessierte wie für (scheinbar) rein geologische Objekte: In einen Salzsee baute er um 1970 sein bekanntestes Werk, eine Spirale aus Steinen, „The Spiral Jetty", zu dessen Entstehung es auch einen sehr amüsanten Film des Künstlers gibt. Diese Arbeit läßt sich sogar mit der Entdeckung menschenleerer Landschaften und geologischer Features parallelisieren, mit denen „New Hollywood" auf seine Weise das Naturtheater John Fords (Drehort Monument Valley) beerbte, aber auch antitheatralisch durchstrich.

Das, was man gemeinhin „New Hollywood" nennt, macht sich diese Ausgangssituation zunutze – die Umwertung des gegenkulturellen Rebellen zum eigentlichen Amerikaner, die Umwertung der Gegenkultur zur amerikanischen Kultur, die Umwertung des politischen Rebellen zum Outlaw –, um die Motive und Genres des amerikanischen Kinos und des Kinos über Amerika neu zu bewerten und umzuprägen. Ein großer Teil der Filme versucht, diese Motive und Genres und vor allem die dazugehörigen Figuren einfach nur umzudeuten, bleibt aber in der Logik des Genrekinos: Der vorher negativ besetzte Outlaw ist jetzt eine positive Figur, der Sheriff ist jetzt der Böse oder er ist korrupt (Peckinpahs PAT GARRETT AND BILLY THE KID). Ein anderer Teil versucht, die Americana und insbesondere die Amerikabilder des Kinos umzudeuten, indem er sie historisiert. Ein Western spielt nun nicht mehr irgendwann in Amerika, sondern in einem bestimmten Jahr an einem bestimmten Ort, an dem ganz bestimmte Kämpfe stattgefunden haben (Don Siegels THE SHOOTIST, 1976). Oder das Personengefüge und die Handlungstypen werden auf aktuelle Lagen übertragen. Eine dritte, vermutlich die kleinste, Gruppe schließlich beschäftigt sich formal und/oder analytisch mit der Kritik und, wenn man so will, Dekonstruktion der traditionell amerikanischen Selbstbilder und Genres unter den Bedingungen der Vietnamära (Altmans NASHVILLE, Bogdanovichs TARGETS).

Dabei ist das wichtigste Resultat dieses Prozesses die Rekonstruktion und Neubewertung früherer Einzelgängertypen im Lichte eines – zunächst politisch – umgedachten Outlaws. In der Popmusik hatte sich parallel der Singer/Songwriter als Synthese aus dem für sich sprechenden einzelnen der Folk- und Blues-Tradition und dem exemplarisch jugendkulturelle Rollen verkörpernden Bandleader-Sänger durchgesetzt. Entscheidende Figuren des Genres wurden zu emblematischen Schauspielern „New Hollywoods": James Taylor in Monte Hellmans TWO-LANE BLACKTOP, Carly Simon in

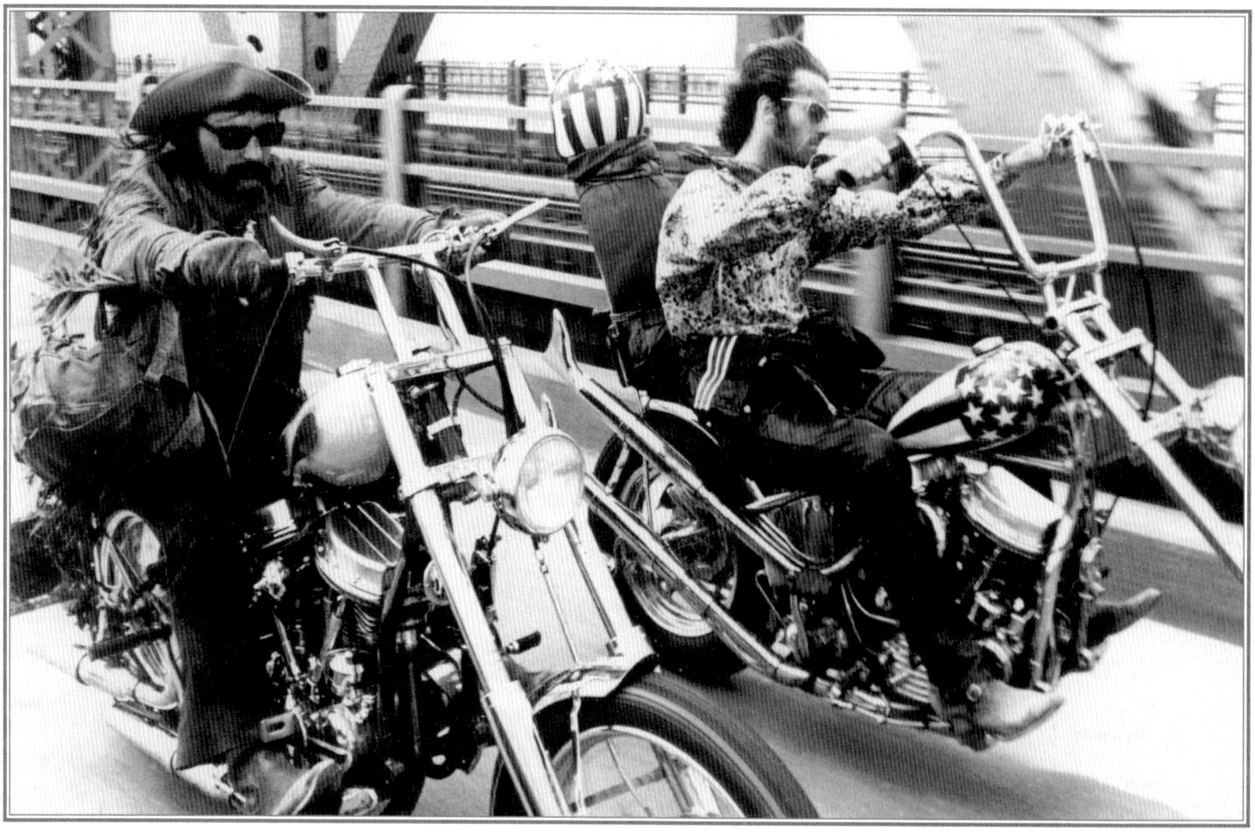

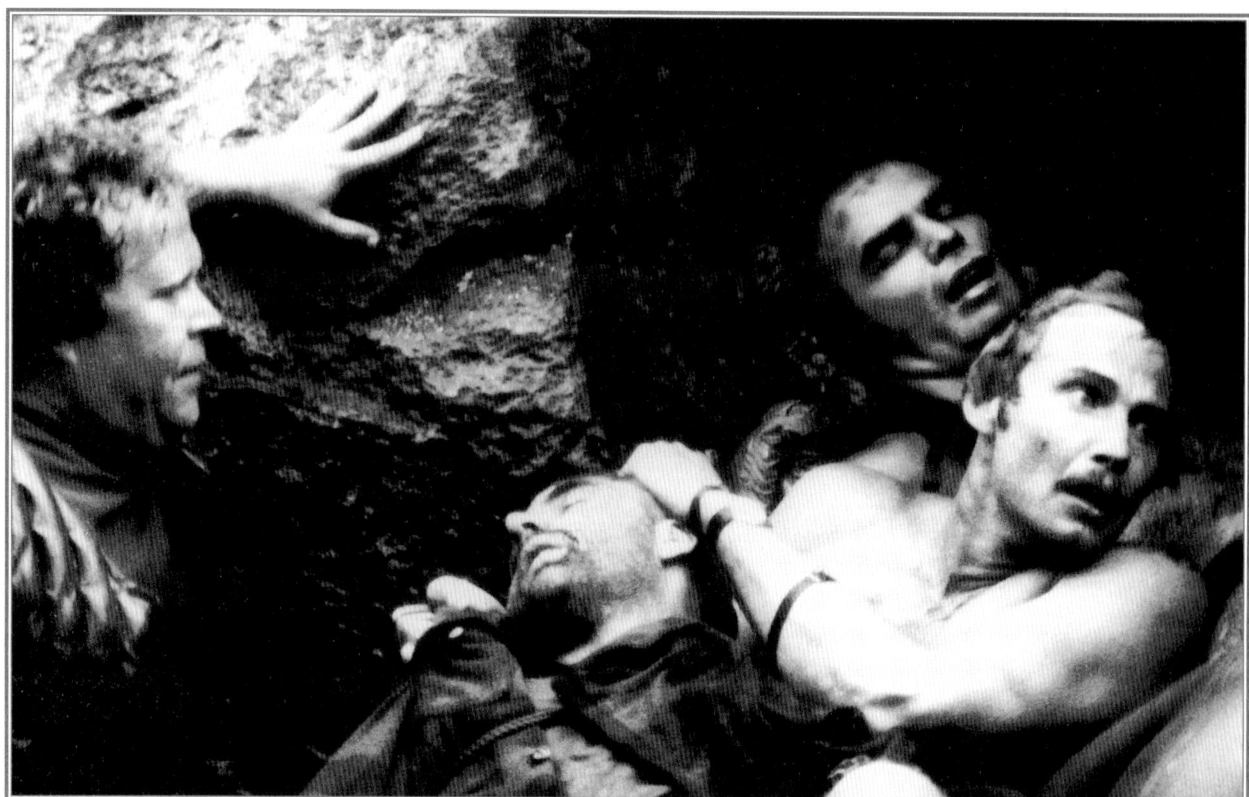

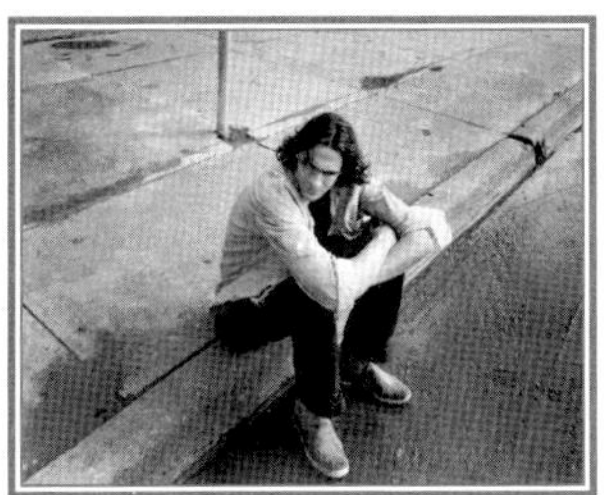

TWO-LANE BLACKTOP: James Taylor

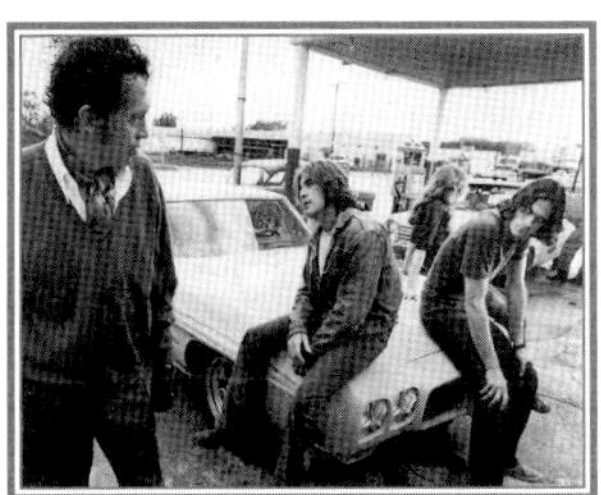

TWO-LANE BLACKTOP: Warren Oates, Dennis Wilson, James Taylor

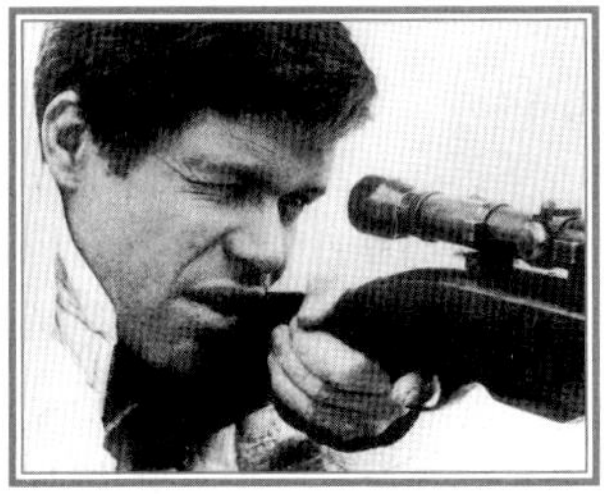

TARGETS: Tim O'Kelly

Milos Formans TAKING OFF (1970/71), Levon Helm und Rick Danko von The Band tauchten in verschiedenen Filmen der Siebziger auf, Helm schließlich in Michael Apteds COAL MINER'S DAUGHTER (1980), ihr Bandleader Robbie Robertson produzierte sogar Robert Kaylors CARNY (1980) mit sich selbst an der Seite von Jodie Foster. Kris Kristofferson schlußendlich, nicht zuletzt Verfasser des Generationenmottos „Freedom is just another word for nothing left to loose" (aus: „Me and Bobby McGee"), war irgendwann sowieso im Hauptberuf Schauspieler.

Dazu kamen aber vor allem die Konstruktionspläne für große einzelne aus dem alten Hollywood: der in den vierziger Jahren als tragischer Verlierer eingeführte Einzelgänger (Jacques Tourneurs OUT OF THE PAST, 1947, Tay Garnetts THE POSTMAN ALWAYS RINGS TWICE, 1946), der existentialistische Privatdetektiv aus derselben Epoche (Spade, Marlowe), der einsame Gerechte, der sich mit Polizeibürokratien oder feigen Bürgern in Westernsituationen (Zinnemanns HIGH NOON, 1952) herumschlug, der mysteriöse Fremde (sowohl gut: SHANE, 1953, wie böse: THE NIGHT OF THE HUNTER, 1955) und schließlich der jugendlich-tragische Held (James Dean und Marlon Brando in den Fünfzigern) in einer rundum falschen Welt. Sie alle tragen Elemente der Figuren in sich, die in den Siebzigern nun nach den Umwälzungen der Gegenkulturen nicht nur als besonders positiv gedeutet werden konnten – teilweise waren sie das schon immer –, sondern vor allem als erreichbar und in einer Kontinuität mit den zum Mainstream antagonistischen Werten der Post-Hippies.

Das heißt nicht, daß die Nichtangepaßten, die Outlaws, es nun leicht hatten. Don Siegels CHARLEY VARRICK (1973) ist einer von wenigen, dessen Projekt nicht scheitert. Auch wenn sich nun generell das Verbrechen häufiger lohnt. Aber nicht nur ihr Erfolg ist zweifelhaft, auch ihre Charaktere sind keineswegs durchgängig sympathisch gezeichnet. Geändert hat sich eben vor allem etwas anderes: ihre Erreichbarkeit. Die Outlaws des „New Hollywood", ob nun zu Recht oder zu Unrecht im Kampf mit Mächtigeren verstrickt, sind fast immer so angelegt, daß sich ihr Publikum mit ihnen identifizieren kann. Das Verrückte und das Couragierte, also die Eigenschaften, die das Exzeptionelle des Outlaws im besonderen und des Helden im allgemeinen ausmachen, erscheinen nicht als übermenschliche Eigenschaften. Figuren wie die, die Peter Fonda in THE TRIP verkörperte, oder auch der Held von THE STRAWBERRY STATEMENT (1970) sind ganz durchschnittliche Gestalten, um nicht zu sagen: Flaschen. Gerade das ist die Voraussetzung für irre Drogenreisen, Politisierung oder Motorradfahrten in das spirituelle Innere der USA. Ihre unbedarfte Normalität ist Bedingung ihrer Exzeptionalität. Doch liegt diese Normalität nicht mehr darin, daß sie einem Stereotyp des Normalen entsprechen, wie die großen typisierten Normalen der Dreißiger und Fünfziger (Gary Cooper, James Stewart), sondern in ihrer Kontingenz. Diese Kontingenz erschließt das abenteuerliche Narrativ im Prinzip für jeden und ist so zu Beginn durchaus als ein Reflex auf die gesellschaftliche Realität zu verstehen, die ja tatsächlich vielen Durchschnittlichen, Normalen, Provinzlern irre Trips zu ermöglichen, wenigstens aber zu versprechen schien. *If you're going to San Francisco ... Turn on, tune in, drop out!*

In Geschichten vom Radikalwerden wird, wie früher in Geschichten vom Reichwerden, die Voraussetzungslosigkeit zentral verankert: daher all die lieben Jungs, die sich auf Motorräder schwingen oder Banken überfallen. Nur im Land der unbegrenzten Möglichkeiten kann diese Voraussetzungslosigkeit gedacht werden: vom Tellerwäscher zum Revolutionär. In der Fiktion des Egalitär-Voraussetzungslosen schreiben sich andere Erzählungen der Voraussetzungslosigkeit fort. Diese Amerikanisierung gegenkultureller Narrative und des gegenkulturellen Habitus ist zunächst noch kein gezieltes ideologisches Projekt, das einzelne Filme sich vornehmen. In ZABRISKIE POINT etwa sind es metonymisch neben die „rebellische" Geschichte gesetzte Zeichen amerikanischer Landschaft, Geschichte und schließlich – wichtigstes Bild der Amerikanisierung gegenkultureller Befreiung – der endlosen Straße. In Filmen wie Arthur Penns

EASY RIDER: Dennis Hopper, Peter Fonda

DELIVERANCE: Ned Beatty, Herbert „Cowboy" Coward, Burt Reynolds, Jon Voight

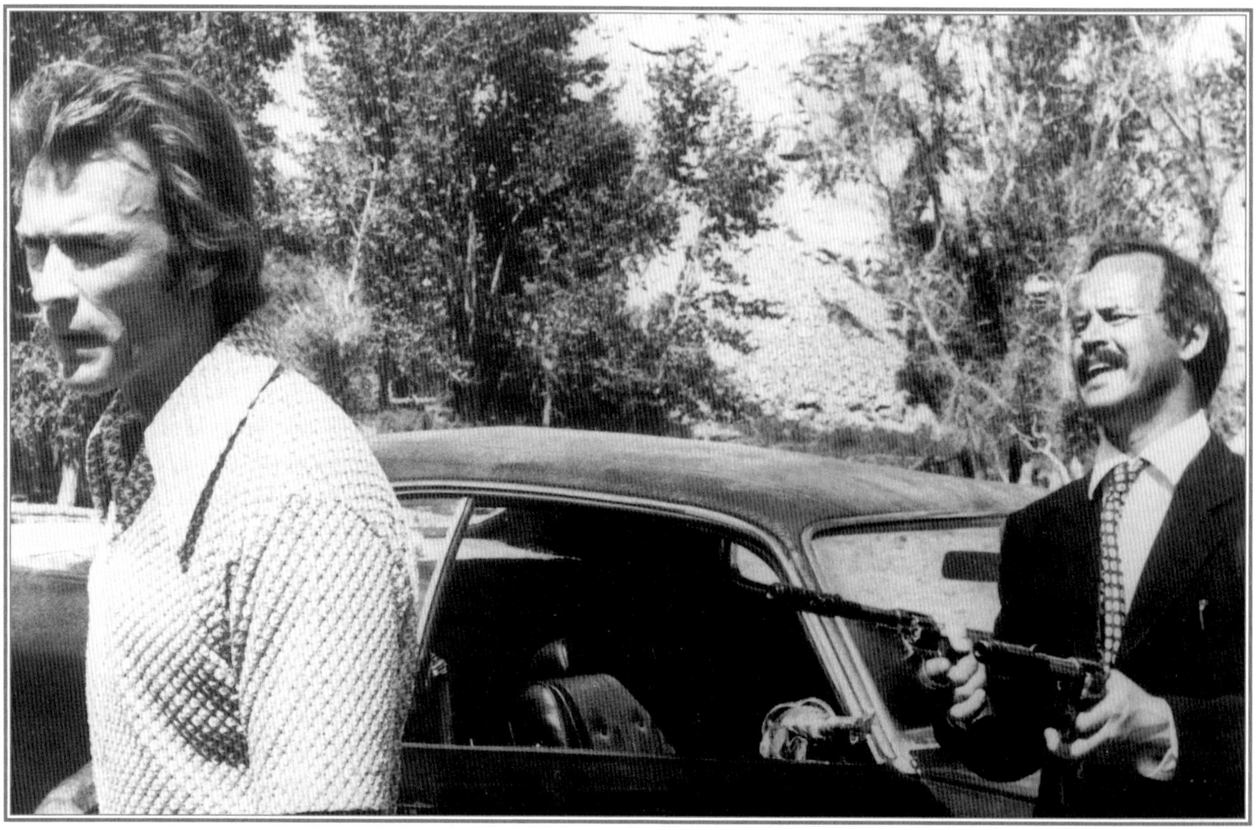

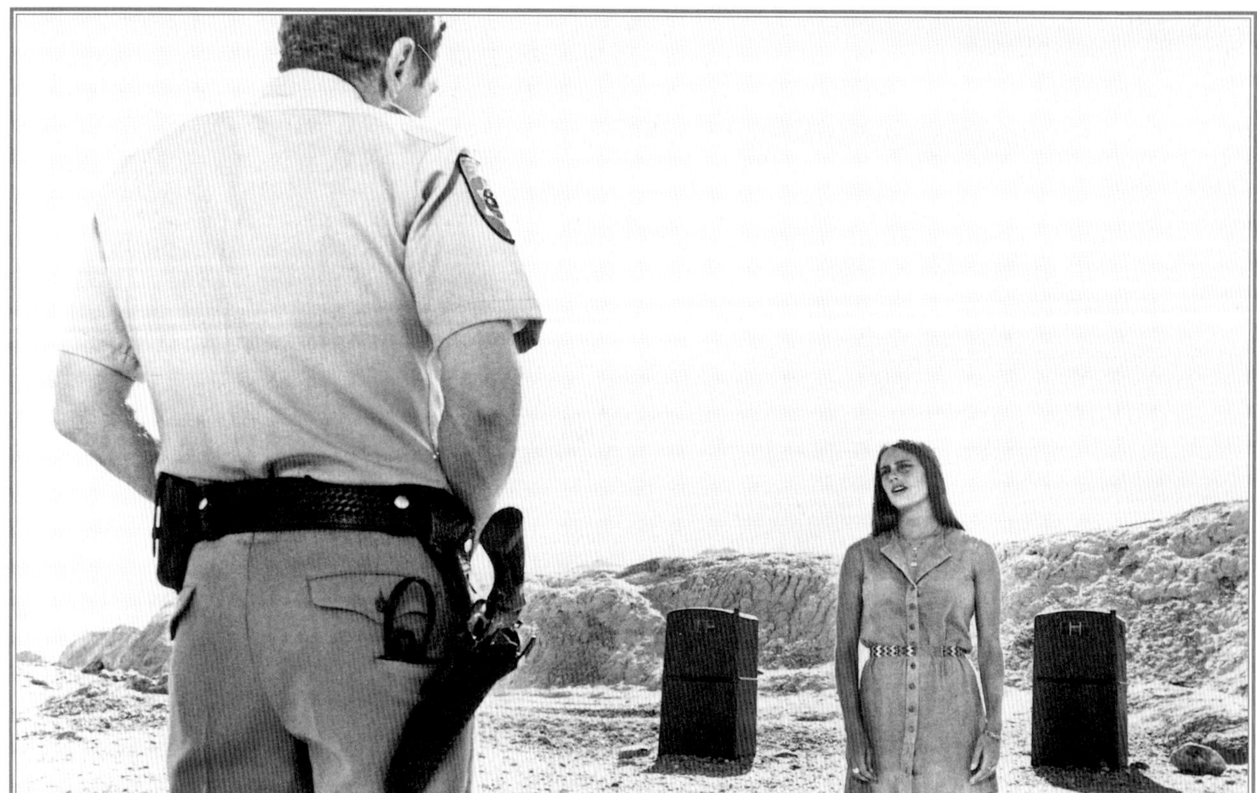

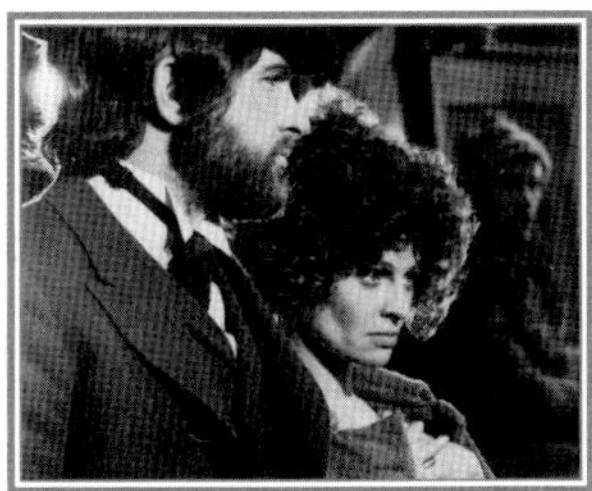

MCCABE AND MRS. MILLER: Warren Beatty, Julie Christie

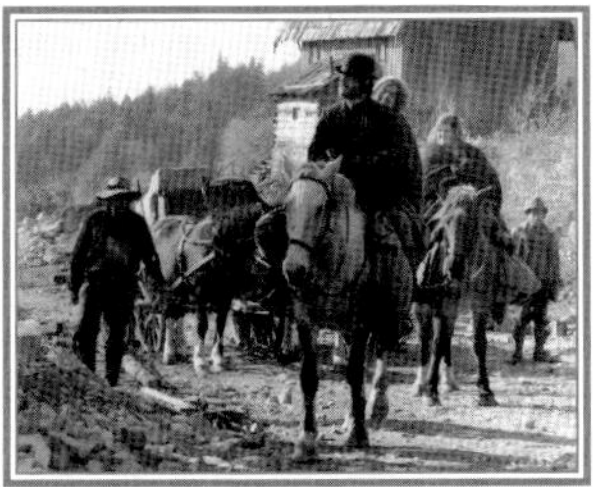

MCCABE AND MRS. MILLER: Warren Beatty, Julie Christie

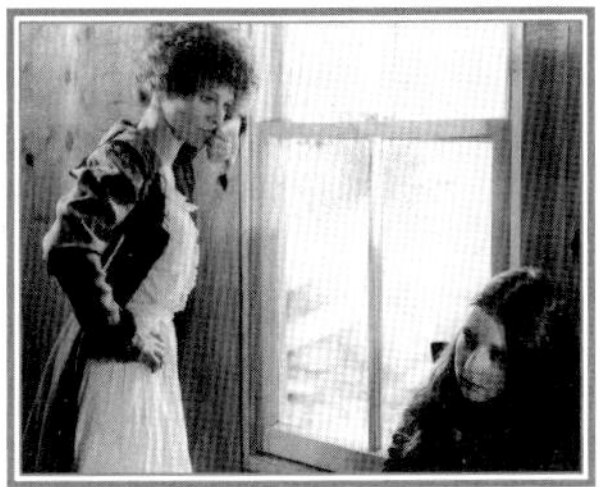

MCCABE AND MRS. MILLER: Julie Christie, Carey Lee McKenzie

THUNDERBOLT AND LIGHTFOOT: Clint Eastwood, Geoffrey Lewis

ZABRISKIE POINT: Daria Halprin

BONNIE AND CLYDE (1967) oder Robert Altmans MCCABE AND MRS. MILLER sind die unverkennbar gegenkulturell beschriebenen zentralen Charaktere in klassische Szenarien amerikanischer Geschichte versetzt.

Der *signifyer* Amerika macht im Laufe der Siebziger einen Wandel durch, der sich aber schon Ende der Sechziger in der Popmusik ankündigt. Ein enorm erfolgreiches Buch wie Charles A. Reichs „The Greening of America: How the Youth Revolution Is Trying to Make America Liveable" (1970) erklärt die *counterculture* zu einer Renaissance genuin amerikanischer kommunitaristischer Projekte. Ebenfalls Ende der Siebziger entstehen Ableger der Kommunenbewegung, die sich unter Berufung auf die Siedlertradition bewaffnen und eine autonome Verteidigung gegen das System aufbauen wollen. Aus dieser linken Systemfeindlichkeit im Namen Amerikas wird später die rechtsradikale der Survivalists. Ja, selbst der ehrenwerte und verständliche Gründungsimpuls der Black-Panther-Bewegung, sich zwecks Selbstverteidigung gegen Polizeiübergriffe auf das uramerikanische Recht zu berufen, Waffen tragen zu dürfen, läßt sich von heute aus mühelos auf die Legitimationsdiskurse der NRA (National Rifle Association) übertragen. Amerika ist zu Beginn des Jahrzehnts noch der Name der Ideologie eines oft gleichnamigen Staates, der einen imperialistischen Krieg führt. Im Laufe des Jahrzehnts tritt nach und nach scheinbar das absolute Gegenteil ein. Amerika wird der Name einer gewissen Staatsfeindlichkeit.

Diese Staatsfeindlichkeit ist aber auch bereits der Vorschein jener Synthese aus Hippie und freiem Unternehmer, die man aus der sogenannten kalifornischen Ideologie der neunziger Jahre kennt. Das links-libertäre Projekt einer Ablehnung gesellschaftlicher Normen und der sie legitimierenden religiösen und metaphysischen Traditionen wird mit einem wirtschaftsliberalen Projekt der Zurückweisung von staatlichen Eingriffen in die ökonomische Sphäre verbunden. Diese Verknüpfung von einem nach europäischer und traditioneller politischer Topographie linken mit einem rechten Projekt wird wiederum – nicht ganz zu Unrecht – als genuin amerikanisch verstanden. Am berühmtesten wurde die kalifornische Ideologie im Zusammenhang mit den einerseits vollständige Informationsfreiheit, andererseits ein vollständig von staatlichen Einschränkungen und Regelungen befreites Unternehmertum fordernden Netz- und Cyber-Aktivisten wie John Perry Barlow, der früher Texte für The Grateful Dead schrieb.

Im Kernzeitraum haben die Outlaws des neuen Hollywood zunächst den Nimbus des linken Rebellen. Interessant ist, daß schon bald in vergleichbaren und ästhetisch durchaus zur Gattung zu rechnenden Filmen, vor allem in Clint Eastwood-Filmen Don Siegels (von COOGAN'S BLUFF, 1968, bis zu DIRTY HARRY, 1971), der Outlaw-Rebell auch ein Polizist sein kann, der seine eigene Bürokratie rechts überholt. In den Achtzigern und Neunzigern erleben wir dann das Phänomen, daß der die Aktionsfreiheit eines rebellischen Polizisten einschränkende Vorgesetzte immer häufiger von einem schwarzen Darsteller verkörpert wird: als linkes bürgerrechtliches Über-Ich, gegen das sich nunmehr rechte Selbstverwirklichung durchsetzen muß.

Doch nicht nur die Genealogie der rebellischen Werte geriet in Vergessenheit, auch die der ästhetischen Valeurs. Neben dem alten Hollywood und dessen narrativen und psychologischen Genres hatte das neue Hollywood zwei weitere, weniger legitime Eltern, den Underground-Film, aber auch die B- und C-Pictures, die einige der später kanonischen Regisseure – wie Scorsese oder Coppola – zu Beginn ihrer Karrieren für den Produzenten Roger Corman gedreht hatten. Viele der Urszenen des „New Hollywood" waren in den Low-Budget-Filmen und den Kunst- und Underground-Produktionen vorgeformt: das wortkarge Abhängen, die coole Kommunikationsstörung, der plötzliche, unvermittelte Ausbruch von Gewalt, die Straße (in der Großstadt: *street* sowie deren Konnotationen Droge und – auch männliche – Prostitution) und die andere Straße (die *open road:* Motorräder, Autos und hin und wieder auch ein Sportflugzeug).

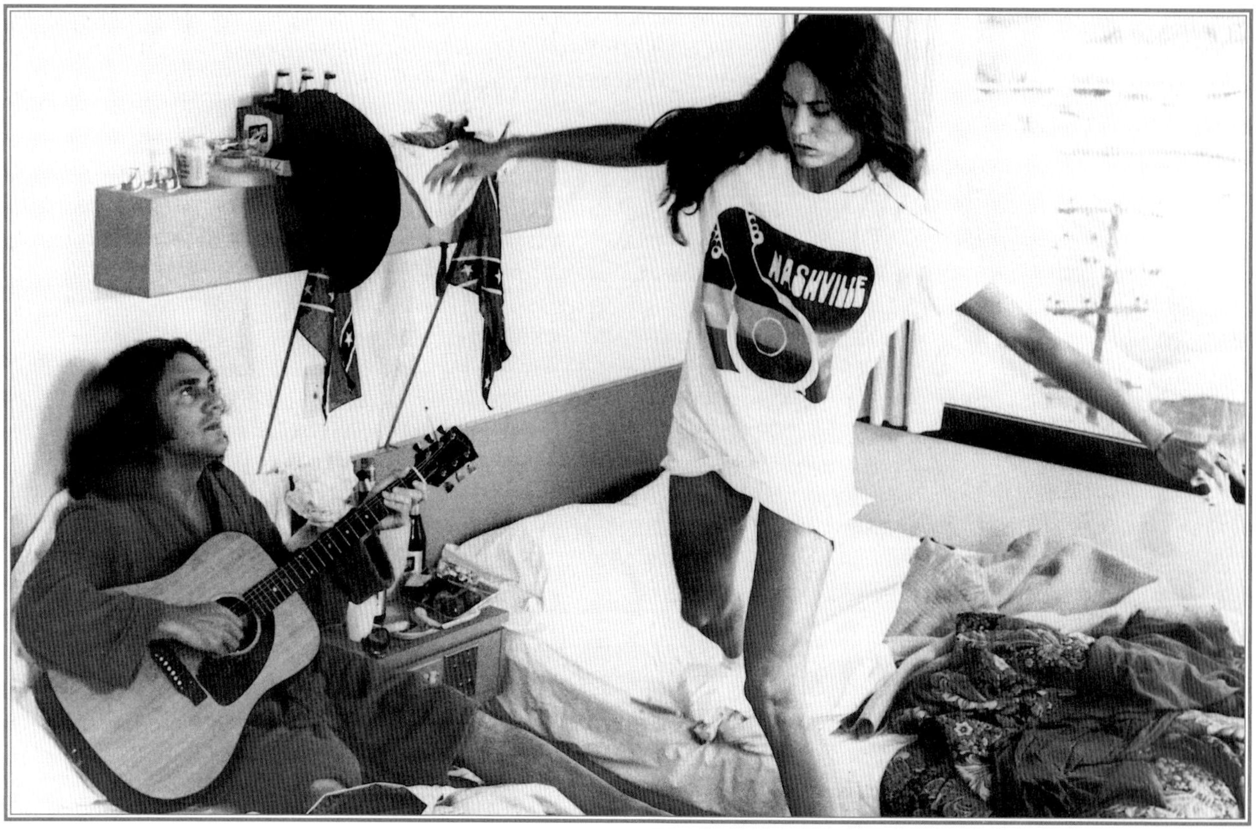

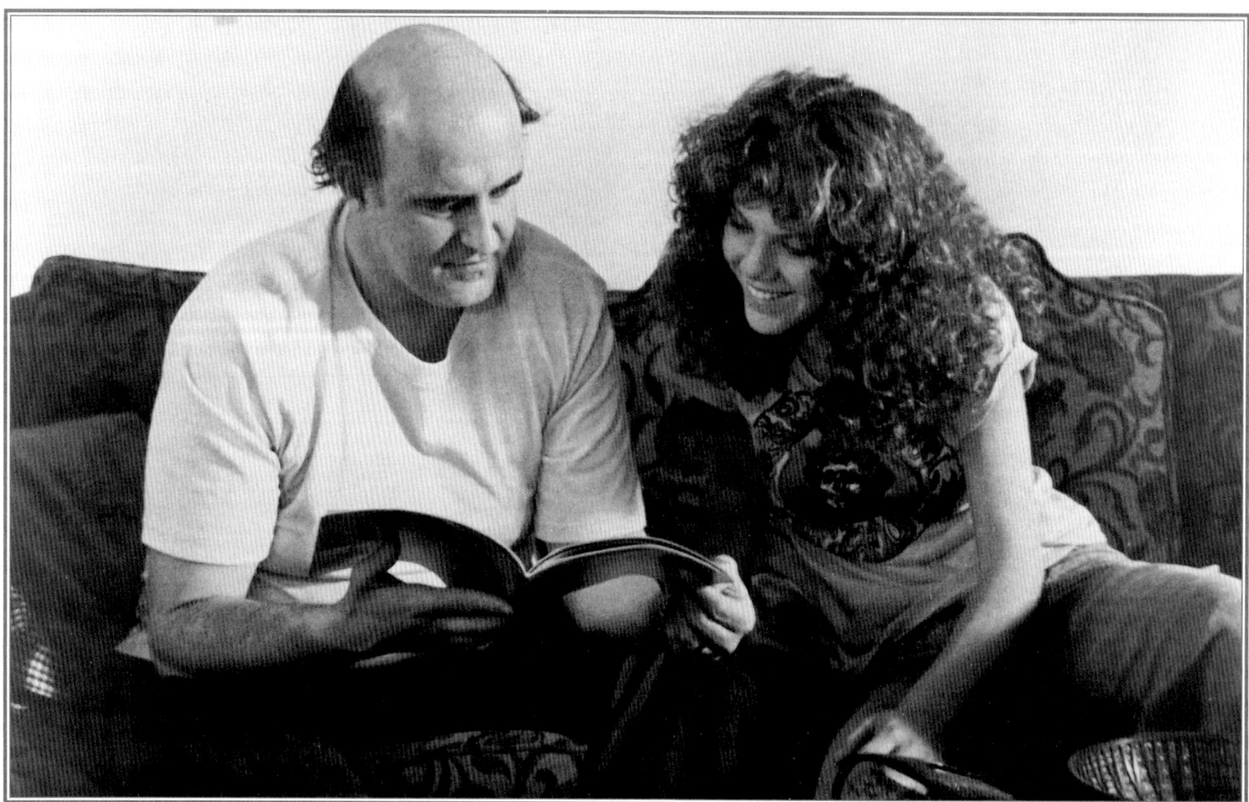

Auch diese Szenarien, die sich ursprünglich auf konkrete sub- und gegenkulturelle Szenen beziehen (Hustler, Biker, Beatniks), bilden bald eine Sprache der Architekturen, Geschwindigkeiten und Landschaften, die (endgültig vor allem in der nächsten Verwurstungsgeneration: in den Fernsehserien der Achtziger) nun auch ohne die sozialen und sozialgeschichtlichen Ursprünge immanent zu funktionieren beginnt.

So war es leicht, in dieser zunehmend staatsfernen oder staatsfeindlichen und dennoch verstärkt positiv amerikanisch ausgewiesenen kinematographischen Landschaft auch ganz andere Rebellen zu zeichnen als diejenigen, die zu Beginn des Jahrzehnts aufbrachen. Zum einen sind dies nun oft einfache und nicht zusätzlich idealistisch oder politisch motivierte Gangster, Rumtreiber und Zwangsindividualisten wie etwa in John Hustons großartiger *loser*-Studie FAT CITY (1972) oder in Michael Ciminos Debüt THUNDERBOLT AND LIGHTFOOT. Zum anderen sind es konservative Querköpfe, die Recht und Ordnung wiederherstellen wollen, wenn auch zunächst aus den gleichen individuellen Motiven wie die anderen Rebellen, etwa George C. Scott in Paul Schraders HARDCORE.

Mitte der Siebziger erscheint der vielleicht berühmteste Film der Epoche, der als erster das Outlaw-Rebellen-Monster, das „New Hollywood" geschaffen hat, von außen ansieht, verdichtet zu einer Figur, die nicht nur die beiden Straßen zu einer synthetisiert: TAXI DRIVER. Der Taxifahrer ist einerseits ein einsamer, ewig aus dem Fenster auf ein immergleiches Außen schauender Fahrender. Er ist also zu einem Teil so etwas wie ein Trucker. Zum anderen aber bewegt er sich mitten auf der anderen Straße, der Großstadtstraße zwischen Prostitution und Drogen.

Beide Komplexe werden zum ersten Mal in der „New Hollywood"-Geschichte nur noch gnadenlos negativ geschildert. War die Großstadtstraße bei allem Elend in anderen Filmen immer auch ein Ort authentischer Menschlichkeit und bot eine Alternative zum verklemmten, verdinglichten suburbanen Familienleben, so ist sie in TAXI DRIVER vollständig heruntergekommen, und sie wird vor allem ganz puritanisch – und nicht feministisch – zunächst als *ruin of many a poor girl* geschildert, nämlich der Ruin einer reinen amerikanischen Iris (Jodie Foster), die der Held zu retten versucht. Sein Widersacher inmitten des Abschaums der Großstadt ist aber genau derselbe Outlaw-Rebell (Harvey Keitel), der sich so durchschlägt, lange Haare trägt, Rockmusik hört, einen Hippiehabitus spazierenführt und goldene Hippiescheiße redet. In jedem früheren Film hätte auch er in seiner verlogenen Verkommenheit noch eine ganz sympathische *loser*-Gestalt abgegeben: Hier ist er nur mehr der brutale Zuhälter, der ein junges Mädchen ausbeutet.

Aber nicht nur die Nachfahren der *counterculture* werden in TAXI DRIVER bis zur Kenntlichkeit überzeichnet, auch die Staatsfeindlichkeit erscheint als groteske Pose, wenn sie plötzlich politisch zu Ende gedacht werden soll. Travis Bickle, die von Robert De Niro verkörperte Hauptfigur, spielt alle Facetten einer möglichen Übersetzung seiner Unzufriedenheit, die sich durch Schlaflosigkeit mitteilt, ins Politische durch: als freiwilliger Helfer eines große Veränderungen versprechenden Präsidentschaftskandidaten, in dessen Mitarbeiterin (Cybill Shepherd) er sich verliebt hat, als waffenstarrender Einzelkämpfer und als verhinderter Attentäter. Die Verbindung ist nicht herstellbar. Schließlich wird klar, daß seine Verehrung der jungen Prostituierten Iris und sein Beharren auf einem Ideal von Reinheit mitten im Schmutz der in jenen Jahren gerade bankrott gehenden Großstadt New York nur die andere Seite seiner – faschistoiden – Ressentiments und Aggressionen sind. Er räumt auf mit dem Schmutz, indem er genau die Zuhälter, Freier und Im-Wege-Stehenden umnietet, die seine Iris quasi gefangen halten. Am Schluß ist er ein angesehener Bürger, der sich mit der Welt und Amerika versöhnt hat. Das Kulissenkontinuum Großstadt – Nacht – grelle Lichter – Hektik – Nervosität – Entfremdung hat ein Jahrzehnt, nachdem der Underground-Film dieses Material an „New Hollywood" weitergereicht hat, wieder einen Weg freigegeben zurück in das Herz Amerikas.

NASHVILLE: Allan Nicholls, Christina Raines

HARDCORE: Peter Boyle

Amerika war nun nicht länger als ein floatender Signifikant zwischen Outlaw und freiem Unternehmer, rotsehendem einzelnen und gerechtfertigtem Rebellen situiert, sondern als ein konkreter moralischer Bezugspunkt. Dies blieb nicht unbedingt die Position von Martin Scorsese, eher die seines Drehbuchautoren Paul Schrader, der die Geschichte des „Taxi Driver" in HARDCORE weiterführte. Jetzt konnte man die gegenkulturelle Geschichte nicht nur an ein vages spirituelles Amerika anschließen, sondern an das konkrete (und konkret reaktionäre) der rührenden *Bible belt*-Eltern von Iris, die Travis Bickle einen Dankesbrief geschickt hatten. Aber nicht nur Robert De Niros Wandlung vom unberechenbaren *crazy* zu einem verantwortlichen Erwachsenen ist typisch für diese Geschichte, sondern auch der Weg Jack Nicholsons von einem Hunter S. Thompson nachempfundenen Establishment-Gegner zum nunmehr großen Wahnsinnigen, der in THE SHINING seine Familie auszulöschen droht. Die politisch motivierte Exzentrik ist schon in der Mitte des Jahrzehnts nicht mehr unschuldig zu haben: Sie bedroht die Familie. Und die Familie steht plötzlich wieder im Mittelpunkt. Familien werden im Hollywood der späten Siebziger zusammengeführt.

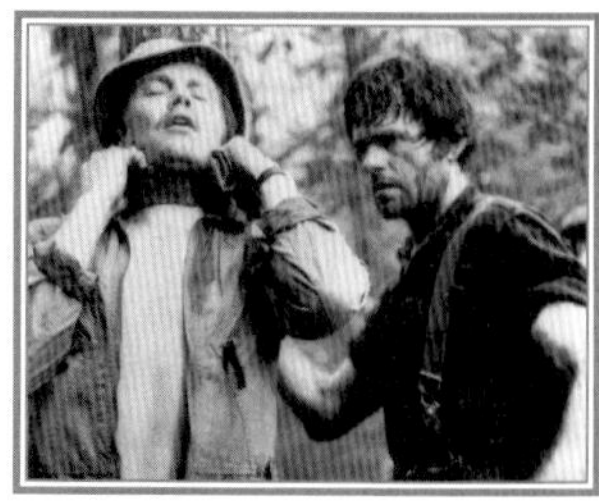

DELIVERANCE: Jon Voight, Billy McKinney

In der Bundesrepublik und gelegentlich auch in der DDR liefen die „New Hollywood"-Filme in den Programmkinos der Uni-Viertel. Die Filme galten – wie Staatsfeindschaft generell – beim Publikum als links. Drogen und Gesetzlosigkeit wurden in einem Westdeutschland, das keine große Erfahrung damit hatte, daß, wie in Amerika, auch in der offiziellen Kultur dem Outlaw eine bestimmte (sympathische) kulturelle Rolle eingeräumt sein kann, als Metonymien des Widerständigen gelesen. Die Begeisterung der linken Studenten für Italowestern, die seinerzeit von den linken Cinephilen noch als vulgär bekämpft worden war, fand ihre Fortsetzung in der – politischen – Begeisterung für den Outlaw des „New Hollywood". Die Cinephilen waren – zu Recht – toleranter mit dieser Begeisterung, und auf den ideologiekritischen Blick hatte man in den Siebzigern verständlicherweise auch nicht mehr so große Lust. So verlief eine Aussöhnung mit einem radikalen, aber politisch bestenfalls abstinenten Outlaw-Amerika, das sich in den Neunzigern in Waco und Oklahoma blutverschmiert zurückmeldete.

Die europäische, zumal die westdeutsche Amerikalektüre oszillierte zwischen einem primitiven Antiamerikanismus, der im übrigen auch in „New Hollywood"-Outlaws zuweilen Bündniskämpfer sah, und einer ebenfalls naiven ästhetischen Versöhnung, die zu der kitschigen Amerikanophilie führte, die Wim Wenders seit einigen Jahrzehnten pflegt. In den USA gab es auf der anderen Seite keinen Standpunkt, der als kategorische Gegenposition überhaupt zur Verfügung stand. Kommunismus war weitgehend sogar in der radikalen Linken verpönt und kam nicht mal in der Groteskversion der K-Gruppe in Frage. Linke gab es allenfalls als Überlebende der roten Dreißiger. So konnte es nur ein anderes, ein älteres oder ein wirklicheres Amerika sein, auf das man sich beziehen mußte. Natürlich gab es jede Menge Ausnahmen, Übergangsstadien und – vor allem – ungeklärte Ambivalenzen. Es gab auch konkreten Widerspruch, der sich nicht über ein mythisches und vielfach besetzbares Amerika versöhnen ließ, sondern konkrete politische Implikationen hatte. Also bei Filmen, die vom Rassismus nicht schwiegen: Romeros NIGHT OF THE LIVING DEAD, Van Peebles SWEET SWEETBACK'S BAADASSSSS SONG, aber auch bestimmte Dramen der Ethnizität wie Scorseses MEAN STREETS. Dort, wo Rassismus benannt wurde, war weder die Mythisierung und endlose ideologische Öffnung Amerikas möglich noch die Glorifizierung des Outlaws – der stand dann eine Geschichte konkreter Ausschlüsse und Ausschlußkriterien gegenüber. Dieses Wissen wurde aber – oft abgeschwächt und verkitscht – in die nächste Hollywoodgeneration nach Punk (vom REPO MAN, 1984, bis zum DEAD MAN, 1995) mitgenommen, die Outlaws und Amerika wieder historisch zu verankern suchte.

Vietnam, Watergate und Woodstock

Von Olaf Möller und Bert Rebhandl

1967

Zu Beginn des Jahres sind über 400 000 US-Soldaten in Vietnam stationiert. Der Krieg, den sie zusammen mit den regulären Truppen der südvietnamesischen Regierung unter Nguyen Van Thieu gegen die von Nordvietnam unterstützte Guerillabewegung NLF (National Liberation Front) führen, erscheint immer mehr Experten aussichtslos. Unter dem Druck der öffentlichen Meinung und der Friedensbewegung modifiziert der amerikanische Präsident Lyndon B. Johnson im September seine kompromißlose Haltung. In der „San Antonio-Formel" erklärt er sich dazu bereit, den Luftkrieg zu beenden, wenn Nordvietnam in Verhandlungen einwillige. In der Bundesrepublik Deutschland herrscht 1967 eine Rezession, die wirtschaftliche Lage ist schwierig.

10. April

Academy Awards

13 Nominierungen für WHO'S AFRAID OF VIRGINIA WOOLF?. Der Oscar für den Besten Film geht jedoch an A MAN FOR ALL SEASONS (Columbia); dessen Hauptdarsteller Paul Scofield wird als Bester Schauspieler ausgezeichnet, Fred Zinnemann für die Beste Regie. Beste Schauspielerin: Elizabeth Taylor in WHO'S AFRAID OF VIRGINA WOOLF?.

27. April bis 12. Mai

Cannes

Bei den 20. Internationalen Filmfestspielen läuft YOU'RE A BIG BOY NOW von Francis Ford Coppola im Wettbewerb. Der Grand Prix geht an BLOW-UP von Michelangelo Antonioni. Robert Bresson ist eine Hommage gewidmet.

2. Juni

Schahbesuch

Der Student Benno Ohnesorg wird bei der Verfolgung von Demonstranten während einer Kundgebung gegen den Schah in West-Berlin von dem Polizisten Karl Heinz Kurras durch einen Schuß getötet. Das Staatsoberhaupt des Iran befindet sich seit dem 27. Mai auf Staatsbesuch in der Bundesrepublik Deutschland, begleitet von Protesten, die sich nach den Berliner Ereignissen auf viele Universitätsstädte ausdehnen. Der West-Berliner Regierende Bürgermeister Heinrich Albertz tritt im September zurück.

5. Juni

Sechstagekrieg

In den frühen Morgenstunden beginnt Israel mit Bombardements ägyptischer Luftwaffenstützpunkte einen Präventivkrieg. Am Abend desselben Tages sind die Luftstreitkräfte von Ägypten, Jordanien und Syrien ausgeschaltet. Im weiteren Verlauf besetzt Israel das Westjordanland und Ost-Jerusalem, den Gazastreifen und die Sinai-Halbinsel sowie schließlich einen 20 Kilometer tiefen Streifen der Golanhöhen. Am 10. Juni wird ein Waffenstillstand geschlossen. Auslöser des Krieges ist die Blockade der Straße von Tiran, die der ägyptische Staatschef Nasser angeordnet hat.

16. bis 18. Juni

Monterey

In der kalifornischen Küstenstadt Monterey findet ein dreitägiges Open-Air-Festival mit nahezu allen namhaften Vertretern der zeitgenössischen Popmusik statt. Wichtige Ausnahmen sind die Beatles, die seit 1966 nicht mehr auftreten und am 1. Juni

1967 ihr Konzeptalbum „Sgt. Pepper's Lonely Hearts Club Band" veröffentlichen, die Rolling Stones, Bob Dylan und die Beach Boys. Organisiert von dem Produzenten Lou Adler, spielen die Animals, Simon & Garfunkel, Paul Butterfield Blues Band, Big Brother & the Holding Company mit Janis Joplin, Quicksilver Messenger Service, Jefferson Airplane, The Byrds, Otis Redding, Ravi Shankar, The Grateful Dead, The Who und Jimi Hendrix sowie The Mamas & the Papas.

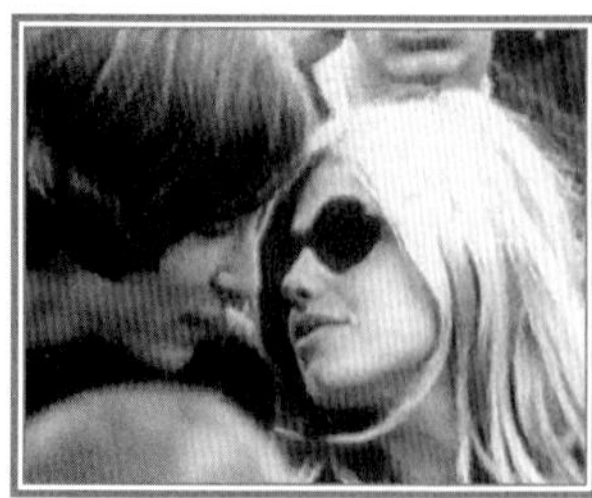

MONTEREY POP

23. Juni bis 4. Juli
Berlinale
Als Eröffnungsfilm läuft der amerikanische Beitrag OH DAD, POOR DAD, MAMMA'S HUNG YOU IN THE CLOSET AND I'M FEELIN' SO SAD! von Richard Quine, der trotz seines originellen Titels keine Verbindung zu „New Hollywood" hat. Der Goldene Berliner Bär geht an den belgischen Film LE DEPART von Jerzy Skolimowsky.

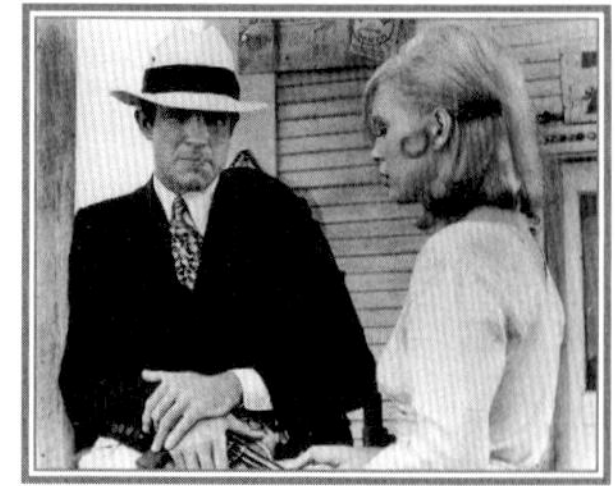

BONNIE AND CLYDE: Warren Beatty, Faye Dunaway

1. Juli
Europäische Gemeinschaft
In Rom wird die Vereinigung der EWG (Europäische Wirtschaftsgemeinschaft), EAG (Euratom) und der Montanunion EKGS zu einer EG (Europäische Gemeinschaft) mit Sitz in Brüssel beschlossen. Mitgliedsländer sind Italien, die Bundesrepublik Deutschland, Frankreich und die Benelux-Staaten; die wichtigsten Organe sind Kommission und Ministerrat. Großbritannien, Dänemark und Irland beantragen die Mitgliedschaft.

4. August
BONNIE AND CLYDE
Der Film über die romantischen Outlaws Bonnie Parker und Clyde Barrow hat eine komplizierte Geschichte: Ursprünglich von seinen Autoren Robert Benton und David Newman für François Truffaut geschrieben, landet das Drehbuch bei Warren Beatty, der den Regisseur Arthur Penn in das Projekt einbringt. Da die Produktionsfirma Warner Bros. nicht an den Film glaubt, vergibt man die Weltpremiere an das Internationale Filmfestival von Montreal. Der Start in New York am 13. August erweist sich als Desaster; im Oktober ist der Film aus den Kinos verschwunden; die Gesamteinspielsumme beträgt 2,5 Millionen Dollar. Aufgrund des sensationellen Erfolgs des Films in Großbritannien sowie des Aufsehens, das er international erregt, überzeugt Beatty Warner Bros., den Film noch einmal in die Kinos zu bringen - mit den 16,5 Millionen Dollar, die nach dem Zweitstart im Februar 1968 eingespielt werden, gelingt BONNIE AND CLYDE der Sprung unter die zwanzig bis dahin finanziell erfolgreichsten Filme aller Zeiten.

9. Oktober
Che Guevara
In Bolivien wird bei einem Gefecht zwischen Regierungstruppen und Rebellen der Freiheitskämpfer Ernesto „Che" Guevara getötet. In dem Buch „Révolution dans la révolution" (1967) beschreibt der französische Intellektuelle Régis Debray, ein Freund von Fidel Castro und Che Guevara, seine Erfahrungen mit der lateinamerikanischen Guerilla und übt damit großen Einfluß auf die linken Protestbewegungen im Westen aus.

28. Oktober
Black Panther
Huey Newton, Mitbegründer der radikalen Black Panther Party, wird bei seiner Verhaftung durch mehrere Bauchschüsse schwer verletzt. Die Kampagne „Free Huey" wird zu einem zentralen Anliegen der Black Panther. Auf dem Höhepunkt hat die Partei rund 1000 Mitglieder. Ihre wichtigste Forderung ist ein unabhängiger afroamerikanischer Nationalstaat, gebildet aus den Bundesstaaten Lousiana, Mississippi, Ala-

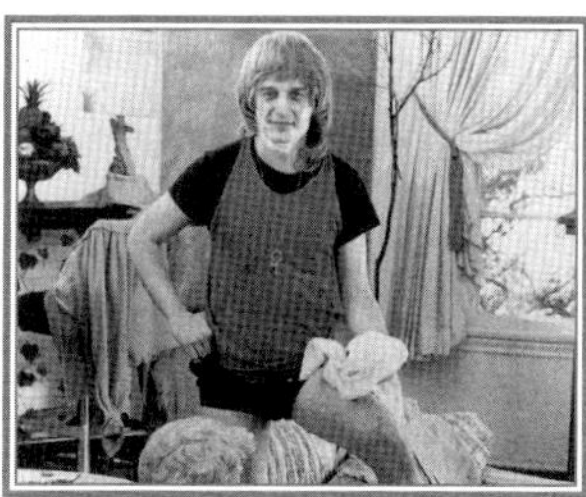

LION'S LOVE: James Rado

bama, Georgia und South Carolina. Bis 1970 sterben vierzig Black Panther bei Auseinandersetzungen mit der Exekutive.

29. Oktober
Aquarius
Das Musical „Hair", in dem es um die Hippie-Bewegung und die Einberufung nach Vietnam geht, wird im Joseph Papp's New Florence Sutro Theater in New York uraufgeführt. Sechs Monate später übersiedelt es an den Broadway ins Biltmore Theater, wo es mit 1750 Vorstellungen eine sensationelle Laufzeit erreicht. Die Autoren des Buches, Jérôme Ragni und James Rado, übernehmen 1969 die Hauptrollen in Agnès Vardas LION'S LOVE. „Hair" wird 1979 von Milos Forman verfilmt.

15. und 16. Dezember
****** (FOUR STARS)**
Einzige Aufführung der 25-Stunden-Fassung von Andy Warhols *opus magnum;* in der Folge werden nur noch Segmente wie etwa IMITATION OF CHRIST vorgeführt - angeblich weiß niemand mehr, wie die einzelnen Teile des Werks zusammengehören.

Filmindustrie Das Finanzkonglomerat Transamerica übernimmt United Artists - ohne einschneidende Folgen in der Führungsebene: Arthur Krim und Robert Benjamin leiten weiter das Studio. Jack Warner, Mehrheitsaktionär von Warner Bros., verkauft seine Anteile an die kanadische Firma Seven Arts, die das Studio kurz darauf übernimmt. Eliot Hyman wird zum neuen Studiochef. Hyman bringt später Sam Peckinpahs Herzensprojekt THE WILD BUNCH sowie THE BALLAD OF CABLE HOGUE auf den Weg.
Filme BONNIE AND CLYDE von Arthur Penn; A COUNTESS FROM HONG KONG von Charles Chaplin; EL DORADO von Howard Hawks; THE GRADUATE von Mike Nichols; IN COLD BLOOD von Richard Brooks; IN THE HEAT OF THE NIGHT von Norman Jewison; THE JUNGLE BOOK von Wolfgang Reitherman; POINT BLANK von John Boorman; PORTRAIT OF JASON von Shirley Clarke; SYMBIOPSYCHOTAXIPLASM TAKE ONE von William Greaves. - (Europa:) BELLE DE JOUR von Luis Buñuel; LA CHINOISE von Jean-Luc Godard; DANCE OF THE VAMPIRES von Roman Polanski; 2 OU 3 CHOSES QUE JE SAIS D'ELLE von Jean-Luc Godard; EDIPO RE von Pier Paolo Pasolini; LOIN DU VIET-NAM von Alain Resnais, William Klein, Joris Ivens, Agnès Varda, Claude Lelouch und Jean-Luc Godard; PEPPERMINT FRAPPE von Carlos Saura; LE SAMOURAI von Jean-Pierre Melville; SEDMIKRASKY/ TAUSENDSCHÖNCHEN von Věra Chytilová; LE VOLEUR von Louis Malle.
Sterbetage 6. Februar Martine Carol, Schauspielerin, 44, in Monte Carlo (Selbstmord). - 24. Februar Franz Waxman, Filmkomponist, 60, in Los Angeles. - 15. April Totò, Schauspieler, 69, in Rom. - 29. April Anthony Mann, Regisseur, 60, während Dreharbeiten in West-Berlin. - 29. Mai Georg Wilhelm Pabst, Regisseur, 81, in Wien. - 10. Juni Spencer Tracy, Schauspieler, 67, in Beverly Hills. - 29. Juni Jayne Mansfield, Schauspielerin, 34, in New Orleans (Autounfall). - 8. Juli Vivien Leigh, Schauspielerin, 53, in London. - 25. August Paul Muni, Schauspieler, 71, in Santa Barbara. - 27. August Brian Epstein, Beatles-Manager, 32, in London. - 29. September Carson McCullers, Schriftstellerin, 50, in Nyack, New York. - 3. Oktober Woody Guthrie, Sänger, 55, in Queens, New York. - 29. Oktober Julien Duvivier, Regisseur, 71, in Paris. - 29. Dezember Paul Whiteman, Orchesterleiter („symphonic jazz"), 77, in Doylestown, Pennsylvania.

1968

31. Januar
Vietnamkrieg
Beginn der Tet-Offensive in und um Saigon mit einem Angriff auf die amerikanische Botschaft. Südvietnam wird im Zentrum des eigenen Territoriums attackiert. Die NLF

erleidet zwar eine militärische Niederlage, in der westlichen Öffentlichkeit aber entsteht der Eindruck, der Krieg sei nicht zu gewinnen. Am 10. März berichtet die „New York Times“, daß weitere 206 000 Soldaten nach Vietnam geschickt werden sollen. Am 31. März hält der demokratische Präsident Lyndon B. Johnson eine Fernsehansprache, in der er sich zu bedingungslosen Friedensgesprächen mit Hanoi bereiterklärt und seinen Verzicht auf die Kandidatur für eine zweite Amtszeit bekannt gibt. Zwei Monate später beginnen in Paris Friedensgespräche. Beide Seiten setzen aber weiterhin auf eine militärische Entscheidung.

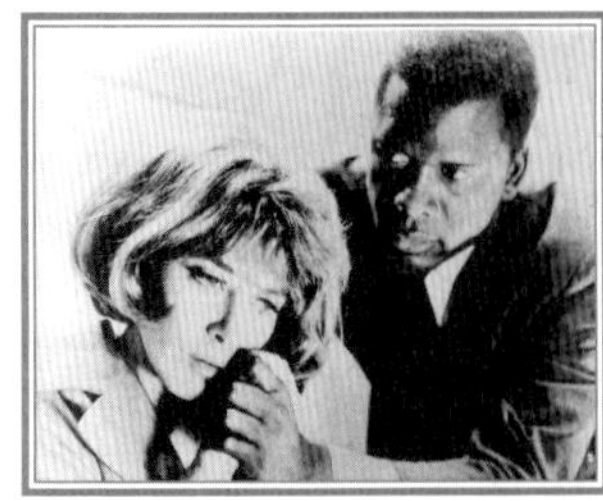

IN THE HEAT OF THE NIGHT: Lee Grant, Sidney Poitier

16. März

My Lai

In My Lai werden 507 vietnamesische Dorfbewohner von amerikanischen Soldaten getötet. Das Dorf liegt in der „freien Feuerzone“ nahe der Grenze zu Nordvietnam, in der systematische Zerstörung angeordnet worden ist. 1969 wird der Vorfall von dem Journalisten Seymour M. Hersh enthüllt, der dafür 1970 den Pulitzerpreis bekommt. 1971 wird der Kommandant William L. Calley gegen massive Proteste der amerikanischen Rechten zu lebenslanger Haft verurteilt.

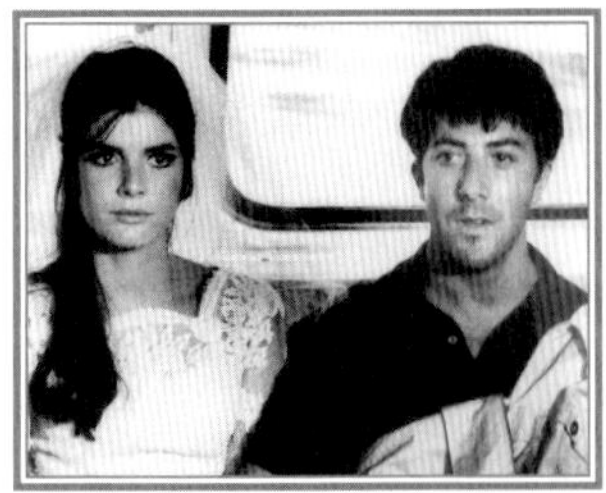

THE GRADUATE: Katherine Ross, Dustin Hoffman

3. April

Brandstiftung

Kaufhausbrandstiftungen in Frankfurt am Main durch Andreas Baader, Thorwald Proll, Horst Söhnlein und Gudrun Ensslin. Beginn der gewaltsamen Aktionen der späteren Rote Armee Fraktion.

4. April

Attentat

Der afroamerikanische Bürgerrechtler Martin Luther King wird in Memphis, Tennessee, von dem rassistischen Einzeltäter James Earl Ray ermordet. Massive Unruhen mit Toten in vielen Städten sind die Folge. Ralph Abernathy wird Nachfolger von Martin Luther King als Sprecher der Southern Christian Leadership Conference. Am 11. April tritt ein Bürgerrechtsgesetz in Kraft, das der legalen Diskriminierung der Farbigen den Boden entzieht.

10. April

Academy Awards

Die 40. Oscar-Verleihung wird wegen der Ermordung von Martin Luther King um zwei Tage verschoben. Bester Film: IN THE HEAT OF THE NIGHT (United Artists). Der darin von Sidney Poitier gespielte Virgil Tibbs erweist sich als so populär, daß man ihn zu einer Serienfigur macht. Bester Schauspieler: Rod Steiger (IN THE HEAT OF THE NIGHT). Beste Schauspielerin: Katharine Hepburn (GUESS WHO'S COMING TO DINNER). Beste Regie: Mike Nichols (THE GRADUATE): Simon and Garfunkel singen in dem Film „Sound of Silence“ und „Mrs. Robinson“, Dustin Hoffman spielt seine erste bedeutende Rolle. THE GRADUATE entwickelt sich zur finanziell erfolgreichsten Produktion des Jahres und spielt 43 Millionen Dollar ein.

11. April

APO

Der Studentenführer Rudi Dutschke wird in West-Berlin angeschossen. Der Attentäter Josef Bachmann trägt bei seiner Festnahme eine Ausgabe der „Deutschen Nationalzeitung“ bei sich, deren Schlagzeile lautet: „Stoppt Dutschke jetzt! Sonst gibt es Bürgerkrieg“. Die APO (Außerparlamentarische Opposition) protestiert gegen den Springer-Verlag und die „Notstandsgesetze“ der Bundesregierung.

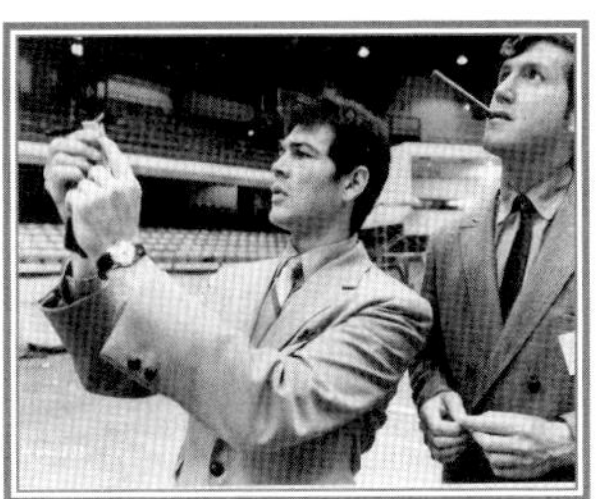

MEDIUM COOL: Robert Forster

23. April

Hochschulstreik

An der Columbia University in New York besetzen Studierende vier Gebäude auf dem Campus. Ausgelöst wird der Streik durch den geplanten Bau einer Turnhalle im Morningside Park in Harlem, gegen den vor allem die afroamerikanischen Anwohner protestiert haben. Die Besetzung wird mit Massenfestnahmen durch die Polizei am 17. und 21. Mai beendet. Insgesamt werden 712 Personen verhaftet. Das Leben auf dem Campus und die studentischen Aktivitäten in den Wochen der Besetzung dokumentiert Newsreel in COLUMBIA REVOLT.

10. Mai

Pariser Mai

Nach starken Polizeieinsätzen bei Studentendemonstrationen gegen den Vietnamkrieg und die Schließung der Philosophischen Fakultät Nanterre eskalieren die Auseinandersetzungen in Paris durch einen von den Gewerkschaften ausgerufenen Generalstreik aus Solidarität mit den Studenten. Der Arbeitskampf wird am 27. Mai durch ein „protocol d'accord" beendet. Bei Neuwahlen am 23. und 30. Juni können die konservativen Gaullisten ihre Mehrheit behaupten.

10. bis 24. Mai

Cannes

Der Wettbewerb wird abgebrochen, weil Louis Malle, später auch Monica Vitti und Roman Polanski aus Solidarität mit den streikenden Arbeitern und Studenten die Jury (Präsident: André Chamson) verlassen. Jean-Luc Godard und einige Kollegen dringen in den Festivalpalast ein und rufen die Besucher auf die Barrikaden.

3. Juni

S. C. U. M.

Andy Warhol wird in seinem Atelier, der Factory, von Valerie Solanas angeschossen. Als Motiv nennt die radikale Feministin und Verfasserin eines S. C. U. M.-Manifests (Society for Cutting Up Men), der Künstler habe zu viel Einfluß auf ihr Leben ausgeübt. Warhol überlebt, Solanas wird in psychiatrische Behandlung überstellt.

5. Juni

Attentat

Der aussichtsreichste Präsidentschaftskandidat der Demokratischen Partei, Robert Kennedy, Bruder von John F. Kennedy, wird in Los Angeles von dem gebürtigen Jordanier Sirhan Bishara Sirhan durch Schüsse tödlich verletzt. Robert Kennedy, bis 1964 US-Justizminister, gilt als Gegner der Vietnampolitik von Lyndon B. Johnson.

21. Juni bis 2. Juli

Berlinale

Die Jury unter Präsident Luis Garcia Berlanga vergibt den Goldenen Berliner Bären an OLE DOLE DOFF von Jan Troell und einen Sonderpreis für Werner Herzogs erste Spielfilmregie LEBENSZEICHEN.

26. bis 29. August

Wahlkonvent

Das gesamte Spektrum der Gegenkultur trifft sich beim Wahlkonvent der Demokratischen Partei in Chicago zu Kundgebungen. Aktivitäten der Youth International Party (Yippies): öffentliche Beschimpfung des Bürgermeisters Daley, Nominierung eines Schweins als Präsidentschaftskandidat, verbale und körperliche Angriffe auf die Polizei. Haskell Wexler dreht am Rande der Veranstaltung MEDIUM COOL. Später wird Anklage gegen acht Demonstranten (die „Chicago Eight") wegen Überschreitung der Landesgrenzen mit dem Ziel der Anstiftung zum Aufruhr erhoben. Hubert Humphrey wird in Chicago zum Präsidentschaftskandidaten der Demokraten gewählt.

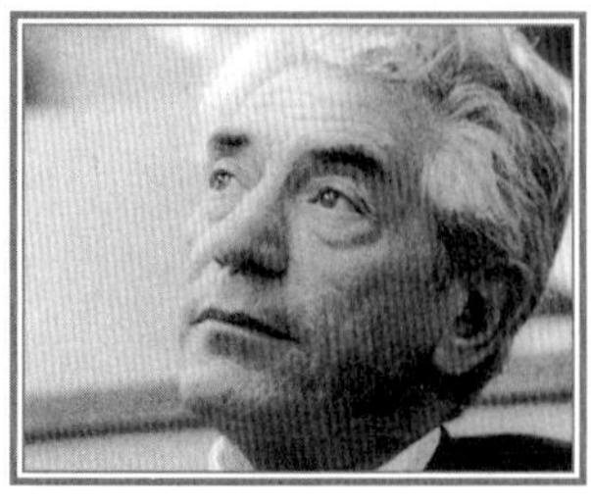

FACES: John Marley

20. August
Prager Frühling

Truppen aus der UdSSR, Polen, Ungarn, Bulgarien und der DDR schlagen den „Prager Frühling" nieder. Die Politik eines „Sozialismus mit menschlichem Angesicht" ist durch den Reformkommunisten Alexander Dubček vertreten und durch das „Manifest der 2 000 Worte" von Ludvík Vaculík populär gemacht worden. Dubčeks Nachfolger Gustav Husák bleibt bis 1987 Staatschef.

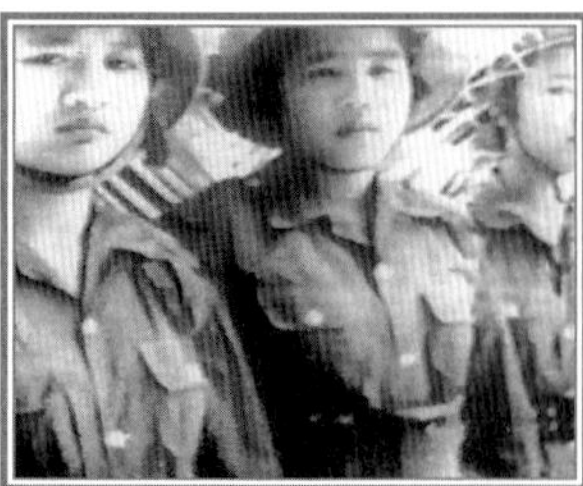

IN THE YEAR OF THE PIG

25. August bis 7. September
Venedig

„New Hollywood" ist bei den 24. Filmfestspielen stark vertreten: Neben John Cassavetes' FACES laufen Robert Franks ME AND MY BROTHER (unter anderem mit den Beat-Poeten Allen Ginsberg, Peter Orlovsky und Gregory Corso), Peter Emanuel Goldmans WHEEL OF ASHES (mit Pierre Clementi und Akteuren des Living Theater), D. A. Pennebakers MONTEREY POP sowie Barry Shears WILD IN THE STREETS. Den Goldenen Löwen gewinnt Alexander Kluge für DIE ARTISTEN IN DER ZIRKUSKUPPEL: RATLOS. Als Bester Schauspieler wird John Marley in FACES ausgezeichnet.

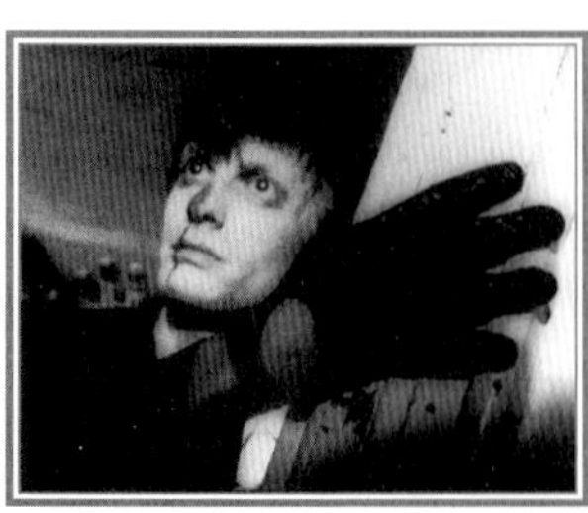

NIGHT OF THE LIVING DEAD: Russell Streiner

2. September
NIGHT OF THE LIVING DEAD

Der Zombiefilm von George A. Romero wird in Pittsburgh uraufgeführt. Im Laufe der siebziger Jahre wird er sich zu einem Kultfilm entwickeln. Romero kommt noch zweimal auf die Zombies zurück: Auch DAWN OF THE DEAD und DAY OF THE DEAD sind Allegorien auf den politischen Zustand der USA. Die erste Vorführung für prospektive Verleiher von NIGHT OF THE LIVING DEAD findet in New York kurz nach der Ermordung Martin Luther Kings statt, die erste interne Vorführung des Films für den Vorstand des Verleihs Continental Films am Morgen nach der Ermordung Robert Kennedys.

5. November
Präsident

Richard Nixon, der von einem geheimen Plan für Vietnam spricht und durch eine Absprache mit Präsident Thieu die Friedensgespräche in Paris scheitern läßt, gewinnt die US-Präsidentschaftswahl mit 43,4 Prozent gegenüber 42,7 Prozent für den Demokraten Hubert Humphrey und 13,5 Prozent für den Radikalkonservativen George Wallace.

Literatur Tom Wolfe veröffentlicht „The Electric Kool-Aid Acid Test", einen Schlüsseltext über die amerikanische Gegenkultur, psychedelische Erfahrungen, freie Liebe.
Filmindustrie Die MPAA führt ein Empfehlungssystem für Altersbeschränkungen bei Filmbesuchen ein und beendet damit de facto die durch das Breen Office und den Hays Production Code bestimmte Ära der Filmzensur in den USA.
Filme BULLITT von Peter Yates; FACES von John Cassavetes; THE GREEN BERETS von John Wayne und Ray Kellog; GREETINGS von Brian De Palma; IN THE YEAR OF THE PIG von Emile de Antonio; MAIDSTONE von Norman Mailer; THE PRODUCERS von Mel Brooks; ROSEMARY'S BABY von Roman Polanski; TARGETS von Peter Bogdanovich; 2001: A SPACE ODYSSEY von Stanley Kubrick; WHO'S THAT KNOCKING AT MY DOOR? von Martin Scorsese. – (Europa:) LES BICHES von Claude Chabrol; CHRONIK DER ANNA MAGDALENA BACH von

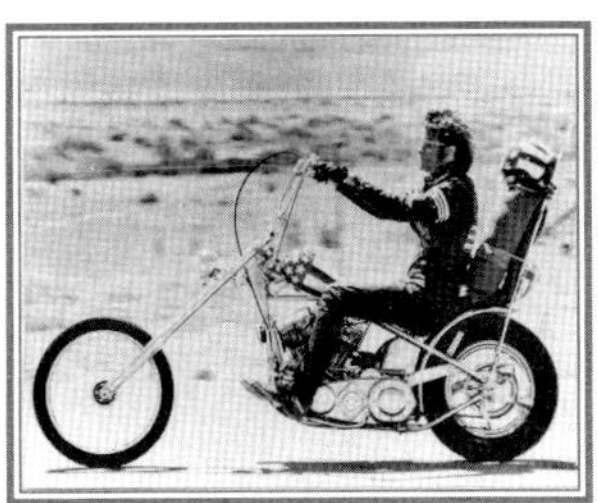

EASY RIDER: Peter Fonda

Jean-Marie Straub; ICH WAR NEUNZEHN von Konrad Wolf; JE T'AIME, JE T'AIME von Alain Resnais; LA MARIEE ETAIT EN NOIR von François Truffaut; PARTNER von Bernardo Bertolucci; SKAMMEN/SCHANDE von Ingmar Bergman; TEOREMA von Pier Paolo Pasolini; WEEK END von Jean-Luc Godard; YELLOW SUBMARINE von George Dunning.

Sterbetage 20. März Carl Theodor Dreyer, Regisseur, 79, in Kopenhagen. - 24. März Alice Guy, Regisseurin, 94, in Mahwah, New Jersey. - 16. April Edna Ferber, Schriftstellerin, 82, in New York. - 25. Mai Charles K. Feldman, Agent und Produzent, 63, in Coldwater Canyon, Kalifornien. - 27. Juli Lilian Harvey, Schauspielerin, 62, an der Côte d'Azur. - 31. Oktober Ramon Novarro, Schauspieler, „latin lover", 69, in Hollywood (ermordet). - 17. November Walter Wanger, Produzent, 74, in New York. - 20. Dezember John Steinbeck, Schriftsteller, 66, in New York.

1969

Bei Amtsantritt von Präsident Nixon und Sicherheitsberater Henry Kissinger befinden sich 543 000 US-Soldaten in Vietnam. Die Strategie der „Vietnamisierung" wird im Juli zur Nixon-Doktrin (Unterstützung asiatischer Freunde und Alliierter, jedoch keine Kriegsbeteiligung) erweitert. Geheime Luftoffensive in Kambodscha. Beginn des Rückzugs amerikanischer Soldaten.

3. Februar

Arafat

In Kairo wird Jassir Arafat, Chef der Untergrundbewegung Al Fatah, vom Palästinensischen Nationalkongreß zum Vorsitzenden der Palästinensischen Befreiungsorganisation PLO gewählt. 1974 erreicht Arafat für die PLO einen Beobachterstatus bei der UNO (United Nations Organization).

1. bis 24. April

Parteitag

Der IX. Parteitag der Kommunistischen Partei Chinas verkündet das Ende der Kulturrevolution. Lin Piao wird Nachfolger des Parteivorsitzenden Mao Tse-tung, dessen Einfluß aber weiterhin groß ist.

14. April

Academy Awards

Bester Film: OLIVER! (Columbia). Beste Regie: Carol Reed für OLIVER!. Bester Schauspieler: Cliff Robertson (CHARLY). Beste Schauspielerinnen: Barbra Streisand (FUNNY GIRL) und Katharine Hepburn (THE LION IN WINTER). Ungewöhnlich: *Zwei* Darstellerinnen erhalten einen Oscar, weil sie nach der Stimmenauszählung gleichauf liegen.

28. April

Rücktritt

Der durch den Mai 1968 politisch stark geschwächte französische Staatspräsident Charles de Gaulle tritt wegen einer gescheiterten Verwaltungsreform zurück. Sein Nachfolger wird der Gaullist Georges Pompidou.

8. bis 23. Mai

Cannes

Lindsay Andersons IF... gewinnt die Goldene Palme (Jurypräsident ist Luchino Visconti). Die Sensation des Festivals ist aber Dennis Hoppers Regiedebüt EASY RIDER, der den Preis für den Besten Erstlingsfilm bekommt. Ebenfalls im Wettbewerb läuft Herbert J. Bibermans Comeback-Arbeit SLAVES. Außer Konkurrenz: Bob Fosses Regiedebüt SWEET CHARITY mit Shirley MacLaine in der Titelrolle.

25. Juni bis 6. Juli
Berlinale

RANI RADOVI von Želimir Žilnik gewinnt den Goldenen Berliner Bären. Brian De Palmas GREETINGS läuft im Wettbewerb und gewinnt einen Silbernen Bären, John Schlesingers MIDNIGHT COWBOY wird ebenfalls im Wettbewerb gezeigt und geht leer aus. Darüber ist vor allem der Verleih United Artists empört.

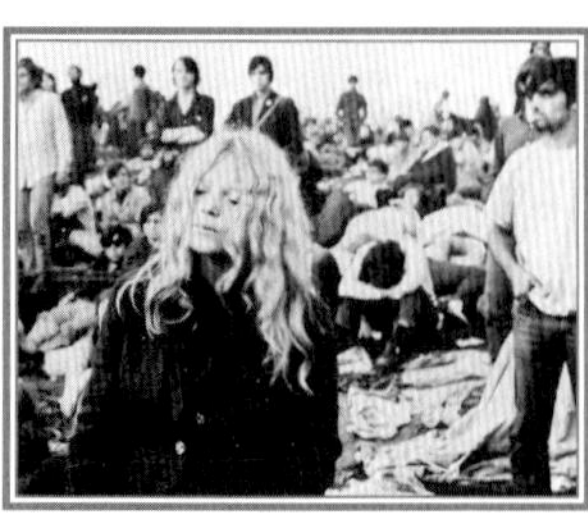

WOODSTOCK

Frühsommer
BBS

Bob Rafelson, Bert Schneider und Steve Blauner gründen die Produktionsfirma BBS, eine Fortführung von Raybert Productions, die HEAD und EASY RIDER realisiert haben. BBS produziert fünf Spielfilme – FIVE EASY PIECES und THE KING OF MARVIN GARDENS von Bob Rafelson, DRIVE, HE SAID von Jack Nicholson, A SAFE PLACE von Henry Jaglom und THE LAST PICTURE SHOW von Peter Bogdanovich – sowie einen Dokumentarfilm, Peter Davis' HEARTS AND MINDS. BBS gilt als perfekte Institutionalisierung aller „New Hollywood"-Visionen – und deren Scheiterns.

14. Juli
EASY RIDER

Getragen von seinem Cannes-Erfolg, entwickelt sich EASY RIDER mit einem Nettoeinspielergebnis von 19,1 Million Dollar, in Relation zu den Produktionskosten von (angeblich) 375 000 Dollar, zu einem Kritiker- wie Kassenphänomen. Dennis Hopper hat ein Jahr lang den Film geschnitten und eine Viereinhalbstundenfassung – inspiriert sei diese Montage, so Hopper, von dem Avantgardefilmer Bruce Connor – erstellt, die jedoch nie in die Kinos kommt.

20. Juli
Mondlandung

Als erster Mensch betritt um 3.56 Uhr MEZ der Amerikaner Neil Armstrong den Mond: „This is a small step for a man, but a giant step for mankind." Das Ereignis verfolgen weltweit rund 500 Millionen Fernsehzuschauer. Die Mission Apollo 11 realisiert ein Vorhaben, das John F. Kennedy zu Beginn der sechziger Jahre initiiert hat. Das Mondprogramm der USA endet am 19. Dezember 1972 mit der Rückkehr von Apollo 17.

9. August
Mord

Charles Manson dringt mit Mitgliedern seiner *family* in die Villa des Regisseurs Roman Polanski ein. Die schwangere Schauspielerin Sharon Tate sowie vier Gäste werden brutal ermordet. Einen Tag später töten Mitglieder der *family* das Ehepaar Leno und Rosemary LaBianca. Während des Prozesses nennt Manson die Herbeiführung eines revolutionären „Helter Skelter" als Motiv für die Tat. Er wird am 25. Januar 1971 mit seinen Komplizen zum Tod verurteilt, der Staat Kalifornien setzt 1972 jedoch alle Hinrichtungen aus.

15. bis 17. August
Woodstock

Das Open-Air-Festival in Woodstock ist eine der ersten Massenveranstaltungen und findet unter teils chaotischen, aber friedlichen Umständen statt. Über dreißig Bands und Musiker treten auf, darunter Richie Havens, Johnny Winter, The Band, Country Joe & the Fish, Jimi Hendrix, Jefferson Airplane, Joan Baez und Joe Cocker. Die Schallplatten mit den Konzertmitschnitten werden ein Millionenerfolg. Michael Wadleighs Dokumentation WOODSTOCK kommt 1970 in die Kinos.

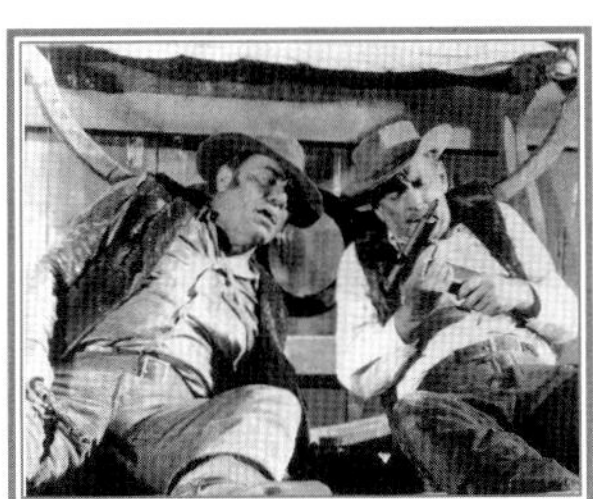

THE WILD BUNCH: Ernest Borgnine, William Holden

3. September
Vietnam
Der nordvietnamesische Staatspräsident Ho Chi Minh, die wichtigste Symbolfigur des antiimperialistischen Kampfes, stirbt in Hanoi.

21. Oktober
Regierungswechsel
In Bonn übernimmt eine sozialliberale Koalition unter dem SPD-Kanzler Willy Brandt die Regierung der Bundesrepublik Deutschland.

4. Dezember
Polizeigewalt
Polizisten stürmen in Chicago die Wohnung der Black Panther Mark Clark und Fred Hampton, die bei der Aktion getötet werden. Die Manipulationen bei der Rekonstruktion des Falls werden in dem Film THE MURDER OF FRED HAMPTON von Mike Gray dargestellt.

6. Dezember
Altamont
Im kalifornischen Altamont findet das dritte große Rockfestival der sechziger Jahre statt. Höhepunkt ist der Auftritt der Rolling Stones, deren Gitarrist Brian Jones bereits im Juni die Band verlassen hat, um eine Solokarriere zu starten. Während ihres Auftritts töten Mitglieder der als Ordner angeheuerten „Hell's Angels" den Besucher Meredith Hunter durch Messerstiche. Ein Jahr später kommt der Konzertfilm GIMME SHELTER von David Maysles, Albert Maysles und Charlotte Zwerin in die Kinos, der das Ereignis dokumentiert.

Literatur Der in Paris lebende irische Dichter Samuel Beckett wird mit dem Nobelpreis für Literatur ausgezeichnet.
Filmindustrie Beginn einer dreijährigen Krise des US-amerikanischen Kinos. MGM verzeichnet für das Jahr allein 35 Millionen Dollar Verluste, insgesamt ist das Studio mit rund 80 Millionen Dollar verschuldet. Majoritätsaktionär Kirk Kerkorian übernimmt die Kontrolle des Studios und beruft den früheren CBS-Präsidenten James Aubrey zu dessen neuem Leiter. Aubrey versucht, die Finanzen des Studios durch diverse Verkäufe, die Halbierung des Personalbestands sowie die Schrumpfung des Produktionsplans für das kommende Jahr in den Griff zu bekommen. Twentieth Century-Fox verzeichnet zum ersten Mal seit 1962 Verluste: 25 Millionen Dollar. Richard D. Zanuck übernimmt die Leitung des Studios. Warner Bros.-Seven Arts wird von dem Konglomerat Kinney National Services übernommen. Eliot Hyman wird durch den Agenten Ted Ashley abgelöst, Kenny Hyman durch John Calley.
Filme ALICE'S RESTAURANT von Arthur Penn; THE ARRANGEMENT von Elia Kazan; BOB & CAROL & TED & ALICE von Paul Mazursky; BUTCH CASSIDY AND THE SUNDANCE KID von George Roy Hill; EASY RIDER von Dennis Hopper; BLUE MOVIE von Andy Warhol; MEDIUM COOL von Haskell Wexler; MIDNIGHT COWBOY von John Schlesinger; THE RAIN PEOPLE von Francis Ford Coppola; THE STERILE CUCKOO von Alan J. Pakula; SWEET CHARITY von Bob Fosse; TAKE THE MONEY AND RUN von Woody Allen (erster Regiefilm); THEY SHOOT HORSES, DON'T THEY? von Sydney Pollack; TOPAZ von Alfred Hitchcock; THE WILD BUNCH von Sam Peckinpah; ZABRISKIE POINT von Michelangelo Antonioni. – (Europa:) ANDREJ RUBLJOW von Andrej Tarkowskij; LA CADUTA DEGLI DEI von Luchino Visconti; C'ERA UNA VOLTA IL WEST von Sergio Leone; LA FEMME INFIDELE von Claude Chabrol; LE GAI SAVOIR von Jean-Luc Godard; IF ... von Lindsay Anderson; KATZELMACHER von Rainer Werner Fassbinder; MA NUIT CHEZ MAUD von Eric Rohmer; EN PASSION / PASSION von Ingmar

Bergman; SATYRICON von Federico Fellini; LA SIRENE DU MISSISSIPPI von François Truffaut; LA VOIE LACTEE von Luis Buñuel; Z von Costa-Gavras.
Sterbetage 2. Februar Boris Karloff, Schauspieler, 81, in Midhurst, Sussex. – 26. Februar Karl Jaspers, Philosoph, 86, in Basel. – 4. März Nicholas M. Schenck, Produzent, 87, in Florida. – 28. März Dwight D. Eisenhower, amerikanischer General und ehemaliger US-Präsident (1953–1961), 78, in Washington. – 3. Mai Karl Freund, Kameramann (DER LETZTE MANN, METROPOLIS), 79, in Santa Monica. – 18. Mai Ludwig Berger, Regisseur, 77, in Schlangenbad. – 8. Juni Robert Taylor, Schauspieler (MGM-Star), 57, in Santa Monica. – 22. Juni Judy Garland, Schauspielerin und Sängerin, 47, in New York. – 3. Juli Brian Jones, Gitarrist der Rolling Stones, 27, in Hartford, Sussex. – 5. Juli Leo McCarey, Regisseur, 71, in Santa Monica. – 6. August Theodor W. Adorno, Philosoph und Soziologe (Frankfurter Schule), 65, in Visp, Schweiz. – 12. Oktober Sonja Henie, Eiskunstläuferin, 57, im Flugzeug auf dem Weg nach Oslo. – 22. Dezember Josef von Sternberg, Regisseur, 75, in Hollywood.

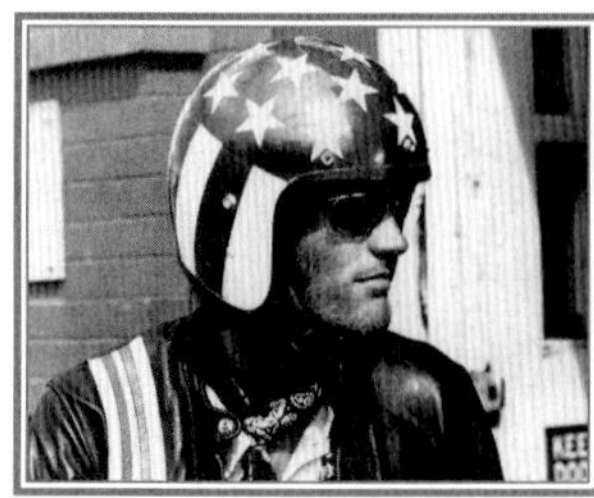

EASY RIDER: Peter Fonda

1970

18. Februar
Geopolitik
Bekanntgabe der Nixon-Doktrin, die vorsieht, daß die USA nicht mehr an jedem Gefahrenpunkt der Welt jederzeit zum Eingreifen bereit sein können. Die NATO-Verbündeten werden zu größerem Engagement angehalten. Die UdSSR wird als Weltmacht anerkannt, mit der ein Interessensausgleich zu suchen ist.

7. April
Academy Awards
Bester Film: MIDNIGHT COWBOY (United Artists). Beste Regie: John Schlesinger (MIDNIGHT COWBOY). Bester Schauspieler: John Wayne (TRUE GRIT von Henry Hathaway). Beste Schauspielerin: Maggie Smith (THE PRIME OF MISS JEAN BRODIE von Ronald Neame).

1. Mai
Eskalation in Vietnam
Bodeninvasion amerikanischer und südvietnamesischer Truppen im Nachbarland Kambodscha, ohne Zustimmung des Kongresses. Das dort vermutete Hauptquartier der NLF wird nicht gefunden.

2. bis 16. Mai
Cannes
Der erste große „New Hollywood"-Erfolg in Cannes: Robert Altman gewinnt mit M*A*S*H die Goldene Palme, Stuart Hagmann den Preis der Jury für THE STRAWBERRY STATEMENT, den er sich allerdings mit István Gaál (für MAGASISKOLA) teilen muß. Außer Konkurrenz läuft WOODSTOCK von Michael Wadleigh. Für Altman beginnt eine spektakuläre Karriere, die man später als entscheidend für das „New Hollywood" empfinden wird.

4. Mai
Staatskrise
An der Kent State University in Ohio feuert die Nationalgarde auf Demonstranten gegen den Vietnamkrieg und tötet vier Studenten. Fast die Hälfte aller Colleges und Hochschulen wird wegen der darauf folgenden Proteste vorübergehend geschlossen. Auseinandersetzungen zwischen Polizei und Demonstranten in Augusta, Georgia, und am Jackson State College, Mississippi, fordern acht afroamerikanische Todesopfer.

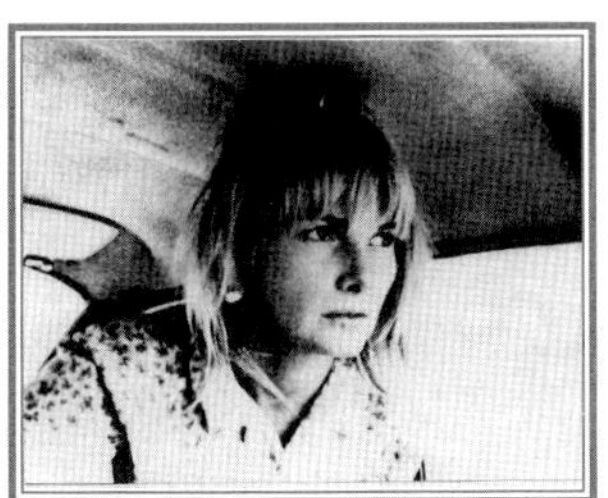

WANDA: Barbara Loden

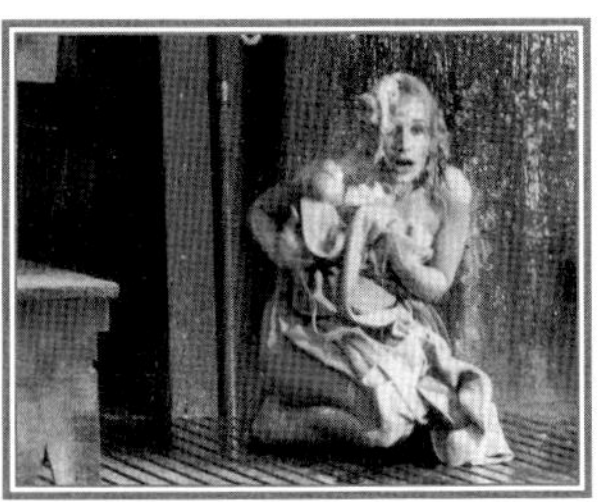

M*A*S*H: Sally Kellerman

14. Mai
Stadtguerilla
Der Kaufhausbrandstifter Andreas Baader, der seit 1968 inhaftiert ist, wird durch einen bewaffneten Überfall befreit. Dabei wird Georg Linke, Angestellter des Instituts für Soziale Fragen in West-Berlin, durch Schußwunden schwer verletzt. Die Baader-Meinhof-Gruppe geht in den Untergrund. Ulrike Meinhof entwickelt 1971 das „Konzept Stadtguerilla", in dem zum ersten Mal der Begriff Rote Armee Fraktion erscheint.

26. Juni bis 7. Juli
Berlinale
Nach äußerst kontroversen Reaktionen auf die Vorführung von Michael Verhoevens Film O.K., der die Ermordung eines vietnamesischen Mädchens im Stil eines bayerischen Passionsspiels zeigt, wird der Wettbewerb (Jurypräsident ist George Stevens) abgebrochen. In der Folge werden weitreichende Reformen für die Berliner Filmfestspiele diskutiert, die im Januar 1971 zu einem Senatsbeschluß führen: In Zukunft soll ein Internationales Forum des Jungen Films als „gleichberechtigte Parallelveranstaltung" stattfinden.

19. August bis 1. September
Venedig
Das Festival vergibt von 1969 bis 1979 keinen Goldenen Löwen. Barbara Lodens einziger Spielfilm WANDA, der in den USA erst im März 1971 startet, wird gezeigt.

4. September
Wahlen
Bei den Präsidentschaftswahlen in Chile gewinnt überraschend der sozialistische Kandidat Salvador Allende. Er muß mit relativer Mehrheit regieren. Es beginnt die Verstaatlichung des Bergbaus und der Banken.

August bis Dezember
Entspannung
Die deutschen Ostverträge besiegeln die Entspannungspolitik unter Bundeskanzler Willy Brandt. Am 12. August wird in Moskau ein Vertrag über Gewaltverzicht und Zusammenarbeit unterzeichnet, am 7. Dezember in Warschau die Normalisierung der gegenseitigen Beziehungen deklariert. Willy Brandts Kniefall vor dem Mahnmal für die Opfer des deutschen Faschismus in Warschau wird international als Geste der Wiedergutmachung aufgefaßt.

17. Dezember
LOVE STORY
Die Verfilmung eines sentimentalen Bestsellers von Erich Segal mit Ali MacGraw und Ryan O'Neal in den Hauptrollen wird zum erfolgreichsten Film des Jahres 1971. Vincent Canby schreibt in der „New York Times" von „high-style kitsch", urteilt aber insgesamt positiv.

20. Dezember
Unruhe
Schwere Arbeiterunruhen nach Preiserhöhungen für Lebensmittel führen zum Rücktritt des polnischen kommunistischen Parteichefs Władysław Gomułka.

Literatur Alexander Solschenizyn, der in der Sowjetunion Publikationsverbot hat, wird der Nobelpreis für Literatur zugesprochen. Der Autor fährt nicht nach Stockholm.

Filmindustrie Die Finanzkatastrophe geht weiter. Twentieth Century-Fox macht mit mehreren erfolglosen Großproduktionen massive Schulden: Die beiden Spitzenfilme HELLO, DOLLY und TORA! TORA! TORA! kosten 22 und 23 Millionen Dollar; zu Buche schlagen auch die 8 Millionen Dollar Verlust von George Stevens' THE ONLY GAME IN TOWN. Das Gesamtschuldenvolumen bei Fox beläuft sich mittlerweile auf 77 Millionen Dollar. Die Ära Zanuck kommt zu einem unrühmlichen Ende. Ähnliche Probleme gibt es bei den anderen Studios: Paramount geht mit PAINT YOUR WAGON (Kosten: 20 Millionen Dollar) und DARLING LILI (22 Millionen Dollar) an den Start, allein letzterer macht 13 Millionen Dollar Verluste auf dem US-Markt. Den Rekordverlust des Jahres verzeichnet United Artists mit 45 Millionen Dollar, davon allein 9 Millionen Dollar aus Billy Wilders THE PRIVATE LIFE OF SHERLOCK HOLMES.

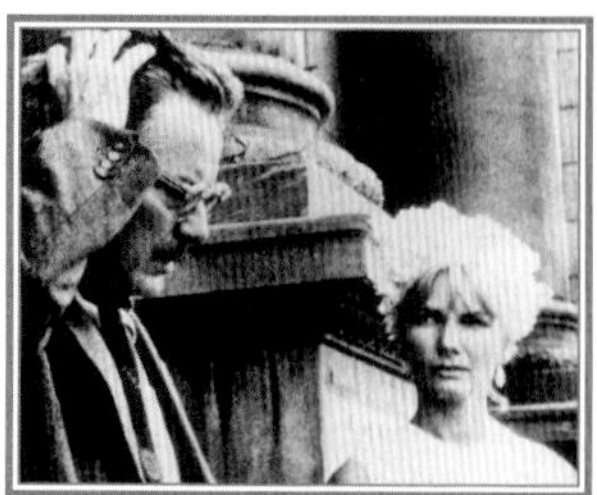

WANDA: Michael Higgins, Barbara Loden

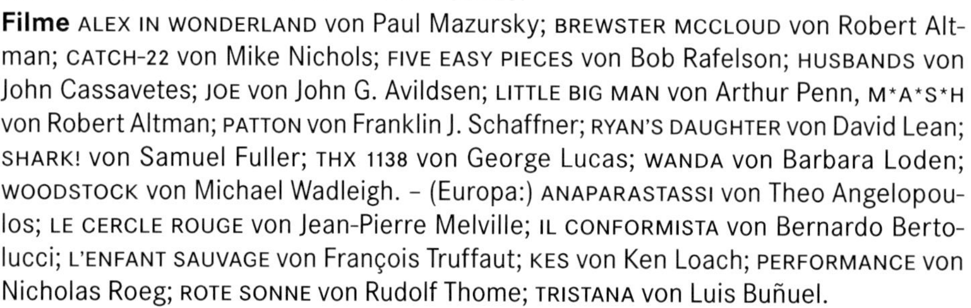

Filme ALEX IN WONDERLAND von Paul Mazursky; BREWSTER MCCLOUD von Robert Altman; CATCH-22 von Mike Nichols; FIVE EASY PIECES von Bob Rafelson; HUSBANDS von John Cassavetes; JOE von John G. Avildsen; LITTLE BIG MAN von Arthur Penn, M*A*S*H von Robert Altman; PATTON von Franklin J. Schaffner; RYAN'S DAUGHTER von David Lean; SHARK! von Samuel Fuller; THX 1138 von George Lucas; WANDA von Barbara Loden; WOODSTOCK von Michael Wadleigh. – (Europa:) ANAPARASTASSI von Theo Angelopoulos; LE CERCLE ROUGE von Jean-Pierre Melville; IL CONFORMISTA von Bernardo Bertolucci; L'ENFANT SAUVAGE von François Truffaut; KES von Ken Loach; PERFORMANCE von Nicholas Roeg; ROTE SONNE von Rudolf Thome; TRISTANA von Luis Buñuel.

Sterbetage 2. Februar Bertrand Russell, Philosoph, 97, in Plas Penrhyn, Wales. – 17. Februar Alfred Newman, Filmkomponist, 68, in Los Angeles. – 21. Mai Gerhard Klein, Regisseur (Berlin-Filme), 50, in Ost-Berlin. – 14. Juni William H. Daniels, Kameramann, 74, in Los Angeles. – 22. Juli Fritz Kortner, Schauspieler und Regisseur, 78, in West-Berlin. – 18. September Jimi Hendrix, Rockstar, 27, in Paris. – 25. September Erich Maria Remarque, Schriftsteller („Im Westen nichts Neues"), 72, in Locarno. – 28. September John Dos Passos, Schriftsteller, 74, in Baltimore. – Edward Everett Horton, *supporting actor* (u. a. bei Lubitsch, Capra, McCarey), 83, in San Fernando Valley.

1971

Vietnam

Die „New York Times" beginnt mit der Veröffentlichung der Pentagon Papers, die Daniel Ellsberg, ein hochrangiger Ministerialbeamter, der Zeitung zugespielt hat. Diese vom Verteidigungsministerium unter Robert McNamara in den sechziger Jahren in Auftrag gegebene Studie analysiert die Wurzeln des vietnamesischen Nationalismus und des Krieges und enthüllt grobe Fehleinschätzungen der US-Administration sowie gezielte Fehlinformationen der Öffentlichkeit. Das Dokument war deshalb nicht zur Publikation vorgesehen.

15. April

Academy Awards

Bester Film: PATTON (Fox). Beste Regie: Franklin J. Schaffner (PATTON). Beste Schauspielerin: Glenda Jackson (WOMEN IN LOVE). George C. Scott, der einen Oscar als Bester Schauspieler (PATTON) bekommt, nimmt den Award nicht entgegen.

12. bis 27. Mai

Cannes

Milos Formans US-Debüt TAKING OFF und Jerry Schatzbergs THE PANIC IN NEEDLE PARK laufen im Wettbewerb, ersterer wird mit dem Spezialpreis der Jury ausgezeichnet – ex aequo mit Dalton Trumbos JOHNNY GOT HIS GUN. Außerdem sind im Wettbewerb zwei englischsprachige Euro-Produktionen zu sehen, die sich beide mit US-Justizmorden an Immigranten beschäftigen: Bo Widerbergs JOE HILL und Giuliano Montaldos SACCO

E VANZETTI, letzterer mit einem Titelsong von Joan Baez. Die Jury unter Präsidentin Michèle Morgan vergibt die Goldene Palme an Luchino Visconti für MORTE A VENEZIA. Außer Konkurrenz laufen die Altamont-Dokumentation GIMME SHELTER (von David Maysles, Albert Maysles und Charlotte Zwerin) und Walon Greens Science-Fiction-Tierfilm THE HELLSTROM CHRONICLE sowie, in einer Nebenreihe, Jack Nicholsons Regiedebüt DRIVE, HE SAID.

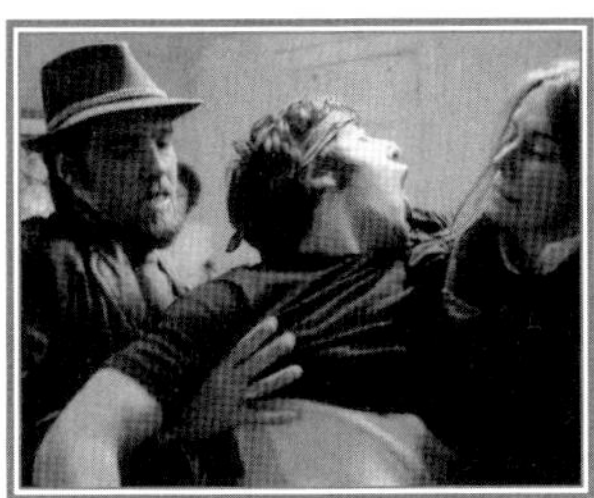

THE PANIC IN NEEDLE PARK: Al Pacino

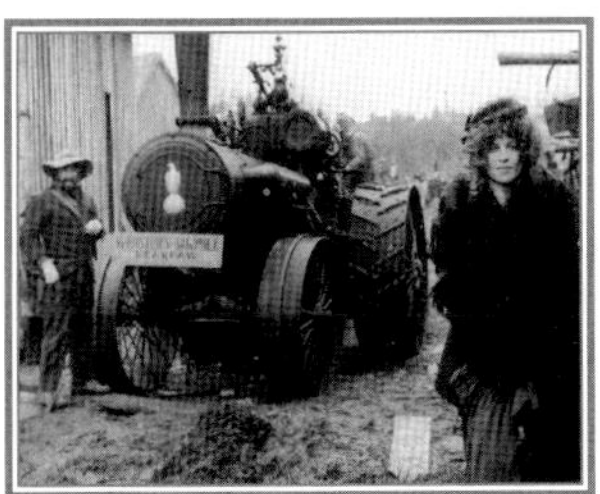

MCCABE AND MRS. MILLER: Julie Christie

25. Juni bis 6. Juli
Berlinale

Die Jury vergibt den Goldenen Berliner Bären an IL GIARDINO DEI FINZI CONTINI von Vittorio de Sica. Vom 27. Juni bis 2. Juli findet erstmals das Internationale Forum des Jungen Films statt. Zu sehen sind unter anderem die bundesdeutschen Beiträge GESCHICHTEN VOM KÜBELKIND von Ula Stöckl und Edgar Reitz, DER GROSSE VERHAU von Alexander Kluge, NICHT DER HOMOSEXUELLE IST PERVERS, SONDERN DIE SITUATION, IN DER ER LEBT von Rosa von Praunheim, Filme von Nagisa Oshima, Dušan Makavejev und der amerikanische Beitrag THE MURDER OF FRED HAMPTON von Mike Gray.

25. August bis 6. September
Venedig

Das Festival widmet dem „New Hollywood"-Kino" eine eigene Schau; es laufen Robert Altmans BREWSTER MCCLOUD, Peter Watkins' PUNISHMENT PARK, Emile de Antonios IN THE YEAR OF THE PIG, Frederick Wisemans HOSPITAL, Richard Myers DEATHSTYLES, William Bayers MISSISSIPPI SUMMER und McGregor Douglas' WHISKEY FLATS.

10. Dezember
Nobelpreis

Willy Brandt, Kanzler der Bundesrepublik Deutschland, wird in Stockholm mit dem Friedensnobelpreis ausgezeichnet, „weil er im Geiste guten Willens einen hervorragenden Beitrag geleistet hat, um die Bedingungen für einen Frieden in Europa zu schaffen."

Filmindustrie Die Talsohle der Hollywood-Krise: Die durchschnittliche Zahl der Kinobesuche ist auf 15,8 Millionen gesunken, während es vor 25 Jahren, im Rekordjahr 1946, 78,2 Millionen waren. Bei Twentieth Century-Fox übernimmt der Wirtschaftsexperte Dennis Stanfill das Kommando von Darryl F. Zanuck. Dessen Sohn Richard D. Zanuck wird von Gordon Stulberg abgelöst. Paramount erlebt durch den Erfolg von LOVE STORY finanziell einen leichten Aufschwung.

Filme BORN TO WIN von Ivan Passer; CARNAL KNOWLEDGE von Mike Nichols; CISCO PIKE von Bill L. Norton; DIRTY HARRY von Don Siegel; DRIVE, HE SAID von Jack Nicholson; THE FRENCH CONNECTION von William Friedkin; HAROLD AND MAUDE von Hal Ashby; THE HIRED HAND von Peter Fonda; KLUTE von Alan J. Pakula; THE LAST MOVIE von Dennis Hopper; THE LAST PICTURE SHOW von Peter Bogdanovich; MCCABE AND MRS. MILLER von Robert Altman; MINNIE AND MOSKOWITZ von John Cassavetes; THE PANIC IN NEEDLE PARK von Jerry Schatzberg; TWO-LANE BLACKTOP von Monte Hellman. – (Europa:) A CLOCKWORK ORANGE von Stanley Kubrick; IL DECAMERONE von Pier Paolo Pasolini; LES DEUX ANGLAISES ET LE CONTINENT von François Truffaut; THE GO-BETWEEN von Joseph Losey; GOYA von Konrad Wolf; MORTE A VENEZIA von Luchino Visconti; ROMA von Federico Fellini; LE SOUFFLE AU CŒUR von Louis Malle; TRAFIC von Jacques Tati.

Sterbetage 26. Februar Fernandel, Schauspieler, 67, in Paris. – 8. März Harold Lloyd, Schauspieler, 77, in Hollywood. – 6. April Igor Strawinsky, Komponist, 88, in New York. – 28. Mai Audie Murphy, Schauspieler und meistdekorierter Soldat im Zweiten Weltkrieg, 46, bei einem Flugzeugabsturz in Virginia. – 4. Juni György Lukács, Philosoph und Literaturwissenschaftler, 86, in Budapest. – 6. Juli Louis Armstrong, Jazztrompeter, 71, in New York. - 12. Dezember David Sarnoff, „the father of American television", 80, in New York. - 28. Dezember Max Steiner, Filmkomponist, 83, in Hollywood.

1972

21. Februar

Staatsbesuche

Der amerikanische Präsident Richard Nixon trifft in China ein. Den sensationellen Besuch hat Außenminister Henry Kissinger vorbereitet. Die wichtigsten Gesprächsthemen sind der Status Taiwans und das Verhältnis der Großmächte. Im Mai besucht Nixon den sowjetischen Staatspräsidenten Leonid Breschnew. Durch Kissingers „Pendeldiplomatie" wird Hanoi isoliert.

März

Umweltschutz

Der Bericht des Club of Rome über „Die Grenzen des Wachstums" (Limits to Growth) erscheint und wird weltweit zu einem Manifest der Umweltbewegung.

30. März

Vietnam

Die nordvietnamesische Osteroffensive beginnt, der südvietnamesische Klientelstaat ist gefährdet. Präsident Nixon, der sich im Vorwahlkampf befindet, ordnet die Verminung des Hafens von Haiphong, eine Seeblockade Nordvietnams und eine neue Luftoffensive an.

März

THE GODFATHER

Francis Ford Coppolas Film startet mit 316 Kopien, der PR-Etat allein für New York beträgt rund eine Million Dollar und schlägt sich in einem Einspielergebnis von sieben Millionen Dollar in der ersten Woche und 86,2 Millionen Dollar insgesamt allein in den USA nieder; mit den Einnahmen im Ausland wird die 100-Millionen-Dollar-Grenze überschritten. Paramount ist gerettet.

10. April

Academy Awards

Charles Chaplin erhält einen Oscar für sein Lebenswerk. THE FRENCH CONNECTION gewinnt fünf Awards, darunter Bester Film, Beste Regie (William Friedkin) und Bester Schauspieler (Gene Hackman). Beste Schauspielerin wird Jane Fonda (KLUTE).

4. bis 19. Mai

Cannes

Im 25. Jahr laufen im Wettbewerb George Roy Hills SLAUGHTERHOUSE-FIVE (Preis der Jury), Robert Altmans IMAGES (Preis für die Beste Schauspielerin: Susannah York), und Sydney Pollacks JEREMIAH JOHNSON, nach einem Drehbuch von John Milius. Die Jury mit dem Präsidenten Joseph Losey vergibt Goldene Palmen an LA CLASSE OPERAIA VA IN PARADISO von Elio Petri sowie IL CASO MATTEI von Francesco Rosi.

15. Juni

Gefangennahme

Ulrike Meinhof wird verhaftet, nachdem am 2. Juni bereits Andreas Baader, Holger Meins und Jan-Carl Raspe sowie am 7. Juni auch Gudrun Ensslin gefaßt worden sind. Der harte Kern der ersten Generation der Rote Armee Fraktion, die Baader-Meinhof-Gruppe, befindet sich nun im Gefängnis.

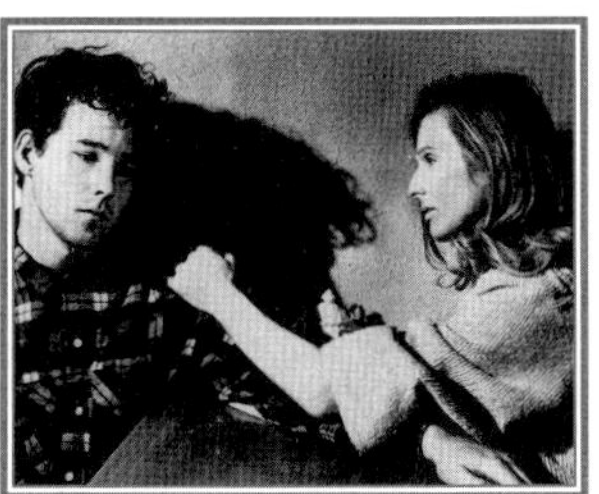

THE LAST PICTURE SHOW: Timothy Bottoms, Cloris Leachman

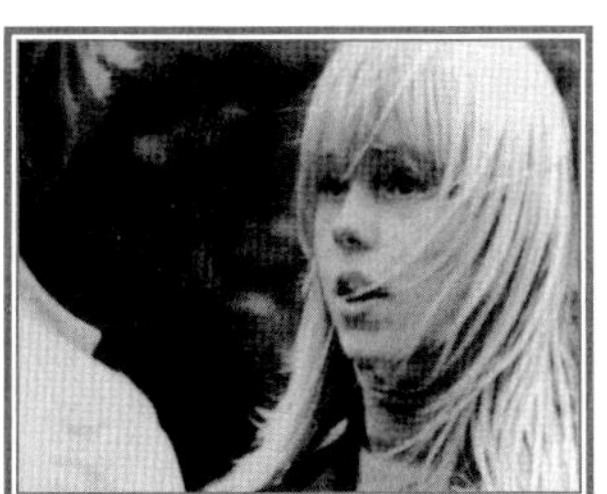

IMAGES: Cathryn Harrison

17. Juni
Watergate
In der Wahlkampfzentrale der Demokratischen Partei, im „Watergate Hotel" in Washington, werden fünf Männer verhaftet. Sie haben Abhörgeräte installiert. In Untersuchungen werden die Täter mit einem Komitee für die Wiederwahl Richard Nixons in Zusammenhang gebracht. Das Weiße Haus versucht, die Affäre herunterzuspielen. 1973 nimmt ein Watergate-Ausschuß die Arbeit auf. Präsident Nixon weigert sich, belastende Tonbänder herauszugeben.

23. Juni bis 4. Juli
Berlinale
Der Goldene Berliner Bär geht an I RACCONTI DI CANTERBURY von Pier Paolo Pasolini. Die amerikanischen Filme TOP OF THE HEAP von Christopher St. John, THE POSSESSION OF JOEL DELANEY von Waris Hussein, HOSPITAL von Arthur Hiller und HAMMERSMITH IS OUT von Peter Ustinov haben keine Chancen. Im Programm des Internationalen Forums des Jungen Films sind der Dokumentarfilm WINTER SOLDIER vom Winterfilm-Kollektiv und ein Programm politischer Filme der Newsreel-Gruppe New York zu sehen.

Juli
Reise nach Hanoi
Die Schauspielerin Jane Fonda reist auf Einladung der nordvietnamesischen Regierung nach Hanoi und beteiligt sich an einer Kampagne gegen die Vietnampolitik Richard Nixons. In Amerika wird ihr Landesverrat vorgeworfen. Jean-Luc Godard und Jean-Pierre Gorin widmen ihr den 52minütigen Film LETTER TO JANE.

21. August bis 3. September
Venedig
Die amerikanischen Filme im Programm sind CABARET von Bob Fosse, THE CANDIDATE von Michael Ritchie, PLAY IT AS IT LAYS von Frank Perry, SIDDHARTA von Conrad Rooks, HEAT von Paul Morrissey, BLACK FANTASY von Lionel Rogosin, A SEPARATE PEACE von Larry Peerce und die Dokumentation MANSON von Laurence Marrick.

September
The Directors Company
Francis Ford Coppola, William Friedkin und Peter Bogdanovich, zu diesem Zeitpunkt drei der wichtigsten Regisseure des „New Hollywood", gründen gemeinsam eine Produktionsfirma, die sich allerdings als kurzlebig erweist.

5. September
Anschlag
Mitglieder der palästinensischen Terroristengruppe „Schwarzer September" dringen in das Quartier der israelischen Mannschaft bei den Olympischen Sommerspielen von München ein. Zwei Sportler werden getötet, neun als Geiseln genommen, um die Freilassung von Häftlingen zu erpressen. Bei der gewaltsamen Beendigung des Geiseldramas kommen fünf Araber, alle Geiseln und ein deutscher Polizist ums Leben. Die Spiele werden fortgesetzt.

7. November
Wahlerfolg
Richard Nixon gewinnt mit 61 Prozent der Stimmen gegen George McGovern die Präsidentschaftswahlen. Er ordnet die später so genannten „Weihnachtsbombardements" gegen Hanoi an.

Literatur Der deutsche Schriftsteller Heinrich Böll wird mit dem Nobelpreis für Literatur ausgezeichnet.
Filmindustrie Richard D. Zanuck und David Brown gründen Zanuck/Brown und schließen als unabhängiges Produzentengespann einen Verleihvertrag mit Universal. Zu den Filmen, an denen sie beteiligt sind, gehören George Roy Hills THE STING und Steven Spielbergs JAWS, zwei der erfolgreichsten Produktionen der Dekade.
Filme AVANTI! von Billy Wilder; BAD COMPANY von Robert Benton; BOXCAR BERTHA von Martin Scorsese; CABARET von Bob Fosse; THE CANDIDATE von Michael Ritchie; FAT CITY von John Huston; JEREMIAH JOHNSON von Sydney Pollack; THE KING OF MARVIN GARDENS von Bob Rafelson; PINK FLAMINGOS von John Waters; PRIME CUT von Michael Ritchie; WHAT'S UP DOC? von Peter Bogdanovich. – (Europa:) AGUIRRE, DER ZORN GOTTES von Werner Herzog; DIE ANGST DES TORMANNS BEIM ELFMETER von Wim Wenders; IL CASO MATTEI von Francesco Rosi; LE CHARME DISCRET DE LA BOURGEOISIE von Luis Buñuel; UN FLIC von Jean-Pierre Melville; FRENZY von Alfred Hitchcock; HÄNDLER DER VIER JAHRESZEITEN von Rainer Werner Fassbinder; MERES TOU '36 von Theo Angelopoulos; SOLJARIS von Andrej Tarkowskij; TOUT VA BIEN von Jean-Luc Godard und Jean-Pierre Gorin; L'ULTIMO TANGO A PARIGI von Bernardo Bertolucci.
Sterbetage 1. Januar Maurice Chevalier, Sänger und Schauspieler, 83, in Paris. – 27. Januar Mahalia Jackson, Sängerin, 61, in New York. – 29. März, J. Arthur Rank, englischer Produzent und Verleiher, 83, in Winchester, England. – 5. Mai Frank Tashlin, Regisseur, 59, in Hollywood. – 25. Mai Asta Nielsen, Schauspielerin, 90, in Kopenhagen. – 9. Oktober Miriam Hopkins, Schauspielerin, 69, in New York. – 28. Oktober Mitchell Leisen, Regisseur, 74, in Woodland Hills, Kalifornien. – 9. Dezember William Dieterle, Schauspieler und Regisseur, 79, in Ottobrunn bei München; Louella Parsons, Hollywood-Kolumnistin, 91, in Santa Monica. – 26. Dezember Harry S. Truman, ehemaliger US-Präsident (1945–1953), 88, in Kansas City.

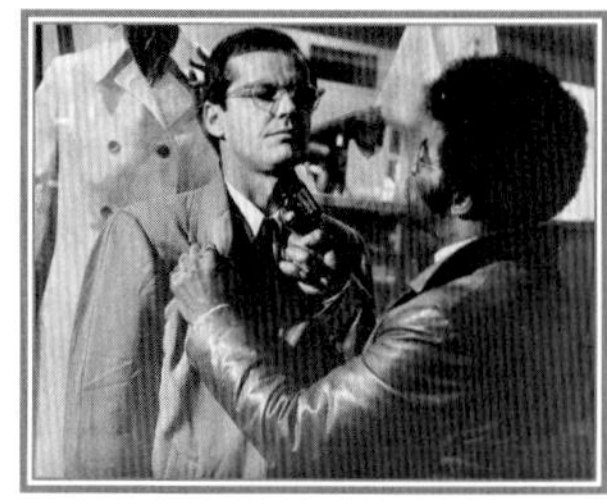
THE KING OF MARVIN GARDENS: Jack Nicholson

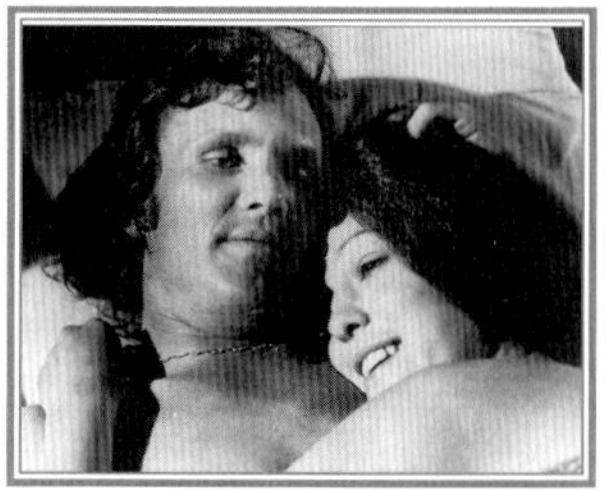
PAT GARRETT AND BILLY THE KID: Kris Kristofferson, Rita Coolidge

1973

27. Januar
Friedensabkommen
Das Abkommen zur Beendigung des Krieges und zur Wiederherstellung des Friedens wird von Nordvietnam, Südvietnam, der Provisorischen Volksregierung der NLF und von den Vereinigten Staaten von Amerika unterzeichnet. Ein „Nationaler Rat der Versöhnung und Einheit" wird eingesetzt. Der südvietnamesische Präsident Thieu empfindet das Abkommen als Niederlage. Der Abzug der US-Truppen – die amerikanische Intervention hat 58 000 US- und unzählige vietnamesische Opfer gefordert – wird beschlossen. Der Krieg zwischen Nord- und Südvietnam dauert jedoch noch bis in das Jahr 1975 an.

27. Februar
Wounded Knee
Die „American Indian Movement" besetzt mit mehreren hundert bewaffneten Mitgliedern den Ort Wounded Knee in Dakota, der durch eine Schlacht aus den Sioux-Kriegen im Jahr 1890 bekannt ist. Sie protestieren gegen die Behandlung der Ureinwohner durch die Regierungsbehörden.

27. März
Academy Awards
CABARET erhält insgesamt acht Oscars, darunter für die Beste Regie (Bob Fosse) und die Beste Schauspielerin (Liza Minnelli). Bester Film wird jedoch THE GODFATHER (Francis Ford Coppola, Paramount). Bester Schauspieler: Marlon Brando (THE GODFATHER). Marlon Brando (1954 schon einmal mit dem Oscar ausgezeichnet) schickt die junge

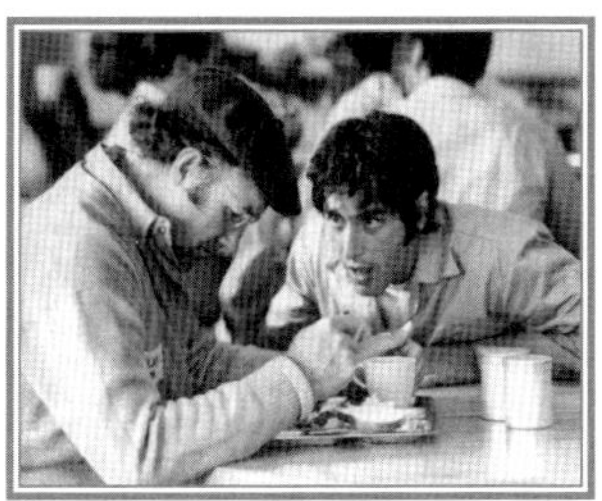

SCARECROW: Gene Hackman, Al Pacino

Schauspielerin Sacheen Littlefeather auf die Bühne, die in seinem Auftrag den Oscar ablehnt – aus Protest gegen die Lage der Indianer und mit dem Verweis auf die diskriminierende Darstellung der indianischen Ureinwohner im Fernsehen und im Film. Dennoch geht Brando als Preisträger in die Oscar-Geschichte ein.

April
Twin Towers
Das World Trade Center im Financial District in New York, zu diesem Zeitpunkt das höchste Gebäude der Welt, wird fertiggestellt.

10. bis 25. Mai
Cannes
Ingrid Bergman ist Präsidentin der Jury. Die Goldene Palme gewinnt Jerry Schatzbergs SCARECROW, ex aequo mit Alan Bridges' THE HIRELING. Große Aufmerksamkeit erfahren Jean Eustaches LA MAMAN ET LA PUTAIN (Großer Spezialpreis der Jury), Ingmar Bergmans VISKNINGAR OCH ROP / SCHREIE UND FLÜSTERN und Marco Ferreris LA GRANDE BOUFFE. Auf Ratlosigkeit stößt Nicholas Rays gemeinsam mit seinen Studenten realisierter Film WE CAN'T GO HOME AGAIN, der außer Konkurrenz gezeigt wird.

22. Juni bis 3. Juli
Berlinale
Der Goldene Berliner Bär geht an ASHANI SANKET von Satyajit Ray. Jurypräsident ist der Kritiker David Robinson. Außer Konkurrenz läuft Steven Spielbergs (schon zwei Jahre alter) Fernsehfilm DUEL. Im Internationalen Forum werden die amerikanischen Filme YEAR OF THE WOMAN von Sandra Hochman, ASYLUM von Peter Robinson und THE JAIL von Michael Anderson, Saul Landau, Paul Jacobs und Bill Yahraus gezeigt.

11. September
Putsch
Die chilenische Regierung der sozialistischen Unidad Popular unter Präsident Salvador Allende wird durch einen vom amerikanischen Geheimdienst CIA unterstützten Militärputsch gestürzt. General Augusto Pinochet übernimmt die Macht und beginnt sofort mit der Verfolgung der Opposition.

6. Oktober
Oktoberkrieg
Am höchsten jüdischen Feiertag, dem Versöhnungstag, greifen Ägypten und Syrien völlig überraschend Israel an, um dessen Gebietsgewinne aus dem Sechstagekrieg von 1967 zurückzuerobern. Die USA stellen sich mit Waffenlieferungen auf die Seite Israels; am 14. Oktober wendet sich die Lage im „Jom-Kippur-Krieg", der auf arabischer Seite als „Ramadan-Krieg" bezeichnet wird. Am 22. Oktober fordert der UN-Sicherheitsrat mit der Resolution 338 einen Waffenstillstand und die Aufnahme von Friedensverhandlungen im Nahen Osten.

17. Oktober
Ölkrise
Die Parteinahme der USA im Oktoberkrieg veranlaßt sieben arabische Staaten bei einer außerordentlichen Konferenz der OPEC zu einem Beschluß, mit dem sie den Abzug Israels aus den besetzten Gebieten erwirken wollen: Die USA und die Niederlande werden mit einem Öllieferboykott belegt, die anderen Ölimportländer müssen einen Preisanstieg durch eine Reduzierung der Förderquoten um 25 Prozent verkraften. Eine Verschlechterung der wirtschaftlichen Lage in diesen Ländern ist die Folge.

27. Dezember
THE EXORCIST
Die Adaption des Romans von William Peter Blatty wird erfolgreichster Film des Jahres 1974 mit 89 Millionen Dollar Einnahmen allein in den Vereinigten Staaten (die Endeinnahmen liegen bei 160 Millionen Dollar) und läßt damit den Erfolgsfilm des vergangenen Jahres, Francis Ford Coppolas THE GODFATHER, hinter sich. Vielleicht aufgrund seines Genres, sicher aber wegen der oft religiös motivierten Vorbehalte gewinnt William Friedkins Film bei der Oscar-Verleihung 1974 - trotz zehn Nominierungen, darunter Bester Film und Beste Regie - nur in zwei Kategorien: Bester Sound und Bestes Drehbuch.

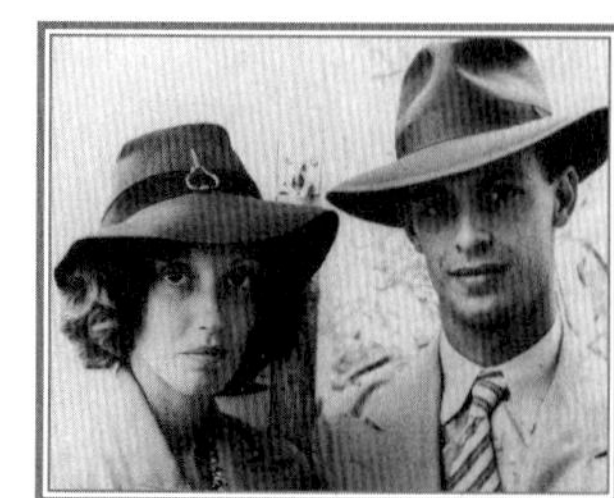
THIEVES LIKE US: Shelley Duvall, Keith Carradine

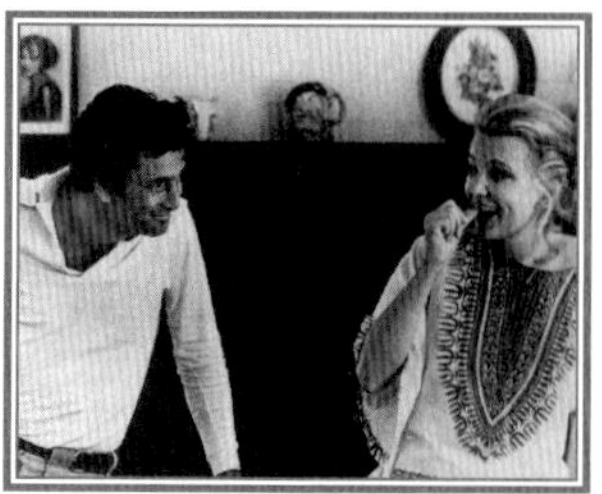
A WOMAN UNDER THE INFLUENCE: Peter Falk, Gena Rowlands

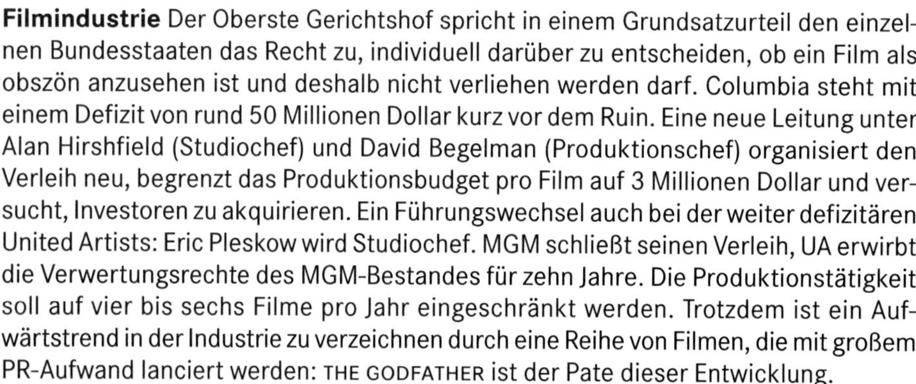
Filmindustrie Der Oberste Gerichtshof spricht in einem Grundsatzurteil den einzelnen Bundesstaaten das Recht zu, individuell darüber zu entscheiden, ob ein Film als obszön anzusehen ist und deshalb nicht verliehen werden darf. Columbia steht mit einem Defizit von rund 50 Millionen Dollar kurz vor dem Ruin. Eine neue Leitung unter Alan Hirshfield (Studiochef) und David Begelman (Produktionschef) organisiert den Verleih neu, begrenzt das Produktionsbudget pro Film auf 3 Millionen Dollar und versucht, Investoren zu akquirieren. Ein Führungswechsel auch bei der weiter defizitären United Artists: Eric Pleskow wird Studiochef. MGM schließt seinen Verleih, UA erwirbt die Verwertungsrechte des MGM-Bestandes für zehn Jahre. Die Produktionstätigkeit soll auf vier bis sechs Filme pro Jahr eingeschränkt werden. Trotzdem ist ein Aufwärtstrend in der Industrie zu verzeichnen durch eine Reihe von Filmen, die mit großem PR-Aufwand lanciert werden: THE GODFATHER ist der Pate dieser Entwicklung.

Filme AMERICAN GRAFFITI von George Lucas; BADLANDS von Terrence Malick; DILLINGER von John Milius; THE LAST DETAIL von Hal Ashby; THE LONG GOODBYE von Robert Altman; MEAN STREETS von Martin Scorsese; THE OUTFIT von John Flynn; PAPER MOON von Peter Bogdanovich; PAT GARRETT AND BILLY THE KID von Sam Peckinpah; SCARECROW von Jerry Schatzberg; SISTERS von Brian De Palma. - (Europa:) AMARCORD von Federico Fellini; ANA Y LOS LOBOS von Carlos Saura; DON'T LOOK NOW von Nicholas Roeg; DIE LEGENDE VON PAUL UND PAULA von Heiner Carow; LA MAMAN ET LA PUTAIN von Jean Eustache; LES NOCES ROUGES von Claude Chabrol; LA NUIT AMERICAINE von François Truffaut; SCENER UR ETT ÄKTENSKAP / SZENEN EINER EHE von Ingmar Bergman.

Sterbetage 23. Januar Lyndon B. Johnson, ehemaliger US-Präsident (1963–1969), 64, in San Antonio, Texas. - 26. Januar Edward G. Robinson, Schauspieler, 79, in Hollywood. - 6. März Pearl S. Buck, Schriftstellerin, 80, in Vermont. - 10. März Robert Siodmak, Regisseur, 72, in Locarno. - 8. April Pablo Picasso, spanischer Maler, Graphiker und Bildhauer, 91, in Mougins, Frankreich. - 21. April Merian C. Cooper, Regisseur und Produzent (KING KONG), 89, in Coronado, Kalifornien. - 7. Juli Max Horkheimer, Philosoph und Soziologe (Frankfurter Schule), 78, in Nürnberg. - 11. Juli Robert Ryan, Schauspieler, 62, in New York. - 20. Juli Bruce Lee, Schauspieler, 32, in Hongkong. - 2. August Jean-Pierre Melville, Regisseur, 55, in Paris. - 31. August John Ford, Regisseur, 78, in Palm Desert. - 18. September Mary Wigman, Tänzerin und Choreographin, 86, in West-Berlin. - 24. September Pablo Neruda, chilenischer Schriftsteller und Diplomat, 69, in Santiago de Chile. - 26. September Anna Magnani, Schauspielerin, 65, in Rom. - 16. Oktober Gene Krupa, Jazz-Schlagzeuger, 64, in Yonkers, New York.

1974

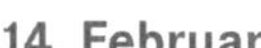
14. Februar
Ausbürgerung
Der Literaturnobelpreisträger von 1970, Alexander Solschenizyn, Autor des „Archipel Gulag“, wird von der Sowjetunion in den Westen abgeschoben. Nach einem Aufenthalt bei dem befreundeten deutschen Schriftsteller Heinrich Böll reist Solscheni-

zyn in die Schweiz und schließlich in die Vereinigten Staaten weiter, wo er sich im Bundesstaat Vermont niederläßt.

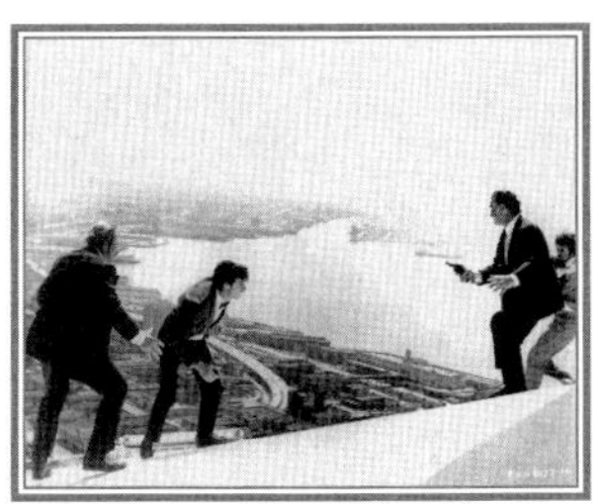

THE PARALLAX VIEW

2. April

Academy Awards

Sieben Oscars gehen an THE STING von George Roy Hill (Universal), darunter Bester Film und Beste Regie. Bester Schauspieler: Jack Lemmon in SAVE THE TIGER (von John G. Avildsen). Beste Schauspielerin: Glenda Jackson in A TOUCH OF CLASS (von Melvin Frank).

6. Mai

Rücktritt

Als Folge der Affäre um seinen Mitarbeiter Günter Guillaume, der für das Ministerium für Staatssicherheit der DDR spioniert hat, tritt Bundeskanzler Willy Brandt zurück. Sein Nachfolger wird der bisherige Finanzminister Helmut Schmidt.

9. bis 24. Mai

Cannes

Francis Ford Coppola präsentiert THE CONVERSATION (Goldene Palme), Steven Spielberg THE SUGARLAND EXPRESS (Bestes Drehbuch), Hal Ashby THE LAST DETAIL (Bester Schauspieler: Jack Nicholson) und Robert Altman THIEVES LIKE US.

26. Juni bis 2. Juli

Berlinale

Der Goldene Berliner Bär geht an den kanadischen Film THE APPRENTICESHIP OF DUDDY KRAVITZ von Ted Kotcheff. Erstmals nimmt die Sowjetunion am West-Berliner Festival teil. Im Internationalen Forum des Jungen Films ist der Dokumentarfilm HEARTS AND MINDS von Peter Davis zu sehen.

7. Juli

Weltmeister

Die Bundesrepublik Deutschland wird im eigenen Land durch einen 2:1-Sieg über die Niederlande zum zweiten Mal Fußballweltmeister.

8. August

Rücktritt

US-Präsident Richard Nixon erklärt seinen Amtsverzicht, nachdem ihm aufgrund der Watergate-Affäre ein Amtsenthebungsverfahren droht. Von seinem Nachfolger Gerald Ford wird Nixon, der am 6. August seine Mitschuld eingestanden hat, am 9. August begnadigt. Die Enthüllung der Watergate-Affäre durch die Reporter Bob Woodward und Carl Bernstein wird 1976 von Alan J. Pakula unter dem Titel ALL THE PRESIDENT'S MEN mit Dustin Hoffman und Robert Redford verfilmt.

Filmindustrie Das Jahr des Umschwungs: Vor allem dank William Friedkins THE EXORCIST und George Roy Hills THE STING gelingt es der US-Filmindustrie im Jahre 1974, mit einem Umsatz von rund 1,75 Milliarden Dollar den fast drei Dekaden alten Rekord aus dem Jahre 1946 von 1,69 Milliarden Dollar zu brechen. 1974 entspricht ein Dollar etwa der Kaufkraft von 24 Cent im Jahre 1946.

Filme CHINATOWN von Roman Polanski; THE CONVERSATION von Francis Ford Coppola; DAISY MILLER von Peter Bogdanovich; THE GAMBLER von Karel Reisz; THE GODFATHER II von Francis Ford Coppola; HEARTS AND MINDS von Peter Davis; INTRODUCTION TO THE ENEMY von Jane Fonda, Haskell Wexler, Christine Burden, Bill Yahraus und Tom Hayden; THE PARALLAX VIEW von Alan J. Pakula; THE SUGARLAND EXPRESS von Steven Spielberg; THIEVES LIKE US von Robert Altman; THUNDERBOLT AND LIGHTFOOT von Michael Cimino; A WOMAN UNDER THE INFLUENCE von John Cassavetes. – (Europa:) ALICE IN DEN STÄDTEN von Wim Wenders; CELINE ET JULIE VONT EN BATEAU von Jacques Rivette; LE FANTOME DE LA LIBERTE von Luis Buñuel; GRUPPO DI FAMIGLIA IN UN INTERNO von Luchino Visconti; L'HORLOGER DE SAINT-PAUL von Bertrand Tavernier; JAKOB DER LÜGNER von Frank Beyer; JEDER FÜR SICH UND GOTT GEGEN ALLE von Werner Herzog; LACOMBE LUCIEN von Louis Malle; STAVISKY... von Alain Resnais; VINCENT, FRANÇOIS, PAUL ET LES AUTRES... von Claude Sautet.

Sterbetage 31. Januar Samuel Goldwyn, Produzent, 91, in Los Angeles. – 24. Mai Duke Ellington, Jazzmusiker, 75, in New York. – 26. August Charles Lindbergh, Flugpionier, 72, auf Hawaii. – 21. September Walter Brennan, Schauspieler, 80, in Oxnard, Kalifornien. – 13. November Vittorio De Sica, Regisseur und Schauspieler, 73, in Paris. – 15. Dezember Anatole Litvak, Regisseur, 72, in Paris. – 26. Dezember Jack Benny, TV-Star, 80, in Beverly Hills.

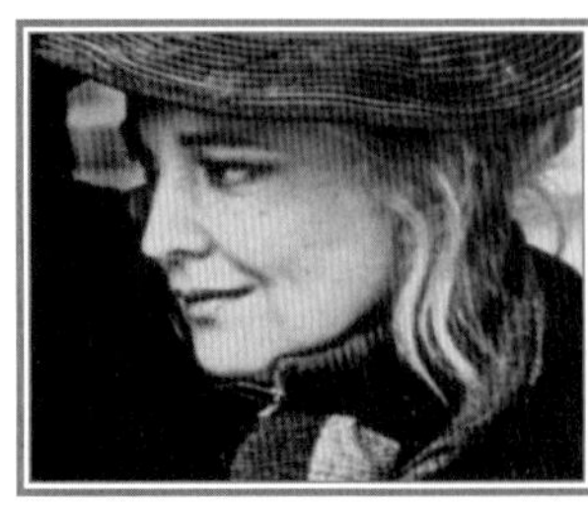

A WOMAN UNDER THE INFLUENCE: Gena Rowlands

1975

Südostasien

Am 17. April erobern die kommunistischen Roten Khmer die kambodschanische Hauptstadt Phnom Penh. Die Pathet Lao übernimmt die Macht in Vientiane, wodurch auch Laos kommunistisch wird. Durch eine nordvietnamesische Offensive wird am 1. Mai Saigon erobert. General Duong Van Minh kapituliert. Bei der Evakuierung der letzten Amerikaner kommt es zu panikartigen Szenen. Die Südostasienpolitik der USA seit Präsident Eisenhower scheint vollständig gescheitert.

8. April

Academy Awards

Der favorisierte Film CHINATOWN erhält nur einen Oscar für das Beste Drehbuch (von Robert Towne), der rivalisierende THE GODFATHER II erhält sechs Trophäen: darunter Bester Film (Paramount), Beste Regie (Francis Ford Coppola). Bester Schauspieler: Art Carney in HARRY AND TONTO von Paul Mazursky. Beste Schauspielerin: Ellen Burstyn in ALICE DOESN'T LIVE HERE ANYMORE von Martin Scorsese.

8. bis 23. Mai

Cannes

Zu sehen sind Martin Scorseses ALICE DOESN'T LIVE HERE ANYMORE, Bob Fosses LENNY (Preis für die Beste Schauspielerin: Valerie Perrine) und Michelangelo Antonionis PROFESSIONE: REPORTER. Die Goldene Palme geht an den algerischen Film CHRONIQUE DES ANNEES DE BRAISE von Mohammed Lakhdar Hamina, der Spezialpreis der Jury (Präsidentin: Jeanne Moreau) an Werner Herzogs JEDER FÜR SICH UND GOTT GEGEN ALLE.

21. Mai

Prozeß

In Stuttgart-Stammheim beginnt der Prozeß gegen die Baader-Meinhof-Gruppe. Die Strafanstalt ist zu einem Hochsicherheitstrakt ausgebaut worden.

27. Juni bis 8. Juli

Berlinale

Erstmals wird ein Film aus der DDR im Wettbewerb gezeigt: JAKOB DER LÜGNER von Frank Beyer. Aus Amerika kommen LOVE AND DEATH von Woody Allen und POSSE von Kirk Douglas. Der Goldene Berliner Bär geht an ÖRÖKBEFOGADAS von Márta Mészáros. Das Internationale Forum zeigt FILM ABOUT A WOMAN WHO ... von Yvonne Rainer.

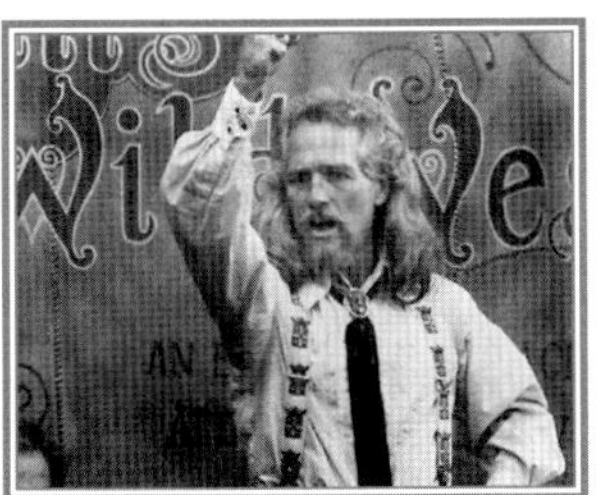

BUFFALO BILL AND THE INDIANS: Paul Newman

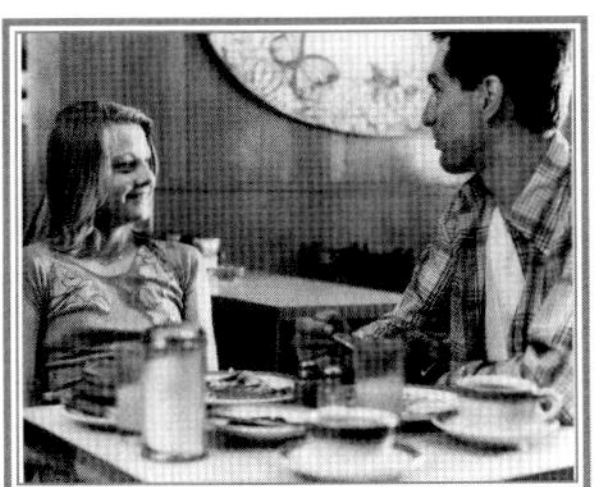

TAXI DRIVER: Jodie Foster, Robert De Niro

1. August
Völkerrecht
In Helsinki wird die Schlußakte der KSZE, der Konferenz für Sicherheit und Zusammenarbeit in Europa, von 35 Staaten unterzeichnet. Über die Systemgrenzen hinweg legt die KSZE die souveräne Gleichheit der unterzeichnenden Staaten fest sowie vor allem eine Vereinbarung zur Achtung der Menschenrechte.

26. August bis 11. September
Venedig
Nach dem Ausfall des Festivals 1973 gibt es seit 1974 eine Informationsschau (Proposti di nuovi film), die nicht als Festival (Mostra) deklariert wird.

2. September
Mord
In Ostia nahe Rom wird Pier Paolo Pasolini von dem siebzehnjährigen Kleinkriminellen Pino Pelosi getötet. Pasolinis letzter Film SALO O LE 120 GIORNATE DI SODOMA kommt in Deutschland posthum in die Kinos und wird in einigen Bundesländern „wegen der Darstellung sexueller und sadistischer Exzesse" verboten.

5. und 22. September
Attentatsversuche
Der amerikanische Präsident Gerald Ford ist Ziel zweier Attentate in Sacramento und in San Francisco, die fehlschlagen. Die beiden unabhängig voneinander operierenden Täterinnen werden zu lebenslangen Haftstrafen verurteilt.

18. September
Terrorismus
Die amerikanische Verlegertochter Patty Hearst wird gefaßt. Sie ist am 4. Februar 1974 von der SLA (Symbionese Liberation Army) entführt worden, und hat am 15. April mit Mitgliedern dieser Gruppe einen Bankraub verübt. Im Februar 1976 beginnt in San Francisco der Prozeß, in dem geklärt werden soll, ob Patty Hearst freiwillig mit den Terroristen zusammengearbeitet hat. Sie wird am 20. März 1976 schuldig gesprochen, das Urteil wird aber wegen einer psychiatrischen Untersuchung ausgesetzt.

5. November
Demokratie
Mit dem Tod des 82jährigen Generals Francisco Franco in Madrid endet die spanische Militärdiktatur. Der designierte Nachfolger Juan Carlos de Bourbon wird zum König gekrönt und forciert den Übergang zu einer demokratischen Ordnung.

15. November
Wirtschaftsgipfel
In Rambouillet bei Paris treffen die Führer der sechs westlichen Industrienationen zusammen, um die Wirtschafts- und Währungskrisen zu besprechen: Gerald Ford, Valéry Giscard d'Estaing, Helmut Schmidt, Harold Wilson, Aldo Moro, Takeo Miki. Unter der Beteiligung Kanadas entstehen daraus später die G-7-Treffen. Die Entscheidung für die prinzipielle Beibehaltung freier Wechselkurse gilt als Beginn einer „Entfesselung der Dynamik eines globalen Marktes" (Harold James).

Filmindustrie JAWS ist der erste Film, der allein in den USA mehr als 100 Millionen Dollar einspielt, insgesamt 126 Millionen Dollar. Es liegt vor allem an Spielbergs Film, daß 1975 der Umsatzrekord des Vorjahres gebrochen werden kann. Friedkin und Blatty

strengen einen Prozeß gegen Warner Bros. an: Sie behaupten, das Studio habe die Angaben über die Einspielergebnisse aus THE EXORCIST verfälscht.
Filme ALICE DOESN'T LIVE HERE ANYMORE von Martin Scorsese; COCKFIGHTER von Monte Hellman; JAWS von Steven Spielberg; NASHVILLE von Robert Altman; NIGHT MOVES von Arhur Penn; ONE FLEW OVER THE CUCKOO'S NEST von Milos Forman; THE ROCKY HORROR PICTURE SHOW von Jim Sharman; SHAMPOO von Hal Ashby; THE YAKUZA von Sydney Pollack. – (Europa:) BARRY LYNDON von Stanley Kubrick; ES HERRSCHT RUHE IM LAND von Peter Lilienthal; L'HISTOIRE D'ADELE H. von François Truffaut; PROFESSIONE: REPORTER von Michelangelo Antonioni; SALO O LE 120 GIORNATE DI SODOMA von Pier Paolo Pasolini; SERKALO von Andrej Tarkowskij; O THIASSOS von Theo Angelopoulos; DIE VERLORENE EHRE DER KATHARINA BLUM von Volker Schlöndorff.
Sterbetage 17. Februar George Marshall, Regisseur, 84, in Los Angeles. – 8. März George Stevens, Regisseur, 71, in Los Angeles. – 14. März Susan Hayward, Schauspielerin, 55, in Beverly Hills. – 12. April Josephine Baker, Sängerin und Tänzerin, 68, in Paris. – 14. April Fredric March, Schauspieler, 77, in Los Angeles. – 9. August Dimitri Schostakowitsch, Komponist, 68, in Moskau. – 7. Dezember Thornton Wilder, Schriftsteller, 78, in Hamden, Connecticut. – 9. Dezember William A. Wellman, Regisseur, 79, in Brentwood, Kalifornien. – 24. Dezember Bernard Herrmann, Komponist, 64, in Hollywood.

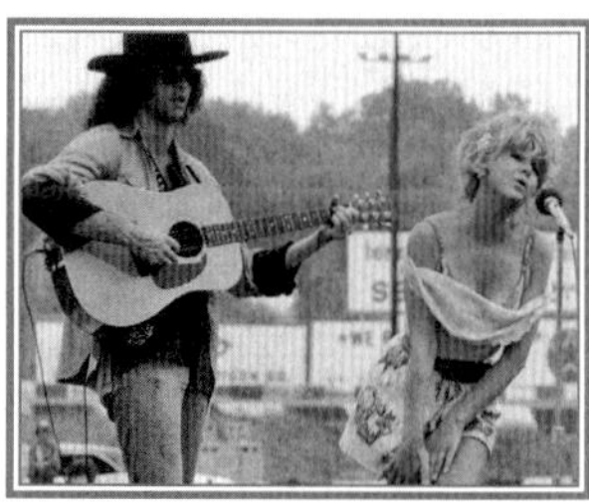
NASHVILLE: Richard Baskin, Barbara Harris

1976

24. März
Machtübernahme
Die argentinische Staatspräsidentin Isabel Perón wird bei einem unblutigen Putsch gestürzt. Eine Militärdiktatur übernimmt die Macht.

29. März
Academy Awards
Fünf Oscars für ONE FLEW OVER THE CUCKOO'S NEST: Bester Film (United Artists), Bester Schauspieler (Jack Nicholson), Beste Regie (Milos Forman), Beste Schauspielerin (Louise Fletcher), Bestes Drehbuch (Lawrence Hauben, Bo Goldman).

9. Mai
Freitod
Ulrike Meinhof nimmt sich in ihrer Zelle in Stuttgart-Stammheim das Leben.

13. bis 28. Mai
Cannes
In einem spektakulär besetzten Wettbewerb setzt sich Martin Scorsese durch mit TAXI DRIVER (Goldene Palme). Jurypräsident ist der Dramatiker Tennessee Williams. Außerdem zu sehen: Jerry Schatzbergs DANDY, THE ALL-AMERICAN GIRL und Paul Mazurskys NEXT STOP, GREENWICH VILLAGE. Marcel Ophuls präsentiert außer Konkurrenz die Dokumentation THE MEMORY OF JUSTICE.

25. Juni bis 6. Juli
Berlinale
Goldener Berliner Bär für Robert Altmans BUFFALO BILL AND THE INDIANS, OR SITTING BULL'S HISTORY LESSON; Alan J. Pakulas ALL THE PRESIDENT'S MEN läuft außer Konkurrenz. Im Internationalen Forum des Jungen Films werden experimentelle und dokumentarische Filme aus den USA gezeigt. In die Schlagzeilen kommt das Forum durch eine Zensurmaßnahme der Berliner Staatsanwaltschaft: Sie kassiert den Film AI NO CORRIDA / IM REICH DER SINNE von Nagisa Oshima.

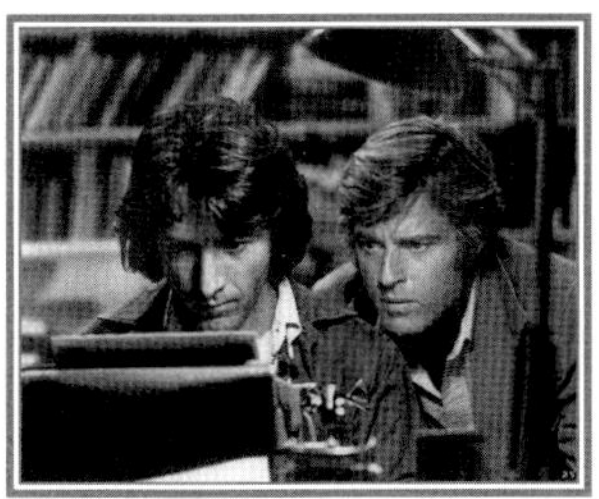

ALL THE PRESIDENT'S MEN: Dustin Hoffman, Robert Redford

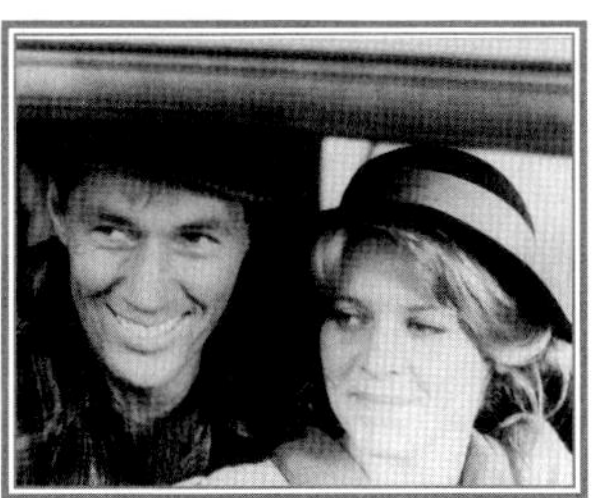

BOUND FOR GLORY: David Carradine, Melinda Dillon

2. Juli

Vietnam

Die Sozialistische Republik Vietnam wird ausgerufen, die Teilung ist durch den nordvietnamesischen Sieg hinfällig. Zahlreiche Flüchtlinge („boat people") verlassen das Land.

19. September

China

Mao Tse-tung stirbt nach langer Krankheit. In der Nachfolgefrage setzt sich Ministerpräsident Hua Kuofeng durch, indem er am 6. Oktober die „Viererbande", der auch Maos Witwe Jiang Qing angehört, verhaften läßt. Seinen Rivalen Deng Xiaoping hat Hua noch unter Berufung auf Maos Willen aller Ämter enthoben. Im Juli ist China von einem der schlimmsten Erdbeben der Geschichte mit offiziell 242 000 Todesopfern in Tangshan erschüttert worden.

2. November

Wahlsieg

Bei den US-Präsidentschaftswahlen setzt sich der Kandidat der Demokratischen Partei, Jimmy Carter, gegen Gerald Ford durch. Erstmals seit 1932 wird damit ein amtierender Präsident abgewählt.

17. November

Ausbürgerung

Der Liedermacher Wolf Biermann darf nach einer Tournee im Westen wegen „feindseligem Auftreten gegenüber der DDR" nicht mehr in die DDR einreisen. Seine Ausbürgerung provoziert Proteste in ganz Deutschland.

Filmindustrie Das FBI eröffnet eine Anti-Filmpiraterie-Abteilung. Das Urheberrecht von 1909 wird novelliert. Wichtigste Veränderung: Ein Werk bleibt bis fünfzig Jahre nach dem Tod seines Urhebers geschützt. Außerdem wird das Fiskalrecht modifiziert: Abschreibungsinvestitionen werden erschwert, was die Filmindustrie um einen wichtigen Produktionsfaktor bringt.

Filme ALL THE PRESIDENT'S MEN von Alan J. Pakula; BOUND FOR GLORY von Hal Ashby; BUFFALO BILL AND THE INDIANS, OR SITTING BULL'S HISTORY LESSON von Robert Altman; FAMILY PLOT von Alfred Hitchcock (sein letzter Film); HARLAN COUNTY, USA von Barbara Kopple; JULIA von Fred Zinnemann; THE KILLING OF A CHINESE BOOKIE von John Cassavetes; THE MISSOURI BREAKS von Arthur Penn; NETWORK von Sidney Lumet; ROCKY von John G. Avildsen; TAXI DRIVER von Martin Scorsese; TRACKS von Henry Jaglom. – (Europa:) CADAVERI ECCELLENTI von Francesco Rosi; CRIA CUERVOS von Carlos Saura; IM LAUF DER ZEIT von Wim Wenders; NOVECENTO von Bernardo Bertolucci; DAS SCHLANGENEI von Ingmar Bergman.

Sterbetage 12. Januar Agatha Christie, Schriftstellerin, „lady of crime", 85, in Wallingford bei London. – 11. Februar Lee J. Cobb, Schauspieler, 64, in Woodland Hills, Kalifornien. – 14. März Busby Berkeley, Choreograph und Regisseur, 80, in Palm Springs. – 17. März Luchino Visconti, Opern- und Filmregisseur, 69, in Rom. – 5. April Howard Hughes, Produzent und Regisseur, 70, im Flugzeug auf dem Weg nach Houston, Texas. – 25. April Carol Reed, Regisseur, 69, in London. – 26. Mai Martin Heidegger, Philosoph, 82, in Freiburg im Breisgau. – 10. Juni Adolph Zukor, Produzent (Paramount), 103, in Los Angeles. – 12. Juli James Wong Howe, Kameramann, 76, in West Hollywood. – 2. August Fritz Lang, Regisseur, 85, in Beverly Hills. – 10. September Dalton Trumbo, Drehbuchautor *(black listed)*, 70, in Hollywood. – 15. November Jean Gabin, Schauspieler, 72, in Paris.

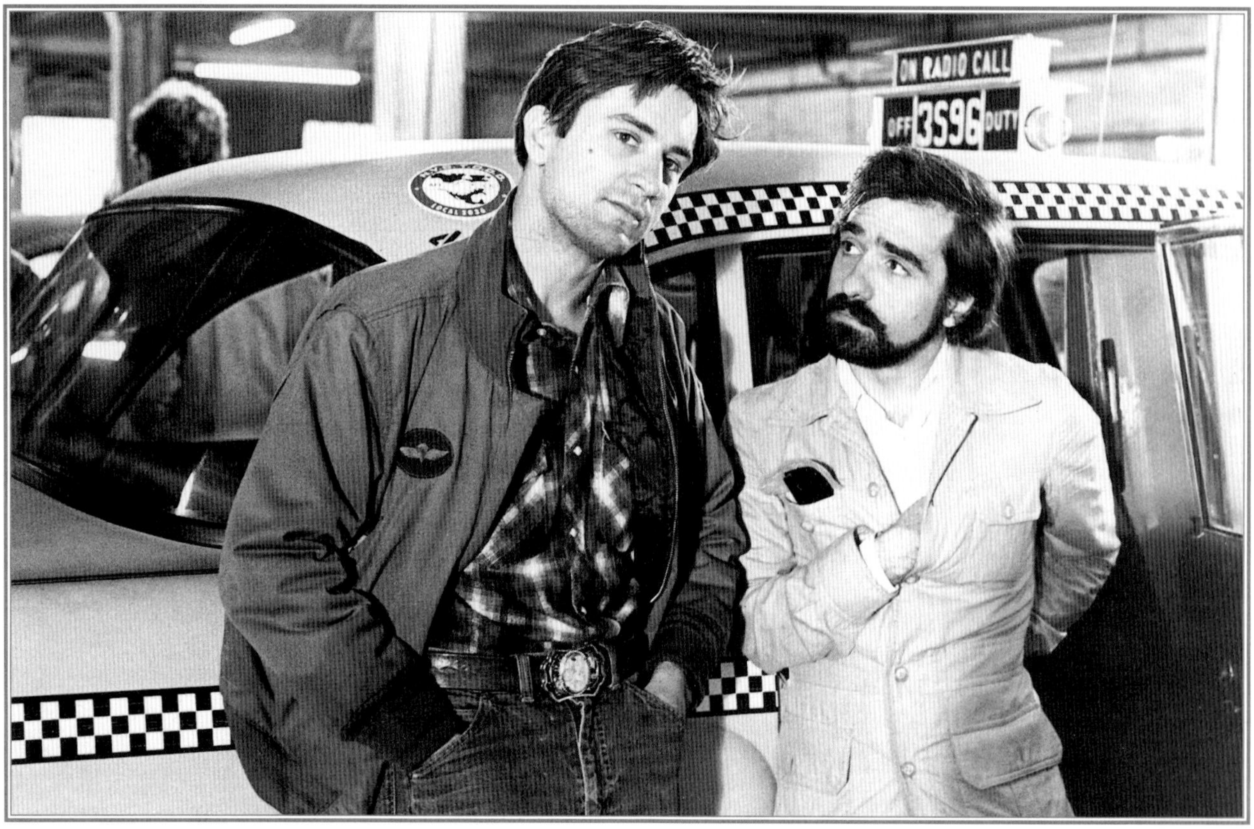

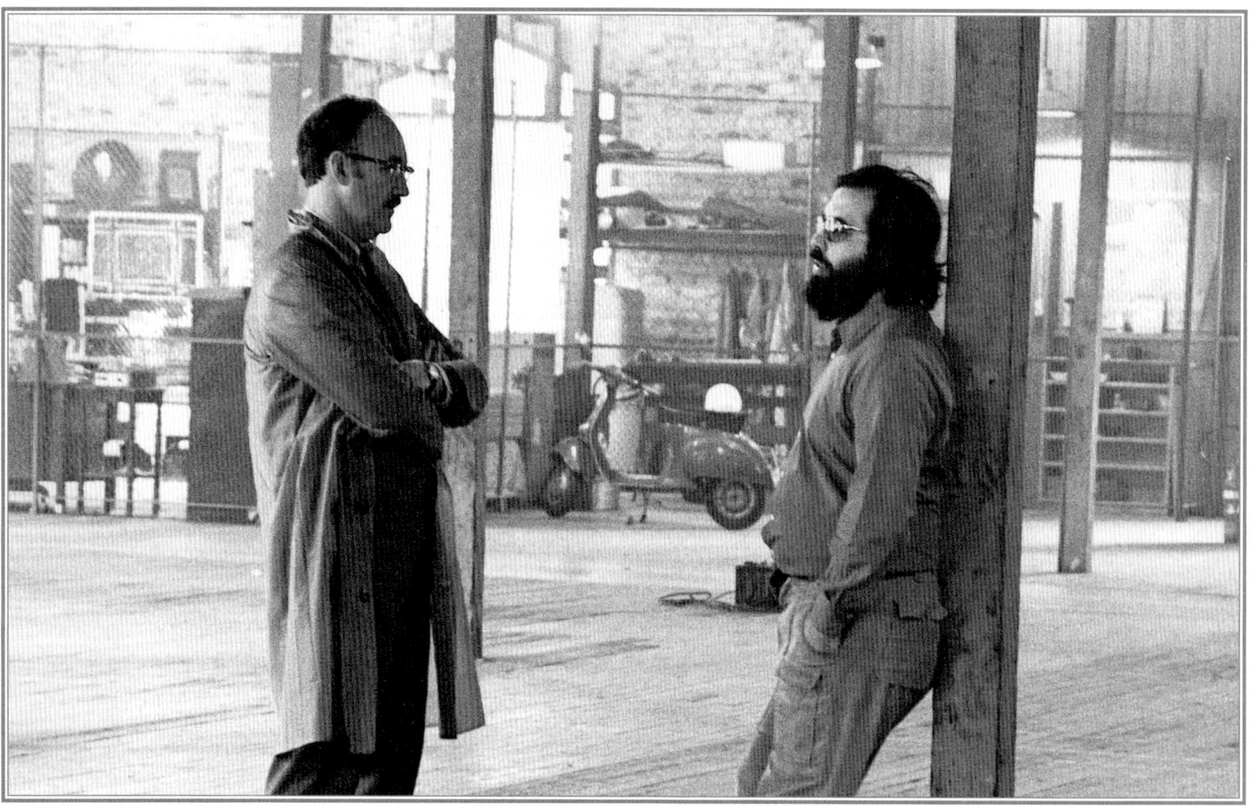

Von Altman bis Wurlitzer

Fünfzig Porträts

Für die biografischen, filmografischen und bibliografischen Daten wurden vor allem folgende Quellen herangezogen: International Dictionary of Films and Filmmakers. Hrsg. von Nicholas Thomas, James Vinson. Chicago/London: St. James 1990ff. (Bd. 1: Films; Bd. 2: Directors/Filmmakers; Bd. 3: Actors and Actresses; Bd. 4: Writers and Production Artists; Bd. 5: Titel Index). – Ephraim Katz: The Film Encyclopedia. New York: Harper Collins 1994. – Lexikon Filmschauspieler International. Hrsg. von Hans-Michael Bock. Berlin: Henschel 1995. – Lexikon Regisseure und Kameraleute. Hrsg. von Hans-Michael Bock. Reinbek: Rowohlt 1999. – The Wallflower Critical Guide to Contemporary North American Directors. London: Wallflower 2000. – Malte Hagener, Michael Töteberg: Film. An International Bibliography. Stuttgart: J. B. Metzler 2002. – Die bei den einzelnen Namen angegebene Literatur.

Dreharbeiten TAXI DRIVER: Robert De Niro, Martin Scorsese

Dreharbeiten THE CONVERSATION: Gene Hackman, Francis Ford Coppola

Das Kino des „New Hollywood" hatte viele Mitstreiter, wenige Mitstreiterinnen. Es ist vor allem ein Kino der Männer, vor und hinter der Kamera: der Außenseiter und „Wunderkinder". Der Egomanen und Erneuerer, der *loners* und *drifters*, der *maniacs* und *players*. Unter ihnen sind Regisseure (oftmals zugleich Autoren und Produzenten ihrer Filme), deren Werk heute nahezu als „klassisch" definiert wird – ▮ Altman, ▮ Bogdanovich, ▮ Cassavetes, ▮ Coppola, ▮ Spielberg, ▮ Scorsese –, und jene für diese Periode maßgeblichen *auteurs*, die weniger (und häufig in anderer Funktion) bekannt sind: ▮ Monte Hellman, ▮ Terrence Malick, ▮ Jim McBride, ▮ Bob Rafelson, ▮ Haskell Wexler. Zu ihnen gehören auch Filmemacher, die in den Siebzigern Meisterwerke schufen, an deren künstlerische Erfolge sie später jedoch kaum anknüpfen konnten: ▮ Hal Ashby, ▮ Henry Jaglom, ▮ Barbara Loden, ▮ Alan J. Pakula, ▮ Michael Ritchie, ▮ Jerry Schatzberg. Die Protagonisten des „New Hollywood" sind hochspezialisierte Profis wie der Drehbuchautor und *script doctor* ▮ Robert Towne, der vielen Drehbüchern den letzten Schliff verliehen hat, oder der Cutter und *sound designer* ▮ Walter Murch, dessen Kompositionen und Toncollagen den Film akustisch erneuert haben. Es sind kreative Individualistinnen wie die Dokumentarfilmerin ▮ Shirley Clarke, die Drehbuchautorin ▮ Carole Eastman und die Produzentin ▮ Julia Phillips, Europäer wie ▮ John Boorman, Altmeister wie ▮ Sam Peckinpah, Akteure, die in diesem günstigen, produktiven Klima eigene Filme realisieren konnten – ▮ Peter Fonda, ▮ Dennis Hopper, ▮ Jack Nicholson –, und Künstler, die in ihren *factories* junge Talente förderten: ▮ Roger Corman und ▮ Andy Warhol.

Fünfzig ausgewählte Vertreter des „New Hollywood" werden von zwanzig Autoren und Autorinnen in Einzelporträts vorgestellt. Die Arbeit und Persönlichkeit dieser Filmemacher steht repräsentativ für eine Epoche des amerikanischen Films, deren Produktionen das gesellschaftspolitische Geschehen der sechziger und siebziger Jahre in den USA mit einer inhaltlichen und ästhetischen Radikalität spiegeln, die durchaus als Reflex auf das Unbehagen *an* der Welt verstanden werden kann – als Reflexion der Hilf- und Orientierungslosigkeit einer Generation. „New Hollywood" ist ein Kino der De- und Rekonstruktion des *American dream* – der Reform und Renaissance der Traumfabrik.

Die flankierenden Bio-, Filmo- und Bibliografien konzentrieren sich auf die wesentlichen Daten. Über die biografischen Stichworte hinaus wird die beruflichen Tätigkeit benannt, werden Ausbildungsgang und entscheidende Stationen der Karriere skizziert, und es wird auf wichtige Auszeichnungen hingewiesen.

Die Filmografie nennt möglichst vollständig die Filme, an deren Zustandekommen die dargestellte Person – als Regisseur, (Ko-)Autor, Kameramann, Cutter, (Ko-)Produzent oder Darsteller – beteiligt ist. Die einzelnen Filme werden diesen Tätigkeitsfeldern zugeordnet: beispielsweise sowohl „Filme als Regisseur" als auch „Filme als (Ko-)Autor", wenn die porträtierte Person für Regie *und* Drehbuch verantwortlich zeichnet. Diese Funktionsnachweise betreffen eine Aktivität im weitesten Sinn, so kann (Ko-)Autor eine Beteiligung am Drehbuch, aber auch Adaption oder Verfassen des Dialogs meinen. Analog dazu differenziert die Rubrik „Filme als (Ko-)Produzent" nicht zwischen den einzelnen Kategorien wie etwa *executive producer* oder Besitzer der Produktionsfirma. Entsprechend wird mit den Tätigkeiten Cutter und Kameramann umgegangen. Die Kategorie „Filme als Darsteller" rubriziert neben der Tätigkeit als Schauspieler auch kurze Auftritte (manchmal *uncredited*), Cameos und Interviews in Dokumentationen.

Die Filme werden in chronologischer Folge nach Produktionsjahren (oder Produktionszeitraum, wenn dieser sich über mehr als ein Jahr erstreckt) geordnet, innerhalb dieser Ordnung (bei mehr als einem Film pro Jahr) wird alphabetisch nach Filmtiteln sortiert. Dem Titel und der Datierung folgt die Benennung des verantwortlichen Regisseurs. Bei den berücksichtigten Fernseh(serien)-produktionen wird auf die Nennung eines Regisseurs verzichtet; Ausnahme: Regie führt eine der fünfzig porträtierten Personen. Querverweise innerhalb der fünfzig Einträge sind mit einem Balken gekennzeichnet. Wenn an der Realisierung eines Films weitere porträtierte Personen beteiligt sind – als (Ko-)Autor, Kameramann, Cutter, (Ko-)Produzent oder Darsteller –, stehen die Namen in eckigen Klammern: [▮ Robert Altman, ▮ Rudy Wurlitzer].

Die Literaturangaben sind auf unerläßliche Einträge – Monografien (meist mit weiterführenden detaillierten Bio-, Filmo- und Bibliografien), größere Aufsätze und Interviews sowie gegebenenfalls eigene Veröffentlichungen – verdichtet. Die Sortierung erfolgt chronologisch und innerhalb dieser Ordnung alphabetisch.

Die Daten wurden von Klaus Hoeppner und Nicolaus Schröder recherchiert.

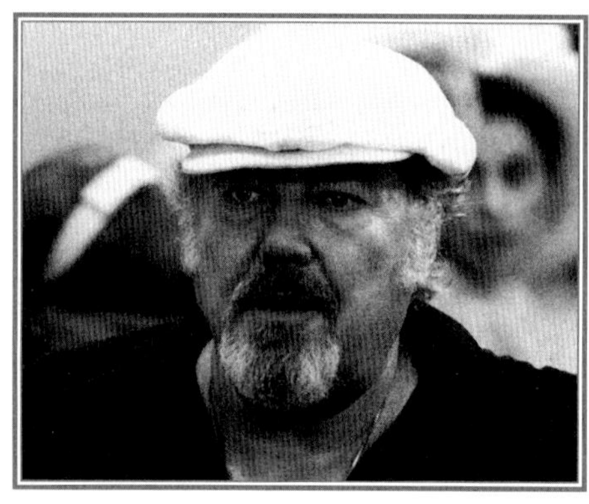

Robert Altman

Einzelne Bilder sind es zunächst, die aus seinen Filmen der Siebziger im Gedächtnis geblieben sind. Auch, weil die Geschichten auf so wundersame Weise in einzelnes zersplittern. Und seine Figuren so oft dem Ort und den Dingen um sie herum sich ausliefern. ▮ Warren Beattys vergeblicher Kampf gegen den Schnee am Ende von MCCABE AND MRS. MILLER, während die Dorfbewohner ihre brennende Kirche löschen und die Frau, die er liebt, dem Opiumrausch sich hingibt. Elliott Goulds zappeliges, tänzelndes Weggehen die mexikanische Allee hinunter in THE LONG GOODBYE, nachdem er Terry Lennox (Jim Bouton), den Freund, der ihn so schmählich hinterging, erschossen hat; auf einer kleinen Mundharmonika bläst er „Hurray for Hollywood". Oder Barbara Harris auf der Country-Bühne in NASHVILLE, und wie sie, äußerlich ziemlich verlottert, nach dem Attentat auf Barbara Jean (Ronee Blakley) zum Mikrophon greift und lossingt, daß es einem das Herz aufreißt: „You may say that I ain't free / But it don't worry me."

Ein Westerner. Ein Detektiv. Und eine Dilettantin (und man könnte ergänzen: ein Träumer in BREWSTER MCCLOUD, ein Gauner in THIEVES LIKE US, ein Spieler in CALIFORNIA SPLIT, ein Showman in BUFFALO BILL AND THE INDIANS, ein Krieger in QUINTET). Eigentlich wollen sie, wie die klassischen *American heroes*, Anerkennung und Erfolg, aber dann kommen sie, wie in den Vierzigern und Fünfzigern die Verlorenen des Noir-Kinos, erst durch Niederlagen zu sich selbst, für einen Moment zumindest. Genregeschichten à la Altman: Filme der Ambivalenz und des Zwiespalts. Immer muß transparent werden, wie überholt die alten, gängigen Formen inzwischen sind. Das Übliche (die konventionellen Regeln fürs Erzählen) nimmt Altman als Ausgangspunkt, von dem aus er seine Stoffe zu überprüfen und zu verändern sucht – und dann nimmt er Reißaus: in eine andere, oft in die entgegengesetzte Richtung. Das Historische: kritisch; das Mythische: aufklärerisch; das Gesellschaftliche: karnevalesk. Das garantiert weder klarere Positionen noch bessere Antworten, nur andere Perspektiven und irritierende Fragen. Das Gewohnte wird fremd, das Geschlossene brüchig und offen. So gelingt es Robert Altman immer wieder, hinter der Erzählung seinen Sinn für eine ungewöhnliche Figur, einen ungewöhnlichen Schauplatz, ein ungewöhnliches Thema durchschimmern zu lassen. „I'm not telling a story, I'm showing."

Von Anfang an, also nach seiner „Lehrzeit" bei Fernsehserien wie BONANZA, ROARING TWENTIES und THE MILLIONAIRE, interessiert Altman das Verbotene, das versucht, ruft und lockt. Die innere Spannung eines Menschen, der bezweifelt, daß das, was er hat, wirklich schon alles gewesen ist, und seine übermütige Erwartung, daß es ruhig noch etwas mehr sein darf, in THAT COLD DAY IN THE PARK, in MCCABE AND MRS. MILLER, in NASHVILLE, in A WEDDING, später auch in THE PLAYER und KANSAS CITY. Ein Abgrund tut sich auf, der gerade die Allerweltstypen verführt zu verruchten Abenteuern und ungesetzlichem Tun. Auch wenn sie schließlich verlieren, wo sie noch auf Sieg setzen, es bleibt die Erfahrung, die schmerzt, aber auch stärkt. Wenn sie Glück haben, begreifen sie rechtzeitig genug, um sich abzuwenden, „klüger, aber nicht erlöst".

Vielleicht trifft es deshalb am besten, in Altman einen Regisseur der Auflösung zu sehen. Einerseits gilt das für seine Opposition gegenüber Hollywoods Machtgefüge, dem er sich nie unterwirft. Er ist ein „Kämpfer gegen das System", so Robert Kolker, zugleich aber auch „ein guter Filmemacher mit einem gesunden Gefühl fürs Überleben". Andererseits revidiert er ästhetisch unentwegt, was andere für unumstößlich halten. Dabei nutzt er meisterlich die Apparatur, um auf höchstem Standard seine Visionen zu formulieren. Ohne Zweifel zählt er zu den wichtigsten Bilderfindern des amerikanischen Kinos. Er besitzt die visuelle Phantasie eines Griffith, die Liebe zum Detail eines Visconti, aber auch den ordnenden Blick eines Kubrick, die lustvolle Spontaneität eines Renoir, die innovative Klarheit eines Welles, schließlich die inszenatorische Strenge eines Preminger.

In Altmans Werk gebe es, so die gängige Meinung, von jeher dieses Zickzack: nach dem großen Entwurf das kleine Spiel, nach dem grandiosen Panorama die vergnügte Petitesse. So habe er nach BREWSTER MCCLOUD den Western MCCABE AND MRS. MILLER, nach IMAGES den Detektivfilm THE LONG GOODBYE, nach NASHVILLE und A WEDDING das Melodram A PERFECT COUPLE gedreht – und später, nach SHORT CUTS und PRET-A-PORTER, in den Neunzigern auch noch den Grisham-Thriller THE GINGERBREAD MAN. Ich denke, es ist angemessener, seine Filme in einer Linie zu sehen, wenn auch nicht in einer geraden. Die episodische, oft fragmentarische Dramaturgie seiner panoramatischen Filme (NASHVILLE,

Robert Altman,
Regisseur, Autor, Produzent; geboren am 20. Februar 1925 in Kansas City, Missouri.
Der Sohn eines Versicherungsvertreters besucht die University of Missouri, Columbia, und setzt dann seine Ausbildung an der Wentworth Military Academy in Lexington fort. Von 1943 bis 1947 ist er bei der U.S. Air Force als Kopilot bei einem Bombergeschwader. Im Anschluß findet er eine Anstellung als Autor, Regisseur, Kameramann und Cutter bei der Calvin Company, einer auf Dokumentar- und Industriefilme spezialisierten Produktionsfirma. Ab 1953 arbeitet Altman nahezu ausschließlich für das Fernsehen. Er produziert und inszeniert zahlreiche Episoden populärer TV-Serien wie ALFRED HITCHCOCK PRESENTS, THE MILLIONAIRE oder BONANZA. Altmans erster kommerzieller Erfolg als Kinoregisseur wird 1969 M*A*S*H. Außer Kinofilmen inszeniert Altman nach wie vor für das Fernsehen. 1976 zeichnen ihn die Internationalen Filmfestspiele Berlin mit einem Goldenen Berliner Bären für BUFFALO BILL AND THE INDIANS, OR SITTING BULL'S HISTORY LESSON aus. Altman wird mehrfach für einen Oscar nominiert. Das Internationale Filmfestival von Venedig ehrt Altman 1993 mit einem Goldenen Löwen für SHORT CUTS und 1995 für sein Lebenswerk.

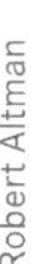

A WEDDING, SHORT CUTS, PRET-A-PORTER) also neben den Seelenerkundungen seiner Tragödien à la Bergman (THAT COLD DAY IN THE PARK; IMAGES; THREE WOMEN; COME BACK TO THE FIVE AND DIME, JIMMY DEAN, JIMMY DEAN; VINCENT AND THEO) und neben dem gradlinigen Drama, wie zuletzt in THE GINGERBREAD MAN. Manchmal setzt eben auch Altman alles ein – parallele Ereignisse, schnelle Schnittfolgen, suggestive Blicke, melodische Musik –, um Gefühle zu wecken und die Spannung zu steigern. Nur läßt er es damit nicht bewenden, sondern destruiert den schönen Schein und deutet auf die Ereignisse dahinter. Wenn etwa am Ende von THE GINGERBREAD MAN der Hurrikan über Savannah in Georgia hereinbricht, setzt Altman selbst die Naturgewalten so in Szene, als brächten sie auf den Punkt, was die Ereignisse im Innersten zusammenhält: Chaos und Leid, Grauen und Zerstörung. Altman kommt über das Periphere zum Zentrum, über die Kleinigkeiten zum Wesentlichen. Deshalb auch seine Vorliebe für virtuos erkundende Akzente durch den Zoom, für entdeckende Effekte durch den kontrastierenden Schnitt. (Mit der geschlossenen Dramaturgie der klassischen Hollywood-Erzählung hatte er ja nie etwas im Sinn.)

Vor allem in NASHVILLE (wie später in SHORT CUTS) erreicht er gerade durch die Betonung des einzelnen den Eindruck einer Totalität, durch die Anhäufung von Bruchstücken die Einsicht einer ganzheitlichen Perspektive. Deshalb zielt seine Ikonographie auch auf den magischen Moment, der auf den ersten Blick fasziniert und überzeugt – trotz des so spontan und improvisiert wirkenden Stils der Inszenierung. Der Westerner in MCCABE AND MRS. MILLER und seine Versuche, alles richtig zu machen – während wir doch *sehen,* wie dilettantisch er herumwerkelt. Der Detektiv in THE LONG GOODBYE und seine Ermittlungen – während wir doch *sehen,* wie passiv er ist, unfähig, etwas zu durchschauen. Oder der Sänger in NASHVILLE und seine dauernden Affären – während wir doch *sehen,* wie sehr er sich allein für sich selbst interessiert.

Abenteuerliches führt Altman vor, sehr geheimnisvoll, sehr rätselhaft – aber dann bittet er uns Zuschauer zum eigentlichen Abenteuer: zum entdeckenden Schauen.
Norbert Grob

Filme als Regisseur (auch TV-Auswahl)
THE DELINQUENTS, 1955 (auch Autor, Produzent); THE MILLIONAIRE (TV), 1955; ALFRED HITCHCOCK PRESENTS (TV), 1956; WHIRLYBIRDS (TV), 1957; THE JAMES DEAN STORY, Ko-Regie: George W. George, 1957 (auch Autor, Cutter, Produzent), LAWMAN (TV), 1959; HAWAIIAN EYE (TV), 1959–61; MAVERICK (TV), 1960; SUGARFOOD (TV), 1960; SURFSIDE 6 (TV), 1960; ROARING TWENTIES (TV), 1960/61; BONANZA (TV), 1960-64; BUS STOP (TV), 1961; DESILU MYSTERY THEATRE (TV), 1961; M SQUAD (TV), 1961; ROUTE 66 (TV), 1961; THE GALANT MEN (TV), 1962; THE LONG HOT SUMMER (TV), 1962; KRAFT SUSPENSE THEATRE (TV), 1963/64; NIGHTMARE IN CHICAGO, 1964 (auch Produzent); THE PARTY (Kurzfilm), 1964; POT-AU-FEU (Kurzfilm), Ko-Regie: Don Factor, 1966; COUNTDOWN, 1966/67; THIS IS MY WIFE OR THE STORY OF KATHERYNE REED / THE KATHERINE REED STORY (Kurzfilm), 1966/67; THAT COLD DAY IN THE PARK, 1969; M*A*S*H, 1969; BREWSTER MCCLOUD, 1970; MCCABE AND MRS. MILLER, 1970 (auch Autor) [▮ Warren Beatty]; IMAGES, 1972 (auch Autor); THE LONG GOODBYE, 1973; THIEVES LIKE US, 1974 (auch Autor); CALIFORNIA SPLIT, 1974 (auch Produzent); NASHVILLE, 1975 (auch Produzent); BUFFALO BILL AND THE INDIANS, OR SITTING BULL'S HISTORY LESSON, 1976 (auch Autor, Produzent); THREE WOMEN, 1977 (auch Autor, Produzent); A WEDDING, 1977 (auch Autor, Produzent); A PERFECT COUPLE, 1979 (auch Autor, Produzent); QUINTET, 1979 (auch Autor, Produzent); HEALTH, 1980 (auch Autor, Produzent); POPEYE, 1980 [▮ Robert Evans]; RATTLESNAKE IN A COOLER (TV), 1980; COME BACK TO THE FIVE AND DIME, JIMMY DEAN, JIMMY DEAN, 1982; TWO BY SOUTH (TV), 1982; STREAMERS, 1983 (auch Produzent); SECRET HONOR, 1984 (auch Produzent); THE LAUNDROMAT (TV), 1985; O.C. AND STIGGS, 1985 (auch Produzent) [▮ Dennis Hopper, ▮ Melvin Van Peebles]; FOOL FOR LOVE, 1986; ARIA (Episode LES BOREADES), 1987 (auch Autor); BEYOND THERAPY, 1987 (auch Autor); THE DUMB WAITER (TV), 1987; THE ROOM (TV), 1987; THE CAINE MUTINY COURT-MARTIAL (TV), 1988; TANNER (TV), 1988; VINCENT AND THEO, 1990; THE PLAYER, 1992 [▮ Sydney Pollack]; SHORT CUTS, 1993 (auch Autor); PRET-A-PORTER/READY TO WEAR, 1994 (auch Autor, Produzent); KANSAS CITY, 1996 (auch Produzent); JAZZ '34 (Dok.), 1996 (auch Produzent); GUN (TV), Ko-Regie: Jeremiah S. Chechik, Ted Demme, James Foley, Peter Horton, James Steven Sadwith, 1997 (auch Produzent); THE GINGERBREAD MAN, 1998 (auch Autor, Produzent); COOKIE'S FORTUNE, 1999 (auch Produzent); DR. T AND THE WOMEN, 2000 (auch Produzent); GOSFORD PARK, 2001 (auch Produzent); THE COMPANY, 2003.

Filme als Autor
CHRISTMAS EVE, Regie: Edwin L. Marin, 1947 (uncredited); BODYGUARD, Regie: Richard Fleischer, 1948; CORN'S-A-POPPIN', Regie: Robert Woodburn, 1951; THE DELINQUENTS, Regie: Robert Altman, 1955 (auch Produzent); THE JAMES DEAN STORY, Regie: Robert

Altman, George W. George, 1957 (auch Cutter, Produzent); MCCABE AND MRS. MILLER, Regie: Robert Altman, 1970; IMAGES, Regie: Robert Altman, 1972; THIEVES LIKE US, Regie: Robert Altman, 1974; BUFFALO BILL AND THE INDIANS, OR SITTING BULL'S HISTORY LESSON, Regie: Robert Altman, 1976 (auch Produzent); THREE WOMEN, Regie: Robert Altman, 1977 (auch Produzent); A WEDDING, Regie: Robert Altman, 1978 (auch Produzent); A PERFECT COUPLE, Regie: Robert Altman, 1979 (auch Produzent); QUINTET, Regie: Robert Altman, 1979 (auch Produzent); HEALTH, Regie: Robert Altman, 1980 (auch Produzent); ARIA (Episode LES BOREADES), Regie: Robert Altman, 1987; BEYOND THERAPY, Regie: Robert Altman, 1987; SHORT CUTS, Regie: Robert Altman, 1993; PRET-A-PORTER / READY TO WEAR, Regie: Robert Altman, 1994 (auch Produzent); THE GINGERBREAD MAN, Regie: Robert Altman, 1998 (als Al Hayes; auch Produzent).

Filme als Produzent (auch TV-Auswahl)

THE DELINQUENTS, Regie: Robert Altman, 1955 (auch Autor); THE JAMES DEAN STORY, Regie: Robert Altman, George W. George, 1957 (auch Autor, Cutter); NIGHTMARE IN CHICAGO (TV), Regie: Robert Altman, 1964; CALIFORNIA SPLIT, Regie: Robert Altman, 1974; NASHVILLE, Regie: Robert Altman, 1975; BUFFALO BILL AND THE INDIANS, OR SITTING BULL'S HISTORY LESSON, Regie: Robert Altman, 1976 (auch Autor); WELCOME TO L. A., Regie: Alan Rudolph, 1976; THREE WOMEN, Regie: Robert Altman, 1977 (auch Autor); THE LATE SHOW, Regie: Robert Benton, 1977; REMEMBER MY NAME, Regie: Alan Rudolph, 1978; A WEDDING, Regie: Robert Altman, 1978 (auch Autor); A PERFECT COUPLE, Regie: Robert Altman, 1979 (auch Autor); QUINTET, Regie: Robert Altman, 1979 (auch Autor); RICH KIDS, Regie: Robert M. Young, 1979; HEALTH, Regie: Robert Altman, 1980 (auch Autor); STREAMERS, Regie: Robert Altman, 1983; SECRET HONOR, Regie: Robert Altman, 1984; O. C. AND STIGGS, Regie: Robert Altman, 1985 [Dennis Hopper, Melvin Van Peebles]; MRS. PARKER AND THE VICIOUS CIRCLE, Regie: Alan Rudolph, 1994; PRET-A-PORTER / READY TO WEAR, Regie: Robert Altman, 1994 (auch Autor); KANSAS CITY, Regie: Robert Altman, 1996; JAZZ '34 (Dok.), Regie: Robert Altman, 1996; AFTERGLOW, Regie: Alan Rudolph, 1997; GUN (TV), Regie: Robert Altman, Jeremiah S. Chechik, Ted Demme, James Foley, Peter Horton, James Steven Sadwith, 1997; THE GINGERBREAD MAN, Regie: Robert Altman, 1998 (auch Autor); LIV, Regie: Edoardo Ponti, 1998; COOKIE'S FORTUNE, Regie: Robert Altman, 1999; DR. T AND THE WOMEN, Regie: Robert Altman, 2000; TRIXIE, Regie: Abraham Lim, 2000; GOSFORD PARK, Regie: Robert Altman, 2001; ROADS AND BRIDGES, Regie: Abraham Lim, 2001.

Auftritte/Interviews in Filmen (Auswahl)

BEFORE THE NICKELODEON. THE EARLY CINEMA OF EDWIN S. PORTER, Regie: Charles Musser, 1982; LUCK, TRUST AND KETCHUP. ROBERT ALTMAN IN CARVER COUNTY (Dok.), Regie: John Dorr, Mike Kaplan, 1993.

Literatur (Auswahl)

Judith M. Koss: American Innovator. New York: Popular Library 1978. – Robert Altman: Jumping Off the Cliff. In: Monthly Film Bulletin (London), Nr. 539, Dezember 1978, S. 258. – Neil Feineman: Persistence of Vision. The Films of Robert Altman. New York: Arno 1978. – B. Cook: Bob und Pauline. A Fickle Affair. In: American Film (Washington, D. C.), Nr. 3, Dezember/Januar 1978/79, S. 6–9. – Burghard Schlicht: Leichen im Keller. Altman, der Bilderstürmer? In: Filmfaust (Frankfurt/M.), Nr. 14, Juni/Juli 1979, S. 51 ff. – Jean-Loup Bourget: Robert Altman. Paris: Edilig 1981. – Peter W. Jansen, Wolfram Schütte (Hg.): Robert Altman. München: Hanser 1981. – Alan Karp: The Films of Robert Altman. Metuchen, N. J.: Scarecrow 1981. – Norman Kagan: American Sceptic: Robert Altman's Genre-Commentary Films. Ann Arbor, Mi.: Pierian 1982. – Gretchen Bisplinghoff, Virginia Wright Wexman: Robert Altman. A Guide to References and Resources. Boston: G. K. Hall 1984. – Gerard Plecki: Robert Altman. Boston: Twayne 1985. – Robert P. Kolker: A Cinema of Loneliness: Penn, Kubrick, Scorsese, Spielberg, Altman. New York: Oxford University 1988 (dt.: Allein im Licht. München: Diana 2001.). – Patrick McGilligan: Robert Altman Jumping Off the Cliff. A Biography of the Great American Director. New York: St Martin's 1989. – Helene Keyssar: Robert Altman's America. New York: Oxford University 1991. – Manfred Etten: Porträt des Künstlers als Kommunikator; Margret Köhler: Sinn und Wertkrisen (Interview). In: film-dienst (Köln), Nr. 26, 21.12.1993, S. 4–9. – Robert Altman: L'Acteur comme auteur. In: Positif (Paris), Nr. 400, Juni 1994, S. 4–6. – Daniel O'Brien: Robert Altman: Hollywood Survivor. London: Batsford 1995. – Verena Lueken: Nicht jeder Zufall ist unkalkulierbar. In: Frankfurter Allgemeine Zeitung, 20. 2.1995. – Hans Günther Pflaum: Der Mythen-Zerstörer. In: Süddeutsche Zeitung (München), 20. 2.1995. – Jordan Mejias: R. A. In: Frankfurter Allgemeine Magazin, Nr. 865, 27. 9.1996. – Robert Altman: Die Witzler der Tafelrunde. Alan Rudolphs MRS. PARKER UND IHR LASTERHAFTER KREIS. In: Süddeutsche Zeitung (München), 7. 8.1997. – David Sterritt (Hg.): Robert Altman. Interviews. Jackson, MS, University of Mississippi 2000.

Hal Ashby,
Regisseur, Cutter, Produzent; geboren am 2. September 1929 in Ogden, Utah, gestorben am 27. Dezember 1988 in Malibu, Kalifornien.
Als Ashby fünf Jahre alt ist, lassen sich seine Eltern scheiden, der Vater begeht acht Jahre später Selbstmord. Ashby bricht seine Ausbildung an der Utah State University ab, zieht nach Kalifornien und schlägt sich mit verschiedenen Jobs durch, bis er 1950 Arbeit in den Republic Studios erhält. Er ist als Cutter-Assistent tätig, unter anderem für William Wyler und George Stevens. Tony Richardsons THE LOVED ONE ist sein erster Film als verantwortlicher Cutter. In den Folgejahren arbeitet er vor allem mit Norman Jewison zusammen. Für den Schnitt von Jewisons IN THE HEAT OF THE NIGHT wird er 1968 mit einem Oscar ausgezeichnet. Sein Regiedebüt absolviert er zwei Jahre später mit THE LANDLORD, einem Film, zu dessen Realisation ihn Jewison ermutigt hat. Mit 59 Jahren stirbt er an einem Krebsleiden, sein letztes Projekt, „Hand Carved Coffins", bleibt unvollendet.

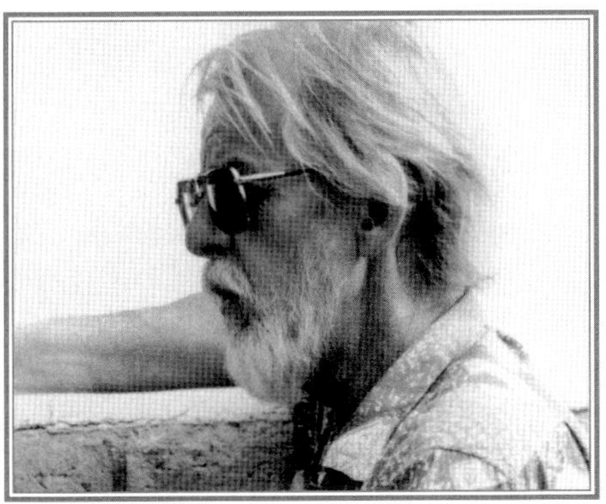

Hal Ashby

Es ist vielleicht ein Zufall, daß die Ende der neunziger Jahre einsetzende Wiederentdeckung des „New Hollywood"-Kinos mit einem weiteren publizistischen Phänomen zusammenfiel – der allgemeinen 68er-Kritik. Doch so behende die 68er-*bashers* ihre Kampfzonen auch in Gegenwart und Vergangenheit ausweiteten, der Stern des populären Kinos, das eben diese Generation in Hollywood hervorbrachte, leuchtete nur umso strahlender. In keiner Industrie konnte sich eine antibürgerlich eingestellte Jugendkultur schneller etablieren, nirgendwo sonst schienen die Segnungen von sexueller Befreiung und Drogenboom so willkommen. Anekdotisch-pointiert berichtet Peter Biskind in seinem Buch „Easy Riders, Raging Bulls" von einer Filmstadt im Drogendunst, eingenommen von einer jungen Filmemachergeneration, die auf den Wogen der neuen Liberalität die alten Studiotore einrennt und sich ansonsten das Leben nicht mit Selbstzweifeln schwer macht.

Sieht man heute die Filme Hal Ashbys, ist man vielleicht überrascht, wie kritisch das aus den späten Sechzigern erwachsene Lebensgefühl bereits von einem Zeitgenossen begleitet wurde. Kein Filmemacher wurde zu Lebzeiten so sehr mit den Idealen der Aussteigerbewegung identifiziert wie Hal Ashby, ein Vollbartträger in Sandalen und wallenden Gewändern, der seine Alkoholsucht erfolgreich durch den Dauergebrauch von Marihuana therapiert hatte. Und doch ist in seinen Filmen eine innere Distanz zur so leidenschaftlich verteidigten Gegenkultur zu spüren, ja nahezu eine Bitterkeit.

Der 1929 geborene Ashby war rund zehn Jahre älter als seine erfolgreichen Zeitgenossen des „New Hollywood"; sein establishmentkritischer Habitus gehört eher in die Reihe der alten Hollywood-Individualisten – Welles, Huston, Peckinpah und Siegel. Seine Unzugänglichkeit, darin sind sich die überlebenden Mitarbeiter weithin einig, verschonte ihn lange Zeit vor dem Druck der Produzenten; Schauspieler schätzten ihn für seine Offenheit und Gelassenheit gegenüber eigenen Spielideen – erhielten seine Filme ihre endgültige Gestalt doch erst in monatelangen Schneideraumsitzungen. In den achtziger Jahren wird man den einstigen Schnitt-Oscar-Gewinner für IN THE HEAT OF THE NIGHT den Zutritt zum *cutting room* schließlich verweigern – Ashby gilt als unberechenbar.

Wenn es ein kollektives Pathos im „New Hollywood" gibt, dann die wie ein Memento mori vorgebrachte Warnung vor der Endlichkeit jugendlichen Leichtsinns. Von BONNIE AND CLYDE zu EASY RIDER und THE LAST MOVIE spannt sich dieser Bogen, von Bogdanovichs THE LAST PICTURE SHOW zu Robert Bentons BAD COMPANY und von Terrence Malicks DAYS OF HEAVEN zu Jerry Schatzbergs SCARECROW. Selbst ein so heiterer Film wie George Lucas' AMERICAN GRAFFITI verbreitet bei aller Partylaune das traurige Gefühl, einen Teil der Jugend bereits verpaßt zu haben.

In Hal Ashbys filmischem Werk sind Parties bittere Schlüsselszenen der Entfremdung: Mit dem kontaktsuchenden Vermieter in THE LANDLORD, dem alkoholfreien Casanova Warren Beatty in SHAMPOO und dem behinderten Kriegsveteranen Jon Voight in COMING HOME erleben wir den kollektiven Exzeß als Moment der Ausgrenzung. In diesen meisterhaft montierten Ensembleszenen zeichnet Ashby ein Bild der Partyszene als geschlossene Verdrängungsgesellschaft. Dabei tut es nichts zur Sache, ob es sich bei den Veranstaltern um die schwarze Unterschicht handelt (THE LANDLORD) oder um neureiche Weiße (SHAMPOO).

Hal Ashbys heute bekanntester Film ist HAROLD AND MAUDE: Die Liebesgeschichte zwischen einem todessehnsüchtigen Teenager und einer 80jährigen KZ-Überlebenden gehörte zur Fülle an „Abwegigem", das plötzlich von Debütautoren an Hollywood-Studios herangetragen wurde – und das in der Folge des Überraschungshits EASY RIDER auf Interesse stieß.

Die Filme, die Ashby in den siebziger Jahren drehte, erzählen individuelle Befreiungsgeschichten junger Männer aus meist großbürgerlichem Elternhaus; am Ende ist es in der Regel die selbst vollzogene Abnabelung von überdimensionierten Mutterfiguren, die ihnen den Weg in die Selbstfindung weist. Da ist der von Beau Bridges verkörperte junge Hausbesitzer Edgar in THE LANDLORD, der durch den Erwerb eines Mietshauses im Schwarzenviertel die reaktionären Werte, mit denen er aufwuchs, vorrangig aus Langeweile über den Haufen wirft; da ist der junge Häftling Larry, der in THE LAST DETAIL die Zuneigung zweier Marineinfanteristen erfährt. Oder der bis zur Selbstaufgabe ins andere Geschlecht verliebte Friseur George, dem Ashby am Ende von SHAMPOO einen Augenblick der Selbstvergewisserung schenkt. COMING HOME behandelt schließlich den umgekehrten Weg, die Rückeroberung der eigenen Sexualität bei einem an den

Rollstuhl gefesselten Kriegsteilnehmer, der die Liebe einer Offiziersgattin weckt.

In der epischen Musikerbiografie BOUND FOR GLORY projiziert Ashby das Charakterbild des Aufklärers mit reinem Herzen schließlich auf die historische Figur des Sängers und Songschreibers Woody Guthrie. Es ist schwer, diese männlichen Ausbruchs- und Erfolgsgeschichten von Ashbys eigener Biografie zu trennen, der mit dreizehn den Selbstmord des Vaters entdeckte und sich wenig später allein durchs Leben schlug.

Wenige Regisseure des „New Hollywood" haben bei Kritik und Publikum seinerzeit soviel Zuspruch gefunden wie Ashby. Sein Ruhm aber verblaßte bereits zu Lebzeiten, und heute, anderthalb Jahrzehnte nach seinem Tod, ist er fast ein Unbekannter.

Die Wiederbegegnung zeigt uns ein zwar inhaltlich und in seiner politischen Haltung ungewöhnlich homogenes, formal aber höchst divergierendes Werk. THE LANDLORD, sein vielleicht bester Film, bewegt sich als Gesellschaftssatire schlafwandlerisch auf dem mittlerweile eng verminten Terrain afroamerikanischer Repräsentationen im Hollywood-Kino. Die haltlos naive Perspektive des liberalen Bürgersöhnchens ist für Ashby eine willkommene Entschuldigung, Fragen über gesellschaftliche Tabus zu stellen, die sonst nur im historischen Rahmen erlaubt sind. Den wählte Ashby wiederum unnötigerweise bei SHAMPOO, um in der Rückdatierung auf die Zeit der Nixon-Wahl 1968 seine Gesellschaftskritik von sicherem Boden abzufeuern. Auch COMING HOME befremdet in dieser Hinsicht durch die verspätete, dabei geradezu pathetisch vorgebrachte Vietnamkriegskritik. Die formale Kunstfertigkeit im Schnitt kollidiert dabei mit einer plumpen und vereinheitlichenden Vertonung mittels allzu bekannter Rockklassiker, ein Problem, das Ashbys Filme generell vielfach anbiedernd und unnötig beschwert erscheinen läßt.

Als leichten Erzähler mit einem Gefühl für die Launen des Augenblicks erlebt man ihn hingegen in HAROLD AND MAUDE und BOUND FOR GLORY, zwei Filmen, die die einzigartige Freiheit der Epoche sichtlich genießen, in der sie entstehen konnten. Denn so kritisch Ashby auch mit Blumenkindern und ihren bürgerlichen Mitläufern verfuhr, so wenig paßte er in das gierige Jahrzehnt, das den Siebzigern folgte. Peter Bart erzählt in seinem Buch „Fade Out" von einer späten Begegnung mit Ashby in einer Studiokantine der achtziger Jahre, als nurmehr Börsenkurse die Gespräche bestimmten. Ob er sich vorstellen könne, auch in dieser Atmosphäre HAROLD AND MAUDE zu drehen, wollte Bart wissen. Ashby schüttelte den Kopf. „Maude hätte sich umgesehen und gesagt: ‚Schlechtes Karma, Mann, wirklich schlechtes Karma.'"

Daniel Kothenschulte

Filme als Regisseur (auch TV-Auswahl)

THE LANDLORD, 1970; HAROLD AND MAUDE, 1971 [▮ Robert Evans]; THE LAST DETAIL, 1973 [▮ Jack Nicholson, ▮ Robert Towne]; SHAMPOO, 1975 [▮ Warren Beatty, ▮ Robert Towne]; BOUND FOR GLORY, 1976 [▮ Haskell Wexler]; COMING HOME, 1978 [▮ Haskell Wexler, ▮ Rudy Wurlitzer]; BEING THERE, 1980 (auch Cutter); SECOND HAND HEARTS, 1981 (auch Cutter), [▮ Haskell Wexler]; LET'S SPEND THE NIGHT TOGETHER (TV), 1982; LOOKIN' TO GET OUT, 1982 (auch Cutter) [▮ Haskell Wexler]; TIME IS ON OUR SIDE / ROCKS OFF (Dok.), 1982 (auch Cutter); THE SLUGGER'S WIFE, 1985; 8 MILLION WAYS TO DIE, 1986 [▮ Robert Towne]; JAKE'S JOURNEY (TV), 1988.

Filme als Cutter

THE BIG COUNTRY, Regie: William Wyler, 1958 (Cutter-Assistent); THE DIARY OF ANNE FRANK, Regie: George Stevens, 1959 (Cutter-Assistent); THE CHILDREN'S HOUR, Regie: William Wyler, 1961 (Cutter-Assistent); THE YOUNG DOCTORS, Regie: Phil Karlson, 1961 (Cutter-Assistent); THE BEST MAN, Regie: Franklin J. Schaffner, 1964 (Cutter-Assistent); THE GREATEST STORY EVER TOLD, Regie: George Stevens, 1965 (Cutter-Assistent); THE CINCINNATI KID, Regie: Norman Jewison, 1965 [▮ John Calley]; THE LOVED ONE, Regie: Tony Richardson, 1965 [▮ John Calley]; THE RUSSIANS ARE COMING, THE RUSSIANS ARE COMING, Regie: Norman Jewison, 1966; IN THE HEAT OF THE NIGHT, Regie: Norman Jewison, 1967 [▮ Haskell Wexler]; THE THOMAS CROWN AFFAIR, Regie: Norman Jewison, 1968 (auch Produzent) [▮ Haskell Wexler, ▮ Frederick Wiseman]; BEING THERE, Regie: Hal Ashby, 1980; SECOND HAND HEARTS, Regie: Hal Ashby, 1981 [▮ Haskell Wexler]; LOOKIN' TO GET OUT, Regie: Hal Ashby, 1982 [▮ Haskell Wexler]; TIME IS ON OUR SIDE / ROCKS OFF (Dok.), Regie: Hal Ashby, 1982.

Filme als (Ko-)Produzent

THE THOMAS CROWN AFFAIR, Regie: Norman Jewison, 1968 (auch Cutter) [▮ Haskell Wexler, ▮ Frederick Wiseman]; GAILY, GAILY, Regie: Norman Jewison, 1969.

Literatur (Auswahl)

Hal Ashby: Breaking Out of the Cutting Room. In: Action (Hollywood), Nr. 5, September/Oktober 1970, S. 7ff. – Robert David Crane, Christopher Fryer: Jack Nicholson. Face to Face. New York: M Evans and Company 1975 (darin: Hal Ashby, S. 110ff.). – A. Nolletti Jr.: Male Companionship Movies and the Great American Cool. In: Jump Cut (Chicago), Nr. 12–13, 1976, S. 35ff. – L. Salvato, D. Schaefer: Hal Ashby Interview. In: Millimeter (New York), Nr. 10, Oktober 1976, S. 36ff. – R. Appelbaum: Positive Thinking. Hal Ashby. In: Films and Filming (London), Nr. 10, Juli 1978, S. 10ff. – Hal Ashby: Dialogue on Film. In: American Film (Washington, D.C.), Nr. 7, Mai 1980, S. 53–60. – o.A.: Hal Ashby. In: Film Dope (Nottingham), Nr. 39, März 1988, S. 28. – Peter Buchka: Der Geist der siebziger Jahre. In: Süddeutsche Zeitung (München), 29.12.1988. – Hans-Dieter Seidel: Fluchtbewegungen ins Bizarre. In: Frankfurter Allgemeine Zeitung, 29.12.1988. – Helmut Schmitz: Wär's doch wahr. Zum Tod des Kinomanns Hal Ashby. In: Frankfurter Rundschau, 30.12.1988. – Hans Günther Pflaum: Hal Ashby 1929–27.12.1988. In: epd Film (Frankfurt/M.), Nr. 2, Februar 1989, S. 11.

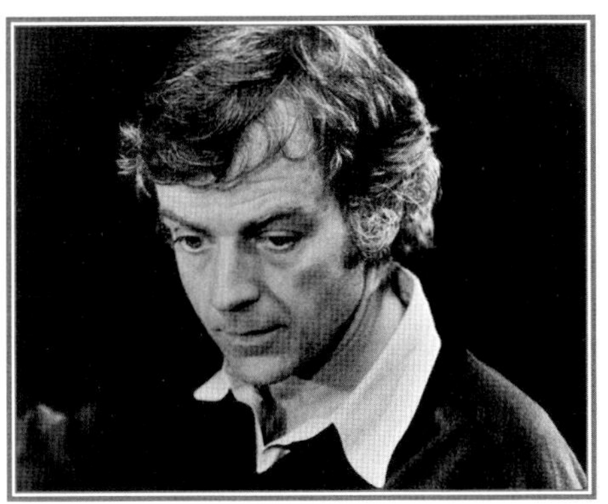

John G. Avildsen

John G. Avildsen, Regisseur, Cutter; geboren am 21. Dezember 1935 in Oak Park, Illinois.
Der Sohn eines Fabrikanten sammelt erste filmische Erfahrungen bei der Realisierung von Industrie- und Werbefilmen für IBM und Shell. Er jobbt bei Filmproduktionen und ist später in den unterschiedlichsten Funktionen beschäftigt – vom Produktionsleiter bis zum Regieassistenten. Bereits seine zweite selbständige Regiearbeit, JOE, mit Peter Boyle und Susan Sarandon in den Hauptrollen, erregt große Aufmerksamkeit.
Zu seinen größten kommerziellen Erfolgen werden ROCKY und KARATE KID, von denen Avildsen Fortsetzungen dreht. Für ROCKY wird John G. Avildsen 1977 mit einem Oscar ausgezeichnet.

Unter den Regisseuren des „New Hollywood"-Kinos ist John G. Avildsen so etwas wie der *invisible man,* im wörtlichen wie im übertragenen Sinne. Wir wissen, wie Coppola und Altman, Scorsese und Bogdanovich aussehen, aber Avildsen? Die drei (Interviews begleitenden) Fotos, die ich von ihm kenne, könnten durchaus verschiedene Personen darstellen. Und Avildsens Filme? Da müssen vermutlich auch Cinephile überlegen. Klar, von ROCKY hat jeder schon mal gehört, aber eher als Sylvester-Stallone-Film – was wiederum so falsch nicht ist, schließlich hat der Hauptdarsteller sich seinerzeit das Drehbuch auf den Leib geschrieben. Und von den zehn abendfüllenden Filmen, die Avildsen zwischen 1969 und 1976 inszeniert hat, dürfte die Hälfte selbst in den USA weitgehend unbekannt sein, gehören doch TURN ON TO LOVE, GUESS WHAT WE LEARNED IN SCHOOL TODAY?, SWEET DREAMS (später OKAY BILL), CRY UNCLE! und FORE PLAY zum Genre der Sexploitation-Filme, das als Ganzes immer noch ein „subject for further research" ist – und vermutlich nicht das uninteressanteste: CRY UNCLE! jedenfalls (mit dem wunderbaren Allen Garfield in der Hauptrolle eines Privatdetektivs) ist ein schöner kleiner Film und zeigt (ähnlich wie viele der Frühwerke, die Jonathan Demme oder Joe Dante zur selben Zeit für Roger Cormans New World Pictures drehten), was man trotz aller Beschränkungen mit Phantasie und Erfindungsgabe machen kann. Während man FORE PLAY schon für seine Ausgangsidee lieben muß: Die Tochter des amtierenden Präsidenten (Richard Nixon seinerzeit) wird gekidnappt und soll nur freigelassen werden, wenn ihre Eltern im Fernsehen Sex miteinander hätten.

Bleiben also JOE (in Deutschland vor langer, langer Zeit auf Video erschienen, aber nie im Fernsehen gezeigt und im „Lexikon des internationalen Films" mit einer irreführenden Inhaltsangabe präsent), THE STOOLIE (1979 von der ARD als deutsche Erstaufführung gesendet, aber nie wiederholt), SAVE THE TIGER (in Deutschland nicht herausgebracht von dem Hollywood-Major, der ihn finanzierte, sondern vom Verleih der Programmkinos), W. W. AND THE DIXIE DANCEKINGS und ROCKY.

Liest man Interviews mit Avildsen, so gewinnt man den Eindruck eines unprätentiösen Handwerkers. Avildsen war alles andere als ein *movie kid;* sein Wunsch, selber Filme zu machen, entstand erst, als er schon Mitte zwanzig war. Er lernte sein Handwerk als Assistent von Arthur Penn und Otto Preminger sowie bei zahlreichen Industriefilmen und war bei mehreren seiner Regiearbeiten zusätzlich als Kameramann und/oder Cutter tätig. Offen spricht er von den Fehlentscheidungen, die er – nach der Oscar-Auszeichnung als Bester Regisseur für ROCKY – traf, von Filmen wie THE FORMULA und KARATE KID III, von der Ablehnung der Filme KRAMER VS. KRAMER und THE CHINA SYNDROME, aber auch davon, daß die Produzenten von SERPICO und SATURDAY NIGHT FEVER ihn während der Vorbereitungsphase feuerten. Avildsen nach ROCKY, nach „New Hollywood", das ist einerseits die schwarze Komödie NEIGHBORS mit einem exzellenten John Belushi, gegen seinen Typ als biederer Ehemann besetzt, andererseits COYOTE MOON (auch DESERT HEAT, auch INFERNO), ein erneuter Aufguß von Kurosawas YOJIMBO als Starvehikel für Jean-Claude Van Damme, in dem die ironischen Momente im Feuerzauber untergehen – und viele Filme dazwischen, die man längst vergessen hat.

Avildsens Stärken sind die Arbeit mit den Schauspielern und sein Gespür für *ordinary people,* Leute aus der Arbeiterklasse und dem unteren Mittelstand, die im Hollywood-Kino immer die Ausnahme waren, auch in den Filmen des „New Hollywood", deren Regisseure mit den jugendlichen Rebellen, den *loners* und *drifters,* alternative Identifikationsfiguren für das neue, verjüngte Publikum fanden. Avildsens Protagonisten dagegen sind ein Gießereiarbeiter (JOE), ein Polizeispitzel (THE STOOLIE), ein mittelständischer Textilfabrikant kurz vor der Pleite (SAVE THE TIGER) und ein Schuldeneintreiber (ROCKY) – und bis auf den letztgenannten sind sie alle signifikant älter als die jugendlichen Kinogänger. JOE geht noch einen Schritt weiter, weil er dem Zuschauer die Identifikation so schwer macht mit seinem Protagonisten: Joe (Peter Boyle) wird mit einer mehrminütigen Haßtirade gegen Farbige, Sozialarbeiter, Langhaarige, Liberale und Schwule eingeführt. Später erliegt aber auch er der Faszination des Hippiemilieus und zeigt das mit seiner Botschaft des „Free yourself!" Welcher andere amerikanische Film jener Zeit hat den Graben, der die Nation damals spaltete, so gezeigt – als Rachegeschichte ohne jegliche „Ein Mann sieht rot"-Rechtfertigung (wenn auch mit von der Produktionsfirma aufgezwungener Sexploitation) –, daß das Ansehen des Films noch heute eine ungemütliche, verstörende Angelegenheit ist?

„My pictures are about people who have dreams. Because I'm prone to fairy tales, but they don't always have happy endings, because it *is* the big city. It isn't never-never land, and these are the things that happen in big cities – there's dancing in the midst of suffering and pain, and there's tragedy in the midst of laughter and joy", hat Avildsen 1978 in einem Interview erklärt.

Harry (Jack Lemmon, der dafür einen Oscar bekam) in SAVE THE TIGER träumt von der verlorenen (aber eigentlich nie real gewesenen) Unschuld der vierziger Jahre mit Swingmusik und Baseball, der Spitzel Roger (Jackie Mason) in THE STOOLIE haut mit dem Geld seines Polizeikontaktes aus New York ab und glaubt, in Miami seinen amerikanischen Traum verwirklichen zu können (doch bevor er mit seinem Geld prahlen kann, sind seine Annäherungsversuche beim anderen Geschlecht schon an seinem Äußeren gescheitert), der Fabrikarbeiter Joe hat eigentlich keine Träume mehr, höchstens die von einem Amerika ohne Langhaarige, Schwule und Farbige. Und der Boxer Rocky steht zwar gegen seinen hochfavorisierten Gegner fünfzehn Runden im Ring durch, aber am Ende ist er doch der Verlierer.

Dabei ist ROCKY, der mit drei Oscars ausgezeichnet wurde – Bester Film, Beste Regie, Bester Schnitt – und der 1977 nach STAR WARS der größte Kassenerfolg in den USA war, ein höchst ambivalentes Werk. Sein Held ist ein *underdog*, der Film endet mit seiner Niederlage im Ring. Gleichzeitig enthält der Film jedoch auch Momente einer Erfolgsgeschichte – in der sich seine eigene Produktions- und Wirkungsgeschichte widerspiegelt: ROCKY mußte für ein Budget von weniger als einer Million Dollar innerhalb von 28 Tagen gedreht werden, weil Stallone es sich nicht nehmen lassen wollte, selbst die Hauptrolle zu verkörpern (das Studio dachte eher an Ryan O'Neal). Stallone wurde damit zum Superstar und drehte ROCKY II bis IV in eigener Regie (holte aber für ROCKY V Avildsen zurück). Das Gespür für Schauplätze (etwa bei den langen Gängen Rockys durch die Straßen Philadelphias), der Verzicht auf Musik in vielen Szenen (etwa beim ersten Kuß zwischen Rocky und Adrian) sind schönster *low-key*-Avildsen – wenn Rocky dagegen am Ende seines Lauftrainings Treppenstufen hinauftänzelt, die Arme hochreißt und die Kamera ihn nach einer delirierenden Umkreisung hoch über der Stadt zeigt, für einen Moment noch durch Zeitlupe unterstrichen, während die Musik von Bill Conti (nach der Avildsen den Film teilweise geschnitten hat) das triumphierende Titelthema anklingen läßt, dann ist darin auch eine Erfolgsgeschichte formuliert.

Frank Arnold

Filme als Regisseur (auch TV-Auswahl)

TURN ON TO LOVE, 1969 (auch Kamera, Cutter); GUESS WHAT WE LEARNED IN SCHOOL TODAY?, 1970 (auch Cutter); JOE, 1970 (auch Kamera); CRY UNCLE!, 1971 (auch Autor, Kamera, Cutter); SWEET DREAMS / OKAY BILL, 1971 (auch Autor, Kamera); THE STOOLIE, 1972/74 (auch Produzent, Kamera); SAVE THE TIGER, 1973; FORE PLAY (Episode: INAUGURAL BALL), 1975; W.W. AND THE DIXIE DANCEKINGS, 1975; ROCKY, 1976; SLOW DANCING IN THE BIG CITY, 1978 (auch Produzent, Cutter); THE FORMULA, 1980; MURDER INC. (TV), 1980; NEIGHBORS, 1981/82; TRAVELLING HOPEFULLY (Dok.), 1982; A NIGHT IN HEAVEN, 1983; THE KARATE KID, 1984 (auch Cutter); THE KARATE KID II, 1986 (auch Cutter); HAPPY NEW YEAR, 1987; FOR KEEPS, 1988 (auch Cutter); LEAN ON ME, 1989 (auch Produzent, Cutter); THE KARATE KID III, 1989 (auch Cutter); ROCKY V, 1990 (auch Cutter); THE POWER OF ONE, 1992 (auch Cutter); EIGHT SECONDS, 1994; A FINE AND PRIVATE PLACE, 1998; COYOTE MOON / DESERT HEAT / INFERNO, 1999 (als Danny Mulroon).

Filme als (Ko-)Autor

CRY UNCLE!, Regie: John G. Avildsen, 1971 (auch Kamera, Cutter); SWEET DREAMS / OKAY BILL, Regie: John G. Avildsen, 1971 (auch Kamera).

Filme als Kameramann

OUT OF IT, Regie: Paul Williams, 1969; TURN ON TO LOVE, Regie: John G. Avildsen, 1969 (auch Cutter); JOE, Regie: John G. Avildsen, 1970; CRY UNCLE!, Regie: John G. Avildsen, 1971 (auch Autor, Cutter); SWEET DREAMS / OKAY BILL, Regie: John G. Avildsen, 1971 (auch Autor); THE STOOLIE, Regie: John G. Avildsen, 1972/74 (auch Produzent).

Filme als Cutter

TURN ON TO LOVE, Regie: John G. Avildsen, 1969 (auch Kamera); GUESS WHAT WE LEARNED IN SCHOOL TODAY?, Regie: John G. Avildsen, 1970; CRY UNCLE!, Regie: John G. Avildsen, 1971 (auch Autor, Kamera); SLOW DANCING IN THE BIG CITY, Regie: John G. Avildsen, 1978 (auch Produzent); THE KARATE KID, Regie: John G. Avildsen, 1984; THE KARATE KID II, Regie: John G. Avildsen, 1986; FOR KEEPS, Regie: John G. Avildsen, 1988; LEAN ON ME, Regie: John G. Avildsen, 1989 (auch Produzent); THE KARATE KID III, Regie: John G. Avildsen, 1989; ROCKY V, Regie: John G. Avildsen, 1990; THE POWER OF ONE, Regie: John G. Avildsen, 1992.

Filme als (Ko-)Produzent

MICKEY ONE, Regie: Arthur Penn, 1965; THE STOOLIE, Regie: John G. Avildsen, 1972/74 (auch Kamera); SLOW DANCING IN THE BIG CITY, Regie: John G. Avildsen, 1978 (auch Cutter); LEAN ON ME, Regie: John G. Avildsen, 1989 (auch Cutter).

Film als Darsteller (Auftritt)

GREENWICH VILLAGE STORY, Regie: Jack O'Connell, 1963.

Literatur (Auswahl)

J. Culhane: Avildsen and the Big City. In: American Film (Washington, D.C.), Nr. 1, Oktober 1978, S. 18–23. – John Andrew Gallagher: Film Directors on Directing. New York/Westport/London: Greenwood 1989 (darin: Interview, S. 1–20.). – Robert J. Emery: The Directors – Take Two. New York: TV Books 2000, S.115–143.

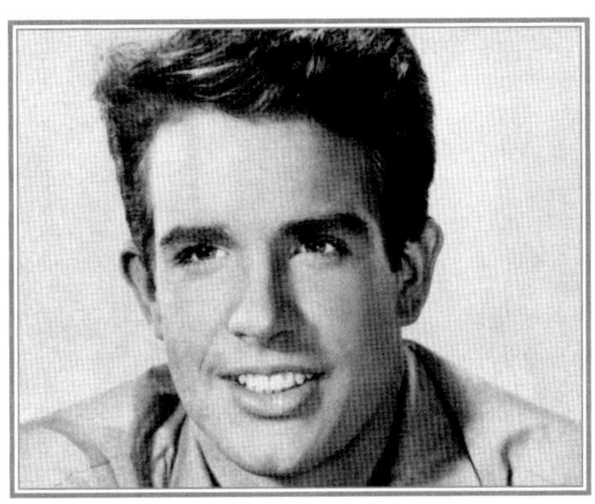

Warren Beatty

Warren Beatty,
Darsteller, Produzent, Autor, Regisseur; geboren am 30. März 1937 in Richmond, Virginia.
Als Kind tritt Warren Beatty zusammen mit seiner älteren Schwester Shirley MacLaine in der Amateurtheatergruppe der Mutter auf. Später bricht er sein Studium an der Northwestern University in Evanston, Illinois, ab, um bei Stella Adler Schauspielunterricht zu nehmen. Nach Fernsehrollen gelingt ihm in Elia Kazans SPLENDOR IN THE GRASS der Durchbruch. Zu seinem ersten großen Erfolg als Schauspieler wird Arthur Penns BONNIE AND CLYDE. Es folgen Hauptrollen in zahlreichen Schlüsselfilmen des „New Hollywood". HEAVEN CAN WAIT ist 1978 das Debüt des Filmregisseurs

FRAUEN WAREN SEIN HOBBY hieß bei uns Blake Edwards' Remake von François Truffauts DER MANN, DER DIE FRAUEN LIEBTE, und irgendwo zwischen diesen beiden Titeln mag sich Warren Beatty wiederfinden. Sein Ruf als Herzensbrecher ist so legendär, daß zu keiner Zeit hinter vorgehaltener Hand über seine Erfolge gesprochen werden mußte, sondern Beatty dieser Nimbus wie selbstverständlich umgibt, wo immer er öffentlich auftritt. Man würde gerne glauben, sein Eroberungsdrang sei im Bett ausgelebtes amerikanisches Erbe, eine Art Schmetterlingsfängerei, bei der die schillerndsten Exemplare hinter Glas auf Nadeln gesteckt werden, um sich in ihrem Glanz zu sonnen. Aber das hieße, die Frauen zu unterschätzen, die merken, wenn einer sich ihnen nicht um ihrer selbst Willen nähert – oder ihnen nicht wenigstens die Illusion ermöglicht, es gehe ausschließlich um sie. Und sei es nur, um sich in seiner Eitelkeit zu spiegeln. Keiner versteht das besser als er selbst, weil ein Mann, der die Frauen liebt, nie allein von seiner Virilität lebt, sondern von der Einsicht in seine femininen Seiten. Er muß auf eine Weise wissen, was Frauen wollen, wie das sonst nur Friseure tun – schon deshalb war Warren Beatty in Hal Ashbys SHAMPOO die Idealbesetzung. Viele Stars lieben Frauen – und vor allem ihre Macht über sie –, aber Beatty hat daraus eine Kunst gemacht. Das war seiner Karriere auf eine Weise förderlich, daß er deutlich weniger brillante und weniger erfolgreiche Filme als andere brauchte, um unsterblich zu werden. Man müßte sagen, daß seine Karriere weit hinter ihren Versprechungen zurückgeblieben ist, wenn sie denn nach den ersten Rollen mehr versprochen hätte als einen gutaussehenden jungen Mann, der immer etwas angestrengt wirkte.

Es gibt eine Szene in Alek Keshishians Dokumentarfilm MADONNA: TRUTH OR DARE, aus der Zeit, als Beatty und Madonna im Gefolge von DICK TRACY ein Paar waren, da sitzt der über fünfzigjährige Beatty in ihrer Garderobe, und was man sieht, ist nicht nur die Langeweile, die es wohl bedeutet, ein Star zu sein, sondern vor allem einen Mann, der sich zu fragen scheint, warum er sich das alles unentwegt antut: was es für ihn dabei noch zu gewinnen gibt, sich in einer Welt zu tummeln, die er nicht versteht, nur um eine Affäre mit der Welt größtem weiblichen Star vorweisen zu können, als wolle er auch der nächsten Generation beweisen, daß der alte Zauber noch wirkt. Er sitzt da, seinen Kopf in die Hände gestützt, sie zieht ihn ein wenig auf, er reagiert so langsam wie ein gealterter Matador, dem die Puste ausgegangen ist, und man wundert sich kein bißchen, daß er bald darauf seßhaft geworden ist, Annette Bening geheiratet hat und Vater wurde. Die alten Reflexe funktionieren noch, aber es fehlt ihm die Kondition, die Rolle des Lovers bis zum Ende durchzuhalten.

Von dort kann man zurückblenden zu Arthur Penns BONNIE AND CLYDE, als er selbst der heißeste Star der

Welt war und zudem – wie Madonna auch – Lenker des eigenen Geschicks. Denn er war nicht nur der hübsche Star eines Pop-Phänomens, der es nach Anlaufschwierigkeiten bis auf das Cover des „Time Magazine" geschafft hatte, sondern eben auch noch der Produzent und Motor dieses Erfolgs. Er hatte 1966 eine Option auf das Buch erworben, wollte dann erst ▮ Bob Dylan in der Hauptrolle besetzen, ehe ihn seine damalige Lebensgefährtin Leslie Caron überzeugte, er müsse Clyde Barrow selbst spielen. Beatty bedankte sich für den Tip, indem er die Rolle der Bonnie Parker erst Natalie Wood, Tuesday Weld und seiner Schwester Shirley MacLaine anbot, ehe sie an Faye Dunaway ging. Warner Bros. haben den Film dann in Autokinos in Texas verwurstet, bis Beatty nach einer enthusiastischen Kritik von Pauline Kael alles dransetzte, das Studio zu einem Neustart zu bewegen: Der Film spielte das Zehnfache seiner Produktionskosten ein und machte den am Einspiel beteiligten Beatty zum reichen Mann. Als übrigens Pauline Kael, die immer in ihn vernarrt gewesen sein soll, ihn anläßlich von HEAVEN CAN WAIT erstmals kritisierte, holte er die Doyenne der New Yorker Filmkritik kurzerhand nach Hollywood und unterbreitete ihr ein Angebot, das sie nicht ablehnen konnte: Fortan sollte sie für ihn bei Paramount Stoffe entwickeln. So unbestechlich konnte sie gar nicht sein, daß ihr dies nicht geschmeichelt hätte. Sie akzeptierte, hatte aber keinen rechten Erfolg, zumal sich Beatty um sein eigenes Projekt REDS kümmern mußte, und kehrte nach gut einem Jahr wieder zum „New Yorker" zurück. Es gibt Leute, die behaupten, daß sie danach nie wieder dieselbe gewesen sei.

So kann man es zumindest bei David Thomson nachlesen, der eine Beatty-Biografie geschrieben hat, obwohl sein Sujet es vorgezogen hat zu schweigen. Gerade das macht aus „Desert Eyes" eines der packendsten Filmbücher überhaupt, weil es sich dem Gegenstand durch Imagination zu nähern versucht. Beatty ist das leere Zentrum des Buches, eine Figur wie „Citizen Kane", gefangen im gläsernen Käfig des eigenen Ruhms, klug genug, um daran nicht zugrunde zu gehen, aber auch zu eitel, um sich daraus befreien zu können. Man könne sich, schreibt Thomson, ▮ Jack Nicholson jederzeit in privater Umgebung vorstellen, wie er sich am Bauch kratzt, auf dem Sofa lümmelt – bei Beatty hingegen sehe man nur eine Figur im Schatten, die sich zu jedem Zeitpunkt all unserer unsichtbaren Blicke bewußt ist. Diese Paranoia fand dann in ▮ Alan J. Pakulas THE PARALLAX VIEW ihre perfekte filmische Entsprechung.

Warren Beatty ist eine so rätselhafte Erscheinung wie kaum ein anderer Star – und auf der Leinwand doch ohne Geheimnisse. Seine Aufmerksamkeit genügt, um den Blick zu fesseln, seine physische Präsenz ist einnehmend genug. Dabei wirken seine Augen stets so, als würde er sie unter einer unsichtbaren Sonne zusammenkneifen. Womöglich ist das ja sein Geheimnis: Die Frauen glauben, es sei ihre Schönheit, die ihn blendet.

Michael Althen

Filme als Regisseur

HEAVEN CAN WAIT, Ko-Regie: Buck Henry, 1978 (auch Autor, Produzent, Darsteller) [▮ Elaine May, ▮ Robert Towne]; REDS, 1981 (auch Autor, Produzent, Darsteller) [▮ Elaine May, ▮ Jack Nicholson]; DICK TRACY, 1990 (auch Produzent, Darsteller); BULWORTH, 1998 (auch Autor, Produzent, Darsteller).

Filme als (Ko-)Autor

BONNIE AND CLYDE, Regie: Arthur Penn, 1967 (auch Produzent, Darsteller) [▮ Robert Benton, ▮ Robert Towne]; SHAMPOO, Regie: ▮ Hal Ashby, 1975 (auch Produzent, Darsteller) [▮ Robert Towne]; HEAVEN CAN WAIT, Regie: Warren Beatty, Buck Henry, 1978 (auch Produzent, Darsteller) [▮ Elaine May, ▮ Robert Towne]; REDS, Regie: Warren Beatty, 1981 (auch Produzent, Darsteller) [▮ Elaine May, ▮ Jack Nicholson]; ISHTAR, Regie: ▮ Elaine May, 1987 (auch Produzent, Darsteller); LOVE AFFAIR, Regie: Glenn Gordon Caron, 1994 (auch Produzent, Darsteller); BULWORTH, Regie: Warren Beatty, 1998 (auch Produzent, Darsteller); DOWN TO EARTH (Remake von HEAVEN CAN WAIT), Regie: Chris Weitz, Paul Weitz, 2001 [▮ Elaine May].

Filme als (Ko-)Produzent

BONNIE AND CLYDE, Regie: Arthur Penn, 1967 (auch Autor, Darsteller) [▮ Robert Benton, ▮ Robert Towne]; SHAMPOO, Regie: ▮ Hal Ashby, 1975 (auch Autor, Darsteller) [▮ Robert Towne]; HEAVEN CAN WAIT, Regie: Warren Beatty, Buck Henry, 1978 (auch Autor, Darsteller) [▮ Elaine May, ▮ Robert Towne]; REDS, Regie: Warren Beatty, 1981 (auch Autor, Darsteller) [▮ Elaine May, ▮ Jack Nicholson]; ISHTAR, Regie: ▮ Elaine May, 1987 (auch Autor, Darsteller); DICK TRACY, Regie: Warren Beatty, 1990 (auch Darsteller); BUGSY, Regie: Barry Levinson, 1991 (auch Darsteller); LOVE AFFAIR, Regie: Glenn Gordon Caron, 1994 (auch Autor, Darsteller); BULWORTH, Regie: Warren Beatty, 1998 (auch Autor, Darsteller).

Filme als Darsteller (auch Auftritte, TV-Auswahl)

THE MANY LOVES OF DOBIE GILLIS (TV), 1959–60; SPLENDOR IN THE GRASS, Regie: Elia Kazan, 1961 [▮ Barbara Loden]; THE ROMAN SPRING OF MRS. STONE, Regie: José Quintero, 1961; ALL FALL DOWN, Regie: John Frankenheimer, 1962; LILITH, Regie: Robert

Warren Beatty, er schreibt gemeinsam mit ▮ Elaine May das Drehbuch, produziert den Film und übernimmt die Hauptrolle. Für REDS, an dessen Realisation er auch als Produzent, Regisseur, Ko-Autor und Schauspieler beteiligt ist, erhält er den Regie-Oscar. Im Jahr 2000 wird Warren Beatty mit dem Irving G. Thalberg Memorial Award geehrt.

Rossen, 1964 [▮ Peter Fonda]; MICKEY ONE, Regie: Arthur Penn, 1965; PROMISE HER ANYTHING, Regie: Arthur Hiller, 1965; KALEIDOSCOPE, Regie: Jack Smight, 1966; BONNIE AND CLYDE, Regie: Arthur Penn, 1967 (auch Autor, Produzent) [▮ Robert Benton, ▮ Robert Towne]; THE ONLY GAME IN TOWN, Regie: George Stevens, 1970; MCCABE AND MRS. MILLER, Regie: ▮ Robert Altman, 1970; $ (DOLLARS), Regie: Richard Brooks, 1971; YEAR OF THE WOMAN (Dok.), Regie: Sandra Hochman, 1973; THE PARALLAX VIEW, Regie: ▮ Alan J. Pakula, 1974 [▮ Robert Towne]; SHAMPOO, Regie: ▮ Hal Ashby, 1975 (auch Autor, Produzent) [▮ Robert Towne]; THE FORTUNE, Regie: Mike Nichols, 1975 [▮ Carole Eastman, ▮ Jack Nicholson]; HEAVEN CAN WAIT, Regie: Warren Beatty, Buck Henry, 1978 (auch Autor, Produzent) [▮ Elaine May, ▮ Robert Towne]; REDS, Regie: Warren Beatty, 1981 (auch Autor, Produzent) [▮ Elaine May, ▮ Jack Nicholson]; GEORGE STEVENS. A FILMMAKER'S JOURNEY, Regie: George Stevens, Jr., 1985 [▮ Alan J. Pakula]; ISHTAR, Regie: ▮ Elaine May, 1987 (auch Autor, Produzent); DICK TRACY, Regie: Warren Beatty, 1990 (auch Produzent); BUGSY, Regie: Barry Levinson, 1991; MADONNA: TRUTH OR DARE, Regie: Alek Keshishian, 1991; LOVE AFFAIR, Regie: Glenn Gordon Caron, 1994 (auch Autor, Produzent); BULWORTH, Regie: Warren Beatty, 1998 (auch Produzent); TOWN & COUNTRY, Regie: Peter Chelsom, 2001.

Literatur (Auswahl)

Michael Wilmington: Warren Beatty. The Sweet Smell of Success. In: Velvet Light Trap (Austin), Nr. 7, Winter 1973. – Jim Burke: Warren Beatty. New York: Belmont 1976. – Lawrence J. Quirk: The Films of Warren Beatty. Secaucus: Citadel 1979. – Suzanne Munshower: Warren Beatty. London: Allen 1983. – John Kercher: Warren Beatty. London: Proteus 1984. – David Thomson: Warren Beatty and Desert Eyes. Garden City, N. Y./London: Doubleday / Secker & Warburg 1987. – Ron Brownstein: Das Phantom der Macht. In: Zeitmagazin (Hamburg), Nr. 39, 21. 9. 1990. – Gavin Smith: A Question of Control (Interview). In: Film Comment (New York), Nr. 1, Januar/Februar 1992, S. 28–37. – John Parker: Warren Beatty: The Last Great Lover of Hollywood. New York / London: Carroll & Graf/Headline 1993. – Gerhard Midding: Ein Todgeweihter erlebt seine Wiedergeburt. In: Filmbulletin (Winterthur), Nr. 222, Juni 1999, S. 37 f. – Bernd Dörries: Der Mann, der niemals lügt. In: Die Tageszeitung (Berlin), 31. 8. 1999. – Georg Seeßlen: Hollywoods schönster Sozialist. In: Die Tageszeitung (Berlin), 25. 3. 2000.

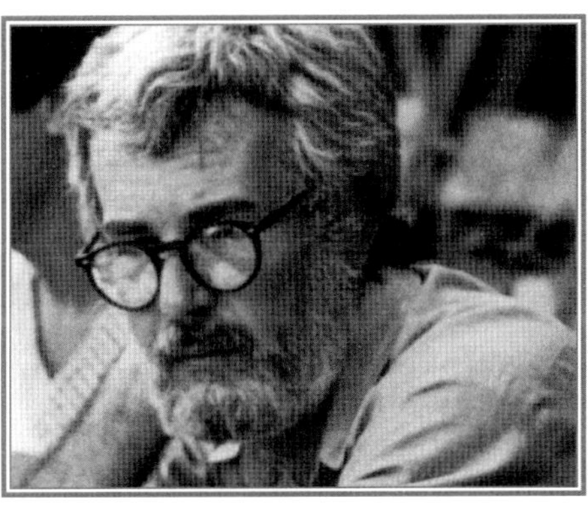

Robert Benton

Robert Benton,
Autor, Regisseur, Produzent;
geboren am 29. September 1932
in Waxahachie, Texas.
Er studiert an der University of Texas und an der New Yorker Columbia University, bevor er beim Magazin „Esquire“ als Art Director arbeitet. Ende der fünfziger, Anfang der sechziger Jahre veröffentlicht er mehrere Bücher, darunter 1960 das Kinderbuch „Little Brother, No More“, das

Nach dem Start von BONNIE AND CLYDE erhielten die beiden Drehbuchautoren ein Telegramm von Jean-Luc Godard: „So, nun drehen wir unsere Version!“ Die Entstehungsgeschichte des Films lädt ein zu einem Lieblingsspiel der Anhänger der Autorentheorie: Wie würde er aussehen, wenn Godard tatsächlich die Regie übernommen und ihn in drei Wochen, notfalls auch in Tokio, gedreht hätte? Und wie hätte erst François Truffauts Version aussehen können, der mancherlei Inspiration lieferte und die erste Anlaufstelle von Robert Benton und David Newman gewesen war?

Diese legendäre Genesis verführt zu einer noch gewagteren Spekulation: Hätte sich das „New Hollywood“ anders entwickelt, wenn nicht Arthur Penn BONNIE AND CLYDE inszeniert hätte? Im Kern wäre der Erzählimpuls der beiden Szenaristen wohl unangetastet geblieben: dem jungen Kino einen zeitgenössischen Blick auf die Genres zu erobern, die im Hollywood der dreißiger bis fünfziger Jahre ausformuliert worden waren. Ihr Drehbuch geht unmittelbar auf die vielfältigen cinephilen Bildungsabenteuer zurück, die sie im New York der frühen Sechziger erlebten. In den von ▮ Peter Bogdanovich organisierten Retrospektiven des Museum of Modern Art entdeckten sie das Werk von Hitchcock und Hawks; aufmerksam verfolgten sie, wie Andrew Sarris in seinen Essays die französische *politique des auteurs* für Amerika adaptierte; auf dem New York Film Festival wurden sie konfrontiert mit der cineastischen Assoziationsfreiheit der Nouvelle Vague, der in Filmen wie TIREZ SUR LE PIANISTE (1960) und JULES ET JIM (1961) die Verschmelzung disparater Erzählstile gelang. Dieser transatlantischen Prägung sollte Benton lange die Treue halten – das Drehbuch zu KRAMER VS. KRAMER hat er ursprünglich für Truffaut geschrieben, dessen bewährten Kameramann Nestor Almendros er fortan beschäftigte und dem er mit dem Zitat von Vivaldis Mandolinenkonzert aus L'ENFANT SAUVAGE (1969) eine Hommage erwies.

Wenn sich Richard Corliss angesichts des ersten langen *travellings* in BAD COMPANY (das Benton in THE LATE SHOW noch einmal aufgreift, als Fahrt entlang einer Reihe von Urnengräbern) gleichermaßen an Godards WEEK END (1968) wie an Sam Fullers FORTY GUNS (1957) erinnert fühlt, steckt er damit dessen Bezugsrahmen zwar präzis ab. Es ging Benton jedoch weniger um die Aneignung eines europäischen Idioms als vielmehr eines fremden Blicks. Seine Sensibilität bleibt amerikanisch, was später der authentische lyrische Zug in PLACES IN THE HEART und NOBODY'S FOOL bestätigt, mit denen er sich ohne Herablassung dem amerikanischen Kleinstadtleben widmet.

Die Drehbücher, die er anfangs mit Newman schrieb, arbeiten an der Umwertung der Konventionen im US-Kino. In BONNIE AND CLYDE wollten sie all jene Szenen zeigen, die man in den klassischen Gangsterfilmen von Warner Bros. nie zu sehen bekam; die Liebesgeschichte hatten sie zunächst als bisexuelle *ménage à trois* angelegt. Ihr Erzählprinzip ist die Abweichung. In dem Spätwestern THERE WAS A CROOKED MAN gibt es ein älteres Homosexuellenpaar, ihr Drehbuch zu WHAT'S UP, DOC? nahm gegenüber der Vorlage, Hawks' BRINGING UP BABY (1938), einen Tausch der Geschlechterrollen vor, der diesem Regisseur gewiß gefallen hätte: Barbra Streisand sollte den Part einer weltfremden Musikwissenschaftlerin spielen, in deren Leben dann Ryan O'Neal als heilsamer Störenfried eingebrochen wäre. Das Westerngenre erschließen sie sich in BAD COMPANY als Bildungsroman, der bald die Form einer blutigen Pikareske annimmt. Die beklemmenden dramaturgischen Umschlagspunkte - die zunächst linkische Jagd auf ein Kaninchen, später die Erschießung des jüngsten Bandenmitglieds - sind noch ganz den Brüchen im Erzählton aus BONNIE AND CLYDE verpflichtet; das in Bürgerkriegsfilmen bislang unbekannte Motiv des Deserteurs hatte auf dem Höhepunkt des Vietnamkonflikts für das Publikum bestimmt seine ganz eigene Relevanz.

Bentons frühe Protagonisten haben zwar die Mythen der Populärkultur verinnerlicht - sie werden sich der eigenen Motive und Identität erst sicher, nachdem sie eine Waffe gezogen haben -, sind den meisten Situationen jedoch zunächst nicht gewachsen. Bis THE LATE SHOW spielt er mit diesem Motiv des Deplaziertseins, das später in TWILIGHT eine erheblich glamourösere Aura der Entrückung, des Anachronismus erfahren wird. Seine Haltung gegenüber den Erzählkonventionen ist ikonoklastisch, aber keineswegs respektlos. Dazu paßt, daß er sich als behutsames Regietemperament erwiesen hat, das eine beruhigte, gedämpfte Farbpalette bevorzugt (in BAD COMPANY, das ist ungewöhnlich für einen Western, gibt es kaum Blautöne, da Benton den Horizont meist im oberen Bildsegment ansiedelt und den Blick nie auf einen weiten Himmel öffnet) und deren Medium vor allem die Halbtotale ist, in der die Figuren verwurzelt, nicht aber verloren wirken. Daß er nach dem Erfolg von KRAMER VS. KRAMER einen Hang zum Prestigefilm voller wohltemperierter Konflikte und nobler Gefühle sowie zu ambitionierten Literaturadaptionen (nach E. L. Doctorow, Richard Russo und Philip Roth) entwickelte, mag man als Verrat auf allerdings hohem künstlerischen Niveau werten. Sollte dieser entschlossene Neuerer der Genrekonventionen längst eine Revision der eigenen Vorlieben vollzogen haben? Die Erzählhaltung seiner jüngsten Filme verrät indes die Gelassenheit eines Howard Hawks: Der Lerneifer des eigenwilligen Epigonen Robert Benton ist ungebrochen.

Gerhard Midding

Filme als Regisseur

BAD COMPANY, 1972 (auch Autor); THE LATE SHOW, 1977 (auch Autor) [▮ Robert Altman]; KRAMER VS. KRAMER, 1979 (auch Autor); STILL OF THE NIGHT, 1982 (auch Autor); PLACES IN THE HEART, 1984 (auch Autor); NADINE, 1987 (auch Autor); BILLY BATHGATE, 1991; NOBODY'S FOOL, 1994 (auch Autor); TWILIGHT, 1998 (auch Autor); THE HUMAN STAIN, 2003.

Filme als (Ko-)Autor

BONNIE AND CLYDE, Regie: Arthur Penn, 1967 [▮ Warren Beatty, ▮ Robert Towne]; THERE WAS A CROOKED MAN, Regie: Joseph L. Mankiewicz, 1970; BAD COMPANY, Regie: Robert Benton, 1972; OH! CALCUTTA!, Regie: Jacques Lévy, 1972; WHAT'S UP, DOC?, Regie: ▮ Peter Bogdanovich, 1972; THE LATE SHOW, Regie: Robert Benton, 1977 [▮ Robert Altman]; SUPERMAN, Regie: Richard Donner, 1978; KRAMER VS. KRAMER, Regie: Robert Benton, 1979; STILL OF THE NIGHT, Regie: Robert Benton, 1982; PLACES IN THE HEART, Regie: Robert Benton, 1984; NADINE, Regie: Robert Benton, 1987; NOBODY'S FOOL, Regie: Robert Benton, 1994; TWILIGHT, Regie: Robert Benton, 1998.

Film als Produzent

THE HOUSE ON CARROLL STREET, Regie: Peter Yates, 1988.

Auftritte in Filmen (auch TV-Auswahl)

A GREAT DAY IN HARLEM (Dok.), Regie: Jean Bach, 1984 (uncredited); HOMEWARD BOUND (TV-Dok.), 1994; MAGIC TIME FOR PIOTR (TV-Dok.), 1998.

Literatur (Auswahl)

Robert Benton, Harvey Schmidt: The In and Out Book. New York: Viking 1959. - Robert Benton: Little Brother,

die Malerin Sally Rendings illustriert. Die beiden heiraten vier Jahre später. Gemeinsam mit seinem Redakteurskollegen David Newman schreibt er 1964 ein „non book" unter dem Titel „Extremism", zwei Jahre später das Broadway-Musical „It's a Bird ... It's a Plane ... It's Superman ...", und 1967 folgt das Drehbuch zu BONNIE AND CLYDE. Der Erfolg bringt dem Autorengespann Benton/Newman seine nächsten Aufträge ein. BAD COMPANY, nach einem zusammen mit Newman geschriebenen Script, ist Bentons Regiedebüt. Sein dritter Film, KRAMER VS. KRAMER, wird mit fünf Oscars ausgezeichnet: Bester Film, Beste Regie, Bestes Drehbuch, Bester Schauspieler, Beste Nebendarstellerin. Auf den Internationalen Filmfestspielen Berlin 1985 wird PLACES IN THE HEART mit einem Silbernen Berliner Bären ausgezeichnet.

No More. New York: Knopf 1960. – Robert Benton, Harvey Schmidt: The Worry Book. New York: Viking 1962. – David Newman, Robert Benton: Extremism, a Non Book. New York: Viking 1964. – J. Childs: Closet Outlaws. In: Film Comment (New York), Nr. 2, März/April 1973, S. 17 ff. – Robert Benton: BAD COMPANY. In: Action (Hollywood), Nr. 2, März/April 1973, S. 20 ff. – Richard Corliss: Talking Pictures. Screenwriters in the American Cinema. Woodstock, New York: Overlook 1974 (darin: David Newman and Robert Benton, S. 371 ff.). – L. Gross: Robert Benton & David Newman: What Have They Been up to Since BONNIE AND CLYDE? A Lot (Interview). In: Millimeter (New York), Nr. 10, Oktober 1976, S. 12 ff. – R. Levine: Robert Benton and THE LATE SHOW. In: Film Comment (New York), Nr. 1, Januar/Februar 1977, S. 6 ff. – Bill Krohn: Scénarios des années Reagan. In: Cahiers du Cinéma (Paris), Nr. 367, Januar 1985, S. 20 ff. – Sheila Johnston: Past Master (Interview). In: Stills (London), Nr. 17, März 1985, S. 26 f. – Nestor Almendros, Nora Lee: Benton, Texas. NADINE. Creating a Memory. In: American Cinematographer (Hollywood), Nr. 9, September 1987, S. 52 ff. – Michael Althen: Irgendwann findet man die richtigen Worte (Interview). In: Süddeutsche Zeitung (München), 19. 2. 1992. – C. Keathley, Andrew Sarris: Robert Benton: New Places in the Heart. In: Film Comment (New York), Nr. 1. Januar/Februar 1995, S. 36 ff. – Priscilla Rattazzi: Georgica Pond. New York: Callaway 2000 (Fotobuch mit Essays von Robert Benton). – Matthew Bernstein: Perfecting the New Gangster: Writing BONNIE AND CLYDE. In: Film Quarterly (Berkeley), Nr. 4, 2000, S. 16 ff.

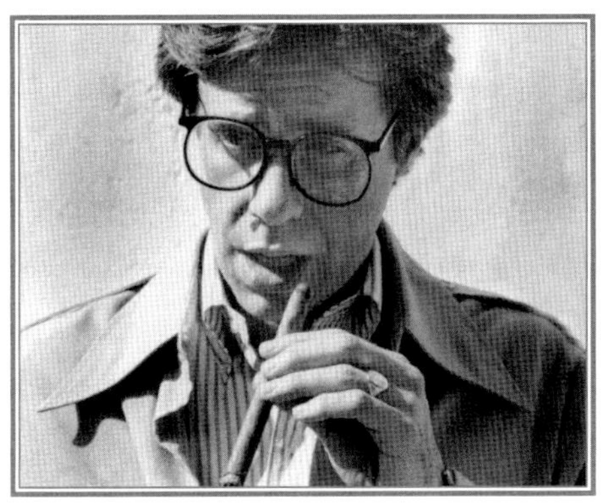

Peter Bogdanovich

Peter Bogdanovich,
Regisseur, Autor, Produzent, Darsteller; geboren am 30. Juli 1939 in Kingston, New York.
Peter Bogdanovich besucht in New York die exklusive Collegiate School und nimmt ab 1956 Schauspielunterricht bei Stella Adler. Er übernimmt gelegentlich Fernsehrollen, jobbt in Kinos und beginnt, Filmkritiken für „Film Culture", „Film Quarterly", „Movie", „Esquire" und „Vogue" zu schreiben. Aufsehen erregt sein erster, von Roger Corman unterstützter und gemeinsam mit Polly Platt geschriebener Film TARGETS mit Boris Karloff. Nach den künstlerisch und finanziell erfolgreichen Filmen THE LAST PICTURE SHOW, WHAT'S UP, DOC? und PAPER MOON markieren die folgenden Filme DAISY

Wie der Auftritt eines großen amerikanischen Regisseurs sich gestalten sollte, das hat er – wehmütig, sehnsüchtig und mit unverhohlenem Bezug auf die eigenen Träume – dargestellt in einer kleinen Schilderung eines Drehtags von John Fords Film CHEYENNE AUTUMN: „'He'll be comin' up over that rise any second now,' said Danny Borzage, looking anxiously up the road. A bearded, youthful old man playing an accordion, Borzage was dressed in the yellow and blue of a trooper in the U. S. Cavalry, 1878. The song was 'Greensleeves.' It was a little past 8:30 a. m. in Monument Valley, the sun warm, the wind dry and chilly. 'I always play for him when he comes on the set,' Borzage was saying. (...) 'Here he comes, Danny!' someone yelled, and just then, over the rise, came a white jeep station wagon. Borzage rose and walked quickly to the side of the road. As the car came nearer, he began to play 'Bringing in the Sheaves', letting the notes swell and fall dramatically. The car came to a slow stop about thirty feet from where Borzage was playing. A hush had fallen over the company. John Ford sat in the front seat, peering out his side window through thick glasses, the left eye covered with a black patch. (...) He chewed on a short, unlit cigar. (...) The prop man came over and handed him a cup of coffee. (...) The director sipped his coffee, quietly staring around the area. Borzage played 'She Wore a Yellow Ribbon'." Dieser Bericht wurde im April 1964 in der Zeitschrift „Esquire" veröffentlicht.

Eine Traurigkeit war schon ganz früh zu erkennen auf dem Gesicht von Bogdanovich, die nicht mal der Erfolg der allerersten Filme wegwischen konnte – THE LAST PICTURE SHOW und WHAT'S UP, DOC? und PAPER MOON –, eine Bitterkeit angesichts des Niedergangs des alten Hollywood. „Pieces of Time" hat er seine Sammlung mit Texten genannt, für das Magazin „Esquire" vornehmlich geschrieben, und gestückelt war auch sein Werk, zur Fragmentierung verdammt von Anfang an. Für TARGETS, seinen ersten Film, hat er von Roger Corman als Vorgabe zwei übriggebliebene Drehtage mit Boris Karloff gekriegt und eine Viertelstunde aus einer Schmonzette mit dem steinalten wackeligen Horrorstar, dazu den Rat: „Shoot it like Hitchcock." Bogdanovich hat Karloff einen steinalten wackeligen Horrorstar spielen lassen und den Frust über die Arbeitsbedingungen im jungen Hollywood in einer wilden Geschichte rausgelassen, die vom Texas Tower Killer Charles Whitman inspiriert war – der eines Tages seine Waffe packte, seine Frau und seine Mutter niederschoß, sich auf einen Turm verzog und die Fahrer auf dem vorbeiführenden Highway abknallte.

Er hat im Schatten der Filmgiganten leben und arbeiten müssen, Orson Welles vor allem, und an der Seite von jungen Mädchen, die er verehrte und deren Schönheit er in seinen Filmen verewigen wollte – so wie es überaus erfolgreich die Nouvelle Vague machte. (In der Schauspielschule, als er bei Stella Adler *method acting* lernte, hat er eine Stuhlreihe vor Monroe gesessen.) Aber der Henry-James-Film für Cybill Shepherd floppte, DAISY MILLER, und wie Welles spielte Bogdanovich von da an das malträtierte Wunderkind. In seinen Büchern widmete er sich nicht nur den Göttern der Regie, sondern gern auch den *underdogs* – Edgar G. Ulmer, Don Siegel, Leo McCarey. In seinen Filmen gab es keinen radikalen Ausbruch mehr wie auf dem Texas Tower, oft verkroch er sich in Geschichten aus dem Showbusiness: NICKELODEON über das Kino der ersten Jahre, NOISES OFF… über das Chaos im Broadway-Theater, THE CAT'S MEOW schließlich über die skandalösen Zwanziger in Hollywood, ein Eifersuchts-Mordfall, in den Hearst und Chaplin verwickelt waren.

Zur beruflichen Enttäuschung kam das persönliche Trauma, der Mord an seiner Freundin Dorothy Stratten. Bogdanovich machte Bankrott, schrieb Strattens Biografie und heiratete ihre Halbschwester, machte TEXASVILLE, eine Fortsetzung zu seinem größten Erfolg THE LAST PICTURE SHOW. Der wird der Monolith bleiben in Bogdanovichs Werk. Konzipiert und produziert in Zusammenarbeit mit seiner damaligen Frau Polly Platt: ein Jahr in einer texanischen Kleinstadt, zur Zeit des Koreakriegs, eine Chronik sexuellen Sehnens, der jugendlichen Erwartungen und der erwachsenen Rebellion, an deren Ende der Patron des lokalen Kinos stirbt, Sam der Löwe, gespielt von Ben Johnson, dem heimlichen Helden von Fords Nachkriegswestern. Ein Film, der im Bewußtsein des eigenen Anachronismus gedreht scheint, mit dem Wissen, daß es einen ähnlichen nie wieder geben kann. Larry McMurtry hat die Romanvorlage geschrieben, der große Chronist des amerikanischen Westens, der viele Jahre später seine Theorie des Erzählens vorgestellt hat in dem Buch „Walter Benjamin at the Dairy Queen". Wie Benjamin das Erzählen versteht, davon ist auch einiges im Kino von Bogdanovich zu spüren, in seiner Bewegung mehr als in den einzelnen Filmen, und unabhängig vom Grad ihrer Geschlossenheit und Perfektion: „Dabei ist allen großen Erzählern die Unbeschwertheit gemein, mit der sie auf den Sprossen ihrer Erfahrung wie auf einer Leiter sich auf und ab bewegen. Eine Leiter, die bis ins Erdinnere reicht und sich in den Wolken verliert, ist das Bild einer Kollektiverfahrung, für die selbst der tiefste Schock (…), der Tod, keinerlei Anstoß und Schranke darstellt."

Es war eins der wunderbaren, unerklärlichen Zusammentreffen der Filmgeschichte, das *movie kid* Bogdanovich und der Bücherwurm McMurtry, der New Yorker Großstadtjunge und der Texasprovinzler, der dicke Romane schrieb und schließlich in seiner Heimatstadt Archer City einen der größten *bookshops* für gebrauchte Bücher einrichtete. Er ist, auch aus der Distanz, über die Jahrzehnte der Schutzengel des Filmemachers Bogdanovich geblieben. Der Künstler hat natürlich Perfektion im Sinn, tröstet er, aber: „Perfection in art is not unachievable, but it is always formal, usually lifeless, and finally boring – as one supposes it would be in life."

Fritz Göttler

Filme als Regisseur (auch TV-Auswahl)

THE WILD ANGELS, Regie: ▮ Roger Corman, 1966 (2nd Unit-Regie; auch Autor, Darsteller) [▮ Peter Fonda, ▮ Monte Hellman, ▮ Jack Nicholson]; VOYAGE TO THE PLANET OF PREHISTORIC WOMEN (US-Version von PLANETA BURG), Regie: Pavel Klushantsev, umgeschnitten, synchronisiert und mit zusätzlichen Szenen versehen von Peter Bogdanovich (als Derek Thomas und/oder Peter Stewart), 1966/68 [▮ Roger Corman]; THE GREAT PROFESSIONAL: HOWARD HAWKS (Dok.), 1967 (auch Autor); TARGETS, 1967/68 (auch Autor, Produzent, Darsteller) [▮ Roger Corman]; DIRECTED BY JOHN FORD (Dok.), 1971 (auch Autor); THE LAST PICTURE SHOW, 1971 (auch Autor) [▮ Bob Rafelson, ▮ Bert Schneider]; CHAPLIN MONTAGE (Kompilationsfilm), Ko-Regie: Richard Patterson, 1972; WHAT'S UP, DOC?, 1972 (auch Autor, Produzent) [▮ Robert Benton]; PAPER MOON, 1973 (auch Produzent) [▮ Francis Ford Coppola]; DAISY MILLER, 1974 (auch Produzent) [▮ Francis Ford Coppola]; AT LONG LAST LOVE, 1975 (auch Autor, Produzent, Komponist); NICKELODEON, 1976 (auch Autor); SAINT JACK, 1979 (auch Autor, Darsteller) [▮ Roger Corman]; THEY ALL LAUGHED, 1981 (auch Autor); MASK, 1985; THIS MORNING (TV), 1987–89; ILLEGALLY YOURS, 1988 (auch Produzent); TEXASVILLE, 1991 (auch Autor, Produzent); NOISES OFF…, 1992 (auch Produzent); THE THING CALLED LOVE, 1993; FALLEN ANGELS: A DIME A DANCE (TV), 1995 [▮ Jim McBride, ▮ Sydney Pollack]; PICTURE WINDOWS (TV), Ko-Regie: ▮ John Boorman, Joe Dante, Norman Jewison, Jonathan Kaplan, ▮ Bob Rafelson, 1995 (auch Darsteller); PROWLER (TV), 1995; BLESSED ASSURANCE (TV), 1996; TO SIR WITH LOVE 2 (TV), 1996; THE PRICE OF HEAVEN (TV), 1997; RESCUERS – STORIES OF COURAGE: TWO WOMEN (TV), 1997; NAKED CITY: A KILLER CHRISTMAS (TV), 1998; A SAINTLY SWITCH (TV), 1999; THE CAT'S MEOW, 2001.

Filme als (Ko-)Autor

THE WILD ANGELS, Regie: ▮ Roger Corman, 1966 (auch Darsteller) [▮ Peter Fonda, ▮ Monte Hellman, ▮ Jack Nicholson]; THE GREAT PROFESSIONAL: HOWARD HAWKS (Dok.), Regie: Peter Bogdanovich, 1967; TARGETS, Regie: Peter Bogdanovich, 1967/68 (auch Produzent, Darsteller) [▮ Roger Corman]; DIRECTED BY JOHN FORD (Dok.), Regie: Peter Bogdanovich, 1971;

MILLER und AT LONG LAST LOVE, beide mit seiner damaligen Lebensgefährtin Cybill Shepherd in der Hauptrolle, eine Wende in Bogdanovichs Schaffen. Trotz so populärer Filme wie MASK kann er an seine Erfolge der siebziger Jahre nicht mehr anknüpfen. Bogdanovichs zum Teil schon in den sechziger Jahren für das Museum of Modern Art entstandene Veröffentlichungen zu Hawks, Ford, Welles und Lang gehören auch heute noch zum Kanon der Filmliteratur.

THE LAST PICTURE SHOW, Regie: Peter Bogdanovich, 1971 [▮ Bob Rafelson, ▮ Bert Schneider]; WHAT'S UP, DOC?, Regie: Peter Bogdanovich, 1972 (auch Produzent) [▮ Robert Benton]; AT LONG LAST LOVE, Regie: Peter Bogdanovich, 1975 (auch Produzent, Komponist); NICKELODEON, Regie: Peter Bogdanovich, 1976; SAINT JACK, Regie: Peter Bogdanovich, 1979 (auch Darsteller) [▮ Roger Corman]; THEY ALL LAUGHED, Regie: Peter Bogdanovich, 1981; TEXASVILLE, Regie: Peter Bogdanovich, 1991 (auch Produzent).

Filme als (Ko-)Produzent

TARGETS, Regie: Peter Bogdanovich, 1967/68 (auch Autor, Darsteller) [▮ Roger Corman]; WHAT'S UP, DOC?, Regie: Peter Bogdanovich, 1972 (auch Autor) [▮ Robert Benton]; PAPER MOON, Regie: Peter Bogdanovich, 1973 [▮ Francis Ford Coppola]; DAISY MILLER, Regie: Peter Bogdanovich, 1974 [▮ Francis Ford Coppola]; AT LONG LAST LOVE, Regie: Peter Bogdanovich, 1975 (auch Autor, Komponist); CITY GIRL, Regie: Martha Coolidge, 1984; ILLEGALLY YOURS, Regie: Peter Bogdanovich, 1988; TEXASVILLE, Regie: Peter Bogdanovich, 1991 (auch Autor); NOISES OFF..., Regie: Peter Bogdanovich, 1992.

Filme als Darsteller (auch Auftritte)

THE WILD ANGELS, Regie: Roger Corman, 1966 (auch Autor) [▮ Peter Fonda, ▮ Monte Hellman, ▮ Jack Nicholson]; THE TRIP, Regie: ▮ Roger Corman, 1967 (uncredited); [▮ Peter Fonda, ▮ Dennis Hopper, ▮ Jack Nicholson]; TARGETS, Regie: Peter Bogdanovich, 1967/68 (auch Autor, Produzent) [▮ Roger Corman]; VIENNA, Regie: Orson Welles, 1968; LION'S LOVE, Regie: Agnès Varda, 1969 [▮ Shirley Clarke]; THE OTHER SIDE OF THE WIND, Regie: Orson Welles, 1972 (unveröffentlicht); DIARIES, NOTES, AND SKETCHES: LOST, LOST, LOST, Regie: Jonas Mekas, 1975; OPENING NIGHT, Regie: ▮ John Cassavetes, 1977 (uncredited); SAINT JACK, Regie: Peter Bogdanovich, 1979 (auch Autor) [▮ Roger Corman]; HOLLYWOOD MAVERICKS (Dok. des American Film Institute), 1988/89 [▮ Paul Schrader, ▮ Martin Scorsese]; PICTURE THIS: THE TIMES OF PETER BOGDANOVICH IN ARCHER CITY, TEXAS (Dok.), Regie: George Hickenlooper, 1991; PICTURE WINDOWS (TV), Regie: Peter Bogdanovich, ▮ John Boorman, Joe Dante, Norman Jewison, Jonathan Kaplan, ▮ Bob Rafelson, 1995; ILLUSION UND REALITÄT. DER AMERIKANISCHE FILMREGISSEUR PETER BOGDANOVICH (TV-Dok.), 1996; MR. JEALOUSY, Regie: Noah Baumbach, 1997; BELLA MAFIA (TV), 1997; HIGHBALL, Regie: Noah Baumbach, 1997; WHO IS HENRY JAGLOM? (Dok.), Regie: Henry Alex Rubin, Jeremy Workman, 1997 [▮ Dennis Hopper, ▮ Henry Jaglom, ▮ Bob Rafelson]; 54, Regie: Mark Christopher, 1998; LICK THE STAR (Kurzfilm), Regie: Sofia Coppola, 1998; COMING SOON, Regie: Colette Burson, 1999; CLAIRE MAKES IT BIG, Regie: Jeremy Workman, 1999; THE SOPRANOS (TV), 1999; RATED X, Regie: Emelio Estevez, 2000; FESTIVAL IN CANNES, Regie: ▮ Henry Jaglom, 2001; EASY RIDERS, RAGING BULLS (Dok.), Regie: Kenneth Bowser, 2003 [▮ Roger Corman, ▮ Peter Fonda, ▮ Monte Hellman, ▮ Dennis Hopper, ▮ Henry Jaglom, ▮ John Milius, ▮ Julia Phillips, ▮ Paul Schrader, ▮ Rudy Wurlitzer]; OUT OF ORDER (TV), 2003.

Literatur (Auswahl)

Peter Bogdanovich: The Cinema of Orson Welles. New York: Museum of Modern Art 1961. – Peter Bogdanovich: The Cinema of Howard Hawks. New York: Museum of Modern Art 1962. – Peter Bogdanovich: The Cinema of Alfred Hitchcock. New York: Museum of Modern Art 1963. – Peter Bogdanovich: Fritz Lang in America. London: Studio Vista 1967. – Peter Bogdanovich: John Ford. London: Studio Vista 1967. – Peter Bogdanovich: Godard in Hollywood. In: Take One (Montreal), Nr. 4, Juni 1968. – Eric Sherman: The Director's Event. New York: Atheneum 1970 (darin: Peter-Bogdanovich-Interview, S. 73–99.). – Peter Bogdanovich: Alan Dwan. The Last Pioneer. London: Studio Vista 1971. – Fgl.: Der neue Superstar: Peter Bogdanovich. In: Neue Zürcher Zeitung, 29.4.1972. – Peter Bogdanovich: Pieces of Time. New York: Arbor House 1973. – Peter Bogdanovich: Edgar G. Ulmer (Interview). In: Film Culture (New York), Nr. 58/59/60, 1974, S. 189–238 (dt.: Interview mit Edgar G. Ulmer. In: Filmhefte, New York, Nr. 1, Sommer 1975, S. 5–36.). – R. Kent, Andy Warhol, V. Fremont: Cybill and Peter (Interview). In: Inter/View (New York), Nr. 6, Juni 1974, S. 10ff. – Peter Bogdanovich: Picture Shows. Peter Bogdanovich on the Movies. London: Allen & Unwin 1975. – Peter Bogdanovich: The Killing of the Unicorn. Dorothy Stratten 1960–1980. New York: Morrow 1984. – Andrew Yule: Picture Show. The Life and Films of Peter Bogdanovich. New York: Limelight 1992. – Orson Welles, Peter Bogdanovich: This is Orson Welles. London: Harper Collins 1993 (dt.: Hier spricht Orson Welles. Weinheim: Beltz Quadriga 1994.). – Peter Bogdanovich: Ein Augenblick mit Miss Gish. In: Frankfurter Rundschau, 11.5.1996. – Patrick Roth: Bau es dir nach deinen Vorstellungen um (Interview). In: Frankfurter Rundschau, 11.5.1996. – Peter Bogdanovich: Who the Devil Made It. New York: Knopf 1997 (dt.: Wer hat denn den gedreht? Zürich: Haffmans 2000.). – Lars-Olav Beier: Jeder Lichtstrahl birgt höchste Gefahr. In: Frankfurter Allgemeine Zeitung, 30.7.1999.

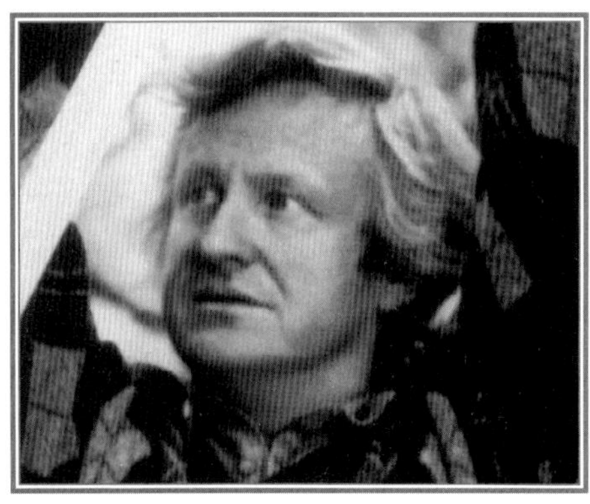

John Boorman

Als Warner Bros. ihm anboten, die Regie bei THE EXORCIST zu übernehmen, lehnte John Boorman ab. Die Idee, einen Film über ein Mädchen zu drehen, das gefoltert wird, fand er schlicht abstoßend. „You're such a snob!" hielt man ihm entgegen. Statt dessen entschied sich Boorman für einen Science-Fiction über eine Gesellschaft, in der die Elite durch medizinischen Fortschritt zu ewigem Leben gelangt ist, und entwarf die Vision einer Zukunft, in der es keinen Tod und also auch keine Geburt und Reproduktion gibt, womit sich die Fragen nach Sex und Liebe, Leben und Sterben neu stellten. Über manche erfolglosen Filme legt sich gnädig der Mantel des Vergessens. ZARDOZ aber, in dem Sean Connery die Hauptrolle als unzivilisierter Kämpfer und Vergewaltiger übernahm, in der Hoffnung, seinem James-Bond-Image zu entkommen, zählt zu jenen mit großen Ambitionen gedrehten und darum umso legendäreren Flops der Filmgeschichte. Es ist ein Film, der – ähnlich wie HEAVEN'S GATE bei ▮ Michael Cimino – wohl immer im Kontext des Scheiterns seines Regisseurs genannt werden wird (und der dennoch Pierce Brosnan nicht davon abhielt, seinerseits einen Boorman-Film zu wählen, um sein smartes, geschmeidig-verführerisches Agent-007-Image mit zynischer Brutalität in THE TAILOR OF PANAMA zu konterkarieren).

Daß man ihm, einem Engländer, überhaupt einen Film wie THE EXORCIST antrug, der später zusammen mit ▮ Steven Spielbergs JAWS den Begriff des Blockbusters in das Kino des „New Hollywood" einführen würde, lag an dem immensen Erfolg und Profit, den Boorman Warner Bros. zuvor mit dem Survival-Thriller DELIVERANCE beschert hatte. Seine Adaption des Romans von James Dickey ist eine kraftvolle Studie über das Überleben und die Moral tief im amerikanischen Heimat- und Hinterland. Retrospektiv wird damit deutlich, daß es Boorman stets reizt(e), existentielle und existentialistische Themen auf die Leinwand zu bringen. Sie durchziehen einen Zweipersonenfilm wie HELL IN THE PACIFIC mit Lee Marvin als amerikanischer und Toshiro Mifune als japanischer Soldat, die im Pazifikkrieg auf einer einsamen Insel gestrandet sind und durch ihre Feindschaft das paradiesische Eiland in eine Hölle verwandeln, ebenso wie seine epische Adaption der Sage um König Artus und das magische Schwert Excalibur.

DELIVERANCE offenbart zudem eine Variation männlicher Stereotypen und Verhaltensweisen. Jon Voight etwa, der in Boormans Erinnerung damals selbst von so großen Selbstzweifeln zerfressen wurde, daß er kaum spielen konnte, gibt den stets reflektierenden und besonnenen Zeitgenossen, während Burt Reynolds sich wie ein vom Jagdinstinkt getriebener Krieger gebärdet. Sein Lewis ist angeekelt von dem, was er System nennt, und von Voights bürgerlicher Idylle mit „nice job, nice wife, nice boy". Vier Großstädter (neben Voight und Reynolds gespielt von Ned Beatty und Ronnie Cox) brechen zum Selbsterfahrungstrip auf und suchen die ultimative Konfrontation mit den Elementen, als sie eine Kanufahrt auf einem Fluß durch die Appalachen unternehmen, kurz bevor das Tal mit Inbetriebnahme eines Staudamms endgültig überflutet wird. Doch nicht die ungebändigte Natur, sondern zwei *hillbillies,* die sie angreifen und einen von ihnen vergewaltigen, entpuppen sich für sie als tödliche Gefahr. Wenn die Freizeitabenteurer die nächste Stadt lebend erreichen wollen, müssen sie in der Wildnis bereit sein zu töten. Männer, die in ihrem Job gewöhnt sind zu verhandeln, abzuwägen, Kompromisse zu schließen, werden auf ihren elementaren Überlebensinstinkt zurückgeworfen.

Zuvor bereits hatte Boorman mit POINT BLANK einen Thriller realisiert, der ein Meilenstein des Neo-Noir wurde. POINT BLANK erstrahlt in fast monochromen Bildern, in Farben, die so kräftig sind, daß sie beinahe zu explodieren scheinen, und die doch Stimmung, Atmosphäre, Melancholie und Einsamkeit eines klassischen Gangsterfilms der vierziger Jahre verströmen. In bunten Anzügen, die niemals Falten werfen, und glänzenden, steifen Schuhen mit laut donnernden Absätzen verkörpert Lee Marvin eine schweigsame, stoische Killermaschine, die sich holt, was ihr zusteht, nämlich 93 000 Dollar. Diese Summe sollte Walkers (Lee Marvin) Anteil sein bei einem Überfall auf illegale Geldboten in den Ruinen des Gefängnisses von Alcatraz. Doch er wird von seinem besten Freund und seiner eigenen Frau ausgespielt – und angeschossen. Wie ein verletztes Tier richtet sich Marvin mühsam zu seiner alle überragenden Größe auf, um bewaffnet mit einer 45er Magnum einen verheerenden Rachefeldzug zu starten. Als Kulisse für diesen Kreuzzug wählte Boorman nicht San Francisco, sondern das sterile, von Geschäftstüchtigkeit, Gier und falschem Glamour gezeichnete Los Angeles und drehte im Widescreen-Format, in dessen weiter Leere sich Marvin oft verliert. Walker ist allein und wird es bleiben. Denn POINT BLANK erzählt eine Geschichte, die nicht

John Boorman,
Regisseur, Autor, Produzent; geboren am 18. Januar 1933 in Shepperton, Middlesex.
Bis 1954 arbeitet John Boorman, der das jesuitische Salesian College in Chertsey besucht hat, als Filmjournalist für verschiedene Zeitschriften, darunter der „Manchester Guardian", 1955 wird er Schnitt-Assistent bei den Independent Television News, ist bis 1960 Regisseur und Produzent von Dokumentarfilmen bei Southern Television. Zwischen 1962 und 1964 leitet Boorman die BBC Documentary Film Unit in Bristol. Sein Debüt als Spielfilmregisseur gibt er 1965 mit CATCH US IF YOU CAN. Gleich sein erster Hollywood-Film POINT BLANK wird ein Erfolg und zählt bis heute zu seinen bekanntesten Arbeiten. Boorman wird mehrfach für einen Oscar nominiert. Auf dem Internationalen Filmfestival in Cannes gewinnt er 1970 mit LEO THE LAST und 1998 mit THE GENERAL den Regiepreis. Von 1975 bis 1982 ist Boorman Vorsitzender der National Filmstudios of Ireland, von 1982 bis 1990 Direktor des British Film Institute, seit 1991 Herausgeber der Filmbuchreihe „Projections".

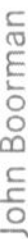

stattfindet: In den Momenten vor seinem Tod durchlebt er eine Zukunft, die es nicht geben wird.

Letztendlich entkam Boorman dem „Exorzisten" doch nicht. Nach ZARDOZ – ausgebrannt und quasi pleite – ließ er sich zur Verfilmung der Fortsetzung, THE HERETIC, überreden und wollte alles auf den Kopf stellen – wollte nicht von Bösem, sondern vom Guten erzählen. Während Geschichten von Zuschauern, die vor Angst schrieen oder vor Ekel auf die Kinositze kotzten, den Hype um ▮ William Friedkins THE EXORCIST noch verstärkten, warf das Kinopublikum, das sich um 360-Grad-Drehungen von Linda Blairs Kopf und kübelweise Erbrochenes betrogen fühlte, bei Boormans naturmystischem Sequel aufgebracht alle möglichen Gegenstände gegen die Leinwand. Kubrick hatte ihn gewarnt: „The only way to do a sequel to THE EXORCIST is to give them even more gore horror than before. No one is interested in goodness."
Annette Kilzer

Filme als Regisseur (auch TV-Auswahl)

CITIZEN 63 (TV-Dok.-Reihe, 3 von 6 Folgen), 1963; THE NEWCOMERS (TV-Dok., 6 Folgen), 1964 (auch Produzent); THE QUARRY (TV), 1964 (auch Autor); CATCH US IF YOU CAN (US-Titel: HAVING A WILD WEEKEND), 1965; THE GREAT DIRECTOR (TV-Dok.), 1966 (auch Produzent); POINT BLANK, 1967; HELL IN THE PACIFIC, 1968; LEO THE LAST, 1970 (auch Autor); DELIVERANCE, 1972 (auch Produzent); ZARDOZ, 1973 (auch Autor, Produzent); EXORCIST II: THE HERETIC, 1977 (auch Autor, Produzent); EXCALIBUR, 1981 (auch Autor, Produzent); THE EMERALD FOREST, 1985 (auch Produzent); JOURNEY INTO LIGHT (TV-Dok.), 1985 (auch Autor, Auftritt); HOPE AND GLORY, 1987 (auch Autor, Produzent); WHERE THE HEART IS, 1990 (auch Autor, Produzent); I DREAMT I WOKE UP, 1991 (auch Autor, Auftritt); BEYOND RANGOON, 1995 (auch Produzent); PICTURE WINDOWS (TV), Ko-Regie: ▮ Peter Bogdanovich, Joe Dante, Norman Jewison, Jonathan Kaplan, ▮ Bob Rafelson, 1995 (auch Autor, Produzent); TWO NUDES BATHING, 1995 (auch Autor, Produzent); LUMIERE ET COMPAGNIE (Film von 39 Regisseuren unter der Leitung von Anne Andren, Realisation: Sarah Moon), 1995 (auch Auftritt) [▮ Jerry Schatzberg]; THE GENERAL, 1998 (auch Autor, Produzent); LEE MARVIN: A PERSONAL PORTRAIT BY JOHN BOORMAN (TV), 1998; THE TAILOR OF PANAMA, 2001 (auch Autor, Produzent); COUNTRY OF MY SKULL, 2003 (auch Produzent).

Filme als (Ko-)Autor (auch TV-Auswahl)

THE QUARRY (TV), Regie: John Boorman, 1964; LEO THE LAST, Regie: John Boorman, 1970; ZARDOZ, Regie: John Boorman, 1973 (auch Produzent); EXORCIST II: THE HERETIC, Regie: John Boorman, 1977 (auch Produzent); EXCALIBUR, Regie: John Boorman, 1981 (auch Produzent); JOURNEY INTO LIGHT (TV-Dok.), Regie: John Boorman, 1985 (auch Auftritt); HOPE AND GLORY, Regie: John Boorman, 1987 (auch Produzent); WHERE THE HEART IS, Regie: John Boorman, 1990 (auch Produzent); I DREAMT I WOKE UP, Regie: John Boorman, 1991 (auch Auftritt); PICTURE WINDOWS (TV), Regie: ▮ Peter Bogdanovich, John Boorman, Joe Dante, Norman Jewison, Jonathan Kaplan, ▮ Bob Rafelson, 1995 (auch Produzent); TWO NUDES BATHING, Regie: John Boorman, 1995 (auch Produzent); THE GENERAL, Regie: John Boorman, 1998 (auch Produzent); THE TAILOR OF PANAMA, Regie: John Boorman, 2001 (auch Produzent).

Filme als (Ko-)Produzent (auch TV-Auswahl)

THE NEWCOMERS (TV-Dok., 6 Folgen), Regie: John Boorman, 1964; THE GREAT DIRECTOR (TV-Dok.), Regie: John Boorman, 1966; DELIVERANCE, Regie: John Boorman, 1972; ZARDOZ, Regie: John Boorman, 1973 (auch Autor); EXORCIST II: THE HERETIC, Regie: John Boorman, 1977 (auch Autor); THE HARD WAY (TV), 1979; EXCALIBUR, Regie: John Boorman, 1981 (auch Autor); ANGEL, Regie: Neil Jordan, 1982; NEMO, Regie: Arnaud Sélignac, 1984; THE EMERALD FOREST, Regie: John Boorman, 1985; HOPE AND GLORY, Regie: John Boorman, 1987 (auch Autor); WHERE THE HEART IS, Regie: John Boorman, 1990 (auch Autor); BEYOND RANGOON, Regie: John Boorman, 1995; PICTURE WINDOWS (TV), Regie: ▮ Peter Bogdanovich, John Boorman, Joe Dante, Norman Jewison, Jonathan Kaplan, ▮ Bob Rafelson, 1995 (auch Autor); TWO NUDES BATHING, Regie: John Boorman, 1995 (auch Autor); ANGELA MOONEY, Regie: Tommy McArdle,1996; THE GENERAL, Regie: John Boorman, 1998 (auch Autor); THE TAILOR OF PANAMA, Regie: John Boorman, 2001 (auch Autor); COUNTRY OF MY SKULL, Regie: John Boorman, 2003.

Auftritte in Filmen (Auswahl)

JOURNEY INTO LIGHT (TV-Dok.), Regie: John Boorman, 1985 (auch Autor); I DREAMT I WOKE UP, Regie: John Boorman, 1991 (auch Autor); ENNIO MORRICONE (TV-Dok.), 1995 [▮ Brian De Palma]; LUMIERE ET COMPAGNIE (Film von 39 Regisseuren unter der Leitung von Anne Andren, Realisation: Sarah Moon), 1995 (auch Regie) [▮ Jerry Schatzberg].

Literatur (Auswahl)

John Boorman: The Crisis We Deserve. In: Sight and Sound (London), Nr. 4, Herbst 1970, S. 174. – Lynda

Strawn: Conversation with John Boorman. In: Action (Hollywood), Nr. 6, November/Dezember 1972, S. 3ff. - Derek Elley: 5 Directors of the Year: John Boorman. In: International Film Guide 1974. London: Tantivy 1973, S. 15ff. - John Boorman: Jon Voight, Dedicated Idealist; Lee Marvin, a Dying Breed. In: Danny Peary (Hg.): Close-ups. The Movie Star Book. New York: Workman 1978, S. 290ff.; S. 406ff. - John Boorman: Sean Connery. In: Michael Feeny Callan: Sean Connery, His Life and Films. London: W.H. Allen 1983. - John Boorman: Money Into Light. THE EMERALD FOREST. A Diary. London: Faber and Faber 1985. - Michel Ciment: Boorman, un visionnaire en son temps. Paris: Calmann-Lévy 1985. - John Boorman: Round up the Usual Suspects. In: Sight and Sound (London), Nr. 1, Winter 1985/86, S. 55ff. - John Boorman: Stranger in Paradise. In: American Film (Washington, D.C.), Nr. 1, Oktober 1986, S. 53-57. - Rolf Giesen: John Boorman. Hope and Glory. München: Goldmann 1987. - John Boorman: Worshipping at the Shrine. In: Sight and Sound (London), Nr. 3, Sommer 1988, S. 177ff. - John Boorman: Gardening & Botany. In: Sight and Sound (London), Nr. 4, Herbst 1988, S. 246f. - Frank Arnold: Drehbuch wie ein Gedicht schreiben (Interview). In: Der Tagesspiegel (Berlin), 6.5.1990. - Jürgen Richter: Ritter mit Visionen. In: Frankfurter Allgemeine Zeitung, 18.1.1993. - Georg Seeßlen: Wildnis und Zivilisation. In: Frankfurter Rundschau, 18.1.1993. - Georg Seeßlen: John Boorman. Der Filmemacher als Magier. In: epd Film (Frankfurt/M.), Nr. 7, Juli 1995, S. 18-29. - Philip Kemp, Xan Brooks: Return to Zero (Interview). In: Sight and Sound (London), Nr. 6, Juni 1998, S. 10ff. - Zwischenwelten. Hyperrealist und Surrealist. Das Kino des John Boorman (Themenheft). Steadycam (Köln), Nr. 39, Winter 1999 (darin u.a. Hans Günther Pflaum: Wahrheit und Imagination. Ein Interview mit John Boorman, S. 30ff.; Michael Althen: Zehn Dinge. Boorman „Projections“; 12 Autoren über 12 Filme). - Michael Gruteser, Daniel Schössler: The Creator Had a Masterplan. Die Filme von John Boorman. In: Marcus Stiglegger (Hg.): Splitter im Gewebe. Mainz: Theo Bender 2000, S. 181-197. - John Boorman: Adventures of a Suburban Boy. London: Faber and Faber 2003. - Andreas Kilb: Ein Raubvogel im Paradies. In: Frankfurter Allgemeine Zeitung, 18.1.2003. - Gerhard Midding: Der Meisterdieb von Hollywood. In: Berliner Zeitung, 18.1.2003.

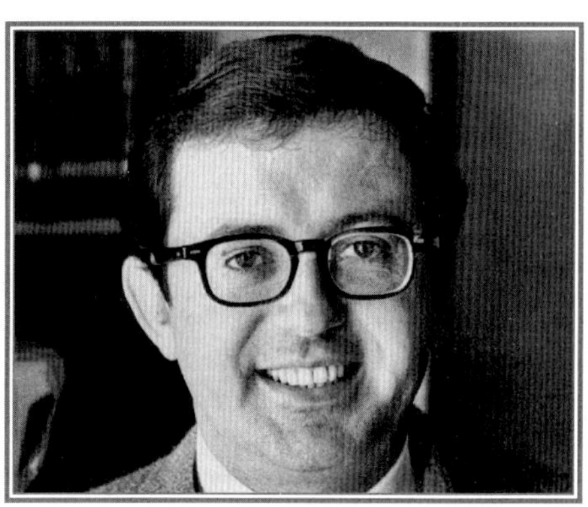

John Calley

Seine Karriere gibt mehr Rätsel auf, als die jedes anderen Hollywood-Managers der letzten Jahrzehnte. Intellektuellen begegnet man dort traditionell mit Argwohn. Seine Belesenheit erregte seit jeher den Neid seiner Kollegen; einige der erfolgreichsten Romanverfilmungen gehen auf seine Anregung zurück: John Boormans DELIVERANCE, William Friedkins THE EXORCIST und Stanley Kubricks THE SHINING. Aber wie kann sich ein solcher Dandy (nicht dem Habitus, wohl aber der unabhängigen Denkart nach) in die verzweigten Interessen international und multimedial operierender Konzerne fügen? Wie bewältigt jemand, dem man Unbeständigkeit nachsagt, die furchteinflößende Aufgabe im Filmgeschäft, Entscheidungen zu treffen?

Das größte Mysterium ist gewiß die Auszeit, die er sich nahm, nachdem er Warner Bros. nach den verlustreichen Sechzigern in ihr profitabelstes Jahrzehnt führte; allenfalls übertroffen von seinem spektakulären Comeback. Dreizehn Jahre lang führte er ein rechtes Eremitendasein auf dem damals noch nicht so exklusiven Fisher's Island, bevor er, längst schon im Rentenalter, United Artists wieder auf die Beine brachte und im neuen Jahrtausend Sony Pictures zum umsatzstärksten Studio in der Geschichte Hollywoods machte.

In John Calleys Werdegang lösen sich die größten Widersprüche mühelos auf. Ein Schlüssel zu dieser schillernden Karriere wird darin liegen, daß er, anders als die meisten Studiochefs, das Handwerk des Produzenten genau kennt. Gelernt hat er es als *production manager* beim Live-Fernsehen. Im Kino debütierte er Anfang der sechziger Jahre, als er eine Partnerschaft mit dem Produzenten Martin Ransohoff einging, dessen Firma Filmways zuvor erfolgreich TV-Serien produziert hatte. Das Spektrum ihrer Produktionen ist bemerkenswert, umfaßt neben erklärt kommerziellen Stoffen wie THE SANDPIPER auch unkonventionelle Projekte wie THE AMERICANIZATION OF EMILY und CASTLE KEEP. Ransohoff kultivierte das Image des kreativen Produzenten, der rigoros in die Arbeit der Regisseure eingriff; daß er Sam Peckinpah nach wenigen Drehtagen als Regisseur von THE CINCINNATI KID feuerte (was Calley bei Warner Bros. mit einem

John Calley,
Produzent; geboren 1930 in Jersey City, New Jersey.
In schwierigen Familienverhältnissen aufgewachsen, jobbt John Calley zuerst als Pförtner und Arbeiter, bevor er zum Militärdienst eingezogen wird. Anschließend findet er eine Anstellung in der Poststelle von NBC. Über die Abteilungen Verkauf und Produktion kommt er schließlich zur NBC-Programmplanung. Nach ersten Erfolgen als Filmproduzent gehört er in den sechziger Jahren zum Füh-

rungsmanagement bei Warner Bros. Zwischen 1989 und 1993 arbeitet er zusammen mit Mike Nichols als *independent producer,* bis er ab 1993 United Artists erfolgreich saniert und 1996 zu Sony wechselt.

anderen *maverick,* Sam Fuller, ebenfalls widerfahren sollte, den er 1972 nach den ersten Mustervorführungen von THE DEADLY TRACKERS durch Barry Shear ersetzte), trug ihm einen nachhaltig schlechten Ruf ein. Calley hingegen ging aus dieser Episode unbeschadet hervor – es scheint, als besäße er das Talent, die klassische Produzentenrolle des geschäftstüchtigen Barbaren anderen zu überlassen.

Als er zum Produktionschef von Warner Bros. ernannt wurde, eilte ihm die Reputation voraus, souverän mit Finanziers umgehen und zugleich den kreativen Eigensinn der Filmemacher gegen deren Ansprüche abschirmen zu können. Zusammen mit dem neuen Vorstandschef Ted Ashley, einem ehemaligen Agenten, vollzog er einen radikalen Bruch mit den Hinterlassenschaften seiner Vorgänger und vermarktete Überläufer wie Peckinpahs THE WILD BUNCH nur stiefmütterlich. Statt dessen nahm er Filmstudenten wie ▮ John Milius und ▮ Terrence Malick als Drehbuchautoren unter Vertrag. Zwar wurde keines der anfangs entwickelten Projekte realisiert, Milius konnte sich jedoch als Ko-Autor von DIRTY HARRY und JEREMIAH JOHNSON einen Namen machen, und Warner Bros. nahmen Malicks Regiedebüt BADLANDS in den Verleih. (Der Rolle des Nachwuchsförderers setzte Calley allerdings nach der konfliktreichen Produktion und dem Mißerfolg von ▮ George Lucas' THX 1138 klare Grenzen und begegnete fortan Erstlingsregisseuren mit Skepsis – so lehnte er etwa THE STING ab, weil David S. Ward darauf bestand, sein Drehbuch selbst zu inszenieren.)

Gleichwohl trug John Calleys Strategie dem Studio den Ruf ein, Regisseure stünden dort höher im Kurs als Produzenten. Trotz des enttäuschenden Einspiels von MEAN STREETS setzte er Vertrauen in ▮ Martin Scorsese, und das Studio produzierte dessen nächsten Film ALICE DOESN'T LIVE HERE ANYMORE. Calley knüpfte Beziehungen, die weit über seine Amtszeit hinaus für das Ansehen und die Bilanzen des Studios von Bedeutung sein sollten. Es gelang ihm, Clint Eastwood, der mit der Vermarktung seiner Filme bei Universal unzufrieden war, an Warner Bros. zu binden; ebenso wie Stanley Kubrick, dem er auch loyal zur Seite stand, als dieser die Dreharbeiten zu BARRY LYNDON für Monate unterbrach und damit das Budget um eine Million Dollar in die Höhe trieb.

Es wäre falsch, solche Komplizenschaft als rückhaltloses Gewährenlassen zu verstehen. Calley verband Visionen und Augenmaß; die Mischkalkulation der Anfangsjahre spiegelt eindrucksvoll seine doppelte Verantwortlichkeit. Das alte Kino blieb zunächst präsent mit einer Reihe von John Wayne-Western. Calley verlieh dem Studiostil jedoch vor allem Kontur als entschieden zeitgenössische Revision des Genrekinos: ▮ Alan J. Pakulas KLUTE, Don Siegels DIRTY HARRY, ▮ Robert Altmans MCCABE AND MRS. MILLER sowie Mel Brooks' BLAZING SADDLES war ein erstaunlicher Kassenerfolg beschieden.

Er machte Warner Bros. zu einem wichtigen Partner europäischer Autorenfilmer, brachte Viscontis MORTE A VENEZIA (1970) in die US-Kinos, lancierte die britischen Exzentriker Ken Russell und Lindsay Anderson und brachte die ersten US-Filme des Schweden Jan Troell auf den Weg; Projekte mit Fellini und Bergman zerschlugen sich. An Truffauts LA NUIT AMERICAINE (1972), der dem Studio einen Oscar einbrachte, hat er nicht geglaubt. ▮ Ritchies THE CANDIDATE eröffnete einen Zyklus von zeitkritischen und politisch kontroversen Filmen, der sich mit Lumets DOG DAY AFTERNOON und Pakulas ALL THE PRESIDENT'S MEN fortsetzte; Peter Davis' Vietnamdokumentation HEARTS AND MINDS wurde mit einem Oscar ausgezeichnet. Ab Mitte der Siebziger verloren Calleys Produktionen zusehends an Brisanz und Originalität. Sie wurden marktkonformer, was wiederum seine Gabe bestätigt, den Puls der Zeit zu nehmen: mit SUPERMAN rüstete er das Studio für die Blockbusterära.

Gerhard Midding

Filme als Produzent (Auswahl)

FACE IN THE RAIN, Regie: Irvin Kershner, 1963; THE WHEELER DEALERS, Regie: Arthur Hiller, 1963; THE AMERICANIZATION OF EMILY, Regie: Arthur Hiller, 1964; THE LOVED ONE, Regie: Tony Richardson, 1965 [▮ Hal Ashby]; THE CINCINNATI KID, Regie: Norman Jewison, 1965 [▮ Hal Ashby]; THE SANDPIPER, Regie: Vincente Minnelli, 1965; DON'T MAKE WAVES, Regie: Alexander Mackendrick, 1967; EYE OF THE DEVIL, Regie: J. Lee Thompson, 1967; ICE STATION ZEBRA, Regie: John Sturges, 1968 (uncredited); CASTLE KEEP, Regie: ▮ Sydney Pollack, 1969; CATCH-22, Regie: Mike Nichols, 1970; FAT MAN AND LITTLE BOY, Regie: Roland Joffé, 1989; POSTCARDS FROM THE EDGE, Regie: Mike Nichols, 1990; THE REMAINS OF THE DAY, Regie: James Ivory, 1993.

Filme als Darsteller (auch Auftritt)

ONE NIGHT STAND, Regie: Mike Figgis, 1997; STANLEY KUBRICK. A LIFE IN PICTURES, Regie: Jan Harlan, 2001 [▮ Jack Nicholson, ▮ Sydney Pollack, ▮ Martin Scorsese, ▮ Steven Spielberg].

Literatur (Auswahl)

Stuart Byron: John Calley Interview. In: Film Comment (New York), Nr. 6, November/Dezember 1974, S. 39–43. – Mike Figgis: John Calley (Interview). In: Mike Figgis (Hg.): Projections 10. Hollywood Film-makers on Film-making. London: Faber and Faber 1999, S. 11–19.

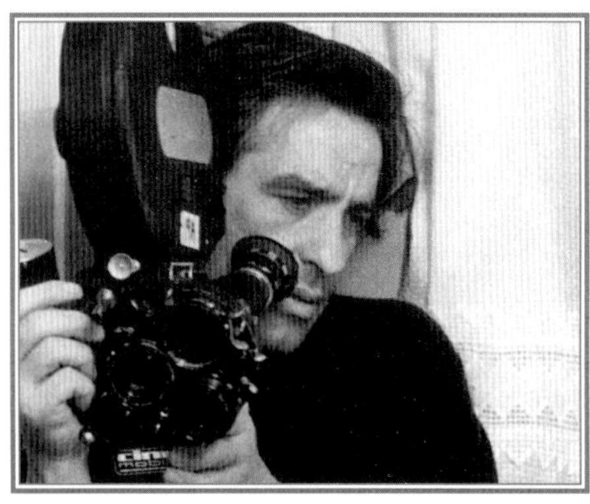

John Cassavetes

Er war das, was ihm so mancher Kritiker, zumal in Amerika, vorgeworfen hat und was selbst seine Freunde, in aller Liebe und Bewunderung, von ihm gesagt haben. Er war ein Irrer. Er war ein kreativer Terrorist, ein lustvoller Provokateur, ein wirrer Organisator, ein obsessiver Beobachter, ein alchimistischer Experimentator und ein amüsierter, aber auch zutiefst skeptischer Liebhaber des Lebens. Cassavetes selbst hat die ironische Formulierung gewählt, er sei „almost not crazy", und hinsichtlich seiner Arbeit wünsche er sich nichts anderes, als unbehelligt in seinem Wahnsinn fortfahren zu können. Sein ganzes Leben bestand aus diesem Wahnsinn, der von einer leidenschaftlichen Unruhe angetrieben und mit einem teuflischen Charme gesättigt war.

Ein Western, in dem Cassavetes eine Hauptrolle spielte und der im gleichen Jahr entstand, in dem er seinen ersten eigenen Film als Regisseur begann, hat den schönen Titel SADDLE THE WIND. Cassavetes war wie der Wind, und er war nicht zu satteln.

Als er bereits von der Leberzirrhose, an deren Folgen er 1989 starb, schwer gezeichnet war, saßen wir zu viert in einem Restaurant auf dem Ventura Boulevard. Es war mittags. Es wurde viel geredet und ziemlich viel gelacht, und es war zweifellos eine absurde Szene – eine, die aus einem seiner Filme hätte sein können. Der Schauspieler Seymour Cassel hatte ein Bein gebrochen und saß da mit Gips und Krücke, ein anderer Freund legte jedes Mal, wenn er etwas zu sagen hatte, einen Finger an den Hals, um die Sprechkanüle zu betätigen, die man ihm nach einer Kehlkopfoperation eingesetzt hatte, und Cassavetes selbst, mit weißem Haar, skelettartig abgemagert bis auf die aufgeschwollene Körpermitte, war ganz er selbst: ironisch, charismatisch – scheinbar guter Dinge einem absehbaren Ende trotzend.

Dem staunenswert verwirrenden, sich schleichend, hinkend, kabolzend auf den Tod zu bewegenden Leben hat sich Cassavetes in seinen Filmen gewidmet. Er hat versucht, das Nichtfaßbare faßbar zu machen, indem er mit einer Kamera die mäandernden Gefühlsäußerungen seiner Figuren einfing. Die Sprache, die Mimik, die Gestik entwerfen das Geheimnis eines Augenblicks, das An- und Abschwellen von Stimmungen, das Strömen der Gefühle. Cassavetes will die größtmögliche Unmittelbarkeit der Emotionen. Gefühle als magische Bausteine des Lebens, in immer neuen, faszinierenden, oft unbegreiflichen Anordnungen. Wenn es in diesen nicht eben formstreng konzipierten Filmen eine Dramaturgie gibt, dann ist es die quecksilberne Dramaturgie der Gefühle. Es gibt für diesen Regisseur keine größere Herausforderung als das innere Abenteuer eines jeden seiner Protagonisten. Und die sind nicht Handlungsträger, sondern umgekehrt ist der Plot des Films da, um diese im amerikanischen Mittelstand angesiedelte *comédie humaine* aus den Menschen heraus entwickeln zu können.

Cassavetes stellt das latent Lächerliche ihrer Existenz dar, ohne sie dabei je der Lächerlichkeit preiszugeben. Er scheut nicht vor Absurditäten zurück, ohne sich jedoch der Absurdität geschlagen zu geben. Seine Charaktere sind verunsicherte, übermütige, traurige, scheiternde Existenzen, verstrickt in einen andauernden und oft manischen Kampf ums Glück und um die Suche nach sich selbst.

John Cassavetes war der Sohn griechischer Eltern. Er ist früh und mit Begeisterung Schauspieler: viel Theater, noch mehr Fernsehen, ein bißchen Kino. Mit 25 heiratet er die Theaterschauspielerin Gena Rowlands. Drei Jahre später dreht er seinen ersten eigenen Film, SHADOWS. Er ist ein totaler Regieamateur, und er wird es in gewisser Weise, jedenfalls im eigentlichen Wortsinn, immer bleiben. Im Lauf der nächsten 26 Jahre dreht er weitere elf Kinofilme, fast alle außerhalb des Studiosystems (in dem er sich aber als Schauspieler oft wiederfindet). Er wird als konfuser Langweiler abgelehnt und als Ikone des unabhängigen amerikanischen Films gefeiert. Er liebt das harsche, lebendige New York, aber er lebt im kinosaturierten Los Angeles, wo er zum ultimativen *maverick* wird, zum Außenseiter und Einzelgänger. (Ein *maverick* ist laut dem „American Heritage Dictionary" zunächst ein Weidetier ohne Brandzeichen und erkennbare Zugehörigkeit.)

Dabei war Cassavetes alles andere als ein Einzelgänger. Schon zu Beginn seiner Karriere gründete er diverse Workshops, und das Ensemble, mit dem er die meisten seiner Filme realisierte, war viel mehr als *cast and crew,* nämlich ein stabiler Familien- und Freundeskreis. Die Verschränkungen und Überlappungen von Cassavetes' Leben und Arbeit sind beträchtlich. Als erstes und vor allem muß man ihn dabei als Schauspieler begreifen. Er war Schauspieler unter Schauspielern – auch privat. Ein Poseur, ein Charmeur, ein Gaukler. Und natürlich, professionell, auch ein Manipulator. Regisseur wollte er eigentlich nur wer-

John Cassavetes,
Regisseur, Darsteller, Autor, Produzent; geboren am 9. Dezember 1929 in New York City, gestorben am 3. Februar 1989 in Los Angeles, Kalifornien.
Nach dem Militärdienst beginnt Cassavetes ein Literaturstudium am Mohawk College und an der Colgate University. Er absolviert eine Ausbildung an der New York Academy of Dramatic Arts. Ab 1953 arbeitet Cassavetes als Schauspieler. In zahlreichen Fernsehproduktionen spielt er in den kommenden Jahren mit. Kinorollen folgen, in denen Cassavetes auf den *angry young man* mexikanischer oder südeuropäischer Herkunft festgelegt wird. 1956 gründet er mit Burt Lane das Variety Arts Studio, ein Ausbildungsprojekt, das mit Ideen des New Yorker Actors Studio und der Schauspielertheorie Stanislawskis experimentiert. In diesem Umfeld entsteht das mit Spenden aus einer Radioshow finanzierte Regiedebüt SHADOWS, für das er 1960 auf den Internationalen Filmfestspielen in Venedig mit dem Kritikerpreis ausgezeichnet wird. 1967 wird er für seine Schauspielleistung in Aldrichs THE DIRTY DOZEN für einen Oscar nominiert, ein Jahr später für das Drehbuch zu seinem Film FACES und 1974 für die Regie seines Films A WOMAN UNDER THE INFLUENCE. Für LOVE STREAMS wird er 1984 auf den Internationalen Filmfestspielen Berlin mit einem

Goldenen Berliner Bären geehrt. Bereits Mitte der sechziger Jahre gründet Cassavetes die Produktionsgesellschaft Faces International, der später die Faces Distribution Corp. folgt.

den, weil er sich nach seinen eigenen Worten leidenschaftlich in das verliebt hatte, was er machte: spielen und mit anderen spielen. „Irgendwie", hat er gesagt, „wollen wir doch alle etwas machen, bei dem unsere Individualität akzeptiert wird." Natürlich war er der typische Künstleregomane. Aber einer, der die anderen, die an seinem sehr persönlichen Wahnsinn teilhatten, unendlich liebte und respektierte: „Für mich sind die Schauspieler das Wichtigste im Leben."

DirActor (der Buchtitel einer österreichischen Monografie) ist eine Berufsbezeichnung, die Cassavetes sicher gut gefallen hätte. Obwohl er in über siebzig Fernsehfilmen und Serienepisoden mitgespielt hat und in über zwanzig Kinofilmen (abgesehen von den eigenen), gründet sein Renommee auf einem guten halben Dutzend seiner zwölf Filme als Regisseur. Was schon den Erstling SHADOWS und dann vor allem FACES, HUSBANDS, MINNIE AND MOSKOWITZ, A WOMAN UNDER THE INFLUENCE und THE KILLING OF A CHINESE BOOKIE so einzigartig macht – nicht nur im amerikanischen, geschweige denn im Hollywood-Kino, sondern überhaupt in der Filmgeschichte –, ist der Umstand, daß diese Filme nahezu ausschließlich über die *performance* der Schauspieler konstituiert werden. Ihre künstlerische Form finden sie nicht durch ein Drehbuch, das es (außer bei SHADOWS) immer gab, oder durch eine raffinierte Dramaturgie oder eine auf Bildausschnitte und Kamerabewegungen hin konzipierte Formensprache. Im Eigentlichen geht es hier „nur" um die Darstellung von Menschen. Es wäre nicht erschöpfend, aber auch nicht gänzlich verkehrt, diese Werke als filmische Dokumentationen von möglichst naturalistisch nachgespielten Lebensausschnitten zu bezeichnen. Im künstlerischen Schaffen von Cassavetes sind die Filme integraler Teil eines Schauspielœuvres, das aus Workshops, Proben, Theateraufführungen (oder geprobten, aber nicht herausgebrachten Bühneninszenierungen) und eben diesen Kinoarbeiten besteht, *recorded pictures,* von Schauspielern, die ihr Innerstes nach außen kehren. Keine disziplinierte oder gar akademische Interpretation von Rollen, auch kein *method acting,* sondern das spontane, ungebremste Ausschöpfen sprachlicher und mimischer Möglichkeiten, ein Freilauf darstellerischer Energie, eine gänzlich un-verschämte Kunst.

In dem Maß, in dem die Schauspieler sozusagen vor nichts zurückschrecken, wird die Aufnahmetechnik zum bloßen Diener und die Montage des aufgenommenen Materials zu einer notwendigen, aber mitunter brachialen Organisation der Unmittelbarkeit. Die Verwirrung und die Intensität der Gefühle finden hier durchaus ihre formale Entsprechung. Cassavetes: „Ich verabscheue die Vorstellung, daß ein Film in einzelnen Bildausschnitten oder durch die Kamera gemacht wird. Ich glaube, man sollte nie eine Szene der Kamera anpassen, sondern vielmehr die Kamera der Szene." Das Ergebnis dieser Methode ist eine erstaunliche Transzendierung von Naturalismus. Indem Cassavetes im Äußeren das Innerste sucht, vermittelt die physische Wirklichkeit tatsächlich die existentielle Wahrheit seiner Welt. Immer hat Cassavetes auf seiner Spontaneität bestanden, immer hat er sich vor einem intellektuellen Zugang verwahrt. So ist denn auch OPENING NIGHT, der Film, der das Theater und den Schauspieler thematisiert, keine Reflexion über das Verhältnis von Darstellern und Dargestelltem, von Kunst und Leben. Bei Cassavetes ist immer alles eins. Zumindest sind die Grenzen, sollte es sie geben, fließend, wenn nicht unsichtbar. Oft erlauben uns weder die Kamera noch das Drehbuch noch die Schauspieler selbst, zu unterscheiden, wo eine Theaterszene beginnt und eine reale Situation aufhört. Ohnehin sind ja im Film beide aufgehoben und insofern untrennbar. Nirgendwo ist die Kreation von Beziehungsgeflechten und -verknotungen auf Entwirrung angelegt. Das unermeßliche Durcheinander der Gefühle bleibt, was es ist: ein chaotisches, schmerzhaftes, unbegreifliches Abenteuer.

Auch im privaten Miteinander war Cassavetes keiner, der klare Verhältnisse und wohlfeile Übereinstimmung liebte. Er provozierte gerne, widersprach, hatte enormen Spaß an Scheingefechten und konnte sich in jede Art von Affekt mit der gleichen Intensität hineinsteigern. Aber er war seismographisch sensibel, sein Lachen war oft hintergründig, seine Hau-den-Lukas-Kapriolen konnten mit brütender Depression abwechseln. Er trank gerne und rauchte viel. Jenseits all dessen hatte er eine unverbrüchliche, wenngleich wohl oft stürmische Beziehung zu seiner Frau und bevorzugten Darstellerin, Gena Rowlands. Und weil das private Leben in Cassavetes' Filme wie Lava einfloß, ist es sicher nicht falsch, in den gemeinsamen Arbeiten, angefangen mit FACES über A WOMAN UNDER THE INFLUENCE und OPENING NIGHT bis hin zu LOVE STREAMS auch Elemente einer Ehe-Chronik zu sehen.

Keine Frage: Diese Filme (und alle seine anderen) sind Liebesfilme. Zudem Beschwörungen von Lebenssituationen und Charakteren, deren gelegentlich tragische Größe nicht aus einer Überhöhung, sondern aus der Intensität selbst des Banalen und des Lächerlichen erwächst. Als Kehrseite der pulsierenden Individualität bleibt die Angst vor der Einsamkeit – „jene Ungewißheit", die mit dem „Verstreichen des Lebens zusammenhängt und mit dem Tod" (Cassavetes).

Der Tod ist unabwendbar und die Liebe, so scheint es, fast unauffindbar. Dennoch wird, wie immer ungeschickt oder mit den falschen Mitteln, nach ihr gesucht: Expeditionen in nur allzu bekannte, aber stets unvertraute Territorien des menschlichen Herzens. Minnie und Moskowitz und die Ehemänner, die Frau unter Einfluß und Gloria, der Nachtclubbesitzer, der einen chinesischen Buchmacher umbringen soll, und all die Richards und Chets und Myrtles und Sarahs und Roberts - sie wollen lieben und geliebt werden. Es ist ein Wollen bis zur völligen Erschöpfung, an dem auch Niederlagen nichts ändern, denn keine ist endgültig. Man muß immer einmal öfter aufstehen, als man umgehauen wird, heißt eine Maxime aus dem Boxsport, und bei Thomas Mann, der sich da auskannte, ist zu lesen, „daß beinahe alles Große als ein Trotzdem dasteht". Und so entläßt Cassavetes, seiner eigenen Imagination zum Trotz, sein Publikum (und sich selbst) ungerne in die düstere Konsequenz seiner Versicherungswelten. Wir wissen nicht, ob Cosmo am Ende von CHINESE BOOKIE wirklich stirbt, oder ob Mabel und Nick in WOMAN vielleicht doch noch zu einer „normalen" Beziehung finden, oder ob die ernüchtert heimkehrenden Ehemänner aus HUSBANDS nicht froh sind, in die Geborgenheit des Zuhauses zurückzukehren, ob der von Gangstern gejagte kleine Phil aus GLORIA seine Beschützerin an deren Grab wahrhaftig wiedersieht, und ob die wunderbar naiv-heitere Idylle einer Großfamilie in MINNIE AND MOSKOWITZ die Zukunft der beiden vorwegnimmt oder nur eine Vision, ein Märchenbild ist. Es ist nicht von ungefähr, daß diese Schlußszene auch aus einem Cassavetes-*home movie* stammen könnte. Zu sehen sind die Eltern, Kinder, Freunde und Freundeskinder des Regisseurs: ein Gruppenbild, eine Momentaufnahme des - möglichen? - unbeschwerten, unbeschädigten Glücks.

Die amerikanische Verfassung garantiert dem einzelnen den *pursuit of happiness*. Cassavetes' unheldische Mittelstandshelden arbeiten sich daran ab. Es ist ihre, es ist Cassavetes' Suche nach dem Heiligen Gral.

Georg Alexander

Filme als Regisseur (auch TV-Auswahl)

SHADOWS, 1959 (auch Autor, Darsteller); JOHNNY STACCATO (TV), 1959/60 (Regie bei einzelnen Folgen; auch Darsteller); TOO LATE BLUES, 1961 (auch Autor, Produzent); A PAIR OF BOOTS (TV-Kurzfilm), 1962; MY DADDY CAN LICK YOUR DADDY (TV-Kurzfilm), 1962/63 [▮ Robert Towne]; A CHILD IS WAITING, 1963; FACES, 1965/68 (auch Autor); HUSBANDS, 1970 (auch Autor, Darsteller); MINNIE AND MOSKOWITZ, 1971 (auch Autor, Darsteller) [▮ Martin Scorsese]; COLUMBO: ETUDE IN BLACK (TV), Regie: Nick Colosanto (= John Cassavetes und Peter Falk), 1972 (auch Darsteller); SHAFT (TV), 1973; A WOMAN UNDER THE INFLUENCE, 1972/74 (auch Autor); THE KILLING OF A CHINESE BOOKIE, 1976 (auch Autor); OPENING NIGHT, 1977 (auch Autor, Darsteller) [▮ Peter Bogdanovich]; GLORIA, 1980 (auch Autor); LOVE STREAMS, 1983 (auch Autor, Darsteller); BIG TROUBLE, 1985.

Filme als (Ko-)Autor

SHADOWS, Regie: John Cassavetes, 1959 (auch Darsteller); TOO LATE BLUES, Regie: John Cassavetes, 1961 (auch Produzent); FACES, Regie: John Cassavetes, 1965/68; HUSBANDS, Regie: John Cassavetes, 1970 (auch Darsteller); MINNIE AND MOSKOWITZ, Regie: John Cassavetes, 1971 (auch Darsteller) [▮ Martin Scorsese]; A WOMAN UNDER THE INFLUENCE, Regie: John Cassavetes, 1972/74; THE KILLING OF A CHINESE BOOKIE, Regie: John Cassavetes, 1976; OPENING NIGHT, Regie: John Cassavetes, 1977 (auch Darsteller) [▮ Peter Bogdanovich]; GLORIA, Regie: John Cassavetes, 1980; LOVE STREAMS, Regie: John Cassavetes, 1983 (auch Darsteller); SHE'S SO LOVELY, Regie: Nick Cassavetes, 1997.

Film als Produzent

TOO LATE BLUES, Regie: John Cassavetes, 1961 (auch Autor).

Filme als Darsteller (auch TV-Auswahl)

FOURTEEN HOURS, Regie: Henry Hathaway, 1951 (uncredited); PASO DOBLE (TV), 1953; TAXI, Regie: Gregory Ratoff, 1953; CRIME IN THE STREETS (TV), 1955; THE NIGHT HOLDS TERROR, Regie: Andrew L. Stone, 1955; CRIME IN THE STREETS, Regie: Don Siegel, 1956; AFFAIR IN HAVANA, Regie: László Benedek, 1957; EDGE OF THE CITY, Regie: Martin Ritt, 1957; SADDLE THE WIND, Regie: Robert Parrish, John Sturges, 1958; VIRGIN ISLAND, Regie: Pat Jackson, 1958; SHADOWS, Regie: John Cassavetes, 1959 (auch Autor); JOHNNY STACCATO (TV), Regie: John Cassavetes, 1959/60; THE WEBSTER BOY, Regie: Don Chaffey, 1962; THE KILLERS, Regie: Don Siegel, 1964; JOHN CASSAVETES (TV-Dok.), 1965; DEVIL'S ANGELS, Regie: Daniel Haller, 1967; THE DIRTY DOZEN, Regie: Robert Aldrich, 1967; GLI INTOCCABILI, Regie: Giuliano Montaldo, 1968; ROMA COME CHICAGO, Regie: Alberto De Martino, 1968; ROSEMARY'S BABY, Regie: Roman Polanski, 1968 [▮ Robert Evans]; IF IT'S TUESDAY, THIS MUST BE BELGIUM, Regie: Mel Stuart, 1969; HUSBANDS, Regie: John Cassavetes, 1970 (auch Autor); MINNIE AND MOSKOWITZ, Regie: John Cassavetes, 1971 (auch Autor) [▮ Martin Scorsese]; COLUMBO: ETUDE IN BLACK (TV), Regie: Nick Colosanto (= John Cassavetes und Peter Falk), 1972; MIKEY AND NICKY, Regie: ▮ Elaine May, 1973/76; CAPONE, Regie: Steve Carver, 1975 [▮ Roger Corman]; TWO MINUTE WARNING, Regie: Larry Peerce, 1976; OPENING NIGHT, Regie: John Cassavetes, 1977 (auch Autor) [▮ Peter Bogdanovich]; BRASS TARGET, Regie: John Hough, 1978; THE FURY, Regie: ▮ Brian De Palma, 1978; JOHN, GENA, PETER, BEN, SEYMOUR UND DIE ANDEREN (TV-Dok.), Regie: Georg Alexander, 1978; WHOSE LIFE IS IT ANYWAY?, Regie: John Badham, 1981; INCUBUS, Regie: John Hough, 1981; THE HAIRCUT, Regie: Tamar Simon Hoffs, 1982; THE TEMPEST, Regie: Paul Mazursky, 1982; ALMOST CRAZY (TV-Dok. über John Cassavetes), 1983; FRÄULEIN BERLIN, Regie: Lothar Lambert, 1983; LOVE STREAMS, Regie: John Cassavetes, 1983 (auch Autor); MARVIN AND TIGE, Regie: Eric Weston, 1983; SAM SHAW ON JOHN CASSAVETES (TV-Dok.), 1990; A PERSONAL JOURNEY WITH MARTIN SCORSESE THROUGH AMERICAN MOVIES (TV-Dok.), Regie: ▮ Martin Scorsese, Michael Henry Wilson, 1995 [▮ Francis Ford Coppola, ▮ Brian De Palma, ▮ George Lucas].

Literatur (Auswahl)

John Cassavetes: FACES. New York: Signet 1970. - John Cassavetes: MINNIE AND MOSKOWITZ. Los Angeles: Black Sparrow 1973. - Anthony Loeb: A Conversation with John Cassavetes. Chicago: Columbia College 1975. - Pierre Lachat: Das Leben an der Arbeit. In: Cinema (Zürich), Nr. 3, September 1979, S. 17-29. - Peter W. Jansen, Wolfram Schütte (Hg.): John Cassavetes. München: Hanser 1983. - Ray Carney: American Dreaming: The Films of John Cassavetes and the American Experience. Berkeley: University of Berkeley 1985. - Laurence Gavron, Denis Lenoir: John Cassavetes. Paris: Rivages 1986. - Thierry Jousse: John Cassavetes. Paris: Cahiers du Cinéma 1989. - Spécial John Cassavetes. Cahiers du Cinéma (Paris), Nr. 417, März 1989, S. 2-32. - Georg Seeßlen: Liebesströme, Todesbilder. Die Filme von John Cassavetes. In: epd Film (Frankfurt/M.), Nr. 6, Juni 1989, S. 18-25. - Milena Gregor (Red.): John Cassavetes. Berlin: Freunde der deutschen Kinemathek e.V. 1993. - Andrea Lang, Bernhard Seiter (Hg.): John Cassavetes. DirActor. Wien: PVS Verleger 1993. - Raymond Carney: The Films of John Cassavetes. Pragmatism, Modernism, and the Movies. Cambridge: Cambridge University 1994. - Richard Combs, B. Priestley: As Time Goes By. Beating Time. In: Sight and Sound (London), Nr. 12, April 1994, S. 24-27. - Michel Ciment u. a.: Dossier John Cassavetes. In: Positif (Paris), Nr. 377, Juni 1992, S. 79-104. - Anja Streiter: Das unmögliche Leben. Filme von John Cassavetes. Berlin: Vorwerk 8 1995. - Ray Carney (Hg.): Cassavetes on Cassavetes. London: Faber and Faber 2001 (dt.: Cassavetes über Cassavetes. Frankfurt/M.: Verlag der Autoren 2003). - Tom Charity: John Cassavetes. Lifeworks. London: Omnibus 2001.

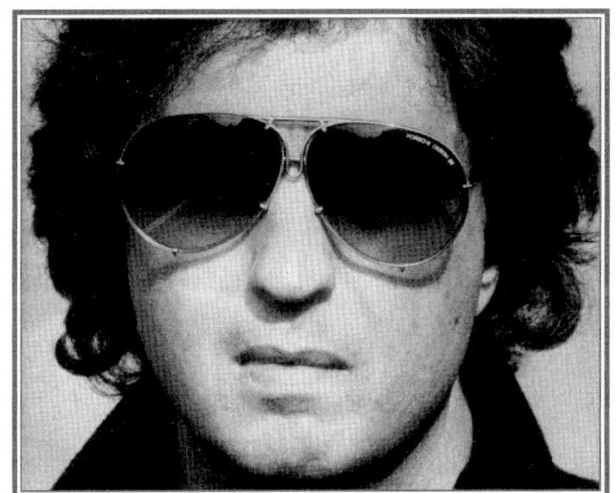

Michael Cimino

Michael Cimino,
Regisseur, Autor, Produzent; geboren am 16. November 1943 in New York City.
Der Sohn eines Musikwissenschaftlers wächst in Old Westbury, Long Island, auf und studiert zunächst Grafik und Malerei, später wechselt er für ein Kunstgeschichts- und Architekturstudium nach Yale.
Nach dem Militärdienst arbeitet er

Eine seltsame Karriere: zunächst der Aufstieg wie im Bilderbuch. Dann ein Absturz ohnegleichen. *The rise and fall of Michael Cimino.* Ein Drehbuch für Douglas Trumbull (SILENT RUNNING) eröffnete ihm die Chance, zusammen mit ▮ John Milius ein Script für Clint Eastwoods DIRTY HARRY-Serie zu schreiben: MAGNUM FORCE. Nach der Zusammenarbeit bot Eastwood ihm ein weiteres Projekt an, als Autor und Regisseur: THUNDERBOLT AND LIGHTFOOT, eine romantische Gaunerkomödie um verlorene Zeiten und neue Pläne, um alte Träume und neu gewonnene Freundschaften. Der Erfolg dieses Films an der Kasse (und bei der Kritik) ermöglichte Michael Cimino, sein Vietnamepos THE DEER HUNTER zu realisieren, mit dem er in Europa für Proteste sorgte und in Hollywood jede Menge Oscars einheimste. Sein sozialkritischer Western HEAVEN'S GATE aber, für den er eine Drehzeit von 25 Wochen, eine Schnittzeit von über einem Jahr und einen Etat von über 40 Millionen Dollar benötigte, ruinierte United Artists, eine der großen US-Filmgesellschaften. Selbst für amerikanische Verhältnisse war diese Gigantomanie eine Nummer zu groß.

HEAVEN'S GATE wurde zum Wendepunkt in Ciminos Karriere. Nach der Preminiere in New York ließen die Produzenten den Film um über ein Drittel bis zur Unkenntlichkeit verkürzen, diese Fassung wurde ein Debakel beim Publikum, ein „unqualifiziertes Desaster" für die amerikanische Kritik. Danach war für Cimino nicht mehr viel möglich. Ein opulenter Polizeifilm: YEAR OF THE DRAGON, ein engagiertes Remake: DESPERATE HOURS, interessant, streckenweise eindrucksvoll, aber nicht meisterlich. Der Rest blieb unentschiedenes Bemühen.

Dennoch: In den späten Siebzigern galt Michael Cimino als Wunderkind des amerikanischen Kinos. THE DEER HUNTER ist einer der wichtigsten Filme seiner Zeit: eine

Reflexion über die Folgen eines Krieges, physisch und psychisch (und über die Ideologie, die dem Vorschub leistet) – wie einst THE BEST YEARS OF OUR LIVES (1946) von William Wyler. Und HEAVEN'S GATE ist, in der authentischen Fassung, eine grandiose epische Auseinandersetzung mit den Lebensbedingungen im amerikanischen Westen am Ende des 19. Jahrhunderts.

Schon in seinem Debüt THUNDERBOLT AND LIGHTFOOT geht es um Individualisten, die ihr Selbstverständnis nehmen, um für sich neue Grenzen zu ziehen, um Außenseiter, die sich zu behaupten wissen gegenüber alten Komplizen, die mit der Waffe hinter ihnen her sind, wie gegenüber neuen Freunden, die sie in immer verrücktere Abenteuer hineinziehen. Schon da gibt es den Hang zum atmosphärischen Erzählen, das die Geschehnisse in Spannung setzt zu Landschaft oder Architektur, und die Neigung zu kontrastierender Dramaturgie, die das Gegensätzliche nicht glättet, sondern akzentuiert und hervorhebt und in immer andere Beziehungen bringt. Und es gibt die Aufmerksamkeit für Details, die äußerlich vom Rande her das Innerste im Zentrum stärken: Zuneigung etwa, indem einer dem anderen den größten Wunsch erfüllt – eine Fahrt durch ein zerklüftetes Valley im weißen Cadillac-Cabriolet.

In THE DEER HUNTER sind diese erzählerischen Prinzipien dann vollendet eingesetzt. Cimino erweist sich als ästhetischer Realist, der – in der Tradition von Stroheim, Renoir und Kubrick – auf visuelle Authentizität aus ist. Jedes Detail hat seinen stimmigen Platz: Gestik und Mimik der aus Rußland stammenden Einwanderer in Pennsylvania, Gang und Haltung ihrer Körper, ihre Kleidung, die Architektur ihrer Häuser und Kirchen, ihre Lieder, ihre Riten.

Im Mittelpunkt: ein paar Freunde, 1968, die in einer Stahlfabrik arbeiten, zusammen zur Jagd gehen und gerne ein paar Drinks nehmen, drei von ihnen stehen kurz vor der Abreise nach Vietnam, einer heiratet noch rasch. Ein Blick auf die Arbeitswelt, ein übermütiges Fest (das dem in Renoirs LA REGLE DU JEU oder dem in ▮ Coppolas THE GODFATHER in nichts nachsteht), Szenen einer obsessiven Jagd – und danach Vietnam: Leben und Leiden in einem schmutzigen Krieg.

Erzählt wird das alles radikal aus der Sicht der *young Americans*. Das heißt, Cimino diskutiert kein Für und Wider, sondern zeigt, wie für die drei Männer eines zum anderen kommt und plötzlich fremd ist, was zuvor so selbstverständlich war. Die Gefühle auf dem Fest und die Leidenschaft bei der Jagd sind so – wie später Wut und Ärger über die Ereignisse in Vietnam – subjektiv verstärkt. Es geht nicht um einen ausgewogenen Überblick, nicht um die nüchterne, sachliche Kommentierung des historischen Geschehens, sondern um die Erfahrung des einzelnen, seine persönliche Schwäche oder Stärke, sein Versagen im Moment oder seine Kraft, sich durchzusetzen.

Als zentrale Metapher dafür dient die Obsession eines Mannes, jede Jagd mit nur einem Schuß beenden zu wollen: „Two is pussy. A deer has to be taken with one shot." Cimino verdeutlicht, daß es dabei nicht ums Töten geht, sondern um die Auseinandersetzung mit den Kräften der Natur – die sein Protagonist als Frage seiner Ehre und Identität begreift. In Vietnam hilft ihm diese Haltung, zu überleben und die Freunde zu retten. Danach aber ist nichts mehr, wie es zuvor war – körperlich gebrochen der eine, psychisch zerrüttet der andere. Und den *hunter* zeigt Cimino immer steifer und verschlossener, bis er am Ende versteinert dasteht wie ein geschlagener Krieger, der die Uniform braucht, um die Fassung zu wahren. So werden die Wunden noch in der Bewährung sichtbar, die Verluste und Niederlagen, beim Versuch zu überleben.

Auch in HEAVEN'S GATE, einer Geschichte aus der Spätzeit des amerikanischen Westens, dem Johnson County War, interessieren Cimino eher Wunden, Verluste, Niederlagen. HEAVEN'S GATE ist, wie Cimino selbst sagt, „ein Film über Amerika, das versucht, Amerika zu werden". Gezeigt wird, wie deutsche und osteuropäische Einwanderer in Wyoming die selbstherrliche Macht der Viehbarone bekämpfen – und die sich dagegen wehren, indem sie Scharfschützen anheuern und einen Krieg beginnen, der in einem Massaker endet. „Arm zu sein", so das bitterböse, resignative Fazit, werde „gefährlich in diesem Land".

Wieder setzt Cimino seinen detailbesessenen, auf Genauigkeit, auf Authentizität zielenden Stil fort. Wie Erich von Stroheim rekonstruiert er nicht filmisch eine jeweilige Realität, sondern organisiert sie neu vor der Kamera, um sie dann „einzufangen". Deshalb dreht er in natürlichen Dekors, die er nach historischen Vorgaben verändert. Wobei er nicht einzelnes zusammensetzt, sondern Kontinuität erreichen will: die Atmosphäre einer bestimmten Zeit an einem bestimmten Ort. Ohne Rücksicht auf Geld und Zeit suchte er dafür nach den passenden Komparsen (angeblich über 2 000), nach authentischer Ausstattung, den historischen Kostümen und Requisiten: nach Kleidern aus rauhem Leinen, Hüten aus unterschiedlichsten Ländern, Mandolinen aus dem 19. Jahrhundert.

Cimino bekannte einmal, er wolle nicht, daß seine Zuschauer bloß „schauen", sondern „glauben, irgendwo gewesen zu sein". Für ihn kommt das Kino zu sich selbst, indem es ein paralleles Leben zum Vorschein bringt. So eröffnen seine Filme für Augenblicke einen besonderen Blick auf die Welt, mal elegisch wie in THUNDERBOLT AND LIGHTFOOT, mal radikal subjektiv wie in THE DEER HUNTER, mal historisch-kritisch wie in HEAVEN'S GATE.

Norbert Grob

als Schnitt-Assistent bei einer Industrie- und Dokumentarfilmproduktion und nimmt Schauspielunterricht. Ende der sechziger Jahre hat er erste Erfolge mit TV-Werbeclips. 1971 zieht Cimino von New York nach Hollywood und beginnt, Drehbücher zu schreiben. Von Clint Eastwood protegiert, kann Cimino sein Buch „Thunderbolt and Lightfoot" auch selbst inszenieren. Gleich sein nächster Film THE DEER HUNTER erhält neun Oscar-Nominierungen und gewinnt in fünf Kategorien: Bester Film, Beste Regie, Bester Nebendarsteller, Bester Filmschnitt, Bester Sound. Im September 2001 wird Michael Cimino in Deauville zum Chevalier des Arts et Lettres geschlagen und für seinen in Frankreich bei Gallimard veröffentlichten ersten Roman „Big Jane" mit dem Prix Littéraire ausgezeichnet.

Filme als Regisseur
THUNDERBOLT AND LIGHTFOOT, 1974 (auch Autor); THE DEER HUNTER, 1978 (auch Autor, Produzent); HEAVEN'S GATE, 1980 (auch Autor); YEAR OF THE DRAGON, 1985 (auch Autor); THE SICILIAN, 1987 (auch Produzent); DESPERATE HOURS, 1990 (auch Produzent) [▮ Robert Evans]; THE SUNCHASER, 1996 (auch Produzent).

Filme als (Ko-)Autor
SILENT RUNNING, Regie: Douglas Trumbull, 1972; THUNDERBOLT AND LIGHTFOOT, Regie: Michael Cimino, 1974; THE DEER HUNTER, Regie: Michael Cimino, 1978 (auch Produzent); MAGNUM FORCE / CALAHAN, Regie: Ted Post, 1973 [▮ John Milius]; THE ROSE, Regie: Mark Rydell, 1979; HEAVEN'S GATE, Regie: Michael Cimino, 1980; YEAR OF THE DRAGON, Regie: Michael Cimino, 1985.

Filme als (Ko-)Produzent
THE DEER HUNTER, Regie: Michael Cimino, 1978 (auch Autor); THE SICILIAN, Regie: Michael Cimino, 1987; DESPERATE HOURS, Regie: Michael Cimino, 1990 [▮ Robert Evans]; THE SUNCHASER, Regie: Michael Cimino, 1996.

Auftritt im Film
SEARCHING FOR MICHAEL CIMINO (TV), 2003.

Literatur (Auswahl)
John Pym: A Bullet in the Head. Vietnam Remembered. In: Sight and Sound (London), Nr. 2, Frühjahr 1979, S. 82 ff. – o. A.: Dokumentation: Reaktionen auf den US-amerikanischen Film THE DEER HUNTER. In: Film und Fernsehen (Berlin/DDR), Nr. 4, April 1979. – Norbert Grob: Vom Abenteuer des zweiten Blicks. In: Medium (Frankfurt/M.), Nr. 6, 1979, S. 27–35. – Rob Edelman: Viet Vets Talk About Nam Films. In: Films in Review (New York), Nr. 9, November 1979, S. 539 ff. (über die Filme THE DEER HUNTER, APOCALYPSE NOW und COMING HOME). – Hartmut Bitomsky: Krise der Continuity. THE DEER HUNTER. In: Filmkritik (München), Nr. 6, Juni 1980. – Herb A. Lightman: The Film that Took on a Life of Its Own (Interview). In: American Cinematographer (Hollywood), Nr. 11, November 1980, S. 1114 ff. – Richard Corliss: How to Play Hollywood Hara-Kiri. In: Time Magazine, Nr. 48, 1.12.1980, S. 54. – Steven Bach: Final Cut. Dreams and Disasters in the Making of HEAVEN'S GATE. New York: Morrow 1985. – Michael Bliss: Martin Scorsese and Michael Cimino. Metuchen, N. J.: Scarecrow 1985. – Michael Cimino, T. McGrath: Conquering Horse. In: Cahiers du Cinéma (Paris), Nr. 400, Oktober 1987, S. 36–45 (nicht realisiertes Drehbuch). – Michael Althen: Mut zur Vision (Interview). In: Süddeutsche Zeitung (München), 14.1.1988. – Jean-Claude Jaubert: Virilité et machisme dans le cinéma de Michael Cimino. In: Jeune Cinéma (Paris), Nr. 190, September/Oktober 1988, S. 8–17. – John Andrew Gallagher: Film Directors on Directing. New York/Westport/London: Greenwood 1989 (darin: Michael-Cimino-Interview, S. 37 ff.). – Michael Cimino: Big Jane. Paris: Gallimard 2001. – Michael Althen: Michael Cimino oder: Gut, daß es Franzosen gibt. In: Frankfurter Allgemeine Zeitung, 2.10.2001.

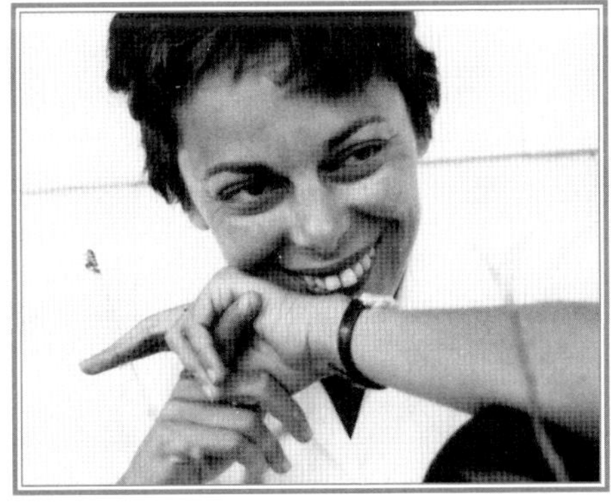

Shirley Clarke,
Dokumentarfilmerin; geboren am 2. Oktober 1925 in New York City, gestorben am 23. September 1997 in Boston, Massachusetts.

Shirley Clarke

Die Kinder von Rossellini und Merce Cunningham, so sahen sich die New Yorker Filmemacher der frühen sechziger Jahre. Es treibt sie auf die Straße, unter die Menschen der großen Stadt, aber im Kopf haben sie fremde Rhythmen, Klänge, Ekstasen. Der Neorealismus hat ihnen den entscheidenden Impuls gegeben, aber es sind Jazz und moderner Tanz, von denen ihr Denken und Filmen den Rhythmus hat. „SHADOWS haben wir zum großen Teil in einem Ballettstudio gedreht", erzählt ▮ John Cassavetes in Ray Carneys „Cassavetes on Cassavetes" und fährt fort, „über unseren Köpfen, im Saal drüber, konnte man Bob Fosse und seine Truppe tanzen hören." Cassavetes hat Clarke maßlos verehrt, sie hatte ihm für SHADOWS ihre Filmausrüstung geliehen: „Ich hoffe, eines Tages wird man mich mit ihr vergleichen." Sie haben die gleiche Motivation, was das Filmemachen angeht, das gleiche Interesse – die Frage, wie Wirklichkeit und Fiktion sich verheddern ineinander, wie die Wirklichkeit uns zwingt, uns ständig neu zu erfinden, uns mit uns selbst zu konfrontieren im Prozeß des alltäglichen *acting*. In PORTRAIT OF JASON, ihrem dritten langen Film, gibt Shirley Clarke dem professionellen Performer Jason, der schwarz ist und schwul, die

Gelegenheit, sich selbst darzustellen, und er tut das mit allen *tricks of his trade,* mit Geschichten, Anekdoten, Stimmungen, so daß man am Ende nicht mehr weiß, wo das Leben geendet und das Lügen begonnen hat.

Als sie „The Connection" verfilmte, Jack Gelbers Broadway-Skandalerfolg, inszeniert vom Living Theatre, über eine Handvoll Junkies in einer New Yorker Absteige, stand für Clarke von Anfang an fest, das Geschehen sollte im Film wie eine Pseudodokumentation präsentiert werden – gewissermaßen mit der Kamera als eigene Person, die verstohlen durch den Raum schleicht, ihre Blicke über die Leute streichen läßt, die auf ihren Dealer warten wie im europäischen Theater die Tramps auf Godot. Ein Fremder, ein Beobachter von draußen also, der diese Atmosphäre von Verstohlenheit und Wahrgenommenwerdenwollen registriert, diese Mischung von Verismus und Voyeurismus.

Was andernfalls womöglich eine simple New Yorker Variation der *bas-fonds*-Thematik geworden wäre, ist so der Beginn eines Diskurses über die Formen der Kommunikation in den großen Städten, der dann in THE COOL WORLD eine atemberaubende Dichte und Direktheit findet, wenn Clarke in die Straßen von Harlem geht und das Leben der Schwarzen filmt, der Kids und der kleinen, fast noch halbwüchsigen Gangster, der Eltern und der Lehrer.

The piece nennen sie das, worum das Leben der Jungen sich dreht, die Pistole, die sie sich um jeden Preis verschaffen wollen, die ihnen Zugang sichern wird zur Bande, die Anerkennung, die Sicherheit. Fast obszön ist die Einstellung, in der anfangs das Gangstermädchen seine Handtasche aufmacht und das wertvolle Stück darin zeigt – Shirley Clarke haßt ansonsten die Großaufnahme, weil sie dem Blick der Kamera die Körper der Menschen entzieht.

Kontemplation war ihr wichtig, als wesentlicher Teil aller Action. Als Tänzerin hat sie angefangen; ihre ersten Filme hat sie über Ballettperformances gemacht. Das hat sie gelehrt, auf Nuancen zu reagieren, ein kaum merkliches Zucken der Achseln, eine angedeutete Drehung des Kopfes, ein irrer innerer Jazz, der in einem hektischen Rennen zum Ausdruck drängt. Sie lauscht auf die Rhythmen des modernen Lebens, ist eine filmische Ethnographin, die arbeitet mit den Mitteln der modernen Choreographie. Den Gefahren des platten plakativen Feminismus ist sie entgangen, weil sie sich von vornherein spontan in fremde Randgruppen projizierte. Und dadurch ein starkes politisches Bewußtsein entwickelte: „I think men are scared. It's part of the destructiveness in this world. They can see the end in sight. If they're going to go down they want to take everything with them."

ROME IS BURNING hat Noël Burch den Film genannt, den er über Clarke drehte für die Reihe „Cinéma de notre temps". Durch THE COOL WORLD sind Leute wie Preminger und ▮ Corman auf sie aufmerksam geworden, konfrontiert mit der erschreckenden Präzision ihres filmischen Blicks. Rivette hat sie verehrt, der Tänzer-Regisseur der Nouvelle Vague, er war bei dem großen Interview dabei, das die „Cahiers du Cinéma" mit ihr brachten, im Oktober 1968. Man spürt beim Lesen, was sie verbindet – die Vorstellung vom idealen Cineasten, von einem Filmemacher, der es versteht, ein Teil der Welt zu sein, die er filmt, und doch genügend Distanz zu haben für die Beobachtung. Ein Bild begleitet das Interview, Shirley Clarke und ihr Double: Sie hockt im Dunkel, in mysteriöser Doppelbelichtung, eine einsame Silhouette unter archaischen afrikanischen Holzfiguren. Ein kontemplativer Irrwisch, ein Puck, der sich seine nächsten Sprünge ausdenkt.

Fritz Göttler

Filme als Regisseurin

DANCE IN THE SUN, 1953 (auch Kamera, Cutterin, Choreographin, Produzentin); IN PARIS PARKS, 1954 (auch Kamera, Cutterin, Choreographin, Produzentin); BULLFIGHT, 1955 (auch Kamera, Cutterin, Choreographin, Produzentin); A MOMENT IN LOVE, 1957 (auch Kamera, Cutterin, Choreographin, Produzentin); BRUSSELS LOOPS, 1958 (auch Kamera, Cutterin, Produzentin); THE SKYSCRAPER, Ko-Regie: Willard Van Dyke, Donn Alan Pennebaker, Richard Leacock, Wheaton Galentine, 1958 (auch Produzentin); BRIDGES-GO-ROUND, 1958/59 (auch Kamera, Cutterin, Produzentin); THE CONNECTION, 1960 (auch Cutterin, Produzentin); A SCARY TIME, 1960 (auch Autorin, Kamera); THE COOL WORLD, 1963 (auch Autorin, Cutterin) [▮ Frederick Wiseman]; ROBERT FROST: A LOVER'S QUARREL WITH THE WORLD, 1963/64; PORTRAIT OF JASON, 1967 (auch Cutterin, Sprecherin, Produzentin); MAN IN POLAR REGIONS, 1967; FOUR JOURNEYS INTO MYSTIC TIME (MYSTERIUM/TRANS/ONE-TWO-THREE/INITIATION) (Video), 1978–80; A VISUAL DIARY, 1980; SAVAGE/LOVE (Video), 1981; TONGUES (Video), 1982; PERFORMANCE, 1982; THE BOX, 1983; ORNETTE COLEMAN: A JAZZ VIDEO GAME, 1984; ORNETTE: MADE IN AMERICA, 1985 (auch Cutterin).

Filme als Autorin

A SCARY TIME, Regie: Shirley Clarke, 1960 (auch Kamera); THE COOL WORLD, Regie: Shirley Clarke, 1963 (auch Cutterin) [▮ Frederick Wiseman].

Filme als Kamerafrau

DANCE IN THE SUN, Regie: Shirley Clarke, 1953 (auch Cutterin, Choreographin, Produzentin); IN PARIS PARKS, Regie: Shirley Clarke, 1954 (auch Cutterin, Choreogra-

Besuch des Stephens College, der John Hopkins University, des Bennington College und der University of North Carolina. Mit vierzehn Jahren nimmt sie Tanzunterricht unter anderem bei Martha Graham, tritt in deren Kompanie auch als Tänzerin auf und präsentiert ihre erste Arbeit als Choreographin mit siebzehn, drei Jahre später wird sie Präsidentin der National Dance Association. Ihre ersten filmischen Experimente ab 1953 reflektieren Clarkes Arbeit als Choreographin und Tänzerin. Im September 1960 gründet sie mit Jonas Mekas, ▮ Emile de Antonio und anderen die New American Cinema Group (später: Filmmakers' Cooperative), in der sich 23 Filmemacher der Ostküste zusammenschließen. Ihr Dokumentarfilm ROBERT FROST: A LOVER'S QUARREL WITH THE WORLD wird mit einem Oscar ausgezeichnet. Neben ihrer Arbeit als Regisseurin unterrichtet Shirley Clarke ab 1975 an der University of California Los Angeles (UCLA) Film und Video.

phin, Produzentin); BULLFIGHT, Regie: Shirley Clarke, 1955 (auch Cutterin, Choreographin, Produzentin); A MOMENT IN LOVE, Regie: Shirley Clarke,1957 (auch Cutterin, Choreographin, Produzentin); BRUSSELS LOOPS, 1958 (auch Cutterin, Produzentin); BRIDGES-GO-ROUND, 1958/59 (auch Cutterin, Produzentin); A SCARY TIME, 1960 (auch Autorin).

Filme als Cutterin

DANCE IN THE SUN, Regie: Shirley Clarke, 1953 (auch Kamera, Choreographin, Produzentin); IN PARIS PARKS, Regie: Shirley Clarke, 1954 (auch Kamera, Choreographin, Produzentin); BULLFIGHT, Regie: Shirley Clarke, 1955 (auch Kamera, Choreographin, Produzentin); A MOMENT IN LOVE, Regie: Shirley Clarke, 1957 (auch Kamera, Choreographin, Produzentin); BRUSSELS LOOPS, Regie: Shirley Clarke, 1958 (auch Kamera, Produzentin); BRIDGES-GO-ROUND, Regie: Shirley Clarke, 1958/59 (auch Kamera, Produzentin); OPENING IN MOSCOW, Donn Alan Pennebaker, 1959/60; THE CONNECTION, Regie: Shirley Clarke, 1960 (auch Produzentin); THE COOL WORLD, Regie: Shirley Clarke, 1963 (auch Autorin) [▮ Frederick Wiseman]; PORTRAIT OF JASON, Regie: Shirley Clarke, 1967 (auch Sprecherin, Produzentin); THE MARCH ON PARIS 1914, Regie: Walter Gutman, 1977; ORNETTE: MADE IN AMERICA, Regie: Shirley Clarke, 1985.

Filme als Produzentin

DANCE IN THE SUN, Regie: Shirley Clarke, 1953 (auch Kamera, Schnitt, Choreographin); IN PARIS PARKS, Regie: Shirley Clarke, 1954 (auch Kamera, Cutterin, Choreographin); BULLFIGHT, Regie: Shirley Clarke, 1955 (auch Kamera, Cutterin, Choreographin); A MOMENT IN LOVE, Regie: Shirley Clarke, 1957 (auch Kamera, Cutterin, Choreographin); BRUSSELS LOOPS, 1958 (auch Kamera, Cutterin); THE SKYSCRAPER, Regie: Shirley Clarke, Willard Van Dyke, Donn Alan Pennebaker, Richard Leacock, Wheaton Galentine, 1958; BRIDGES-GO-ROUND, 1958/59 (auch Kamera, Cutterin); THE CONNECTION, Regie: Shirley Clarke, 1960 (auch Cutterin); PORTRAIT OF JASON, Regie: Shirley Clarke, 1967 (auch Cutterin, Sprecherin).

Filme als Darstellerin (auch Auftritt)

ROME IS BURNING. PORTRAIT OF SHIRLEY CLARKE (TV), 1968; LION'S LOVE, Regie: Agnès Varda, 1969 [▮ Peter Bogdanovich].

Literatur (Auswahl)

o. A.: Shirley Clarke. Lady with a Lens. In: New York Times, 4. 9. 1955. – Shirley Clarke: The Expensive Art. A Discussion of Film Distribution and Exhibition in the U. S.; Henry Breitrose: Films of Shirley Clarke. In: Film Quarterly (Berkeley), Nr. 4, Sommer 1960, S. 19–34; 57 f. – Gideon Bachmann: Shirley Clarke. In: Film Quarterly (Berkeley), Nr. 14, 1961, S. 13–14. – Eugene Archer: Woman Director Makes the Scene. In: New York Times Magazine, 26. 8. 1962. – Shirley Clarke: THE COOL WORLD (Interview). In: Films and Filming (London), Nr. 3, Dezember 1963, S. 7–8. – Harriet Polt: Interview with Shirley Clarke. In: Film Comment (New York), Nr. 2, Frühjahr 1964, S. 31 f. – Axel Madsen: Recontre avec Shirley Clarke. In: Cahiers du Cinéma (Paris), Nr. 153, März 1964, S. 20–26. – Shirley Clarke und Stan Brakhage. In: Film (Velber), Nr. 3, 1966, S. 24 f. – Gretchen Berg: Interview with Shirley Clarke. In: Film Culture (New York), Nr. 44, Frühjahr 1967, S. 52 ff. – Shirley Clarke, Storm De Hirsch: Female Filmmaking. In: Arts, Nr. 41, April 1967, S. 23 f. – Shirley Clarke: Cine-Dance. A Statement on Dance and Film. In: Dance Perspectives (New York), Nr. 30, Sommer 1967, S. 2 ff. – Shirley Clarke and Storm De Hirsch. A Conversation. In: Film Culture (New York), Nr. 46, Herbst 1967 (auch in: Karyn Kay, Gerald Peary: Woman and the Cinema. New York: E. P. Dutton 1977.). – Michael Delahaye, Jacques Rivette: Entretiens. Le Départ pour Mars. In: Cahiers du Cinéma (Paris), Nr. 205, Oktober 1968, S. 22–33. – o. A.: Shirley Clarke. Retrospective at the Museum of Modern Art. In: Village Voice (New York), Nr. 20, 20. 5. 1971. – S. Rice: Shirley Clarke. Image and Ideas. In: Take One (Montreal), Nr. 2, Februar 1972, S. 20 ff. – K. Cooper: Shirley Clarke. In: Filmmakers Monthly/Newsletter (New York), Nr. 8, Juni 1972, S. 34–38. – Marjorie Rosen: Shirley Clarke. Videospace Explorer. In: Ms., Nr. 10, April 1975, S. 107–110. – Rosemary A. R. Kowalski: A Vision of One's Own. Four Women Film Directors. Ann Arbor: University of Michigan 1980 (Diss.). – B. Bebb: The Many Media of Shirley Clarke. In: Journal of the University Film & Video Association (Carbondale, IL.), Nr. 2, Frühjahr 1982, S. 3–8. – Louise Heck-Rabi: Women Filmmakers: A Critical Reception. Metuchen: Scarecrow 1984, S. 275 ff. – Lauren Rabinovitz: Points of Resistance: Women, Power & Politics in the New York Avantgarde Cinema 1943–1971. Urbana: University of Illinois 1991 (darin: Shirley Clarke, S. 92–149.). – Karlheinz Oplustil: Shirley Clarke, 2. 10. 1925 – 23. 9. 1997. In: epd Film (Frankfurt/M.), Nr. 12, Dezember 1997, S. 16 f. – Jean-Pierre Coursodon: Shirley Clarke. 1925–1997. In: Positif (Paris), Nr. 444, Februar 1998, S. 94 f. – Edward Lawrenson: Shirley Clarke. B. 2 October 1925, d. 23 September 1997. In: Sight and Sound (London), Nr. 3, März 1998, S. 31.

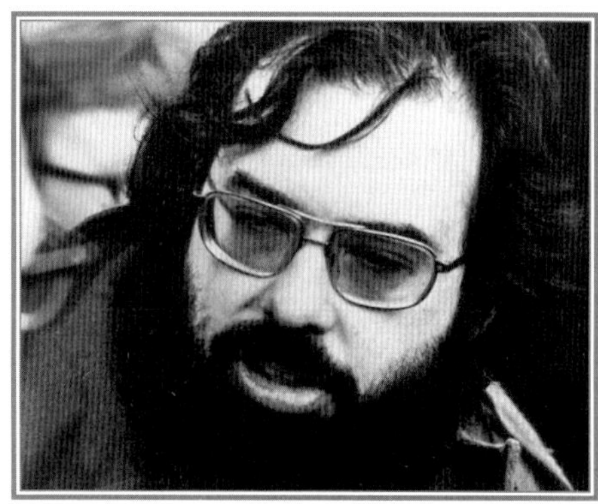

Francis Ford Coppola

„Leave the gun, take the Canoli."

Mitte der Siebziger war Francis Ford Coppola der neue Gott Hollywoods. Er hatte mit THE GODFATHER einen der erfolgreichsten Filme aller Zeiten gedreht, in Cannes für THE CONVERSATION die Goldene Palme gewonnen, dieser Film und THE GODFATHER II waren für den Oscar in der Kategorie Bester Film nominiert. Kein Ziel schien für Coppola unerreichbar: Er war vermögend, besaß in San Francisco ein Studio, eine Zeitung und ein Theater sowie ein Weingut in Napa Valley. Wenn Coppola jemals seinem Traum, das Leben des Cosimo Medici im 20. Jahrhundert zu leben, nahe war, dann in jenen Tagen im März 1975.

Die beiden ersten GODFATHER-Filme sind außergewöhnliche Zeugnisse des nationalen Selbstverständnisses ihrer Zeit, beim Publikum ebenso erfolgreich wie bei der Kritik, dicke Bücher sind über sie geschrieben worden und eine endlose Reihe von Artikeln. Beide Filme entstanden als Auftragsarbeiten innerhalb des Studiosystems und sind doch sehr persönliche, nahezu private Werke.

Sein Name steht heute, in der Rückschau, eher für grandiose Schlachten und großartige Niederlagen als für das Intime. Und doch ist der Versuch, mit jeder Geschichte die eigene emotionale Innenwelt anzuzapfen, das verbindende Element seiner Filme. Je stärker ihm dies gelang, desto eindrucksvoller der Film. Erstaunlich, daß er vielleicht gerade bei den Filmen am weitesten gehen konnte, die er am distanziertesten begonnen hatte: die beiden ersten Teile der GODFATHER-Trilogie und einige Jahre später APOCALYPSE NOW.

Möglicherweise kann man Coppola – seine Person, seine Obsessionen, seine Kunst und seine Träume – am ehesten verstehen, wenn man sich auf diese kleinen Momente konzentriert. Denn obwohl viele Figuren – Michael (Al Pacino) in THE GODFATHER oder Captain Willard (Martin Sheen) in APOCALYPSE NOW und auch Harry Caul (Gene Hackman) in THE CONVERSATION – von großen Plots und Geschichten umgeben sind, sind sie Einzelgänger, entschieden private Figuren. Sie sind, wie Michael Ondaatje formuliert, wie Einwegspiegel, durch die sie nach draußen schauen können, sich selten offenbaren und häufig im Krieg mit der äußeren Welt liegen. Wollte man Coppolas Filme in einem Bild beschreiben, so müßte man sich eine einzige Einstellung vorstellen, eine Großaufnahme eines humanen, eines zutiefst menschlichen Gesichts vor dem Panorama einer unglaublich gewaltigen historischen Aktion. Hintergrund und Vordergrund wären dabei in ständigem Wechselspiel – ohne jemals die Balance zu verlieren.

Die beiden frühen GODFATHER-Filme erzählen auf ganz unterschiedliche Weise vom Umgang mit Macht und von den Deformationen, die sie bei jeder Persönlichkeit innerhalb der Gesellschaft hinterläßt. Für Coppola, der sich gegen die Hollywood-Maschinerie immer wehrte, diese gleichzeitig aber einzigartig zu bedienen wußte und am Ende von ihr fast zermalmt wurde, ist genau dieses Sujet das Lebensthema.

An der Oberfläche erzählt THE GODFATHER die Geschichte der Familie Corleone, ihrer Geschäfte und ihrer Verstrickungen, ihrer Machtkämpfe mit Konkurrenten wie auch die der vier Brüder untereinander. THE GODFATHER ist ein Film voller expliziter Gewalt, grausiger Morde und eiskalter Hinrichtungen: der Mord an Luca Brasi (Lenny Montana) etwa, der Pferdekopf im Bett des Hollywood-Produzenten Jack Woltz (John Marley) oder die Hinrichtung Sonnys (James Caan) auf offener Straße. Coppola beschritt hier Wege, die neu waren in Hollywood und gerade erst durch Arthur Penns BONNIE AND CLYDE (1967) entdeckt worden waren.

Im Kern aber erzählt der Film die Geschichte des jüngsten Sohnes: Michael, der zu Beginn noch ein Außenseiter ist (er hat als einziger das College besucht und trägt die Uniform der amerikanischen Armee) und am Ende die Verantwortung für die ganze Familie Corleone übernimmt – die Geschichte einer Verwandlung. Zwei Szenen sind es, die diese Metamorphose beschreiben. Zwei Szenen, in denen sich Coppolas große Regiekunst offenbart. Die erste spielt innen, in einem jener braun-schwarz getäfelten Zimmer, die die Welt des „Godfather" beherrschen und mit denen der Ausstatter Dean Tavoularis auch die Seelenwelt des Films beschreibt. Der alte Don (Marlon Brando), Vito Corleone, liegt nach einem Mordanschlag im Krankenhaus, und Michael hat dort nur mit Mühe (und einem blauen Auge) einen zweiten Mordversuch verhindern können. Die Brüder und ihre Capos Tessio (Abe Vigoda) und Clemenza (Richard Castellano) beraten sich.

Die Diskussion geht hin und her, aber das Unumgängliche scheint unmöglich: den korrupten Polizisten McCluskey (Sterling Hayden) und den Drogenhändler

Francis Ford Coppola,
Regisseur, Autor, Produzent; geboren am 7. April 1939 in Detroit, Michigan. 1959 schließt er an der Hofstra University in Hampstead, New York, sein Theaterstudium als Bachelor of Arts ab. An der University of California Los Angeles (UCLA) studiert er anschließend Film, arbeitet bereits während seiner Studienzeit als Assistent von Roger Corman und ist für Umschnitte und Synchronisationen verschiedener Produktionen von American International Pictures (AIP) verantwortlich. Für das mit Edmund H. North geschriebene Drehbuch für Franklin J. Schaffners PATTON wird Coppola 1971 mit einem Oscar ausgezeichnet. Nach THE GODFATHER I und II, APOCALYPSE NOW und weiteren Erfolgen als Produzent (George Lucas' AMERICAN GRAFFITI) und Drehbuchautor (Jack Claytons THE GREAT GATSBY) gehört er Mitte der siebziger Jahre zu den einflußreichsten Filmemachern Hollywoods. Nach dem finanziellen Fiasko von ONE FROM THE HEART muß Coppola die erst 1980 gegründeten Zoetrope-Studios verkaufen. Unter den Auszeichnungen Coppolas befinden sich allein sieben Oscars für die ersten beiden Teile der GODFATHER-Trilogie. 1979 wird APOCALYPSE NOW auf dem Internationalen Filmfestival in Cannes mit einer Goldenen Palme ausgezeichnet. Heute arbeitet Francis Ford Coppola als freier Produzent, Regisseur, Winzer und Hotelier.

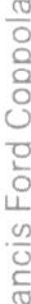

Solozzo (Al Lettieri) einfach aus dem Wege zu räumen. Aus der von schnellen Schnittfolgen beherrschten Szene entwickelt sich eine ruhige Zufahrt. Michael hat bisher geschwiegen, doch jetzt ergreift er das Wort: „Ich werde es tun. Allein."

Die Zufahrt ist leicht untersichtig, und in dem Gelächter der anderen zeigt Michael sein wahres Gesicht: zu großer Härte bereit, wenn es um die Existenz der Familie geht, und entschlossen, mit kaltem Kalkül auch unkonventionelle Wege zu gehen. Wenn im nächsten Schnitt groß der präparierte Revolver gezeigt wird, mit dem die Tat ausgeführt werden soll, ist der Wechsel vollzogen. Michael wird Amerika verlassen müssen, und wenn er aus dem Versteck in Sizilien zurückkehrt, ist er ein anderer.

Auf den ersten Blick viel unspektakulärer, doch gleichsam noch kunstvoller ist der Moment, in dem Michael von seinem alten Vater die Macht übergeben wird. Es ist dies ein einfaches Gespräch im spätsommerlichen Garten, der Vater in Freizeitkleidung, Michael in Hemdsärmeln, sie trinken Wein und essen Oliven. Vito denkt über sein Leben nach, aber immer wieder unterbricht er sich und gibt Michael Anweisungen zum Geschäft.

Michael versucht, den Vater wieder und wieder zu beruhigen, zu besänftigen, am Ende beugt er sich vor und legt seine Hand auf das Knie des Vaters: „Ich kümmere mich darum. Ich kümmere mich um alles, Papa." Der Vater stutzt einen Augenblick, er schweigt und blickt zum Himmel. Dann steht er auf und setzt sich in einen Korbstuhl hinter dem Sohn. Die Kamera faßt nun beide Köpfe in einer Einstellung: Sie schauen sich nicht an und sind einander doch zugewandt.

Vollkommen und dabei so einfach wirkt diese Szene: Der alte Don (Brando war zum Zeitpunkt der Dreharbeiten noch keine fünfzig Jahre alt), der sich vom Leben verabschiedet, der junge Michael (Pacino stand nach seiner ersten wirklich bedeutenden Rolle in ▮ Jerry Schatzbergs THE PANIC IN NEEDLE PARK am Anfang seiner Karriere), der sich anschickt, die Macht zu übernehmen, die kleinen Erschütterungen der beiden, Michaels Sorge und Fürsorge. Ein zärtlicher Augenblick des Einverständnisses, ein seltener Moment voller Wärme in diesem Film der kühlen Macht.

Am Ende stirbt der Vater, und Michael ist der neue Don. Auch dies wird ganz unspektakulär erzählt. Clemenza, der in Michaels Auftrag gerade dessen Schwager, Connys Bruder, ermordet hat, küßt ihm, dem neuen Don, die Hand. Dann schließt sich die Zimmertür mit einem deutlichen Klick (▮ Walter Murch, der Toncutter, hatte unzählige Türen hierfür ausprobiert). Wir, die Zuschauer, bleiben mit Kay, Michaels Ehefrau (Diane Keaton) ausgesperrt. Michael schließt nicht nur die Tür, sondern sein Gefühls- und Seelenleben in diesem Zimmer ein.

Was für Konsequenzen dies für ihn hat, zeigt Coppola dann umso dramatischer und eindrucksvoller im zweiten Teil. Am Ende von THE GODFATHER II sitzt Michael, ein alter Mann, von allen verlassen, auf einem Stuhl zwischen dem zusammengekehrten Herbstlaub am Lake Tahoe (der zweite Teil wurde nur drei Jahre nach dem ersten gedreht). Die roten Blätter wehen um ihn, er ist mächtig und reich – aber allein. Sein Gesicht spiegelt nur noch Leere und Erschöpfung. Auch hier eine langsame Zufahrt, diesmal eher von hinten und leicht oben, dann setzen Musik und Titel ein.

Francis Ford Coppola antizipierte im Aufstieg und Fall Michael Corleones Parallelen zu seinem eigenen Leben. Wenig später machte Coppola aus dem Versuch, auf den Philippinen einen kommerziellen Vietnam-Action-Film zu drehen, eine noch intensivere, radikalere Reise in die eigenen Innenwelten. Er riskierte alles und gewann sehr viel (unter anderem zwei Oscars und eine Goldene Palme). Doch der Einsatz (der Film kostete 35 Millionen Dollar und Coppola setzte sein ganzes Vermögen aufs Spiel) war schon sehr hoch – der Gewinn fiel schmaler aus. Der Versuch, dann mit ONE FROM THE HEART sich selbst als „industriellen Künstler" zu etablieren und die Filmtechnik im Ganzen zu revolutionieren, endete in einem künstlerischen wie finanziellen Fiasko.

Die Höhen dieser Zeit - Mitte der Siebziger – sollte Coppola nicht mehr erreichen. Er drehte noch eine ganze Reihe kleinerer Filme (RUMBLE FISH, THE OUTSIDERS) wie auch Auftragsarbeiten (THE COTTON CLUB, BRAM STOKER'S DRACULA), doch weder der künstlerische noch der kommerzielle Erfolg wiederholte sich. Sein Sohn Gian-Carlo starb bei einem tragischen Speedboot-Unfall während der Dreharbeiten von GARDENS OF STONE. Der dritte Teil von THE GODFATHER, der eigentlich die Geschichte des „zugelaufenen" Bruders Tom Hagen erzählen sollte, blieb aus vielen Gründen ein Torso. Die beiden ersten Teile der GODFATHER-Trilogie aber sind heute nicht nur Meisterwerke ihres Genres, sie sind Kinogeschichte.

„Wissen Sie, wie es ist, Regisseur zu sein?" hat Coppola einmal ironisch gefragt. „Es ist, als wenn man vor einer Lokomotive läuft. Wenn man anhält, stolpert oder einen Fehler macht, wird man überfahren. Wie kann man mit diesem Ding hinter sich kreativ sein?" Und, so könnte man hinzufügen: Wie ohne?

Jan Schütte

Filme als Regisseur (auch TV-Auswahl)

AYAMONN THE TERRIBLE (Kurzfilm), 1960 (auch Autor); THE PEEPER (Kurzfilm), 1961 (auch Autor); THE PREMATURE BURIAL, Regie: ▮ Roger Corman, 1961 (Cormans Assistent); THE WIDE OPEN SPACES, 1961; COME ON

OUT, 1961/62; BATTLE BEYOND THE SUN (US-Fassung von NEBO ZOVYOT), Regie: Aleksandr Kozyr, Mikhail Karyukov, umgeschnitten und synchronisiert von Francis Ford Coppola (als Thomas Colchart?), 1962 [▮ Roger Corman]; THE MAGIC VOYAGE OF SINDBAD (US-Version von SADKO), Regie: Aleksandr Ptushko (als Alfred Posco), umgeschnitten und synchronisiert von Francis Ford Coppola, 1962 [▮ Roger Corman]; TONIGHT FOR SURE, 1962 (auch Autor, Kamera, Cutter, Produzent); TOWER OF LONDON, Regie: ▮ Roger Corman, 1962 (Dialog-Regie); DEMENTIA 13 / THE HAUNTED AND THE HUNTED, 1963 (auch Autor) [▮ Roger Corman]; THE TERROR, Regie: ▮ Roger Corman, 1963 (Regie-Mitarbeit; auch Produzent) [▮ Monte Hellman, ▮ Jack Nicholson]; THE YOUNG RACERS, Regie: ▮ Roger Corman, 1963 (2nd Unit-Regie); YOU'RE A BIG BOY NOW, 1966 (auch Autor); FINIAN'S RAINBOW, 1968; THE WILD RACERS, Regie: ▮ Roger Corman (2nd Unit-Regie), 1968; THE RAIN PEOPLE, 1969 (auch Autor) [▮ George Lucas, ▮ Walter Murch]; THE GODFATHER, 1972 (auch Autor) [▮ Robert Evans, ▮ Walter Murch, ▮ Robert Towne]; THE CONVERSATION, 1973 (auch Autor, Produzent) [▮ Walter Murch]; THE GODFATHER PART II, 1974 (auch Autor, Produzent) [▮ Roger Corman, ▮ Robert Evans, ▮ Walter Murch]; MARIO PUZO'S THE GODFATHER (TV-Film aus THE GODFATHER I und II), 1977 (auch Autor, Cutter, Produzent) [▮ Roger Corman, ▮ Walter Murch, ▮ Robert Towne]; APOCALYPSE NOW, 1976–79 (auch Autor, Produzent, Darsteller) [▮ John Milius, ▮ Walter Murch, ▮ Dennis Hopper]; ONE FROM THE HEART, 1982 (auch Autor); THE OUTSIDERS, 1983 (auch Produzent); RUMBLE FISH, 1983 (auch Autor, Produzent) [▮ Dennis Hopper]; THE COTTON CLUB, 1983/84 (auch Autor) [▮ Robert Evans]; RIP VAN WINKLE (TV), 1985; CAPTAIN EO, 1986 (auch Autor) [▮ George Lucas, ▮ Walter Murch]; PEGGY SUE GOT MARRIED, 1986; GARDENS OF STONE, 1987 (auch Produzent); TUCKER: THE MAN AND HIS DREAM, 1988 [▮ George Lucas]; NEW YORK STORIES (Episode: LIFE WITHOUT ZOE), 1989 (auch Autor) [▮ Martin Scorsese]; THE GODFATHER PART III, 1990 (auch Autor, Produzent) [▮ Walter Murch]; THE GODFATHER TRILOGY: 1901–1980 (TV), 1992 (auch Autor, Produzent) [▮ Roger Corman, ▮ Walter Murch, ▮ Robert Towne]; BRAM STOKER'S DRACULA, 1993 (auch Produzent); JACK, 1996 (auch Produzent); THE RAINMAKER, 1997 (auch Autor); SUPERNOVA, Ko-Regie: Walter Hill (als Thomas Lee), Jack Sholder, 2000 (uncredited); APOCALYPSE NOW REDUX, 2001 (auch Autor, Produzent, Darsteller) [▮ Dennis Hopper, ▮ John Milius, ▮ Walter Murch]; MEGALOPOLIS, 2004 (auch Autor).

Filme als (Ko-)Autor (auch TV-Auswahl)

AYAMONN THE TERRIBLE (Kurzfilm), Regie: Francis Ford Coppola, 1960; THE PEEPER (Kurzfilm), Regie: Francis Ford Coppola, 1961; TONIGHT FOR SURE, Regie: Francis Ford Coppola, 1962 (auch Kamera, Cutter, Produzent); DEMENTIA 13 / THE HAUNTED AND THE HUNTED, Regie: Francis Ford Coppola, 1963 [▮ Roger Corman]; ARRIVEDERCI BABY!, Regie: Ken Hughes, 1965; PARIS BRULE-T-IL? / IS PARIS BURNING?, Regie: René Clement, 1966; REFLECTIONS IN A GOLDEN EYE, Regie: John Huston, 1966 (uncredited); THIS PROPERTY IS CONDEMNED, Regie: ▮ Sydney Pollack, 1966; YOU'RE A BIG BOY NOW, Regie: Francis Ford Coppola, 1966; THE RAIN PEOPLE, Regie: Francis Ford Coppola, 1969 [▮ George Lucas, ▮ Walter Murch]; PATTON, Regie: Franklin J. Schaffner, 1970; THE GODFATHER, Regie: Francis Ford Coppola, 1972 [▮ Robert Evans, ▮ Walter Murch, Robert Towne]; THE CONVERSATION, Regie: Francis Ford Coppola, 1973 (auch Produzent) [▮ Walter Murch]; THE GREAT GATSBY, Regie: Jack Clayton, 1973/74; THE GODFATHER PART II, Regie: Francis Ford Coppola, 1974 (auch Produzent) [▮ Roger Corman, ▮ Robert Evans, ▮ Walter Murch]; APOCALYPSE NOW, Regie: Francis Ford Coppola, 1976–1979 (auch Produzent, Darsteller) [▮ Dennis Hopper, ▮ John Milius, ▮ Walter Murch]; MARIO PUZO'S THE GODFATHER (TV-Film aus THE GODFATHER I und II), 1977 (auch Cutter, Produzent) [▮ Roger Corman, ▮ Walter Murch, ▮ Robert Towne]; ONE FROM THE HEART, Regie: Francis Ford Coppola, 1982; RUMBLE FISH, Regie: Francis Ford Coppola, 1983 (auch Produzent) [▮ Dennis Hopper]; THE COTTON CLUB, Regie: Francis Ford Coppola, 1983/84 [▮ Robert Evans]; CAPTAIN EO, Regie: Francis Ford Coppola, 1986 [▮ George Lucas, ▮ Walter Murch]; NEW YORK STORIES (Episode: LIFE WITHOUT ZOE), Regie: Francis Ford Coppola, 1989 [▮ Martin Scorsese]; THE GODFATHER PART III, Regie: Francis Ford Coppola, 1990 (auch Produzent) [▮ Walter Murch]; THE GODFATHER TRILOGY: 1901–1980 (TV), Regie: Francis Ford Coppola, 1992 (auch Produzent) [▮ Roger Corman, ▮ Walter Murch, ▮ Robert Towne]; THE RAINMAKER, Regie: Francis Ford Coppola, 1997; APOCALYPSE NOW REDUX, Francis Ford Coppola, 2001 (auch Produzent, Darsteller) [▮ Dennis Hopper, ▮ John Milius, ▮ Walter Murch]; MEGALOPOLIS, Regie: Francis Ford Coppola, 2004.

Filme als (Ko-)Produzent (auch TV-Auswahl)

TONIGHT FOR SURE, Regie: Francis Ford Coppola, 1962 (auch Autor, Kamera, Cutter) ; THE TERROR, Regie: ▮ Roger Corman, 1963 [▮ Monte Hellman, ▮ Jack Nicholson]; THX 1138, Regie: ▮ George Lucas, 1970/71 [▮ Walter Murch]; THE PEOPLE (TV), 1972; AMERICAN

GRAFFITI, Regie: ▮ George Lucas, 1973 [▮ Walter Murch, ▮ Haskell Wexler]; THE CONVERSATION, Regie: Francis Ford Coppola, 1973 (auch Autor) [▮ Walter Murch]; PAPER MOON, Regie: ▮ Peter Bogdanovich, 1973; DAISY MILLER, Regie: ▮ Peter Bogdanovich, 1974; THE GODFATHER PART II, Regie: Francis Ford Coppola, 1974 (auch Autor) [▮ Roger Corman, ▮ Robert Evans, ▮ Walter Murch]; APOCALYPSE NOW, Regie: Francis Ford Coppola, 1976–1979 (auch Autor, Darsteller) [▮ Dennis Hopper, ▮ John Milius, ▮ Walter Murch]; MARIO PUZO'S THE GODFATHER (TV-Film aus THE GODFATHER I und II), 1977 (auch Autor, Cutter) [▮ Roger Corman, ▮ Walter Murch, ▮ Robert Towne]; THE BLACK STALLION, Regie: Carroll Ballard, 1979; KAGEMUSHA, Regie: Akira Kurosawa, 1980 [▮ George Lucas]; HAMMETT, Regie: Wim Wenders, 1980–82; THE ESCAPE ARTIST, Regie: Caleb Deschanel, 1982; THE BLACK STALLION RETURNS, Regie: Robert Dalva, 1983; KOYAANISQATSI, Regie: Godfrey Reggio, 1983; RUMBLE FISH, Regie: Francis Ford Coppola, 1983 (auch Autor) [▮ Dennis Hopper]; MISHIMA: A LIFE IN FOUR CHAPTERS, Regie: ▮ Paul Schrader, 1985 [▮ George Lucas]; GARDENS OF STONE, Regie: Francis Ford Coppola, 1987; LIONHEART, Regie: Franklin J. Schaffner, 1987; POWAQQATSI, Regie: Godfrey Reggio, 1988 [▮ George Lucas]; TOUGH GUYS DON'T DANCE, Regie: Norman Mailer, 1988 [▮ Robert Towne]; BANDINI / LE RAGIONI DEL CUORE / WAIT UNTIL SPRING, BANDINI, Regie: Dominique Deruddere, 1989; THE GODFATHER PART III, Regie: Francis Ford Coppola, 1990 (auch Autor) [▮ Walter Murch]; THE OUTSIDERS (TV), 1990; THE GODFATHER TRILOGY: 1901–1980 (TV), Regie: Francis Ford Coppola, 1992 (auch Autor) [▮ Roger Corman, ▮ Walter Murch, ▮ Robert Towne]; WIND, Regie: Carroll Ballard, 1992 [▮ Rudy Wurlitzer]; BRAM STOKER'S DRACULA, Regie: Francis Ford Coppola, 1993; THE JUNKY'S CHRISTMAS, Regie: Nick Donkin, Melodie McDaniel, 1993; THE SECRET GARDEN, Regie: Agnieszka Holland, 1993; MARY SHELLEY'S FRANKENSTEIN, Regie: Kenneth Branagh, 1994; DON JUAN DE MARCO, Regie: Jeremy Leven, 1994/95; HAUNTED, Regie: Lewis Gilbert, 1995; KIDNAPPED (TV), 1995; MY FAMILY, MI FAMILIA, Regie: Gregory Nava, 1995; TECUMSEH: THE LAST WARRIOR (TV), 1995; WHITE DWARF (TV), 1995; DARK ANGEL (TV), 1996; JACK, Regie: Francis Ford Coppola, 1996; THE BUDDY, Regie: Caroline Thompson, 1996/97; ODYSSEY (TV), 1997; FIRST WAVE (TV), 1998; LANAI-LOA, Regie: Sherwood Hu, 1998; MOBY DICK (TV), 1998; OUTRAGE (TV), 1998; THE FLORENTINE, Regie: Nick Stagliano, 1998/99; THE VIRGIN SUICIDES, Regie: Sofia Coppola, 1998/99; DR. JEKYLL & MR. HYDE (TV), 1999; GOOSED, Regie: Aleta Chappelle, 1999; SLEEPY HOLLOW, Regie: Tim Burton, 1999; THE THIRD MIRACLE, Regie: Agnieszka Holland, 1999; ANOTHER DAY (TV), 2001; APOCALYPSE NOW REDUX, Regie: Francis Ford Coppola, 2001 (auch Autor, Darsteller) [▮ Dennis Hopper, ▮ John Milius, ▮ Walter Murch]; CQ, Regie: Roman Coppola, 2001; JEEPERS CREEPERS; Regie: Victor Salva, 2001; NO SUCH THING, Regie: Hal Hartley, 2001; SURIYOTHAI, Regie: Chatrichalerm Yukol, 2001; ASSASSINATION TANGO, Regie: Robert Duvall, 2002; PUMPKIN, Regie: Anthony Abrams, Adam Larson Broder, 2002; JEEPERS CREEPERS II, Regie: Victor Salva, 2003; LOST IN TRANSLATION, Regie: Sofia Coppola, 2003; PLATINUM (TV), 2003; ON THE ROAD, Regie: Joel Schumacher, 2004.

Filme als Darsteller (auch Auftritte, TV-Auswahl)
WAR HUNT, Regie: Denis Sanders, 1962 [▮ Sydney Pollack]: 1962; FILMMAKER (Dok. über Coppola), Regie: ▮ George Lucas, 1968; THE GODFATHER COMES TO SIXTH ST. (Kurzfilm), Regie: Mark Kitchell, 1975; APOCALYPSE NOW, Regie: Francis Ford Coppola, 1976–1979 (auch Autor, Produzent) [▮ Dennis Hopper, ▮ John Milius, ▮ Walter Murch]; CULTURAL CELEBRITIES (Dok.), Regie: Amos Gitaï, 1979; HEARTS OF DARKNESS. A FILMMAKER'S APOCALYPSE (Dok.), Regie: Fax Bahr, George Hickenlooper, Eleanor Coppola, 1979/91 [▮ Dennis Hopper, ▮ George Lucas, ▮ John Milius]; AMERICAN MYTHOLOGIES (Dok.), Regie: Amos Gitaï, 1981; INSIDE THE COPPOLA PERSONALITY, Regie: ▮ Monte Hellman, 1981; QUAND JE M'EVEILLE / REVERSE ANGEL – NEW YORK CITY, MARCH 1982, Regie: Wim Wenders, 1982; FRANCIS COPPOLA. A PROFILE (Kurzfilm, Dok.), Regie: ▮ Monte Hellman, 1983; DR. FRANCIS UND MR. COPPOLA. DIE ZWEI GESICHTER EINES FILMBESESSENEN (TV), 1986; THE GODFATHER FAMILY: A LOOK INSIDE (TV), 1991; GEORGE LUCAS: HEROES, MYTHS AND MAGIC (Dok.), Regie: Jane Paley, Larry Price, 1993 [▮ George Lucas, ▮ Steven Spielberg]; IT'S ALIVE. THE TRUE STORY OF FRANKENSTEIN (TV), 1994; THE WORLD OF JIM HENSON (TV-Dok.), 1994; A PERSONAL JOURNEY WITH MARTIN SCORSESE THROUGH AMERICAN MOVIES (TV-Dok.), Regie: ▮ Martin Scorsese, Michael Henry Wilson, 1995 [▮ John Cassavetes, ▮ Brian De Palma, ▮ George Lucas]; MARLON BRANDO. THE WILD ONE (TV-Dok.), 1996; KUROSAWA. THE LAST EMPEROR, Regie: Alex Cox, 1999; APOCALYPSE NOW REDUX, Regie: Francis Ford Coppola, 2001 (auch Autor, Produzent) [▮ Dennis Hopper, ▮ John Milius, ▮ Walter Murch]; THE KID STAYS IN THE PICTURE (Dok.), Regie: Nanette Burstein, Brett Morgan, 2002 [▮ Robert Evans]; DENNIS HOPPER. CREATE (OR DIE), Regie: Henning Lohner, Ariane Riecker, 2003 [▮ Dennis Hopper].

Literatur (Auswahl)

Charles Higham: Directors Guild Winner: Francis Ford Coppola. In: Action (Hollywood), Nr. 3, Mai/Juni 1973, S. 8ff. - Joseph McBride: Coppola Inc. In: American Film (Washington, D.C.), Nr. 2, November 1975, S. 14–18. - Robert K. Johnson: Francis Ford Coppola. Boston: Twayne 1977. - Eleanor Coppola: Notes. New York: Limelight 1979 (dt.: Vielleicht bin ich zu nah. Reinbek: Rowohlt 1980.). - Hans-Jürgen Syberberg: Wo der Film zuhause ist. In: Zeitmagazin (Hamburg), Nr. 46, 9.11.1979, S. 71ff. - Pat Hobby: Sein oder Nichtsein. In: Frankfurter Rundschau, 9.3.1982. - Hans-Christoph Blumenberg: Geld macht kaputt (Interview). In: Die Zeit (Hamburg), Nr. 41, 8.10.1982. - Joel S. Zuker: Coppola. A Guide to References and Resources. Boston: K.G. Hall 1984. - Peter W. Jansen, Wolfram Schütte (Hg.): Francis Ford Coppola. München: Hanser 1985. - Jeffrey Crown: Hollywood Auteur. Francis Coppola. New York: Praeger 1988. - Peter Cowie: Coppola. London: André Deutsch 1989. - Michael Goodwin, Naomi Wise: On the Edge. The Life and Times of Francis Coppola. New York: Morrow 1989. - Jon Lewis: Whom God Wishes to Destroy: Francis Coppola and the New Hollywood. Durham, N.C./London: Duke Universirty/Athlone 1995. - Ronald Bergan: Francis Ford Coppola. The Making of his Movies. London/New York: Orion Media / Thunder's Mouth 1998 (dt: Nahaufnahme: Francis Ford Coppola. Reinbek: Rowohlt 1998.). - Michael Schumacher: Francis Ford Coppola. A Filmmaker's Life. New York: Random House 1999. - Gabriele Weyand: Der Visionär: Francis Ford Coppola und seine Filme. St Augustin: Gardez! 2000. - Michael Ondaatje: The Conversations. Walter Murch and the Art of Editing Film. New York: Alfred A. Knopf 2002.

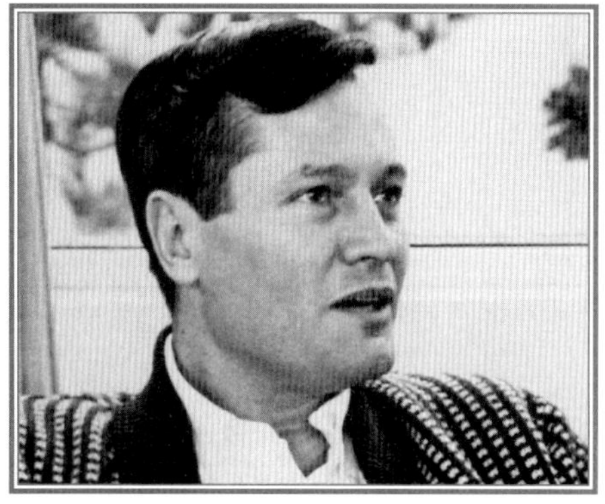

Roger Corman

Roger Corman,
Produzent, Regisseur, Darsteller, Autor; geboren am 5. April 1926 in Detroit, Michigan.
Ingenieurstudium an der Stanford University in Kalifornien, während eines Europaaufenthalts studiert er Englische Literatur in Oxford. Corman durchläuft verschiedene Abteilungen bei der Twentieth Century-Fox, bevor er sich Anfang der fünfziger Jahre als Produzent selbständig macht: mit ausgesprochen billigen, aber effektvollen Filmen, die er meist auch selbst inszeniert. Cormans Firma American International Pictures (AIP) produziert bis zu zwölf Filme im Jahr. Jungen Talenten wie den späteren Regisseuren ▮ Peter Bogdanovich, ▮ Francis Ford Cop-

In seinen pop-psychedelischen Edgar-Allan-Poe-Extravaganzas der Sechziger hat Corman das CinemaScope-Format auf scheinbar absurde Weise genutzt: zur Darstellung von Neurosen und Klaustrophobie. Die Weite der Enge hat er so vermittelt, eine Topographie der Angst und Sehnsucht entworfen. In seinem verqueren Film THE PREMATURE BURIAL ist der sexuell gehemmte Ray Milland von der Schreckensvorstellung besessen, lebendig begraben zu werden. Er richtet sich deshalb ein Mausoleum ein, das er mit allerlei automatischen Vorrichtungen ausstaffiert, um im Ernstfall einmal daraus entfliehen zu können. Das Grab wird so zu einem Bunker des Junggesellendaseins, einer Art Oase der Onanie in Rot und Violett, morbides Gegenstück zu den luxuriösen Playboy-Appartements der Sixties, wie sie auch in Hugh Hefners Magazin vorgestellt wurden. An Hefner erinnert Corman auch ein wenig in seinem äußeren Auftreten, in dieser Mischung aus jungenhaftem Charme und Seriosität. Und noch einer fällt einem ein, der hinter ernsthafter, bizarr-anständiger Miene kindliche und wilde Phantasien entwickelte: LSD-Papst Timothy Leary. Wie Hefner und Leary ist auch Corman ein Pionier und Visionär vor allem der sechziger Jahre, der die *frontier* im amerikanischen Unterbewußtsein erforscht. Corman ist in diesem Trio der große Skeptiker, der die Grundlagen und die Schattierungen des Bösen auslotet wie kaum einer zuvor im amerikanischen Genrekino.

Als genialer Geschäftsmann, wagemutiger *independent producer* und rasanter Filmemacher, der allein zwischen 1955 und 1958 über zwanzig kleine Filme gedreht hat, ist Corman längst Legende. Dagegen bleibt er als Regisseur und Künstler bis heute unterschätzt; die 1970 zum Edinburgh Film Festival erschienene Studie „Roger Corman - The Millenic Vision", die ihn als *auteur* sieht, ist beinahe vergessen. Dabei hat Corman stets mit der Kunst, mit der *high art* geliebäugelt. Und er hat diese künstlerische Ader wie ein *guilty pleasure* verborgen hinter der Fassade des Business. Corman wird hauptsächlich als ein ökonomisch präzise arbeitender Filmemacher geschätzt. Dabei verweisen die vielen irrwitzigen Geschichten, die sich um die Dreharbeiten von Corman-Produktionen ranken, auf eine andere Qualität: auf Improvisationstalent und ein künstlerisches Gespür in chaotischen Situationen. Kino ist für Corman ein Drahtseilakt zwischen Kalkulation und lustvoller Unberechenbarkeit.

Schon ein früher Film wie SORORITY GIRL zeigt Corman als *low budget*-Poeten und Autokino-Existentialisten, der die geringen Produktionskosten nutzt, um die Enge des Daseins darzustellen. In diesem Film über die Teenage-Melancholie der Fünfziger spielt Susan Cabot eine vereinsamte, sadomasochistische Tochter aus reichem Hause, die auch im College eine Außenseiterin bleibt. Selbst innerlich zerrissen, beginnt sie, ihre Kommilito-

pola, ▮ Monte Hellman, ▮ John Milius, ▮ Martin Scorsese, Schauspielern wie ▮ Jack Nicholson und ▮ Peter Fonda sowie Drehbuchautoren wie ▮ Robert Towne bietet er die Möglichkeit, erste filmische Erfahrungen zu sammeln. Anfang der siebziger Jahre zieht sich Corman allmählich von der Regie zurück, um sich verstärkt um seine neu gegründete Firma New World Pictures zu kümmern, für die unter anderem Jonathan Demme, James Cameron, John Sayles und Ron Howard ihre Debütfilme realisieren. Während die Actionfilme bei New World für den nötigen Umsatz sorgen, bemüht sich der Verleih der Firma um den Vertrieb europäischer Autorenfilme (Fellini, Truffaut, Bergman, Kurosawa). 1983 verkauft er New World, gründet New Horizon und den Verleih Concorde. Corman produziert außerdem zahlreiche TV-Filme und -Serien. Seiner 1990 erschienenen Autobiografie gibt er den programmatischen Titel „How I Made a Hundred Movies in Hollywood and Never Lost a Dime".

ninnen zu manipulieren und zu quälen. Am Ende, als ihre Gemeinheiten offenbar werden, treiben sie die braven Studentinnen wie ein Mob fast in den Tod. Das ist eine Konstante im Corman-Œuvre: daß die Bösen immer auch Getriebene sind, und daß niemandem so zu mißtrauen ist wie der Gemeinschaft der sogenannten Anständigen. SORORITY GIRL mit dem bedrückenden inneren Monolog der Cabot ist ein Exploitation-Film, der Ingmar Bergman gefallen dürfte. Corman zitiert Bergman und DET SJUNDE INSEGLET (DAS SIEBENTE SIEGEL, 1956) übrigens bewußt in THE MASQUE OF THE RED DEATH. Neben Filmen von Fellini, Truffaut und Herzog hat Corman auch zwei Bergman-Filme in den USA verliehen, VISKNINGAR OCH ROP (SCHREIE UND FLÜSTERN, 1972) und HÖSTSONATEN (HERBSTSONATE, 1978).

Schon mehreren Generationen von Filmemachern hat Corman als Produzent die ersten Chancen gegeben. ▮ Bogdanovich, ▮ Coppola, ▮ Monte Hellman, ▮ Jack Nicholson, ▮ Scorsese, Bruce Dern, George Armitage, Paul Bartel, Jonathan Demme, Joe Dante, Allan Arkush, Jon Davison, Amy Jones, John Sayles, Ron Howard, Carl Franklin, Gale Ann Hurd, James Cameron und viele andere sind durch Cormans Schule des Guerilla-Filmemachens gegangen. Als ein Pate des „New Hollywood" wird er deshalb angesehen. Aber er hat mehr getan, als den *youngsters* die Möglichkeit des *learning by doing* zu geben und einen bestimmten *spirit* des unabhängigen Filmemachens zu verbreiten. Er hat das „New Hollywood" mitgestaltet, indem er das Genrekino mit Tendenzen des internationalen Autorenfilms verknüpfte und zudem eine Verbindung zwischen der amerikanischen Avantgarde beispielsweise eines Kenneth Anger und dem Mainstream herstellte. Der Schauspieler Dick Miller, der immer wieder bei Corman auftritt, wirkt wie das amerikanische Beatnikgegenstück zu einem Philosophen vom linken Seineufer. Und die wahnwitzige Traumsequenz aus THE MASQUE OF THE RED DEATH ist eindeutig von Angers INAUGURATION OF THE PLEASURE DOME (1954) beeinflußt.

Oft wird Corman als „King of the B's" bezeichnet, doch er selbst nennt seine Filme immer Exploitation-Filme. B-Filme sieht er zu Recht als Produkte des alten Studiosystems an, während Exploitation-Filme aktuelle Trends spekulativ ausnutzten für ein jugendliches Publikum. Exploitation-Filme strippen und modifizieren gewissermaßen die klassischen Gattungen. Sie sind die Chopper unter den Genres. Monsterfilme hat Corman gemacht, Teenagerdramen, Rock 'n' Roll- und Beatnikfilme, Bikermovies. Aus der Kombination von satirischen Beatnikfilmen (A BUCKET OF BLOOD) und dem melancholischen Poe-Zyklus sind die Drogenfilme (THE TRIP) hervorgegangen. Die Grundstrukturen der scheinbar so unterschiedlichen Subgenres nähern sich an. Der Totentanz in THE MASQUE OF THE RED DEATH und die Rockerorgie in THE WILD ANGELS sind beide Zeremonien des Nihilismus. Und ein Monster kann tatsächlich ein Ungeheuer sein wie in IT CONQUERED THE WORLD oder wie der gutaussehende William Shatner als junger Faschist in THE INTRUDER, Cormans dichtestem, persönlichstem Film, der von Rassenunruhen im Süden der USA handelt.

Exploitation ist in jeglicher Beziehung ein Schlüsselbegriff für Cormans Schaffen. Wie ein Freibeuter nützt er alle und alles aus: die Kunst und den schlechten Geschmack, Sex und Gewalt, Aktuelles im Kino, die jungen Talente und sich selbst. Die *frontier,* die er immer wieder, auch in seiner bislang letzten Regiearbeit FRANKENSTEIN UNBOUND, erkundet hat, wird zum inneren Grenzgebiet, entpuppt sich als schreckliches Spiegelbild der Suchenden. Deshalb tragen die Protagonisten in Corman-Filmen oft coole Sonnenbrillen: Weil sie Angst haben zu erblinden im Angesicht der Zukunft.

Hans Schifferle

Filme als Regisseur

FIVE GUNS WEST, 1954/55 (auch Produzent); APACHE WOMAN, 1955 (auch Produzent); THE BEAST WITH 1,000,000 EYES (uncredited; auch Produzent); THE DAY THE WORLD ENDED, 1955/56 (auch Produzent); GUNSLINGER, 1956 (auch Produzent); IT CONQUERED THE WORLD, 1956 (auch Produzent); THE OKLAHOMA WOMAN, 1956 (auch Produzent); SWAMP WOMEN, 1956; ROCK ALL NIGHT, 1956/57 (auch Produzent); THE UNDEAD, 1956/57 (auch Produzent); ATTACK OF THE CRAB MONSTERS, 1957 (auch Produzent); CARNIVAL ROCK, 1957 (auch Produzent); NAKED PARADISE, 1957 (auch Produzent, Darsteller); NOT OF THIS EARTH, 1957 (auch Produzent); THE SAGA OF THE VIKING WOMEN AND THEIR VOYAGE TO THE WATERS OF THE GREAT SEA SERPENT, 1957 (auch Produzent); SORORITY GIRL / CONFESSIONS OF A SORORITY GIRL, 1957 (auch Produzent); TEENAGE DOLL, 1957 (auch Produzent); SHE-GODS OF THE SHARK REEF, 1957/58 (auch Produzent); MACHINE GUN KELLY, 1958 (auch Produzent); TEENAGE CAVEMAN, 1958 (auch Produzent); WAR OF THE SATELLITES, 1958 (auch Produzent, Darsteller); I, MOBSTER, 1958/59 (auch Produzent); A BUCKET OF BLOOD, 1959 (auch Produzent); THE WASP WOMAN, 1959 (auch Produzent, Darsteller); LAST WOMAN ON EARTH, 1959/60 (auch Produzent, Darsteller) [▮ Monte Hellman, ▮ Robert Towne]; THE HOUSE OF USHER / THE FALL OF THE HOUSE OF USHER, 1960 (auch Produzent); THE LITTLE SHOP OF HORRORS, 1960 (auch Produzent, Darsteller) [▮ Jack Nicholson]; SKI TROOP ATTACK, 1960 (auch Produzent,

Darsteller) [▮ Monte Hellman]; CREATURE FROM THE HAUNTED SEA, 1960/61 (auch Produzent, Darsteller) [▮ Monte Hellman, ▮ Robert Towne]; ATLAS, 1961 (auch Produzent, Darsteller); THE PIT AND THE PENDULUM, 1961 (auch Produzent); THE PREMATURE BURIAL, 1961 (auch Produzent) [▮ Francis Ford Coppola]; THE INTRUDER, 1962 (auch Produzent) [▮ Monte Hellman]; THE RAVEN, 1962 (auch Produzent) [▮ Jack Nicholson]; TALES OF TERROR, 1962 (auch Produzent); TOWER OF LONDON, 1962 [▮ Francis Ford Coppola]; THE HAUNTED PALACE, 1963 (auch Produzent); THE TERROR, 1963, (auch Autor, Produzent) [▮ Francis Ford Coppola, ▮ Monte Hellman, ▮ Jack Nicholson]; X, 1963 (auch Produzent); THE YOUNG RACERS, 1963 (auch Produzent, Darsteller) [▮ Francis Ford Coppola]; THE MASQUE OF THE RED DEATH, 1964 (auch Produzent); THE SECRET INVASION, 1964 (auch Produzent); THE TOMB OF LIGEIA, 1964 (auch Produzent) [▮ Robert Towne]; THE WILD ANGELS, 1966 (auch Produzent) [▮ Peter Bogdanovich, ▮ Peter Fonda, ▮ Monte Hellman, ▮ Jack Nicholson]; THE ST. VALENTINE'S DAY MASSACRE, 1967 (auch Produzent) [▮ Monte Hellman, ▮ Jack Nicholson]; A LONG RIDE HOME / A TIME FOR KILLING, Ko-Regie: Phil Karlson, 1967 (uncredited) [▮ Monte Hellman]; THE TRIP, 1967 (auch Produzent) [▮ Peter Bogdanovich, ▮ Peter Fonda, ▮ Dennis Hopper, ▮ Jack Nicholson]; THE WILD RACERS, 1968 (auch Produzent) [▮ Francis Ford Coppola]; DE SADE / DAS AUSSCHWEIFENDE LEBEN DES MARQUIS DE SADE, 1968/69; TARGET: HARRY / HOW TO MAKE IT / WHAT'S IN IT FOR HARRY? (TV), 1969 (als Henry Neill; auch Produzent, Darsteller) [▮ Monte Hellman]; BLOODY MAMA, 1970 (auch Produzent); GAS-S-S-S, 1970 (auch Produzent); VON RICHTHOFEN AND BROWN, 1971 (auch Produzent); FRANKENSTEIN UNBOUND, 1990 (auch Autor, Produzent).

Filme als Autor

THE FAST AND THE FURIOUS, Regie: John Ireland, Edward Sampson, 1954 (auch Produzent); HIGHWAY DRAGNET, Regie: Nathan Juran, 1954 (auch Produzent); THE TERROR, Regie: Roger Corman, 1963 (auch Produzent) [▮ Francis Ford Coppola, ▮ Monte Hellman, ▮ Jack Nicholson]; FRANKENSTEIN UNBOUND, Regie: Roger Corman, 1990 (auch Produzent).

Filme als Produzent (bis 1979, auch TV-Auswahl)

THE FAST AND THE FURIOUS, Regie: Edward Samson, John Ireland, 1954 (auch Autor); HIGHWAY DRAGNET, Regie: Nathan Juran, 1954 (auch Autor); THE MONSTER FROM THE OCEAN FLOOR, Regie: Wyott Ordung, 1954 (auch Darsteller); FIVE GUNS WEST, Regie: Roger Corman, 1954/55; APACHE WOMAN, Regie: Roger Corman, 1955; THE BEAST WITH 1,000,000 EYES, Regie: Roger Corman, 1955/56; THE DAY THE WORLD ENDED, Regie: Roger Corman, 1955/56; GUNSLINGER, Regie: Roger Corman, 1956; IT CONQUERED THE WORLD, Regie: Roger Corman, 1956; THE OKLAHOMA WOMAN, Regie: Roger Corman, 1956; ROCK ALL NIGHT, Regie: Roger Corman, 1956/57; THE UNDEAD, Regie: Roger Corman, 1956/57; ATTACK OF THE CRAB MONSTERS, Regie: Roger Corman, 1957; CARNIVAL ROCK, Regie: Roger Corman, 1957; NAKED PARADISE, Regie: Roger Corman, 1957 (auch Darsteller); NOT OF THIS EARTH, Regie: Roger Corman, 1957; THE SAGA OF THE VIKING WOMEN AND THEIR VOYAGE TO THE WATERS OF THE GREAT SEA SERPENT, Regie: Roger Corman, 1957; SORORITY GIRL / CONFESSIONS OF A SORORITY GIRL, Regie: Roger Corman, 1957; TEENAGE DOLL, Regie: Roger Corman, 1957; SHE-GODS OF THE SHARK REEF, Regie: Roger Corman, 1957/58; THE BRAIN EATERS, Regie: Bruno De Sota, 1958; THE CRY BABY KILLER, Regie: Jus Addiss, 1958 (auch Darsteller) [▮ Jack Nicholson]; HOT CAR GIRL, Regie: Bernard L. Kowalski, 1958; MACHINE GUN KELLY, Regie: Roger Corman, 1958; PARATROOP COMMAND, Regie: William Witney, 1958; STAKEOUT ON DOPE STREET, Regie: Irvin Kershner, 1958; TANK COMANDOS / TANK BATALLION, Regie: Sherman A. Rose, 1958; TEENAGE CAVEMAN, Regie: Roger Corman, 1958; WAR OF THE SATELLITES, Regie: Roger Corman, 1958 (auch Darsteller); I, MOBSTER, Regie: Roger Corman, 1958/59; ATTACK OF THE GIANT LEECHES, Regie: Bernard L. Kowalski, 1959; BEAST FROM HAUNTED CAVE, Regie: ▮ Monte Hellman, 1959; A BUCKET OF BLOOD, Regie: Roger Corman, 1959; CRIME AND PUNISHMENT U. S. A., Regie: Denis Sanders, 1959; THE WASP WOMAN, Regie: Roger Corman, 1959 (auch Darsteller); LAST WOMAN ON EARTH, Regie: Roger Corman, 1959/60 (auch Darsteller) [▮ Monte Hellman, ▮ Robert Towne]; ATLAS, Regie: Roger Corman, 1960 (auch Darsteller); THE BATTLE OF BLOOD ISLAND, Regie: Joel Rapp, 1960; HIGH SCHOOL CAESAR, Regie: Dale Ireland, 1960; HOUSE OF USHER / THE FALL OF THE HOUSE OF USHER, Regie: Roger Corman, 1960; THE LITTLE SHOP OF HORRORS, Regie: Roger Corman, 1960 (auch Darsteller) [▮ Jack Nicholson]; SKI TROOP ATTACK, Regie: Roger Corman, 1960 [▮ Monte Hellman]; CREATURE FROM THE HAUNTED SEA, Regie: Roger Corman, 1960/61 (auch Darsteller) [▮ Monte Hellman ▮ Robert Towne]; MASTER OF THE WORLD, Regie: William Witney, 1961; THE PIT AND THE PENDULUM, Regie: Roger Corman, 1961; THE PREMATURE BURIAL, Regie: Roger Corman, 1961 [▮ Francis Ford Coppola]; THE MERMAIDS OF TIBORUN, Regie: John Lamp, 1961/62; NIGHT TIDE, Regie: Curtis

Harrington, 1961–63 [▮ Dennis Hopper]; BATTLE BEYOND THE SUN (US-Fassung von NEBO ZOVYOT), Regie: Aleksandr Kozyr, Mikhail Karyukov, 1962 [▮ Francis Ford Coppola]; THE INTRUDER, Regie: Roger Corman, 1962 [▮ Monte Hellman]; THE MAGIC VOYAGE OF SINDBAD (US-Version von SADKO), Regie: Aleksandr Ptushko (als Alfred Posco), 1962 [▮ Francis Ford Coppola]; THE RAVEN, Regie: Roger Corman, 1962 [▮ Jack Nicholson]; TALES OF TERROR, Regie: Roger Corman, 1962; DEMENTIA 13 / THE HAUNTED AND THE HUNTED, Regie: ▮ Francis Ford Coppola, 1963; THE HAUNTED PALACE, Regie: Roger Corman, 1963; THE TERROR, Regie: Roger Corman, 1963 (auch Autor) [▮ Francis Ford Coppola, ▮ Monte Hellman, ▮ Jack Nicholson]; X, Regie: Roger Corman, 1963; THE YOUNG RACERS, Regie: Roger Corman, 1963 (auch Darsteller) [▮ Francis Ford Coppola]; THE MASQUE OF THE RED DEATH, Regie: Roger Corman, 1964; THE SECRET INVASION, Regie: Roger Corman, 1964; THE TOMB OF LIGEIA, Regie: Roger Corman, 1964 [▮ Robert Towne]; BEACH BALL, Regie: Lennie Weinrib, 1965; GIRLS ON THE BEACH, Regie: William Witney, 1965; SKI PARTY, Regie: Alan Rafkin, 1965; VOYAGE TO THE PREHISTORIC PLANET, Regie: Curtis Harrington, Pavel Klushantsev, 1965/66; BLOOD BATH, Regie: Jack Hill, Stephanie Rothman, 1966; THE NAVY VS. THE NIGHT MONSTERS, Regie: Michael A. Hoey, 1966; QUEEN OF BLOOD, Regie: Curtis Harrington, 1966 [▮ Dennis Hopper]; RIDE IN THE WHIRLWIND, Regie: ▮ Monte Hellman, 1966 [▮ Jack Nicholson]; THE SHOOTING, Regie: ▮ Monte Hellman, 1966 (uncredited) [▮ Carole Eastman, ▮ Jack Nicholson]; THE WILD ANGELS, Regie: Roger Corman, 1966 [▮ Peter Bogdanovich, ▮ Peter Fonda, ▮ Monte Hellman, ▮ Jack Nicholson]; VOYAGE TO THE PLANET OF PREHISTORIC WOMEN (US-Version von PLANETA BURG), Regie: Pavel Klushantsev, 1966/68 [▮ Peter Bogdanovich]; DEVIL'S ANGELS, Regie: Daniel Haller, 1967; THE ST. VALENTINE'S DAY MASSACRE, Regie: Roger Corman, 1967 [▮ Monte Hellman, ▮ Jack Nicholson]; THE TRIP, Regie: Roger Corman, 1967 [▮ Peter Bogdanovich, ▮ Peter Fonda, ▮ Dennis Hopper, ▮ Jack Nicholson]; TARGETS, Regie: ▮ Peter Bogdanovich, 1967/68; THE WILD RACERS, Regie: Roger Corman, 1968 [▮ Francis Ford Coppola]; THE DUNWICH HORROR, Regie: Daniel Haller, 1969; NAKED ANGELS, Regie: Bruce D. Clark, 1969; TARGET: HARRY / HOW TO MAKE IT / WHAT'S IN IT FOR HARRY? (TV), Regie: Roger Corman (als Henry Neill), 1969 (auch Darsteller) [▮ Monte Hellman]; PIT STOP, Regie: Jack Hill, 1969; ANGELS DIE HARD, Regie: Richard Compton, 1970; BLOODY MAMA, Regie: Roger Corman, 1970; GAS-S-S-S, Regie: Roger Corman, 1970; IVANNA, Regie: José Luis Merino, 1970; THE STUDENT NURSES, Regie: Stephanie Rothman, 1970; THE VELVET VAMPIRE, Regie: Stephanie Rothman, 1970/71; ANGELS HARD AS THEY COME, Regie: Joe Viola, 1971; BEAST OF THE YELLOW NIGHT, Regie: Eddie Romero, 1971; THE BIG DOLL HOUSE, Regie: Jack Hill, 1971; LADY FRANKENSTEIN / LA FIGLIA DI FRANKENSTEIN, Regie: Mel Welles, 1971; VON RICHTHOFEN AND BROWN, Regie: Roger Corman, 1971; WOMEN IN CAGES, Regie: Gerardo de Leon, 1971; BOXCAR BERTHA, Regie: ▮ Martin Scorsese, 1971/72; BURY ME AN ANGEL, Regie: Barbara Peeters, 1971/72; PRIVATE DUTY NURSES, Regie: George Armitage, 1971/72; THE ARENA, Regie: Steve Carver, 1972; THE BIG BIRD CAGE, Regie: Jack Hill, 1972; THE CREMATORS, Regie: Harry Essex, 1972; THE FINAL COMEDOWN, Regie: Oscar Williams, 1972; THE HOT BOX, Regie: Joe Viola, 1972; THE TWILIGHT PEOPLE / BEASTS, Regie: Eddie Romero, 1972; UNHOLY ROLLERS, Regie: Vernon Zimmerman, 1972; THE AROUSERS / SWEET KILL, Regie: Curtis Hanson, 1972/73; I ESCAPED FROM DEVIL'S ISLAND, Regie: William Witney, 1973; NIGHT CALL NURSES, Regie: Jonathan Kaplan, 1973; NIGHT OF THE COBRA WOMAN, Regie: Andrew Meyer, 1973; BIG BAD MAMA, Regie: Steve Carver, 1974; CAGED HEAT / RENEGADE GIRLS, Regie: Jonathan Demme, 1974; CANDY STRIPE NURSES / SWEET CANDY, Regie: Alan Holleb, 1974; COCKFIGHTER / BORN TO KILL, Regie: ▮ Monte Hellman, 1974; TENDER LOVING CARE, Regie: Don Edmonds, 1974; CAPONE, Regie: Steve Carver, 1975 [▮ John Cassavetes]; CRAZY MAMA / BAD GIRLS BLUES, Regie Jonathan Demme, 1975; DEATH RACE 2000, Regie: Paul Bartel, 1975; TNT JACKSON, Regie: Cirio H. Santiago, 1975; CANNONBALL, Regie: Paul Bartel, 1976 (auch Darsteller); EAT MY DUST!, Regie: Charles B. Griffith, 1976; FIGHTING MAD, Regie: Jonathan Demme, 1976 [▮ Peter Fonda]; HOLLYWOOD BOULEVARD, Regie: Allan Arkush, Joe Dante, 1976; JACKSON COUNTY JAIL, Regie: Michael Miller, 1976; MOVING VIOLATION, Regie: Charles S. Dubin, 1976; GRAND THEFT AUTO, Regie: Ron Howard, 1977; I NEVER PROMISED YOU A ROSE GARDEN, Regie: Anthony Page, 1977; TIGRESS / ILSA, THE TIGRESS OF SIBERIA, Regie: Jean La Fleur, 1977; AVALANCHE, Regie: Corey Allen, 1978; DEATHSPORT, Regie: Allan Arkush, Nicholas Niciphor (als Henry Suso), 1978; PIRANHA, Regie: Joe Dante, 1978; THUNDER AND LIGHTNING, Regie: Corey Allen, 1978; FAST CHARLIE. THE MOONBEAM RIDER (TV), 1979; ROCK 'N' ROLL HIGH SCHOOL, Regie: Allan Arkush, 1979; SAINT JACK, Regie: ▮ Peter Bogdanovich, 1979; UP FROM THE DEPTHS, Regie: Charles B. Griffith, 1979.

Filme als Darsteller (auch Auftritte, TV-Auswahl)

THE MONSTER FROM THE OCEAN FLOOR, Regie: Wyott Ordung, 1954 (auch Produzent); NAKED PARADISE, Regie: Roger Corman, 1957 (auch Produzent); THE CRY BABY KILLER, Regie: Jus Addiss, 1958 (auch Produzent) [▮ Jack Nicholson]; WAR OF THE SATELLITES, Regie: Roger Corman, 1958 (auch Produzent); LAST WOMAN ON EARTH, Regie: Roger Corman, 1959/60 (auch Produzent) [▮ Monte Hellman, ▮ Robert Towne]; ATLAS, Regie: Roger Corman, 1960 (auch Produzent); THE WASP WOMAN, Regie: Roger Corman, 1960 (auch Produzent); THE LITTLE SHOP OF HORRORS, Regie: Roger Corman, 1960 (auch Produzent) [▮ Jack Nicholson]; SKI TROOP ATTACK, Regie: Roger Corman, 1960 (auch Produzent) [▮ Monte Hellman]; CREATURE FROM THE HAUNTED SEA, Regie: Roger Corman, 1960/61 (auch Produzent) [▮ Monte Hellman, ▮ Robert Towne]; THE YOUNG RACERS, Regie: Roger Corman, 1963 (auch Produzent) [▮ Francis Ford Coppola]; THE SHOOTING, Regie: ▮ Monte Hellman, 1966 [▮ Carole Eastman, ▮ Jack Nicholson]; TARGET: HARRY / HOW TO MAKE IT / WHAT'S IN IT FOR HARRY? (TV), Regie: Roger Corman (als Henry Neill), 1969 (auch Produzent) [▮ Monte Hellman]; THE GODFATHER PART II, Regie: ▮ Francis Ford Coppola, 1974 [▮ Robert Evans, ▮ Walter Murch]; CANNONBALL, Regie: Paul Bartel, 1976 (auch Produzent); MARIO PUZO'S THE GODFATHER (TV-Film aus THE GODFATHER I und II), Regie: ▮ Francis Ford Coppola, 1977 [▮ Walter Murch, ▮ Robert Towne]; ROGER CORMAN: HOLLYWOOD'S WILD ANGEL (Dok.), Regie: Christian Blackwood, 1978 [▮ Peter Fonda]; THE HOWLING, Regie: Joe Dante, 1980; DER STAND DER DINGE, Regie: Wim Wenders, 1981/82; SWING SHIFT, Regie: Jonathan Demme, 1984; LORDS OF THE DEEP, Regie: Mary Ann Fisher, 1989; ULTRA WARRIOR, Regie: Augusto Tamayo San Román, Kevin Tent, 1990/92; THE SILENCE OF THE LAMBS, Regie: Jonathan Demme, 1991; THE GODFATHER TRILOGY: 1901-1980 (TV), Regie: ▮ Francis Ford Coppola, 1992 [▮ Walter Murch, ▮ Robert Towne]; BODY BAGS (TV), 1993; PHILADELPHIA, Regie: Jonathan Demme, 1993/94; RUNAWAY DAUGHTERS (TV), 1994; APOLLO 13, Regie: Ron Howard, 1995; BEVERLY HILLS, 90210: FADE IN. FADE OUT (TV), 1996; THE SECOND CIVIL WAR (TV), 1996/97; THE PHANTOM EYE (TV), 1999; THE PRACTICE: JUDGE AND JURY (TV), 1999; SCREAM 3, Regie: Wes Craven, 2000; REEL RADICALS. THE SIXTIES REVOLUTION IN FILM (TV), 2002 [▮ Dennis Hopper, ▮ Robert Towne]; EASY RIDERS, RAGING BULLS (Dok.), Regie: Kenneth Bowser, 2003 [▮ Peter Bogdanovich, ▮ Peter Fonda, ▮ Monte Hellman, ▮ Dennis Hopper, ▮ Henry Jaglom, ▮ John Milius, ▮ Julia Phillips, ▮ Paul Schrader, ▮ Rudy Wurlitzer].

Literatur (Auswahl)

Digby Diehl: Roger Corman. A Double Life. In: Action (Hollywood), Nr. 4, Juli/August 1969. – Joseph Gelmis: The Film Director as Superstar. Garden City, N.Y.: Doubleday & Company 1970 (darin: Roger-Corman-Interview, S. 161 ff.). – Roger Corman: Working with Young Directors. In: Journal of the Producer's Guild of America (Beverly Hills), Nr. 1, März 1974, S. 13 ff. – Todd McCarty, Charles Flynn (Hg.): Kings of the B's. New York: E. P. Dutton 1975. – Robert David Crane, Christopher Fryer: Jack Nicholson. Face to Face. New York: M Evans and Company 1975 (darin: Roger Corman, S. 24 ff.). – J. Philip di Franco (Hg.): The Movie World of Roger Corman. New York/London: Chelsea House 1979. – Roger Corman: Filmmaking in Hollywood. In: American Cinematographer (Hollywood), Nr. 8, August 1980, S. 795 ff. – Jim Hillier, Aaron Lipstadt: Roger Corman's New World. London: BFI 1981. – Ed Naha: The Films of Roger Corman. Brilliance on a Budget. New York: Arco 1982. – David Chute: The New World of Roger Corman. In: Film Comment (New York), Nr. 2, März/April 1982, S. 27–32. – Stéphane Bourgoin: Roger Corman. Paris: Edling 1983. – Mark Thomas MacGee: Fast and Furious: The Story of American International Pictures. Jefferson: McFarland 1984. – David Del Valle: Roger Corman (Interview). In: Films and Filming (London), Nr. 362, November 1984, S. 15–20. – Gary Morris: Roger Corman. Boston: Twayne 1985. – Kim Newman: The Roger Corman Alumni Association (Part I + II). In: Monthly Film Bulletin (London), Nr. 622 + 632, November + Dezember 1985. – Jim Hillier, Aaron Lipstadt: The Economics of Independence. Roger Corman and the New World Pictures 1970–80. In: Movie (London), Nr. 31/32, Winter 1986, S. 43–53. – Mark Thomas McGee: Roger Corman. The Best of the Cheap Acts. Jefferson: McFarland 1988. – Roger Corman, Jim Jerome: How I Made a Hundred Movies in Hollywood and Never Lost a Dime. New York/London: Random House/Mullen 1990. – Thomas Hettche: Denken im Dunkeln. In: Frankfurter Allgemeine Zeitung, 18. 9. 1993. – Roger Corman, Joe Dante: Memories of Vincent Price. In: Sight and Sound (London), Nr. 12, Dezember 1993, S. 14 f. – Peter W. Jansen: Der Schnellste von allen. Pate des New Hollywood. Roger Corman wird 70. In: Der Tagesspiegel (Berlin), 4. 4. 1996. – Hans Günther Pflaum: Der König der Independents. In: Süddeutsche Zeitung (München), 4. 4. 1996. – Alan Frank: Shooting My Way Out of Trouble. The Films of Roger Corman. London: Batsford 1998. – Beverly Gray: Roger Corman. An Unauthorized Biography of the Godfather of Indie Filmmaking. Los Angeles: Renaissance 2000.

Emile de Antonio, Dokumentarfilmer; geboren am 14. Mai 1919 in Scranton, Pennsylvania, gestorben am 19. Dezember 1989 in New York City.
Der Sohn eines Mediziners wächst im Kohlerevier Scranton auf. Nach dem Studium in Harvard und an der Columbia University in New York lehrt er Philosophie am William and Mary College in Virginia. In den fünfziger Jahren gehört Emile de Antonio zum engen Zirkel der New Yorker Avantgarde, ist befreundet mit Künstlern wie ▮ Andy Warhol, Frank Stella, Jasper Johns oder Robert Rauschenberg, organisiert Veranstaltungen für den Tänzer Merce Cunningham und den Komponisten John Cage. 1958 gründet de Antonio die G-String Productions, um den ersten Film des Fotografen Robert Frank und des Malers Alfred Leslie, PULL MY DAISY, zu verleihen. Der Kompilationsfilm POINT OF ORDER ist sein Debüt als Regisseur. Mit Filmen über den Vietnamkrieg oder Richard Nixon macht er sich als politischer Dokumentarist einen Namen. Als Emile de Antonio gemeinsam mit ▮ Haskell Wexler die konspirativen Weathermen, eine radikale Studentengruppe, für seine Dokumentation UNDERGROUND interviewt, wird er vom FBI vorgeladen. Mitte der achtziger Jahre entdeckt er, daß er seit dreißig Jahren vom Staat überwacht wird – über diese „persönliche" Beziehung zum FBI berichtet er in

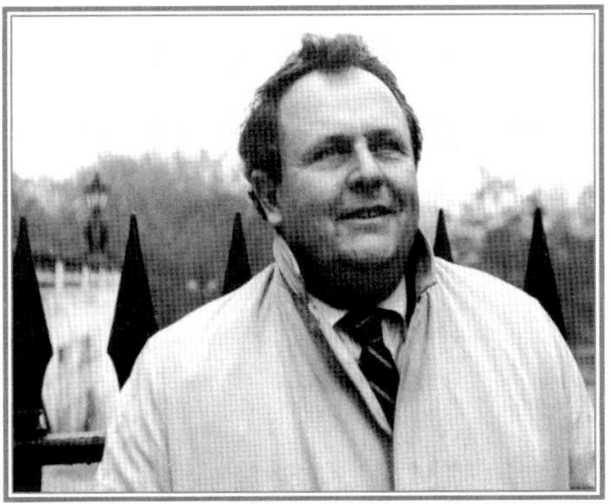

Emile de Antonio

Er war politisch höchst interessiert und bei jeder guten Demonstration dabei, als denkender und handelnder Mensch ein Zoon politicon, jedoch seiner Persönlichkeit nach schien er mehr Künstler und Macher als Politiker zu sein: So ist sein persönlichstes Werk nicht etwa seine Autobiografie als Staatsfeind und Bonvivant, MR. HOOVER AND I, sondern ein Film über seine Freunde und Bekannten, Protagonisten der Pop-art, die seine Art des Filmemachens stark beeinflußten: PAINTERS PAINTING. Wenn man ehrlich ist, verehrt man seine Filme nicht in erster Linie wegen ihrer politischen Haltung – das natürlich auch –, sondern wegen de Antonios Genialität im Umgang mit dem Medium, wegen der Subtilität seiner Strategie der Collage, wegen der ungewöhnlichen Sensibilität im Umgang mit dem Ton und dann doch wegen der stringenten Strenge, mit der er dieses Arsenal künstlerischer Feinsinnigkeit handhabte.

De Antonio war ein Agitator, der nur zu gut wußte, wer seine Gegner waren. Aber wie konnte man seine Freunde konstruktiv unterstützen? Hatte de Antonio überhaupt eine politische Vision jenseits der, wie die Dinge nun gerade *nicht* sein sollten? Man bezeichnet(e) de Antonio oft als *radical,* doch was heißt das eigentlich? In Scott Dittrichs Skater-Film FREEWHEELIN' (1976) wird alles als *radical* bezeichnet, was nicht gewöhnlich, durchschnittlich, normal ist; davon abgeleitet, könnte man sagen, *radical* bezeichnet eine Haltung, aber kein Bewußtsein jenseits des (künstlerischen) Ausdrucks, dessen Konstruktivität in sich selbst besteht wie ruht. Man könnte auch sagen: Der politische Nährwert seines Debüts POINT OF ORDER ist relativ gering, sein künstlerischer gewaltig.

Emile de Antonio begann seine Filmkarriere im Umfeld des New American Cinema: als Verleiher von Robert Franks und Alfred Leslies PULL MY DAISY (1958) und Dan Drasins SUNDAY (1961). Er war jemand, der die nötigen Beziehungen für die nötige Aufmerksamkeit hatte. POINT OF ORDER entstand mittelbar aus dieser Verleihtätigkeit: De Antonio und Daniel Talbot spielten mit dem Gedanken, Fernsehmaterial in Talbots Kino zu präsentieren. Daraus erwuchs POINT OF ORDER, rund 200 Stunden Fernsehgeschichte verdichtet zu 97 Minuten Kino.

Mitten im Fieber des Cinéma Vérité beschäftigte sich de Antonio, auf den Spuren von Esfir Shub, mit der inneren Wahrheit wie mit der Manipulierbarkeit schon vorhandenen Materials, in diesem Fall den Fernsehaufzeichnungen der Army-McCarthy-Hearings: THAT'S WHERE THE ACTION IS. De Antonio war am stärksten, am eindringlichsten, wenn er Material hatte, an dem er sich abarbeiten konnte, wenn da eine Grundspannung war, meist zwischen offizieller Darstellung und realistischer Einschätzung der Dinge: wie eben in POINT OF ORDER, wo er nicht konterkarierte, sondern bloß zuspitzte. Wie in seinem Anti-Warren-Commission-Pamphlet RUSH TO JUDGMENT, wie in seinem Vietnamkriegs-*cri du cœur* IN THE YEAR OF THE PIG, wie in seiner satirischen Richard-Nixon-Biografie MILLHOUSE: A WHITE COMEDY – Werke, in denen sich ein Linker mit den Machenschaften der Rechten auseinandersetzte.

MILLHOUSE: A WHITE COMEDY markiert dabei grob eine Zäsur in de Antonios Schaffen sowie einen Schnitt in der amerikanischen Gesellschaft: De Antonios Kino dokumentierte nun in der Folge den Zusammenbruch der US-Linken. Eine Entwicklung, die sich schon in früheren Filmen abgezeichnet hatte: mit dem wie betäubt sich abspulenden AMERICA IS HARD TO SEE (einer Dokumentation über die verlorene Wahlkampagne eines weniger bekannten McCarthy namens Eugene, seines Zeichens Senator und Demokrat), mit UNDERGROUND (de Antonios Darstellung der gewaltbereiten Linken im Rückzug), mit IN THE KING OF PRUSSIA (dem Plowshare-Eight-Prozeß, partiell rekonstruiert auf einer Proletariertheaterbühne, runtergerissen in rund 48 Stunden, auf häßlichem Video) und mit MR. HOOVER AND I, einem Film, der den sterbenden Radikalen zu Hause zeigt, wo ihm John Cage ein grün-glänzendes makrobiotisches Brot backt. De Antonio war und ist ein Leitbild, eine Inspiration, ein historischer Referenzpunkt. De Antonio reflektierte, kommentierte, polemisierte. In Ari Roussimoffs über mehrere Jahre realisierter NY-Underground-Bizarrerie SHADOWS IN THE CITY gibt de Antonio, kurz vor seinem Tod, *the mystic*: Das paßt.

Olaf Möller

Filme als Regisseur

POINT OF ORDER, 1963 (auch Produzent, Kommentator); THAT'S WHERE THE ACTION IS (Kurzfilm), 1965 (auch Produzent); RUSH TO JUDGMENT, 1966 (auch Produzent, Kommentator); IN THE YEAR OF THE PIG / VIETNAM: IN THE YEAR OF THE PIG, 1968 (auch

Produzent, Voice-over); AMERICA IS HARD TO SEE / 1968: AMERICA IS HARD TO SEE, 1970 (auch Produzent); MILLHOUSE: A WHITE COMEDY/MILLHOUSE: A WHITE HOUSE COMEDY, 1971 (auch Produzent); PAINTERS PAINTING, 1972 (auch Produzent, Auftritt) [▮ Andy Warhol]; UNDERGROUND, Ko-Regie: Mary Lampson, ▮ Haskell Wexler, 1976 (auch Produzent) [▮ Bob Dylan]; IN THE KING OF PRUSSIA (Semi-Dok.), 1982 (auch Autor, Produzent); MR. HOOVER AND I, 1989 (auch Autor, Produzent, Auftritt).

Filme als (Ko-)Autor

IN THE KING OF PRUSSIA (Semi-Dok.), Regie: Emile de Antonio, 1982 (auch Produzent); MR. HOOVER AND I, Regie: Emile de Antonio, 1989 (auch Produzent).

Filme als (Ko-)Produzent

SUNDAY (Kurzfilm), Regie: Dan Drasin, 1961; X-THE TRANSIST-ITES (Kurzfilm), Regie: Dan Drasin, 1962; POINT OF ORDER, Regie: Emile de Antonio, 1963; THAT'S WHERE THE ACTION IS (Kurzfilm), Regie: Emile de Antonio, 1965; RUSH TO JUDGMENT, Regie: Emile de Antonio, 1966 (auch Kommentator); IN THE YEAR OF THE PIG / VIETNAM: IN THE YEAR OF THE PIG, Regie: Emile de Antonio, 1968 (auch Voice-over); AMERICA IS HARD TO SEE / 1968: AMERICA IS HARD TO SEE, Regie: Emile de Antonio, 1970; MILLHOUSE: A WHITE COMEDY / MILLHOUSE: A WHITE HOUSE COMEDY, Regie: Emile de Antonio, 1971; PAINTERS PAINTING, Regie: Emile de Antonio, 1972 (auch Auftritt) [▮ Andy Warhol]; UNDERGROUND, Regie: Emile de Antonio, Mary Lampson, ▮ Haskell Wexler, 1976 [▮ Bob Dylan]; IN THE KING OF PRUSSIA (Semi-Dok.), Regie: Emile de Antonio, 1982 (auch Autor); MR. HOOVER AND I, Regie: Emile de Antonio, 1989 (auch Autor, Auftritt).

Filme als Darsteller (auch Auftritte)

DRUNK, Regie: ▮ Andy Warhol, 1965; PAINTERS PAINTING, Regie: Emile de Antonio, 1972 (auch Produzent) [▮ Andy Warhol]; ANDY WARHOL (Dok.), Regie: Lana Jokel, 1973/87; THE NEW CINEMA (Dok.), Regie: Peter Wintonick, 1983; FIRE IN THE EAST: A PORTRAIT OF ROBERT FRANK (Dok.), Produktion: Museum of Fine Arts, Houston, 1986; MR. HOOVER AND I, Regie: Emile de Antonio, 1989 (auch Autor, Produzent); RESIDENT ALIEN: QUENTIN CRISP IN AMERICA (Dok.), Regie: Jonathan Nossiter, 1990; SHADOWS IN THE CITY, Regie: Ari Roussimoff, 1989/91.

Literatur (Auswahl)

Michel Ciment, Bernard Cohn: Entretien avec Emile de Antonio. In: Positif (Paris), Nr. 113, Februar 1970, S. 28–39. – Colin J. Westerbeck: Some Out-Takes from Radical Filmmaking. Emile de Antonio. In: Sight and Sound (London), Nr. 3, Sommer 1970, S. 140ff. – Emile de Antonio: Some Discrete Interruptions on Film, Structure, and Resonance. In: Film Quarterly (Berkeley), Nr. 1, Herbst 1971, S. 10f. – Bernard Weiner: Radical Scavenging. An Interview with Emile de Antonio. In: Film Quarterly (Berkeley), Nr. 1, Herbst 1971, S. 3–15. – G. O'Brien: Inter/View with Emile de Antonio. In: Inter/View (New York), Nr. 19, Februar 1972, S. 28f. – H. Schröder, H. Schmidt: Herausforderung durch ein Festival (Interview). In: Film und Fernsehen (Berlin/DDR), Nr. 2, Februar 1974, S. 20f. – Markku Salmi: Emile de Antonio. In: Film Dope (Nottingham), Nr. 9, April 1976, S. 49f. – Mitch Tuchman: Emile de Antonio: „All Filmmakers Are Confidence Men". In: Village Voice (New York), 17.5.1976. – Thomas Waugh: Beyond Verité: Emile de Antonio and the New Documentary of the Seventies. In: Jump Cut (Chicago), Nr. 10–11, 1976, S. 33ff. – Michie Gleason: UNDERGROUND. Emile de Antonio and the Weatherpeople. In: Cinema Papers, Nr. 11, Januar 1977, S. 202ff. – Alan Rosenthal: Emile de Antonio. An Interview. In: Film Quarterly (Berkeley), Nr. 1, Herbst 1978, S. 4–17. – Emile de Antonio: Frank Stella. A Passion for Painting. In: Geo (New York), März 1982, S. 13ff. – Emile de Antonio Interviews Himself. In: Film Quarterly (Berkeley), Nr. 1, Herbst 1982, S. 28ff. – Emile de Antonio: Dialogue on Film: Martin Sheen. In: American Film (Washington, D.C.), Nr. 8, Dezember 1982, S. 20–28. – Emile de Antonio, Mitch Tuchman: PAINTERS PAINTING. A Candid History of the Modern Art Scene 1940–1970. New York: Abbeville 1984. – Emile de Antonio: My Brush with Painting. In: American Film (Washington, D.C.), Nr. 5, März 1984, S. 8ff. – Jean-Michel Basquiat: Emile de Antonio with Jean-Michel Basquiat. In: Inter/View (New York), Nr. 14, Juli 1984, S. 48ff. – Emile de Antonio: The Future of Film. In: American Film (Washington, D.C.), Juni 1985, Nr. 9, S. 82. – Emile de Antonio: Different Drummers. In: American Film (Washington, D.C.), November 1985, Nr. 2, S. 72f. – Emile de Antonio: Brief an das Weiße Haus. In: Film und Fernsehen (Berlin/DDR), Nr. 2, 1987, S. 34. – Wilhelm Roth: Emile de Antonio 1919–1989. In: epd Film (Frankfurt/M.), Nr. 2, Februar 1990, S. 10. – Robert Silberman: de Antonio, Emile. In: Gary Crowdus (Hg.): The Political Companion to American Film. o.O.: Lakeview 1994, S. 103ff. – Emile de Antonio: Ed Emshwiller. In: Robert A. Haller (Hg.): Intersecting Images. The Cinema of Ed Emshwiller. New York: Anthology Film Archives 1997, S. 32. – Douglas Kellner, Dan Streible (Hg.): Emile de Antonio: A Reader. Minneapolis: University of Minnesota 2000.

seiner letzten Dokumentation: MR. HOOVER AND I. Emile de Antonios Vietnamfilm IN THE YEAR OF THE PIG wird 1969 für einen Oscar nominiert.

Brian De Palma,
Regisseur, Autor, Produzent; geboren am 11. September 1940 in Newark, New Jersey.
Nach dem Schulabschluß studiert der Sohn eines Chirurgen Physik an der Columbia University in New York, wird Mitglied bei den Columbia Players, der Theatergruppe der Universität, und beginnt, sich mit dem Medium Film auseinanderzusetzen. Er dreht erste Filme mit einer 16-mm-Bolex. Sein dritter Kurzfilm, WOTAN'S WAKE, verhilft ihm zu einem Stipendium am Sarah Lawrence College in Bronxville, in der Nähe von New York. Hier realisiert er seinen ersten Spielfilm mit dem noch unbekannten Robert De Niro: THE WEDDING PARTY. Auch bei den beiden nächsten Filmprojekten - GREETINGS und HI, MOM! - übernimmt De Niro die Hauptrollen. Für GREETINGS, einen Low-Budget-Film für 43 000 Dollar, wird De Palma 1969 auf den Internationalen Filmfestspielen Berlin mit einem Silbernen Berliner Bären ausgezeichnet. Der kommerzielle Durchbruch gelingt ihm mit seinem Thriller SISTERS. Mit seinem filmischen Experiment HOME MOVIES präsentiert De Palma die Unterrichtsergebnisse seiner Filmklasse am Sarah Lawrence College, an das er 1978 für einen Workshop zurückkehrt. THE UNTOUCHABLES, ein Gangsterfilm mit Robert De Niro als Al Capone, wird in fünf Kategorien für einen Oscar nominiert, den Preis gewinnt

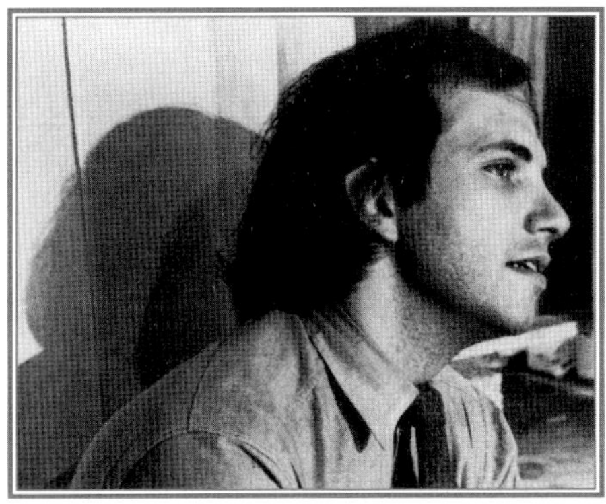

Brian De Palma

Wie allen guten Surrealisten, so hieß es mal, sei De Palma das Messer näher als die Pistole. Die Nähe zum Opfer, die Wärme des Blutes, der saubere Schnitt. Immer wieder hat er sogar die Leinwand entzweigeschnitten, als könne die *split screen* die Bilder zum Bluten bringen und dadurch ihre Lebendigkeit beglaubigen. Daß sein Vater Chirurg war, muß in diesem Zusammenhang nichts bedeuten, der junge Brian hat sich lieber als Tüftler betätigt, Radios auseinandergenommen und Aufsätze über Kybernetik verfaßt. Und doch findet in seinem Werk beides zusammen, die Präzision des Skalpells und die Lust des Bastlers. Kein Wunder, daß er sich letztlich im Thriller am wohlsten fühlt.

Von Anfang an wollte er hinter die Geheimnisse des Bildermachens kommen, hat schon in seinem Kurzfilm 660124: THE STORY OF AN IBM CARD einen Maler zum Helden gemacht und in THE RESPONSIVE EYE die Besucher einer Op-art-Ausstellung gefilmt und die Bilder von seinem Lehrer Rudolf Arnheim kommentieren lassen. Der *optical art* des Kinos gilt tatsächlich in jeder Hinsicht sein Interesse, den Funktionsweisen der Kamera und den Reaktionen des Auges. In GREETINGS und HI, MOM! spielt Robert De Niro so etwas wie De Palmas Alter ego, einen Voyeur, der aus seiner kalten Leidenschaft eine Profession zu machen versucht, indem er sich eine Kamera kauft und von einer neuen Kunst namens *peep art* träumt. Es geht De Niro dabei nicht wirklich um die Frauen, sondern nur um ihr Bild. Wobei später De Palmas Filme immer deutlicher davon handeln, daß jedes Bild seinem Gegenstand stets auch Gewalt antut. In den beiden Underground-Filmen aus den späten Sechzigern ist noch ein fröhlicher kinematographischer Überschwang am Werk, ein freies Spiel mit Motiven, die sich dann als erstaunlich dominant herausstellen und in späteren Thrillern geradezu zwanghaft wiederkehren. De Palma benutzte damals bereits das ganze Vokabular der Bildmanipulation - Zeitlupe, Zeitraffer, Zwischentitel und Standbilder -, um die Aufmerksamkeit für die Funktionsweisen des Kinos zu schärfen. Er verbeugt sich vor Antonionis BLOW-UP (1966) und Hitchcocks REAR WINDOW (1954), und wer das für den Übermut eines Anfängers gehalten hat, weiß mittlerweile, daß sich De Palma dabei bis heute treu geblieben ist.

Viel wurde gespottet über De Palmas vermeintlich blinde Verehrung für Hitchcock, dessen Filme er gerne zitiert - und manchmal fragt man sich, warum gerade im Kino der Blick auf solche Formen der Aneignung so gründlich verstellt ist. Dabei könnte man da viel von der bildenden Kunst lernen, die bei solchen künstlerischen Verfahren viel weniger Berührungsängste hat. Dort wird oft mit großem theoretischem Apparat versucht, was bei De Palma ganz spielerisch gelingt: sich einen Reim auf Bilder und ihre Art der Erzählung zu machen. Wenn ein Künstler wie Douglas Gordon Hitchcocks PSYCHO (1960) auf 24 Stunden zerdehnt, dann macht er nichts wesentlich anderes als De Palma, der sein Vorbild ebenfalls nach allen Regeln der Kunst seziert. Er nimmt die Spannungsmomente unter die Lupe, bis die Zeit aus den Fugen gerät, und dreht und wendet die Figurenkonstellationen, bis man nicht mehr weiß, wo einem der Kopf steht.

Besonders REAR WINDOW und VERTIGO (1958) haben es De Palma angetan - die Ohnmacht des Betrachters einerseits und seine Besessenheit andererseits -, ein durch und durch ungesundes Verhältnis, das die Binnenspannung der Bilder aufs äußerste strapaziert. Seine Filme mögen in ihrer Oberflächenfixiertheit und ihrem künstlichen Glanz den Gemälden der Hyperrealisten ähneln und sind letztlich doch den Surrealisten und ihrer Art, die Hierarchien der Wahrnehmung auf den Kopf zu stellen, näher. Überall wimmelt es vor Doppelgängern und Spiegelungen, und niemals kann man seinen Augen trauen. Der Mann ist definitiv der große Unterschätzte zwischen den anderen Meistern des amerikanischen Albtraums, weil er wie kein anderer das Credo beim Wort nimmt: *What you see is what you get.*

Michael Althen

Filme als Regisseur

ICARUS (Kurzfilm), 1960; 660124: THE STORY OF AN IBM CARD (Kurzfilm), 1961; WOTAN'S WAKE (Kurzfilm), 1962; JENNIFER (Kurzfilm), 1964; BRIDGE THAT GAP (Kurzfilm), 1965; SHOW ME A STRONG TOWN AND I'LL SHOW YOU A STRONG BANK (Kurzfilm), 1966; THE RESPONSIVE EYE (Dok.), 1966 (auch Cutter); THE WEDDING PARTY, 1966/69 (auch Autor, Produzent, Cutter); MURDER A LA MODE, 1967 (auch Autor, Produzent, Cutter); GREETINGS, 1968 (auch Autor, Cutter); DIONYSUS IN '69, 1968/70 (auch Kamera, Cutter); HI, MOM!, 1970 (auch Autor); GET TO KNOW YOUR RABBIT, 1972; SISTERS/BLOOD SISTERS, 1973 (auch Autor); PHANTOM OF THE PARADISE, 1974 (auch Autor);

CARRIE, 1976 (auch Produzent); OBSESSION, 1976 (auch Autor) [▮ Paul Schrader]; THE FURY, 1978 [▮ John Cassavetes]; DRESSED TO KILL, 1980 (auch Autor); HOME MOVIES, 1980 (auch Autor, Produzent); BLOW OUT, 1981 (auch Autor); SCARFACE, 1983; BODY DOUBLE, 1984 (auch Autor, Produzent); BRUCE SPRINGSTEEN: DANCING IN THE DARK (Musik-Video), 1984; WISE GUYS, 1986; THE UNTOUCHABLES, 1987; CASUALTIES OF WAR, 1989; THE BONFIRE OF THE VANITIES, 1990 (auch Produzent); RAISING CAIN, 1992 (auch Autor); CARLITO'S WAY, 1993; MISSION: IMPOSSIBLE, 1996 [▮ Robert Towne]; SNAKE EYES, 1998 (auch Autor, Produzent); MISSION TO MARS, 2000; FEMME FATALE, 2002 (auch Autor).

Filme als (Ko-)Autor
THE WEDDING PARTY, Regie: Brian De Palma, 1966/69 (auch Cutter, Produzent); MURDER A LA MODE, Regie: Brian De Palma, 1967 (auch Produzent, Cutter); GREETINGS, Regie: Brian De Palma, 1968 (auch Cutter); HI, MOM!, Regie: Brian De Palma, 1970; SISTERS / BLOOD SISTERS, Regie: Brian De Palma, 1973; PHANTOM OF THE PARADISE, Regie: Brian De Palma, 1974; OBSESSION, Regie: Brian De Palma, 1976 [▮ Paul Schrader]; DRESSED TO KILL, Regie: Brian De Palma, 1980; HOME MOVIES, Regie: Brian De Palma, 1980 (auch Produzent); BLOW OUT, Regie: Brian De Palma, 1981; BODY DOUBLE, Regie: Brian De Palma, 1984 (auch Produzent); RAISING CAIN, Regie: Brian De Palma, 1992; SNAKE EYES, Regie: Brian De Palma, 1998 (auch Produzent); FEMME FATALE, Regie: Brian De Palma, 2002.

Film als Kameramann
DIONYSUS IN '69, Regie: Brian De Palma, 1968/70 (auch Cutter).

Filme als Cutter
THE RESPONSIVE EYE (Dok.), Regie: Brian De Palma, 1966; THE WEDDING PARTY, Regie: Brian De Palma, 1966/69 (auch Autor, Produzent); MURDER A LA MODE, Regie: Brian De Palma, 1967 (auch Autor, Produzent); GREETINGS, Regie: Brian De Palma, 1968 (auch Autor); DIONYSUS IN '69, Regie: Brian De Palma, 1968/70 (auch Kamera).

Filme als (Ko-)Produzent
THE WEDDING PARTY, Regie: Brian De Palma, 1966/69 (auch Autor, Cutter); MURDER A LA MODE, Regie: Brian De Palma, 1967 (auch Autor, Cutter); CARRIE, Regie: Brian De Palma, 1976; HOME MOVIES, Regie: Brian De Palma, 1980 (auch Autor); BODY DOUBLE, Regie: Brian De Palma, 1984 (auch Autor); THE BONFIRE OF THE VANITIES, Regie: Brian De Palma, 1990; SNAKE EYES, Regie: Brian De Palma, 1998 (auch Autor).

Filme als Darsteller (auch Auftritte)
ROTWANG MUSS WEG!, Regie: Hans Christoph Blumenberg, 1994; ENNIO MORRICONE (TV-Dok.), 1995 [▮ John Boorman]; A PERSONAL JOURNEY WITH MARTIN SCORSESE THROUGH AMERICAN MOVIES (TV-Dok.), Regie: ▮ Martin Scorsese, Michael Henry Wilson, 1995 [▮ John Cassavetes, ▮ Francis Ford Coppola, ▮ George Lucas]; BRIAN DE PALMA, L'INCORRUPTIBLE, Regie: Henri Behar, Karim Akadiri Soumaila, 2002 [▮ George Lucas, ▮ Martin Scorsese, ▮ Steven Spielberg].

Literatur (Auswahl)
Brian De Palma: The Making of THE CONVERSATION. An Interview with Francis Ford Coppola. In: Filmmakers Monthly / Newsletter (New York), Nr. 7, Mai 1974, S. 30–34. – Edward Margulies: Brian De Palma. In: Action (Hollywood), Nr. 5, September/Oktober 1974, S. 4–8. – Michael Henry: L'Œil du malin; Entretien avec Brian De Palma. In: Positif (Paris), Nr. 193, Mai 1977, S. 23–33. – S. Swires: Things that Go Bumb in the Night. In: Films in Review (New York), Nr. 7, August/ September 1978, S. 403 ff. – Simon Button: Visceral Poetry. In: Films (London), Nr. 12, November 1982, S. 9 ff. – Michael Bliss: Brian De Palma. Metuchen, N. J.: Scarecrow 1983. – Susan Dworkin: Double De Palma. A Film Study with Brian De Palma. New York: Newmarket 1984 (dt.: Brian De Palma. Der Tod kommt zweimal oder: Wie man einen Thriller dreht. Bergisch Gladbach: Bastei-Lübbe 1985.). – Terrence Rafferty: De Palma's American Dreams. In: Sight and Sound (London), Nr. 2, Frühjahr 1984, S. 142 ff. – Brian De Palma: Guilty Pleasures. In: Film Comment (New York), Nr. 3, Mai/Juni 1987, S. 52 f. – Frank Schnelle: Genialer Banause. In: Die Tageszeitung (Berlin), 12. 9. 1987. – Laurent Bouzereau: The De Palma Cut: The Films of America's Most Controversial Director. New York: Dembner 1988. – Fritz Göttler: Dead End, Labyrinth, Spirale. Eine Topographie der Filme von Brian De Palma. In: Steadycam (Köln), Nr. 9, Februar 1988, S. 21 ff. – Kenneth MacKinnon: Misogyny in the Movies: The De Palma Question. Newark: University of Delaware 1990. – Amy Taubin: The Master of Jeopardy. In: Village Voice (New York), Nr. 32, 11. 8. 1992. – Dominique Legrand: Brian De Palma: Le Rebelle manipulateur. Paris: Edition du Cerf 1995. – Alexander Kissler: Herr der Bilder. In: Frankfurter Allgemeine Zeitung, 11. 9. 2000. – Thomas Binotto: Alles wird Film. Der verlorene Sohn New Hollywoods. In: film-dienst (Köln), Nr. 19, 12. 9. 2000, S. 6–9.

Sean Connery für seine Nebenrolle als Jim Malone.

Bob Dylan,
Musiker, Darsteller, Regisseur; geboren am 24. Mai 1941 in Duluth, Minnesota.
Anfang der sechziger Jahre – nach Wanderjahren in Minnesota, Dakota, Kansas und einem abgebrochenen Studium an der University of Minnesota – zieht Dylan nach New York und avanciert schnell zu einem der führenden Vertreter der Folksong-Bewegung: Robert Zimmermann wird zu Bob Dylan. In seinen Protestsongs verdichtet er das politisch-soziale Klima der USA und die kollektiven Mythen und Emotionen der sechziger und siebziger Jahre zu archetypischen Metaphern: „The Times They Are A-Changin'", „Blowing in the Wind" und „Chimes of Freedom". 1966 realisiert er mit „Blonde on Blonde" (Coverfoto: ▮ Jerry Schatzberg) das erste Doppelalbum der Rockgeschichte, 1971 steht sein Roman „Tarantula" auf Platz sieben der „Time"-Bestsellerliste. Dylan ist in den sechziger und siebziger Jahren an mehreren Filmprojekten beteiligt. Seine Songs finden sich auf Soundtracks zu zahlreichen Filmen. Für den Besten Originalsong „Things Have Changed" in Curtis Hansons WONDER BOYS wird Bob Dylan im Jahr 2001 mit einem Oscar ausgezeichnet.

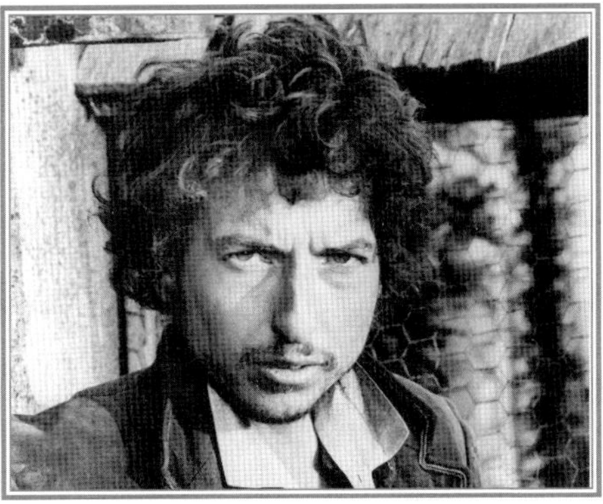

Bob Dylan

Seine Karriere ist von zwei Filmen eingeklammert, die für Fragen des Dokumentarischen ebenso zentral geworden sind wie für Dylans Persona. Donn Alan Pennebakers DON'T LOOK BACK definiert ihn als einen Popstar neuen Typus, gerade dadurch, daß der Film gleichzeitig an der Absicht scheiterte, Dylan zu dokumentieren. Jedenfalls dann, wenn Dokumentation heißen soll, hinter den Kulissen die eigentliche und tiefere Wahrheit der öffentlichen Persona Dylans aufzufinden. Hier passiert das Gegenteil: Hinter den Kulissen wird die Inszenierung erst wirksam. Hinter den Kulissen findet der Dokumentarist erst den wirklich neuartigen Star vor, der eben nicht nach dem Auftritt wieder normal wird – sondern eher jemanden, dessen Persona im Vergleich zu seiner Persönlichkeit nur einen faulen Kompromiß mit einem noch nicht so avancierten Publikum darstellt. Erst der Blick hinter die Kulissen bringt die nicht ableitbare Künstlichkeit des Popstars hervor, die für jeden Vertreter dieses Typus konstitutiv werden sollte. Damit entsteht aber gleichzeitig ein *blueprint* für ein filmisches Genre, das später noch ziemlich unangenehme Filme hervorbrachte: die inszenierte Backstage-Doku.

Der andere Teil der Klammer ist der Film, bei dem Bob Dylan selbst Regie geführt hat: RENALDO AND CLARA. Dies ist ebensogut ein Spielfilm wie eine Dokumentation, wobei logisch ein Spielfilm eine Dokumentation enthalten kann, aber nicht umgekehrt. Es kann Teil der Fiktion sein, authentische Dokumente zu zeigen, aber nicht Teil einer Dokumentation, etwas zu erfinden. In diesem Film tauchen Figuren wie Bob und Sara Dylan als sie selbst oder als andere auf, Schauspieler wiederum spielen Figuren, die wirklich leben. Echte Tour-Szenen und inszenierte Momente wechseln einander ab. In einem Interview mit Jonathan Cott erklärte Dylan, wer ihn neben Tod Browning, Jean-Luc Godard, Alfred Hitchcock und ▮ Sam Peckinpah bei dieser Vorgehensweise beeinflußt habe: „You know who understood this? ▮ Andy Warhol. Andy Warhol did a lot for American cinema."

Trotzdem besteht Dylan auch in und beim Reden über RENALDO AND CLARA auf der Trennung von Leben und Kunst, die nicht nur sein Interviewer so gerne aufheben würde, sondern Pop-Fans ganz grundsätzlich. Nur entspricht diese Trennung nicht der Unterscheidung von verschiedenen Genres der Repräsentation, Fiction und Nonfiction (um die Schilder an den Regalen amerikanischer Buchläden zu zitieren), denn jede Repräsentation ist Fiktion, ist Kunst. Daß man mit deren Mitteln von sich redet, den eigenen Namen und die nahestehender Personen nennt und sich rundum angreifbar und verwundbar macht durch eine solche enorme Nähe zum eigenen Leben im Zentrum der Kunst, ist kein künstlerisches Kalkül, geschieht nicht, um die Kunst zu verbessern, sondern das Leben. Man muß sich genauso verwundbar machen, um besser leben zu können. Und man könnte höchstens etwas instrumentalistisch anfügen: um besser als Künstler leben zu können und also produktiv zu sein.

Es gibt einen dritten Film mit Dylans Beteiligung (eigentlich kein richtiger Film), dem gerne nachgesagt wird, er habe ein Genre geboren, in diesem Falle das der Musikvideos. Historisch ist das nicht richtig, denn der gemeinte Kurzfilm, der die Single „Subterranean Homesick Blues" visuell unterstützen sollte, war keineswegs die erste dieser Maßnahmen zur Ankurbelung des Schallplattenverkaufs während der sechziger Jahre: Er existierte außerdem ursprünglich nur als Eröffnungssequenz von Pennebakers DON'T LOOK BACK und wurde auch als „Auskopplung" verwendet. Kühn war vor allem – auch für spätere Videos, etwa „Sign O' the Times" von Prince –, wie Dylan ein Prinzip des Experimentalfilms seiner Zeit (so etwa bei Paul Sharits oder Hollis Frampton zu finden) aufgreift und abgefilmte Schrift ins Zentrum stellt. Der Text seines Songs wird nicht gesungen (auch wenn der Song natürlich aus dem Off erklingt), sondern durch oft fehlerhafte Schrifttafeln mit den Reimworten der jeweiligen Zeile repräsentiert, die Dylan so lange in die Kamera hält, wie seine Schallplattenstimme aus dem Off die entsprechende Zeile singt.

Der berühmte Auftritt in einem kommerziellen Spielfilm konterkariert indes alle Verwirrungen: Dylan ist in PAT GARRETT AND BILLY THE KID von Sam Peckinpah ein bescheidener, schüchterner Charakter, ein Beobachter im Hintergrund, eine Figur, mit der er – als Rolle für sich – nicht einmal in seinen kokettesten Träumen geflirtet haben mag. Dafür griff er kurz danach mit seinen nächsten Singles wieder ins konkrete politische Geschehen ein. Erst betrauerte er den in der Haft ermordeten Black-Panther-Aktivisten George Jackson – „I woke up this mornin' / There were tears in my bed. / They killed a man I really loved / Shot him through the head. / Lord, Lord, / They cut George Jackson down" –, danach griff er in das Ver-

fahren gegen den Boxer Rubin „Hurricane" Carter ein und forderte Freilassung und ein neues Verfahren: „Here comes the story of the Hurricane, / The man the authorities came to blame". Daß und wie es erst sehr viel später dazu kam, dokumentiert ein anderer Spielfilm.
Diedrich Diederichsen

Filme als Regisseur

EAT THE DOCUMENT (Dok.), 1971 (auch Cutter); RENALDO AND CLARA, 1978 (auch Autor, Komponist, Produzent, Darsteller).

Filme als (Ko-)Autor

RENALDO AND CLARA, Regie: Bob Dylan, 1978 (auch Komponist, Produzent, Darsteller); MASKED AND ANONYMOUS, Regie: Larry Charles, 2003 (auch Darsteller, Komponist).

Film als Cutter

EAT THE DOCUMENT (Dok.), Regie: Bob Dylan, 1971.

Filme als Komponist (Auswahl)

DON'T LOOK BACK (Dok.), Regie: Donn Alan Pennebaker, 1967 (auch Darsteller); LITTLE FAUSS AND BIG HALSY, Regie: Sidney J. Furie, 1970; THE CONCERT FOR BANGLA DESH, Regie: Saul Swimmer, 1972 (auch Auftritt); PAT GARRETT AND BILLY THE KID, Regie: Sam Peckinpah, 1973 (auch Darsteller) [Rudy Wurlitzer]; UNDERGROUND (Dok.), Regie: Emile de Antonio, Mary Lampson, Haskell Wexler, 1976; THE LAST WALTZ, Regie: Martin Scorsese, 1976–78 (auch Darsteller); RENALDO AND CLARA, Regie: Bob Dylan, 1978 (auch Autor, Produzent, Darsteller); BOB DYLAN: TIGHT CONNECTION (Musik-Video), Regie: Paul Schrader, 1985 (auch Darsteller); PUISSANCE DE LA PAROLE (Kurzfilm), Regie: Jean-Luc Godard, 1988; HIGH STAKES, Regie: Amos Kollek, 1989; HUSTLER FOR LIFE (Kurzfilm), Regie: Peter Sempel, 1998; THE HURRICANE, Regie: Norman Jewison, 1999 (auch Auftritt); WONDER BOYS, Regie: Curtis Hanson, 2000; GODS AND GENERALS, Regie: Ronald F. Maxwell, 2003; MASKED AND ANONYMOUS, Regie: Larry Charles, 2003 (auch Autor, Darsteller).

Film als (Ko-)Produzent

RENALDO AND CLARA, Regie: Bob Dylan, 1978 (auch Autor, Komponist, Darsteller).

Filme als Darsteller (auch Auftritte, TV-Auswahl)

MADHOUSE ON CASTLE STREET (TV), 1963; THE TIMES THEY ARE A-CHANGING (TV), 1964; DON'T LOOK BACK (Dok.), Regie: Donn Alan Pennebaker, 1967 (auch Komponist); JOHNNY CASH, THE MAN AND HIS MUSIC (TV), 1969; THE CONCERT FOR BANGLA DESH, Regie: Saul Swimmer, 1972 (auch Komponist); PAT GARRETT AND BILLY THE KID, Regie: Sam Peckinpah, 1973 (auch Komponist) [Rudy Wurlitzer]; THE WORLD OF JOHN HAMMOND (TV-Dok.), 1975; HARD RAIN (TV), 1976; THE LAST WALTZ, Regie: Martin Scorsese, 1976–78 (auch Komponist); RENALDO AND CLARA, Regie: Bob Dylan, 1978 (auch Autor, Komponist, Produzent); 20/20 (TV-Dok. über Bob Dylan), 1985; BOB DYLAN: TIGHT CONNECTION (Musik-Video), Regie: Paul Schrader, 1985 (auch Komponist); HEARTS OF FIRE, Regie: Richard Marquand, 1987; BACKTRACK/CATCHFIRE, Regie: Dennis Hopper (als Alan Smithee), 1989 (uncredited); DHARMA AND GREG (TV), 1999; THE HURRICANE, Regie: Norman Jewison, 1999 (auch Komponist); MASKED AND ANONYMOUS, Regie: Larry Charles, 2003 (auch Autor, Komponist).

Literatur (Auswahl)

Donn Alan Pennebaker: Bob Dylan. DON'T LOOK BACK. New York: Ballentine 1968. – Bob Dylan: Tarantula. London: MacGibbon & Kee 1971. – Anthony Scaduto: Bob Dylan. Listen, God, Look Closely after Him: He's more Fragile than most People. New York: Grosset & Dunlap 1971. – Richard Combs: RENALDO AND CLARA. In: Monthly Film Bulletin (London), Nr. 537, Oktober 1978, S. 205f. – Louis Skorecki: RENALDO AND CLARA. In: Cahiers du Cinéma (Paris), Nr. 304, Oktober 1979, S. 49ff. – Rainer Gansera: Hard Rain's Gonna Fall; Margret Köhler, C.-L. Reichert, K. Roesch: Fast Speaking Woman. In: Filmkritik (München), Nr. 3, März 1980, S. 99–115. – Bob Dylan: Lyrics. London: Paladin Grafton 1989. – Gottfried Blumenstein: Mr. Tambourine Man: Leben und Musik von Bob Dylan. Berlin: Henschel 1991. – Richard David Wissolik (Hg.): Bob Dylan, American Poet and Singer. An Annotated Bibliography and Study Guide of Sources and Background Materials, 1961–1991. Greensburg, P. A.: Eadmer 1991. – Paul Williams: Bob Dylan. Watching the River Flow. New York: Omnibus 1996. – C. P. Lee: Like a Bullet of Light: The Films of Bob Dylan. New York/London: Interlink Pub Group / Helter Skelter 2000. – Bob Dylan. Der Fremde (Themenheft). DU (Zürich), Nr. 5, Mai 2001. – Günter Amendt: Back to the Sixties: Bob Dylan zum Sechzigsten. Hamburg: Konkret 2001. – Willi Winkler: Bob Dylan. Ein Leben. Berlin: Fest 2001. – Jonathan Cott: Back to a Shadow in the Night. New York: Hal Leonhard 2002 (darin: Bob Dylan Interview #1.). – Bob Dylan, James Ellison (Red.): Younger than that Now: The Collected Interviews with Bob Dylan. New York: Thunder's Mouth 2003.

Carole Eastman,
Autorin.
Die Schwester des Autors und Regisseurs Charles Eastman studiert Ballett bei Eugene Loring und Modernen Tanz bei Gloria Newman an der American School of Dance in Hollywood. Beim Schauspielunterricht von Jeff Corey lernt sie ▮ Jack Nicholson kennen. Es entwickelt sich eine jahrelange Freundschaft, die zu einer engen beruflichen Zusammenarbeit führt. 1965 schreibt sie unter dem Pseudonym Adrien Joyce ihr erstes Drehbuch, ▮ Monte Hellman führt Regie, und Jack Nicholson übernimmt die Hauptrolle. Der existentialistische Western THE SHOOTING wird zu einem unerwartet großen Erfolg; andere Regisseure (Jacques Demy, Richard Lester) werden auf die Autorin aufmerksam. Für ihr Drehbuch zu ▮ Bob Rafelsons FIVE EASY PIECES, wieder mit Nicholson in der Hauptrolle, wird sie für einen Oscar nominiert. MAN TROUBLE, ein Drehbuch, das jahrelang in Hollywood kursiert, ohne verfilmt zu werden, ist bislang ihre letzte realisierte Arbeit als Filmautorin und vereint, zwanzig Jahre nach FIVE EASY PIECES, das Trio Eastman-Nicholson-Rafelson.

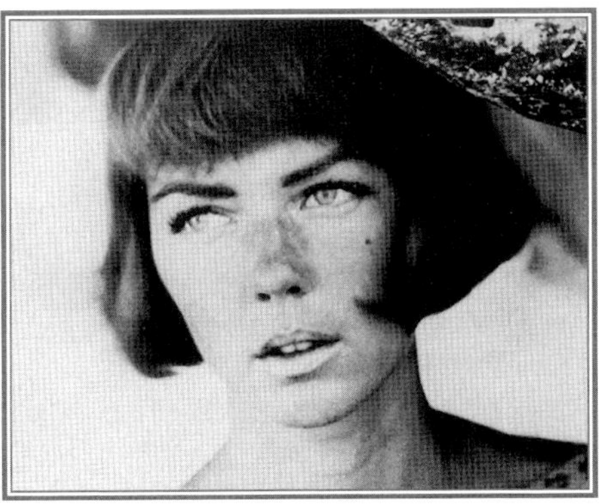

Carole Eastman

Sie hat uns die wüste Geschichte mit dem Weizentoast präsentiert, mit dem unwirschen Hinweis, wohin wir uns das Hühnchen stecken sollen: „I want you to hold it between your knees." Das war einer der legendären Sätze in FIVE EASY PIECES, in einer der „Jetzt-machen-wir-mal-reinen-Tisch"-Szenen, für die das junge amerikanische Kino der Siebziger berühmt wurde. Carole Eastman hat das Drehbuch verfaßt für diesen Film, unter dem Pseudonym Adrien Joyce. Es ist einer der eindrucksvollsten Filme aus dem ▮ Nicholson-Kanon, vielleicht derjenige, der seinen Mythos begründet hat. Der junge Jack tritt als verlorener Sohn in Erscheinung, den es nach Hause zieht, einer, der mit seiner Hände Arbeit seiner Hände Kunst ermöglichen will – der sich auf einer Erdölpumpstation verdingt und davon träumt, auf dem Klavier Chopin zu spielen. Ein Verlangen nach Anerkennung prägt den Film, nach Liebe, das immer wieder sabotiert wird durch Verhaltensstörungen und Kommunikationsdefekte. In *smartness* und Sarkasmus hat die Kommune um Nicholson und seine Freunde in L. A., zu der auch Carole und ihr Bruder Charles gehörten, sich damals ausgetobt. Gespenstisch schön, ein wenig orientalisch, so hat ▮ Robert Towne sie beschrieben, ihr Kopf sei wie eine herrliche Tulpe auf einem langen Stengel schwebend. Nicholson fand sie eine Wucht, er hat sie neckisch „Speed" genannt. „Ich war verrückt nach ihm", erklärte Eastman. Die Beziehung zu ihm war intensiv, aber mehr gute Freundschaft als Liebe. Sie muß auf beiden Seiten des Tischs gewesen sein in diesen Tagen, als Frau in einer Männerbude allgemein, bei der Hühnchenszene zwischen einem rebellischen Dinergast und einer Kellnerin im besonderen. Ein Augenblick, in dem Rebellion und Resignation sich vermengen, eine Müdigkeit hat das Land gepackt, von der es sich auch heute noch nicht befreit hat. „I faked a little Chopin", sagt Nicholson zu einem Mädchen in FIVE EASY PIECES, „you faked a little response".

„All work and no play make Carole a dull girl." Vier Filme hat Carole Eastman mit Nicholson gemacht, THE SHOOTING und FIVE EASY PIECES, THE FORTUNE und MAN TROUBLE. Geschichten, sagt Nicholson, geschrieben von einer Frau, die mich kennt. THE SHOOTING war der erste Schritt weg vom *monkey business,* das er damals trieb, hin zum Existentialismus. Er ist ein Killer, ein Scharfschütze in Schwarz, der mysteriös wirkt und doch völlig berechenbar ist in seinem Verhalten.

Die Mehlstampede in diesem Film – der Mann, der erschossen wird, während er mit einem Sack Mehl davonrennt –, ist das Eastmans Idee gewesen, die Idee einer Frau? Die Männer, die am Film beteiligt sind, von ▮ Hellman bis Nicholson, phantasieren vom Kennedy-Mord und vom Oswald-Mythos, die ihnen im Kopf herumspukten. Eastman hat einen Traum von einfachen Bildern und Formen, von einem Kino, in dem komplexe Probleme und Verhältnisse sich in Ordnung bringen lassen. In den letzten Jahren scheint das auch für Nicholson ein Traum geworden zu sein, man sieht es an ABOUT SCHMIDT. „Ich habe den Robert Eroica Dupea in FIVE EASY PIECES gespielt als eine Allegorie zu meiner eigenen Karriere."

Wie überlebt man das, die Tage in einem Haufen größenwahnsinniger Lümmel, von denen jeder im Handstreich Hollywood auf den Kopf stellen will? Einen Rest von Flowerpower hat sich Eastman bis zuletzt bewahrt, von eigensinnigem Beharren auf den Kleinigkeiten, von der Lust an der Farbigkeit des Lebens, so wie man es aus den Neuen Wellen kennt, die damals Europa heimsuchten. Für Lesters PETULIA hat sie eine der vielen Drehbuchfassungen geschrieben, und sie hat Demy geholfen, als er an der Westküste MODEL SHOP drehte, die Fortsetzung von LOLA, mit Anouk Aimée – der im gleichen Territorium der kleinen Ölpumper beginnt wie FIVE EASY PIECES. Für MAN TROUBLE hat sie von einer Besetzung mit Nicholson und Moreau geträumt, das Script zirkulierte viele Jahre in Hollywood, bis es zu spät war für dieses Paar.

Als Tänzerin hat sie angefangen, es gibt einen kleinen Auftritt in Stanley Donens FUNNY FACE (1957), aber eine Verletzung hat dann diese Karriere verhindert. Erinnerungen ans Hollywood der sechziger Jahre spuken in den FIVE EASY PIECES herum, Minnellis Melodramen, Sinatras Heimkehr in SOME CAME RUNNING (1958/59). Später hätte sie gern selber Regie geführt, um ihre Scripts zu bewahren vor den „Korrekturen" der Kollegen. Daß ihre Arbeit an THE SHOOTING im Moment der Entstehung bereits revidiert, relativiert, aufgehoben würde durch einen zweiten Film, der gleich anschließend gedreht wurde, Hellmans RIDE IN THE WHIRLWIND (für den Nicholson das Buch schrieb), ist eine einzigartige Erfahrung selbst im fließbandgewohnten Hollywood und ist womöglich verantwortlich für die stoische Aura ihrer Figuren.

„Writing is sometimes like going around poking at lifeless things to see if they move." Man spürt dies vor allem in PUZZLE OF A DOWNFALL CHILD, ihrem einzigen

Film auf der anderen Seite des Tisches, mit einer weiblichen Heldin. Der Erfolg in der Karriere, als Model, und die Vereinsamung, die gnadenlose Isolation und Prostitution, die er provoziert. Das Leben zerbricht, und beim Versuch, es wieder zusammenzusetzen, verletzt man sich an den Splittern. Der Regisseur ▮ Jerry Schatzberg hatte sich viele Stunden mit einer Frau aus dem Metier unterhalten, die Tonbandaufzeichnungen haben Eastman motiviert zur Arbeit an dem Film. Sie haben die Frau dann Lou Andreas Sand getauft und ihr den Schatten einer Identität gegeben – frei nach Lou Andreas Salome, der legendären Frau zwischen Nietzsche und Rilke.

Irgendwo zwischen Nietzsche und Nicholson hat der Traum vom großen *clearing* überlebt. Der Weizentoast! Die Szene im Diner in FIVE EASY PIECES, deren Erfahrungen sie alle teilten, die sie sogar, das kann schon keiner mehr überprüfen, alle selber geschrieben haben wollen, von ▮ Henry Jaglom bis Nicholson und ▮ Bob Rafelson. Klassischer Rashomon-Effekt!

Fritz Göttler

Filme als (Ko-)Autorin

THE SHOOTING, Regie: ▮ Monte Hellman, 1966 (als Adrien Joyce) [▮ Roger Corman, ▮ Jack Nicholson]; MODEL SHOP, Regie: Jacques Demy, 1968 (uncredited); PETULIA, Regie: Richard Lester, 1968 (uncredited); FIVE EASY PIECES, Regie: ▮ Bob Rafelson, 1970 (als Adrien Joyce) [▮ Jack Nicholson, ▮ Bert Schneider]; PUZZLE OF A DOWNFALL CHILD, Regie: ▮ Jerry Schatzberg, 1970; THE FORTUNE, Regie: Mike Nichols, 1975 (als Adrien Joyce) [▮ Warren Beatty, ▮ Jack Nicholson]; MAN TROUBLE, Regie: ▮ Bob Rafelson, 1991/92 (auch Produzentin) [▮ Jack Nicholson].

Film als (Ko-)Produzentin

MAN TROUBLE, Regie: ▮ Bob Rafelson, 1992 (auch Autorin) [▮ Jack Nicholson].

Literatur (Auswahl)

Estelle Changas: Easy Author on Cutting Edge of Lib in Film. In: Los Angeles Times, 2.5.1971. – Joel Bellman: Carole Eastman. In: Dictionary of Literary Biography, Vol. 26: American Screenwriters. Detroit: Gale 1984, S. 117 ff. – Pat H. Broeske: Three Easy Pieces. In: Los Angeles Times, 3.3.1991. – Lizzie Francke: Script Girls. Women Screenwriters in Hollywood. London: BFI 1994 (darin: Feminism Comes to Hollywood, S. 86 ff.). – Carole Eastman, Tod Lippy: FIVE EASY PIECES. In: Scenario (Rockville), Nr. 2, 1995, S. 131–166, 187–191.

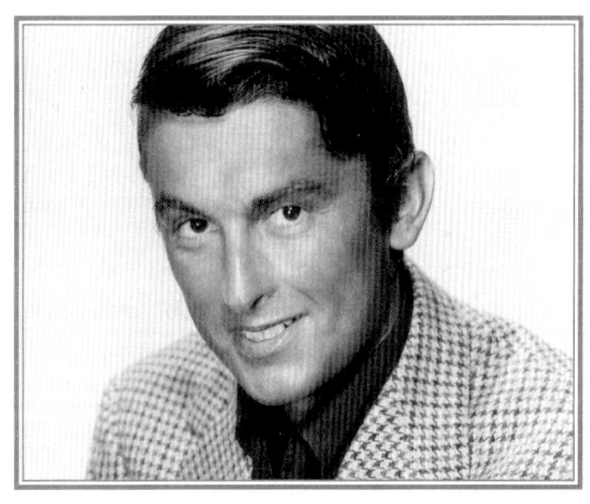

Robert Evans

Einen wie Robert Evans hatte es zuvor in Hollywood nicht gegeben – und hinterher auch nicht. Er war der erste Filmtycoon, der seinen Gehaltsscheck von einem Konzernchef bekam, der mit Kino wenig am Hut hatte – und er war der letzte, der noch nicht einmal reich dabei wurde. Evans hatte als Schauspieler angefangen, ein hübscher Junge, der in Joseph Pevneys Film MAN OF A THOUSAND FACES Irving Thalberg spielte. Aber er wollte lieber Thalberg sein. Den nächsten Film, an dem er als Darsteller beteiligt war, produzierte Darryl F. Zanuck, THE SUN ALSO RISES – Tyrone Power und Mel Ferrer wollten Evans' Rolle, und Zanuck brüllte: „The kid stays in the picture." Der Junge wollte aber lieber Zanucks Part – Nebenrollen waren nicht das Richtige für ihn.

Evans ist Produzent geworden, hat ein halbes dutzendmal ein Vermögen gemacht und wieder verloren. „The kid stays in the picture", das wurde der Satz seines Lebens. So hat Robert Evans später seine Memoiren genannt – ihn haben mehr als einmal seine Seilschaften gerettet, ein Netzwerk von Freunden und Leuten, denen er gelegentlich geholfen hat.

Als Evans Mitte der Sechziger mitmischen wollte im Filmgeschäft, gelang ihm gleich ein Riesencoup: Noch bevor ein einziges seiner Projekte die Leinwand erreicht hatte, wurde der Nachwuchsproduzent zum Chef der Paramount ernannt. Der Gulf + Western-Boss Charles G. Bluhdorn hatte die marode Paramount gekauft, und hier wurde die Krise, die „New Hollywood" erst möglich machte, überdeutlich. Als Bluhdorn Evans 1966 engagierte, war klar: Entweder der Junge macht Profit, oder das Studio wird geschlossen. *The kid* wollte lieber Geld machen. 1968 wurde Polanskis ROSEMARY'S BABY fertig, 1969 Larry Peerces GOODBYE, COLUMBUS mit Evans' späterer Ehefrau Ali MacGraw, 1970 dann Arthur Hillers LOVE STORY – Evans hatte in nur drei Jahren die Paramount saniert.

Robert Evans,
Produzent, Schauspieler; geboren am 29. Juni 1930 in New York City. Der Sohn eines Zahnarztes tritt als Schüler in über dreihundert Radioshows („Let's Pretend", „Young Widder Brown", „Henry Aldrich") auf sowie in einigen Filmen (HEY, ROOKIE) und Theaterstücken („Seventeen" im Equity Library Theatre, New York). Er arbeitet als Model für Herrenmode und verhilft Anfang

der fünfziger Jahre Evan-Picone, der Modefirma seines Bruders, zum Erfolg. Durch Vermittlung der Schauspielerin Norma Shearer, der Witwe Irving Thalbergs, erhält Evans in MAN OF A THOUSAND FACES die Rolle des legendären Filmmoguls der Metro-Goldwyn-Mayer, weitere Filmangebote folgen. Ende der fünfziger Jahre verkauft er seine Anteile an Evan-Picone mit beträchtlichem Gewinn an Revlon und wird unabhängiger Filmproduzent bei Twentieth Century-Fox. 1966 avanciert Evans zum Produktionschef der damals maroden Paramount, die unter seiner Führung und dank des Überraschungserfolges von Arthur Hillers LOVE STORY vor der Pleite gerettet wird. Ein Kokainskandal Anfang der Achtziger unterbricht die Karriere von Robert Evans, der erst in den neunziger Jahren wieder Produzentenerfolge feiern kann. 1994 veröffentlicht er seine Autobiografie „The Kid Stays in the Picture".

The kid – diesen Spitznamen ist Evans nie losgeworden, und er hat sich auch nicht darum bemüht. Evans war ein hart arbeitender Studiochef und ein schillerndes *party animal*, tauchte permanent in den Klatschspalten auf, lieferte sich mit ▮Warren Beatty Wettrennen um Frauen, entging nur knapp den Morden der Manson-Family in Polanskis Haus, lief Arm in Arm mit Kissinger herum, wurde 1983 in eine Drogenmordaffäre verwickelt. Er ging Risiken ein, die man nur einem Hang zum Irrsinn zuschreiben kann – und hat damit ein paar der großartigsten Filme der Siebziger ermöglicht. Polanskis CHINATOWN und Schlesingers MARATHON MAN beispielsweise. Und natürlich ▮Coppolas THE GODFATHER. Es ging ihm immer um eine gewisse Ausgewogenheit: Einer von sechs Filmen muß Geld machen. Und einer von sechs sollte richtig gut sein.

Das Filmwerk, das er der Paramount hinterließ, ist ein Gemischtwarenladen: Er ließ Roman Polanski mit ROSEMARY'S BABY seinen ersten amerikanischen Film inszenieren und setzte gleichzeitig auf das Matthau/Lemmon-Vehikel THE ODD COUPLE. Während Arthur Hillers Melo LOVE STORY der Paramount Rekordeinnahmen bescherte, ließ Evans den jungen Francis Ford Coppola, der drei Flops in Folge abgeliefert hatte, einen Mafiafilm drehen – statistisch gesehen, fanden seine Chefs bei Gulf + Western, hätte es sein vierter Mißerfolg werden müssen. Der Fehler, meinte Evans, der selber aus einer jüdischen Familie stammt, sei, daß alle bisherigen Mafiafilme von Juden gemacht worden seien. Dieser jedoch werde ein Mafiafilm von und mit echten Italienern.

Wieviel ein Film von seinem Produzenten spiegelt, ist schwer zu sagen – Regisseure lieben es nicht, wenn ihre Produzenten mehr vom Rampenlicht abbekommen als sie selbst. Evans behauptete, er habe THE GODFATHER in der Postproduktion gerettet, Coppola konnte sich daran nicht erinnern. Der Drehbuchautor ▮Robert Towne, der geholt worden war, um am Script herumzudoktern, gab zu dem Thema eine bizarre Anekdote zum besten: Als Towne Evans zum ersten Mal sah, wurde der zur Vorführung einer Rohschnittfassung im Krankenhausbett hereingeschoben, im blauen Pyjama und samtenen Hauspuschen mit Katzen drauf, einen Daumen im Mund – und lieferte am Ende des Films eine perfekte Analyse zu den Produktionskosten („strictly on the money") ab. Ans Bett gefesselt war er wegen seiner Rückenprobleme; das ist schlechte Ironie, denn als Produzent hat er sicherlich seinem Rückgrat einiges zugemutet.

Vom Krankenhausbett und dem Daumenlutschen plaudert Evans, beiläufig und unbefangen, auch in seiner Autobiografie. Das würde wohl nur ein geistesgegenwärtiger Wahnsinniger tun. Ungefähr so muß man sich Evans in seiner großen Zeit bei Paramount vorstellen: Er legte eine Waghalsigkeit an den Tag, die nach Irrsinn aussah. Aber wenn es ums Verdienen ging, behielt er einen klaren Kopf. Noch ein berauschtes Genie hätten Coppola, Polanski vermutlich nicht gebrauchen können – „New Hollywood" fehlte einer, der wußte, wie man einen Haufen neuer Ideen zu Geld macht. Und Evans hatte den Schlüssel, setzte auf Außenseiter, gewährte Freiheiten. Er hat das mit der Großzügigkeit eines Paten getan: „Someday, and that day may never come, I'll call upon you to do a service for me. But until that day accept this justice as a gift."

Ein Mafiafilm mit echten Italienern: THE GODFATHER wurde das größte Ding in Evans' Leben, im Guten wie im Schlechten. Mit Coppola verkrachte er sich bei der Zusammenarbeit, aber Evans fühlte sich diesem Film verbunden: Die Geschichte der Corleones, ihrer Loyalität und ihrer Grausamkeit, hat ihm wohl mehr über sich selbst erzählt als jeder andere Film, den er produziert hat. Ein Angebot, das er nicht ablehnen konnte: Evans hat sich für seine Memoiren gleich mehrfach bei Don Corleone bedient, und diese Zeile paßt gut in die Geschichte seines Lebens. Aber er benutzte sie im Scherz, als habe er die Bitterkeit dieser Sentenz nie ganz verstanden – er verwendete sie mit der Naivität eines Kindes, das einen Mafiafilm lebt und nicht kapiert, daß die Rolle des Paten schon längst vergeben ist. Bluhdorn ließ ihn fallen, Coppola haßte ihn, in den Achtzigern wurde er in Hollywood zur Persona non grata. „Nimm's nicht persönlich", würde Michael Corleone sagen. „Es geht nur ums Geschäft."

Susan Vahabzadeh

Film als (Ko-)Autor

THE KID STAYS IN THE PICTURE (Dok.), Regie: Nanette Burstein, Brett Morgan, 2002 (auch Auftritt) [▮Francis Ford Coppola].

Filme als (Ko-)Produzent (Auswahl)

CHINATOWN, Regie: Roman Polanski [▮Jack Nicholson, ▮Robert Towne], 1974; MARATHON MAN, Regie: John Schlesinger, 1976 [▮Robert Towne]; BLACK SUNDAY, Regie: John Frankenheimer, 1977; PLAYERS, Regie: Anthony Harvey, 1979; URBAN COWBOY, Regie: James Bridges, 1980; POPEYE, Regie: ▮Robert Altman, 1980; THE COTTON CLUB, Regie: ▮Francis Ford Coppola, 1983/84; THE TWO JAKES, Regie: ▮Jack Nicholson, 1990 [▮Robert Towne]; SLIVER, Regie: Phillip Noyce, 1993; JADE, Regie: ▮William Friedkin, 1995; THE PHANTOM, Regie: Simon Wincer, 1996; THE SAINT, Regie: Phillip Noyce, 1997; THE OUT-OF-TOWNERS, Regie: Sam Weisman, 1999; HOW TO LOSE A GUY IN 10 DAYS, Regie: Donald Petrie, 2003.

Filme als Studiochef (Auswahl)

BAREFOOT IN THE PARK, Regie: Gene Saks, 1967; THE ODD COUPLE, Regie: Gene Saks, 1968; ROSEMARY'S BABY, Regie: Roman Polanski, 1968 [▮ John Cassavetes]; GOODBYE COLUMBUS, Regie: Larry Peerce, 1969; MEDIUM COOL, Regie: ▮ Haskell Wexler, 1968/69; THE STERILE CUCKOO / POOKIE, Regie: ▮ Alan J. Pakula, 1969; TRUE GRIT, Regie: Henry Hathaway, 1969 [▮ Dennis Hopper]; CATCH-22, Regie: Mike Nichols, 1970; DARLING LILI, Regie: Blake Edwards, 1970; LOVE STORY, Regie: Arthur Hiller, 1970; ON A CLEAR DAY YOU CAN SEE FOREVER, Regie: Vincente Minnelli, 1970; HAROLD AND MAUDE, Regie: ▮ Hal Ashby, 1971; CHINATOWN, Regie: Roman Polanski, 1972 [▮ Jack Nicholson, ▮ Robert Towne]; THE GETAWAY, Regie: ▮ Sam Peckinpah, 1972; THE GODFATHER, Regie: ▮ Francis Ford Coppola, 1972 [▮ Walter Murch, ▮ Robert Towne]; THE GODFATHER PART II, Regie: ▮ Francis Ford Coppola, 1974 [▮ Roger Corman, ▮ Walter Murch].

Filme als Darsteller (auch Auftritte)

HEY, ROOKIE, Charles Barton, 1944; LYDIA BAILEY, Regie: Jean Negulesco, 1952; MAN OF A THOUSAND FACES, Regie: Joseph Pevney, 1957; THE SUN ALSO RISES, Regie: Henry King, 1957; THE FIEND WHO WALKED THE WEST, Regie: Gordon Douglas, 1958; THE BEST OF EVERYTHING, Regie: Jean Negulesco, 1959; TOO SOON TO LOVE, Regie: Richard Rush, 1960; DESPERATE HOURS, Regie: ▮ Michael Cimino, 1990; CANNES MAN, Regie: Richard Martini, 1996; THE KID STAYS IN THE PICTURE (Dok.), Regie: Nanette Burstein, Brett Morgan, 2002 (auch Autor) [▮ Francis Ford Coppola].

Literatur (Auswahl)

Robert David Crane, Christopher Fryer: Jack Nicholson. Face to Face. New York: M Evans and Company 1975 (darin: Robert Evans, S. 117 ff.). – Gordon Gow: The Cool Bonanza. In: Films and Filming (London), Nr. 4, Januar 1975, S. 12 ff. – B. Drew: The Man with the Golden Touch. In: American Film (Washington, D.C.), Nr. 2, November 1976, S. 6 ff. – Rex Reed: Valentins & Vitriol. New York: Delacorte 1977 (darin: Robert Evans, S. 199–204.). – Rolf Thissen: Viel geopfert (Interview). In: Kölner Stadt-Anzeiger, 30./31.7.1977. – Eckhart Schmidt: Man muß etwas riskieren. Ansichten eines Hollywood-Produzenten (Interview). In: Süddeutsche Zeitung (München), 26.8.1977. – H. Voss: Hollywood-Produzent in Mordfall verwickelt. In: Berliner Morgenpost, 11.10.1988. – Robert Evans: The Kid Stays in the Picture. New York: Hyperion 1994 (dt.: Abgerechnet wird zum Schluß. Ein Hollywood-Tycoon erinnert sich. Köln: vgs 1995.). – Audrey Kelly: Marathon Man: Robert Evans. In: Fade In (Hollywood), Nr. 2, 1996, S. 15. – Audrey Kelly, Robert Evans: The Last Tycoon. In: Fade In (Hollywood), Nr. 2, 1997, S. 24 ff. – Samuel Blumenfeld: Robert Evans, dernier nabob de Hollywood. In: Le Monde (Paris), 24.5.2002.

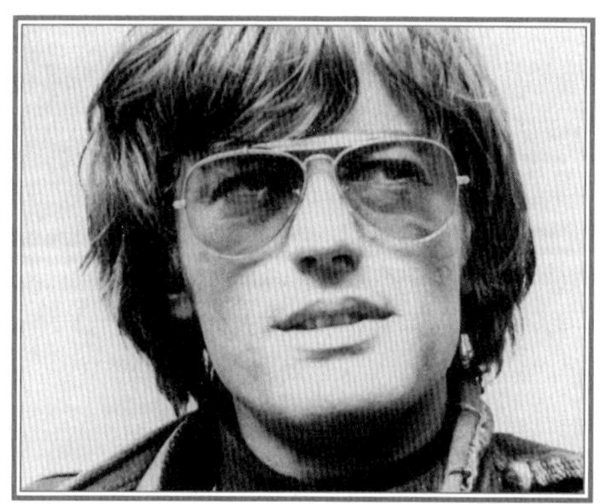

Peter Fonda

Peter Fonda,
Darsteller, Regisseur; geboren am 23. Februar 1939 in New York City. Der Sohn des Schauspielers Henry Fonda und Bruder der Schauspielerin Jane Fonda inszeniert 1952 als Schüler das selbstgeschriebene Theaterstück „Stalag 17 ½".

„We want to be free. Free to ride without being hassled by the man." Das könnte aus EASY RIDER stammen, aber dieses Credo eines Rebellen formulierte Peter Fonda bereits drei Jahre zuvor, als Biker-Boss Heavenly Blues, in ▮ Roger Cormans THE WILD ANGELS. Hätte AIP, die Produktionsfirma dieses Kassenerfolges, auch EASY RIDER produziert (was ein früher Plan war), wäre er wohl kaum jener Meilenstein geworden, dem das „New Hollywood"-Kino seinen Durchbruch verdankte. So aber konnte der Film die Rebellion aus den Beschränkungen standardisierter Kinomuster befreien.

Zunächst einmal befreite er die Beteiligten selber: die Schauspieler Peter Fonda und ▮ Dennis Hopper (die damals zwischen Hollywood und Exploitation-Kino changierten), ▮ Jack Nicholson (der in dieser Art von Kino großgeworden war und sich dort schon als Autor bewiesen hatte), und auch den Kameramann Laszlo Kovacs. Aber nicht nur für sie war EASY RIDER der richtige Film zur richtigen Zeit. Sein Kassenerfolg gab der Filmindustrie, die in den sechziger Jahren mit superteuren, starbestückten Ausstattungsfilmen ihr Publikum nicht mehr gefunden hatte, eine neue Richtung vor: Filme für ein junges Publikum, gedreht außerhalb der Studios *on location*.

Wahrscheinlich war EASY RIDER auch deshalb ein solcher Erfolg, weil er eben nicht den vollkommenen Bruch mit der Tradition vollzog (wie es Dennis Hopper mit seiner nachfolgenden Regiearbeit, THE LAST MOVIE, dann erreichte – um den Preis des Nichtgesehenwerdens), son-

1960 wird er Mitglied des Omaha Playhouse, tritt in Boulevardstücken auf und absolviert 1961 in „Blood, Sweat, and Stanley Poole" sein Broadway-Debüt. Kurz darauf übernimmt er erste Filmrollen. Mit ▮ Roger Cormans *biker movie* THE WILD ANGELS wird er zum Star des Alternativkinos, zum Prototyp des Hippierebellen im Film – ein Image, das er mit seinen nächsten Rollen kultiviert. Als Captain America in ▮ Dennis Hoppers EASY RIDER wird Fonda, der den Film auch produziert und am Drehbuch (Oscar-Nominierung) beteiligt ist, zur Kultfigur. Nach dem Erfolg von EASY RIDER inszeniert Fonda drei Filme, arbeitet jedoch vorwiegend als Darsteller. 1998 veröffentlicht er seine Autobiografie „Don't Tell Dad".

dern vielmehr anknüpfte an amerikanische Mythen – und sie zugleich hinterfragte. Aus dem Gegensatz von klassischer narrativer Struktur im Motiv der Reise und visuellem Bruch mit den Gewohnheiten erwächst die Stärke von EASY RIDER, der seine Kraft ebenso den Kinoerinnerungen an die Landschaftsbilder des Westerns verdankt wie der präzisen Auswahl von zeitgenössischen Rocksongs.

Im Nachhinein überschattete der filmhistorische Stellenwert des Films seine Qualitäten. Dabei sind in Peter Fondas Feststellung „we blew it, man" („wir haben's vermasselt"; in der deutschen Synchronfassung: „Wir sind Blindgänger.") die Exzesse der nachfolgenden Dekade knapp und prophetisch auf den Punkt gebracht. EASY RIDER war eine Gemeinschaftsleistung, zu deren Schöpfern neben den Genannten auch der Ko-Autor Terry Southern (auch einer der Autoren von Kubricks DR. STRANGELOVE) gehörte, dessen Rolle Fonda und Hopper später herunterspielten. Von Fonda, der bei diesem Film als Produzent fungierte, kam die Idee: der *biker* als zeitgenössische Variante des Cowboys und die *plotline* der Reise. An der Inszenierung dürfte neben Hopper, der mit dem europäischen Kunstkino vertraut war, auch der Kameramann Laszlo Kovacs seinen Anteil haben.

Der beispiellose Erfolg von EASY RIDER erwies sich auch als Bürde: Wer würde sich nicht schwer tun, wenn er über Nacht zum Sprecher einer Generation ausgerufen würde? So rannte Peter Fonda jahrzehntelang dem eigenen Mythos hinterher, war für die Kinogänger ein bloßes Image. Was in seinen Rollennamen schon angelegt war vor seinem Captain America in EASY RIDER, nämlich im Biker-Boss Heavenly Blues aus THE WILD ANGELS, das setzte sich fort mit dem Chief Biker (THE CANNONBALL RUN), dem Motorcycle Rider (BODIES, REST AND MOTION), dem Mr. Freedom (PEPPERMINT FRIEDEN), einem *surfer dude* namens Pipeline (ESCAPE FROM L. A.) und dem Guru Dave (GRACE OF MY HEART). Es bedurfte nicht erst eines deutschen Kleinverleihs, der, vierzehn Jahre nach EASY RIDER, mit der Titelgebung EASY FLYER den Mythos ausbeutete – das hatte Fonda schon selber besorgt, durch Auftritte in zu vielen Werken, die zu Recht keine Filmgeschichte schrieben. Nur wenige Filme, etwa Marianne Rosenbaums PEPPERMINT FRIEDEN oder Steven Soderberghs THE LIMEY, machten sich die Arbeit, Fondas Image in ein produktives Verhältnis zu der Geschichte zu setzen, die sie erzählten.

In seinen erinnerungswürdigen Rollen steht Peter Fonda in der Tradition seines Vaters Henry – der staksige Gang und die verlangsamte Sprechweise, das generelle Zaudern. Dabei wird das Ikonenhafte, das darin angelegt ist, in seinen besten Arbeiten gebrochen durch die Defekte der Figuren – seine sich der Realität lange verweigernde Naivität in 92 IN THE SHADE (der einzigen Regiearbeit des Romanciers Thomas McGuane, und eines der vergessenen Kleinode des „New Hollywood"-Kinos) ebenso wie in seinem Regiedebüt THE HIRED HAND; sein nur langsam aufbrechender solipsistischer Rückzug von der Welt in ULEE'S GOLD: Als eigenbrötlerischer Bienenzüchter in Florida, der seine Enkelkinder alleine großzieht, weil sein Sohn im Knast und dessen Frau drogenabhängig ist, durfte er 1997 zum ersten Mal eine Rolle spielen, die seinem Alter angemessen war. Mit diesem Film schloß sich in gewisser Weise auch ein Kreis, denn er spielte in Florida, dort, wo die Protagonisten aus EASY RIDER hin wollten. Mit dieser Rolle, die dem damals 58jährigen einen Golden Globe als Bester Darsteller in einem Drama und eine Oscar-Nominierung einbrachte, habe er sich vom Abstellgleis direkt auf die Überholspur katapultiert, wie Fonda selber sagte.

Fast vergessen ist demgegenüber der Regisseur Fonda, vielleicht auch, weil seine letzte Inszenierung, WANDA NEVADA, bereits mehr als zwanzig Jahre zurückliegt. Die in den fünfziger Jahren angesiedelte Geschichte kreist um die Beziehung eines Spielers zu einer Minderjährigen und hat für Fonda vielleicht eher Bedeutung im Hinblick auf die späte Aussöhnung mit seinem Vater Henry, der hier einen Cameo-Auftritt hat. „Don't Tell Dad" betitelte Fonda seine 1998 – sechzehn Jahre nach dem Tod seines Vaters – veröffentlichte Autobiografie. WANDA NEVADA steht aber auch in einer Fondaschen Tradition, der Film ist ein Road Movie, wie EASY RIDER, wie Fondas vorangegangene Regiearbeiten. Der Western THE HIRED HAND ist eine Studie über die Gegensätze von Rastlosigkeit und Heimkommen, von Männerfreundschaft und Familie, der das Motiv der Entfremdung (das der Drehbuchautor Alan Sharp auch in Robert Aldrichs ULZANA'S RAID und in Arthur Penns NIGHT MOVES verhandelte) in gemessenem Tempo, in elegischen Bildern voller Doppelbelichtungen und Gegenlichtaufnahmen und mit einer klagenden Musik als Suche nach dem verlorenen Paradies inszeniert, während – der gleichfalls als Kammerspiel angelegte – IDAHO TRANSFER den Rahmen des Science-Fiction-Films nutzt, um Fondas ökologischen Skeptizismus zu formulieren: Die Reise junger Leute in die Zukunft endet mit einem bösen Schock. Neben ihm bleibt die eindringliche Nahaufnahme einer Hand (noch akzentuiert durch Kamerabewegung und Zeitlupe) im Gedächtnis, die eine Blume ausreißt.

Frank Arnold

Filme als Regisseur

THE HIRED HAND, 1971 (auch Darsteller); IDAHO TRANSFER, 1973 (auch Produzent); WANDA NEVADA, 1979 (auch Darsteller).

Filme als (Ko-)Autor

EASY RIDER, Regie: ▮ Dennis Hopper, 1969 (auch Produzent) [▮ Henry Jaglom, ▮ Jack Nicholson, ▮ Bert Schneider]; FATAL MISSION, Regie: George Rowe, 1990 (auch Darsteller).

Filme als (Ko-)Produzent

EASY RIDER, Regie: ▮ Dennis Hopper, 1969 (auch Autor) [▮ Henry Jaglom, ▮ Jack Nicholson, ▮ Bert Schneider]; IDAHO TRANSFER, Regie: Peter Fonda, 1973.

Filme als Darsteller (auch Auftritte, TV-Auswahl)

NAKED CITY: THE NIGHT THE SAINTS LOST THEIR HALO (TV), 1962; TAMMY AND THE DOCTOR, Regie: Harry Keller, 1963; THE VICTORS, Regie: Carl Foreman, 1963; LILITH, Regie: Robert Rossen, 1964 [▮ Warren Beatty]; THE YOUNG LOVERS, Regie: Samuel Goldwyn Jr., 1964; THE WILD ANGELS, Regie: ▮ Roger Corman, 1966 [▮ Peter Bogdanovich, ▮ Monte Hellman, ▮ Jack Nicholson]; THE TRIP, Regie: ▮ Roger Corman, 1967 [▮ Peter Bogdanovich, ▮ Dennis Hopper, ▮ Jack Nicholson]; HISTOIRES EXTRAORDINAIRES, Regie: Federico Fellini, Louis Malle, Roger Vadim, 1968; EASY RIDER, Regie: ▮ Dennis Hopper, 1969 (auch Autor, Produzent) [▮ Henry Jaglom, ▮ Jack Nicholson, ▮ Bert Schneider]; THE LAST MOVIE, Regie: ▮ Dennis Hopper, 1970/71 [▮ Henry Jaglom]; THE HIRED HAND, Regie: Peter Fonda, 1971; TWO PEOPLE, Regie: Robert Wise, 1972; LOS CAZADORES, Regie: Peter Collinson, 1973; DIRTY MARY CRAZY LARRY, Regie: John Hough, 1974; 92 IN THE SHADE, Regie: Thomas McGuane, 1975; KILLER FORCE, Regie: Val Guest, 1975; RACE WITH THE DEVIL, Regie: Jack Starrett, 1975; FIGHTING MAD, Regie: Jonathan Demme, 1976 [▮ Roger Corman]; FUTUREWORLD, Regie: Richard T. Heffron, 1976; OUTLAW BLUES, Regie: Richard T. Heffron, 1977; HIGH-BALLIN', Regie: Peter Carter, 1978; ROGER CORMAN: HOLLYWOOD'S WILD ANGEL (Dok.), Regie: Christian Blackwood, 1978 [▮ Roger Corman]; WANDA NEVADA, Regie: Peter Fonda, 1979; THE CANNONBALL RUN, Regie: Hal Needham, 1980; SPLIT IMAGE, Regie: Ted Kotcheff, 1982; DAIJOBU, MAI FURENDO, Regie: Ryu Murakami, 1983; DANCE OF THE DWARFS, Regie: Gus Trikonis, 1983; PEPPERMINT FRIEDEN, Regie: Marianne Rosenbaum, 1983; SPASMS, Regie: William Fruet, 1983; CERTAIN FURY, Regie: Stephen Gyllenhaal, 1985; HAWKEN'S BREED, Regie: Charles B. Pierce, 1987; MERCENARY FIGHTERS, Regie: Riki Shelach Nissimoff, 1987; THE ROSE GARDEN, Regie: Fons Rademakers, 1989; FATAL MISSION, Regie: George Rowe, 1990 (auch Autor); FAMILY EXPRESS, Regie: Georges Nicolas Hayek, 1991; NIGHT CALLER, Regie: Alain Zaloum, 1992; SOUTH BEACH, Regie: Fred Williamson, 1992; BODIES, REST AND MOTION, Regie: Michael Steinberg, 1993; DEADFALL, Regie: Christopher Coppola, 1993; MOLLY AND GINA, Regie: Paul Leder, 1993; LOVE AND A 45, Regie: C. M. Talkington, 1994; NADJA, Regie: Michael Almereyda, 1994; IN THE HEAT OF THE NIGHT: GIVE ME YOUR LIFE (TV), 1995; ESCAPE FROM L. A., Regie: John Carpenter, 1996; GRACE OF MY HEART, Regie: Allison Anders, 1996; PAINTED HERO, Regie: Terry L. Benedict, 1996; ULEE'S GOLD, Regie: Victor Nunez, 1997; BROTHERLY BETRAYAL (TV), 1998; ME AND WILL, Regie: Melissa Behr, Sherrie Rose, 1998; THE TEMPEST (TV), 1998; BORN TO BE WILD (TV), 1999; THE LIMEY, Regie: Steven Soderbergh, 1999; MOTORCYCLES: KEEPING TIME, Regie: Christopher Cain, 1999; THE PASSION OF AYN RAND, Regie: Christopher Menaul, 1999; SECOND SKIN, Regie: Darrell Roodt, 2000; SOUTH OF HEAVEN, WEST OF HELL, Regie: Dwight Yoakam, 2000; THOMAS AND THE MAGIC RAILROAD, Regie: Britt Allcroft, 2000; WOOLY BOYS, Regie: Leszek Burzynski, 2001; THE LARAMIE PROJECT, Regie: Moisés Kaufman, 2002; PETER FONDA. FORTUNATE SON (TV-Dok.), 2002 [▮ Dennis Hopper]; EASY RIDERS, RAGING BULLS (Dok.), Regie: Kenneth Bowser, 2003 [▮ Peter Bogdanovich, ▮ Roger Corman, ▮ Monte Hellman, ▮ Dennis Hopper, ▮ Henry Jaglom, ▮ John Milius, ▮ Julia Phillips, ▮ Paul Schrader, ▮ Rudy Wurlitzer]; THE MALDONADO MIRACLE (TV), 2003.

Literatur (Auswahl)

Peter Fonda, Dennis Hopper, Terry Southern: EASY RIDER. Original Screenplay. New York: New American Library 1969. – John Springer: The Fondas: The Films and Careers of Henry, Jane, and Peter Fonda. New York: Citadel 1970. – David Frost: The Americans. New York: Stem and Day 1970 (darin: Peter Fonda and Dennis Hopper, Interview, S. 189 ff.). – James Brough: The Fabulous Fondas. London / New York: Allen 1973. – John Calendo: New Hollywood, a Short History. In: Inter/View (New York), Nr. 30, März 1973. – K. Horowitz: WANDA NEVADA. Peter Fonda as Actor/Director. In: Filmmakers Monthly / Newsletter (New York), Nr. 9, Juli 1979, S. 14–16. – A. H. Marill: The Television Scene (über die TV-Karrieren von Henry, Jane und Peter Fonda). In: Films in Review (New York), Nr. 7, August/September 1984, S. 438 f. – Ralf Schenk: Ich bete die Kamera an. In: Film und Fernsehen (Berlin/DDR), Nr. 3, März 1985, S. 37 ff. – Peter Collier: The Fondas: A Hollywood Dynasty. London: Harper Collins 1991. – Peter Fonda: Don't Tell Dad. New York: Hyperion 1998. – Susan Vahabzadeh: Der verlorene Sohn. In: Süddeutsche Zeitung (München), 30. 4. 1998.

William Friedkin,
Regisseur, Produzent, Autor; geboren am 29. August 1939 in Chicago, Illinois.
Nach Abschluß der High School arbeitet er in der Poststelle des Fernsehsenders WGN-TV in Chicago und avanciert binnen weniger Monate zum *studio floor manager*. Von 1957 bis 1967 ist er bei diversen Produktionen des lokalen Fernsehsenders für die Regie verantwortlich: live inszenierte Fernsehspiele und Musikshows – aber auch Features des Bildungsprogramms und Dokumentarfilme (THE PEOPLE VS. PAUL CRUMP), die beim Publikum große Beachtung finden. Als Spielfilmregisseur anfangs wenig erfolgreich, gelingt ihm der Durchbruch mit THE FRENCH CONNECTION, der zu einem Box-Office-Hit wird und für den er mit einem Regie-Oscar ausgezeichnet wird. Anschließend dreht Friedkin THE EXORCIST, einen weitereren Blockbuster. An den enormen Erfolg der siebziger Jahre kann William Friedkin in den Achtzigern und Neunzigern nicht anschließen. Neben Filmen inszeniert er seit 1998 auch Opern.

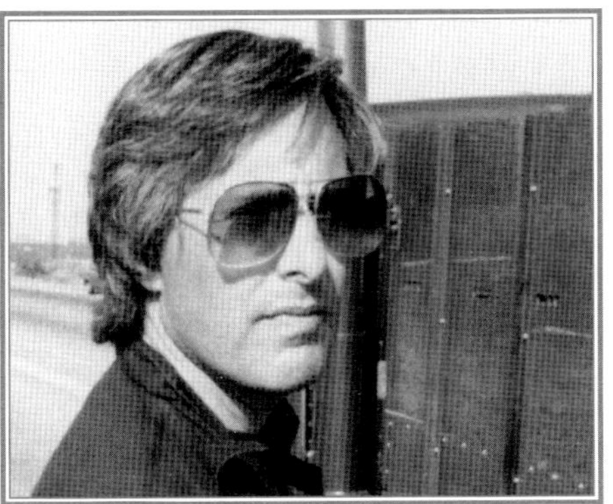

William Friedkin

Im Spätsommer 1974 kam der Teufel über uns. THE EXORCIST, in den USA bereits ein phänomenaler Kassenerfolg, lief in Deutschland an. Mit meinen Eltern und meiner Schwester saß ich vor dem Fernseher, um die von Hellmut Lange moderierte Sendung KENNEN SIE KINO? zu sehen, in der einmal im Monat die neuen Filme präsentiert wurden. Als das Plakat des EXORZISTEN auf dem Bildschirm erschien, war die Spannung kaum noch auszuhalten. Nun, sagte Lange mit sonorer Stimme, stelle er einen sehr umstrittenen Film vor. Erst nach reiflicher Überlegung habe er sich dazu durchgerungen, Ausschnitte zu zeigen. Doch auch die harmlosesten Szenen würden ein kindliches Gemüt heillos überfordern. Daher bitte er alle Eltern, ihre Kinder für die nächsten Minuten aus dem Raum zu schicken.

Ich glaubte, meinen Ohren nicht zu trauen – doch genau das mußte ich Sekunden später tun. Die Tür fiel hinter mir ins Schloß. Ich war auf der anderen Seite, nicht dabei, als der Teufel im EXORZISTEN diesseitig wurde. Ich glaubte, alles zu verpassen – und erlebte doch das Beste: die furchterregendste Tonspur aller Zeiten (die zu Recht mit dem Oscar ausgezeichnet wurde). Die heisere, krächzende, röhrende Stimme, mit der hier der Teufel aus dem Mund eines Mädchens spricht, flüsterte mir eindringlich die erste Lektion über das Kino ein: Die stärksten Filmbilder laufen manchmal vor dem geistigen Auge ab.

Ein gutes Vierteljahrhundert später, im September 2000 auf der Terrasse des mondänen Kasinos im Seebad Deauville, sitzt er mir gegenüber, der Mann, der den Teufel sprechen und mich das Fürchten lehrte: William Friedkin. Und erzählt, daß er seine ersten Filme mit den Ohren sah: „Die Hörspiele, die ich als Kind hörte, hatten einen großen Einfluß auf meine spätere Filmarbeit. Ich habe nie vergessen, wie sehr sie mich beeindruckten, als ich abends vor dem Radio saß." Dann macht er eine Pause und betrachtet die zahllosen Fans, die sich um die Terrasse versammelt haben und gebannt lauschen, um einige Gesprächsfetzen aufzuschnappen. Und er sieht: Alle um ihn herum sind ganz Ohr. So muß es sein.

Friedkin genießt die Aufmerksamkeit umso mehr, als er sie lange entbehren mußte. Nach dem EXORZISTEN, dem seinerzeit erfolgreichsten Film aller Zeiten, glich Friedkins Karriere einem freien Fall. Sein nachfolgendes Projekt SORCERER, ein teures Remake von Henri-Georges Clouzots Klassiker LE SALAIRE DE LA PEUR (1953), wurde ein katastrophaler Flop, der Friedkins „Wunderkind"-Nimbus zerstörte. Über zwanzig Jahre – und damit wohl länger als jeder andere Hollywood-Regisseur – brauchte er, um sich davon zu erholen. Erst im Jahr 2000, in dem THE EXORCIST als sogenannter *director's cut* wieder ins Kino kam und allein in den USA über 40 Millionen Dollar einspielte, gelang ihm sein Comeback.

Friedkin fing Mitte der fünfziger Jahre beim Fernsehen an: „Bevor ich meinen ersten Film drehte, hatte ich 2 000 TV-Shows inszeniert. Damals gab es noch keine Filmschulen. Man ging zum Fernsehen, das händeringend nach Leuten suchte." 1967 inszenierte Friedkin mit GOOD TIMES seinen ersten Spielfilm und schaffte vier Jahre später mit dem Überraschungserfolg THE FRENCH CONNECTION den Durchbruch.

Dieser Polizeifilm ist vor allem wegen seiner spektakulären Verfolgungsjagd unter New Yorker S-Bahn-Brücken in Erinnerung geblieben, offenbart aber gerade in den handlungsarmen Passagen seinen größten Reichtum. Friedkin, der tote Zeit wie nur wenige Regisseure mit Leben füllen kann, läßt den Zuschauer spüren, was es für den Helden „Popeye" Doyle (Gene Hackman) bedeutet, bei einer Observierung stundenlang in der Kälte zu stehen. Dem von Fernando Rey gespielten Drogenbaron kommt der Zuschauer nie wirklich nahe – wie Doyle. Friedkin läßt uns die Welt aus Doyles Perspektive sehen: mit den Augen eines Mannes, der nie die Wut verliert.

„Der schmale Grat zwischen Gesetzeshütern und Gesetzesbrechern, zwischen Gut und Böse fasziniert mich", sagt Friedkin: „Oft existiert er nicht mehr, und dann findet man beide Seiten in einer Person vereint." Diese Synthese vollzieht sich gänzlich im EXORZISTEN, wenn der Teufel von einem Mädchen (Linda Blair) Besitz ergreift. Für dessen seelisch-körperliche Verwandlung nimmt sich der Film (vor allem im *director's cut*) viel Zeit. Die Ärzte lassen nichts unversucht, der Veränderung des Mädchens auf den Grund zu kommen, bis sie der Mutter (Ellen Burstyn) raten, einen Exorzisten zu suchen. Die Rationalität ist am Ende – jetzt hilft nur noch Beten.

Die besessenen Helden in THE FRENCH CONNECTION und THE EXORCIST, die das Böse bekämpfen, waren Friedkin nahe: Er ging bei der Arbeit ähnlich rigoros vor wie sie und schonte bei den Dreharbeiten weder Material noch Menschen. Um Übersinnliches greifbar zu machen, ließ er für THE EXORCIST einen Set bis zur Frostgrenze herunterkühlen. Und der Dauerregen, den er für SORCERER erzeugen ließ, sorgte für eine der höchsten Wasserrechnungen in der Geschichte Hollywoods.

Kein anderer Regisseur seiner Generation hat so unnachgiebig versucht, seine Geschichten für den Zuschauer fast physisch spürbar zu machen – kein anderer hat so teuer dafür bezahlt. Der Krimi CRUISING wurde wegen der drastischen Beschreibung des New Yorker Schwulenmilieus heftig angefeindet und führte sogar zu Demonstrationen. Als Friedkin später mit TO LIVE AND DIE IN L. A. das Modell von THE FRENCH CONNECTION im Kontext der achtziger Jahre überprüfte, warf ihm die Kritik die glatte, kühle Ästhetik vor. Auch diesem Versuch, mit Höchstgeschwindigkeit stilistische Schlangenlinien zwischen hartem Realismus und knallbuntem Comic strip zu fahren, blieb der kommerzielle Erfolg versagt.

Es wäre leicht, Friedkin seine mißglückten Filme von DEAL OF THE CENTURY über THE GUARDIAN bis zu JADE vorzuhalten. Doch er blieb einer der wenigen Regisseure, die nie den Mut verloren, Ambivalenzen zu riskieren und das Publikum zu spalten. RAMPAGE ist einer der geglücktesten Filme über die Todesstrafe, weil er den Zuschauer – auf welcher Seite er auch steht – der Sicherheit beraubt, den richtigen Standpunkt zu vertreten. Friedkins Kino ist in den besten Momenten ein Kino der moralischen, oft sogar existentiellen Verunsicherung.

Nicht umsonst drehte der Regisseur 1997 für den Fernsehsender HBO ein Remake des Filmklassikers TWELVE ANGRY MEN aus dem Jahr 1957, der von trügerischen Sinneswahrnehmungen und den Schwierigkeiten der Wahrheitsfindung handelt. Der Konflikt zweier gegnerischer Parteien vor einer Jury – der auch im Mittelpunkt von Friedkins Kino-Comeback RULES OF ENGAGEMENT steht – erscheint wie eine Metapher für sein Kino. In vielen seiner Filme geht es um eine Konfrontation, bei der das Gefühl und der Verstand des Zuschauers ständig miteinander ringen, Augen und Ohren einander niemals trauen und jeder am Ende seinen eigenen Schluß ziehen muß.

Lars-Olav Beier

Filme als Regisseur (auch TV-Auswahl)

BEGINNINGS: THE ULVELING INTERVIEW (TV-Dok.), 1960; THE PEOPLE VS. PAUL CRUMP (Dok.), 1962; HOME AGAIN: 77-GRANGE OF ILLINOIS (TV), 1963 (auch Produzent); ALFRED HITCHCOCK PRESENTS: OFF SEASON (TV), 1965; THE BOLD MAN (TV), 1965; PRO FOOTBALL: MAYHEM ON SUNDAY AFTERNOON (TV), 1965; TIME-LIFE SPECIALS: THE MARCH OF TIME (TV-Dok.), 1965; THE THIN BLUE LINE (TV), 1966; GOOD TIMES, 1967; THE PICKLE BROTHERS (TV), 1967; THE BIRTHDAY PARTY, 1968; THE NIGHT THEY RAIDED MINSKY'S, 1968; THE BOYS IN THE BAND, 1970; THE FRENCH CONNECTION, 1971; THE EXORCIST, 1973; SORCERER / THE WAGES OF WAR, 1977 (auch Produzent); THE BRINK'S JOB, 1978; CRUISING, 1980 (auch Autor); DEAL OF THE CENTURY, 1983; LAURA BRANNIGAN: SELF-CONTROL (Musik-Video), 1985; TO LIVE AND DIE IN L. A., 1985 (auch Autor); WANG CHUNG: TO LIVE AND DIE IN L. A. (Musik-Video), 1985; THE TWILIGHT ZONE: NIGHTCRAWLERS (TV), 1985; C. A. T. SQUAD (TV), 1986 (auch Produzent); BARBRA STREISAND: SOMEWHERE (Musik-Video), 1986; C. A. T. SQUAD: PYTHON WOLF (TV), 1988 (auch Autor, Produzent); RAMPAGE, 1987 (auch Autor, Produzent); TALES FROM THE CRYPT (TV), 1989; THE GUARDIAN, 1990 (auch Autor); BLUE CHIPS, 1994; JAILBREAKERS (TV), 1994; JADE, 1995 [▮ Robert Evans]; TWELVE ANGRY MEN (TV), 1997; THE EXORCIST (Director's Cut), 2000; RULES OF ENGAGEMENT, 2000; THE HUNTED, 2002.

Filme als (Ko-)Autor (auch TV-Auswahl)

CRUISING, Regie: William Friedkin, 1980; TO LIVE AND DIE IN L. A., Regie: William Friedkin, 1985; RAMPAGE, Regie: William Friedkin, 1987 (auch Produzent); C. A. T. SQUAD: PYTHON WOLF (TV), Regie: William Friedkin, 1988 (auch Produzent); THE GUARDIAN, Regie: William Friedkin, 1990.

Filme als (Ko-)Produzent (auch TV-Auswahl)

HOME AGAIN: 77-GRANGE OF ILLINOIS (TV), Regie: William Friedkin, 1963; THE 49TH ANNUAL ACADEMY AWARDS (TV), 1977; SORCERER / THE WAGES OF WAR, Regie: William Friedkin, 1977; C. A. T. SQUAD (TV), Regie: William Friedkin, 1986; RAMPAGE, Regie: William Friedkin, 1987 (auch Autor); C. A. T. SQUAD: PYTHON WOLF (TV), Regie: William Friedkin, 1988 (auch Autor).

Film als Darsteller

WITHOUT LIMITS, Regie: ▮ Robert Towne, 1998.

Literatur (Auswahl)

William Friedkin: Anatomy of a Chase. In: Action (Hollywood), Nr. 2, März/April 1972, S. 8ff. – William Friedkin (im Dialog mit Filmkritikern). In: Dialogue on Film (Beverly Hills), Nr. 4, Februar/März 1974, S. 2–36. – Mervyn LeRoy Talks with William Friedkin. In: Action (Hollywood), Nr. 6, November/Dezember 1974, S. 4ff. – G. R. Barrett: William Friedkin Interview. In: Literature/ Film Quarterly (Salisbury), Nr. 4, Herbst 1975, S. 334–362. – Ralph Appelbaum: Tense Situations (Interview). In: Films and Filming (London), Nr. 6, März 1979, S. 12–19. – Frank Spotnitz: William Friedkin. Blessed by the Angel that Watches over Movies (Interview). In: American Film (Washington, D. C.), Nr. 15, Dezember

1990, S. 18ff. (dt., gek., in: Steadycam, Köln, Nr. 42, Frühjahr 2001, S. 68). – Thomas D. Clagett: William Friedkin: Films of Aberration, Obsessions and Reality. Jefferson, N.C.: McFarland & Co. 1990. – Nat Segaloff: Hurricane Billy: The Stormy Life and Films of William Friedkin. New York: Morrow 1990. – Larry Gross: Whatever Happened to William Friedkin? In: Sight and Sound (London), Nr. 12, Dezember 1995, S. 14f. – Franz Everschor: Botschaften für das Unterbewußte. In: film-dienst (Köln), Nr. 9, 13.4.1996, S. 40f. – Lars-Olav Beier: Hohn der Angst. In: Frankfurter Allgemeine Zeitung, 28.8.1999. – Milan Pavlović: Der kleine Diktator; Lars-Olav Beier, Robert Müller: The 70s Guy (Interview); Daniel Kothenschulte: Gesetzesbrecher (Interview). In: Steadycam (Köln), Nr. 42, Frühjahr 2001, S. 48ff.

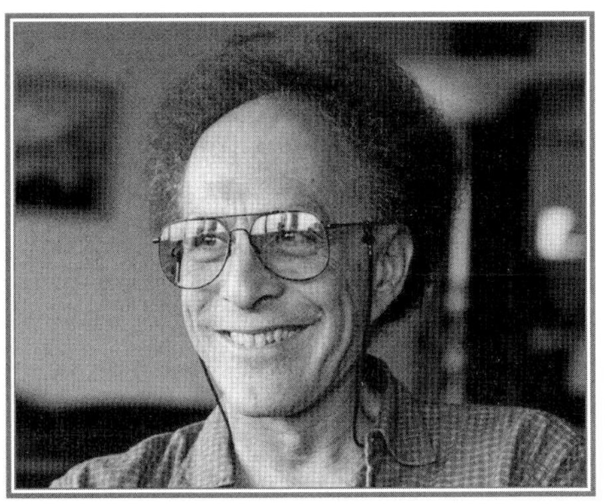

Monte Hellman

Monte Hellman,
Regisseur, Cutter, Produzent, Autor; geboren 1932 in Greenpoint, New York.
Hellman studiert Theaterwissenschaft an der Stanford University sowie Film an der University of California Los Angeles (UCLA), experimentiert mit einer kleinen Theatertruppe und inszeniert Becketts „Waiting for Godot" am Dahl Theatre in Los Angeles. Ab Ende der fünfziger Jahre gehört er zu den Adepten in Roger Cormans *factory:* Es entstehen Filme wie BEAST FROM HAUNTED CAVE und SKI TROOP ATTACK, später die existentialistischen Western RIDE IN THE WHIRLWIND (Drehbuch Jack Nicholson) und THE SHOOTING (Drehbuch Carole Eastman), die mit einem gemeinsamen Etat von 150 000 Dollar in der Wüste von Utah realisiert und zu Hellmans bekanntesten Filmen werden. Auf internationalen Festivals gefeiert, in den USA weitgehend ignoriert, werden beide Produktionen – wie auch sein Rennfahrerfilm TWO-LANE

Er hat keine Stoßstangen, keinen Chrom, keinen Zierrat. Die graublaue Farbe wirkt stumpf und schmutzig. Trotz seiner Größe bietet er im Innenraum nicht den Hauch von Bequemlichkeit. Und doch, auf den zweiten Blick ist dieser umgebaute 55er Chevrolet schön, den James Taylor in TWO-LANE BLACKTOP fährt. Die schiere Kraft der getunten Maschine droht die Motorhaube zu durchbrechen. Muskulös wirkt der Wagen in seinem Gesamtbild, aber wenn Fahrer und Mechaniker die Haube öffnen, mutet die Karosserie beinahe filigran an. Der Chevy ist gestrippt und leicht gemacht, befreit von jeglichem Ballast. Das Auto, das einst in den Fünfzigern in Detroit vom Fließband lief, vergleichbar mit der Produktion eines Hollywood-Studios, wurde *customized,* verändert nach den persönlichen Vorstellungen des jetzigen Fahrers. Man ahnt noch seine Herkunft, den traditionellen amerikanischen Autobau, aber der Wagen ist nun zu einer reinen, beinahe geheimnisvollen Fahrmaschine geworden. Der 55er Chevy aus TWO-LANE BLACKTOP verkörpert gleichsam das *custom*-Kino von Monte Hellman, das immer schwankt zwischen Tradition und Avantgarde. Ein eigenwilliges Kino, das sich vor allem in der schmerzlichen Kunst des Weglassens übt. Nicht umsonst hat Hellman seine ganze Karriere über auch als Cutter gearbeitet. Hellmans Reduktionen, die oft Konventionen sprengen, verstören den Zuschauer zuerst, auf lange Sicht fesseln sie ihn. Der schnelle Erfolg blieb seinem Kino des Nachwirkens so vorenthalten, Hellmans Filme sind *sleepers*.

Bisweilen scheint es gar, Hellman strebe mit seinen Auslassungen eine Abwesenheit an, die schließlich in so etwas wie eine marginale Allgegenwärtigkeit münden werde. Es gibt keine Erlösung in Hellmans Filmen, die von Kreisstrukturen und Sisyphosmotiven bestimmt sind. Vielleicht ist der einzige Ausweg eine Auflösung in viele kleine Momente. Nur zehn Filme konnte Hellman von 1959 bis heute als Regisseur verwirklichen. Doch er hat an unzähligen Filmen herumgebastelt, an unzähligen Projekten – von einer Robbe-Grillet-Verfilmung bis zu einem Western-Noir – gearbeitet, die zusammen eine wunderbare Phantasiefilmografie ergeben. Bei Paul Verhoevens ROBOCOP hat er die *second-unit*-Regie gemacht. Alle Szenen, in denen der Robocop durch die nächtlichen Straßen fährt, stammen von ihm. Hellman steckt also in den unauffälligen Augenblicken, in den Verbindungsstücken zwischen den dramatischen Highlights. Er durchzieht gewissermaßen ROBOCOP, so wie er das amerikanische Kino seit den späten Fünfzigern durchströmt bis hin zu Tarantino, bei dessen RESERVOIR DOGS er als *executive producer* fungierte.

Zwei scheinbar widersprüchliche Namen stehen bezeichnenderweise am Anfang von Hellmans Laufbahn: Samuel Beckett und Roger Corman. „‚Warten auf Godot' hatte großen Einfluß auf mich", sagt Hellman, „ich glaube, ein bißchen Beckett ist in allem, was ich gemacht habe, selbst in BEAST FROM HAUNTED CAVE." Dieser Horrorfilm, eine Billigproduktion von Corman, den Hellman bis heute als einen der letzten Unabhängigen des US-Kinos verehrt, verweist bereits auf Hellmans großes Thema der Entfremdung und Zivilisationsflucht. Es folgen zwei kleine, auf den Philippinen entstandene Filme: der Kriegsfilm BACK DOOR TO HELL und die Gangsterfarce FLIGHT TO FURY, die beide – beeinflußt von John Huston – die tödliche Absurdität menschlichen Handelns erkunden.

Mitte der Sechziger dreht Hellman zwei *low budget*-Western, die in die Filmgeschichte eingegangen sind als existentialistische Cowboyfilme: den ins Nichts führenden Rachetrip THE SHOOTING (nach einem genialen Drehbuch von Carole Eastman) und den unterschätzten Totentanz RIDE IN THE WHIRLWIND. So offen hat Hellman diese filmischen Miniaturen gestaltet, daß man viele Erlebnisse und Strömungen der Sixties in sie hineinlesen kann. Die Verunsicherung nach der Ermordung Kennedys liegt darin, die Philosophie des Strukturalismus, die sich gerade wieder aus Volksgeschichten und Legenden speist, wird angedeutet. Was diese beiden Western aber vor allem auszeichnet, das ist eine selten erreichte Authentizität, die aus dem Wechselspiel der Figuren mit dem mythischen und zugleich so gegenwärtigen Schauplatz in Utah resultiert. Authentizität ist ein Schlüsselbegriff für Hellmans Œuvre. Man glaubt, den Wüstenstaub auf der Haut zu fühlen beim Betrachten der beiden Western, man ist überzeugt, die Vibrationen der V8-Motoren zu spüren in TWO-LANE BLACKTOP, man meint, das Benzin zu riechen, das durch die riesigen Vergaser schießt. Diese Sinnlichkeit nimmt bei Hellman eine fast moralische Qualität an. Mit seiner genauen, auch skeptischen Betrachtungsweise versucht Hellman, seine Figuren und deren Welt zu verstehen, nicht zu verurteilen. Hellman steht so in der humanistisch-realistischen Tradition eines Jean Renoir. Manchmal scheint sich in ihm gar ein Dokumentarist zu verbergen.

Von BACK DOOR TO HELL bis zu IGUANA hat Hellman das Drehen *on location* bevorzugt, um sich inspirieren zu lassen von den jeweiligen Landschaften. In seinem Hauptwerk TWO-LANE BLACKTOP, das in seinem Lakonismus der Utopie des „New Hollywood" vielleicht am nächsten kommt, hat er die Reise der Protagonisten beim Dreh selbst mitgelebt. Und obwohl er die Trostlosigkeit der ländlichen Orte zeigt, präsentiert er die Hinterwäldler nicht als Monster wie etwa EASY RIDER. Die Figurenkonstellation ist komplex wie immer bei Hellman. Den beiden introvertierten Hippies James Taylor und Dennis Wilson, die mit dem 55er Chevy ein altes, aber zugleich progressiv wirkendes Auto fahren, wird Warren Oates gegenübergestellt, ein Münchhausen der Highways, der mit seinem 70er Pontiac ein nagelneues, aber irgendwie schon veraltet anmutendes Auto steuert. Oates gehört zu einer anderen Art von Macho-Cool als die stoischen Langhaarigen: Er ist eher mit Charles Bronson oder Burt Reynolds verwandt, ein Deluxe-Country-und-Western-Playboy, den Hellman überraschenderweise als sympathisch schildert. Die Männer stehen wiederum einem Girl gegenüber, gespielt von der mysteriösen Laurie Bird. Sie läßt sich mit allen und zuletzt mit keinem ein, sie ist der einzig wahre Nomade des Films. Die leisen Angebote der Männer auf ein Zusammenleben beantwortet sie mit einem beiläufigen „no good". Die Mann-Frau-Beziehung lotet Hellman weiter aus in dem melancholischen Liebeswestern CHINA 9 LIBERTY 37 und in seinem späten, poetischen Doppel über das Motiv von der Schönen und dem Biest, in IGUANA und SILENT NIGHT, DEADLY NIGHT 3.

Was Hellman auch besonders fasziniert hat an TWO-LANE BLACKTOP, das ist diese Suche nach Perfektion, das Vermögen, die Gänge des Wagens gekonnt durchzuschalten und ihn über den *dragstrip* zu jagen. Hier spiegelt sich das Können einer Filmcrew und eines Regisseurs wider. Die männliche Obsession, das Schicksal herauszufordern und im Spiel oder der Kunst zu dominieren, hat der Kontrollfreak Hellman vielleicht am besten in COCKFIGHTER mit Warren Oates durchleuchtet. Die sich zerfetzenden Kampfhähne, sie erscheinen in einem Moment wie die groteske Parodie auf ihren Besitzer Oates, im nächsten wie sein blutendes Herz.

Subkulturen haben Hellman immer interessiert: die Rodeocowboys, mit denen er bei THE SHOOTING zusammengearbeitet hat, die Autonarren, die Hahnenkampfszene im Süden. Auch das Filmemachen ist für Hellman eine Subkultur. Deshalb hat er stets Schauspieler wie Warren Oates bevorzugt, die nie Stars waren, sondern hartgesottene, natürliche Akteure. *Hot rod*-Rennen oder Filmemachen als tägliche Herausforderung, das zählt für Hellman, den coolen Sisyphos. „Ich bin ein Romantiker im Sinne von Camus", hat er einmal gesagt, „ich habe Sehnsucht nach dem, was nicht sein kann."

Hans Schifferle

Filme als Regisseur (auch TV-Auswahl)

BEAST FROM HAUNTED CAVE, 1959 [▮ Roger Corman]; LAST WOMAN ON EARTH, Regie: ▮ Roger Corman, 1959/60 (2nd Unit-Regie, uncredited) [▮ Robert Towne]; SKI TROOP ATTACK, Regie: ▮ Roger Corman, 1960 (2nd Unit-Regie, uncredited); CREATURE FROM THE HAUNTED SEA, Regie: ▮ Roger Corman, 1961 (Regie-Assistent) [▮ Robert Towne]; THE INTRUDER, Regie: ▮ Roger Corman, 1962 (2nd Unit-Regie); THE TERROR, Regie: ▮ Roger Corman, 1963 (2nd Unit-Regie) [▮ Francis Ford Coppola, ▮ Jack Nicholson]; BACK DOOR TO HELL, 1964 (auch Cutter) [▮ Jack Nicholson]; FLIGHT TO FURY / CORDILLERA, 1965 (auch Autor, Cutter) [▮ Jack Nicholson]; RIDE IN THE WHIRLWIND, 1966 (auch Cutter, Produzent) [▮ Roger Corman, ▮ Jack Nicholson]; THE SHOOTING, 1966 (auch Cutter, Produzent) [▮ Roger Corman, ▮ Carole Eastman, ▮ Jack Nicholson]; TWO-LANE BLACKTOP, 1971 (auch Cutter) [▮ Rudy Wurlitzer]; COCKFIGHTER / BORN TO KILL, 1974 (auch Cutter) [▮ Roger Corman]; SHATTER / CALL HIM MR. SHATTER, Ko-Regie: Michael Carreras, 1974 (uncredited); BARETTA (TV), 1975; THE GREATEST, 1977; CHINA 9 LIBERTY 37, Ko-Regie: Tony Brandt, 1978 (auch Autor, Cutter, Produzent) [▮ Sam Peckinpah]; AVALANCHE EXPRESS, Ko-Regie: Mark Robson, 1979; INSIDE THE COPPOLA PERSONALITY, 1981 [▮ Francis Ford

BLACKTOP (Drehbuch ▮ Rudy Wurlitzer) – in Europa zu Kultklassikern des „New Hollywood". Neben seiner Arbeit als Regisseur ist er für viele Produktionen auch als Cutter verantwortlich.

Coppola]; FRANCIS COPPOLA. A PROFILE (Kurzfilm, Dok.), 1983 [▮ Francis Ford Coppola]; ROBOCOP, Regie: Paul Verhoeven, 1987 (2nd Unit-Regie, uncredited); IGUANA, 1988 (auch Autor, Cutter); SILENT NIGHT, DEADLY NIGHT 3: BETTER WATCH OUT!, 1989 (auch Autor, Cutter).

Filme als (Ko-)Autor

FLIGHT TO FURY / CORDILLERA, Regie: Monte Hellman, 1965 (auch Cutter) [▮ Jack Nicholson]; THE ST. VALENTINE'S DAY MASSACRE, Regie: ▮ Roger Corman, 1967 [▮ Jack Nicholson]; CHINA 9 LIBERTY 37, Regie: Tony Brandt, Monte Hellman, 1978 (auch Cutter, Produzent) [▮ Sam Peckinpah]; IGUANA, Regie: Monte Hellman, 1988 (auch Cutter); SILENT NIGHT, DEADLY NIGHT 3: BETTER WATCH OUT!, Regie: Monte Hellman, 1989 (auch Cutter).

Filme als Cutter (auch TV-Auswahl)

THE WILD RIDE, Regie: Harvey Berman, 1958 [▮ Jack Nicholson]; BACK DOOR TO HELL, Regie: Monte Hellman, 1964 (uncredited) [▮ Jack Nicholson]; BUS RILEY'S BACK IN TOWN, Regie: Harvey Hart, 1965 (uncredited); FLIGHT TO FURY / CORDILLERA, Regie: Monte Hellman, 1965 (uncredited; auch Autor) [▮ Jack Nicholson]; RIDE IN THE WHIRLWIND, Regie: Monte Hellman, 1966 (uncredited; auch Produzent) [▮ Roger Corman, ▮ Jack Nicholson]; THE SHOOTING, Regie: Monte Hellman, 1966 (uncredited; auch Produzent) [▮ Roger Corman, ▮ Carole Eastman, ▮ Jack Nicholson]; THE WILD ANGELS, Regie: ▮ Roger Corman, 1966 [▮ Peter Bogdanovich, ▮ Peter Fonda, ▮ Jack Nicholson]; THE LONG RIDE HOME / A TIME FOR KILLING, Regie: Phil Karlson, 1967 (uncredited) [▮ Roger Corman]; TARGET: HARRY / HOW TO MAKE IT / WHAT'S IN IT FOR HARRY? (TV), Regie: ▮ Roger Corman (als Henry Neill), 1969; TWO-LANE BLACKTOP, Regie: Monte Hellman, 1971 [▮ Rudy Wurlitzer]; COCKFIGHTER / BORN TO KILL, Regie: Monte Hellman, 1974 (uncredited) [▮ Roger Corman]; THE KILLER ELITE, Regie: ▮ Sam Peckinpah, 1975; HARRY AND WALTER GO TO NEW YORK, Regie: Mark Rydell, 1976 (uncredited); CHINA 9 LIBERTY 37, Regie: Tony Brandt, Monte Hellman, 1978 (uncredited; auch Autor, Produzent) [▮ Sam Peckinpah]; IGUANA, Regie: Monte Hellman, 1988 (auch Autor); SILENT NIGHT, DEADLY NIGHT 3: BETTER WATCH OUT!, Regie: Monte Hellman, 1989 (auch Autor); GREY NIGHT (Director's Cut von THE KILLING BOX), Regie: George Hickenlooper, 1993.

Filme als (Ko-)Produzent

RIDE IN THE WHIRLWIND, Regie: Monte Hellman, 1966 (auch Cutter) [▮ Roger Corman, ▮ Jack Nicholson]; THE SHOOTING, Regie: Monte Hellman, 1966 (auch Cutter) [▮ Roger Corman, ▮ Carole Eastman, ▮ Jack Nicholson]; CHINA 9 LIBERTY 37, Regie: Tony Brandt, Monte Hellman, 1978 (auch Autor, Cutter) [▮ Sam Peckinpah]; AVALANCHE EXPRESS, Regie: Mark Robson, 1979; RESERVOIR DOGS, Regie: Quentin Tarantino, 1992.

Filme als Darsteller (auch Auftritte)

THE CHRISTIAN LICORICE STORE, Regie: James Frawley, 1971; CHAMBRE 666, Regie: Wim Wenders, 1982 [▮ Steven Spielberg]; SOMEONE TO LOVE, Regie: ▮ Henry Jaglom, 1987; EASY RIDERS, RAGING BULLS (Dok.), Regie: Kenneth Bowser, 2003 [▮ Peter Bogdanovich, ▮ Roger Corman, ▮ Peter Fonda, ▮ Dennis Hopper, ▮ Henry Jaglom, ▮ John Milius, ▮ Julia Phillips, ▮ Paul Schrader, ▮ Rudy Wurlitzer].

Literatur (Auswahl)

Michel Ciment: Entretien avec Monte Hellman. In: Positif (Paris), Nr. 150, Mai 1973, S. 51–64. – Gordon Gow: Moving Along with Love and Obsession (Interview). In: Films and Filming (London), Nr. 1, Oktober 1974, S. 61. – Robert David Crane, Christopher Fryer: Jack Nicholson. Face to Face. New York: M Evans and Company 1975 (darin: Monte Hellman, S. 85ff.). – L. Salvato: Discovering Monte Hellman. In: Millimeter (New York), Nr. 7/8, Juli/August 1975, S. 32ff. – Tom Milne: Monte Hellman. In: Film Dope (Nottingham), Nr. 24, März 1982, S. 14f. – Charles Tatum Jr. (Hg.): Monte Hellman. Amiens: Festival d'Amiens / Editions Yellow Now 1988. – P. Carcassonne, J. Fieschi: Monte Hellman. In: Cinématographe (Paris), Nr. 66, März/April 1981, S. 51ff. – Olaf Möller: Das Blei. Monte Hellman und seine Produktion RESERVOIR DOGS. In: film-dienst (Köln), Nr. 20, 29.9.1992, S. 10–12. – Monte Hellman: L' ESPRIT DE LA RUCHE de Victor Erice. In: Positif (Paris), Nr. 400, Juni 1994, S. 48f. – John Bailey: Scouting the Past. In: American Cinematographer (Hollywood), Nr. 9, September 1996, S. 119f. – Monte Hellman: Du wirst in jedem Fall gelinkt. Mein Lieblingsfilm: THE BREAKING POINT. In: Süddeutsche Zeitung (München), 31.7.1997. – Susan Vahabzadeh, Fritz Göttler: Zehn Projekte, ein Film (Interview). In: Süddeutsche Zeitung (München), 27.6.1998. – Hans Schifferle: Totentanz im Bauch Amerikas. In: Süddeutsche Zeitung (München), 2.7.1998. – Thomas Brandlmeier: Time is Running Out. In: epd Film (Frankfurt/M.), Nr. 9, September 1998, S. 16ff. – Brad Stevens: Monte Hellman. His Life and Films. Jefferson, North Carolina / London: McFarland 2003.

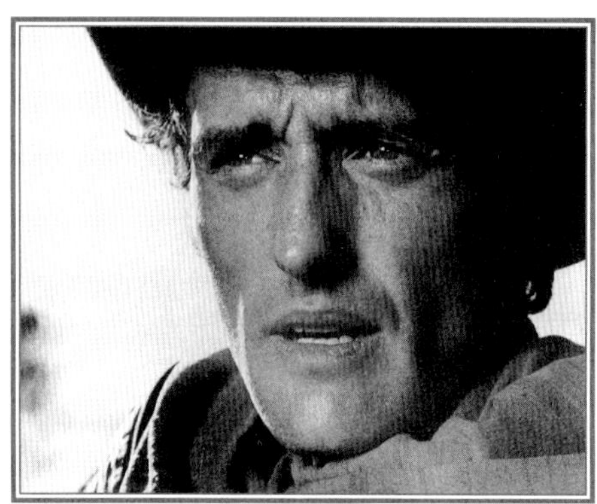

Dennis Hopper

Sein Blick ist stier, der Atem schwer. „Baby wanna fuck!" Eben noch ist er devot, quengelt nach Zärtlichkeit wie ein kleines Kind, aber im nächsten Moment schon kann die blanke Wut aus ihm herausbrechen. Es sind jedoch nicht nur die rohe Gewalt und der reine Terror, die diesen Frank Booth (Dennis Hopper) in David Lynchs BLUE VELVET so bedrohlich erscheinen lassen. Es sind seine Gelüste, seine Perversion, seine sexuellen Spielchen und die Drogen-*highs,* die einen *all-American college boy* wie Jeffrey Beaumont (Kyle MacLachlan) in ein Chaos aus Ekel und Faszination stürzen.

Dank seines drogendurchtränkten Kultfilms EASY RIDER avancierte Dennis Hopper zur Ikone der amerikanischen Sub- und Gegenkultur. Er erzählt die Geschichte zweier Hippie-Biker, die auf der Suche nach Amerika quer über den Kontinent brausen, nur um am Ende kein Gefühl, keine Freiheit, keine Seele gefunden zu haben und von Provinz-Rednecks umgebracht zu werden. Doch trotz – oder vielmehr: gerade aufgrund – seines rebellischen Impetus, der großen provokativen Geste, entwickelte sich EASY RIDER zum kommerziellen Erfolg: Produziert mit einem *low budget* von 375 000 Dollar, spielte er weltweit mehr als 60 Millionen Dollar ein und machte Hopper zum Millionär. Der Film wurde international vom Major-Studio Columbia vermarktet und in Cannes als Bestes Regiedebüt ausgezeichnet, machte ▮ Jack Nicholson zum Leinwandstar und provozierte eine schier unendliche Reihe von Rip-Offs und Exploitation-Filmen, gab Produzent ▮ Bert Schneider aber auch die finanzielle Basis für ▮ Bob Rafelsons FIVE EASY PIECES und ▮ Peter Bogdanovichs THE LAST PICTURE SHOW.

Wenn Hopper als durchgeknallter, gemeingefährlicher Frank Booth in BLUE VELVET seinen exzessiven Albtraum vor der Kulisse des heilen Kleinstadtamerikas mit weißen Gartenzäunen, strahlend blauem Himmel und *family values* inszeniert, geht der Stich mitten ins Herz des *American way of life,* provoziert vielleicht sogar noch stärker als seinerzeit Anti-Vietnam-Demonstrationen und Anti-Establishment-Posen, weil er an geheime und geheimnisvolle innere Sehnsüchte rührt(e). Den irren Blick in Hoppers Augen hat man schon oft vor BLUE VELVET gesehen, etwa bei seinem Fotografen in APOCALYPSE NOW. Oder bei dem Lkw-Fahrer, der seine Tochter mißbraucht, in OUT OF THE BLUE, einer aggressiven Studie des Bösen, die Hopper auch inszenierte und als nihilistischen Gegenentwurf zu EASY RIDER entwickelte: als mögliche Zukunft der Hippies, die sich mit der Gegenwart arrangiert und zu gefühllosen Monstern entwickelt haben. BLUE VELVET soll nach eigenem Bekunden Hoppers indes der erste Film gewesen sein, den er, seither bekennender trockener Alkoholiker, nüchtern gespielt habe. Überliefert ist ▮ Francis Ford Coppolas Verzweiflung, der Hopper ursprünglich für die Rolle eines Green Beret vorgesehen hatte, ihn beim Anblick des Drogenwracks aber umbesetzte und Hopper einen *maniac* spielen ließ, eine Rolle, die angelehnt ist an die Figur des verrückten russischen Händlers aus Joseph Conrads Vorlage „Heart of Darkness".

Obsessiv widmete sich Hopper auch während der Dreharbeiten von APOCALYPSE NOW vornehmlich einer Passion: seinem Körper diverse Rauschstoffe zuzuführen, so daß Coppola ihm oft entnervt erklären mußte, er solle seine Dialoge erst einmal auswendig lernen, bevor er sie vergesse. (Und wie Roland Klick seinen Film WHITE STAR jemals mit Hopper fertigstellen konnte, bleibt noch heute ein Rätsel.)

I DIED A THOUSAND TIMES: Der Titel dieses frühen Films könnte programmatisch für Hoppers Leben stehen und für eine Karriere, die oft am Ende schien, bevor er doch wieder ein Comeback schaffte. Hopper ist ein exzessiver Arbeiter, ein gleichwohl von Intelligenz, überschäumender Kreativität, aber auch von dunklen Mächten Getriebener. Mit neunzehn Jahren spielte er eine kleine Rolle in REBEL WITHOUT A CAUSE neben seinem Freund und Mentor James Dean, dessen Image als ein *bad boy* des Kinos er nach Deans Tod fortführte. So stritt sich etwa der neugeborene *method actor* Hopper bei den Dreharbeiten zu FROM HELL TO TEXAS so sehr mit Regieveteran Henry Hathaway, daß er acht Jahre lang keine Arbeit in einem Major-Studio fand. Hopper wollte stets alles und viel, arbeitet auch als Fotograf und Maler, lebt sein Leben scheinbar ohne Limits, schockte den Hollywood-Adel, als er Brooke Hayward ehelichte, die gemeinsam mit seinem späteren EASY RIDER-Partner ▮ Peter Fonda aufgewachsen war.

Geboren wurde der Film-Outlaw Hopper 1936 ausgerechnet in Dodge City, jener Stadt, in die einst Wyatt Earp gerufen wurde, um Recht und Ordnung zu schaffen. Schon als Kind schnüffelte er am Tank des großväterlichen Trucks, war als Teenager bereits Alkoholiker, erweiterte sein Bewußtsein und vergiftete seinen Körper in den

Dennis Hopper,
Darsteller, Regisseur, Autor; geboren am 17. Mai 1936 in Dodge City, Kansas.
Besuch der High School in San Diego, Kalifornien, Schauspielunterricht bei Dorothy McGuire. Erste bedeutende Rollen an der Seite von James Dean in Nicholas Rays REBEL WITHOUT A CAUSE und in George Stevens' GIANT. 1958 zieht er nach New York, nimmt Unterricht im Actors Studio und arbeitet für verschiedene TV-Produktionen. Mitte der sechziger Jahre kehrt er nach Hollywood zurück. In seinem Regiedebüt EASY RIDER spielt Hopper an der Seite von ▮ Peter Fonda und ▮ Jack Nicholson, der Film wird zu einem Manifest der Gegenkultur, die Protagonisten zu Katalysatoren eines neuen Lebensgefühls. Nahezu zehn Jahre nach seiner zweiten Regiearbeit, dem in Peru gedrehten THE LAST MOVIE, einem Desaster an den Kinokassen, gelingt ihm 1980 mit der kanadischen Produktion OUT OF THE BLUE das Comeback als Regisseur. Als Schauspieler ist Dennis Hopper in zahlreichen amerikanischen und europäischen Filmen präsent. 1987 wird er für seine Darstellung eines Alkoholikers in David Anspaughs HOOSIERS für einen Oscar nominiert. Dennis Hopper ist auch Fotograf, Maler und Bildhauer und stellt seine Werke in Europa und den USA aus.

Sixties und Seventies konsequent mit allem, was man spritzen, schniefen oder rauchen konnte, und balancierte den Alkohol schließlich mit mehreren Gramm Kokain am Tag aus. Wenn er auch nur die Hälfte der Drogenmenge konsumiert hätte, die man ihm nachsagt, wäre er längst tot. Äußerlich scheinen die wilden Zeiten heute vorbei. Hopper mit seinem platinschimmernden Haar und dezent gestutzten, melierten Bart ist ein kultivierter älterer Herr, ist fitter denn je, aber – in einem von Frank Gehry entworfenen Studioloft in Venice Beach, weitab vom sterilen Glamour Hollywoods lebend – auch ohne Skandale noch immer ein *king of cool*.

Hopper nimmt unter den kreativen Köpfen der Filmbranche wie in der Skandalchronik Hollywoods einen prominenten Platz ein. Doch die schrillen Anekdoten, die Peter Biskind in seiner Gossip-Geschichte „New Hollywoods" – „Easy Riders, Raging Bulls" – über ihn sammelte, will er nicht gelten lassen. Offensichtlich genervt vom Erfolg des Bestsellers, dessen Titel immerhin die epochale Bedeutung seines Road Movies feiert, zitiert er (bei einer Pressekonferenz in San Sebastián 2002) seinen Freund Jack Nicholson: „I don't read fiction!"

Annette Kilzer

Filme als Regisseur

EASY RIDER, 1969 (auch Autor, Cutter, Darsteller) [▮ Peter Fonda, ▮ Henry Jaglom, ▮ Jack Nicholson, ▮ Bert Schneider]; THE LAST MOVIE, 1970/71 (auch Autor, Cutter, Produzent, Darsteller) [▮ Peter Fonda, ▮ Henry Jaglom]; OUT OF THE BLUE, 1980 (auch Autor, Darsteller); COLORS, 1988 [▮ Haskell Wexler]; BACKTRACK/ CATCHFIRE, Regie: Dennis Hopper (als Alan Smithee), 1989 [▮ Bob Dylan]; THE HOT SPOT, 1990; CHASERS, 1994 (auch Darsteller).

Filme als (Ko-)Autor

EASY RIDER, Regie: Dennis Hopper, 1969 (auch Cutter, Darsteller) [▮ Peter Fonda, ▮ Henry Jaglom, ▮ Jack Nicholson, ▮ Bert Schneider]; THE LAST MOVIE, Regie: Dennis Hopper, 1970/71 (auch Cutter, Darsteller, Produzent) [▮ Peter Fonda, ▮ Henry Jaglom]; THE AMERICAN DREAMER (Dok.), Regie: L. M. Kit Carson, Lawrence Schiller, 1971 (auch Darsteller); OUT OF THE BLUE, Regie: Dennis Hopper, 1980 (auch Darsteller).

Filme als Cutter

EASY RIDER, Regie: Dennis Hopper, 1969 (auch Autor, Darsteller) [▮ Peter Fonda, ▮ Henry Jaglom, ▮ Jack Nicholson, ▮ Bert Schneider]; THE LAST MOVIE, Regie: Dennis Hopper, 1970/71 (auch Autor, Produzent, Darsteller) [▮ Peter Fonda, ▮ Henry Jaglom].

Film als (Ko-)Produzent

THE LAST MOVIE, Regie: Dennis Hopper, 1970/71 (auch Autor, Cutter, Darsteller) [▮ Peter Fonda, ▮ Henry Jaglom].

Filme als Darsteller (auch Auftritte, TV-Auswahl)

THE LORETTA YOUNG SHOW (TV), 1953–61; JOHNNY GUITAR, Regie: Nicholas Ray, 1954 (uncredited); I DIED A THOUSAND TIMES, Regie: Stuart Heisler, 1955; REBEL WITHOUT A CAUSE, Regie: Nicholas Ray, 1955; GIANT, Regie: George Stevens, 1956; STEEL JUNGLE, Regie: Walter Doniger, 1956 (uncredited); GUNFIGHT AT THE O. K. CORRAL, Regie: John Sturges, 1957; NO MAN'S ROAD (TV), 1957; A QUESTION OF LOYALITY (TV), 1957; SAYONARA, Regie: Joshua Logan, 1957 (uncredited); THE STORY OF MANKIND (TV), 1957; THE YOUNG LAND, Regie: Ted Tetzlaff, 1957/59; FROM HELL TO TEXAS, Regie: Henry Hathaway, 1958; NAKED CITY: SHOES FOR VINNIE WINEFORD (TV), 1958–62; KEY WITNESS, Regie: Phil Karlson, 1959; NIGHT TIDE, Regie: Curtis Harrington, 1961–63 [▮ Roger Corman]; THE DEFENDERS (TV), 1961–64; THE LIEUTENANT (TV), 1963; TARZAN AND JANE REGAINED ... SORT OF, Regie: ▮ Andy Warhol, 1963; THE SONS OF KATIE ELDER, Regie: Henry Hathaway, 1965; QUEEN OF BLOOD, Regie: Curtis Harrington, 1966 [▮ Roger Corman]; COOL HAND LUKE, Regie: Stuart Rosenberg, 1967; THE GLORY STOMPERS, Regie: Anthony M. Lanza, 1967; PANIC IN THE CITY, Regie: Eddie Davis, 1967; THE TRIP, Regie: ▮ Roger Corman, 1967 [▮ Peter Bogdanovich, ▮ Peter Fonda, ▮ Jack Nicholson]; HANG 'EM HIGH, Regie: Ted Post, 1968; EASY RIDER, Regie: Dennis Hopper, 1969 (auch Autor, Cutter) [▮ Peter Fonda, ▮ Henry Jaglom, ▮ Jack Nicholson, ▮ Bert Schneider]; TRUE GRIT, Regie: Henry Hathaway, 1969 [▮ Robert Evans]; THE LAST MOVIE, Regie: Dennis Hopper, 1970/71 (auch Autor, Cutter, Produzent) [▮ Peter Fonda, ▮ Henry Jaglom]; THE OTHER SIDE OF THE WIND, Regie: Orson Welles, 1970–76; THE AMERICAN DREAMER (Dok.), Regie: L. M. Kit Carson, Lawrence Schiller, 1971 (auch Autor); CRUSH PROOF, Regie: François De Menil, 1971; KID BLUE, Regie: James Frawley, 1973; JAMES DEAN – FIRST AMERICAN TEENAGER (Dok.), Regie: Ray Connolly, 1975; I'M A FOOL (TV), 1976; MAD DOG MORGAN, Regie: Philippe Mora, 1976; TRACKS, Regie: ▮ Henry Jaglom, 1976 [▮ Bert Schneider]; APOCALYPSE NOW, Regie: ▮ Francis Ford Coppola, 1976-79 [▮ John Milius, ▮ Walter Murch]; DER AMERIKANISCHE FREUND, Regie: Wim Wenders, 1977; LES APPRENTIS SORCIERS, Regie: Edgardo Cozarinsky, 1977; L'ORDRE ET LA SECURITE DU MONDE, Regie: Claude d'Anna, 1978; COULEUR CHAIR, Regie: François Weyergans, 1979; LAS FLORES

DEL VICIO, Regie: Silvio Narizzano, 1979; HEARTS OF DARKNESS. A FILMMAKER'S APOCALYPSE (Dok.), Regie: Fax Bahr, George Hickenlooper, Eleanor Coppola, 1979/91 [▮ Francis Ford Coppola, ▮ George Lucas, ▮ John Milius]; OUT OF THE BLUE, Regie: Dennis Hopper, 1980 (auch Autor); WILD TIMES (TV), 1980; KING OF THE MOUNTAIN, Regie: Noel Nosseck, 1981; RENACER, Regie: J. J. Bigas Luna, 1981; NEIL YOUNG: HUMAN HIGHWAY, Regie: Dean Stockwell, Neil Young, 1982; WHITE STAR, Regie: Roland Klick, 1982; THE OSTERMAN WEEKEND, Regie: ▮ Sam Peckinpah, 1983; RUMBLE FISH, Regie: ▮ Francis Ford Coppola, 1983; EUER WEG FÜHRT DURCH DIE HÖLLE, Regie: Ernst R. von Theumer, 1984 (uncredited); SLAGSKÄMPEN / THE INSIDE MAN, Regie: Tom Clegg, 1984; MY SCIENCE PROJECT, Regie: Jonathan R. Betuel, 1985; O. C. AND STIGGS, Regie: ▮ Robert Altman, 1985 [▮ Melvin Van Peebles]; RUNNING OUT OF LUCK, Regie: Julien Temple, 1985; STARK (TV), 1985; NO FRANK IN LUMBERTON (TV), 1985–88; THE AMERICAN WAY, Regie: Maurice Phillips, 1986; BLUE VELVET, Regie: David Lynch, 1986; RIDERS OF THE STORM, Regie: Maurice Phillips, 1986; THE TEXAS CHAINSAW MASSACRE 2, Regie: Tobe Hooper, 1986; BLACK WIDOW, Regie: ▮ Bob Rafelson, 1987; HOOSIERS, Regie: David Anspaugh, 1987; THE PICK-UP ARTIST, Regie: James Toback, 1987; RIVER'S EDGE, Regie: Tim Hunter, 1987; STARK: MIRROR IMAGE (TV), 1987; STRAIGHT TO HELL, Regie: Alex Cox, 1987; BLOOD RED, Regie: Peter Masterson, 1988; A HERO OF OUR TIME, Regie: Michael Almereyda, 1988; ART, ACTING & THE SUICIDE CHAIR (Dok. über Dennis Hopper), Regie: George Hickenlooper, 1989; BACKTRACK/CATCHFIRE, Regie: Dennis Hopper (als Alan Smithee), 1989 [▮ Bob Dylan]; CHATTA-HOOCHEE, Regie: Mick Jackson, 1989; FLASHBACK, Regie: Franco Amurri, 1989; MOTION AND EMOTION, Regie: Paul Joyce, 1990; SUPERSTAR: THE LIFE AND TIMES OF ANDY WARHOL (Dok.), Regie: Chuck Wortman, 1991; DOUBLECROSSED (TV), 1991; EYE OF THE STORM, Regie: Yuri Zeltser, 1991; THE INDIAN RUNNER, Regie: Sean Penn, 1991; MIDNIGHT HERO, Regie: John Nicolella, 1991; PARIS TROUT, Regie: Stephen Gyllenhaal, 1991; SUNSET HEAT, Regie: John Nicolella, 1991; DENNIS HOPPER – EINMAL HÖLLE UND ZURÜCK (TV-Dok.), 1992; DENNIS HOPPER – SUPERSTAR (TV-Dok.), 1992; THE HEART OF JUSTICE (TV), 1992; NAILS (TV), 1992; BOILING POINT, Regie: James B. Harris, 1993; RED ROCK WEST, Regie: John Dahl, 1993; SUPER MARIO BROS., Regie: Annabel Jankel, Rocky Morton, 1993; TRUE ROMANCE, Regie: Tony Scott, 1993; CHASERS, Regie: Dennis Hopper, 1994; SPEED, Regie: Jan de Bont, 1994; WITCH HUNT (TV), 1994; DENNIS HOPPER – L. A. BLUES (TV-Dok.), 1995; HELL: A CYBERPUNK THRILLER (TV), 1995; SEARCH AND DESTROY, Regie: David Salle, 1995; WATERWORLD, Regie: Kevin Reynolds, Kevin Costner, 1995; BASQUIAT, Regie: Julian Schnabel, 1996; CARRIED AWAY, Regie: Bruno Barreto, 1996; SAMSON AND DELILAH (TV), 1996; SPACE TRUCKERS, Regie: Stuart Gordon, 1996; THE BLACKOUT, Regie: Abel Ferrara, 1997; THE LAST DAYS OF FRANKIE THE FLY, Regie: Peter Markle, 1997; ROAD ENDS, Regie: Rick King, 1997; SINS (TV), 1997; TOP OF THE WORLD, Regie: Sidney J. Furie, 1997; WHO IS HENRY JAGLOM? (Dok.), Regie: Henry Alex Rubin, Jeremy Workman, 1997 [▮ Peter Bogdanovich, ▮ Henry Jaglom, ▮ Bob Rafelson]; BLACK DAHLIA, Regie: Lance Laspina, Eric Trow, 1998; ME AND WILL, Regie: Melissa Behr, Sherrie Rose, 1998; MEET THE DEEDLES, Regie: Steve Boyum, 1998; MICHAEL ANGEL, Regie: William Gove, 1998; FOREVER HOLLYWOOD (TV-Dok.), 1998/99 [▮ John Waters]; BAD CITY BLUES, Regie: Michael Stevens, 1999; ED TV, Regie: Ron Howard, 1999; JESUS' SON, Regie: Alison Maclean, 1999; JUSTICE (TV), 1999; LURED INNOCENCE, Regie: Kikuo Kawasaki, 1999; THE PROPHET'S GAME, Regie: David Worth, 1999; STRAIGHT SHOOTER, Regie: Thomas Bohn, 1999; THE VENICE PROJECT, Regie: Robert Dornhelm, 1999; CHOKE, Regie: John Sjogren, 2000; HELD FOR RANSOM, Regie: Lee Stanley, 2000; JASON AND THE ARGONAUTS (TV), 2000; LUCK OF THE DRAW, Regie: Luca Bercovici, 2000; THE SPREADING GROUND, Regie: Derek Vanlint , 2000; TYCUS, Regie: John Putch, 2000; 24 (TV), 2001; APOCALYPSE NOW REDUX, Regie: ▮ Francis Ford Coppola, 2001 [▮ John Milius, ▮ Walter Murch]; KNOCKAROUND GUYS, Regie: Brian Koppelman, David Levien, 2001; LAPD: TO PROTECT AND TO SERVE, Regie: Es Anders, 2001; TICKER, Regie: Albert Pyun, 2001; UNSPEAKABLE, Regie: Thomas J. Wright, 2001; THE ART OF DENNIS HOPPER (TV), 2002; FIRESTARTER 2: REKINDLED (TV), 2002; FLATLAND (TV), 2002; GRAND THEFT AUTO: VICE CITY, Regie: Dan Houser, James Worrall, 2002; LEO, Regie: Mehdi Norowzian, 2002; MY LITTLE HOLLYWOOD, Regie: Matthew Harrison, 2002; PETER FONDA. FORTUNATE SON (TV-Dok.), 2002 [▮ Peter Fonda]; THE PIANO PLAYER, Regie: Jean-Pierre Roux, 2002; REEL RADICALS. THE SIXTIES REVOLUTION IN FILM (TV), 2002 [▮ Roger Corman, ▮ Robert Towne]; 24 HEAVEN (TV-Dok.), 2002; 24 – THE POSTMORTEM (TV-Dok.), 2002; DENNIS HOPPER. CREATE (OR DIE), Regie: Henning Lohner, Ariane Riecker, 2003 [▮ Francis Ford Coppola]; EASY RIDERS, RAGING BULLS (Dok.), Regie: Kenneth Bowser, 2003 [▮ Peter Bogdanovich, ▮ Roger Corman, ▮ Peter Fonda, ▮ Monte Hellman,

▮Henry Jaglom, ▮John Milius, ▮Julia Phillips, ▮Paul Schrader, ▮Rudy Wurlitzer]; THE KEEPER, Regie: Paul Lynch, 2003; MURAYA (L'EXPERIENCE SECRETE DE MIKE BLUEBERRY), Regie: Jan Kounen, 2003; THE NIGHT WE CALLED IT A DAY, Regie: Paul Goldman, 2003; NYE SCENER FRA AMERIKA (Dok.,Kurzfilm), Regie: Jørgen Leth, 2003; OUT OF SEASON, Regie: Jevon O'Neill, 2003; SUSPENSE (TV), 2003.

Literatur (Auswahl)

Peter Fonda, Dennis Hopper, Terry Southern: EASY RIDER. Original Screenplay. New York: New American Library 1969. – Tom Burke: Dennis Hopper Saves the Movies. In: Esquire (New York), Dezember 1970. – G. O'Brien, M. Netter: Inter/View with Dennis Hopper. In: Inter/View (New York), Nr. 19, Februar 1972, S. 24f. – Robert David Crane, Christopher Fryer: Jack Nicholson. Face to Face. New York: M Evans and Company 1975 (darin: Dennis Hopper, S. 72ff.). – H. D. Herring: Out of the Dreams and into the Nightmare: Dennis Hopper's Apocalyptic Vision of America. In: Journal of Popular Film and Television (Philadelphia), Nr. 4, 1983, S. 144ff. – Dennis Hopper: Out of the Sixties. Pasadena: Twelvetrees 1986 (Fotobuch). – C. Hodenfield: Citizen Hopper (Interview). In: Film Comment (New York), Nr. 6, November/Dezember 1986, S. 62–73. – Elena Rodriguez: Dennis Hopper: A Madness to his Method. New York: St. Martin's 1988. – John Andrew Gallagher: Film Directors on Directing. New York/Westport/London: Greenwood 1989 (darin: Dennis Hopper-Interview, S. 127ff.). – Berndt Schulz: Dennis Hopper. Schauspieler, Regisseur, Fotograf. Bergisch-Gladbach: Bastei-Lübbe 1990. – Jean-Christophe Ammann (Hg.): Dennis Hopper. Fotografien von 1961–1967. Zürich: Edition Cantz 1993. – Michael Madsen, Dennis Hopper: Burning Paradise. New York: Incommunicado 1998. – Dennis Hopper: 1712 North Crescent Heights. Dennis Hopper Photographs 1962–1968. Los Angeles: Greybull 2001. – Peter Noever (Hg.): Dennis Hopper: A System of Moments. Ostfildern: Hatje Cantz 2001.

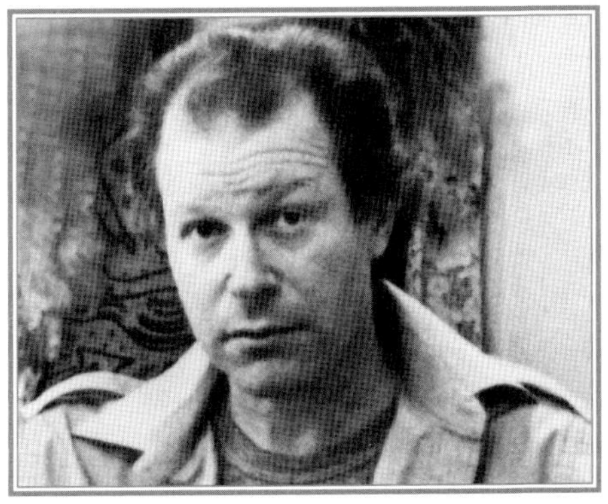

Henry Jaglom,
Regisseur, Autor, Darsteller;
geboren am 26. Januar 1941 in London, Großbritannien.
Die Familie zieht nach New York, wo Henry Jaglom aufwächst. Während seines Studiums an der University of Pennsylvania beteiligt er sich an Theateraufführungen, nimmt später Unterricht bei Lee Strasberg im Actors Studio und versucht sich als Autor und Schauspieler bei Off-Broadway-Produktionen. Mitte der sechziger Jahre erste Rollen bei TV-Serien wie GIDGET und THE FLYING NUN. 1967 dreht Jaglom eine dreistündige 8-mm-Dokumentation über

Henry Jaglom

„A Masterpiece! All the subtle dreams and fantasies which color our experience are captured on film for the first time." Mit diesen Worten pries die Schriftstellerin Anaïs Nin A SAFE PLACE, Jagloms Regiedebüt. Damit stand sie ziemlich alleine da. Von allen Filmen, die von der Produktionsgesellschaft BBS produziert wurden, ist Jagloms Film wohl der introspektivste, am schwersten zugängliche. Seine Protagonistin Susan (Tuesday Weld), die sich Noah nennt und in einer Hippie-Kommune lebt, befindet sich mit ihren Gedanken weitgehend in der Vergangenheit und in ihren Phantasien, wo sie Zwiesprache hält mit ihrem väterlichen Freund (Orson Welles), einem alten Zauberer, der sie mit Tricks und rätselhaften Erzählungen fasziniert. Zu einem jungen Mann, Fred (Philip Proctor), der sich für sie interessiert, kann sie keine rechte Beziehung herstellen, die Wiederbegegnung mit einem früheren Liebhaber, Mitch (▮Jack Nicholson), bringt zwar eine gewisse Körperlichkeit ins Spiel, erscheint aber gleichsam unwirklich. Etwas Klaustrophobisches, Abgekapseltes prägt den Film – in seinem Verzicht auf *establishing shots,* in den Parallelmontagen verschiedener Zeitebenen (man darf durchaus an das europäische Kunstkino der sechziger Jahre, speziell an Alain Resnais, denken), in seiner Konzentration auf Groß- und Nahaufnahmen der Protagonistin, auch im Einsatz zahlreicher Songs der Vergangenheit wie „As Time Goes By" aus CASABLANCA (1943) oder Charles Trenets „La Mer", der gleich mehrfach zu hören ist. Greifbar erscheint noch am ehesten die körperliche Präsenz der beiden Darsteller Jack Nicholson und Orson Welles.

Eine Reise in die Phantasie und in die Vergangenheit kennzeichnet auch Jagloms zweiten Film TRACKS, dessen Rahmen allerdings ein „realer" Trip liefert, der zudem mit einem bestimmten historischen Datum verknüpft ist, dem 23. Januar 1973: Während im Radio Präsident Nixon ein Friedensabkommen für Vietnam ankündigt, begleitet Sergeant Jack Falen (▮Dennis Hopper) den Sarg mit der Leiche eines gefallenen Kameraden im Zug zu dessen letzter Ruhestätte. Nixons Rede mag ein Ende der Kampfhandlungen signalisieren, aber das Trauma Vietnam sitzt tief, den Film prägt eine Atmosphäre der Paranoia, die bei der Figur Falen allerdings auch mit deren Kindheit zu tun hat. Eine Reise in den Wahnsinn, bei der sich, wie in A SAFE PLACE, Realität und Imagination vermischen, eine Attacke auf das vermeintlich heile Amerika, das beschworen wird in patriotischen Liedern wie „Praise the Lord and Pass the Ammunition".

Zu den Figuren, denen der Protagonist von TRACKS während seiner Zugfahrt begegnet, gehört auch ein bizarres Duo, ein großmäuliger Typ der eine, ein von Statistiken Besessener der andere. In SITTING DUCKS rücken die beiden dann ins Zentrum, Zack Norman und Michael Emil (eigentlich Michael E. Jaglom, Henry Jagloms älterer Bruder, gleichzeitig dessen Produktionsleiter). Die Geschichte ist zwar noch dem Genrefilm entlehnt (zwei *losers* machen sich mit schmutzigem Geld aus dem Staub und treffen *on the road* eine Reihe ähnlich verschrobener Menschen), aber eigentlich sind Jaglom die Figuren/Darsteller und deren Obsessionen wichtiger. Mit bittersüßen Alltagsgeschichten über die Selbsterfahrungen seiner Protagonisten wie CAN SHE BAKE A CHERRY PIE? findet Jaglom endgültig zu sich. In deutschen Kinos CAFÉ NEW YORK betitelt, wurde der Film mit den Arbeiten Woody Allens verglichen – vielleicht auch, weil der Hut, der zu Jagloms Markenzeichen werden sollte (DER MANN MIT DEM HUT war der deutsche Titel einer Dokumentation über ihn), ein ähnlicher war wie jener, den Woody Allen zu Zeiten von ANNIE HALL (1977) trug. Aber wo Allen seine Dialoge immer auf die Pointe zuspitzt, können Jagloms Protagonisten bei ihrem Reden nie ein Ende finden, ihre Selbstentblößung, das Freilegen ihrer Ängste und Obsessionen, kennt keine Grenzen. Beginnend mit ALWAYS hat Jaglom zunehmend selbst die Rolle des Protagonisten in seinen Filmen übernommen und umgibt sich vor der Kamera mit Freunden/Freundinnen/Lebensgefährtinnen. In ALWAYS spielen er und seine Ex-Frau Patrice Townsend das Ende einer (ihrer) Ehe durch, in VENICE/ VENICE verkörpert Jaglom einen Regisseur, der als einziger Amerikaner im Wettbewerb des Festivals von Venedig vertreten ist. Ein ironisches Vexierbild, ein Spiel mit der eigenen Person? Oder eher „Jaglom on Jaglom on Jaglom is one orgy you can afford to miss“? – wie sich die amerikanische Filmzeitschrift „Premiere“ mokierte, anläßlich der Tatsache, daß Jaglom zur DVD-Veröffentlichung dieses Films einen Audiokommentar beisteuerte. Jagloms Ungeduld, seine Beleidigungen gegen andere, von denen Michael Emil in der erwähnten Dokumentation spricht, konnte ich bei einem Interview, das ich mit Jaglom im Februar 1985 während der Berlinale führte, aus eigener Anschauung erleben, als er seinem Bruder über den Mund fuhr.

Einerseits die Zusammenarbeit mit Freunden vor der Kamera, andererseits das Kreisen der Filme um die eigene Person: Was als Gegensatz erscheint, mag den veränderten Verhältnissen des unabhängigen Filmemachens selbst geschuldet sein, denn die Utopie einer Produktionsweise, in der die Arbeitsteilung aufgehoben war, scheiterte mit dem Ende von BBS. Jaglom war von Anfang bis Ende dabei: 1968 arbeitete er acht Wochen lang mit Dennis Hopper am Schnitt von EASY RIDER und bekam dafür eine Nennung als *editorial consultant,* 1974 übernahm er den Verleih der letzten BBS-Produktion, des Vietnam-Dokumentarfilms HEARTS AND MINDS, als die Columbia sich weigerte, diesen herauszubringen. Dafür gründete er die Firma Rainbow Pictures, deren Logo seither im Vorspann aller seiner Filme auftaucht: ein Bild aus A SAFE PLACE mit Orson Welles als Magier. In der Nachfolge von Welles (mit dem ihn eine 15jährige Freundschaft verband) versteht sich auch Jaglom als Ein-Mann-Filmindustrie, hält sich aber fern von Hollywood. Seine größte Stärke: die Arbeit mit den Schauspielern. Deren Bereitschaft zur Entblößung vor der Kamera entsteht aus der Drehpraxis: Ohne Proben konfrontiert er sie mit bestimmten Situationen und zwingt sie zu reagieren – was nicht immer ohne psychische Verletzungen abgeht. Selber hatte er am Actors Studio studiert und stand neben Jack Nicholson in Richard Rushs PSYCH-OUT vor der Kamera, spielte in Nicholsons Regiedebüt, der BBS-Produktion DRIVE, HE SAID, einen Universitätsprofessor und hatte, wie viele andere Filmschaffende, einen Gastauftritt in Hoppers THE LAST MOVIE.

„I want to make films for audiences who care about people but don't care about little creatures from outer space or big car crashes“, postulierte er 1985: „I'm doing exactly the kind of films I wanna do.“ Diesem Credo ist Henry Jaglom bis heute treu geblieben. Während viele andere Regisseure nach dem Ende der „New Hollywood“-Ära nie wieder die Qualität ihrer Filme aus dieser Zeit erreichten, hat Jaglom seinen eigenen, unverwechselbaren Stil konsequent entwickelt und lebt den BBS-Traum vom Filmemachen als „totaler kreativer Erfahrung“ weiter.

Frank Arnold

Filme als Regisseur

A SAFE PLACE, 1971 (auch Autor) [▮ Jack Nicholson, ▮ Bert Schneider]; TRACKS, 1976 (auch Autor, Produzent) [▮ Dennis Hopper, ▮ Bert Schneider]; SITTING DUCKS, 1979 (auch Autor, Produzent, Darsteller); NATIONAL LAMPOON GOES TO THE MOVIES / NATIONAL LAMPOON'S MOVIE MADNESS (Episoden: THE MUNICIPALIANS; THE BOM), Ko-Regie: Bob Giraldi, 1981/83; CAN SHE BAKE A CHERRY PIE?, 1983 (auch Autor, Produzent, Cutter); ALWAYS, 1985 (auch Autor, Cutter, Darsteller) [▮ Bob Rafelson]; SOMEONE TO LOVE, 1987 (auch Autor, Darsteller) [▮ Monte Hellman]; NEW YEAR'S DAY, 1989 (auch Autor, Darsteller); EATING, 1990 (auch Autor); VENICE/VENICE, 1991 (auch Autor, Darsteller); LUCKY DUCKS, 1992; BABYFEVER, 1994 (auch Autor, Cutter); LAST SUMMER IN THE HAMPTONS, 1995 (auch Autor, Cutter, Darsteller); DEJA VU, 1997 (auch Autor, Cutter); FESTIVAL IN

den Sechstagekrieg in Israel, die jedoch unveröffentlicht bleibt. Nach seiner Rückkehr in die USA Debüt als Filmschauspieler in Richard Rushs PSYCH-OUT an der Seite von ▮ Jack Nicholson, der drei Jahre später die Hauptrolle in Jagloms erstem Spielfilm A SAFE PLACE übernimmt, während Jaglom in Nicholsons im gleichen Jahr inszenierten DRIVE, HE SAID einen Universitätsprofessor spielt. Jaglom ist ein unabhängiger Filmemacher (seit 1974 Inhaber der Produktionsfirma Rainbow Pictures), ein *auteur:* Er realisiert seine Filme nach eigenen Drehbüchern, tritt in ihnen häufig als Schauspieler auf und schneidet seine Filme größtenteils selbst.

CANNES, 2001 (auch Autor, Cutter) [▮ Peter Bogdanovich]; SHOPPING, 2003 (auch Autor).

Filme als (Ko-)Autor

A SAFE PLACE, Regie: Henry Jaglom, 1971 [▮ Jack Nicholson, ▮ Bert Schneider]; TRACKS, Regie: Henry Jaglom, 1976 (auch Produzent) [▮ Dennis Hopper, ▮ Bert Schneider]; SITTING DUCKS, Regie: Henry Jaglom, 1979 (auch Produzent, Darsteller); CAN SHE BAKE A CHERRY PIE?, Regie: Henry Jaglom, 1983 (auch Produzent, Cutter); ALWAYS, Regie: Henry Jaglom, 1985 (auch Cutter, Darsteller) [▮ Bob Rafelson]; SOMEONE TO LOVE, Regie: Henry Jaglom, 1987 (auch Darsteller) [▮ Monte Hellman]; NEW YEAR'S DAY, Regie: Henry Jaglom, 1989 (auch Darsteller); EATING, Regie: Henry Jaglom, 1990; VENICE/VENICE, Regie: Henry Jaglom, 1991 (auch Darsteller); BABYFEVER, Regie: Henry Jaglom, 1994 (auch Cutter); LAST SUMMER IN THE HAMPTONS, Regie: Henry Jaglom, 1995 (auch Cutter, Darsteller); DEJA VU, Regie: Henry Jaglom, 1997 (auch Cutter); FESTIVAL IN CANNES, Regie: Henry Jaglom, 2001 (auch Cutter) [▮ Peter Bogdanovich]; SHOPPING, Regie: Henry Jaglom, 2003.

Filme als Cutter

EASY RIDER, Regie: ▮ Dennis Hopper, 1969 [▮ Peter Fonda, ▮ Jack Nicholson, ▮ Bert Schneider]; CAN SHE BAKE A CHERRY PIE?, Regie: Henry Jaglom, 1983 (auch Autor, Produzent); ALWAYS, Regie: Henry Jaglom, 1985 (auch Autor, Darsteller) [▮ Bob Rafelson]; BABYFEVER, Regie: Henry Jaglom, 1994 (auch Autor); LAST SUMMER IN THE HAMPTONS, Regie: Henry Jaglom, 1995 (auch Autor, Darsteller); DEJA VU, Regie: Henry Jaglom, 1997 (auch Autor); FESTIVAL IN CANNES, Regie: Henry Jaglom, 2001 (auch Autor) [▮ Peter Bogdanovich].

Filme als (Ko-)Produzent

TRACKS, Regie: Henry Jaglom, 1976 (auch Autor) [▮ Dennis Hopper, ▮ Bert Schneider]; SITTING DUCKS, Regie: Henry Jaglom, 1979 (auch Autor, Darsteller); CAN SHE BAKE A CHERRY PIE?, Regie: Henry Jaglom, 1983 (auch Autor, Cutter).

Filme als Darsteller (auch Auftritte, TV-Auswahl)

GIDGET (TV), 1965; THE FLYING NUN (TV), 1967; PSYCH-OUT, Regie: Richard Rush, 1968 [▮ Jack Nicholson]; THE THOUSAND PLANE RAID, Regie: Boris Sagal, 1969; THE LAST MOVIE, Regie: ▮ Dennis Hopper, 1970/71 [▮ Peter Fonda]; DRIVE, HE SAID, Regie: ▮ Jack Nicholson, 1971 [▮ Bert Schneider, ▮ Robert Towne]; THE OTHER SIDE OF THE WIND, Regie: Orson Welles, 1972 (unfinished); LILY, AIME-MOI, Regie: Maurice Dugowson, 1975; SITTING DUCKS, Regie: Henry Jaglom, 1979 (auch Autor, Produzent); ALWAYS, Regie: Henry Jaglom, 1985 (auch Autor, Cutter) [▮ Bob Rafelson]; SOMEONE TO LOVE, Regie: Henry Jaglom, 1987 (auch Autor) [▮ Monte Hellman]; NEW YEAR'S DAY, Regie: Henry Jaglom, 1989 (auch Autor); VENICE/VENICE, Regie: Henry Jaglom, 1991 (auch Autor); LAST SUMMER IN THE HAMPTONS, Regie: Henry Jaglom, 1995 (auch Autor, Cutter); WHO IS HENRY JAGLOM? (Dok.), Regie: Henry Alex Rubin, Jeremy Workman, 1997 [▮ Peter Bogdanovich, ▮ Dennis Hopper, ▮ Bob Rafelson]; EASY RIDERS, RAGING BULLS (Dok.), Regie: Kenneth Bowser, 2003 [▮ Peter Bogdanovich, ▮ Roger Corman, ▮ Peter Fonda, ▮ Monte Hellman, ▮ Dennis Hopper, ▮ John Milius, ▮ Julia Phillips, ▮ Paul Schrader, ▮ Rudy Wurlitzer].

Literatur (Auswahl)

Henry Jaglom: Bogart Didn't Lie, Batman Didn't Lie, Bugs Bunny Didn't Lie. In: Action (Hollywood), Nr. 1, Januar/Februar 1972, S. 24ff. – R. Colaciello: A SAFE PLACE. In: Inter/View (New York), Nr. 19, Februar 1972, S. 36. – Anaïs Nin: A SAFE PLACE. In: Los Angeles Free Press, 6.10.1972 (auch in: Anaïs Nin: In Favor of the Sensitive Man, and other Essays. San Diego: Harcourt Brace Jovanovich 1976, S. 105ff.). – Tom Milne: Henry Jaglom. A SAFE PLACE. In: Sight and Sound (London), Nr. 1, Winter 1972/73, S. 5f. – Robert David Crane, Christopher Fryer: Jack Nicholson. Face to Face. New York: M Evans and Company 1975 (darin: Henry Jaglom, S. 89ff.). – Richard Combs: A SAFE PLACE. In: Monthly Film Bulletin (London), Nr. 500, September 1975, S. 204f. – MS (= Markku Salmi): Henry Jaglom. In: Film Dope (Nottingham), Nr. 27, Juli 1983, S. 30f. – Nick Roddick: Matched Points (Interview). In: Stills (London), Nr. 9, November/Dezember 1983, S. 52f. – Tom Milne: From the Other Side of the Wind. Henry Jaglom on Making CHERRY PIE and CITIZEN KANE II. In: Monthly Film Bulletin (London), Nr. 603, April 1984, S. 132. – Henry Jaglom: A Tribute to Orson Welles, Man and Career. In: Cinema Papers (Sydney), Nr. 58, Juli 1986, S. 31ff. – Ruth Perlmutter: Working with Welles. An Interview with Henry Jaglom. In: Film Quarterly (Berkeley), Nr. 3, Frühjahr 1988, S. 2–5. – Fritz Göttler: Wir leiden alle an „Suadades". In: Süddeutsche Zeitung (München), 14.1.1993. – o. A.: Is Film School Necessary to Become a Screenwriter? (Umfrage). In: Fade In (Hollywood), Nr. 2, 1995, S. 7. – Emanuel Levy: Who Is Henry Jaglom? In: Variety (Los Angeles), Nr. 6, 11.12.1995, S. 86. – Henry Jaglom: Orson Welles. The Road to Xanadu, by Simon Callow (Buchkritik). In: Fade In (Hollywood), Nr. 2, 1996, S. 12f.

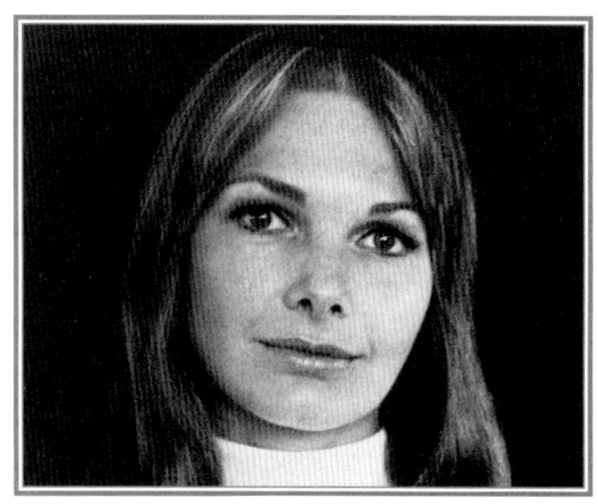

Barbara Loden

Es gebe keine Schönheit ohne einen Hauch von Traurigkeit, hat Baudelaire einmal gesagt. Auf Barbara Loden trifft dieser Gedanke ganz und gar zu. Auf ihr Äußeres, die zierliche Figur, die sanfte Stimme und das enigmatische Gesicht, das manchmal in japanischer Weise maskenhaft erscheint und doch kaum die inneren Konflikte verbergen kann. Aber auch ihre gesamte Karriere wirkt schmerzlich-schön. Ihre Theaterarbeit ist stetig, eine Art fortwährender Workshop. Ihre Auftritte in Kinofilmen sind selten. Und nur einen Film hat sie realisiert als Autorin, Regisseurin und Darstellerin, einen einzigartigen, beinahe vergessenen Film, der wie kein anderer die *condition humaine* im Amerika von 1970 beschreibt. Vielleicht legt sich dieses Gefühl der Tristesse im nachhinein über Lodens Œuvre, mit dem Wissen über ihren viel zu frühen Tod im Jahre 1980. Vielleicht kennzeichnet ihre Laufbahn aber von Anfang an eine seltsame, existenzgefährdende Kombination aus Exzeß und Disziplin, möglicherweise typisch für eine eigenständige Künstlerin in jener Zeit. Der Exzeß, das ist die totale Hingabe: sich verschwenden in den Rollen. Mit der Disziplin geht einher: sich aufzureiben in der künstlerischen Arbeit. Barbara Loden ist eine Überlebenskünstlerin gewesen gegen jede Chance.

Geboren wurde die Loden in einem kleinen Ort in North Carolina. Das Image eines *white trash girls* hing ihr nach, obwohl sie sehr belesen war. In New York jobbte sie als Model für die farbenprächtigen Umschläge von Pulp-Magazinen. Schließlich wurde sie Revuegirl im „Copacabana Night Club", nebenher nahm sie Schauspielunterricht. Die Glamourfotos der Loden aus jener Zeit sind von einer bizarren Sinnlichkeit: Scharfe, rebellische Züge in einem weichen Gesicht deuten das Ende einer Ära an.

Ende der Fünfziger muß sie dann Elia Kazan kennengelernt haben. Sie wurde seine Geliebte und Vertraute, 1967 erst haben die beiden geheiratet. In zwei Kazan-Filmen hat sie mitgewirkt. In WILD RIVER, einem Film über die Eindämmung des Tennessee, spielt sie Monty Clifts einheimische Assistentin. En passant bringt sie die Themen des Films auf einen Nenner: Hinter ihrer streng wirkenden Brille blitzen Augen auf wie wilde Strömungen hinter emotionalen Dämmen. Einen tragischen Flapper gibt sie in SPLENDOR IN THE GRASS, einem wunderbaren, beinahe hysterischen Melo über Sex und Kapital im Kansas der späten Zwanziger. Sie ist die verdorbene Tochter eines Ölmillionärs, die sich gegen den Größenwahn ihres Vaters und die Prüderie ihres Bruders (Warren Beatty) mit verzweifelten Sexeskapaden auflehnt. Obwohl von allen betatscht, bleibt sie eine Unberührbare. Unter Kazans Regie hat sie auch erfolgreich die weibliche Hauptrolle in der Erstaufführung von „After the Fall" gespielt, Arthur Millers Drama über seine Beziehung zu Marilyn Monroe.

Kazan und die Loden: Man könnte das Paar tatsächlich mit Miller und der Monroe vergleichen oder auch mit Romain Gary und Jean Seberg. Eine Geschichte deutet sich an bei diesen drei Paaren aus alternden Regisseuren/Autoren und jungen, natürlichen Aktricen/Musen, eine Geschichte, in der die Musen – nicht widerstandslos – zu selbständigen Künstlerinnen werden. Man sollte jedoch nicht den Fehler begehen – wie es manche feministische Kritik getan hat –, in der Beziehung Kazan und Loden nur das heilige Monster Kazan als Ausbeuter zu sehen. Auch die Loden hat in bestimmter Weise Kazan ausgenutzt. Sie hat die Kazan-Filme der frühen Sechziger, in denen schon das „New Hollywood" schlummerte, weiterentwickelt und das Pathos in Lakonismus übersetzt. Man kann WANDA mit seiner Pygmalion-Story über einen intellektuell aussehenden Bankräuber, dessen Komplizin nach Drehbuch handeln muß, übrigens auch als Reflexion über Lodens Leben mit Kazan sehen.

WANDA ist also kein Film, der aus dem Nichts kommt, wie man auf den ersten Blick annehmen könnte. Da steckt nicht nur ein Touch von Kazan drin, da ist auch die Tradition des kontemplativen amerikanischen Kinos zu spüren, die bis auf Griffith zurückgeht. Da sind die Unmittelbarkeit und die Körperlichkeit der B-Movies zu bemerken, auch der Einfluß von Ida Lupinos Aktualitätenkino (die Idee zu WANDA basiert auf einer Zeitungsmeldung).

Ein kleines Team hat die Loden dann für die Dreharbeiten zusammengestellt, ihre ganz eigene Arbeitssituation hat sie sich geschaffen, in der lange Planung Spontaneität möglich machte. Wichtigster Mitarbeiter war der Kameramann Nick Proferes, der beim Dokumentaristen Richard Leacock in die Schule gegangen war. Proferes habe gewußt, so die Loden, wie man die häßliche Seite des Lebens zeigt, ohne daß sie häßlich wirkt. Barbara Loden selbst hat die Titelrolle übernommen: Ihre Wanda ist eine gealterte Babydoll, deren widerspenstiges Haar für die Unordnung ihrer Seele, auch für die Wut in ihrem Herzen steht.

Barbara Loden,
Darstellerin, Regisseurin;
geboren am 8. Juli 1932 in Marion, North Carolina, gestorben am 5. September 1980 in New York City. Nach der Scheidung der Eltern wächst Barbara Loden bei den Großeltern auf und besucht die L. H. Edwards High School in Ashville, North Carolina. Mit sechzehn zieht sie nach New York und arbeitet als Fotomodell. Sie nimmt Schauspielunterricht – „I never really wanted to be an actress, but I took a class with Paul Mann. It was a sort of therapy for me: I was very shy and inhibited" – und tritt in verschiedenen Fernsehshows auf. 1955 Bühnendebüt in „Out of this World", andere Theaterengagements folgen: „Compulsion" (1957), „Look after Lulu" (1959), „The Long Dream" (1960), „41 in a Sack" (1960). Bei einem Casting wird sie von Elia Kazan entdeckt (die beiden heiraten 1967), und sie erhält in WILD RIVER eine Rolle an der Seite von Montgomery Clift. Ein Jahr später spielt sie Warren Beattys Schwester in Kazans SPLENDOR IN THE GRASS. Loden tritt auch weiterhin im Theater auf, vornehmlich in Inszenierungen von Kazan – 1964 in drei Produktionen: Arthur Millers „After the Fall" (für diese Rolle wird sie mit einem Tony ausgezeichnet), „But for whom Charlie" und „The Changeling". Nach ihrem in Venedig gefeierten Regiedebüt WANDA inszeniert sie zwei Fernsehkurzfilme für

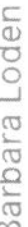

die Learning Corporation of America: THE BOY WHO LIKED DEER und THE FRONTIER EXPERIENCE. Barbara Loden erkrankt 1978 an Krebs und stirbt zwei Jahre später.

WANDA gibt den Bankraub den Leuten zurück, denen er gehört: Keine opernhaften Figuren sind das wie in BONNIE AND CLYDE (1967), sondern Getriebene, Randexistenzen. Das Driften, hier vielleicht zum ersten Mal aus weiblicher Sicht gezeigt, hat etwas Abgründiges. WANDA präsentiert auch keinen neuen Frauentyp, was den Film eher zu einem Erfolg gemacht hätte, sondern zeigt eine authentische Frauenfigur voller Rätsel und Zwiespalt.

Die Geheimnisse und Ellipsen, die zum Weiterspinnen der Geschichte anregen, machen die Schönheit des Films aus, der Frauenfilm ist und Pulp Fiction, Liebesfilm und existentialistisches Road Movie. Es gibt auch in WANDA, wie in vielen „New Hollywood"-Filmen, eine Autoverfolgung. Sie ist mindestens so spannend wie die in ▮ Friedkins THE FRENCH CONNECTION, obwohl sie nicht von einer Jagd erzählt, sondern von einem Verlust. Im Verkehrschaos verliert Wanda ihren Komplizen, jenen merkwürdigen Mann, den sie vielleicht liebt. Diese Verfolgung schnürt einem die Kehle ab, weil jegliche Hoffnung entschwindet und nie mehr eingeholt werden kann.

Hans Schifferle

Filme als Regisseurin (auch TV-Auswahl)
WANDA, 1970 (auch Autorin, Darstellerin); THE BOY WHO LIKED DEER (TV-Kurzfilm), 1975; THE FRONTIER EXPERIENCE (TV-Kurzfilm), 1975.

Film als Autorin
WANDA, Regie: Barbara Loden, 1970 (auch Darstellerin).

Filme als Darstellerin (auch Auftritte, TV-Auswahl)
THE ERNIE KOVACS SHOW (TV), 1952; THE TONIGHT SHOW (TV), 1956/57; WILD RIVER, Regie: Elia Kazan, 1960 [▮ Haskell Wexler]; SPLENDOR IN THE GRASS, Regie: Elia Kazan, 1961 [▮ Warren Beatty]; NAKED CITY (TV), 1962; THE GLASS MENAGERIE (TV), 1966; FADE-IN, Regie: Jud Taylor (als Allen Smithee), 1968; WANDA, Regie: Barbara Loden, 1970 (auch Autorin); ICH BIN WANDA. DIE SCHAUSPIELERIN UND REGISSEURIN BARBARA LODEN (TV), 1991.

Literatur (Auswahl)
McCandlish Phillips: The Woman Barbara Loden Might Have Been. In: International Herald Tribune, 12. 3. 1971. – Marni Butterfield: Barbara Loden-Interview. In: Show (New York), Juli 1971. – o. A.: Barbara Loden Revisited. In: Women and Film (Santa Monica), Nr. 5/6, 1974, S. 67–70. – Isabelle Jordan: Une Voix blanche dans un paysage noir (WANDA); Michel Ciment: Entretien avec Barbara Loden (sur WANDA). In: Positif (Paris), Nr. 168, April 1975, S. 31 ff. + 34 ff. – o. A.: L'Homme tremblant. Conversation entre Marguerite Duras et Elia Kazan. In: Cahiers du Cinéma (Paris), Nr. 318, Dezember 1980, S. 5–13 (u. a. über Barbara Loden und WANDA). – Jürgen Ebert: WANDA. In: Filmkritik (München) Nr. 3, März 1981. – o. A.: Barbara Loden. In: Film Dope (Nottingham), Nr. 36, Februar 1987, S. 6 f. – Stéphane Delorme: Une Femme sans influence. In: Cahiers du Cinéma (Paris), Nr. 581, Juli/August 2003, S. 70 ff.

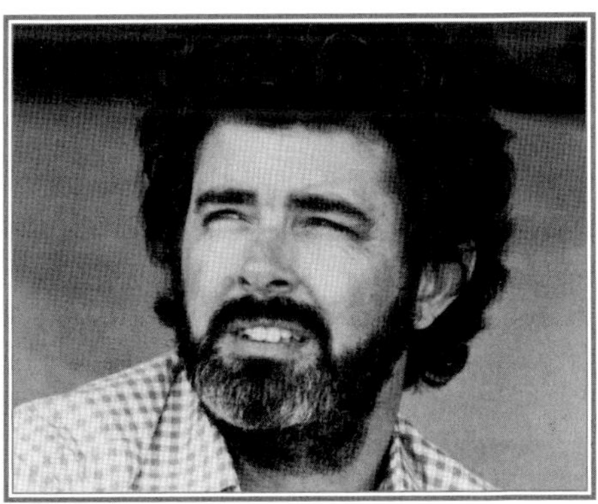

George Lucas

George Lucas, Produzent, Regisseur, Autor; geboren am 14. Mai 1944 in Modesto, Kalifornien. Lucas besucht das Modesto Junior College, anschließend studiert er Film, Englische Literatur und Astro-

1977, als STAR WARS ins Kino kam, war die Autorenphase des neuen Hollywood beendet – George Lucas und ▮ Steven Spielberg hatten den Vertrag zwischen Kunst- und Publikumskino aufgekündigt. Dabei steht Lucas mehr noch als sein Freund und gelegentlicher Kompagnon für das, was man die „technokratische Wende" im zeitgenössischen Kino nennen könnte: Selbst unter den glühendsten Fans der STAR WARS-Filme gilt er als schwacher Drehbuchautor und ersetzbarer Regisseur; seine Stärken liegen offenkundig im Konzeptionellen – und in einem Gespür fürs Ökonomische, das der Unterhaltungsindustrie neue Wege wies.

Lucas bildete zusammen mit seinem Mentor ▮ Francis Ford Coppola, den er als Student im Rahmen einer Hospitanz bei den Dreharbeiten zu FINIAN'S RAINBOW kennengelernt hatte, zunächst das informelle Zentrum der „Wunderkind"-Bewegung. Lucas wurde Coppolas Associé bei THE RAIN PEOPLE und Vizepräsident seiner Firma American Zoetrope, die auch die beiden ersten eigenen Spielfilme des Newcomers produzierte – eine Verbindung, die allerdings bald zerfiel.

Lucas' frühe Arbeiten knüpfen noch vage an die gesellschaftskritischen oder persönlichen Tendenzen des Kinos der beginnenden Siebziger an. Sein offizielles Debüt, der Science-Fiction-Thriller THX 1138, zeichnet in einer originellen Mischung aus Sprödigkeit und psychedelischen Momenten das Bild einer Welt totaler Kontrolle, und AMERICAN GRAFFITI, der Film, der den jungen Regisseur berühmt machte – AMERICAN GRAFFITI wurde für fünf Oscars nominiert und gehört zu den profitabelsten Produktionen der siebziger Jahre –, ist eine gefühlvolle, autobiografisch gefärbte Rekonstruktion jugendlichen Lebens vor dem Vietnamtrauma. Dennoch deutete sich hier bereits ein gewisses Kalkül an. Der mit ▮ Haskell Wexler als *visual consultant* entstandene Film ist von einem nostalgisierenden Glanz überzogen, und der Soundtrack – 41 Rock 'n' Roll-Hits, deren Rechte den größten Posten im Budget bildeten – ist weniger ein ästetisches als ein verkaufsförderndes Element.

Die entscheidende Zäsur setzte jedoch STAR WARS – nicht nur in der Karriere von George Lucas, der sich in einem legendären Deal die Rechte am Merchandising und an möglichen Sequels des Films gesichert hatte und nun vor allem als *developer* von Spielfilmen, Fernsehserien, Unterhaltungssoftware hervortrat, sondern auch in der Geschichte des populären Kinos.

Steven Spielbergs JAWS hatte bereits gezeigt, daß die Zeit für den Blockbuster, den Kassenschlager moderner Prägung, reif war. Aber die in drei Jahren mit vergleichsweise moderatem Budget nach dem Vorbild alter Serials gedrehte Space-Fantasy, auf deren Erfolg damals vermutlich niemand gewettet hätte, versammelte nicht nur die wesentlichen Merkmale der Sparte – sie lieferte auch jenes unkalkulierbare Surplus, das aus einem Hit ein Kultphänomen macht.

STAR WARS ist sicherlich ein Pastiche, in dem sich nahezu jedes Motiv auf bereits Gesehenes zurückführen läßt. Von Leere kann indes nicht die Rede sein, denn die Produktion reagiert durchaus präzise auf die spezifische Gefühlslage der ausgehenden siebziger Jahre. Einerseits schlägt dem Betrachter aus dem Film, in dem eine Gruppe zusammengewürfelter, von einer esoterischen Grundstimmung getragener Freaks gegen ein hypermilitarisiertes galaktisches Imperium kämpft, noch der Duft einer Dekade entgegen, die über Räucherstäbchen und Aromatees von der Weltrevolution träumte. Andererseits entfesselte STAR WARS selbst den technischen Apparat – die Produktion setzte den Dolby-Stereo-Ton durch und lieferte mit der eigens entwickelten computergesteuerten *motion control camera* einen künftigen Industriestandard. Als die Saga voranschritt und in andere Unterhaltungssektoren – Comics, Bücher, später Spiele – hinüberwucherte, wurde deutlich, daß STAR WARS tatsächlich sehr viel mehr war als ein Film: Ähnlich wie die TV-Show STAR TREK entwikkelte die Serie sich zu einem popkulturellen Hypertext, an den neue, aktive und informierte Publikumsgruppen, die inzwischen auch akademisch erfaßten Medienfans, anschließen konnten.

Nach STAR WARS verlegte Lucas sich auf die Befestigung seines eigenen Imperiums mit der Produktionsfirma Lucasfilm, dem Produktionskomplex Skywalker Ranch und dem nach wie vor marktbeherrschenden Effektstudio Industrial Light & Magic. Hatte der Erfolg des STAR WARS-Originals noch etwas Überraschendes gehabt, so setzte sich das Prinzip, Filme auf Sequels, Medien-Cross-over und Merchandising hin zu konzipieren, bis zum Ende der achtziger Jahre unaufhaltsam durch. Lucas selbst führte die Linie fort als Spiritus rector und ausführender Produzent des ans Matineekino der Fünfziger angelehnten Abenteuerfilms RAIDERS OF THE LOST ARK, bei dem er mit Steven Spielberg und Lawrence Kasdan zusammenarbeitete: der perfekte „Wunderkindfilm" – und wiederum ein Box-Office-Hit, der zwei Fortsetzungen hervorbrachte.

In den neunziger Jahren wurde es ruhiger um Lucas, und die Renaissance der STAR WARS-Serie läßt sich denn auch in erster Linie als Marketingcoup verstehen. Die alten Filme kamen digital überarbeitet und mit zusätzlichen Szenen versehen noch einmal ins Kino – als Vorgeschmack auf die *prequels,* die Lucas wieder selbst inszeniert hat. Das taktische Denken des Erfolgsproduzenten macht sich in THE PHANTOM MENACE und ATTACK OF THE CLONES freilich unangenehm bemerkbar. Es fehlt den Filmen an der Unbekümmertheit, der visuellen Phantasie der Originale, und Lucas' oft unreflektierte Begeisterung für alles Technische schlägt sich besonders in ATTACK in einer Häufung computergenerierter Sets nieder, die im Vergleich mit dem, was jüngere „Megafilm"-Regisseure wie Peter Jackson oder Andy und Larry Wachowski mit den THE LORD OF THE RINGS- und MATRIX-Trilogien auf diesem Gebiet leisten, plan- und leblos wirken. Tatsächlich hat die Geschichte aus einer Galaxis „weit, weit entfernt" heute einen großen Teil ihres Appeals an konkurrierende Unternehmen abgegeben: STAR WARS ist nur noch ein Franchise-Objekt unter vielen.

Sabine Horst

Filme als Regisseur

FREIHEIT (Kurzfilm), 1965; LOOK AT LIFE, 1965 (auch Autor); 1:42:08 A MAN AND HIS CAR (Kurzfilm), 1966 (auch Autor); HERBIE (Kurzfilm), Ko-Regie: Paul Golding, 1966; 6-18-67 (Kurzfilm), 1967; ANYONE LIVED IN A PRETTY HOW TOWN, 1967 (auch Autor); THE EMPEROR (Dok., Kurzfilm), 1967; THX 1138: 4EB / ELECTRONIC LABYRINTH (Kurzfilm), 1967 (auch Autor); FILMMAKER (Dok.), 1968 (auch Autor, Kamera, Cutter) [▮ Francis Ford Coppola]; THX 1138, 1970/71 (auch Autor, Cutter, Produzent) [▮ Francis Ford Coppola, ▮ Walter Murch]; AMERICAN GRAFFITI, 1973 (auch

nomie an der University of Southern California (USC). Erste Kurzfilme während des Studiums; sein Abschlußfilm THX 1138: 4 EB wird auf dem National Student Film Festival ausgezeichnet. Warner Bros. bietet ihm ein sechsmonatiges Praktikum, er hospitiert bei ▮ Francis Ford Coppola, der für das Studio FINIAN'S RAINBOW realisiert. Die beiden gründen 1969 die American Zoetrope: Es entstehen Coppolas THE RAIN PEOPLE und Lucas' Neufassung seines Science-Fiction-Kurzfilms THX 1138: 4 EB, der unter dem verkürzten Titel THX 1138 in die Kinos kommt. Zusammen mit ▮ Walter Murch und ▮ Haskell Wexler arbeitet er bei der Produktion GIMME SHELTER als Kameramann, einer Dokumentation über das Rolling Stones-Konzert in Altamont im Jahr 1969. Sein Film AMERICAN GRAFFITI wird für fünf Oscars nominiert, darunter Beste Regie und Bester Film; seine nächste Regiearbeit STAR WARS erhält bei der Oscar-Verleihung 1977 mehrmals die begehrte Statuette – Beste Ausstattung, Bester Sound, Beste Komposition, Bestes Kostümdesign, Bester Schnitt, Beste Visuelle Effekte – und den „Special Achievement Award for the Creation of the Alien, Creature, and Robot Voices". Nach diesem Erfolg arbeitet Lucas vornehmlich als Produzent und Autor. 1976 gründet er Industrial Light & Magic, 1979 Lucasfilm Ltd. und 1980 die Postproduction-Firma Sprocket Systems. Für ▮ Steven Spielberg produziert Lucas die INDIANA JONES-Abenteuer, für Coppola CAPTAIN EO und TUCKER: THE MAN AND HIS DREAM. 1991 wird George Lucas mit dem Irving G. Thalberg Award ausgezeichnet.

Autor, Produzent) [▮ Francis Ford Coppola, ▮ Walter Murch, ▮ Haskell Wexler]; STAR WARS, 1976/77 (auch Autor, Produzent); STAR WARS: EPISODE I - THE PHANTOM MENACE, 1999 (auch Autor, Produzent); STAR WARS: EPISODE II - ATTACK OF THE CLONES, 2002 (auch Autor, Produzent).

Filme als (Ko-)Autor (auch TV-Auswahl)
LOOK AT LIFE (Kurzfilm), Regie: George Lucas, 1965; 1:42:08 A MAN AND HIS CAR (Kurzfilm), Regie: George Lucas, 1966; ANYONE LIVED IN A PRETTY HOW TOWN, Regie: George Lucas, 1967; THX 1138: 4EB / ELECTRONIC LABYRINTH (Kurzfilm), Regie: George Lucas, 1967; FILMMAKER (Dok.), Regie: George Lucas, 1968 (auch Kamera, Cutter) [▮ Francis Ford Coppola]; THX 1138, Regie: George Lucas, 1970/71 (auch Cutter, Produzent) [▮ Francis Ford Coppola, ▮ Walter Murch]; AMERICAN GRAFFITI, Regie: George Lucas, 1973 (auch Produzent) [▮ Francis Ford Coppola, ▮ Walter Murch, ▮ Haskell Wexler]; STAR WARS, Regie: George Lucas, 1976/77 (auch Produzent); MORE AMERICAN GRAFFITI, Regie: Bill L. Norton, 1979 (auch Produzent); STAR WARS: EPISODE V - THE EMPIRE STRIKES BACK, Regie: Irvin Kershner, 1980 (auch Produzent); RAIDERS OF THE LOST ARK, Regie: ▮ Steven Spielberg, 1981 (auch Produzent); STAR WARS: EPISODE VI - RETURN OF THE JEDI, Regie: Richard Marquard, 1983 (auch Produzent); THE EWOK ADVENTURE (TV), 1984 (auch Produzent); INDIANA JONES AND THE TEMPLE OF DOOM, Regie: ▮ Steven Spielberg, 1984 (auch Produzent); CAPTAIN EO, Regie: ▮ Francis Ford Coppola, 1986 (auch Produzent) [▮ Walter Murch]; THE GREAT HEEP (TV), 1986 (auch Produzent); INDIANA JONES AND THE LAST CRUSADE, Regie: ▮ Steven Spielberg, 1989 (auch Produzent); YOUNG INDIANA JONES AND THE TREASURE OF THE PEACOCK'S EYE (TV), 1995 (auch Produzent); YOUNG INDIANA JONES AND THE ATTACK OF THE HAWKMEN (TV), 1995 (auch Produzent); THE ADVENTURES OF YOUNG INDIANA JONES: THE TRENCHES OF HELL, Regie: Simon Wincer, 1999 (auch Produzent); THE ADVENTURES OF YOUNG INDIANA JONES: SPRING BREAK ADVENTURE, Regie: Joe Johnston, Carl Schultz, 1999 (auch Produzent); THE ADVENTURES OF YOUNG INDIANA JONES: MASKS OF EVIL, Regie: Dick Mass, Mike Newell, 1999 (auch Produzent); THE ADVENTURES OF YOUNG INDIANA JONES: ADVENTURES IN THE SECRET SERVICE, Regie: Vic Armstrong, Simon Wincer, 1999 (auch Produzent); STAR WARS: EPISODE I - THE PHANTOM MENACE, Regie: George Lucas, 1999 (auch Produzent); STAR WARS: EPISODE II - ATTACK OF THE CLONES, Regie: George Lucas, 2002 (auch Produzent).

Filme als Kameramann
FILMMAKER (Dok.), Regie: George Lucas, 1968 (auch Autor, Cutter) [▮ Francis Ford Coppola]; GIMME SHELTER (Dok.), Regie: Albert Maysles, David Maysles, Charlotte Zwerin, 1969/70 [▮ Walter Murch, ▮ Haskell Wexler].

Filme als Cutter
MARCELLO, I'M SO BORED (Kurzfilm), Regie: ▮ John Milius, 1966; FILMMAKER (Dok.), Regie: George Lucas, 1968 (auch Autor, Kamera) [▮ Francis Ford Coppola]; THX 1138, Regie: George Lucas, 1970/71 (auch Autor, Produzent) [▮ Francis Ford Coppola, ▮ Walter Murch].

Filme als (Ko-)Produzent (auch TV-Auswahl)
THE RAIN PEOPLE, Regie: ▮ Francis Ford Coppola, 1969 [▮ Walter Murch]; THX 1138, Regie: George Lucas, 1970/71 (auch Autor, Cutter) [▮ Francis Ford Coppola, ▮ Walter Murch]; AMERICAN GRAFFITI, Regie: George Lucas, 1973 (auch Autor) [▮ Francis Ford Coppola, ▮ Walter Murch, ▮ Haskell Wexler]; STAR WARS, Regie: George Lucas, 1976/77 (auch Autor); MORE AMERICAN GRAFFITI, Regie: Bill L. Norton, 1979 (auch Autor); KAGEMUSHA, Regie: Akira Kurosawa, 1980 [▮ Francis Ford Coppola]; STAR WARS: EPISODE V - THE EMPIRE STRIKES BACK, Regie: Irvin Kershner, 1980 (auch Autor); BODY HEAT, Regie: Lawrence Kasdan, 1981 (uncredited); RAIDERS OF THE LOST ARK, Regie: ▮ Steven Spielberg, 1981 (auch Autor); STAR WARS: EPISODE VI - RETURN OF THE JEDI, Regie: Richard Marquand, 1983 (auch Autor); TWICE UPON A TIME, Regie: John Korty, Charles Swenson, 1983; THE EWOK ADVENTURE (TV), 1984 (auch Autor); INDIANA JONES AND THE TEMPLE OF DOOM, Regie: ▮ Steven Spielberg, 1984 (auch Autor); EWOKS AND DROIDS ADVENTURE HOUR (TV), 1985; EWOKS: THE BATTLE FOR ENDOR (TV), 1985; LATINO, Regie: ▮ Haskell Wexler, 1985 (uncredited); MISHIMA: A LIFE IN FOUR CHAPTERS, Regie: ▮ Paul Schrader, 1985 [▮ Francis Ford Coppola]; CAPTAIN EO, Regie: ▮ Francis Ford Coppola, 1986 (auch Autor) [▮ Walter Murch]; EWOKS (TV), 1986; THE GREAT HEEP (TV), 1986 (auch Autor); HOWARD THE DUCK, Regie: Willard Huyck, 1986; INSIDE THE LABYRINTH (TV), 1986; LABYRINTH, Regie: Jim Henson, 1986 [▮ Elaine May]; THE LAND BEFORE TIME, Regie: Don Bluth, 1988 [▮ Steven Spielberg]; POWAQQATSI, Regie: Godfrey Reggio, 1988 [▮ Francis Ford Coppola]; TUCKER: THE MAN AND HIS DREAM, Regie: ▮ Francis Ford Coppola, 1988; WILLOW, Regie: Ron Howard, 1988; INDIANA JONES AND THE LAST CRUSADE, Regie: ▮ Steven Spielberg, 1989 (auch Autor); MANIC MANSION (TV), 1990; WOW! (TV, Kurzfilm), 1990; THE

ADVENTURES OF YOUNG INDIANA JONES: DAREDEVILS OF THE DESERT, Regie: Simon Wincer, 1992; THE YOUNG INDIANA JONES CHRONICLES (TV), 1992; RADIOLAND MURDERS, Regie: Mel Smith, 1994; YOUNG INDIANA JONES AND THE HOLLYWOOD FOLLIES (TV), 1994; YOUNG INDIANA JONES AND THE TREASURE OF THE PEACOCK'S EYE (TV), 1995 (auch Autor); YOUNG INDIANA JONES AND THE ATTACK OF THE HAWKMEN (TV), 1995 (auch Autor); THE ADVENTURES OF YOUNG INDIANA JONES: THE TRENCHES OF HELL, Regie: Simon Wincer, 1999 (auch Autor); THE ADVENTURES OF YOUNG INDIANA JONES: SPRING BREAK ADVENTURE, Regie: Joe Johnston, Carl Schultz, 1999 (auch Autor); THE ADVENTURES OF YOUNG INDIANA JONES: MASKS OF EVIL, Regie: Dick Mass, Mike Newell, 1999 (auch Autor); THE ADVENTURES OF YOUNG INDIANA JONES: ADVENTURES IN THE SECRET SERVICE, Regie: Vic Armstrong, Simon Wincer, 1999 (auch Autor); STAR WARS: EPISODE I – THE PHANTOM MENACE, Regie: George Lucas, 1999 (auch Autor); STAR WARS: EPISODE II – ATTACK OF THE CLONES, Regie: George Lucas, 2002 (auch Autor).

Auftritte in Filmen (auch TV-Auswahl)

GEORGE LUCAS. MAKER OF FILMS (Dok.), Regie: Jerry Hughes, 1971; HEARTS OF DARKNESS. A FILMMAKER'S APOCALYPSE (Dok.), Regie: Fax Bahr, George Hickenlooper, Eleanor Coppola, 1979/91 [▮ Francis Ford Coppola, ▮ Dennis Hopper, ▮ John Milius]; THE FUTURE OF MOVIES (TV-Dok.), 1990; GEORGE LUCAS. HEROES, MYTHS AND MAGIC (Dok.), Regie: Jane Paley, Larry Price, 1993 [▮ Francis Ford Coppola, ▮ Steven Spielberg]; A PERSONAL JOURNEY WITH MARTIN SCORSESE THROUGH AMERICAN MOVIES (TV-Dok.), Regie: ▮ Martin Scorsese, Michael Henry Wilson, 1995 [▮ John Cassavetes, ▮ Francis Ford Coppola, ▮ Brian De Palma]; BRIAN DE PALMA, L'INCORRUPTIBLE, Regie: Henri Behar, Karim Akadiri Soumaila, 2002 [▮ Brian De Palma, ▮ Martin Scorsese, ▮ Steven Spielberg].

Literatur (Auswahl)

George Lucas: The Concept of THX 1138. In: American Cinematographer (Hollywood), Nr. 10, Oktober 1971, S. 993ff. – Stephen Farber: George Lucas. The Stinky Kid Hits the Big Time. In: Film Quarterly (Berkeley), Nr. 3, Frühjahr 1974, S. 2–9. – L. Sturhahn: The Filming of AMERICAN GRAFFITI (Interview). In: Filmmakers Monthly / Newsletter (New York), Nr. 5, März 1974, S. 19ff. – S. Zito: George Lucas Goes Far Out (Interview). In: American Film (Washington, D.C.), Nr. 6, April 1977, S. 8ff. – B.H. Fairchild: Songs of Innocence and Experience. The Blakean Vision of George Lucas. In: Literature/Film Quarterly (Salisbury), Nr. 2, 1979, S. 112–119. – Mitch Tuchman, Anne Thompson: I'm the Boss (Interview). In: Film Comment (New York), Nr. 4, Juli/August 1981, S. 49–57. – Serge Le Péron: Lucas Film. Ça marche. In: Cahiers du Cinéma (Paris), Nr. 334/335, April 1982, S. 92f. – Aljean Harmetz: Burden of Dreams. George Lucas. In: American Film (Washington, D.C.), Nr. 3, Juni 1983, S. 30–36. – Richard Combs: A Galaxy Far, Far Away ... In: Monthly Film Bulletin (London), Nr. 594, Juli 1983, S. 183. – Dale Pollock: Skywalking: The Life and Films of George Lucas. New York: Harmony 1983 (dt.: Sternenimperium. Das Leben und die Filme von George Lucas. München: Nüchtern 1983; aktualisierte am. Neuausgabe: New York: DaCapo 1999.). – Philip Strick: George Lucas. In: Films and Filming (London), Juli 1984, S. 47. – Thomas G. Smith: Industrial Light & Magic: The Art of Special Effects. New York: Ballantine 1986. – Nicolas Saada: Génération Lucas. In: Cahiers du Cinéma (Paris), Nr. 415, Januar 1989, S. 8. – Philippe Rouyer, Michael Henry: George Lucas (Interview). In: Positif (Paris), Nr. 404, Oktober 1994, S. 61–67. – Charles Champlin: George Lucas. The Creative Impulse. Lucas Film's First Twenty Years. New York: Abrams/ London: Virgin 1992 (aktualisierte Neuausgabe 1997). – Don Shay: 30 Minutes with the Godfather of Digital Cinema (Interview). In: Cinefex, Nr. 65, März 1996, S. 58–67. – Ron Magid: George Lucas, Past, Present and Future. In: American Cinematographer (Hollywood), Nr. 2, Februar 1997, S. 48ff. – Norbert Grob: American Graffiti. George Lucas und The STAR WARS-Trilogy. In: epd Film (Frankfurt/M.), Nr. 5, Mai 1997, S. 22–27. – Chris Salewicz: George Lucas. The Making of his Movies. London: Orion Media 1998 (dt.: Nahaufnahme: George Lucas. Reinbek: Rowohlt 1998.). – Sally Kline (Hg.): George Lucas. Interviews. Jackson: University Press of Mississippi 1999. – Franz Everschor: Amerika im STAR WARS-Fieber. Hochgeschraubte Erwartungen, erstaunliche Reaktionen. In: film-dienst (Köln), Nr. 11, 25.5.1999, S. 3ff. – Gunter Göckenjan: STAR WARS. Die Marketingstrategie. In: epd Film (Frankfurt/M.), Nr. 7, Juli 1999, S. 20f. – Antonio Gattoni: „Ich hoffe, daß meine Filme in hundert Jahren noch gesehen werden." (Interview). In: Film (Zürich), Nr. 8, August 1999, S. 39. – Howard Maxford: George Lucas Companion. London: Batsford 2000. – J.P. Telotte: The Problem of the Real and THX 1138. In: Film Criticism, Nr. 3, Frühjahr 2000, S. 45ff. – Benjamin Bergery, Rachel K. Bosley: Digital Cinema, by George (Interview). In: American Cinematographer (Hollywood), Nr. 9, September 2001, S. 66ff. – Martin Scholz: Macht ist nicht per se schlecht (Interview). In: Frankfurter Rundschau, 18.5.2002. – Jim Smith: George Lucas. London: Virgin 2003.

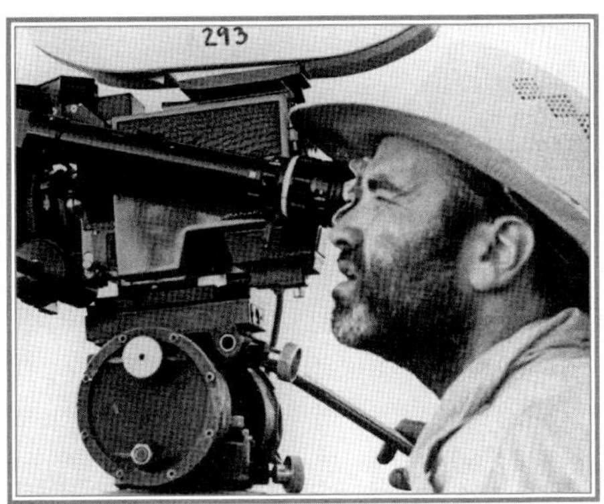

Terrence Malick

Terrence Malick,
Regisseur, Autor, Produzent;
geboren am 30. November 1943 in Waco, Texas (?).
Philosophiestudium an der Harvard University und am Magdalen College der Oxford University in Großbritannien. In den USA arbeitet er als freier Journalist für „Newsweek", „Life" und den „New Yorker". Er reist nach Bolivien, um für einen Artikel über Ernesto „Che" Guevara und dessen revolutionären Kampf zu recherchieren, und bleibt mehrere Monate in Lateinamerika. Nach seiner Rückkehr in die USA unterrichtet Malick Philosophie am renommierten M. I. T. (Massachusettes Institute of Technology), und ab 1969 studiert er im Center for Advanced Film Studies des American Film Institute (AFI). Dort entsteht auch sein Abschlußfilm LANTON MILLS, ein knapp fünfzehnminütiger Western. Während seiner Ausbildung am AFI beginnt Malick, Drehbücher zu schreiben, und erwirbt sich schnell eine gewisse Reputation als *script doctor,* der bereits vorliegende Scripts mit seiner Überarbeitung optimiert. So soll Malick auch zwei Tage am Drehbuch von Jack Nicholsons DRIVE, HE SAID „herumgedoktert" haben. Sein erster Spielfilm BADLANDS wird 1973 auf dem New York Film Festival uraufgeführt und enthusiastisch von der Kritik gefeiert. 1979 erhält Nestor Almendros, der zusammen mit Haskell Wexler Malicks zweiten Film

ABSENCE OF MALICK nennt sich das kleine Feature im Bonustrack zur DVD von BADLANDS, und natürlich spricht der Porträtierte hier so wenig wie in Luciano Barcarolis und Carlo Hintermanns Dokumentation ROSY FINGERED DAWN: A FILM ON TERRENCE MALICK. Unsichtbar ist er deshalb nicht. Man kann in BADLANDS seinem jüngeren Selbst begegnen, wie es an der Tür klingelt und von einem Martin Sheen, der aussieht wie ein James-Dean-*look-alike*, mit „Hi!" begrüßt wird: ein kräftiger junger Mann mit Babyface und hellem Hut zum grauen Anzug, der ein wenig schüchtern und linkisch wirkt. Heute ist er ein unauffälliger älterer Herr mit grauem Bart, der unerkannt in einer Lufthansa-Maschine von Frankfurt nach Berlin fliegen konnte, als er 1999 zur Berlinale kam. In der Öffentlichkeit spricht er jedoch noch immer nicht, er läßt sich auch nicht fotografieren. Der Mann, den man wegen seines Rückzugs aus Hollywood zum J. D. Salinger des amerikanischen Kinos ernannte, läßt seine Arbeit sprechen und die Spuren seiner Biografie verwischen. Es ist auch ziemlich egal, ob er nun in Waco, Texas, geboren wurde oder irgendwo in Illinois. Ganz sicher hat er in Harvard und Oxford Philosophie studiert, und man kann in jeder besseren Universitätsbibliothek nachschlagen, daß er Martin Heideggers Schrift „Vom Wesen des Grundes" für eine zweisprachige Ausgabe ins Englische übersetzt hat. Natürlich macht er deshalb kein Kino im Geiste der Existentialontologie. Aber man kann sich schon fragen, ob es nicht in BADLANDS, DAYS OF HEAVEN oder THE THIN RED LINE eine Haltung zur Welt gibt, die auch in einem Text von Heidegger noch einen Resonanzraum findet.

Malicks Filme strahlen so etwas wie eine kosmische Gleichgültigkeit gegenüber den Menschen aus, und die Existenz dieser Menschen hat etwas von dem, was in Heideggers Jargon „Geworfensein" heißt. „What's this war in the heart of nature", das sind die ersten Worte in THE THIN RED LINE. Ein Krokodil gleitet in eine trübe Brühe, Flughunde und Papageien bevölkern die Bäume, eine rosa Orchidee wird von einem Feuerball verschluckt. Am Ende liegt eine Kokosnuß im tahitiblauen Meer, und ein kleiner Palmenzweig sprießt aus ihr. In DAYS OF HEAVEN bewegen sich die Kornfelder wie ein Meer in sanfter Dünung, die Himmel sind weit und dramatisch, die Insekten in extremen Teleaufnahmen wirken wie in einer Dokumentation für „National Geographic", und beim Einfall der Heuschrecken denkt man kaum zufällig an biblische Plagen. In BADLANDS, der so etwas wie eine Juniorversion von BONNIE AND CLYDE (1967) ohne alle romantisierenden Posen erzählt, verlieren sich Kit (Martin Sheen) und Holly (Sissy Spacek) in den Landschaften Montanas und South Dakotas: gewaltige Staubwolken, ferne Bergsilhouetten, malerische Sonnenuntergänge, die überwältigende Leere des Raums. Das sind keine traditionellen Seelenlandschaften mehr, die das Innere ins Außen spiegeln, den Mikro- in den Makrokosmos; da ist kein Vertrauen in die harmonisierende Kraft der Schönheit – wenn überhaupt, ist da nur eine Ästhetisierung der Erfahrung, wie ungerührt die Natur gegenüber den Menschen und ihren Handlungen bleibt.

Die scheinbar beiläufigen Zwischenschnitte, die schon in BADLANDS einfach nur einen Käfer in Großaufnahme fixieren oder in THE THIN RED LINE Nick Noltes gewaltig angespannte Nackenmuskeln in ein Stück belebte Natur verwandeln, sind daher keine illustrativen Abschweifungen – sie sind organische Bestandteile des Films. Die Dialoge, die Handlung werden bei Malick zusammengestrichen, bis kaum mehr etwas bleibt, bis nur noch eine Off-Erzählung, die es in all seinen Filmen gibt, die Reste des Plots zusammenhalten kann. In THE THIN RED LINE hat Malick selbst die Rollen von Stars wie George Clooney oder John Travolta so gerafft, daß der fehlende Hintergrund die Figuren fast ins Mythische rückt. Was ist schon ein Plot im Herzen der Natur?

Außer drei Filmen in 25 Jahren und einem Kurzfilm aus dem Jahre 1969 gibt es ein paar Credits als Ko-Autor oder Produzent bei Arbeiten, die sich nur mit roher interpretatorischer Gewalt auf die drei Filme beziehen lassen. Terrence Malick mag weiter schweigen über seine Arbeit und über sich selbst; die Medien haben eine Phantomgestalt geformt, die ihm nicht gehört. Aber das ist immer noch besser, als sich einem wißbegierigen Biografen auszuliefern, der dem Schweigen unbedingt einen Sinn abpressen will. Malick wird schon wissen, was er tut. Wir wissen zumindest, was er getan hat, wenn wir seine drei Filme sehen, die wie Monolithen im Kino der letzten 30 Jahre stehen, die im rebellischen Geist des „New Hollywood" entstanden sind und zugleich das Wasserzeichen des Einzelgängers haben. Und da ist jene Szene aus THE THIN RED LINE, die man nie vergessen wird. Ein alter, grauer Mann, kleinwüchsig wie ein Pygmäe, kommt einem Trupp Soldaten entgegen, der durch den Dschungel schleicht, einer

hinter dem anderen, alle schweißgebadet und aufs Höchste angespannt. Der alte Mann sieht die Soldaten nicht, er geht an ihnen vorbei, als wären sie Luft, und diese Einstellung dauert so lange, daß man es kaum fassen kann. So ähnlich, könnte man behaupten, wenn man ganz ohne Sinnfälligkeit nicht auskommt, verhalten sich Terrence Malicks Filme zum Kino ihrer jeweiligen Entstehungszeit.
Peter Körte

Filme als Regisseur

LANTON MILLS (Kurzfilm), 1969 (auch Autor); BADLANDS, 1973 (auch Autor, Produzent, Darsteller); DAYS OF HEAVEN, 1978 (auch Autor) [Bert Schneider, Haskell Wexler]; THE THIN RED LINE, 1998 (auch Autor).

Filme als (Ko-)Autor

LANTON MILLS (Kurzfilm), Regie: Terrence Malick, 1969; DEADHEAD MILES, Regie: Vernon Zimmerman, 1970/82 [John Milius]; POCKET MONEY, Regie: Stuart Rosenberg, 1972 (auch Darsteller); BADLANDS, Regie: Terrence Malick, 1973 (auch Produzent, Darsteller); THE GRAVY TRAIN, Regie: Jack Starrett, 1974 (als David Whitney); DAYS OF HEAVEN, Regie: Terrence Malick, 1978 [Bert Schneider, Haskell Wexler]; GREAT BALLS OF FIRE!, Regie: Jim McBride, 1989 (uncredited); THE THIN RED LINE, Regie: Terrence Malick, 1998; BEAR'S KISS, Regie: Sergej Bodrow, 2002; BEAUTIFUL COUNTRY, Regie: Hans Petter Moland, 2003 (auch Produzent).

Filme als (Ko-)Produzent

BADLANDS, Regie: Terrence Malick, 1973 (auch Autor, Darsteller); ENDURANCE (Dok.), Regie: Bud Greenspan, Leslie Woodhead, 1998; THE ENDURANCE: SHACKLETON'S LEGENDARY ANTARCTIC EXPEDITION (Dok.), Regie: George Butler, 2000; XINGFU SHIGUANG, Regie: Zhang Yimou, 2001; BEAUTIFUL COUNTRY, Regie: Hans Petter Moland (auch Autor), 2003; UNDERTOW, Regie: David Gordon Green, 2003/04.

Darsteller im Film (auch Auftritte)

POCKET MONEY, Regie: Stuart Rosenberg, 1972 (uncredited); BADLANDS, Regie: Terrence Malick, 1973 (auch Autor, Produzent); ROSY-FINGERED DAWN. A FILM ON TERRENCE MALICK, Regie: Luciano Barcaroli, Carlo Hintermann, Gerardo Panichi, Daniele Villa, 2002 [Haskell Wexler].

Literatur (Auswahl)

Martin Heidegger: The Essence of Reasons. Evanston: Northwestern University 1969 (aus dem Deutschen übersetzt von Terrence Malick; dt. Originalausgabe: Vom Wesen des Grundes, Halle: Niemeyer 1929). – Michael Buckley: BADLANDS. In: Films in Review (New York), Nr. 4, April 1974, S. 245. – G. R. Cook: The Filming of BADLANDS. An Interview with Terry Malick. In: Filmmakers Monthly / Newsletter (New York), Nr. 8, Juni 1974, S. 30ff. – Gordon Gow: BADLANDS. In: Films and Filming (London), Nr. 3, Dezember 1974, S. 35f. – Richard Combs: BADLANDS. In: Sight and Sound (London), Nr. 1, Winter 1974/75, S. 50f. – Beverly Walker: Malick on BADLANDS. In: Sight and Sound (London), Nr. 2, Frühjahr 1975, S. 82f. – Michel Sinieux: Un Cauchemar de douceur (BADLANDS); Michel Ciment: Entretien avec Terrence Malick. In: Positif (Paris), Nr. 170, Juni 1975, S. 26–29; 30–34. – Richard Combs: DAYS OF HEAVEN. In: Sight and Sound (London), Nr. 2, Frühjahr 1978, S. 84. – Richard Combs: The Eyes of Texas. In: Sight and Sound (London), Nr. 2, Frühjahr 1979, S. 110f. – Tom Milne: DAYS OF HEAVEN. In: Monthly Film Bulletin (London), Nr. 544, Mai 1979, S. 93f. – Michel Ciment, Brooks Riley: Le Jardin de Terrence Malick. In: Positif (Paris), Nr. 225, Dezember 1979, S. 18ff. – Brian Henderson: Exploring BADLANDS. In: Wide Angle (Athens), Nr. 4, 1983, S. 38–51. – o. A.: Terrence Malick. In: Film Dope (Nottingham), Nr. 38, Dezember 1987, S. 19f. – Michel Sineux: Terrence Malick. In: Positif (Paris), Hors-Série, Januar 1991, S. 28f. – A. Vancher: Absence of Malick. In: American Film (Washington, D.C.), Nr. 2, Februar 1991, S. 10. – Olaf Möller: Mensch und Mythos. In: film-dienst (Köln), Nr. 13, 23. 6. 1992, S. 4ff. – Alexander Horwarth: Phönix aus den Badlands. In: Süddeutsche Zeitung (München), 15. 1. 1998. – Michel Ciment: L'Absence de Malick. In: Positif (Paris), Nr. 446, April 1998, S. 52ff. – Franz Everschor: Ein Aussteiger kehrt zurück. In: film-dienst (Köln), Nr. 4, 16. 2. 1999, S. 40f. – Michael Althen: Im Profil. Terrence Malick. In: Süddeutsche Zeitung (München), 23. 2. 1999. – Michael Henry, Christian Viviani, Michel Ciment, Hubert Niogret: Terrence Malick. In: Positif (Paris), Nr. 457, März 1999, S. 4ff. – Geoffrey MacNab: THE THIN RED LINE. In: Sight and Sound (London), Nr. 3, März 1999, S. 53f. – Kai Mihm: Reisen in ein mögliches Paradies. In: epd Film (Frankfurt/M.), Nr. 4, April 1999, 22–28. – Kai Mihm: Balladen über eine verschwindende Welt. In: Marcus Stiglegger (Hg.): Splitter im Gewebe: Filmemacher zwischen Autorenfilm und Mainstreamkino. Mainz: Bender 2000, S. 44–58. – Joan McGettigan: Interpreting a Man's World: Female Voices in BADLANDS and DAYS OF HEAVEN. In: Journal of Film and Video (Philadelphia), Nr. 4, 2001, S. 33ff. – James Morrison, Thomas Schur: The Films of Terrence Malick. Westport: Praeger 2003.

DAYS OF HEAVEN fotografiert hat, für seine Kameraarbeit einen Oscar. Ein Jahr später ehrt das Internationale Filmfestival in Cannes Terrence Malick für DAYS OF HEAVEN mit dem Prix de la Mise en Scène. 1999 wird Malick für THE THIN RED LINE auf den Internationalen Filmfestspielen Berlin mit einem Goldenen Berliner Bären ausgezeichnet. Derzeit plant Malick ein neues Projekt, die Verfilmung des Lebens von Ernesto „Che" Guevara, mit Benicio Del Toro in der Hauptrolle.

Elaine May,
Autorin, Regisseurin, Darstellerin; geboren am 21. April 1932 in Philadelphia, Pennsylvania.
Als Kind sammelt sie erste Schauspielerfahrungen im Radio und in Theaterinszenierungen ihres Vaters Jack Berlin. Nach dessen Tod 1942 zieht sie nach Los Angeles, verläßt 1947 die High School und nimmt Schauspielunterricht bei der Stanislawski-Schülerin Maria Ouspenskaya. Zwei Jahre später heiratet sie, bekommt eine Tochter, Jeannie Berlin (die in Mays zweitem Film THE HEARTBREAK KID mitspielt und für einen Oscar als Beste Nebendarstellerin nominiert wird), und arbeitet als Assistentin für die Off-Broadway-Produktion „Bruno and Sidney“. Sie studiert am Playwrights Theatre in Chicago und ist Gasthörerin an der University of Chicago. Von 1953 bis 1957 ist May Mitglied der Improvisationstheatergruppe The Compass Players. Ab 1957 tritt sie gemeinsam mit Mike Nichols in New Yorker Clubs und in TV-Shows auf: THE JACK PAAR SHOW, THE PERRY COMO SHOW, THE FABULOUS FIFTIES. Elaine May schreibt Theaterstücke – „Not Enough Rope“ (1962), „A Matter of Position“ (1962; Wiederaufführung 1968 mit Elaine May), „Name of Soup“ (1963), „Adaptation“ (1969; auch Regie), „Better Part of Valor“ (1981), „Hotline“ (1983) –, inszeniert die Revue „The Third Ear“ (1964), die beiden Stücke „Next“ (1969) und

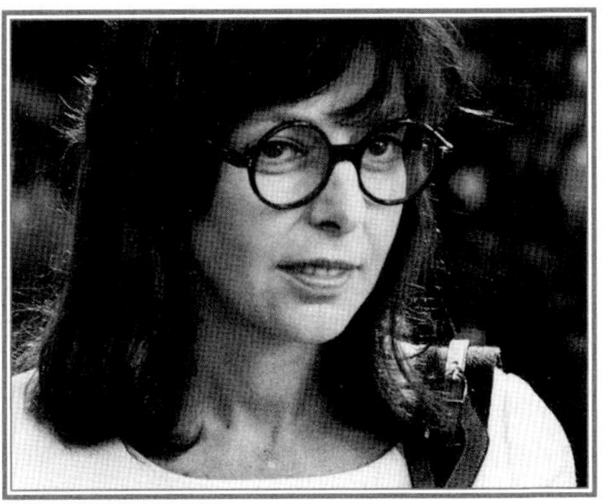

Elaine May

Die Paradoxie ist unter Spaßmachern ein Normalzustand, eine Grundbedingung; das Unpassende erscheint ihnen brauchbarer als das Angemessene. Wenn eine der smartesten Komödiantinnen Amerikas beschließt, eine Frau darzustellen, die so schwer von Begriff ist, daß sie ihre keineswegs von übermäßiger Intelligenz belastete Umwelt von einer Krise in die nächste treibt, so läßt dies auf eine Schauspielerin schließen, die ihren Beruf erstens ernst nimmt und zweitens in entspannter Distanz zu sich selbst zu arbeiten weiß. Als beschränkte Cousine May Sloan ist Elaine May in Woody Allens Gaunerkomödie SMALL TIME CROOKS mehr als bloß eine Nervensäge: Sie ist ein Sicherheitsrisiko. Sie gefährdet, ohne Absicht , die schlichten Coups des kleinkriminellen Allen; mit pointiert-knochentrockenem Witz und ausgeprägtem Understatement ergibt sich Elaine May dieser nur bedingt dankbaren Rolle, und man ahnt, je länger man ihr dabei zusieht, daß hier eine Frau mit großer Vergangenheit, eine Komödiantin mit Geschichte am Werk ist.

Elaine Mays offensichtliches Talent hat seltsamerweise nicht zu langfristiger Popularität geführt. Heute gehört sie, als Autorin, Filmemacherin und Darstellerin, zu den großen Unbekannten des amerikanischen Kinos; der filmhistorische Kanon hat sie, wenn überhaupt, nur als zeitweilige künstlerische Partnerin des Regisseurs Mike Nichols wahrgenommen. Dabei hat sie mit dem Showbiz seit den dreißiger Jahren ernst gemacht: Geboren 1932, steht das Mädchen aus Philadelphia schon als Kind auf der Bühne ihres Vaters, des jiddischen Mimen Jack Berlin, der sie selbstverständlich seiner reisenden Theatertruppe einverleibt. In den fünfziger Jahren reift Elaine May über ihre Auseinandersetzung mit dem aktuellen *method acting* zur erstklassigen *stand-up comedian* heran. In Chicago lernt sie Nichols kennen, gemeinsam bilden sie die Improvisationsgruppe „Second City“, an der übrigens auch der junge Alan Arkin teilnimmt. Aber erst als Duo, als doppelt scharfzüngiger *cabaret act,* der nach Auftritten in New Yorks Greenwich Village Aufsehen erregt, erleben May und Nichols ab 1957 einen rasanten Aufstieg; sie avancieren vom Stadtgespräch zur landesweiten Attraktion, werden zur Fixbuchung für Fernsehshows und renommierte Comedy-Clubs. 1960 folgt ein Höhe- und Endpunkt dieser Geschichte: Ihre Broadway-Show „An Evening with Mike Nichols and Elaine May“ wird ein ungeahnter Erfolg, bleibt ein Jahr lang auf dem Spielplan. Danach beschließen sie, getrennte Wege zu gehen, obwohl es beide in dieselbe Richtung zieht: zum Kino.

May läßt sich Zeit mit dem Film, sucht nach Projekten, die mit ihrem eigentlichen Fach, dem Theater, wenigstens entfernt zu tun haben. 1967 tritt sie in gleich zwei Filmadaptionen von Bühnenstücken auf: Sie ist an der Seite Peter Falks und Jack Lemmons in der Farce LUV zu sehen; neben Shelley Winters und José Ferrer außerdem in Carl Reiners ENTER LAUGHING. Das Linkische, leicht Ungelenke, das sich May bis heute bewahrt hat, prägt wenig später, nur konsequent, auch ihr Regiedebüt: In A NEW LEAF, einer Komödie, die sie auch schreibt, läuft die Figur, die sie darstellt, Gefahr, von dem gierigen Walter Matthau übervorteilt zu werden. Ihre Produktionsfirma, Paramount, versucht während der Herstellung des Films ähnliches mit ihr – und setzt sich damit durch: Die Endversion der Arbeit entspricht nicht den Vorstellungen der Regisseurin, May distanziert sich öffentlich davon.

Daß sie als Schauspielerin auch im Kino eher *stand-up comedy* als Schauspiel macht, scheint ihr bewußt zu sein; ist dieses Wissen mit ein Grund dafür, daß sie im Kino nur sehr sporadisch, nur ausnahmsweise zu sehen ist? Die Komödie bleibt indes ihre Domäne, die sozialkritische Satire ihr Spezialgebiet: Sie verfaßt, unter Pseudonym, das Drehbuch zu Premingers SUCH GOOD FRIENDS und inszeniert – nach einem Drehbuch Neil Simons – die Screwball-Komödie THE HEARTBREAK KID, die wie A NEW LEAF an der Kinokasse abstürzt. Der finanzielle Mißerfolg ihrer Arbeiten macht es zunehmend schwieriger für sie, Regie-Projekte durchzusetzen. Mit MIKEY AND NICKY , den May 1973 dreht, aber erst 1976 veröffentlichen kann, faßt sie neue Ziele ins Auge, inszeniert ein modernes Noir-Kriminaldrama mit Peter Falk und ▮ John Cassavetes, deutlich geprägt von dem unmittelbaren, schäbig-veristischen Stil der Filme Cassavetes'. Die Produktions-Querelen um MIKEY AND NICKY führen zu weiteren, diesmal auch gerichtlichen Auseinandersetzungen zwischen der Filmemacherin und Paramount.

Ein kurzes Zwischenhoch verbucht Elaine May Ende der siebziger Jahre: Als Ko-Autorin von ▮ Warren Beattys HEAVEN CAN WAIT handelt sie sich eine Oscar-Nominierung ein. Kritik und Publikum wissen dennoch nicht, was sie mit einer wie ihr anfangen sollen. Eine zaghafte, unerklärliche *weirdness* attestiert ihr etwa Großkritikerin Pauline Kael; ihre Worte signalisieren, wie wenig May in der neokonservativen amerikanischen Filmindustrie der späten Siebziger einzuordnen ist und verstanden wird: unbegreifbar, unbegriffen. Als *script doctor* ist sie in diesen Jahren dennoch sehr gefragt. Sie schreibt Beattys Polithistoriendrama REDS um und bearbeitet die *crossdressing*-Farce TOOTSIE. Als Filmemacherin bleibt Elaine May glücklos: Ihre Komödie ISHTAR, seltsam fehlbesetzt mit Dustin Hoffman und Warren Beatty, die da ein drittklassiges *cabaret duo* abgeben, das in eine Spionage-Intrige in der Sahara gerät, wo Isabelle Adjani revolutionär tätig ist, erweist sich als Debakel auf allen Ebenen. Wieder verzögert sich die defizitäre Produktion um Monate – und setzt Elaine Mays Regielaufbahn, vermutlich endgültig, ein Ende. Als ISHTAR in die Kinos kommt, wird der Film von der Kritik vernichtet und vom Publikum ignoriert.

In Zeiten der Krise finden alte Bekannte wieder zueinander: Mitte der neunziger Jahre, dreieinhalb Jahrzehnte nach ihrer Trennung, reaktivieren Elaine May und Mike Nichols ihre Zusammenarbeit. Gemeinsam schreiben sie zwei Kinolustspiele, deren kommerzielles Potential hoch ist: THE BIRDCAGE, ein Hollywood-Remake der französischen Schwulenkomödie LA CAGE AUX FOLLES (1978), sowie die US-Politsatire PRIMARY COLORS. Bis heute hält die schreiberische Aktivität Mays an; fast vollständig hat sie sich dagegen als Filmdarstellerin zurückgezogen. Dabei fehlt Mays *funny face* dem US-Kino heute mehr denn je.

Eine (zwar im Nonsens versandende) Ode an Elaine Mays Gesicht hat vor wenigen Jahren selbst Woody Allen für angebracht gehalten: „In a very, very strange way, you got a sweet face, you know?“ stottert er in SMALL TIME CROOKS seiner todernst lauschenden Partnerin entgegen: „It's offbeat, you know, in a kind of bizarre ..., you know, it's a ..., I don't know how to explain it exactly, cause it's ..., but it's ... right up there.“ – „What do you mean?“ lautet die sachliche Gegenfrage, und man möchte Elaine May für solche Augenblicke (und diesen eklatanten Mangel an Eitelkeit) persönlich danken, um sie anschließend nicht mehr aus den Augen zu lassen und darauf zu hoffen, daß sich doch noch ein Weg finden lassen wird, dem amerikanischen Lustspiel die (filmische, darstellerische) Extravaganz dieser großen Komödiantin zurückzuerstatten.

Stefan Grissemann

Filme als Regisseurin

A NEW LEAF, 1970 (auch Autorin, Darstellerin); THE HEARTBREAK KID, 1972; MIKEY AND NICKY, 1973/76 (auch Autorin) [▮John Cassavetes]; ISHTAR, 1987 (auch Autorin) [▮Warren Beatty].

Filme als (Ko-)Autorin

A NEW LEAF, Regie: Elaine May, 1970 (auch Darstellerin); SUCH GOOD FRIENDS, Regie: Otto Preminger, 1971 (als Esther Dale); MIKEY AND NICKY, Regie: Elaine May, 1973/76 [▮John Cassavetes]; HEAVEN CAN WAIT, Regie: ▮Warren Beatty, Buck Henry, 1978 [▮Robert Towne]; REDS, Regie: ▮Warren Beatty, 1981 (uncredited) [▮Jack Nicholson]; TOOTSIE, Regie: ▮Sydney Pollack, 1982 (uncredited); LABYRINTH, Regie: Jim Henson, 1986 (uncredited) [▮George Lucas]; ISHTAR, Regie: Elaine May, 1987 [▮Warren Beatty]; THE BIRDCAGE, Regie: Mike Nichols, 1996; PRIMARY COLORS, Regie: Mike Nichols, 1998; DOWN TO EARTH (Remake von HEAVEN CAN WAIT), Regie: Chris Weitz, Paul Weitz, 2001 [▮Warren Beatty].

Filme als Darstellerin

ENTER LAUGHING, Regie: Carl Reiner, 1967; LUV, Regie: Clive Donner, 1967; BACH TO BACH, Regie: Paul Leaf, 1967; A NEW LEAF, Regie: Elaine May, 1970 (auch Autorin); CALIFORNIA SUITE, Regie: Herbert Ross, 1978; IN THE SPIRIT, Regie: Sandra Seacat, 1990; SMALL TIME CROOKS, Regie: Woody Allen, 2000.

Literatur (Auswahl)

Richard Combs: A NEW LEAF. In: Sight and Sound (London), Nr. 1, Winter 1971/72, S. 52. – Leonard Probst: Off Camera. Leveling about Themselves. New York: Stein and Day 1975 (darin: Elaine May-Interview, S. 129–135.). – M. Rivlin: Elaine May, Too Tough for Hollywood? (Interview). In: Millimeter (New York), Nr. 10, Oktober 1975, S. 16ff. – A. D. Murphy: MIKEY AND NICKY. In: Variety (Hollywood), 22.12.1976, S. 20. – S. Zito: Women Directors in Search of a Hit. In: Action (Hollywood), Nr. 5, März/April 1978, S. 42–47. – Gavin Millar: Guileful Lack of Guile. In: Listener (London), Nr. 2802, 10.3.1983, S. 36. – Peter Biskind: Inside ISHTAR. In: American Film (Washington, D. C.), Nr. 7, Mai 1987, S. 20ff. – Barbara Koenig Quart: Women Directors. The Emergence of a New Cinema. New York / Westport / London: Praeger 1988 (darin: Elaine May, S. 38–50.). – S. M. Kaminsky: Eight Comedy Directors of the Last Decade. In: Film Reader, Nr. 1, 1975, S. 59–65. – o. A.: Elaine May. In: Film Dope (Nottingham), Nr. 41, März 1989, S. 28. – Lizzie Francke: Script Girls. Women Screenwriters in Hollywood. London: BFI 1994 (darin: Feminism Comes to Hollywood, S. 86ff.). – Elaine May: THE BIRDCAGE (Screenplay). New York: Newmarket 1997. – Richard T. Jameson, Gavin Smith: Mike Nichols: Of Metaphor and Purpose. In: Film Comment (New York), Nr. 3, Mai/Juni 1999, S. 10ff.

„The Goodbye People“ (1971) und übernimmt Rollen in Theateraufführungen. Neben ihrer Theater- und Radioarbeit („Nightline“ und „Monitor“ als Autorin und Sprecherin) schreibt sie nun auch Drehbücher für den Film und ist begehrt als *script doctor,* überarbeitet ungenannt zahlreiche Drehbücher. Vier Filme realisiert die Autorin und Schauspielerin als Regisseurin. Zweimal wird Elaine May für den Drehbuch-Oscar nominiert: 1979 gemeinsam mit ihrem Ko-Autoren ▮Warren Beatty für HEAVEN CAN WAIT und zwanzig Jahre später für Mike Nichols' PRIMARY COLORS.

Jim McBride,
Regisseur, Autor; geboren am 16. September 1941 in New York City.
Ausbildung am Kenyon College, Studium an der Universität von São Paulo in Brasilien und an der New York University. Sein Regiedebüt DAVID HOLZMAN'S DIARY, mit einem Etat von 2 500 Dollar realisiert, gewinnt 1967 auf der Internationalen Filmwoche in Mannheim den Großen Preis der Stadt Mannheim und wird im gleichen Jahr auch auf dem Pesaro Filmfestival ausgezeichnet. DAVID HOLZMAN'S DIARY ist ein Spielfilm, der Strategien des Cinéma Vérité und des Direct Cinema nutzt, um die Grenzen zwischen Fiction und Non-Fiction zu verwischen: Die Besucher des San Francisco International Film Festival sind irritiert, als der Abspann mit den Credits auf der Leinwand erscheint, und sie erkennen, daß McBrides filmisches Tagebuch eine Inszenierung ist. Auch seine nächsten Filme – MY GIRLFRIEND'S WEDDING, GLEN AND RANDA (Script zusammen mit ▮ Rudy Wurlitzer), PICTURES FROM LIFE'S OTHER SIDE – beruhen auf eigenen Drehbüchern. In den achtziger Jahren dreht er mit BREATHLESS ein Remake von Godards A BOUT DE SOUFFLE (1960) und mit THE BIG EASY einen New Orleans-Thriller, der ein großer Publikumserfolg wird.

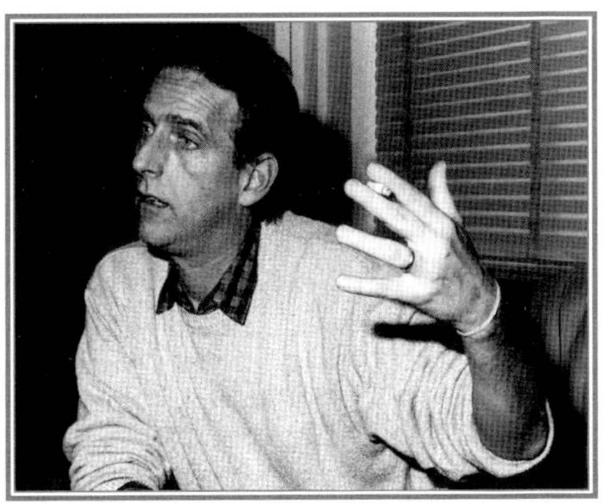

Jim McBride

Manche glauben, Jim McBride habe einfach nur sehr viel Pech gehabt, und seine Karriere wäre nach seinem spektakulären Debüt mit DAVID HOLZMAN'S DIARY sicher ganz anders verlaufen, wenn er nicht in den siebziger Jahren von einem geplatzten Projekt zum nächsten windigen Produzenten getaumelt wäre. Man hat den Eindruck, McBride sei, wie nur sehr wenige seiner Generation, vermutlich mehr am Leben als am Kino interessiert. Sein Studienfreund ▮ Martin Scorsese mag vom zentralen Einfluß der Filme Glauber Rochas und Pier Paolo Pasolinis auf sein Schaffen *sprechen;* McBride *lebte* eine Zeitlang in Brasilien und Italien, in den Sechzigern in São Paulo (wo er offiziell studierte, aber eigentlich nur im Kino saß und viel lernte), war in den Siebzigern häufig in Italien und dort regelmäßiger Gast des Filmfestivals in Pesaro, wo er 1974 seinen (fast) Stammkameramann, den *carioca* Affonso Beato, kennenlernte. Oft besuchte er zu dieser Zeit auch einen seiner besten Freunde, den gleich ihm von Brasilien faszinierten, viel zu früh verstorbenen Rossellinianer Gianni Amico (in dessen kurzem, 1987 als Abfallprodukt eines anderen Projekts entstandenen Video AMICI ist McBride neben Bernardo Bertolucci, Enzo Ungari, und Gustavo Dahl zu sehen). Man spürt eine Spannung, eine Zerrissenheit in seinem Werk, zwischen den oft widersprüchlichen Erfahrungen in den verschiedenen Kulturen, in denen McBride sich wohlfühlt, und seiner eigenen Welt: einen Riß, der immer sichtbar bleibt in seinen Filmen.

McBride ist Skeptiker wie Sehnender, dessen Kino sich stets zwischen Spiel- und Dokumentarfilm bewegt, auch wenn dieses Dazwischen nicht immer, wie bei DAVID HOLZMAN'S DIARY, mit einem Etikett versehen wird und sich oft in einem ostentativen, für die meisten Zuschauer desorientierenden Desinteresse an jeglicher Plot-Fortbewegung äußert: Er weiß, daß das Kino nicht das Leben einfangen kann, aber das Am-Leben-Sein, Leben an sich, Lebendigkeit, wenn man mit der nötigen Lust hinschaut. DAVID HOLZMAN'S DIARY – inspiriert durch Michael Powells *film maudit* PEEPING TOM (1960), Stanton Kayes *chef d'œuvre inconnu* GEORG (1964) und Andrew Norens zum Teil verlorene Tagebuchfilme (speziell SAY NOTHING, 1965, ein frühes Segment aus dem erst 1967 abgerundeten Zyklus RECOGNITIONS) – entwickelte sich letztendlich aus einer durch den Film vollendeten, nie publizierten Studie über das Cinéma Vérité: Kann Kino das Leben zeigen, war die Frage. Das Scheitern des Filmemachers David Holzman ist die Antwort. Wobei McBride gewiß wußte, daß die wesentliche Frage lautet: Welches Leben?

Das Positiv zum Negativ DAVID HOLZMAN'S DIARY entstand kurz darauf mit MY GIRLFRIEND'S WEDDING: Nach außen ein Dokumentarfilm an der Grenze zum *home movie,* in seinem Innersten jedoch eine Reflexion über das Fiktive der Situation: McBrides damalige Freundin heiratete einen anderen (*greencard*-Ehe). Seine nächsten beiden Filme, GLEN AND RANDA und PICTURES FROM LIFE'S OTHER SIDE, formen ein ähnliches Positiv-Negativ-Doppelprogramm, sind postapokalyptische Road Movies: GLEN AND RANDA als Spielfilm, als Science-Fiction-Fantasy, in der die Präsenz seiner Darsteller reine Wahrhaftigkeit ist; PICTURES FROM LIFE'S OTHER SIDE ist quasi eine Fortsetzung von MY GIRLFRIEND'S WEDDING, ein(e) Dokument(ation) einer Reise durch ein desolates Amerika, dem die Träume abhanden gekommen sind und das einem immer fremder, ferner, irrealer vorkommt.

Abgeschlossen wird McBrides „New Hollywood"-Phase durch eines seiner am wenigsten bekannten Werke, A HARD DAY FOR ARCHIE: ein fröhlicher Sexfilm, eine Hommage an die Archie-Comics, bei dem McBride bedauert, ihn nicht als Porno gedreht zu haben, weil die Produzenten später eine häßliche Hardcorefassung mit unmotiviert dazwischengezimmerten Performerfremdkörpern zusammengebastelt haben.

Begehren, Sex und die Suche danach sind zentrale Motive in McBrides Schaffen – vielleicht das Positiv zum Negativ namens Kino/Wahrheit, sicherlich aber eine ambivalente Angelegenheit, in der sich sein US-puritanischer Hintergrund und seine mediterrane bis tropische Lust an all dem, was man mit diesen Körpern treiben kann, offenbaren: Vor allem Frauen-, aber immer wieder auch Männerkörper werden ausgiebig in seinen Filmen kontempliert, in ihrer ganzen Eigenheit sichtbar gemacht. Etwa in der Fernsehproduktion THE WRONG MAN der wahnsinnige, somnambule Strip von Rosanna Arquette oder in BREATHLESS die Ankleideszene von Valérie Kaprisky. Das Godard-Remake ist McBrides Ode an die Zweisamkeit von Eros und Thanatos, unsagbar schön in seiner Art, die Energien seiner Charaktere/Darsteller leuchten zu lassen, in seinen geliebten langen Einstellungen, in denen sie sich verausgaben können, in denen zu sehen ist, wie Schönheit zerfällt und entsteht. Und dann auch THE BIG EASY, sein einziger kommerzieller Erfolg, dessen Schwüle immer wieder in Coiti interrupti endet, eine Ironie, die McBride wohl nicht verborgen geblieben sein kann. Das Positiv zum Negativ A HARD DAY FOR ARCHIE konnte Jim McBride nie realisieren: den autobiografischen Spielfilm „My Girlfriend's Girlfriend".

Wäre dieser Film der Eros oder der Thanatos der beiden? Kommt es darauf an? Noch einmal die Frage: Welches Leben?

Olaf Möller

Filme als Regisseur (auch TV-Auswahl)

DAVID HOLZMAN'S DIARY, 1967 (auch Autor, Cutter, Produzent); MY GIRLFRIEND'S WEDDING, 1968 (auch Autor, Cutter, Darsteller); GLEN AND RANDA, 1971 (auch Autor) [▮ Rudy Wurlitzer]; PICTURES FROM LIFE'S OTHER SIDE (Dok.), 1971/72 (auch Autor, Cutter); A HARD DAY FOR ARCHIE, 1973; HOT TIMES / SWEET SIXTEEN, 1974 (auch Autor); BREATHLESS, 1983 (auch Autor); THE TWILIGHT ZONE: THE ONCE AND FUTURE KING (TV), 1985; THE BIG EASY, 1987; THE WONDER YEARS (TV), 1988; GREAT BALLS OF FIRE!, 1989 (auch Autor) [▮ Terrence Malick]; BLOOD TIES (TV), 1991; THE WRONG MAN (TV), 1993; UNCOVERED, 1994 (auch Autor); FALLEN ANGELS: FEARLESS (TV), 1995 [▮ Peter Bogdanovich, ▮ Sydney Pollack]; DEAD BY MIDNIGHT (TV), 1997; THE INFORMANT, 1997; PRONTO (TV), 1997; MEAT LOAF: TO HELL AND BACK (TV), 2000; SIX FEET UNDER (TV), 2001.

Filme als (Ko-)Autor

DAVID HOLZMAN'S DIARY, Regie: Jim McBride, 1967 (auch Cutter, Produzent); MY GIRLFRIEND'S WEDDING, Regie: Jim McBride, 1969 (auch Cutter, Darsteller); GLEN AND RANDA, Regie: Jim McBride, 1971 [▮ Rudy Wurlitzer]; PICTURES FROM LIFE'S OTHER SIDE (Dok.), Regie: Jim McBride, 1971/72 (auch Cutter); HOT TIMES / SWEET SIXTEEN, Regie: Jim McBride, 1974; BREATHLESS, Regie: Jim McBride, 1983; GREAT BALLS OF FIRE!, Regie: Jim McBride, 1989 [▮ Terrence Malick]; UNCOVERED, Regie: Jim McBride, 1994.

Filme als Cutter

DAVID HOLZMAN'S DIARY, Regie: Jim McBride, 1967 (auch Autor, Produzent); MY GIRLFRIEND'S WEDDING, Regie: Jim McBride, 1969 (auch Autor, Cutter, Darsteller); PICTURES FROM LIFE'S OTHER SIDE, Regie: Jim McBride, 1971/72 (auch Autor).

Film als (Ko-)Produzent

DAVID HOLZMAN'S DIARY, Regie: Jim McBride, 1967 (auch Autor, Cutter).

Filme als Darsteller

MY GIRLFRIEND'S WEDDING, Regie: Jim McBride, 1967 (auch Autor, Cutter); THE LAST EMBRACE, Regie: Jonathan Demme, 1979.

Literatur (Auswahl)

L. M. Kit Carson: DAVID HOLZMAN'S DIARY. A Screenplay. New York: Farrar, Straus and Giroux 1970. – Joseph Gelmis: The Film Director as Superstar. Garden City, N.Y.: Doubleday 1970 (darin: Jim McBride, S. 5–20.). – Jonathan Rosenbaum: Introduction à Jim McBride; Rencontre avec Jim McBride. In: Positif (Paris), Nr. 158, April 1974, S. 37–43. – Olivier Eyquem: Narcisse au miroir ou l'hygiène du cinéma. In: Positif (Paris), Nr. 166, Februar 1975, S. 55 ff. – Jean Delmas: Jim McBride. Limites du Cinéma Vérité. In: Jeune Cinéma (Paris), Nr. 85, März 1975, S. 19–24. – Marcel Martin: LE JOURNAL INTIME DE DAVID HOLZMAN. In: Ecran (Paris), Nr. 34, März 1975, S. 77 f. – Alain Garel: LE JOURNAL INTIME DE DAVID HOLZMAN. In: Image et Son (Paris), Nr. 296, Mai 1975, S. 94 ff. – Jonathan Rosenbaum: HOT TIMES. In: Monthly Film Bulletin (London), Nr. 507, April 1976, S. 82. – Olivier Eyquem: Faites gaffe, les filles, Archie se point. In: Positif (Paris), Nr. 218, Mai 1979, S. 72 f. – L. M. Kit Carson: BREATHLESS Diary. In: Film Comment (New York), Nr. 3, Mai/Juni 1983, S. 34 ff. – Hans Berndt: Unangepaßt in Hollywood. In: Stuttgarter Zeitung, 29.10. 1983. – Paul Taylor: GLEN AND RANDA. In: Monthly Film Bulletin (London), Nr. 620, September 1985, S. 287 f. – Alain Garel, François Guérif: Jim McBride. In: Revue du Cinéma (Paris), Nr. 428, Juni 1987, S. 57–68. – Anne Billson: THE BIG EASY. In: Monthly Film Bulletin (London), Nr. 644, September 1987, S. 269 f. – o. A.: McBride (Interview). In: American Film (Washington, D. C.), Nr. 10, September 1987, S. 11–13. – Michael Buckley: Jim McBride. In: Films in Review (New York), Nr. 10, Oktober 1987, S. 462 f. – Kim Newman: Once & Future. Jim McBride. In: Monthly Film Bulletin (London), Nr. 645, Oktober 1987, S. 320. – Marc Hertling: Lernbereit und ohne System (Interview). In: Kölner Stadt-Anzeiger, 2. 4. 1988. – o. A.: La Musique à l'écran (Umfrage). In: CinémAction (Paris), Nr. 62, Januar 1992, S. 117 ff. – Peter Hogue: Images. In: Film Comment (New York), Nr. 6, November/Dezember 1993, S. 2 ff. – Rainer Gansera: GEHEIMNISSE. In: epd Film (Frankfurt/M.), Nr. 1, Januar 1995, S. 33. – Hans Messias: GEHEIMNISSE. In: film-dienst (Köln), Nr. 1, 3. 1. 1995, S. 25. – lob: Kluger Irrläufer. Jim McBride wird sechzig. In: Frankfurter Allgemeine Zeitung, 15. 9. 2001. – Frank Arnold: Atemlos nach New York. In: Süddeutsche Zeitung (München), 20. 9. 2001. – Olaf Möller: Die Welt am Leben halten. In: film-dienst (Köln), Nr. 22, 23. 10. 2001, S. 8 ff.

John Milius,
Autor, Regisseur; geboren am 11. April 1944 in St. Louis, Missouri. Studium der Englischen Literatur am Los Angeles City College, Filmstudium an der University of Southern California (USC). Sein Kurzfilm MARCELLO, I'M SO BORED (sein Studienkollege ▮ George Lucas ist für den Schnitt verantwortlich), wird auf dem National Student Film Festival ausgezeichnet. Wie vielen seiner späteren Kollegen gelingt Milius der Einstieg in das Berufsleben über ▮ Roger Cormans American International Pictures; er wird Assistent von Lawrence Gordon, der Burt Toppers THE DEVIL'S EIGHT produziert, und schreibt mit James Gordon White und Willard Huyck das Drehbuch. Seinen ersten Film als Regisseur realisiert John Milius 1973 mit DILLINGER; seine zweite Regiearbeit THE WIND AND THE LION wird 1976 in den Kategorien Bester Sound und Beste Originalkomposition für einen Oscar nominiert. Neben seiner Tätigkeit als Regisseur schreibt Milius Drehbücher (für ▮ Sydney Pollack JEREMIAH JOHNSON, für John Huston THE LIFE AND TIMES OF JUDGE ROY BEAN); er ist auch ungenannt als *script doctor,* beispielsweise für Don Siegels DIRTY HARRY und ▮ Steven Spielbergs JAWS, tätig. Für das Drehbuch zu APOCALYPSE NOW wird John Milius zusammen mit seinem Ko-Autoren ▮ Francis Ford Coppola für einen Oscar nominiert.

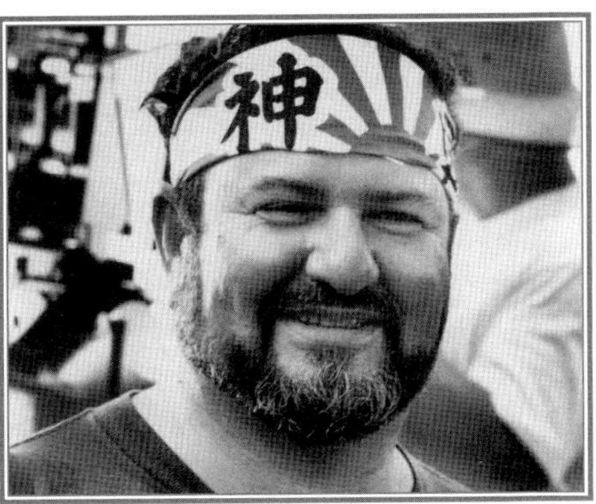

John Milius

Seine Helden sind die harten, einsamen Kerle. Verbissene, einsilbige Kämpfer, gerechtigkeitsfanatische Krieger, Großstadtwölfe ohne Vergangenheit und mit einer unsicheren, düsteren Zukunft. Als George W. Bush im Mai 2003 auf dem Flugzeugträger „Abraham Lincoln" landete, um in der feschen Lederkluft eines Kopiloten das Ende des Irakkrieges zu verkünden, erkannte das Feuilleton Vorbilder der filmreifen Inszenierung in den Spektakeln von Roland Emmerich und Jerry Bruckheimer. Zwanzig Jahre zuvor wäre in einer solchen Situation spontan nur ein Name gefallen – John Milius, der mit grimmig martialischen Epen wie CONAN THE BARBARIAN und RED DAWN das Kriegspathos im Kino der Ära von Ost-West-Konfrontation und Nato-Doppelbeschluß etablierte und mit seinen – retrospektiv fast ein wenig *trashy* wirkenden – Filmen das patriotische Klima der Reagan-Jahre widerspiegelte. Und doch, vielleicht stimmt dieser Vergleich zu Bushs agilem, strahlendem Auftritt nicht ganz. Denn die Filme von John Milius erzählen nicht vom Siegen. Am stärksten vermittelt diesen Eindruck der „USS Indianapolis"-Monolog, den Milius für ▮ Steven Spielbergs JAWS schrieb, wenn Captain Quint (Robert Shaw) sich erinnert, wie er mit einem Versorgungsschiff die Atombombe nach Japan brachte, um auf der Rückfahrt unterzugehen, und wie der Großteil der Besatzung starb. Im Wasser treibend, bildeten die Männer Kreise, so daß einige überlebten, während die im äußeren Ring von Haien zerfleischt wurden: „But we delivered the bomb."

John Milius ist ohne Zweifel einer der umstrittensten Filmemacher des „New Hollywood". Er soll die Coen-Brüder zur Figur des durchgeknallten, kurzatmigen und waffenverrückten Vietnamveterans Walter Sobchak (John Goodman) in THE BIG LEBOWSKI (1998) inspiriert haben – und für sein Script zu JEREMIAH JOHNSON auf antike Waffen als Gage bestanden haben. Er ist eines der vielen prominenten Mitglieder der National Rifle Association, hat an DIRTY HARRY (ohne Credit) und der Fortsetzung MAGNUM FORCE (gemeinsam mit ▮ Michael Cimino) geschrieben und, so heißt es, Inspector „Dirty" Harry Callahans (Clint Eastwood) legendär lakonische Aufforderung „Go ahead, make my day!" erfunden. ▮ Francis Ford Coppola titulierte er während der Dreharbeiten zu APOCALYPSE NOW stets als „Mein Führer!" – und meinte es durchaus als Kompliment. Milius, der aufgrund chronischen Asthmas selbst nicht von der Army akzeptiert wurde, hat das Image eines eisenhart konservativen Kriegstreibers. Für seine Figuren jedoch ist der Kampf eine Pflichterfüllung und Notwendigkeit in einem Krieg, den sie sich nicht ausgesucht haben.

Diesen zähen, erbarmungslosen Männern ist eine Melancholie implizit, die sie sich nie eingestehen würden. Ihr unerbittlicher Kampf für die Gerechtigkeit verdrängt die Sehnsucht nach Bindungen, die sie verloren haben, und jeder neue Feind, jene nie enden wollende Mission, verhindert einen möglichen gefährlichen Moment der Ruhe und Reflexion, in dem sie sich dann eingestehen müßten, daß es für sie wohl auch in Zukunft keine persönlichen Beziehungen geben wird. Daß ihr Tun – bei und trotz aller Aktion – sinnlos ist. (Nicht nur, weil es immer wieder neue Schurken, neue Mörder, neue Provokationen geben wird. Sondern auch, weil sie selbst nie zur Ruhe kommen werden. Weil der Kampf ihr Leben erobert hat und weil sie vielleicht ohne Kampf nicht leben könnten.)

In APOCALYPSE NOW spürt man ein wenig von Willards (Martin Sheen) uneingestandener Sehnsucht nach Frieden, wenn er widerwillig fasziniert ist von Colonel Kurtz (Marlon Brando), einem Deserteur, der, angeblich verrückt geworden, im Dschungel seinen eigenen Stamm, sein eigenes Volk regiert, und den Willard töten soll. Er erfüllt seine Mission und setzt das Urwalddorf in Flammen. Zehn Jahre später erzählt Milius in dem WK2-Drama FAREWELL TO THE KING noch einmal davon, wie sich ein Amerikaner (Nick Nolte) selbst zum König über ein Inselvolk im Pazifik ernennt und wie auch dieses Paradies verlorengeht.

Die Melancholie des Verlustes durchzieht die action- und schlachtenreichen Filme Milius' oft wie ein sanfter Nachhall. Wie seine Helden Glück und Familie verloren, bleibt oft das unerzählte Zentrum des Films, wird allenfalls skizziert. CONAN THE BARBARIAN erzählt stringent die Geschichte eines Jungen, der den Mord an seiner Mutter miterlebt und diesen Killer später als Rächer unerbittlich verfolgt. Auch in anderen Milius-Filmen bringt Liebe den Tod, verlieren die Helden Freunde und Familie. Aber das wird eher en passant erwähnt, als würde alles Explizitere zu sehr schmerzen: Da ist Inspector „Dirty" Harry Callahan, der sich gegen seinen Partner wehrt, Willard, der an seine geschiedene Frau und die verlorene Familie denkt, Jeremiah Johnson, der einsame Westernheld ohne Vergangenheit.

Und dann ist da dieser Film, der von nichts anderem erzählt als von diesem ausgesparten Zentrum. Ein Film über die Macht der Freundschaft. Konzentriert auf das Schicksal eines Freundestrios über einen Zeitraum von zwölf Jahren, erzählt BIG WEDNESDAY mit mitreißenden, spektakulären Wasseraufnahmen und dabei doch in einem wunderbar zurückgenommenen zärtlichen Ton von einer kalifornischen Surferclique in den Sechzigern und Siebzigern – und von einer Jugend, wie Milius sie selbst ähnlich erlebt hatte (und der er mit seiner „Charlie don't surf"-Szene in APOCALYPSE NOW Reverenz erwies).

Ein aus Chicago zugezogenes junges Mädchen ist verwirrt von der – für einige unerträglichen – Leichtigkeit des Seins, die hier das Heranwachsen bestimmt: In der Großstadt im Osten bedeutet Jungsein einen permanenten Kampf, hier lassen sich die Teenager sorglos durch den Tag treiben. Der Vietnamkrieg, Topos so vieler Milius-Filme, fordert auch hier Opfer und Leben, aber in der Erzählung ist er ausgespart – Szenen einer Musterung und eines Heldenbegräbnisses bilden eine Klammer um den nicht gezeigten Krieg. Auch an der Heimatfront fallen Helden zu Boden, bloß haben sie hier vielleicht eher eine Chance, sich wieder aufzurappeln – wie der geniale, aber von Alkoholsucht und Depressionen getriebene Matt (Jan-Michael Vincent).

BIG WEDNESDAY ist das Warten auf die große Welle, und auch wenn Matt sie am Ende meistert auf einem Surfbrett, das für ihn für diesen einen Tag von jeher bereitstand als sein Zauberschwert, „sein Excalibur" (Milius), und einen Moment schier unübertrefflichen puren Glücks erlebt, ist seine Zukunft ungewiß. Die typische Bewegung des Surfers, der in die glitzernde Oberfläche der Brandung greift, um zu erkennen, daß da eben kein Halt, kein Widerstand ist, könnte symbolisch für alle Milius-Helden stehen. Zu (über-)leben heißt, das Gleichgewicht zu wahren; wer's verliert, stürzt in tiefe Abgründe.

Annette Kilzer

Filme als Regisseur (auch TV-Auswahl)

MARCELLO, I'M SO BORED (Kurzfilm), 1966 (auch Autor) [▮ George Lucas]; THE REVERSAL OF RICHARD SUN (Kurzfilm), 1966 (auch Autor); DILLINGER, 1973 (auch Autor); THE WIND AND THE LION, 1975 (auch Autor); BIG WEDNESDAY, 1978 (auch Autor); CONAN THE BARBARIAN, 1982 (auch Autor); RED DAWN, 1984 (auch Autor); THE TWILIGHT ZONE: OPENING DAY (TV), 1985; FAREWELL TO THE KING, 1989 (auch Autor); FLIGHT OF THE INTRUDER, 1991 (auch Autor); MOTORCYCLE GANG (TV), 1994; ROUGH RIDERS (TV), 1997 (auch Autor).

Filme als (Ko-)Autor (auch TV-Auswahl)

MARCELLO, I'M SO BORED (Kurzfilm), Regie: John Milius, 1966 [▮ George Lucas]; THE REVERSAL OF RICHARD SUN (Kurzfilm), Regie: John Milius, 1966; GLUT (Dok., Kurzfilm), Regie: Basil Poledouris, 1967; THE DEVIL'S EIGHT, Regie: Burt Topper, 1969; LITTLE FAUSS AND BIG HALSY, Regie: Sidney J. Furie, 1969; DIRTY HARRY, Regie: Don Siegel, 1971 (uncredited); EVEL KNIEVEL, Regie: Marvin J. Chomsky, 1971; JEREMIAH JOHNSON, Regie: ▮ Sydney Pollack, 1972; THE LIFE AND TIMES OF JUDGE ROY BEAN, Regie: John Huston, 1972; DILLINGER, Regie: John Milius, 1973; MAGNUM FORCE / CALAHAN, Regie: Ted Post, 1973 [▮ Michael Cimino]; MELVIN PURVIS, G-MAN (TV), 1974; THE WIND AND THE LION, Regie: John Milius, 1975; JAWS, Regie: ▮ Steven Spielberg, 1975 (uncredited); APOCALYPSE NOW, Regie: ▮ Francis Ford Coppola, 1976–79 [▮ Dennis Hopper, ▮ Walter Murch]; BIG WEDNESDAY, Regie: John Milius, 1978; 1941/NINETEENHUNDREDFOURTYONE, Regie: ▮ Steven Spielberg, 1979 (auch Produzent); CONAN THE BARBARIAN, Regie: John Milius, 1982; MIAMI VICE (TV), 1984; RED DAWN, Regie: John Milius, 1984; EXTREME PREJUDICE, Regie: Walter Hill, 1987; FAREWELL TO THE KING, Regie: John Milius, 1989; FLIGHT OF THE INTRUDER, Regie: John Milius, 1991; GERONIMO: AN AMERICAN LEGEND, Regie: Walter Hill, 1993; CLEAR AND PRESENT DANGER, Regie: Phillip Noyce, 1994; ROUGH RIDERS (TV), Regie: John Milius, 1997; APOCALYPSE NOW REDUX, Regie: ▮ Francis Ford Coppola, 2001 [▮ Dennis Hopper, ▮ Walter Murch].

Filme als (Ko-)Produzent

1941/NINETEENHUNDREDFOURTYONE, Regie: ▮ Steven Spielberg, 1979 (auch Autor); HARDCORE, Regie: ▮ Paul Schrader, 1979; USED CARS, Regie: Robert Zemeckis, 1980 [▮ Steven Spielberg]; UNCOMMON VALOR, Regie: Ted Kotcheff, 1983.

Filme als Darsteller

DEADHEAD MILES, Regie: Vernon Zimmerman, 1970/82 [▮ Terrence Malick]; HEARTS OF DARKNESS. A FILMMAKER'S APOCALYPSE (Dok.), Regie: Fax Bahr, George Hickenlooper, Eleanor Coppola, 1979/91 [▮ Francis Ford Coppola, ▮ Dennis Hopper, ▮ George Lucas]; EASY RIDERS, RAGING BULLS (Dok.), Regie: Kenneth Bowser, 2003 [▮ Peter Bogdanovich, ▮ Roger Corman, ▮ Peter Fonda, ▮ Monte Hellman, ▮ Dennis Hopper, ▮ Henry Jaglom, ▮ Julia Phillips, ▮ Paul Schrader, ▮ Rudy Wurlitzer].

Literatur (Auswahl)

Eckhardt Schmidt: Erfolg im ersten Anlauf. In: Stuttgarter Zeitung, 1.2.1974. – L. Salvato, D. Schaefer: John Milius Interview. In: Millimeter (New York), Nr. 9,

September 1975, S. 28ff. – Greg MacGillivray: John Milius Hangs Ten on Film. In: American Cinematographer (Hollywood), Nr. 6, Juni 1978, S. 554ff. – John Milius: Guilty Pleasures. In: Film Comment (New York), Nr. 3, Mai/Juni 1982, S. 24–26 (dt. in: Steadycam, Köln, Nr. 25, Herbst 1993, S. 34f.). – J. Gallagher: John Milius. In: Films in Review (New York), Nr. 6, Juni/Juli 1982, S. 357ff. – Adrian Turner, Julian Petley: John Milius, a Teller of Folk-Tales. In: Films and Filming (London), Nr. 337, Oktober 1982, S. 22–27. – Pat H. Boeske: The Joy of Killing Commies. In: Stills (London), Nr. 13, Oktober 1984, S. 15. – J. Hoberman, P. Rainer: The Fascist Guns of the West. In: American Film (Washington, D.C.), Nr. 5, März 1986, S. 42ff. – B. Paskin: Rumble in the Jungle. In: Films and Filming (London), Nr. 402, März 1988, S. 22ff. – John Andrew Gallagher: Film Directors on Directing. New York / Westport / London: Greenwood 1989 (darin: John Milius-Interview, S. 169ff.). – Die große Welle. Surfer und Filmemacher. Der talentierte Barbar John Milius (Themenheft). Steadycam (Köln), Nr. 25, Herbst 1993. – Paul Elitzik: Milius, John. In: Gary Crowdus (Hg.): The Political Companion to American Film. o.O.: Lakeview 1994, S. 274ff. – John Milius: Helping Exhibitors. Pressbooks at Warner Bros. in the Late 1930s. In: Film History, Nr. 2, Sommer 1994, S. 188–196. – Claudius Seidl: Jugend ist Revolution, Erwachsensein ist Krieg. In: Süddeutsche Zeitung (München), 4.7.1997. – Fritz Göttler, Susan Vahabzadeh: Ich bin mal rechts, mal links, doch nie in der Mitte (Interview). In: Süddeutsche Zeitung (München), 5.7.1997. – Fritz Göttler: Widerstand als Prinzip. In: Kölner Stadt-Anzeiger, 12.7.1997.

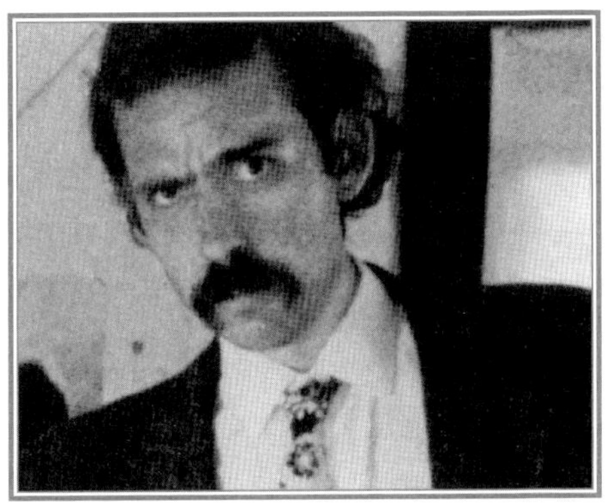

Walter Murch

Walter Murch, Cutter, Sound-Designer, Autor; geboren 1943 in New York City. Besuch der John Hopkins University in Baltimore, Filmstudium an der University of Southern California (USC). An der USC lernt er George Lucas kennen, gemeinsam schreiben sie das Drehbuch zu Lucas' ersten Spielfilm THX 1138; Murch ist außerdem für den Tonschnitt verantwortlich. Die Dreharbeiten zu THE RAIN PEOPLE markieren den Beginn einer stabilen und kreativen Produktionsphase mit dem Regisseur Francis Ford Coppola: Murch begleitet als *sound designer* THE GODFATHER (alle drei Teile), THE CONVERSATION und APOCALYPSE NOW. In den neunziger Jahren wird er ein kongenialer Partner von Anthony Minghella und

Walter Murch ist Cutter – oder mit der viel genaueren und schöneren amerikanischen Berufsbezeichnung: *editor*. Er montiert Bilder und Töne. Michael Ondaatje hat ihn den „unsichtbaren" Mann genannt, weil er eine unsichtbare Kunst ausübe. Murch hat drei Oscars gewonnen – einen für den Sound von Coppolas APOCALYPSE NOW und je einen für den Bild- und Tonschnitt von THE ENGLISH PATIENT –, und er hat die Regisseure und die Filme des „New Hollywood" zuverlässig begleitet.

In Los Angeles in den sechziger Jahren traf Walter Murch als Student der USC auf Francis Ford Coppola. Eigentlich wollte er wohl Regisseur werden, doch seine Interessen waren vielfältig und hatten oft wenig mit Film und mehr mit Philosophie zu tun. Coppola vermittelte ihn als Ko-Autor an George Lucas, und gemeinsam schrieben die beiden das Drehbuch für den Science-Fiction-Film THX 1138, den Lucas 1970 drehte. Dann nahm Coppola ihn mit zu den Dreharbeiten des vielleicht ersten amerikanischen Road Movies: THE RAIN PEOPLE. Murch sorgte auch für die Tonmontage und die Mischung dieses Films.

Murch begann als Tonmann, dann arbeitete er als Toncutter und kam erst über diesen Weg zum Bildschnitt. Ein ungewöhnlicher, für Murch aber typischer Weg. Die Bezeichnung *sound designer* erfand er, um die Gewerkschaftsbeschränkungen zu umgehen, und als solcher arbeitete er dann bei Coppolas GODFATHER-Filmen, später bei APOCALYPSE NOW, und vor allem bei THE CONVERSATION – einem Film mit der musikalischsten und schönsten Tonmontage, die es in der Geschichte des modernen Kinos gibt: Wenn Harry Caul (Gene Hackman) seine Opfer abhört, entsteht eine Symphonie von Tönen und Geräuschen, die einzigartig ist. Die Musik des Films verschmilzt mit diesen Sprachfetzen, bis sie ein organisches Ganzes ergeben. Dies war nur möglich, weil Murch von Beginn an in dieses Projekt involviert war, Vorschläge zum Drehbuch machte, Ideen mitentwickelte und als ein wirklicher Partner des Regisseurs agierte.

Murchs Einfluß auf die amerikanische Kunst der Montage ist überwältigend, was auch daran liegt, daß Murch über seine Profession reflektiert und schreibt. Warum schneidet man wann? Wo liegen die geheimen Strukturen, die wahren Stärken in einem Material? Was muß ich weglassen, um mehr zu zeigen, wo spricht das Ungesagte stärker als der Dialog?

Man muß nur auf die Straßengeräusche bei Michaels (Al Pacino) erstem Mord in THE GODFATHER hören, die Stille im Restaurant, das Plopp des Korkens, wenn der Kellner die Weinflasche öffnet, auf den (nicht untertitelten) italienischen Dialog zwischen Michael und Solozzo (Al Lettieri) sowie das übertrieben laute Quietschen der U-Bahn kurz bevor die beiden Schüsse fallen, die Stille, die dann eintritt, und den sehr, sehr späten Einsatz der Musik. Die Töne machen die Szene aus, alles ist auf das Wesentliche verdichtet. „Wirf die Waffe weg, wenn du gehst, alle werden auf die Waffe schauen", hatte Clemenza (Richard Castellano) ihm eingetrichtert, und wir alle werfen mit Michael die Pistole in die Ecke des Restaurants. Ein kleines Meisterstück der Tonmontage lange vor der Erfindung von Surround-Ton und Dolby 7.1.

Ähnliches gelingt Murch als Bildcutter: das Kondensieren auf das absolut Essentielle, das gleichzeitig zu einem emotionalen Höhepunkt führt. In Philip Kaufmans THE UNBEARABLE LIGHTNESS OF BEING gibt es im Zentrum des Films eine kurze Montage historischen Filmmaterials vom August 1968: die Russen in Prag. Normalerweise ist es tödlich, in einen fiktionalen Film Dokumentarmaterial einzumontieren. Das Dokumentarmaterial erweist sich immer als stärker und sprengt die Fiktion. Nicht so hier: Fast anstrengungslos fügen sich die inszenierten Teile und das 16-mm-Material zu einem Ganzen zusammen, zu zwölf Minuten Film, die über die entscheidenden Tage einer Nation wie über die entscheidenden Momente einer großen Liebe erzählen.

Murch schnitt Coppolas APOCALYPSE NOW und montierte 25 Jahre später die lange Fassung desselben Films. Er arbeitete mit Anthony Minghella an THE ENGLISH PATIENT und THE TALENTED MR. RIPLEY und rekonstruierte die Fassung von TOUCH OF EVIL, wie sie sich Welles erträumt haben mag. Nebenbei inszenierte er auch einen eigenen Film, RETURN TO OZ, eine Fortsetzung des amerikanischen Klassikers THE WIZARD OF OZ. Und er dachte in schönen Büchern über seine Profession nach.

Sein Meisterstück der Montage von Bild und Ton ist vielleicht THE ENGLISH PATIENT, eine virtuos und gleichzeitig nahtlos geflochtene Erzählung, ein Kunstwerk der Montage überhaupt. Mehr als vierzig Übergänge zwischen den verschiedenen Orten und Zeitebenen gibt es in THE ENGLISH PATIENT, und Murch überträgt die fragmentarische Struktur des Romans nahezu anstrengungslos auf diesen Film. Man muß nur auf die Übergänge achten: Wie Graf Almásy (Ralph Fiennes) sich über die Zeiten selbst anschaut, wie Kathrins (Kristin Scott Thomas) Hand dessen verbranntes Gesicht streichelt oder wie eine Musik, ein Geräusch in die nächste Sequenz hinüberführt. Die Struktur des Films war so nicht im Drehbuch festgeschrieben, sondern entstand erst am Schneidetisch, wo der Film, wie Bresson sagte, nach dem Schreiben und Drehen ein drittes Mal geboren wird.

Denn der Schnitt ist die eigentliche Erfindung des Kinos: Bilder zu montieren, in eine Reihenfolge zu stellen, sie mit Tönen und Musik zu verbinden. Es ist eine unsichtbare Kunst, man sieht sie nicht, man hört sie nicht. Walter Murch ist einer ihrer größen Künstler: der unsichtbare Mann, der das Unsichtbare am Ende sichtbar, vor allem aber – fühlbar macht.

Jan Schütte

Film als Regisseur

RETURN TO OZ, 1985 (auch Autor).

Filme als (Ko-)Autor

THX 1138, Regie: ▮ George Lucas, 1970/71 (auch Toncutter/Sound-Designer) [▮ Francis Ford Coppola]; RETURN TO OZ, Regie: Walter Murch, 1985.

Filme als Cutter

THE CONVERSATION, Regie: ▮ Francis Ford Coppola, 1973 (auch Toncutter); JULIA, Regie: Fred Zinnemann, 1976; APOCALYPSE NOW, Regie: ▮ Francis Ford Coppola, 1976–79 (auch Sound-Designer) [▮ Dennis Hopper, ▮ John Milius]; CAPTAIN EO, Regie: ▮ Francis Ford Coppola, 1986 [▮ George Lucas]; THE UNBEARABLE LIGHTNESS OF BEING, Regie: Philip Kaufman, 1988; CALL FROM SPACE, Regie: Richard Fleischer, 1989; GHOST, Regie: Jerry Zucker, 1990 (auch Sound-Designer); THE GODFATHER PART III, Regie: ▮ Francis Ford Coppola, 1990 (auch Sound-Designer); THE GODFATHER TRILOGY: 1901–1980 (TV), Regie: ▮ Francis Ford Coppola, 1992 [▮ Roger Corman, ▮ Robert Towne]; HOUSE OF CARDS, Regie: Michael Lessac, Robert Jay Litz, 1993 (auch Sound-Designer); ROMEO IS BLEEDING, Regie: Peter Medak, 1994 (auch Sound-Designer); I LOVE TROUBLE, Regie: Charles Shyer, 1994; FIRST KNIGHT, Regie: Jerry Zucker, 1995 (auch Sound-Designer); THE ENGLISH PATIENT, Regie: Anthony Minghella, 1996 (auch Sound-Designer); TOUCH OF EVIL (rekonstruierte Fassung), Regie: Orson Welles, 1958/1998 (auch Tonrekonstruktion); THE TALENTED MR. RIPLEY, Regie: Anthony Minghella, 1999 (auch Sound-Designer) [▮ Sydney Pollack]; APOCALYPSE NOW REDUX, Regie: ▮ Francis Ford Coppola, 2001 (auch Sound-Designer) [▮ Dennis Hopper, ▮ John Milius]; K-19: THE WIDOWMAKER, Regie: Kathryn Bigelow, 2002 (auch Sound-Designer); COLD MOUNTAIN, Regie: Anthony Minghella, 2003.

Filme als Toncutter/Sound-Designer

THE RAIN PEOPLE, Regie: ▮ Francis Ford Coppola, 1969 [▮ George Lucas]; THE GREAT WALLED CITY OF XAN (Animationsfilm), Regie: Hal Barwood, 1970; THX 1138, Regie: ▮ George Lucas, 1970/71 (auch Autor) [▮ Francis Ford Coppola]; THE GODFATHER, Regie: ▮ Francis Ford Coppola, 1972 [▮ Robert Evans, ▮ Robert Towne]; AMERICAN GRAFFITI, Regie: ▮ George Lucas, 1973 [▮ Francis Ford Coppola, ▮ Haskell Wexler]; THE CONVERSATION, Regie: ▮ Francis Ford Coppola, 1973 (auch Cutter); THE GODFATHER PART II, Regie: ▮ Francis Ford Coppola, 1974 [▮ Roger Corman, ▮ Robert Evans]; APOCALYPSE NOW, Regie: ▮ Francis Ford Coppola,

montiert Bild und Ton der beiden Filme THE ENGLISH PATIENT und THE TALENTED MR. RIPLEY. Mit RETURN TO OZ, einem *sequel* des Klassikers THE WIZARD OF OZ (1939), gibt Murch 1985 sein Debüt als Filmregisseur. Achtmal wird Walter Murch für einen Oscar nominiert, darunter 1977 für den Besten Filmschnitt von Fred Zinnemanns JULIA, erhalten hat er die Trophäe dreimal: 1980 für APOCALYPSE NOW (Bester Sound) und 1997 für THE ENGLISH PATIENT (Bester Filmschnitt und Bester Sound).

1976–79 (auch Cutter) [▮ John Milius, ▮ Dennis Hopper]; MARIO PUZO'S THE GODFATHER (TV-Film aus THE GODFATHER I und II), Regie: ▮ Francis Ford Coppola, 1977 [▮ Roger Corman, ▮ Robert Towne]; DRAGONSLAYER, Regie: Matthew Robbins, 1981; GHOST, Regie: Jerry Zucker, 1990 (auch Cutter); THE GODFATHER PART III, Regie: ▮ Francis Ford Coppola, 1990 (auch Cutter); HOUSE OF CARDS, Regie: Michael Lessac, Robert Jay Litz, 1993 (auch Cutter); ROMEO IS BLEEDING, Regie: Peter Medak, 1993 (auch Cutter); CRUMB (Dok.), Regie: Terry Zwigoff, 1994; FIRST KNIGHT, Regie: Jerry Zucker, 1995 (auch Cutter); THE ENGLISH PATIENT, Regie: Anthony Minghella, 1996 (auch Cutter); TOUCH OF EVIL (rekonstruierte Fassung), Regie: Orson Welles, 1958/1998 (auch Rekonstruktion des Filmschnitts); THE TALENTED MR. RIPLEY, Regie: Anthony Minghella, 1999 (auch Cutter) [▮ Sydney Pollack]; APOCALYPSE NOW REDUX, Regie: ▮ Francis Ford Coppola, 2001 (auch Cutter) [▮ John Milius, ▮ Dennis Hopper]; K-19: THE WIDOWMAKER, Regie: Kathryn Bigelow, 2002 (auch Cutter).

Film als Kameramann

GIMME SHELTER (Dok.), Regie: Albert Maysles, David Maysles, Charlotte Zwerin, 1969/70 [▮ George Lucas, ▮ Haskell Wexler].

Literatur (Auswahl)

L. Sturhahn: The Art of the Sound Editor. An Interview with Walter Murch. In: Filmmakers Monthly / Newsletter (New York), Nr. 2, Dezember 1974, S. 22–25. – J. Fox: Walter Murch – Making Beaches out of Grains of Sand. In: Cinefex (Riverside, CA), Nr. 3, Dezember 1980, S. 42–57. – F. Paine: Sound Design. Walter Murch Interviewed. In: Journal of the University Film & Video Association, Nr. 4, Herbst 1981, S. 15–20. – Walter Murch: Sound Mixing and APOCALYPSE NOW. In: Elisabeth Weis, John Belton: Film Sound. Theory and Practice. New York: Columbia University 1985. – Nora Lee: RETURN TO OZ. In: American Cinematographer (Hollywood), Nr. 5, Mai 1985, S. 50 ff. – François Thomas: Entretien avec Walter Murch, „Sound Designer".
In: Positif (Paris), Nr. 335, Januar 1989, S. 11 ff. – Frank Spotnitz: Stick It in Your Ear. In: American Film (Washington, D. C.), Nr. 1, Oktober 1989, S. 40 ff. – Walter Murch: In the Blink of an Eye. North Ryde, NSW: Australian Film, Television, and Radio School 1992. – Randall Meyers: Film Music. Fundamentals of the Language. Oslo: Ad Notam Gyldendal 1994 (darin: Walter Murch, S. 172–187, englischer Text). – Walter Murch: Sound Design. The Dancing Shadow. In: John Boorman, Tom Luddy, David Thomson, Walter Donohue (Hg.): Projections 4. Film-makers on Film-making. London: Faber and Faber 1995, S. 236–251. – Mark Cousins: Walter Murch (Interview). In: John Boorman, Walter Donohue (Hg.): Projections 6. Film-makers on Film-making. London: Faber and Faber 1996, S. 149 ff. – Walter Murch: From Here to Eternity (Fred Zinnemann-Nachruf). In: DGA, Nr. 2, Mai/Juni 1997, S. 56 ff. – Michael Jarrett: Sound Doctrine. An Interview with Walter Murch. In: Film Quarterly (Berkeley), Nr. 3, 2000, S. 2 ff. – Michael Ondaatje: The Conversations. Walter Murch and the Art of Editing Film. New York: Alfred A. Knopf 2002.

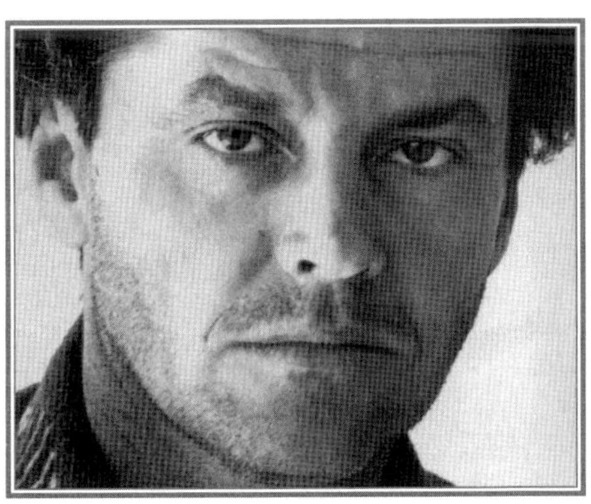

Jack Nicholson

Jack Nicholson, Darsteller, Autor, Produzent, Regisseur; geboren am 22. April 1937 in Neptune, New Jersey. Besuch der High School in Neptune,

Sein ganzes Spiel ist ein Versteckspiel, er hat das Ambivalente der Gesten zu einer Kunstform erhoben, man weiß nie, was in seinem Kopf vorgeht, ist sich aber ganz sicher, daß er es weiß. Jack Nicholson wurde der Prototyp des *outsider* aus Überzeugung – ▮ Hopper und ▮ Fonda waren unbewußt unangepaßt, Regelverletzung im Vollrausch. Nicholson war klar und obskur zugleich – eine gefährliche Mischung.

Natürlich hat es Exzesse gegeben auf dem Bad Boy Drive, wie der Mulholland genannt wurde wegen seiner Bewohner – Nicholson, ▮ Beatty, Brando. Aber man kann in der Retrospektive schon sehen, welche der *bad boys,* die da oben ihre Wut auslebten und provozierten, dennoch ihre fünf Sinne immer beisammen hatten; Nicholson war einer davon, und manchmal dämmert einem, wieviel Kalkül und Arbeit hinter seinen Rollen steht – auch wenn man ihm nicht abkauft, daß er sich auf den Joker in BATMAN mit Nietzsche vorbereitet hat.

John Joseph Nicholson hat keine sehr glückliche Kindheit verbracht: „My mother never saw the irony in calling me a son-of-a-bitch." Kein Vater, seine vermeintliche Schwester war seine leibliche Mutter – insgesamt also

Familienverhältnisse, die ähnlich unübersichtlich waren wie die von Evelyn Mulwray (Faye Dunaway) in CHINATOWN.

Nicholson hielt sich lange mit kleinen Rollen über Wasser – beispielsweise spielte er einen masochistischen Zahnarztpatienten in THE LITTLE SHOP OF HORRORS, kam bei ▮ Roger Corman unter, wo auch Bruce Dern arbeitete. Dern entsprach auch nicht gerade dem Ideal eines Hollywood-Beaus, aber Nicholson, fand er, war noch viel weiter weg davon. Aber die Zeiten änderten sich ja gerade, und alles, was vorher gegen den Schauspieler Nicholson gesprochen hatte – sein Spiel mit der Undurchschaubarkeit, der verschlagene Sex-Appeal, daß er immer den Eindruck machte, als reite ihn der Teufel –, verdichtete sich plötzlich zum Idealbild des *leading man*. Bei Corman übernahm Nicholson alle möglichen Jobs, inszenierte, schrieb eine Reihe von Drehbüchern, FLIGHT TO FURY mit ▮ Monte Hellman beispielsweise, für den er auch in den Western THE SHOOTING und RIDE IN THE WHIRLWIND spielte. Für den Monkees-Film HEAD wechselte Nicholson zur BBS, der Firma, die ▮ Bob Rafelson, ▮ Bert Schneider und Steve Blauner gegründet hatten. Gemeinsam mit Rafelson schrieb er das Drehbuch.

Als es dann passiert ist, als endlich der Durchbruch als Schauspieler kam, hat er es nicht kommen sehen. Schneider bot ihm die Rolle des George Hanson in EASY RIDER an. Ob er das spielen könne, fragte Schneider. Und Nicholson antwortete: „A moron could play this part, Bert." Die zehn erfolglosen Jahre, daß er die Schauspielerei eigentlich gerade aufgeben wollte und hinter der Kamera arbeiten; vielleicht hat er genau damit George Hanson diese Mischung aus Lebenslust und Frustration und Orientierungslosigkeit gegeben, die Nicholson auf einen Schlag berühmt machte, ihm gleich eine Oscar-Nominierung brachte. Seine erste Szene in EASY RIDER: Nicholson liegt auf der Pritsche im Knast, steht auf, und Hopper brüllt ihn an: „Hey, du weckst meinen Kumpel auf", und er gähnt Hopper genüßlich ins Gesicht, ein diabolisches Blitzen in den Augen. Dieses Lächeln, das Grinsen eines Haifischs, hat es das „Time Magazine" genannt.

Er hat diese Ära geliebt, sagt Nicholson: „You could just make a film if you felt there was enough of an audience out there, and you could get by with a film that was pretty obscure." Wieder spielte er für Rafelson, diesmal den Pianisten Robert Dupea in FIVE EASY PIECES – ▮ Carole Eastman hatte das Drehbuch geschrieben –, aber wie Hanson ist er voll unterdrückter Wut, ein *outsider,* der die Regeln nicht befolgen will: nicht obwohl, sondern weil er sie verstanden hat. Er hat diesen Typ perfektioniert über die Jahre bis zu Milos Formans ONE FLEW OVER THE CUCKOO'S NEST – das war 1976, die fünfte Oscar-Nominierung, der erste Sieg.

In den Jahren dazwischen hat er immer wieder ausprobiert, wo die Grenzen der Toleranz verlaufen und was passiert, wenn man sie überschreitet. Mit Mike Nichols' CARNAL KNOWLEDGE beispielsweise: Nicholson spielte einen, der Frauen sammelt, ohne sie zu lieben – das Stück über die dysfunktionalen sexuellen Verhältnisse zweier Freunde wurde als obszön angegriffen, es gab einen Prozeß, durchgefochten bis zum Supreme Court, der den Film nicht obszön fand.

Im selben Jahr, 1971, debütierte Nicholson mit DRIVE, HE SAID als Regisseur – ein *coming-of-age-movie*. An der einzigen Uni, an der er eine Drehgenehmigung bekommen konnte, waren die Studentenproteste in vollem Gange. Er filmte die Hauptfigur nackt auf dem Campus für die Schlußszene – ein Student im Vollrausch, der gerade durchdreht, fand Nicholson, muß nackt sein. Diese Filme hätten, so Nicholson, die Schizophrenie einer Zeit gespiegelt. CHINATOWN war noch so ein obskures Ding, das die Zeit erst möglich machte und für das Nicholson alle Freunde vereinen konnte, Roman Polanski, ▮ Robert Towne, ▮ Robert Evans. Im nächsten Jahr erfüllte sich für ihn ein Traum: „I'm a new wave baby", hat Nicholson einmal gesagt, und daß er in den Sechzigern ohne Spickzettel 35 italienische Regisseure herunterrattern konnte, deren Filme er gesehen und geschätzt hatte. Einer von ihnen wird Antonioni gewesen sein, der ihn nun für PROFESSIONE: REPORTER holte. Er konnte ruhig gehen, diese Ära, die er so liebte, war vorüber. Nicholson ist aus ihr als Sieger hervorgegangen mit zwölf Oscar-Nominierungen, drei hat er gewonnen. Er hat inzwischen sechzig Filme gedreht und dabei dennoch für sich behalten, wer er eigentlich ist. Die Weggefährten entwerfen völlig gegensätzliche Bilder von ihm. Schneider hielt ihn für einen Verräter, hat am Ende mit Rafelson von dessen Haus am Bad Boy Drive über die Grundstücksgrenze in Nicholsons Garten gepinkelt vor Wut. Evans beschreibt ihn als den loyalsten Freund, den er jemals hatte. Als David Locke sagt Nicholson in PROFESSIONE: REPORTER einmal : „I used to be someone else, but I traded him in."

Susan Vahabzadeh

Filme als Regisseur

THE TERROR, Regie: ▮ Roger Corman, 1963 (Regie-Mitarbeit; auch Darsteller) [▮ Francis Ford Coppola, ▮ Monte Hellman]; THE WILD ANGELS, Regie: ▮ Roger Corman, 1966 (Regie-Assistent) [▮ Peter Bogdanovich, ▮ Peter Fonda, ▮ Monte Hellman]; DRIVE, HE SAID, 1971 (auch Autor, Produzent) [▮ Henry Jaglom, ▮ Bert Schneider, ▮ Robert Towne]; GOIN' SOUTH, 1978 (auch Darsteller); THE TWO JAKES, 1990 (auch Darsteller) [▮ Robert Evans, ▮ Robert Towne].

1957 Schauspielunterricht bei Jeff Corey in Los Angeles, Hausbote bei MGM, Auftritte im Players Ring Theatre in Los Angeles. ▮ Roger Corman wird auf den jungen Schauspieler aufmerksam: Filmdebüt mit THE CRY BABY KILLER 1958, einem *quickie* aus der Corman-*factory*. Hier lernt Nicholson ▮ Monte Hellman kennen, unter dessen Regie zwei Western entstehen: RIDE IN THE WHIRLWIND und THE SHOOTING. Bei beiden Filmen ist Nicholson auch an der Produktion beteiligt, für RIDE IN THE WHIRLWIND schreibt er das Drehbuch. Für seine Darstellung des jungen Südstaatenanwalts George Hanson in ▮ Dennis Hoppers EASY RIDER wird er für einen Oscar nominiert (Bester Nebendarsteller). 1971 Regiedebüt mit dem *campus revolt movie* DRIVE, HE SAID. In den Siebzigern avanciert Nicholson zu einem unentbehrlichen Darsteller des „New Hollywood", übernimmt Rollen in Filmen von Mike Nichols (CARNAL KNOWLEDGE), ▮ Henry Jaglom (A SAFE PLACE), ▮ Bob Rafelson (FIVE EASY PIECES, Oscar-Nominierung; THE KING OF MARVIN GARDENS), ▮ Hal Ashby (THE LAST DETAIL, Oscar-Nominierung und Darstellerpreis in Cannes) und Roman Polanski (CHINATOWN, Oscar-Nominierung). 1976 wird Jack Nicholson zum ersten Mal mit einem Oscar geehrt für seine Darstellung des rebellischen Patienten Randle P. McMurphy in Milos Formans ONE FLEW OVER THE CUCKOO'S NEST, zwei weitere folgen: 1984 für TERMS OF ENDEARMENT (Bester Nebendarsteller) und 1998 für AS GOOD AS IT GETS (Bester Schauspieler). Neben seiner sporadischen Arbeit als Autor und Regisseur ist Nicholson als Schauspieler verläßlich präsent, mal in Major-Produktionen wie BATMAN, mal in Independent-Filmen wie denen von Sean Penn.

Filme als (Ko-)Autor

THUNDER ISLAND, Regie: Jack Leewood, 1964; FLIGHT TO FURY / CORDILLERA, Regie: ▮ Monte Hellman, 1966 (auch Darsteller); RIDE IN THE WHIRLWIND, Regie: ▮ Monte Hellman, 1966 (auch Produzent, Darsteller) [▮ Roger Corman]; THE TRIP, Regie: ▮ Roger Corman, 1967 [▮ Peter Bogdanovich, ▮ Peter Fonda, ▮ Dennis Hopper]; HEAD, Regie: ▮ Bob Rafelson, 1968 (auch Produzent) [▮ Bert Schneider]; DRIVE, HE SAID, Regie: Jack Nicholson, 1971 (auch Produzent) [▮ Henry Jaglom, ▮ Bert Schneider, ▮ Robert Towne].

Filme als (Ko-)Produzent

RIDE IN THE WHIRLWIND, Regie: ▮ Monte Hellman, 1966 (auch Autor, Darsteller) [▮ Roger Corman]; THE SHOOTING, Regie: ▮ Monte Hellman, 1966 (auch Darsteller) [▮ Carole Eastman, ▮ Roger Corman]; HEAD, Regie: ▮ Bob Rafelson, 1968 (auch Autor) [▮ Bert Schneider]; DRIVE, HE SAID, Regie: Jack Nicholson, 1971 (auch Autor) [▮ Henry Jaglom, ▮ Bert Schneider, ▮ Robert Towne].

Filme als Darsteller (auch Auftritte, TV-Auswahl)

THE CRY BABY KILLER, Regie: Jus Addiss, 1958 [▮ Roger Corman]; THE WILD RIDE, Regie: Harvey Berman, 1958 [▮ Monte Hellman]; TOO SOON TO LOVE, Regie: Richard Rush, 1959; BARBARA STANWYCK THEATER: THE MINK COAT (TV), 1960; THE LITTLE SHOP OF HORRORS, Regie: ▮ Roger Corman, 1960; STUDS LONIGAN, Regie: Irving Lerner, 1960; TALES OF WELLS FARGO: THE WASHBURN GIRL (TV), 1961; THE BROKEN LAND, Regie: John A. Bushelman, 1962; HAWAIIAN EYE: TOTAL ECLIPSE (TV), 1962; THE RAVEN, Regie: ▮ Roger Corman, 1962; THE TERROR, Regie: ▮ Roger Corman, 1963 [▮ Francis Ford Coppola, ▮ Monte Hellman]; BACK DOOR TO HELL, Regie: ▮ Monte Hellman, 1964; ENSIGN PULVER, Regie: Joshua Logan, 1964; FLIGHT TO FURY / CORDILLERA, Regie: ▮ Monte Hellman, 1964 (auch Autor); DR. KILDARE (TV), 1966; RIDE IN THE WHIRLWIND, Regie: ▮ Monte Hellman, 1966 (auch Autor, Produzent) [▮ Roger Corman]; THE SHOOTING, Regie: ▮ Monte Hellman, 1966 (auch Produzent) [▮ Carole Eastman, ▮ Roger Corman]; HELL'S ANGELS ON WHEELS, Regie: Richard Rush, 1967; THE ST. VALENTINE'S DAY MASSACRE, Regie: ▮ Roger Corman, 1967 [▮ Monte Hellman]; PSYCH-OUT, Regie: Richard Rush, 1968 [▮ Henry Jaglom]; EASY RIDER, Regie: ▮ Dennis Hopper, 1969 [▮ Peter Fonda, ▮ Henry Jaglom, ▮ Bert Schneider]; ON A CLEAR DAY YOU CAN SEE FOREVER, Regie: Vincente Minnelli, 1970; FIVE EASY PIECES, Regie: ▮ Bob Rafelson, 1970 [▮ Carole Eastman, ▮ Bert Schneider]; REBEL ROUSERS, Regie: Martin B. Cohen, 1970; CARNAL KNOWLEDGE, Regie: Mike Nichols, 1971; A SAFE PLACE, Regie: ▮ Henry Jaglom, 1971 [▮ Bert Schneider]; THE KING OF MARVIN GARDENS, Regie: ▮ Bob Rafelson, 1972 [▮ Bert Schneider]; THE LAST DETAIL, Regie: ▮ Hal Ashby, 1973 [▮ Robert Towne]; CHINATOWN, Regie: Roman Polanski, 1974 [▮ Robert Evans, ▮ Robert Towne]; PROFESSIONE: REPORTER / THE PASSENGER, Regie: Michelangelo Antonioni, 1975; TOMMY, Regie: Ken Russell, 1975; THE FORTUNE, Regie: Mike Nichols, 1975 [▮ Warren Beatty, ▮ Carole Eastman]; ONE FLEW OVER THE CUCKOO'S NEST, Regie: Milos Forman, 1975 [▮ Haskell Wexler]; THE MISSOURI BREAKS, Regie: Arthur Penn, 1976 [▮ Robert Towne]; THE LAST TYCOON, Regie: Elia Kazan, 1976; GOIN' SOUTH, Regie: Jack Nicholson, 1978; THE SHINING, Regie: Stanley Kubrick, 1980; THE BORDER, Regie: Tony Richardson, 1981; THE POSTMAN ALWAYS RINGS TWICE, Regie: ▮ Bob Rafelson, 1981; REDS, Regie: ▮ Warren Beatty, 1981 [▮ Elaine May]; TERMS OF ENDEARMENT, Regie: James L. Brooks, 1983; TERROR IN THE AISLES (Kompilations-Film), Regie: Andrew J. Kuehn, 1984; PRIZZI'S HONOR, Regie: John Huston, 1985; HEARTBURN, Regie: Mike Nichols, 1986; BROADCAST NEWS, Regie: James L. Brooks, 1987; IRONWEED, Regie: Hector Babenco, 1987; THE WITCHES OF EASTWICK, Regie: George Miller, 1987; BATMAN, Regie: Tim Burton, 1989; THE TWO JAKES, Regie: Jack Nicholson, 1990 [▮ Robert Evans, ▮ Robert Towne]; MAN TROUBLE, Regie: ▮ Bob Rafelson, 1991/92 [▮ Carole Eastman]; A FEW GOOD MEN, Regie: Rob Reiner, 1992; HOFFA, Regie: Danny De Vito, 1992; THE WHO'S TOMMY, THE AMAZING JOURNEY (Dok.), Regie: Barry Alexander Brown, 1993; THE AMERICAN FILMINSTITUTE SALUTE TO JACK NICHOLSON, Regie: Louis J. Horvitz. 1994; THE CROSSING GUARD, Regie: Sean Penn, 1994; WOLF, Regie: Mike Nichols, 1994; BLOOD AND WINE, Regie: ▮ Bob Rafelson, 1996; THE EVENING STAR, Regie: Robert Harling, 1996; MARS ATTACKS!, Regie: Tim Burton, 1996; AS GOOD AS IT GETS, Regie: James L. Brooks, 1997; JUNKET WHORE, Regie: Debbie Melnyk, 1998; THE PLEDGE, Regie: Sean Penn, 2001; STANLEY KUBRICK. A LIFE IN PICTURES, Regie: Jan Harlan, 2001 [▮ John Calley, ▮ Sydney Pollack, ▮ Martin Scorsese, ▮ Steven Spielberg]; ABOUT SCHMIDT, Regie: Alexander Payne, 2002; ANGER MANAGEMENT, Regie: Peter Segal, 2003.

Literatur (Auswahl)

Robert David Crane, Christopher Fryer: Jack Nicholson. Face to Face. New York: M Evans and Company 1975. – Norman Dickens: Jack Nicholson. The Search for a Superstar. New York: The New American Library 1975. –

Bruce Braithwaite: The Films of Jack Nicholson. Bembridge: BCW 1977. – Derek Sylvester: Jack Nicholson. New York: Proteus 1982. – David Downing: Jack Nicholson: A Biography. London: Allen 1983. – Meinolf Zurhorst: Jack Nicholson: Seine Filme – sein Leben. München: Heyne 1983. – J. Wolf: It's all right, Jack (Interview). In: American Film (Washington, D. C.), Nr. 4, Januar/Februar 1994, S. 24ff. – Douglas Brode: The Films of Jack Nicholson. Secaucus: Citadel 1987. – Brigitte Desalm: Badman, Madman. In: Steadycam (Köln), Nr. 13, 3. Quartal 1989, S. 40–47. – Barbara Siegel: Jack Nicholson: The Unauthorized Biography. London: Angus & Robertson 1990. – Adolf Heinzlmeier: Jack Nicholson: Hollywoods Wolf im Schafspelz. Bergisch Gladbach: Bastei-Lübbe 1991. – John Parker: The Joker's Wild: The Biography of Jack Nicholson. London: Pan Books 1991 (dt.: Mehr Clown als Macho. München: Heyne 1995.). – Donald Shepherd: Jack Nicholson: An Unauthorized Biography. London: Warner Books 1992. – Patrick McGilligan: Jack's Life. A Biography of Jack Nicholson. New York: Norton 1994 (dt.: Jack's Life. Jack Nicholson. Eine Biografie. Berlin: Henschel 1994.). – Ian Penman, Philip Kemp: Sisyphus in Ray-Bans. In: Sight and Sound (London), Nr. 9, September 1994, S. 6ff. – Lars-Olav Beier: Der Teufel möglicherweise. In: Frankfurter Allgemeine Zeitung, 22.4.1997. – Patrick Roth: Meine Karriere versteht mich nicht. In: Süddeutsche Zeitung (München), 11.10.2001.

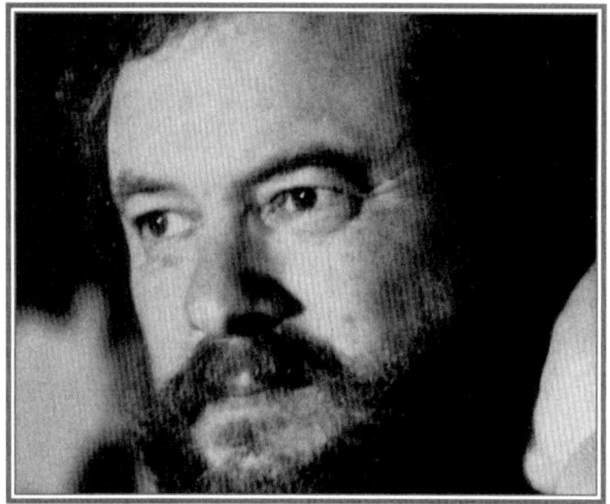

Alan J. Pakula

Ein dummer Zufall setzte seinem Leben ein Ende, eines jener Ereignisse, an das in seinen besten Filmen die Helden niemals geglaubt hätten. Und doch war es nur ein Unfall, als Alan J. Pakula ein paar Monate nach seinem siebzigsten Geburtstag 1998 auf dem Long Island Expressway durch eine Eisenstange getötet wurde, die von einem vor ihm fahrenden Lastwagen durch seine Windschutzscheibe geschleudert wurde. Es gibt natürlich keinen Grund, der offiziellen Version zu mißtrauen, schließlich war Pakula nicht der einzige Regisseur, dessen Kino von Zweifel und Paranoia lebte – aber womöglich der unbarmherzigste. Zwischen 1971 und 1976 entstanden KLUTE, THE PARALLAX VIEW, ALL THE PRESIDENT'S MEN, und mehr noch als ▮ Coppolas THE CONVERSATION, ▮ Pollacks THREE DAYS OF THE CONDOR oder ▮ De Palmas Thriller speist diese Trilogie das ungute Gefühl, daß in den Kulissen des öffentlichen Lebens finstere Mächte am Werk sind. Pakula selbst konnte den Ausdruck „Paranoia-Trilogie" nicht sonderlich leiden, er habe sich stets als vernünftigen Mann betrachtet, sagte er, aber vielleicht habe er sich ja womöglich genau deshalb für den irrationalen Kern solcher Geschichten interessiert.

Pakula war bereits vierzig Jahre alt, als er 1968 zum ersten Mal Regie führte. Der Sohn eines Druckereibesitzers hatte erst in Yale Drama studiert und bei Warner Bros. und MGM gearbeitet, ehe er sich aufs Produzieren verlegte und Filme mit Robert Mulligan machte: FEAR STRIKES OUT, TO KILL A MOCKINGBIRD, LOVE WITH THE PROPER STRANGER, im weitesten Sinne Beziehungs- und Problemfilme. Auch sein erster eigener Film THE STERILE CUCKOO mit Liza Minnelli versuchte, in seiner Darstellung von Jungmädchenproblemen ganz am Puls der Zeit zu sein.

Aber Pakula war stärker, wenn er in Genres arbeiten konnte: Was in KLUTE als normaler Thriller beginnt, wächst sich in THE PARALLAX VIEW zur Fiktionalisierung der Verschwörungstheorien rund um den Kennedy-Mord aus und mündet bei ALL THE PRESIDENT'S MEN in den ganz realen Watergate-Skandal. Aber gerade die Art und Weise, wie Pakula in dieser Trilogie eingebildete Bedrohung und reale Hintergründe nach und nach einander annäherte, wirkt im Rückblick umso verstörender.

Was einmal für Anthony Mann formuliert wurde, gilt auch für Pakula: Daß er die Möglichkeiten einer Landschaft auf die gleiche Weise nützt, wie ein Scharfschütze das tun würde. Was man sonst Vogelperspektive nennt, ist bei ihm eher ein Blick durchs Zielfernrohr. Ein unsichtbares Fadenkreuz liegt über all seinen Bildern. Wenn man Jane Fonda in KLUTE aus der Ferne am Telefon sieht, dann schiebt sich im nächsten Moment im Vordergrund eine Hand ins Bild – und das Beklemmendste ist, daß erstmal gar nicht klar ist, wer sie beobachtet und verfolgt. Aber die Bedrohung bleibt latent vorhanden, so daß es fast eine Erlösung ist, wenn sie sich endlich materialisiert. Daß ausgerechnet eine Frau Opfer wird, die als Callgirl ihre Emotionen ganz besonders unter Kontrolle hat und ungebunden ist, verleiht dieser Geschichte von Großstadteinsamkeit einen besonderen Drive.

Alan J. Pakula,
Regisseur, Autor, Produzent; geboren am 7. April 1928 in New York City, gestorben am 19. November 1998 in Melville, Long Island.
Studium an der Yale Drama School, dort Regie bei einigen Theaterproduktionen, 1949 Assistent in der Postproduction bei Warner Bros., ab 1950 Produktionsassistent zuerst bei MGM, dann bei Paramount. Mitte der fünfziger Jahre gründet er zusammen mit Robert Mulligan eine eigene Produktionsfirma: Er realisiert bis zu seinem Regiedebüt mit der Romanverfilmung THE STERILE CUCKOO insgesamt sieben Filme für Robert Mulligan. Bereits ihre zweite Ko-Produktion, TO KILL A MOCKINGBIRD, wird für einen Oscar (Bester Film) nominiert. Pakulas nächste Regiearbeit, KLUTE mit Jane Fonda (Oscar als Beste Schauspielerin) und Donald

Sutherland, wird zu einem großen Erfolg bei Publikum und Kritik. Für das endgültige Drehbuch des Politthrillers THE PARALLAX VIEW konsultiert Pakula den *script doctor* ▮ Robert Towne, die Hauptrolle im Film übernimmt ▮ Warren Beatty. ALL THE PRESIDENT'S MEN, für den ihn Robert Redford als Regisseur engagiert, ist einer der erfolgreichsten Film des Jahres 1976, wird für acht Oscars nominiert, darunter Beste Regie und Bester Film, und gewinnt vier: Bestes Drehbuch, Bester Nebendarsteller, Beste Ausstattung, Bester Sound. 1983 wird Meryl Streep für ihre Darstellung einer Auschwitzüberlebenden in Pakulas Melodram SOPHIE'S CHOICE mit einem Oscar ausgezeichnet. Der Regisseur erhält eine Nominierung für das Beste Drehbuch.

Ob Großstadt oder Landschaft, in THE PARALLAX VIEW ist ein Sinn für Topographie am Werk, wie man das sonst nur von Hitchcock kennt: Die Space Needle in Seattle oder ein Staudamm werden zu Schauplätzen, die nicht nur pittoreske Hintergründe abgeben, sondern spezielle Funktionen in der Geschichte bekleiden. Daß der Held weder am einen noch am anderen Ort sicher ist, verstärkt die Allmacht der Bedrohung. Wenn weder größte Öffentlichkeit noch totale Abgeschiedenheit Schutz bieten, dann ist der Gegner wirklich allgegenwärtig. ▮ Warren Beatty ist als Journalist einer Verschwörung auf der Spur, in deren Netz er am Ende selbst zappelt. Ein Senator ist ermordet worden, die offizielle Version spricht von einem Einzeltäter, in Wahrheit steckt die „Parallax Corporation" dahinter, die den Attentäter ausgebildet hat. Was der Report der Warren-Kommission zum Kennedy-Attentat an Lücken offengelassen hat, nutzt THE PARALLAX VIEW geschickt, um eine andere Version zu konstruieren. Je verbissener der Journalist hinter die Wahrheit zu kommen versucht, desto isolierter muß er handeln - am Ende entspricht sein Profil genau dem des Attentäters. Als er die Wahrheit erkennt, ist es zu spät. Er läuft ins blendende, weiße Licht - und dort erwartet ihn der Tod.

Verglichen damit repräsentiert ALL THE PRESIDENT'S MEN eine geradezu optimistische Sicht der Dinge, weil darin der Wahrheit mit journalistischen Mitteln zum Sieg verholfen wird. Unvergeßlich ist die gleißend-helle Redaktion der „Washington Post", wo Woodward (Robert Redford) und Bernstein (Dustin Hoffman) ihren Weg zwischen den Bedenken ihrer Vorgesetzten und der Angst ihrer Verdächtigen finden müssen. Noch nie war das Schweigen am anderen Ende einer Telefonleitung so spannend. Bei allem aufklärerischen Impetus operieren die Drahtzieher des Falles doch im Dunkeln. Dort steht der Mann mit dem frivolen Decknamen „Deep Throat", der die entscheidenden Hinweise gibt - und womöglich die Fäden zieht. Am Ende sind bei Pakula alle nur Marionetten - und merken es meistens nicht einmal.

Michael Althen

Filme als Regisseur

THE STERILE CUCKOO / POOKIE, 1968/69 (auch Produzent) [▮ Robert Evans]; KLUTE, 1971 (auch Produzent); LOVE AND PAIN AND THE WHOLE DAMN THING, 1972 (auch Produzent); THE PARALLAX VIEW, 1974 (auch Produzent) [▮ Warren Beatty, ▮ Robert Towne]; ALL THE PRESIDENT'S MEN, 1976; COMES A HORSEMAN, 1978; STARTING OVER, 1979 (auch Produzent); ROLLOVER, 1981; SOPHIE'S CHOICE, 1982 (auch Autor, Produzent); DREAM LOVER, 1986 (auch Produzent); ORPHANS, 1987 (auch Produzent); SEE YOU IN THE MORNING, 1988 (auch Autor, Produzent); PRESUMED INNOCENT, 1989 (auch Autor) [▮ Sydney Pollack]; CONSENTING ADULTS, 1991 (auch Produzent); THE PELICAN BRIEF, 1993 (auch Autor, Produzent); THE DEVIL'S OWN, 1997.

Filme als (Ko-)Autor

SOPHIE'S CHOICE, Regie Alan J. Pakula, 1982 (auch Produzent); SEE YOU IN THE MORNING, Regie: Alan J. Pakula, 1988 (auch Produzent); PRESUMED INNOCENT, Regie: Alan J. Pakula, 1989 [▮ Sydney Pollack]; THE PELICAN BRIEF, Regie: Alan J. Pakula, 1993 (auch Produzent).

Filme als (Ko-)Produzent

FEAR STRIKES OUT, Regie: Robert Mulligan, 1957; TO KILL A MOCKINGBIRD, Regie: Robert Mulligan, 1962; LOVE WITH THE PROPER STRANGER, Regie: Robert Mulligan, 1963; BABY THE RAIN MUST FALL, Regie: Robert Mulligan, 1964; INSIDE DAISY CLOVER, Regie: Robert Mulligan, 1965; UP THE DOWN STAIRCASE, Regie: Robert Mulligan, 1967; THE STALKING MOON, Regie: Robert Mulligan, 1968; THE STERILE CUCKOO / POOKIE, Regie: Alan J. Pakula, 1968/69 [▮ Robert Evans]; KLUTE, Regie: Alan J. Pakula, 1971; LOVE AND PAIN AND THE WHOLE DAMN THING, Regie Alan J. Pakula, 1972; THE PARALLAX VIEW, Regie Alan J. Pakula, 1974 [▮ Warren Beatty, ▮ Robert Towne]; STARTING OVER, Regie Alan J. Pakula, 1979; ROLLOVER, Regie: Alan J. Pakula, 1981; SOPHIE'S CHOICE, Regie: Alan J. Pakula, 1982 (auch Autor); DREAM LOVER, Regie: Alan J. Pakula, 1986; ORPHANS, Regie: Alan J. Pakula, 1987; SEE YOU IN THE MORNING, Regie: Alan J. Pakula, 1988 (auch Autor); CONSENTING ADULTS, Regie: Alan J. Pakula, 1991; THE PELICAN BRIEF, Regie: Alan J. Pakula, 1993 (auch Autor).

Auftritt im Film

GEORGE STEVENS. A FILMMAKER'S JOURNEY, Regie: George Stevens Jr., 1985 [▮ Warren Beatty].

Literatur (Auswahl)

Tom Milne: Not a Garbo or a Gilbert in the Bunch. In: Sight and Sound (London), Nr. 2, 1972, S. 88 ff. - Michel Ciment: Entretien avec Alan J. Pakula. In: Positif (Paris), Nr. 136, März 1972, S. 32 ff. - Gordon Gow: Unlikely Elements. In: Films and Filming (London), Nr. 3, Dezember 1972, S. 14-18. - Neil Sinyard: Pakula's Choice: Some Thoughts on Alan J. Pakula. In: Cinema Papers (Sydney), Nr. 46, Juli 1984, S. 144 ff. - o. A.: Dialogue on Film: Alan J. Pakula (Interview). In: American Film (Washington, D.C.), Nr. 2, November 1985, S. 13, 76-77. - A. Cockburn, Adam Baker: John and Oliver's Bogus Adventure: Cries and Whispers. In:

Sight and Sound (London), Nr. 10, Februar 1992, S. 22 ff. - Milan Pavlović: Zeuge der Verschwörungen (Interview). In: Kölner Stadt-Anzeiger, 26.3.1994. - Milan Pavlović: Vertrauen ist schlecht, Kontrolle ist besser (Interview); Richard T. Jameson: The Pakula Parallax; Lars-Olav Beier: Totale Angst; Brigitte Desalm: Sophie, Austin und der Garagenmann; Gerhard Midding: Die Anatomie des Vertrauens (inkl. Robert Mulligan über Pakula). In: Steadycam (Köln), Nr. 33, Frühjahr 1997, S. 42 ff. - Lars-Olav Beier: Den Blicken ausgesetzt. Der Regisseur Alan J. Pakula wird siebzig. In: Frankfurter Allgemeine Zeitung, 7.4.1998. - Michael Althen: Kino kann sehr kalt sein. In: Süddeutsche Zeitung (München), 21.11.1998. - Peter W. Jansen: Ein Moralist. In: Neue Zürcher Zeitung, 21.11.1998. - Peter Körte: Der Unbestechliche. In: Frankfurter Rundschau, 21.11.1998. - HPK: Alan J. Pakula. In: film-dienst (Köln), Nr. 25, 8.12.1998, S. 18. - Frank Arnold: Alan J. Pakula. 7.4.1928-19.11.1998. In: epd Film (Frankfurt/M.), Nr. 1, Januar 1999, S. 18 f.

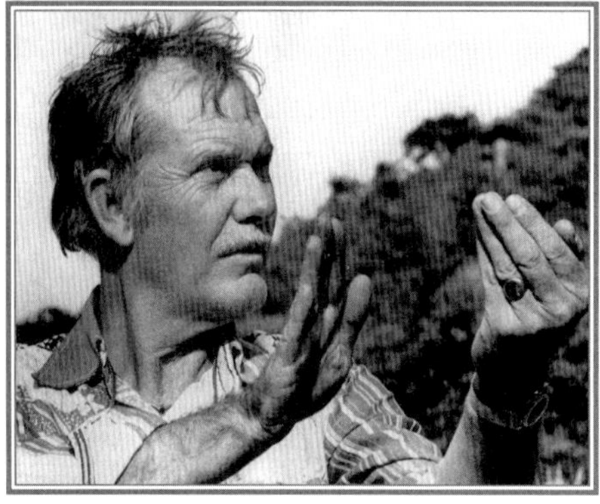

Sam Peckinpah

Etwas fehlt, heißt es bei Peckinpahs Filmen oft. Auf passende Länge gebracht, verstümmelt, Versionen, die mit einem *director's cut* nichts mehr zu tun hätten. Und eben nicht (nur), weil zu gewalttätig, sondern zu langatmig - wie etwa bei MAJOR DUNDEE. Gewalt aber heißt das Stichwort, das beim nächsten Atemzug fällt, wenn über „Bloody Sam" gesprochen wird. Und schon ist man in die Argumentationsfalle getappt: dafür oder dagegen, verteidigen oder verdammen. Dabei ist das exzessiv Friedliche von den exzessiven Verletzungen nicht zu trennen. Die Gewalt und die Nicht-Gewalt sind gleichzeitig immer präsent, in ihrer lauernden Abwesenheit, als Potentialität innerhalb einer lauten Normalität, einer landschaftlich bezaubernden Kulisse, in der Erinnerung, als Trauma und Sehnsucht, sowohl als auch: Der Blick eines verlorenen Freundes bleibt als Bild verinnerlicht, taucht in anderen Situationen imaginiert wieder auf, wie das Öffnen einer Gürtelschnalle, das an eine Vergewaltigung erinnert, eine Narbe, ein zerfetzter Kopf, eine Umarmung beim Baden im See.

STRAW DOGS, neben CROSS OF IRON *der* Nicht-Amerika-Film, weder Mexiko noch USA, der, 1971, am Anfang von Peckinpahs hochproduktiven Jahren steht (zwischen '69 und '78 jedes Jahr ein Film), nach THE WILD BUNCH und noch vor THE GETAWAY, in seiner Gegenwart spielend und keinem Genre direkt zuzuordnen, besetzt mit Dustin Hoffman, der nicht unbedingt ins Männlichkeitsbild der Peckinpah-Revolver-Riege paßt, eben jener STRAW DOGS soll als Klammer und Exempel dienen, um einige Inszenierungsmerkmale zu beschreiben.

Sam Peckinpah, der Outlaw, heißt es auch, einer, der immer außerhalb der Hollywood-Szene stand, ein Jenseitiger. „I don't know my way home", lautet der letzte Satz in STRAW DOGS. Dustin Hoffman alias David Sumner gibt einen in mehrfacher Hinsicht Fremden: ein Amerikaner im englischen Cornwall, dem ehemaligen Zuhause seiner Gattin Amy (Susan George), ein Mathematiker, ein Intellektueller zwischen Bauarbeitern, ein seiner Ehefrau irgendwie Abhandengekommener. Dieses Fremde, Unzugängliche schürt Aggression und Spott und Streit. Die eine Linie verläuft zwischen Mr. und Mrs. Sumner. Die beiden sind in ihrem abgelegenen Landhaus ziemlich aufeinander angewiesen. Dabei entzünden sich ihre Auseinandersetzungen nicht im Schlaf-, sondern im Arbeitszimmer von Mr. Sumner, vor der schwarzen Tafel, vor der er Stunden verbringt, in einer Welt voll Zahlen und Gleichungen, zu der Mrs. Sumner keinen Zugang hat. Aus Langeweile, vielleicht auch Frust, sucht sie sich eine gefährlich körperliche Bestätigung von außen. Mit Blicken durchs Fenster, die zwischen Amy und den Dachdeckern gewechselt werden, gestandenen jungen Männern aus dem Dorf, die sie noch von früher kennt und denen sie, wie zufällig, immer wieder Aussichten auf ihren nackten Körper gewährt, beginnt eine provozierende, vorerst nur latent aggressive Anziehung, ein Verhältnis. Daß die Grenze zwischen drinnen und draußen recht leicht und unbemerkt zu überschreiten ist, daß die körperlich Arbeitenden nicht gewillt sind, an ihrem Platz zu bleiben, zeigt zuerst nur ein Spruch zwischen den Zahlen auf der schwarzen Tafel, der da nicht hingehört: „Did I catch you off guard?" - und eine tote Katze.

„This is where I live. This is me. I would not allow violence against this house", wird viel später David zu Amy sagen, als die Dinge längst aus dem Ruder gelaufen sind und es bereits um Leben und Tod geht. Die Situation aber ist weit paradoxer und vertrackter, als er annimmt, und erfordert nicht nur, das eigene Heim gegen Eindringlinge zu

Sam Peckinpah,
Regisseur, Autor; geboren am 21. Februar 1925 in Fresno, Kalifornien, gestorben am 28. Dezember 1984 in Inglewood, Kalifornien. Besuch des Fresno State College, Bachelor of Arts (B.A.) in Drama 1949, Studium an der University of Southern California (USC), Abschluß mit einem weiteren akademischen Grad (Magister Artium, M.A.). Erste Berufserfahrungen als Regisseur und Produzent am Huntington Park Civic Theatre in Kalifornien und als Bühnenarbeiter bei dem lokalen Fernsehsender KLAC-TV in Los Angeles. Filmeinstieg Mitte der fünfziger Jahre durch Don Siegel, dessen Assistent er wird: Peckinpah schreibt das Drehbuch zu Siegels THE INVASION OF THE BODY SNATCHERS, in dem er auch eine Nebenrolle übernimmt. Peckinpah kreiert und inszeniert mehrere Folgen der Fernsehwestern THE RIFLEMAN und THE WESTERNER, ist Autor der TV-Serie GUNSMOKE. Leinwanddebüt 1961 mit dem

psychologischen Western THE DEADLY COMPANIONS. Auch mit seinem nächsten Film als Regisseur bleibt Peckinpah dem Genre treu: In RIDE THE HIGH COUNTRY spielen die beiden Westernlegenden Randolph Scott und Joel McCrea ihre schönsten Altersrollen. Warren Oates, einer der fünf degenerierten Hammond-Brüder (in gelegentlichen Parts ist er schon in THE RIFLEMAN aufgetreten), wird zu einer schauspielerischen Konstante in Peckinpahs Œuvre: In MAJOR DUNDEE, einem der verstümmelten Meisterwerke Peckinpahs, spielt er einen am Ende des Bürgerkriegs in Gefangenschaft geratenen Südstaatler, in THE WILD BUNCH, Peckinpahs Abgesang auf den Western, ist er neben Ernest Borgnine, William Holden und Ben Johnson das vierte Mitglied einer Bande von Outlaws, und in BRING ME THE HEAD OF ALFREDO GARCIA, einem der persönlichsten Filme Peckinpahs, stellt er in einer seiner wenigen Hauptrollen einen von Lebensgier Getriebenen dar. 1969 wird Sam Peckinpah für sein Drehbuch zu THE WILD BUNCH für einen Oscar nominiert.

schützen. Auch mutiert der so friedliche David Sumner nicht einfach zur „Killermaschine". Das Rechtsverständnis der bürgerlichen Gesellschaft – niemand darf ohne Verhandlung verurteilt werden – reizt Sam Peckinpah hier bis an die Grenzen seiner Logik aus. David will einen Lynchmord verhindern, will einen Mann – im Dorf als Irrer verschrieen –, dem er in der Not Unterschlupf gewährte und von dem wir wissen, daß er kurz davor ein Mädchen getötet hat, nicht einer trunkenen, gewaltbereiten Horde ausliefern. Mit einer logischen, ausgetüftelten Verteidigungsstrategie wird David am Ende sieben Menschen getötet haben.

Amy, die in Todesangst vorschlägt, den Beherbergten auszuliefern, um ihre eigene Haut zu retten, um eine Situation aufzulösen, in die beide nur durch Zufall hineingeraten sind, sieht in das vorwurfsvoll verständnislose Gesicht ihres Mannes: „You really don't care, do you?" Ob Davids Motivation aber so edel ist, wie man theoretisch meinen könnte, ob er eine ganz andere Rechnung begleichen, endlich, nicht weniger egoistisch, seine Mannhaftigkeit beweisen will oder einfach nur verbohrt ist – das kann man nicht wissen.

Peckinpah schickt seine Protagonisten mit all ihren Hoffnungen und Sehnsüchten in Situationen, die sie gnadenlos überfordern, manövriert sie jenseits der Gesetze, läßt sie scheitern und schenkt ihnen nur selten ein gutes Ende. Da reiht sich STRAW DOGS ein, zwischen CROSS OF IRON, THE WILD BUNCH, THE GETAWAY oder BRING ME THE HEAD OF ALFREDO GARCIA.

Annett Busch

Filme als Regisseur (auch TV-Auswahl)

BROKEN ARROW: THE KNIFE FIGHTER (TV), 1958; THE RIFLEMAN: THE BABY SITTER (TV), 1958 (auch Autor); THE RIFLEMAN: THE BOARDING HOUSE (TV), 1958 (auch Autor); THE RIFLEMAN: THE MARSHALL (TV), 1958 (auch Autor); THE RIFLEMAN: THE MONEY GUN, 1958 (auch Autor); THE ZANE GREY THEATRE: LONESOME ROAD (TV), 1959 (auch Autor); ZANE GREY THEATRE: MISS JENNY (TV), 1959 (auch Autor); KLONDIKE (TV-Pilotfilm), 1960 (auch Autor); KLONDIKE: SWOGER'S MULES (TV), 1960 (auch Autor); THE WESTERNER: BROWN (TV), 1960; THE WESTERNER: THE COURTING OF LIBBY (TV), 1960; THE WESTERNER: HAND ON THE GUN (TV), 1960; THE WESTERNER: JEFF (TV), 1960 (auch Autor); THE WESTERNER: THE OLD MAN (TV), 1960 (auch Autor); THE WESTERNER: THE PAINTING (TV), 1960 (auch Autor); THE WESTERNER: SCHOOL DAY, 1960 (auch Autor); THE DEADLY COMPANIONS, 1961; ROUTE 66: MON PETIT CHOU (TV), 1961; DICK POWELL THEATRE: LOSERS (TV), 1962 (auch Autor); DICK POWELL THEATRE: PERICLES ON 34TH STREET, 1962 (auch Autor); RIDE THE HIGH COUNTRY, 1962 (auch Autor); MAJOR DUNDEE, 1964/65 (auch Autor); ABC STAGE 67: NOON WINE (TV), 1966 (auch Autor); BOB HOPE THEATRE: THAT LADY IS MY WIFE (TV), 1966; THE WILD BUNCH, 1969 (auch Autor); THE BALLAD OF CABLE HOGUE, 1970 (auch Produzent); STRAW DOGS, 1971 (auch Autor); JUNIOR BONNER, 1972; THE GETAWAY, 1972 [▮ Robert Evans]; PAT GARRETT AND BILLY THE KID, 1973 [▮ Bob Dylan, ▮ Rudy Wurlitzer]; BRING ME THE HEAD OF ALFREDO GARCIA, 1974 (auch Autor); THE KILLER ELITE, 1975 [▮ Monte Hellman]; STEINER – DAS EISERNE KREUZ / CROSS OF IRON, 1976/77; CONVOY, 1977; THE OSTERMAN WEEKEND, 1983 [▮ Dennis Hopper].

Filme als (Ko-)Autor (auch TV-Auswahl)

INVASION OF THE BODY SNATCHERS, Regie: Don Siegel, 1955/56 (auch Darsteller); BLOOD BROTHER: THE TRANSFER (TV), 1956/57; GUNSMOKE: COOTES (TV) 1956-58; GUNSMOKE: DIRT (TV), 1956-58; GUNSMOKE: THE GUITAR (TV), 1956–58; GUNSMOKE: HOW TO DIE FOR NOTHING (TV), 1956–58; GUNSMOKE: HOW TO KILL A WOMAN (TV), 1956–58; GUNSMOKE: LEGAL REVENGE (TV), 1956–58; GUNSMOKE: POOR PEARL D. (TV), 1956–58; GUNSMOKE: THE QUEUE, 1956-58; GUNSMOKE: THE ROUNDUP (TV), 1956-58; GUNSMOKE: YORKY (TV), 1956–58; MAN WITHOUT A GUN: THE KIDDER (TV), 1956–58; TOMBSTONE TERRITORY: THE JOHNNY RINGO STORY (TV), 1956-58; TRACKDOWN: THE TOWN (TV), 1956–58; ZANE GREY THEATRE: THE SHARPSHOOTER (TV), 1956–58; BROKEN ARROW: THE TEACHER (TV), 1957; HAVE GUN WILL TRAVEL: THE SINGER (TV), 1958; THE RIFLEMAN: THE BABY SITTER (TV), Regie: Sam Peckinpah, 1958; THE RIFLEMAN: THE BOARDING HOUSE (TV), Regie: Sam Peckinpah, 1958; THE RIFLEMAN: HOME RANCH (TV), 1958; THE RIFLEMAN: THE MARSHALL (TV), Regie: Sam Peckinpah, 1958; THE RIFLEMAN: THE MONEY GUN, Regie: Sam Peckinpah, 1958; ZANE GREY THEATRE: TROUBLE AT TRES CRUCES (TV), 1958; ZANE GREY THEATRE: LONESOME ROAD (TV), Regie: Sam Peckinpah, 1959; ZANE GREY THEATRE: MISS JENNY (TV), Regie: Sam Peckinpah, 1959; KLONDIKE (TV-Pilotfilm), Regie: Sam Peckinpah, 1960; KLONDIKE: SWOGER'S MULES (TV), Regie: Sam Peckinpah, 1960; THE WESTERNER: JEFF (TV), Regie: Sam Peckinpah, 1960; THE WESTERNER: MRS. KENNEDY (TV), 1960; THE WESTERNER: THE OLD MAN (TV), Regie: Sam Peckinpah, 1960; THE WESTERNER: THE PAINTING (TV), Regie: Sam Peckinpah, 1960; THE WESTERNER: SCHOOL DAY, Regie: Sam Peckinpah, 1960; PONY EXPRESS: THE STORY OF JULESBURG (TV),

1961; DICK POWELL THEATRE: LOSERS (TV), Regie: Sam Peckinpah, 1962; DICK POWELL THEATRE: PERICLES ON 34TH STREET, Regie: Sam Peckinpah, 1962; RIDE THE HIGH COUNTRY, Regie: Sam Peckinpah, 1962 (uncredited); MAJOR DUNDEE, Regie: Sam Peckinpah, 1964/65; THE GLORY GUYS, Regie: Arnold Laven, 1965; ABC STAGE 67: NOON WINE (TV), Regie: Sam Peckinpah, 1966; VILLA RIDES, Regie: Buzz Kulik, 1968 [▮ Robert Towne]; THE WILD BUNCH, Regie: Sam Peckinpah, 1969; STRAW DOGS, Regie: Sam Peckinpah, 1971; BRING ME THE HEAD OF ALFREDO GARCIA, Regie: Sam Peckinpah, 1974.

Film als (Ko-)Produzent

THE BALLAD OF CABLE HOGUE, Regie: Sam Peckinpah, 1970.

Filme als Darsteller (auch Auftritte)

AN ANNAPOLIS STORY, Regie: Don Siegel, 1955; INVASION OF THE BODY SNATCHERS, Regie: Don Siegel, 1955/56 (auch Autor); CHINA 9 LIBERTY 37, Regie: Tony Brandt, ▮ Monte Hellman, 1978; IL VISITATORE / THE VISITOR, Regie: Giulio Paradisi, 1979; SAM PECKINPAH. MAN OF IRON (Dok.), Regie: Paul Joyce, 1991.

Literatur (Auswahl)

Max Evans: Sam Peckinpah. Vermilion: Dakota 1972. - Doug McKinney: Sam Peckinpah. Boston: Twayne 1979. - William Parrill: Twilight: The Films of Sam Peckinpah. Hammond: Bay-Wulf 1980. - Frank Arnold, Ulrich von Berg: Sam Peckinpah: Ein Outlaw in Hollywood. Frankfurt: Ullstein 1987. - Marshall Fine: Bloody Sam. New York: Donald I. Fine 1991. - Michael Bliss: Justified Lives. Morality and Narrative in the Films of Sam Peckinpah. Carbondale/Edwardsville: Southern Illinois University 1993. - David Weddle: „If They Move ... Kill 'em": The Life and Times of Sam Peckinpah. New York: Grove 1994. - Stephen Prince: Savage Cinema. Sam Peckinpah and the Rise of Ultraviolent Movies. London/Austin: Athlone / University of Texas 1998.

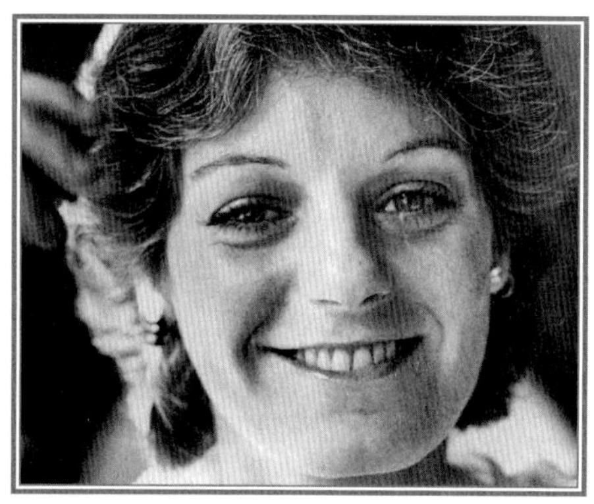

Julia Phillips

Sie ist die Heldin im traurigsten Kapitel, das „New Hollywood" zu bieten hatte - nicht nur, weil ihre Geschichte längst zu Ende geschrieben ist, sie am Neujahrstag 2002 gestorben ist, ohne daß die Dinge wieder in Ordnung gekommen wären. Es ist einfach eine trostlose Geschichte, weil sie davon erzählt, wie jemand die Lust aufs Filmemachen und aufs Kino verloren hat. „You'll Never Eat Lunch in this Town Again" heißt ihre Abrechnung mit zweieinhalb Jahrzehnten Hollywood. Der Buchtitel nimmt die Konsequenzen vorweg; sie wußte, daß sie endgültig aus dem Spiel war. „I'm always on diet", schreibt Phillips trotzig, „and I'm not so hungry anymore." Mit ihrem Buch hat Phillips für einigen Aufruhr gesorgt, hat über ihre eigenen Drogenräusche und die anderer Leute geschrieben und über allerlei schlechte Angewohnheiten: schlechten Geschmack, Intriganz, gewohnheitsmäßigen Frauenhaß. Einmal plaudert sie aus, ▮ Warren Beatty habe sie ganz beiläufig um einen Dreier mit ihr und ihrer damals 14jährigen Tochter gebeten; De Niro haßte Cybill Shepherd; und so ziemlich jeder Studiochef oder große Produzent, mit dem sie zu tun hatte, machte ihr mit verbaler sexueller Aggression klar, daß sie nichts zu suchen hatte im Herrenclub von „New Hollywood". Ein schön geschriebenes Buch - man ist nur nie ganz sicher, ob sie eine poetische Ader hatte oder ihre Lust am Spiel mit der Sprache Resultat einiger ordentlicher Joints war. Ihre Mutter, schreibt sie, hätte einmal gesagt, sie könne eines Tages Städte bauen: „I could have built bridges and burnt them ..."

Nach dem College bekam Julia Phillips einen Job bei der Paramount. 1966 heiratete sie Michael Phillips, zusammen wollten sie Filme produzieren. Auch der Schauspieler Tony Bill war mit dabei, STEELYARD BLUES war der erste Film, den das Team zusammen produzierte, Anfang der Siebziger, David S. Ward hatte das Script geschrieben. Die drei wurden auch die Produzenten von Wards nächstem Buch, George Roy Hill führte Regie, Redford und Newman spielten die Hauptrollen - THE STING wurde 1973 einer der erfolgreichsten Filme, räumte sieben Oscars ab. Am 2. April 1974 fand die Verleihung statt im Dorothy Chandler Pavillion, und am Ende, als die Trophäe für den Besten Film vergeben wurde, durfte Julia Phillips rauf auf die Bühne: die erste Frau, die den Oscars aller Oscars bekam. Sie hatte vorher eine Diätpille genommen, ein bißchen Koks, zwei Joints, drei Valium und anderthalb Gläser Wein, als habe sie alles daran setzen wollen, diesen Triumph nicht bei Bewußtsein zu erleben.

Julia Phillips,
Produzentin; geboren am 7. April 1944 in New York City, gestorben am 1. Januar 2002 in Hollywood, Kalifornien.
Ausbildung am Mount Holyoke College, South Hadley, Massachusetts, Mitherausgeberin und Autorin für verschiedene Magazine wie das „Ladie's Home Journal". Das New Yorker Paramount-Büro stellt sie als Drehbuchlektorin ein, später wechselt sie zu Mirisch und wird - protegiert von David Begelman - *creative executive* bei First Artists. Dort arbeitet sie vornehmlich mit Schauspielern wie Barbra Streisand und Robert Red-

ford. 1970 gründet sie mit Ehemann Michael Phillips und dem Schauspieler Tony Bill die Bill/Phillips Productions. Sie produzieren drei der renommiertesten Filme der Dekade: George Roy Hills THE STING, Martin Scorseses TAXI DRIVER und Steven Spielbergs CLOSE ENCOUNTERS OF THE THIRD KIND. Nach diesem künstlerischen Triumph - Oscar (Bester Film) für THE STING, Goldene Palme in Cannes für TAXI DRIVER, Oscar (Beste Kamera) und Special Achievement Award (Bester Tonschnitt) für CLOSE ENCOUNTERS OF THE THIRD KIND - und dem kommerziellen Erfolg handelt Twentieth Century-Fox mit Phillips einen Produktionsvertrag aus; ein Stab von dreißig Mitarbeitern wird ihr zur Seite gestellt. 1991 veröffentlicht Julia Phillips ihre Autobiografie mit dem Titel „You'll Never Eat Lunch in this Town Again", die zu einem Verkaufsschlager wird und monatelang die Bestsellerliste der „New York Times" anführt.

Der größte Moment ihres Lebens war ein Vollrausch. Sie galt als die Königin der durchgefeierten Nächte, aber im Grunde hat sie sie nicht genossen. Bei der Verfilmung von Erica Jongs „Fear of Flying" hätte sie gerne Regie geführt. Jong stellte sich quer, es kam zum Prozeß. Die unselige Affäre ist wie eine Zusammenfassung dessen, was man aus Phillips' Erinnerungen an das Haifischbecken Hollywood lernen kann: In ihrer Geltungssucht, ihrem Willen zur Macht und ihrer Bereitschaft zur Intrige vergessen die Leute das Filmemachen. „Angst vorm Fliegen" wurde nie verfilmt.

Es war noch ein anderes Drehbuch im Gespräch, und obwohl die Ehe mit Michael Phillips zur Zeit der Oscar-Verleihung bereits am Ende war, nahmen die beiden sich auch das nächste Projekt gemeinsam vor: TAXI DRIVER. Das Script habe sie nur vom soziologischen Gesichtspunkt her gereizt, hat Phillips später geschrieben, aber ihr wurde dann schon klar, was sie da hatte, gefangen zwischen Schrader und seiner *male retro*-Attitüde und dem Geschöpf der Frauenbewegung, dem „scion of women's lib, ho, ho", Martin Scorsese. Ihr Urteil über Scorsese lautet: misogyn. Aber das waren dennoch große Tage. Als sie mit Spielberg CLOSE ENCOUNTERS OF THE THIRD KIND drehte, gerieten die Dinge außer Kontrolle. Der Ärger am Set, die Budget- und Zeitüberschreitungen wurden zum großen Hindernis in ihrer Karriere.

Über Spielberg schreibt sie in „You'll Never Eat Lunch in this Town Again" trotzdem nicht ohne Wärme, immer im Bewußtsein, daß sie selbst tatsächlich mehr und mehr zum Problem wurde: Phillips hat ihre Karriere mit ihren Drogenexzessen selbst hingerichtet, lange bevor ihr andere ihrer freimütigen Bekenntnisse wegen den Garaus machten. Julia Phillips war nicht die erste, die sich in Hollywood an Männerjobs versuchte. Dawn Steel war eine der wenigen zeitgenössischen Kolleginnen von Phillips; sie übernahm 1987 als erste Frau die Leitung eines Studios - der Columbia - und hat sich sicher besser geschlagen, aber ihre Erinnerungen, unter dem Titel „They Can Kill You - But They Can't Eat You: Lessons From the Front" erschienen, lassen dann durchaus erkennen, daß sich Julia Phillips die Eifersucht und das Machtgebaren ihrer männlichen Kollegen nicht nur eingebildet hat.

Julia Phillips fühlte sich angefeindet und blieb eine Einzelkämpferin. Der Unterschied zu den meisten Männern in ihrer Erfolgsliga bestand darin, daß ihr keiner aus der Patsche half. Die Seilschaften waren Männern vorbehalten - das Netz, das Robert Evans auffing, der mehr als einmal strauchelte, oder Polanski, zu dem seine Freunde auch noch in den finstersten Stunden hielten. Nur lagen die Dinge bei Phillips anders, sie war das Mädchen mit dem Talent zum Brückenverbrennen. Truffaut gab der „New York Times" ein Interview über die Arbeit an CLOSE ENCOUNTERS - Phillips sei unprofessionell und inkompetent. Ein schwerer Schlag, Phillips wurde krank: „I came down with a bad case of Truffaut." Spielberg schrieb einen Leserbrief zu ihrer Verteidigung. Phillips fand den Brief zu schwach und das Timing schlecht, weil der Brief erst vier Wochen nach dem Truffaut-Interview erschien. Natürlich hat sie das aufgeschrieben, und natürlich hat diese Offenheit damit zu tun, daß sie am Ende in Hollywood gar keine Fürsprecher mehr hatte. In Kenneth Bowsers Dokumentarfilm EASY RIDERS, RAGING BULLS ist endlich mal einer für sie eingetreten: Richard Dreyfuss beschreibt das Gefühl, als er Phillips Buch las. Er konnte sie nicht dafür hassen, denn genau so sei es gewesen.

Susan Vahabzadeh

Filme als Produzentin (Auswahl)

STEELYARD BLUES, Regie: Alan Myerson, 1973; THE STING, Regie: George Roy Hill, 1973; TAXI DRIVER, Regie: Martin Scorsese, 1975 [Paul Schrader]; THE BIG BUS, Regie: James Frawley, 1976; CLOSE ENCOUNTERS OF THE THIRD KIND, Regie: Steven Spielberg, 1977 [Paul Schrader]; 2010, Regie: Peter Hyams, 1984; THE BOOST, Regie: Harold Becker, 1988 (uncredited); THE BEAT, Regie: Paul Mones, 1988; SPECIAL EDITION OF CLOSE ENCOUNTERS OF THE THIRD KIND, Regie: Steven Spielberg, 1990 [Paul Schrader]; DON'T TELL MOM THE BABYSITTER'S DEAD, Regie: Stephen Herek, 1991.

Darstellerin in Filmen (auch Auftritte, TV-Auswahl)

NEW YORK, NEW YORK, Regie: Martin Scorsese, 1976/77; UNZIPPED: HOLLYWOOD (TV), 1999; EASY RIDERS, RAGING BULLS (Dok.), Regie: Kenneth Bowser, 2003 [Peter Bogdanovich, Roger Corman, Peter Fonda, Monte Hellman, Dennis Hopper, Henry Jaglom, John Milius, Paul Schrader, Rudy Wurlitzer].

Literatur (Auswahl)

L. Salvato: Interview with Producer Julia Phillips. In: Millimeter (New York), Nr. 9, September 1976, S. 56ff. - Julia Phillips: You'll Never Eat Lunch in this Town Again. New York: Random House 1991 / London: Mandarin 1992. - Julia Phillips: Driving Under the Affluence. New York: Harper Collins 1995. - Julia Phillips, Matt Drudge: Drudge Manifesto. New York: New American Library 2000. - göt (= Fritz Göttler): Auf hoher Flamme. In: Süddeutsche Zeitung (München), 4.2.2002. - malt (= Michael Althen): Das letzte Mahl. Die Filmproduzentin Julia Phillips ist gestorben. In: Frankfurter Allgemeine Zeitung, 4.1.2002. - Dana Harris: Phillips. Oscar Winning Producer. In: Variety (Hollywood), Nr. 7, 7.1.2002.

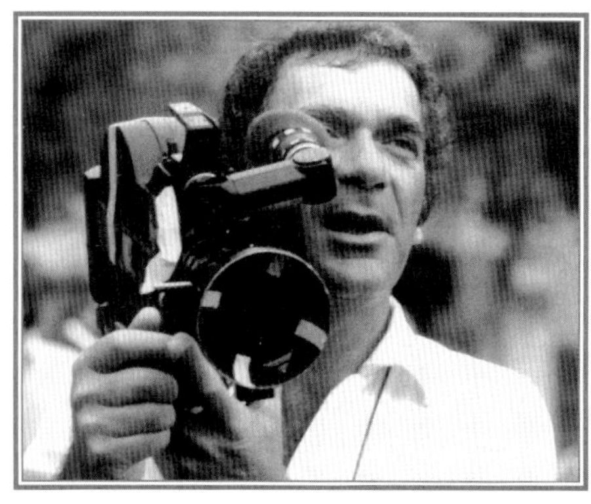

Sydney Pollack

Eine bleiche Stadt ist New York in THREE DAYS OF THE CONDOR, Pollacks essentiellem Siebziger-Jahre-Film. Man hat den Eindruck, als befände sich die Stadt in einem Schockzustand nach Vietnam, nach Watergate. Trotz der Fahlheit wirken die Bilder von der Stadt aber nicht schmutzig wie in manchen anderen Filmen der Zeit. Die Paranoia scheint sich eher wie ein leichter Dunst über die Metropole zu legen. Die Twin Towers mit der gläsernen Fassade wirken klar und undurchsichtig zugleich. Pollack, der behutsame Stilist, behält auch in der Darstellung von Korruption eine bestimmte Eleganz bei, eine Eleganz, die jedoch immer mit Schmerzlichkeit verbunden ist, mit dem Wissen, daß es nicht für alles eine Erklärung gibt, noch seltener eine Auflösung, und fast nie so etwas wie Erlösung.

In THE YAKUZA, zu dem Paul Schrader und Robert Towne das Drehbuch geschrieben haben, gibt es einen exzessiven, blutigen Showdown, der ganz typisch ist für Schrader. Aber auf diesen Showdown folgt noch ein Ritual der Reue, ganz im Sinne von Pollack, dem Regisseur der Stimmungen, des Nachwirkens. Nicht umsonst sind die steten Mitarbeiter von Pollack der Komponist Dave Grusin und der Produktionsdesigner Stephen Grimes, zwei Kreateure von Atmosphäre, von *mood*. Die Suche nach der verlorenen Zeit, nach einer Unschuld und Eindeutigkeit, die es wahrscheinlich nie gegeben hat: Das ist ein großes Thema des „New Hollywood". Anders als bei der Nouvelle Vague, dem furios-verspielten Neubeginn, gibt es im Hollywood der späten Sechziger und der Siebziger eine seltsame Tendenz, die zwischen Skepsis und Nostalgie oszilliert.

Pollack hat neben George Roy Hill am stärksten diese Nostalgie erkundet und sogar zur heimlichen Grundlage seines Œuvres gemacht. Viele seiner Filme, vom Trapperfilm JEREMIAH JOHNSON bis zum Kuba-Melo HAVANA, spielen in einer weiterwirkenden Vergangenheit. Und diese Vergangenheit schwankt in Pollacks Darstellung zwischen einem verzaubernden Onirismus und einem beinahe desillusionierendem Realismus. Beispiele hierfür sind THIS PROPERTY IS CONDEMNED und THEY SHOOT HORSES, DON'T THEY?, zwei Filme aus den Sixties, die in der Depressionszeit spielen und von Glamour und Passion handeln. THE WAY WE WERE heißt ein Erfolgsfilm von Pollack. Der Titel beschreibt einen Grundzug von Pollacks Werk: nämlich die Poesie des Erinnerns. Selbst in einem Gegenwartsfilm wie THREE DAYS OF THE CONDOR ist die Suche nach dem entschwundenen Glück spürbar. Da macht Faye Dunaway Schwarzweißfotos, die Robert Redford als spätherbstlich bezeichnet, Fotos von verlassenen Parks, von leeren Straßen. Dieses Vakuum ist noch schwerer zu ertragen als die undefinierbare Bedrohung, die über New York liegt. Vielleicht ist vor diesem Hintergrund einer fast lyrischen Geschichtsschreibung auch die lange Zusammenarbeit von Pollack und Redford verständlich, die bis jetzt sieben Filme umfaßt. Redford verkörpert wie kaum ein anderer Akteur eine amerikanische Ursprünglichkeit, die Pollack bewundert, aber auch immer wieder hinterfragt.

Pollack ist in den Sechzigern und Siebzigern zu einem Cineasten des zeitlichen und räumlichen Zusammenhangs geworden, zu einem *auteur* der gefährdeten Balance. Er hat mit der kleinen Form begonnen, mit der Inszenierung von Episoden bei TV-Serien. Auch die Schauplätze seiner frühen Kinofilme sind überschaubar gewesen, oft sogar eng und klaustrophobisch: der Tanzpalast in THEY SHOOT HORSES, DON'T THEY?, das traumhafte belgische Schloß in dem avantgardistisch anmutenden Kriegsfilm CASTLE KEEP, das in einem bizarren Kontrast zu den Schrecken des Krieges steht. Wie bei einer Spirale hat sich dann die Topographie von Pollacks Werk geöffnet: Er hat in Japan gedreht, in Afrika und Europa. Dabei versucht er, das amerikanische Wesen zu ergründen im Zusammenspiel mit anderen, fremden Kulturen. Dieses Zusammenspiel ist immer eine Frage von Nuancen. Als hänge das Schicksal der Welt an seidenen Fäden.

THE SLENDER THREAD heißt bezeichnenderweise Pollacks Erstling, in dem Sidney Poitier einen Telefonseelsorger spielt, der verzweifelt versucht, eine Frau (Anne Bancroft) vom Selbstmord abzubringen. Mit dem seidenen Faden des Titels ist die Telefonleitung gemeint, aber auch die Beziehung zwischen Poitier und der Bancroft, zwischen Mann und Frau allgemein. Dieses Debüt ist ein kleiner Film, bei dem sich bereits viele Aspekte von Pollacks Werk andeuten. Die Positionierung des Menschen im Raum, die ihn Zusammenhänge nicht erkennen läßt, ist hier schon gegeben. Es gibt eine Einstellung, die Anne Bancroft verloren in der hypermodernen Architektur von Seattle zeigt, eine Einstellung, die an Resnais' L'ANNEE DERNIERE A MARIENBAD (1960/61) erinnert, aber auch die Einsamkeit von Jeremiah Johnson vorwegnimmt. Zudem gibt es zwischen Poitier und der Bancroft schon das

Sydney Pollack,
Regisseur, Produzent, Darsteller; geboren am 1. Juli 1934 in Lafayette, Indiana.
Besuch der South Bend Central High School, Anfang der fünfziger Jahre Schauspielunterricht bei Sanford Meisner an der Neighborhood Playhouse School of the Theatre in New York. Nach seinem Militärdienst kehrt Pollack an das Neighborhood Playhouse zurück, um dort zu unterrichten. Regie bei TV-Serien wie BEN CASEY und KRAFT SUSPENSE THEATRE, 1965 Debüt als Filmregisseur mit THE SLENDER THREAD. Erster größerer Erfolg mit THEY SHOOT HORSES, DON'T THEY?, einem Film über einen quälenden Tanzwettbewerb: Jane Fonda wird für ihre Rolle als Marathontänzerin Gloria für einen Oscar nominiert, Pollack in der Kategorie Beste Regie. Das Drehbuch zu JEREMIAH JOHNSON schreibt John Milius nach einer historischen Figur: Robert Redford übernimmt die Rolle des Mountain Man, der allein in der Wildnis lebt. Paul Schrader und Robert Towne liefern die Vorlage zu dem Gangsterfilm THE YAKUZA; nahezu zwanzig Jahre später, 1993, arbeitet Towne erneut als Autor für Pollack bei der Grisham-Verfilmung THE FIRM. In den achtziger Jahren verbucht Pollack seine größten Erfolge mit der Komödie TOOTSIE (Oscar-Nominierung in den Kategorien Bester Film und Beste Regie) – und

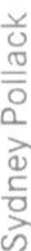

mit dem Kolonialmelodram OUT OF AFRICA: Der Film mit Meryl Streep und Robert Redford in den Hauptrollen wird mit sieben Oscars ausgezeichnet, darunter Beste Regie und Bester Film. Ab den neunziger Jahren ist Pollack verstärkt als Produzent präsent: Kenneth Branaghs DEAD AGAIN, Ang Lees SENSE AND SENSIBILITY, Anthony Minghellas THE TALENTED MR. RIPLEY, Tom Tykwers HEAVEN.

komplexe Wechselspiel von Lüge und Wahrheit, Fiktion und Realität. In BOBBY DEERFIELD ist das Geschichtenerzählen für Marthe Keller eine letzte Möglichkeit, dem Schicksal ein Schnippchen zu schlagen.

Thriller hat Pollack gemacht, Western, Kriegsfilme, Komödien, Literaturverfilmungen. Doch im Grunde hat er immer nur Liebesfilme gedreht. Seine *love stories* sind beim genauen Hinsehen recht seltsam, weil sie die Liebe in einen Kreislauf aus Tod und Wiedergeburt setzen. Man vergleiche die schön-traurigen Dreiecksverhältnisse von THE YAKUZA und OUT OF AFRICA. Man denke an die Selbstmordkandidatinnen aus THE SLENDER THREAD und THEY SHOOT HORSES, DON'T THEY? Einer der persönlichsten Filme von Pollack ist vermutlich BOBBY DEERFIELD, die Adaption eines Stoffes von Remarque, dessen melancholische Eleganz Pollack natürlich entgegengekommen ist. Al Pacino spielt einen Rennfahrer, der dem Geheimnis des Todes auf die Spur kommen will. Zufällig oder schicksalshaft lernt er die todkranke Marthe Keller kennen, die in der Magie des Lebens aufgeht. Die Kommunikation in diesem elegischen Film: Motorengeheul und gehauchte Stimmen. Ansonsten lauert bedrohlich und wunderbar überall der Tod: in Rennboliden, hinter Sonnenbrillen, in der Schönheit von Florenz.

Es gibt kaum ein Happy-End im Kino des Sydney Pollack, das allmählich einen Bogen schlägt vom „New Hollywood" zu den jüngeren Chaostheoretikern des Melodrams wie Anthony Minghella oder Tom Tykwer. In RANDOM HEARTS, Pollacks bislang letzter Regiearbeit, kommen sich Harrison Ford und Kristin Scott Thomas näher. Beide haben sie ihre jeweiligen Partner bei einem Flugzeugunglück verloren. Manchmal kann die Katastrophe eine letzte Chance sein für ein zerbrechliches Glück.

Hans Schifferle

Filme als Regisseur (auch TV-Auswahl)

ALFRED HITCHCOCK HOUR: THE BLACK CURTAIN (TV), 1962; BEN CASEY: FOR THE LADYBUG ... ONE DOZEN ROSES (TV), 1963: BEN CASEY: MRS. MCBROWN AND THE CLOUD WATCHER (TV), 1963; FOR THIS BELIEF, MANY THANKS (TV), 1963; BREAKING POINT: SOLO FOR A B-FLAT CLARINET (TV), 1963; THE FUGITIVE (TV), 1963; BOB HOPE CHRYSLER THEATRE: ENIGMA (TV), 1964; BOB HOPE CHRYSLER THEATRE: THE GAME (TV), 1964; KRAFT SUSPENSE THEATRE: CRISIS (TV), 1964; KRAFT SUSPENSE THEATRE: THE FLIERS (TV), 1964; KRAFT SUSPENSE THEATRE: THE NAME OF THE GAME (TV), 1964; KRAFT SUSPENSE THEATRE: SOMETHING ABOUT LEE WILEY (TV), 1964; KRAFT SUSPENSE THEATRE: TWO IS THE NUMBER (TV), 1964; SLATTERY'S PEOPLE: QUESTION: WHAT BECAME OF THE WHITE TORTILLA? (TV), 1964; THE SLENDER THREAD, 1965; THIS PROPERTY IS CONDEMNED, 1966 [Francis Ford Coppola]; THE SCALPHUNTERS, 1968; THE SWIMMER, Ko-Regie: Frank Perry, 1968; CASTLE KEEP, 1969 [John Calley]; THEY SHOOT HORSES, DON'T THEY?, 1969; JEREMIAH JOHNSON, 1972 [John Milius]; THE WAY WE WERE, 1973; THE YAKUZA, 1974 (auch Produzent) [Paul Schrader, Robert Towne]; THREE DAYS OF THE CONDOR, 1974; BOBBY DEERFIELD, 1977 (auch Produzent); THE ELECTRIC HORSEMAN, 1979; ABSENCE OF MALICE, 1981 (auch Produzent); TOOTSIE, 1982 (auch Produzent, Darsteller) [Elaine May]; OUT OF AFRICA, 1985 (auch Produzent, Darsteller); HAVANA, 1990 (auch Produzent); THE FIRM, 1993 (auch Produzent) [Robert Towne]; SABRINA, 1995 (auch Produzent); RANDOM HEARTS, 1999 (auch Produzent, Darsteller).

Filme als (Ko-)Produzent (auch TV-Auswahl)

SCARECROW: Regie: Jerry Schatzberg, 1973; THE YAKUZA, Regie: Sydney Pollack, 1975 [Paul Schrader, Robert Towne]; BOBBY DEERFIELD, Regie: Sydney Pollack, 1977; HONEYSUCKLE ROSE, Regie: Jerry Schatzberg, 1980; ABSENCE OF MALICE, Regie: Sydney Pollack, 1981; TOOTSIE, Regie: Sydney Pollack, 1982 (auch Darsteller) [Elaine May]; SANFORD MEISNER: THE THEATER'S BEST KEPT SECRET (Dok.), Regie: Nick Doob, 1984; SONGWRITER, Regie: Alan Rudolph, 1984; OUT OF AFRICA, Regie: Sydney Pollack, 1985 (auch Darsteller); BRIGHT LIGHTS, BIG CITY, Regie: James Bridges, 1988; THE FABULOUS BAKER BOYS, Regie: Steven Kloves, 1989; HAVANA, Regie: Sydney Pollack, 1990; PRESUMED INNOCENT, Regie: Alan J. Pakula, 1989; WHITE PALACE, Regie: Luis Mandoki, 1990; DEAD AGAIN, Regie: Kenneth Branagh, 1991; KING RALPH, Regie: David S. Ward, 1991; LEAVING NORMAL, Regie: Edward Zwick, 1992; A PRIVATE MATTER (TV), 1992; FLESH AND BONE, Regie: Steven Kloves, 1993; THE FIRM, Regie: Sydney Pollack, 1993 [Robert Towne]; SEARCHING FOR BOBBY FISCHER, Regie: Steven Zaillian, 1993; FALLEN ANGELS (TV), 1995 [Peter Bogdanovich, Jim McBride]; SABRINA, Regie: Sydney Pollack, 1995; SENSE AND SENSIBILITY, Regie: Ang Lee, 1995; BRONX COUNTY (TV), 1998; POODLE SPRINGS (TV), Regie: Bob Rafelson, 1998; SLIDING DOORS, Regie: Peter Howitt, 1998; RANDOM HEARTS, Regie: Sydney Pollack, 1999 (auch Darsteller); THE TALENTED MR. RIPLEY, Regie: Anthony Minghella, 1999 [Walter Murch]; UP AT THE VILLA, Regie: Philip Haas, 2000; BIRTHDAY GIRL, Regie: Jez Butterworth, 2001; BLOW DRY, Regie: Paddy Breathnach, 2001; IRIS, Regie: Richard Eyre, 2001; HEAVEN, Regie: Tom

Tykwer, 2002; THE QUIET AMERICAN, Regie: Phillip Noyce, 2002; COLD MOUNTAIN, Regie: Anthony Minghella, 2003.

Filme als Darsteller (auch Auftritte, TV-Auswahl)
WAR HUNT, Regie: Denis Sanders, 1962 [▮ Francis Ford Coppola]; TOOTSIE, Regie: Sydney Pollack, 1982 (auch Produzent); OUT OF AFRICA, Regie: Sydney Pollack, 1985 (auch Produzent); SIDNEY POLLACK: ALLE FILME SIND PERSÖNLICH (TV-Dok.), 1985; THE PLAYER, Regie: ▮ Robert Altman, 1992; DEATH BECOMES HER, Regie: Robert Zemeckis, 1992 (uncredited); HUSBANDS AND WIVES, Regie: Woody Allen, 1992; A CIVIL ACTION, Regie: Steven Zaillian, 1998; EYES WIDE SHUT, Regie: Stanley Kubrick, 1999; RANDOM HEARTS, Regie: Sydney Pollack, 1999 (auch Produzent); LOST ANGELES (Dok.), Regie: Eckhart Schmidt, 2000; HOLLYWOOD, D. C. (TV), 2000 [▮ Haskell Wexler]; JOHN BARRY. LICENCE TO THRILL (TV-Dok.), 2000; STANLEY KUBRICK. A LIFE IN PICTURES, Regie: Jan Harlan, 2001 [▮ John Calley, ▮ Jack Nicholson, ▮ Martin Scorsese, ▮ Steven Spielberg]; SYDNEY POLLACK Y LA GENERACION DEL COMPROMISO (TV-Dok.), 2001; CHANGING LANES, Regie: Roger Michell, 2002.

Literatur (Auswahl)
Axel Madsen: Pollack's Hollywood History. In: Sight and Sound (London), Nr. 3, Sommer 1973, S. 149. – L. Salvato: Sydney Pollack Interview. In: Millimeter (New York), Nr. 6, Juni 1975, S. 8–19. – Patricia Erens: Sydney Pollack. THE WAY WE WERE. In: Film Comment (New York), Nr. 5, September/Oktober 1975, S. 24–29. – William R. Taylor: Sydney Pollack. Boston: Twayne 1981. – Hans Günther Pflaum: In Europa würde ich anders filmen (Interview). In: Süddeutsche Zeitung (München), 12. 3. 1982. – o. A.: Sydney Pollack. An Interview. In: Post Script (Jacksonville), Nr. 1, Herbst 1983, S. 2–18. – Norbert Grob: Die parfümierten Alpträume. In: Die Zeit (Hamburg), Nr. 12, 14. 3. 1986. – Sydney Pollack: Dialogue on Film. In: American Film (Washington, D. C.), Nr. 3, Dezember 1986, S. 13–15. – Milan Pavlović: Blonde Haare, schwarzes Herz; Lars-Olav Beier: Im Kreis gefangen (Interview); Michael Althen: Wovon die Götter träumen. In: Steadycam (Köln), Nr. 19, Herbst 1991, S. 40ff. – Hans-Dieter Seidel: Schauseite des Idealismus. In: Frankfurter Allgemeine, 1. 7. 1994. – Janet L. Meyer: Sydney Pollack: A Critical Filmography. Jefferson: McFarland 1998. – Fritz Göttler: Suche nach Süden. In: Süddeutsche Zeitung (München), 8. 8. 2002.

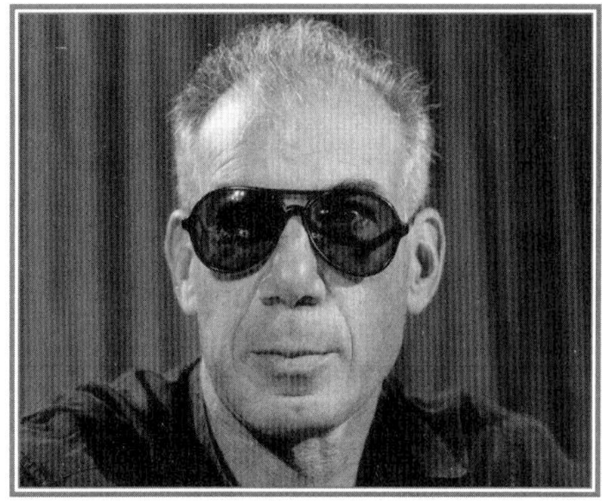

Bob Rafelson

Bob Rafelson,
Regisseur, Autor, Produzent;
geboren am 21. Februar 1933 in New York City.
Seine Biografie liest sich wie die eines typischen *drifter* – oder wie eine geschickt lancierte Fama: mit fünfzehn Rodeoreiter in Arizona, mit siebzehn Arbeit auf einem Ozeandampfer, mit achtzehn Schlagzeuger und Bassist in einer Jazzband, Philosophiestudium am Dartmouth College (er wird relegiert), Discjockey

Als sie die Bühne betraten, lag das alte Hollywood in den letzten Zügen – also erfanden sie es einfach neu. Darin hatten sie Übung, und Bob Rafelson war ohnehin kein Mann, der unter Selbstzweifeln litt. Der Sohn eines Hutmachers hatte schon Mitte der fünfziger Jahre für THE PLAY OF THE WEEK auf Channel 13 Dialoge von Shakespeare, Giraudoux und Ibsen fürs Fernsehen zurechtgestutzt, ehe er 1962 von New York nach Hollywood ging. Dort traf er ▮ Bert Schneider, dessen Vater Abe und älterer Bruder Stanley bei Columbia in leitenden Positionen tätig waren. Rafelson und Schneider gründeten eine eigene Produktionsfirma – die Raybert Productions, später zusammen mit Steve Blauner BBS –, kamen dann auf die Idee, nach dem Vorbild des Beatles-Films A HARD DAY'S NIGHT (1964) eine Fernsehserie über eine erfundene Band ins Leben zu rufen und wurden damit schon reich, ehe sie mit der Produktion von EASY RIDER noch reicher wurden. Die Gruppe The Monkees war 1966 der Vorläufer all der Retortenstars, die heute das Fernsehen bevölkern, und Bob Rafelson war ihr Vater. Weil er aber ausgezogen war, es dem Establishment zu zeigen, handelte sein erster Film HEAD davon, wie die Legende wieder in ihre Bestandteile zerlegt wird. Es ging um psychedelische Erfahrungen aller Art, um Musik und Medien und Vietnam, und Rafelson hielt sich Spöttern zufolge damals mindestens für Fellini, obwohl dies erst sein Debüt war.

Tatsächlich wurden seine nächsten Filme seiner Selbsteinschätzung durchaus gerecht. FIVE EASY PIECES und THE KING OF MARVIN GARDENS, beide mit ▮ Jack Nicholson, atmen eine erzählerische Freiheit, die so im Kino heute nicht mehr zu sehen ist und die in ihrer Verweigerung aller Konventionen fast schon etwas Literarisches hat. Umso erstaunlicher, daß ihre Konstruktion Parallelen aufweist: Es gibt einen Helden, von dem man erst spät begreift, daß er irgendwann ein früheres Leben hinter sich gelassen hat. In FIVE EASY PIECES ist er auf texanischen Ölfeldern tätig, in THE KING OF MARVIN GARDENS als Radiomoderator, und beide Male hat man den

beim Soldatensender der US-Army in Japan, Berater der japanischen Shochiku Films. Nach seiner Rückkehr in die USA lektoriert und schreibt Rafelson für David Sussknds TV-Anthologie THE PLAY OF THE WEEK. Anfang der Sechziger zieht er von New York nach Hollywood, gründet mit ▮ Bert Schneider die Raybert Productions (1965; 1969 BBS, dritter Kompagnon der Produktionsfirma wird Steve Blauner), Spielfilmdebüt 1968 mit HEAD. Sein zweites Filmprojekt, FIVE EASY PIECES mit ▮ Jack Nicholson als Robert „Eroica" Dupea, gilt als Klassiker des „New Hollywood". Der Film, nach einem Drehbuch von ▮ Carole Eastman, wird 1970 mit dem New York Critics Award ausgezeichnet und für einen Oscar in der Kategorie Bester Film nominiert. Rafelson dreht in der Folge immer wieder Filme mit Nicholson, so 1972 THE KING OF MARVIN GARDENS und 1981 den Neo-Noir THE POSTMAN ALWAYS RINGS TWICE. Anfang der Neunziger gibt es eine erneute Zusammenarbeit mit der Autorin Carole Eastman bei Rafelsons Film MAN TROUBLE.

Eindruck, daß diese Männer nun ihre Ambitionen begraben haben und unterhalb ihrer Möglichkeiten leben. Von den Frauen sind sie entweder über- oder unterfordert, und mit ihren Brüdern verbindet sie wenig. So treiben diese Männer durchs Leben, auf der Flucht vor den Zwängen ihres früheren Daseins, auf der Suche nach einem Seelenfrieden, der so leicht jedoch nicht zu haben ist. Sie leben in der Illusion, sie könnten ihre Familienbande einfach durchschneiden, und müssen sich doch der Vergangenheit stellen. Wenn allerdings Nicholson am Ende von FIVE EASY PIECES in einen Laster nach Alaska steigt und seine schwangere Frau ahnungslos an einer Tankstelle sitzenläßt, dann respektiert dieser Schluß wenigstens die Einsicht, daß es auch im Kino keine einfachen Lösungen geben sollte.

Nach dem kommerziellen Flop von THE KING OF MARVIN GARDENS ließ sich Rafelson viel Zeit, er konnte sich das ja auch leisten. In Peter Biskinds Klatschgeschichte „Easy Riders, Raging Bulls" wird erzählt, daß Rafelson eine Villa am Ende des Sunset Boulevard besaß und so lebte, wie er es seinem Ruf schuldig zu sein glaubte: Sex, Drugs, Rock 'n' Roll. Ein offenes Haus, Partys am Pool und Drogen für alle: Sein Kompagnon Bert Schneider und ▮ Dennis Hopper gingen dort ein und aus, und Jack Nicholson war ebenfalls Dauergast.

Die Freunde des Hauses hatten sich bereits als Glücksfall erwiesen, denn aus dieser Kombination entstand EASY RIDER, und auch Rafelsons weitere Karriere wäre ohne Jack Nicholson kaum denkbar. Der hielt seinem Regisseur auch dann noch die Treue, als dieser die Produktionsfirma BBS längst hinter sich gelassen hatte, spielte für ihn einen Wachhundtrainer in MAN TROUBLE (wie bei FIVE EASY PIECES Drehbuch: ▮ Carole Eastman) und einen Weinhändler in BLOOD AND WINE, zwei Filme, die nicht so schlecht sind wie ihr Ruf und doch völlig aus der Zeit gefallen scheinen – und vor allem übernahm er die Hauptrolle in THE POSTMAN ALWAYS RINGS TWICE, einem Film, der in den Achtzigern auf fast schon altmodische Weise die Wiederkehr des Film noir betrieb.

Wenn man Biskinds Erzählungen glauben kann, dann scheiterte Rafelsons Karriere in der Folge an seiner eigenen Arroganz. Nachdem er als einer der ersten Arnold Schwarzenegger in STAY HUNGRY besetzt hatte, sollte er eigentlich für die Twentieth Century-Fox Regie bei BRUBAKER (1980) führen. Aber nach wenigen Drehtagen kam es beim Set-Besuch eines Studiomanagers zum Eklat, und der aus Überzeugung und Gewohnheit auf seine Unabhängigkeit bedachte Rafelson soll seinen Regiestuhl nach dem Mann geworfen haben. Den Film beendete jedenfalls Stuart Rosenberg, was für Rafelson eine schmerzhafte Erfahrung war, weil er sich lange auf das Gefängnisfilmgenre vorbereitet hatte. So ähnelt er letztlich doch Nicholsons Robert Dupea in FIVE EASY PIECES, einem Mann, der im Zweifel seiner Unabhängigkeit alles opfert.

Michael Althen

Filme als Regisseur (auch TV-Auswahl)

THE MONKEES (TV), 1966 (auch Autor, Produzent, Darsteller) [▮ Bert Schneider]; HEAD, 1968 (auch Autor, Produzent) [▮ Jack Nicholson, ▮ Bert Schneider]; FIVE EASY PIECES, 1970 (auch Autor, Produzent) [▮ Carole Eastman, ▮ Jack Nicholson, ▮ Bert Schneider]; THE KING OF MARVIN GARDENS, 1972 (auch Autor, Produzent) [▮ Jack Nicholson, ▮ Bert Schneider]; STAY HUNGRY, 1976 (auch Autor, Produzent); THE POSTMAN ALWAYS RINGS TWICE, 1981 (auch Produzent) [▮ Jack Nicholson]; BLACK WIDOW, 1987 [▮ Dennis Hopper]; MOUNTAINS OF THE MOON, 1990 (auch Autor); MAN TROUBLE, 1991/92 [▮ Carole Eastman, ▮ Jack Nicholson]; EROTIC TALES – DIE SCHÖNSTE SACHE DER WELT: WET (TV), 1995 (auch Autor); PICTURE WINDOWS (TV), Ko-Regie: ▮ Peter Bogdanovich, ▮ John Boorman, Joe Dante, Norman Jewison, Jonathan Kaplan, 1995; BLOOD AND WINE, 1996 (auch Autor) [▮ Jack Nicholson]; POODLE SPRINGS (TV), 1998 [▮ Sydney Pollack]; EROTIC TALES – DIE SCHÖNSTE SACHE DER WELT: PORN.COM (TV), 2002 (auch Autor, Cutter, Darsteller); THE HOUSE ON TURK STREET, 2002.

Filme als (Ko-)-Autor (auch TV-Auswahl)

THE MONKEES (TV), Regie: Bob Rafelson, 1966 (auch Produzent, Darsteller) [▮ Bert Schneider]; HEAD, Regie: Bob Rafelson, 1968 (auch Produzent) [▮ Jack Nicholson, ▮ Bert Schneider]; FIVE EASY PIECES, Regie: Bob Rafelson, 1970 (auch Produzent) [▮ Carole Eastman, ▮ Jack Nicholson, ▮ Bert Schneider]; THE KING OF MARVIN GARDENS, Regie: Bob Rafelson, 1972 (auch Produzent), [▮ Jack Nicholson, ▮ Bert Schneider]; STAY HUNGRY, Regie: Bob Rafelson, 1976 (auch Produzent); MOUNTAINS OF THE MOON, Regie: Bob Rafelson, 1990; EROTIC TALES - DIE SCHÖNSTE SACHE DER WELT: WET (TV), Regie: Bob Rafelson, 1995; BLOOD AND WINE, Regie: Bob Rafelson, 1996 [▮ Jack Nicholson]; EROTIC TALES – DIE SCHÖNSTE SACHE DER WELT: PORN.COM (TV), Regie: Bob Rafelson, 2002 (auch Cutter, Darsteller).

Filme als (Ko-)Produzent (auch TV-Auswahl)

THE MONKEES (TV), Regie: Bob Rafelson, 1966 (auch Autor, Darsteller) [▮ Bert Schneider]; HEAD, Regie: Bob Rafelson, 1968 (auch Autor) [▮ Jack Nicholson, ▮ Bert Schneider]; FIVE EASY PIECES, Regie: Bob Rafelson, 1970 (auch Autor) [▮ Carol Eastman, ▮ Jack

Nicholson, ▮ Bert Schneider]; THE LAST PICTURE SHOW, Regie: ▮ Peter Bogdanovich, 1971 [▮ Bert Schneider]; THE KING OF MARVIN GARDENS, Regie: Bob Rafelson, 1972 (auch Autor), [▮ Jack Nicholson, ▮ Bert Schneider]; STAY HUNGRY, Regie: Bob Rafelson, 1976 (auch Autor); THE POSTMAN ALWAYS RINGS TWICE, Regie: Bob Rafelson, 1981 [▮ Jack Nicholson].

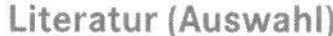

Filme als Darsteller (auch Auftritte, TV-Auswahl)
THE MONKEES: MONKEES RACE AGAIN (TV), Regie: Bob Rafelson, 1966 (auch Autor, Produzent) [▮ Bert Schneider]; NOTRE DAME DE LA CROISETTE, Regie: Daniel Schmid, 1981; MORA, Regie: Leon Desclozeaux, 1982; ALWAYS, Regie: ▮ Henry Jaglom, 1985; LEAVING LAS VEGAS, Regie: Mike Figgis, 1995; WHO IS HENRY JAGLOM? (Dok.), Regie: Henry Alex Rubin, Jeremy Workman, 1997 [▮ Peter Bogdanovich, ▮ Dennis Hopper, ▮ Henry Jaglom]; EROTIC TALES – DIE SCHÖNSTE SACHE DER WELT: PORN.COM (TV), Regie: Bob Rafelson, 2002 (auch Autor, Cutter).

Literatur (Auswahl)
A. Powell: Bob Rafelson, Hollywood's Most Misunderstood Director. In: Millimeter (New York), Nr. 7–8, Juli/August 1976. – M. S. Cohen: The Corporate Style of BBS, Seven Intricate Pieces. In: Take One (Vancouver), Nr. 12, November 1973, S. 19 ff. – John Russell Taylor: Staying Vulnerable. In: Sight and Sound (London), Nr. 4, Herbst 1976, S. 200 ff. – Mark Le Fanu: Notes sur trois films de Bob Rafelson. In: Positif (Paris), Nr. 206, Mai 1978. – Olivier Assayas, Serge Toubiani: Entretien avec Bob Rafelson. In: Cahiers du Cinéma (Paris), Nr. 328, September 1981, S. 3 ff. – Richard Combs, John Pym: Prodigal's Progress (Interview). In: Sight and Sound (London), Nr. 4, Herbst 1981, S. 266 f. – Tom Milne: Five Directors of the Year: Bob Rafelson. In: International Film Guide 1983. London: Tantivy 1982, S. 35 ff. – Teresa Grimes: BBS. Auspicious Beginnings, Open Endings. In: Movie (London), Nr. 31–32, 1986, S. 54 ff. – K. Turan: The Wanderer. In: American Film (Washington, D. C.), Nr. 5, Februar 1990, S. 34 ff.– Jay Boyer: Bob Rafelson. New York: Twayne 1996.

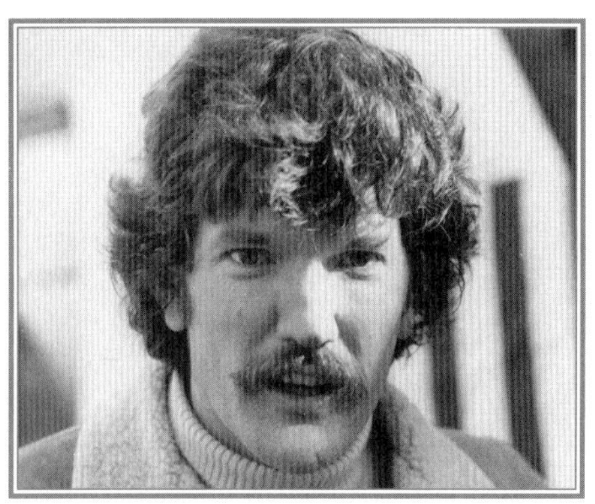

Michael Ritchie

„Michael Ritchies Filme sind von trügerischer Einfachheit (...), hinter der ganz unprätentiösen Fassade steckt eine filmische Intelligenz von solcher Komplexität, daß sie in Amerika keinen Vergleich zu scheuen braucht", schrieb James Monaco 1979 in seinem Buch „American Film Now". „Michael Ritchie, der Ironiker" ist das Kapitel betitelt: fünfzehn Seiten, nicht weniger, als für ▮ Robert Altman reserviert sind. Auch Diane Jacobs hatte in ihrem zwei Jahre zuvor erschienenen Band „Hollywood Renaissance" Ritchie ein eigenes Kapitel gewidmet – als einem von sieben Regisseuren. Als Ritchie dagegen im Jahr 2001 starb, las sich selbst der Nachruf in „Variety" eher lustlos – ein beredter Kontrast zu jenem, den Ritchie selbst vier Jahre zuvor für das Branchenblatt verfaßt hatte. Nur selten schreiben Gastautoren in dieser Rubrik; in diesem Fall ging es um Robert Saudek, einen Pionier des amerikanischen Fernsehens, bei dem Ritchie Anfang der sechziger Jahre sein Handwerk gelernt hatte. Mit Detailkenntnissen über und liebevoller Zuneigung für diesen offenbar etwas exzentrischen Mann akzentuierte Ritchie (der 1994 das Buch „Please Stand By: A Pre-History of Television" veröffentlicht hatte) vor allem Saudeks Komikverständnis.

Vor diesem Hintergrund wäre es vermutlich gewinnbringend, Ritchies Gesamtwerk neu zu lesen – als Variationen des Komischen, zugeschnitten auf den jeweiligen Star und unter Berücksichtigung zeitgenössischer Publikumsvorlieben und Trends. Walter Matthau, mit dem er insgesamt dreimal gearbeitet hat, und Robin Williams (THE SURVIVORS), Goldie Hawn (WILDCATS), Eddie Murphy (THE GOLDEN CHILD), Chevy Chase (ebenfalls drei Filme: FLETCH, FLETCH LIVES, COPS AND ROBBERSONS), Martin Short (A SIMPLE WISH), Brendan Fraser und Albert Brooks (THE SCOUT), das waren die Comedystars seiner Filme in den achtziger und neunziger Jahren. Und da die Reputation der meisten von ihnen bei der Kritik immer in einem umgekehrten Verhältnis zu ihrem Publikumserfolg stand – wie auch das Genre Komödie bis auf Ausnahmeregisseure selten ernst genommen wird –, hat man diese Arbeiten entsprechend vernachlässigt. Inwieweit sich diese Filme ihren Stars unterordnen oder aber auch mit deren Leinwandimage arbeiten, es teilweise gegen den Strich bürsten, wäre noch zu untersuchen – ein „subject for further research" (um eine Kategorie aus Andrew

Michael Ritchie,
Regisseur; geboren am 28. November 1938 in Waukesha, Wisconsin, gestorben am 16. April 2001 in New York City.
Besuch der High School in Berkeley, Geschichts- und Literaturstudium an der Harvard University, Assistent des Fernsehregisseurs Robert Saudek. Erste Regieerfahrungen bei TV-Serien wie DR. KILDARE, THE MAN FROM U.N.C.L.E., FELONY SQUAD und dem zweistündigen Fernsehpilotfilm THE OUTSIDER. DOWNHILL RACER ist 1969 sein Kinodebüt, Robert Redford übernimmt nicht nur

die Hauptrolle, sondern ist auch an der Produktion des Films mit seiner Firma Wildwood Enterprises beteiligt. Ihre zweite Zusammenarbeit, THE CANDIDATE, in der Redford den idealistischen Politiker Bill McKay spielt, ist eine Wildwood-Ritchie-Produktion in Kooperation mit Warner Bros. Jeremy Larner wird für sein Drehbuch zu THE CANDIDATE mit einem Oscar ausgezeichnet. 1980 realisiert Michael Ritchie den Konzertfilm DIVINE MADNESS, der die Entertainerin Bette Midler während eines Broadway-Auftritts porträtiert. Ritchies letzter Film THE FANTASTICKS ist die Adaption eines legendären Broadway-Musicals mit Joel Grey in der Hauptrolle.

Sarris' einflußreichem Werk „The American Cinema" aufzugreifen) also wäre der späte Ritchie.

Weniger bemerkenswert ist wohl der *frühe* Ritchie, der vor seinen Anfängen beim Film ab 1961 für verschiedene Fernsehsender arbeitete: an solch unterschiedlichen Produktionen wie der Arztserie DR. KILDARE, der vom Pop angehauchten Agentenserie THE MAN FROM U.N.C.L.E. mit ihrer bewußten Künstlichkeit, aber auch der dokumentarischen Reihe PROFILES IN COURAGE. „Filmemachen für Komitees" hat er das rückblickend genannt und die geringen Einflußmöglichkeiten des Regisseurs hervorgehoben. So war er froh, als der Pilotfilm für die Anwaltserie THE OUTSIDER Robert Redford aufmerksam werden ließ. Der verpflichtete ihn als Regisseur für sein Debüt als Produzent: DOWNHILL RACER.

Mit DOWNHILL RACER, PRIME CUT, THE CANDIDATE und SMILE hat Ritchie zwischen 1969 und 1975 einen gleichermaßen eigenständigen wie auch heute noch sehenswerten Beitrag zum Kino des „New Hollywood" geleistet. Inhaltlich geht es ihm dabei immer wieder um das amerikanische Prinzip des Kaufens und Verkaufens, das das Handeln der Menschen und ihr Funktionieren innerhalb der Institutionen prägt. Dieses durchleuchtet er mithilfe eines semidokumentarischen Inszenierungsstils, getragen von einer verhaltenen, den Protagonisten zugeneigten Ironie. Es sind Wettbewerbssituationen, die diese Mechanismen besonders klar hervortreten lassen: die Weltmeisterschaft im Skirennen (DOWNHILL RACER), ein Wahlkampf (THE CANDIDATE), eine provinzielle Misswahl (SMILE) und der Konkurrenzkampf zwischen Gangstern aus der Großstadt und vom flachen Land (PRIME CUT). Eine Linie, die sich übrigens fortsetzt in seinen beiden nachfolgenden Filmen, THE BAD NEWS BEARS (über eine Kinderbaseballmannschaft mit rüder Sprechweise) und SEMI-TOUGH (über die freundschaftliche Konkurrenz – beruflich und privat – zweier alternder Footballspieler) – auch wenn beide schon geradliniger ausgeprägten Erzählmustern des Mainstreamkinos folgen und der letztere mit Burt Reynolds, Kris Kristofferson und Jill Clayburgh gleich drei Topstars der damaligen Zeit aufweisen kann. Beide waren auch, im Gegensatz zu Ritchies vorangegangenen Filmen, bemerkenswerte Kassenerfolge.

Die zwei Filme mit Redford (der auch bei THE CANDIDATE als *executive producer* fungierte) sind ganz nah am Dokumentarischen und wurden weitgehend bei realen Wettkämpfen gedreht, ebenso wie SMILE, bei dem der *low-key*-Stil aber immer wieder umkippt in bizarr-komische Situationen, während das Bizarre in PRIME CUT ans Düstere gekoppelt ist – lachen kann man nicht, wenn der ländliche Gangsterboss (Gene Hackman) seine Gegner im Schlachthof zu Würsten verarbeiten läßt und, während er Innereien in sich hineinschaufelt, verkündet: „Cowflesh, girlflesh – all the same to me", und seinen Geschäftspartnern zu deren Vergnügen die jungen Mädchen präsentiert, die, nackt und unter Drogen stehend, verängstigt in Viehställen kauern.

Fragen aufwerfen statt Antworten zu geben – was viele Filme des „New Hollywood"-Kinos auszeichnet, verdichtet sich in THE CANDIDATE im eindringlichen Schlußbild: Auf Redfords Frage „Wie soll's weitergehen?" folgt die minutenlange Einstellung seines leeren Hotelzimmers. Was wird der Kandidat, der gerade einen Sitz im Senat errungen hat, mit seiner Erkenntnis machen, daß er im Wahlkampf verkauft wurde wie ein Konsumprodukt? Man kann darin auch einen Reflex auf Ritchies eigene Biografie sehen, denn 1959 hatte er Aufsehen erregt, als er in Harvard die Uraufführung von Arthur Kopits „Oh Dad, Poor Dad, Mama's Hung You in the Closet and I am Feeling So Sad" inszeniert und zur Premiere zahlreiche Größen, bis hin zu Staatschefs, eingeladen hatte – eine frühe Form des Medienzirkus, als dieser Begriff noch gar nicht gängig war.

Ein Gespür für Ironie und Authentisches macht Ritchies Kunst aus – der Vorspann seines Films AN ALMOST PERFECT AFFAIR, eine eigenwillige Mischung aus *home movie* und Flirt mit dem europäischen Kunstkino, faßt das in dem schönen Hinweis zusammen: „Mr. Vallone's wardrobe by Gucci – Mr. Carradine's wardrobe is his own."

Frank Arnold

Filme als Regisseur (auch TV-Auswahl)

DR. KILDARE (TV), 1961; THE MAN FROM U.N.C.L.E., (TV), 1964 [▮ Robert Towne]; PROFILES IN COURAGE (TV-Dok.), 1964; THE BIG VALLEY (TV), 1965; FELONY SQUAD (TV), 1966; THE OUTSIDER (TV), 1967; THE SOUND OF ANGER (TV), 1968; DOWNHILL RACER, 1969; THE SURVIVORS (TV), 1969; THE CANDIDATE, 1972 (auch Produzent); PRIME CUT, 1972; SMILE, 1975 (auch Produzent); THE BAD NEWS BEARS, 1976; SEMI-TOUGH, 1977; AN ALMOST PERFECT AFFAIR, 1979 (auch Autor); DIVINE MADNESS, 1980 (auch Produzent); THE ISLAND, 1980; STUDENT BODIES, 1981 (auch Produzent); THE SURVIVORS, 1983; FLETCH, 1985; WILDCATS, 1986; THE GOLDEN CHILD, 1986; THE COUCH TRIP, 1988; FLETCH LIVES, 1989; DIGGSTOWN, 1992; COPS AND ROBBERSONS, 1994; THE SCOUT, 1994; COMFORT, TEXAS (TV), 1997; A SIMPLE WISH, 1997; BEGGARS AND CHOOSERS (TV), 1999; THE FANTASTICKS, 2000 (auch Produzent).

Filme als (Ko-)Autor (auch TV-Auswahl)

AN ALMOST PERFECT AFFAIR, Regie: M. Ritchie, 1979; COOL RUNNINGS, Regie: J. Turteltaub, 1993; BIG SHOT: CONFESSIONS OF A CAMPUS BOOKIE (TV), 2002.

Filme als (Ko-)Produzent

THE CANDIDATE, Regie: Michael Ritchie, 1972; SMILE, Regie: Michael Ritchie, 1975; THE BAD NEWS BEARS GO TO JAPAN, Regie: John Berry, 1978; DIVINE MADNESS, Regie: Michael Ritchie, 1980; STUDENT BODIES, Regie: Michael Ritchie, 1981 (uncredited); THE FANTASTICKS, Regie: Michael Ritchie, 2000.

Film als Darsteller

INNOCENT BLOOD, Regie: John Landis, 1992.

Literatur (Auswahl)

Michael Ritchie: Snow Job. In: Action (Hollywood), Nr. 5, September/Oktober 1970, S. 4ff. (auch in: Bob Thomas [Hg.]: Directors in Action. Indianapolis/New York: Bobbs Merrill Company 1973, S. 247ff.). – Michael Ritchie: The Filming of PRIME CUT. In: American Cinematographer (Hollywood), Nr. 6, Juni 1972, S. 652ff. – Eckhard Schmidt: Die Macht des Komitees. Ein Gespräch mit dem amerikanischen Regisseur Michael Ritchie. In: Süddeutsche Zeitung (München), 6.2.1973. – James Monaco: Realist Irony. The Films of Michael Ritchie. In: Sight and Sound (London), Nr. 3, Sommer 1975, S. 144ff. – L. Salvato, D. Schaefer: Michael Ritchie Interview. In: Millimeter (New York), Nr. 10, Oktober 1975, S. 20ff. – Michael Ritchie: Semi-Tough Satirist. In: Film Comment (New York), Nr. 6, November/Dezember 1977, S. 20–23. – Diane Jacobs: Directors of the Year: Michael Ritchie. In: International Film Guide 1978. London: Tantivy 1977, S. 41ff. – James Monaco: American Film Now. New York: Oxford University 1979 (darin: Michael Ritchie; dt.: München/Wien: Hanser 1985). – B. L. Zito: Director Michael Ritchie Reflects on his Hits – and Near Misses. In: Millimeter (New York), Nr. 6, Juni 1979, S. 162ff. – Michael Ritchie: Please Stand By. A Pre-History of Television. Woodstock N.Y.: Overlook 1994. – Michael Ritchie: Video Resist. In: DGA, Nr. 5, Oktober/November 1994. – göt (= Fritz Göttler): Ein Mann für Bill McKay. Der amerikanische Regisseur Ritchie ist gestorben. In: Süddeutsche Zeitung (München), 19.4.2001.

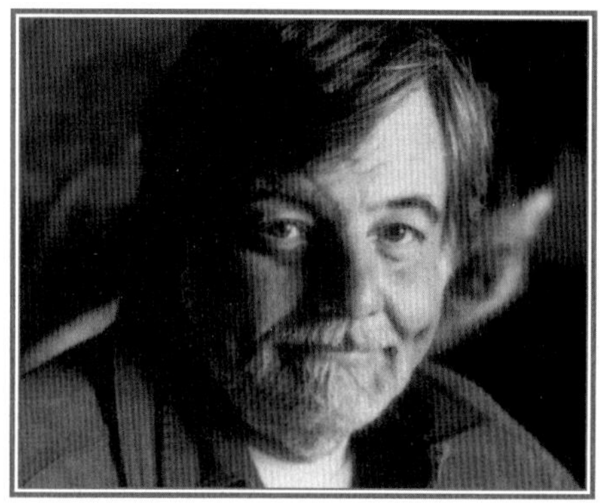

George A. Romero

„DIE NACHT DER LEBENDEN TOTEN, von George A. Romero. Mit diesem Film begann 1968 das Revival des amerikanischen Horrorfilms. Zusammen mit ZOMBIE (DAWN OF THE DEAD), 1978, vom selben Regisseur, Donnerstag, 16 Uhr 45, im Cinema. ASSAULT – ANSCHLAG BEI NACHT, 1976, von John Carpenter. Horror vermischt sich mit Krimi und wird über eine Hausbelagerung noch verbunden mit Western und Howard Hawks. Zusammen mit HALLOWEEN, 1978, vom selben Regisseur, Dienstag, 20 Uhr, im Cinema." (Frieda Grafe in: Süddeutsche Zeitung, 16.2.1982.) Bis heute glaube ich, an jenem Donnerstag und dem darauf folgenden Dienstag in München gewesen zu sein und das Romero-Doppelprogramm und auch das von Carpenter gesehen zu haben.

Zwischen 1968 und 1978, da ist „New Hollywood". Zwischen *night* und *dawn*.

NIGHT OF THE LIVING DEAD: ein Friedhof am späten Nachmittag. Ein Bruder, eine Schwester. Ihnen steckt eine lange Autofahrt in den Knochen. Er neckt sie, am Grab des Vaters. Aus der Tiefe des Bildausschnitts torkelt eine Gestalt näher, im schwarzen Anzug. Es ist der erste Zombie des Films, und er tötet den Bruder. Die Schwester, Barb, flieht in das Haus eines Farmers. Jetzt beginnt die Nacht. Draußen sind die Zombies, die immer mehr werden. Drinnen sind noch andere Flüchtige. Sie verbarrikadieren sich.

Ich las einmal einen Text eines Psychoanalytikers über die Wagenburg im amerikanischen Film. In der Wagenburg, in der Einschließung, begründet sich amerikanische Gesellschaft. Draußen sind die Indianer und drinnen zeigen die Prostituierte, daß sie ein Herz, und der Verbrecher, daß er Mut und Gemeinsinn hat. Die Feiglinge, die Händler, die Priester und korrupten Banker haben das einzusehen oder zu sterben. In Krisenzeiten sucht der amerikanische Film die Wagenburg. Er sucht die alten Erzählungen, deren Zeit, deren Raum. Klare Definitionen, Distinktion, Abgrenzung.

Die Reste einer alten Erzählung, die gibt es in NIGHT OF THE LIVING DEAD auch. Der Kleinbürger, der Rassist und Feigling ist. Und der Schwarze, Ben, der das Haus sichert. Der handelt. Wie er die Nägel ins Holz schlägt, schweigend, präzise. Das ist Romero ein paar Einstellungen wert. Doch die Barrikade, der Schutzwall, der das Außen fernhalten soll, ist löchrig. Die begehrenden Hände der Zombies, die hineinwollen und hineinfingern und hineinfühlen. Die Gesichtslosigkeit der Angreifer, die dann

George A. Romero, Regisseur, Autor; geboren am 4. Februar 1940 in New York City. Kunst-, Design- und Theaterwissenschaftsstudium am Carnegie-Mellon Institute in Pittsburgh. Gründet die Latent Image, um Industrie- und Werbefilme zu produzieren. In den Fünfzigern realisiert Romero einige Kurzfilme: EARTHBOTTOM, CURLY und SLANT. 1968 Spielfilmdebüt mit NIGHT OF THE LIVING DEAD: Der Film wird zum *cult blockbuster*, zum Prototyp der *midnight movies*. Zwei *sequels* folgen: DAWN OF THE DEAD und DAY OF THE DEAD – und bilden die Zombie-Trilogie. MARTIN – von vielen Romero-Bewunderern als Meisterwerk des Regisseurs geschätzt – markiert Romeros erste Zusammenarbeit mit dem Produzenten Richard Rubinstein und dem Maskenbildner Tom Savini, die beide zu zuverläßlichen und konstanten Partnern werden. Romero beeinflußt mit seinem Œuvre Regisseure wie ▮ Brian De Palma, John Carpenter, David Cronenberg, Wes Craven und Jonathan Demme.

plötzlich keine ist. Denn da draußen, zwischen all den Zombies, ist auch der tote Bruder. Noch hat er die schwarzen Autofahrerhandschuhe an. Barb reißt die Barrikade ein, stürzt sich in seine Arme. Dann wird sie zerrissen. Drinnen macht der Rassismus weiter. Und draußen ziehen die Sheriffs und die Bürgerwehren herum, begleitet vom Fernsehen, und ballern die hilflosen Zombies zwischen Biertrinken und Kameralächeln ab.

NIGHT OF THE LIVING DEAD entstand im Kontext des Vietnamkrieges und der Civil Rights Movement. Die Pulitzerpreis-Fotografien der Jahre vor NIGHT OF THE LIVING DEAD: Da ist nur Vietnam, und man sieht die leidende Zivilbevölkerung und tote Vietcong auf einem klapprigen Holzwagen und ein Kind, übersät mit Napalmwunden. Die Amerikaner sind draußen. Sie sind die Angreifer. Und drinnen ist keine Wagenburg, sondern ein Gemeinwesen. Eine Infrastruktur. Davon, so der Analytiker, erholt sich die klassische Kinoerzählung lange nicht mehr. Ein fotografisches Dokument, das unmittelbar vor den Dreharbeiten entstand, 1967, zeigt den Mord an James Meredith. Er war der erste Schwarze, der an der University of Mississippi studierte. Im Juni 1967 marschierte er durch Mississippi, allein und unbewaffnet, um die schwarze Bevölkerung aufzufordern, sich zur Wahl registrieren zu lassen. Auf dem ersten Foto sieht man seinen von Kugeln getroffenen, fallenden Körper. Und man sieht im Unterholz des Straßengrabens das Gesicht seines weißen Mörders. Auf dem zweiten Bild stirbt er.

Ben wird am Ende erschossen. Die Bürgerwehren, die das Gelände und den Film säubern, halten ihn für einen der Zombies. Sie ziehen weiter.

Wie durchlässig die Filme „New Hollywoods“ sind. Wie komplex und reich. Wie das Draußen, wie die Bilder der neuen Fotografen mit ihren beweglichen Kameras auf die Architektur des Kinos einschlugen.

Zehn Jahre später die Dämmerung. DAWN OF THE DEAD. Die Städte unregierbar. Das Fernsehen, das keine Ordnung, keine Perspektive mehr behaupten kann. In einer Fernsehstation geht die Geschichte los. Notstrom, *talks* mit Experten, die keine mehr sind. Kabelträger und Redakteure laufen durchs Bild, der Studioraum aufgelöst, wie eine Medienrevolution. Eine Gruppe flieht, in einem Helikopter. Die zweite, große Erzählform des „New Hollywood“, das Road Movie. Sie fliegen über das Land, auf der Suche nach einer neuen, einer amerikanischen Bewegung. Westwärts. Siedlungsgeschichte. Nichts Unberührtes, Reines, etwas, wo man neu beginnen, eine Siedlung errichten könnte, werden sie finden. Zwischen den Städten torkeln die Zombies herum und die, die auch weitermachen, die Bürgerwehren, mit Bier, Waffen, karierten Holzfällerhemden und Barbecue, und herumballern – und der Bierschaum spritzt.

Ein Einkaufszentrum. Eine Mall. Und hier lassen sie sich nieder. Säubern sie von den Zombies. Verbarrikadieren sich. „What they are doing? Why do they come here?“ fragt eine Frau. „Some kind of instinct, memory, what they used to do. This must have been an important place in their lives“, wird ihr geantwortet, und dieses Zitat ließ sich keine der Filmkritiken entgehen, und auch das studentische Publikum lachte immer an dieser Stelle.

Das Säubern, das Sichern der Mall, die ganze Arbeit, die das macht, die zeigt der Film. Eine Siedlung entsteht, eine kleine Stadt, mit *gun shop*. Einer Bank. Der *main street*. Einem Friedhof. Sie bauen herum an ihrer Stadt, und an etwas, das man Gründungsmythos nennen kann, und der Film beobachtet sie dabei. Manchmal stehen sie herum, am Abend, in ihren Wohnzimmern, rauchend und ratlos, so als ob sie sich fragen würden, was sie hier eigentlich suchen, was sie hier eigentlich reproduzieren. Und was sie noch von den lebenden Toten unterscheidet. Am Schluß verlieren sie die Kontrolle über ihre künstliche Stadt. Es gibt Eindringlinge. Auch die Zombies kommen zurück. Wieder erhebt sich ein Hubschrauber, nur mehr mit einem Mann und einer Frau, weiter soll es gehen, nach Norden diesmal.

Fast zeitgleich mit DAWN OF THE DEAD entstand ▮ George Lucas' STAR WARS. Und hier, in der Reinheit und der Schwärze, im Studio Weltall, tragen Wagenburg und Siedlertreck wieder. Hier oben wird Vietnam überwunden. Dort oben wird alles wieder gut.

Christian Petzold

Filme als Regisseur (auch TV-Auswahl)

EARTHBOTTOM (Kurzfilm), 1954/56; GORILLA (Kurzfilm), 1954/56; THE MAN FROM THE METEOR (Kurzfilm), 1954/56; CURLY (Kurzfilm), 1958; SLANT (Kurzfilm), 1958; EXPOSTULATIONS (Kurzfilm), 1960/62; NIGHT OF THE LIVING DEAD, 1968 (auch Autor, Kamera, Cutter, Darsteller); THERE'S ALWAYS VANILLA, 1971 (auch Kamera, Cutter); THE CRAZIES, 1973 (auch Autor, Cutter, Darsteller); HUNGRY WIVES (SEASON OF THE WITCH), 1973 (auch Autor, Kamera, Cutter); THE WINNERS (TV), 1973 (auch Produzent); O. J. SIMPSON. JUICE ON THE LOOSE, 1974 (auch Cutter); DAWN OF THE DEAD / ZOMBIES, 1978 (auch Autor, Cutter, Komponist, Darsteller); MARTIN, 1978 (auch Autor, Cutter, Darsteller); KNIGHTRIDERS, 1981 (auch Autor); CREEPSHOW, 1982 (auch Autor, Cutter); DAY OF THE DEAD, 1985 (auch Autor); APARTMENT LIVING, 1988; MONKEY SHINES, 1988 (auch Autor); DUE OCCHI DIABOLICI (Episode: I FATTI NEL CASO DI MISTER WALDEMAR), 1990 (auch Autor); THE DARK HALF, 1993 (auch Autor, Produzent); BRUISER, 2000 (auch Autor).

Filme als (Ko-)Autor (auch TV-Auswahl)

NIGHT OF THE LIVING DEAD, Regie: George A. Romero, 1968 (auch Kamera, Cutter, Darsteller); THE CRAZIES, Regie: George A. Romero, 1973 (auch Cutter, Darsteller); HUNGRY WIVES (SEASON OF THE WITCH), Regie: George A. Romero, 1973 (auch Kamera, Cutter); DAWN OF THE DEAD / ZOMBIES, Regie: George A. Romero, 1978 (auch Cutter, Komponist, Darsteller); MARTIN, Regie: George A. Romero, 1978 (auch Cutter, Darsteller); KNIGHTRIDERS, Regie: George A. Romero, 1981; CREEPSHOW, Regie: George A. Romero, 1982 (auch Cutter); TALES FROM THE DARKSIDE (TV), 1984; DAY OF THE DEAD, Regie: George A. Romero, 1985; CREEPSHOW 2, Regie: Michael Gornick, 1987; MONKEY SHINES, Regie: George A. Romero, 1988; DUE OCCHI DIABOLICI (Episode: I FATTI NEL CASO DI MISTER WALDEMAR), Regie: George A. Romero, 1990; NIGHT OF THE LIVING DEAD (Remake), Regie: Tom Savini, 1990 (auch Produzent); TALES FROM THE DARK SIDE – THE MOVIE, Regie: John Harrison, 1990; THE DARK HALF, Regie: George A. Romero, 1993 (auch Produzent); BRUISER, Regie: George A. Romero, 2000.

Filme als Kameramann

NIGHT OF THE LIVING DEAD, Regie: George A. Romero, 1968 (auch Autor, Cutter, Darsteller); THERE'S ALWAYS VANILLA, Regie: George A. Romero, 1971 (auch Cutter); HUNGRY WIVES (SEASON OF THE WITCH), Regie: George A. Romero, 1973 (auch Autor, Cutter).

Filme als Cutter

NIGHT OF THE LIVING DEAD, Regie: George A. Romero, 1968 (auch Autor, Kamera, Darsteller); THERE'S ALWAYS VANILLA, Regie: George A. Romero, 1971 (auch Kamera); THE CRAZIES, Regie: George A. Romero, 1973 (auch Autor, Darsteller); HUNGRY WIVES (SEASON OF THE WITCH), Regie: George A. Romero, 1973 (auch Autor, Kamera); O. J. SIMPSON. JUICE ON THE LOOSE, Regie: George A. Romero, 1974; DAWN OF THE DEAD / ZOMBIES, Regie: George A. Romero, 1978 (auch Autor, Komponist, Darsteller); MARTIN, Regie: George A. Romero, 1978 (auch Autor, Darsteller); CREEPSHOW, Regie: George A. Romero, 1982 (auch Autor).

Filme als (Ko-)Produzent (auch TV-Auswahl)

THE WINNERS (TV), Regie: George A. Romero, 1973; TALES FROM THE DARK SIDE / BOOK OF DEATH (Kompilation aus fünf Folgen der TV-Serie), Regie: David Odell, John Strysik, James Sedwith, Shelly Levinson, Jeffrey Wolf, 1988; NIGHT OF THE LIVING DEAD (Remake), Regie: Tom Savini, 1990 (auch Autor); THE DARK HALF, Regie: George A. Romero, 1993 (auch Autor).

Filme als Darsteller (auch Auftritte, TV-Auswahl)

NIGHT OF THE LIVING DEAD, Regie: George A. Romero, 1968 (uncredited; auch Autor, Kamera, Cutter); THE CRAZIES, Regie: George A. Romero, 1973 (auch Autor, Cutter); DAWN OF THE DEAD / ZOMBIES, Regie: George A. Romero, 1978 (auch Autor, Cutter, Komponist); MARTIN, Regie: George A. Romero, 1978 (auch Autor, Cutter); LOT SWIERKOWEJ GESI, Regie: Lech Majewski, 1987; DOCUMENT OF DEAD (Dok. über Romero), Regie: Roy Frumkes, 1989; THE SILENCE OF THE LAMBS, Regie: Jonathan Demme, 1991; HEARTSTOPPERS: HORROR AT THE MOVIES (TV-Dok.), 1992; NIGHT OF THE LIVING DEAD, 25TH ANNIVERSARY EDITION (Dok.), Regie: Thomas Brown, 1993; THE ANATOMY OF HORROR (TV-Dok.), 1995; THE AMERICAN NIGHTMARE (Dok.), Regie: Adam Simon, 2000; MASTERS OF HORROR (TV-Dok.), 2002.

Literatur (Auswahl)

F. Labourtz, P. Hachett, P. Cutrone: George Romero from NIGHT OF THE LIVING DEAD to THE CRAZIES. In: Inter/View (New York), Nr. 31, April 1973, S. 30ff. – P. McCollough: The Pittsburgh Horror Stories. In: Take One (Kanada), Nr. 6, November 1974, S. 8ff. – T. Rogers: DAWN OF THE DEAD. In: Films in Review (New York), Nr. 5, Mai 1979, S. 309f. – D. Yakir: Morning Becomes Romero. In: Film Comment (New York), Nr. 3, Mai/Juni 1979, S. 60ff. – R. M. Stewart: Checklist George A. Romero. In: Monthly Film Bulletin (London), Nr. 553, Februar 1980, S. 37ff. – J. Hanners, H. Kloman: The McDonaldization of America. In: Film Criticism, Nr. 1, Herbst 1982, S. 69–81. – Jim Hoberman, Jonathan Rosenbaum: Midnight Movies. New York: Harper & Row 1983 (dt.: Midnight Movies. St. Andrä-Wördern: Hannibal 1998, darin: George Romero und die Wiederkehr des Verdrängten, S. 106–128.). – John McCarty: Splatter Movies. Breaking the Last Taboo of the Screen. New York: Columbus 1984 (darin: The Dawn of Romero, S. 58–72.). – Paul R. Gagne: The Zombies that Ate Pittsburgh. The Films of George A. Romero. New York: Dodd, Meat & Company 1987. – Mark Kermode: Twilight's Last Gleaming. George A. Romero. In: Monthly Film Bulletin (London), Nr. 673, Februar 1990, S. 56. – Mike Quarles: Down and Dirty. Hollywood's Exploitation Filmmakers and their Movies. Jefferson: McFarland 1993 (darin: George Romero. On Pittsburgh Zombies, an Italian Subgenre, S. 71–78.). – Tony Williams: The Cinema of George A. Romero. Knight of the Living Dead. London/New York: Wallflower 2003.

Jerry Schatzberg, Regisseur, Fotograf; geboren am 26. Juni 1927 in New York City. Studium an der University of Miami, später Mode- und Porträtfotograf in New York und Paris. Schatzberg arbeitet freiberuflich für „Vogue", „Life", „McCall's" und „Harper's Bazaar". Mitte der sechziger Jahre lernt er ▮ Bob Dylan kennen; während einer Fotosession entstehen die Aufnahmen zu Dylans Doppelalbum „Blonde on Blonde". Einstieg ins Filmgeschäft als Regisseur von TV-Werbespots. Das Drehbuch zu seinem ersten Spielfilm PUZZLE OF A DOWNFALL CHILD schreibt er gemeinsam mit ▮ Carole Eastman; Schatzberg besetzt die Hauptrolle mit seiner damaligen Lebensgefährtin Faye Dunaway. Seine nächsten beiden Filme – THE PANIC IN NEEDLE PARK und SCARECROW – spiegeln den Zeitgeist der frühen Siebziger adäquat wider und etablieren Al Pacino und Gene Hackman als Darsteller des „New Hollywood". Schatzberg ist auch weiterhin als Fotograf tätig. Der 1982 veröffentlichte Bildband „Schatzberg, de la photo au cinéma" dokumentiert beides: seine fotografischen und filmischen Arbeiten, versammelt neben seinen Mode- und Porträtfotografien (▮ Andy Warhol, Claudia Cardinale, Catherine Deneuve und Faye Dunaway beispielsweise) auch Aufnahmen, die während der Dreharbeiten zu seinen Filmen entstanden sind. In den

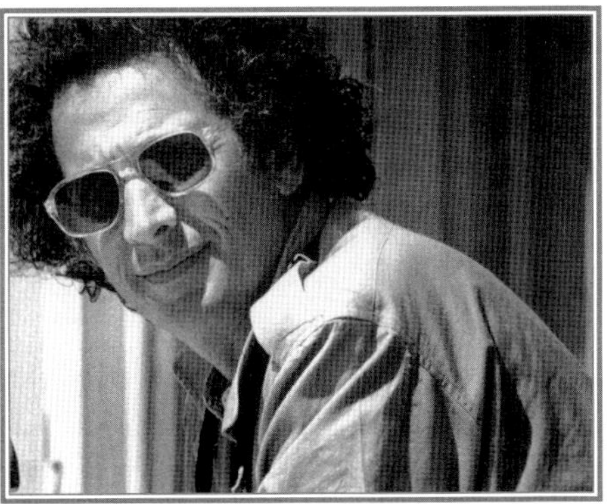

Jerry Schatzberg

„In den USA wirft man mir immer wieder vor, ein französischer Regisseur zu sein," erklärt Jerry Schatzberg häufig in Interviews. Tatsächlich wurde er in Frankreich von Beginn seiner Karriere an höher geschätzt als daheim. Dank der leidenschaftlichen Parteinahme seiner Presseagenten Pierre Rissient und Bertrand Tavernier sowie des Kritikers Michel Ciment, der PUZZLE OF A DOWNFALL CHILD als das bemerkenswerteste Debüt eines amerikanischen Regisseurs seit Joseph Loseys THE BOY WITH GREEN HAIR (1948) feierte, war er dort ein durchgesetzter Autor. Der Darstellerpreis, den Kitty Winn in Cannes für THE PANIC IN NEEDLE PARK erhielt, die Goldene Palme für SCARECROW und schließlich die Fotoausstellung, mit der ihn Anfang der achtziger Jahre das Centre Pompidou ehrte, konsolidierten diesen frühen Ruhm.

Seinen eigenen Landsleuten mochte dieser als ein transatlantisches Gerücht erscheinen. Denn anders als Robert Aldrich, Sam Fuller und Nicholas Ray, deren Ansehen und Karrieren durch die Begeisterung der französischen Kritik Mitte der fünfziger Jahre erstaunlichen Auftrieb erhielten, ist Schatzberg kein *maverick*, kein charismatischer Rebell. Auch sein Erzähltemperament ist eines, das sich in der Abweichung erfüllt, im gebrochenen Blick auf Amerika. Seine Sensibilität jedoch ist nicht robust und pragmatisch genug, um sich wie die seiner Vorgänger eigensinnig im Genrekino zu behaupten. Seine Sujets sind fragiler; er erzählt vom psychischen Überlebenskampf vielfach lädierter Charaktere; die Entzauberung des amerikanischen Traums vollzieht sich in seinen ersten Filmen mit einer bitteren Konsequenz, die ihnen den Erfolg an heimischen Kinokassen verwehrte. Erst spät hat er ernsthafte Versuche unternommen (THE SEDUCTION OF JOE TYNAN, HONEYSUCKLE ROSE), den Anschluß an ein breiteres Publikum zu finden.

Den US-Kritikern ist er anfangs vielleicht nicht zuletzt aufgrund seiner künstlerischen Herkunft suspekt gewesen: Schatzberg wurde als Modefotograf bekannt und schien dieses Image auch in all seinen frivoleren Aspekten (als Pygmalion attraktiver Gefährtinnen und Mitbesitzer eines angesagten New Yorker Nachtclubs) mustergültig zu verkörpern. Erste Erfahrungen sammelte er 1954 als Assistent von Bill Helburn, schon zwei Jahre später eröffnete er sein eigenes Studio. Die großen Art Directors der Nachkriegszeit, Alex Libermann von „Vogue" und Alexey Brodovitch von „Harper's Bazaar", übten maßgeblichen Einfluß auf seine Entwicklung aus. Mit den Ton angebenden Fotografen der Zeit, Richard Avedon und Irving Penn, verbindet ihn freilich weniger als mit William Klein: Beide versuchten, die Modefotografie vom Statischen, der Pose zu befreien und überprüften auf der Straße, ob die Mode (und ihre Trägerinnen) der Realität standhielten. Schon als Fotograf beweist er ein Faible für die Konjunktion – das nicht inszenierte Zusammentreffen. Einige seiner bezeichnendsten Aufnahmen sind am Rande von Zeitschriftenaufträgen entstanden: In „Four Pairs of Legs" von 1960 gesellt sich eine ältere Dame zu drei müßigen Modellen, in „Christian Dior" von 1962 studiert eine Zwergin aufmerksam eine luxuriöse Schaufensterauslage des Couturiers. Er faßt den Bildausschnitt bereits als szenischen Raum auf, stellt in seinen Landschaftsstudien eine enge Relation her zwischen Natur, Gebäuden, Maschinen und ordnet den Porträtierten ein sie definierendes Requisit zu. Der Sprung ist nicht mehr weit zu seiner Zeichnung der Filmcharaktere; man denke nur an das Geburtstagsgeschenk für sein Kind, das Al Pacino während der Reise in SCARECROW unablässig bei sich führt.

Ohnehin greift der Filmregisseur Schatzberg lauter Genres auf, die ihm aus der Fotografie vertraut sind: Porträtstudien, urbane Straßenszenen und Landschaftspanoramen, die von der Neugier auf die Vielgestaltigkeit des eigenen Landes erzählen. In den Road Movies, die er nach seinen ersten in New York angesiedelten Filmen gedreht hat, wird die Passage durch die Landschaft zu einer unauffällig metaphysischen Wegstrecke, widerruft den amerikanischen Traum, daß Mobilität zugleich Erneuerung bedeutet. Seine Filmografie läßt sich auch im topographischen Sinn lesen als ein Erobern neuer Horizonte. Die Kameraführung zielt in seinen frühen Filmen nicht auf das Pittoreske, sondern ist der Psychologie seiner Charaktere verpflichtet: der klaustrophobischen Welt der Junkies in THE PANIC IN NEEDLE PARK, der trügerischen Freizügigkeit amerikanischer Landschaften in SCARECROW. Die Verwendung langer Brennweiten spielt hier eine zentrale Rolle. Sie gestatten es ihm, das Entfernte nah heranzuholen und zugleich auf Distanz zu halten; bei aller Flächigkeit akzentuieren sie dennoch die Tiefe des Bildraums. Seine Figuren wirken nicht selten deplaziert in ihrer Umgebung, gleichzeitig läßt der entfernte Kamerastandpunkt den Schauspielern eine große Bewegungs- und Improvisationsfreiheit. Gestohlen nennt man solche Bilder gern, als seien sie ohne das Wissen ihrer Objekte entstanden. Tatsächlich erwecken sie oft den Anschein des Vorgefundenen, Dokumentarischen.

Schatzberg betont in Interviews immer wieder, daß er sich jeweils die besten Kameraleute (Adam Holender, Vilmos Zsigmond, später Bruno de Keyzer) aussucht, damit sie ihm den Rücken freihalten und mehr Zeit für die Arbeit mit den Schauspielern lassen. Auch hier profitiert er von den Lehren, die er aus seiner Zeit als Porträtfotograf gezogen hat. Damals schon legte er Wert auf eine lange, gemeinsame Vorbereitungszeit, um eine entspannte, vertraute Atmosphäre zu schaffen, als Voraussetzung dafür, daß er dann unter der Oberfläche schürfen konnte. Schatzbergs Schauspielerführung ist eine der umsichtig gezügelten Freiheiten, er läßt den Darstellern Zeit, seine Ideen in sich reifen zu lassen. Dieses Klima der Offenheit, in der die Schauspieler aufeinander reagieren können: Es scheint nach der Epoche des „New Hollywood" ein Luxus geworden zu sein.

Gerhard Midding

Filme als Regisseur (auch TV-Auswahl)

PUZZLE OF A DOWNFALL CHILD, 1970 (auch Autor) [▮ Carole Eastman]; THE PANIC IN NEEDLE PARK, 1971; SCARECROW, 1973 [▮ Sydney Pollack]; DANDY, THE ALL-AMERICAN GIRL / SWEET REVENGE, 1976; THE SEDUCTION OF JOE TYNAN, 1979; HONEYSUCKLE ROSE, 1980 [▮ Sydney Pollack]; MISUNDERSTOOD, 1984; NO SMALL AFFAIR, 1984; STREET SMART, 1987; BLOOD MONEY / CLINTON AND NADINE (TV), 1988; L'AMI RETROUVE (REUNION), 1989; LUMIERE ET COMPAGNIE (Film von 39 Regisseuren unter der Leitung von Anne Andren, Realisation: Sarah Moon), 1995 (auch Auftritt) [▮ John Boorman]; THE DAY THE PONIES COME BACK, 2000 (auch Autor).

Filme als (Ko-)Autor

PUZZLE OF A DOWNFALL CHILD, Regie: Jerry Schatzberg, 1970 [▮ Carole Eastman]; THE DAY THE PONIES COME BACK, Regie: Jerry Schatzberg, 2000.

Auftritt im Film

LUMIERE ET COMPAGNIE (Film von 39 Regisseuren unter der Leitung von Anne Andren, Realisation: Sarah Moon), 1995 (auch Regie) [▮ John Boorman].

Literatur (Auswahl)

Sheila Benson: Chance Connections of Jerry Schatzberg. In: Los Angeles Times, 19.9.1980. – Michel Ciment, Jerry Schatzberg: Schatzberg, de la photo au cinéma. Paris: Chêne/Hachette 1982 (darin: Jerry Schatzberg: Notes pour une introduction; Photographies; Michel Ciment: Le Cinéma de Jerry Schatzberg; Entretiens avec Jerry Schatzberg.). – Sven Hansen: Auf der Suche nach Erfolg. In: Die Welt (Hamburg), 22.4.1988. – Alain Masson, Michel Ciment: Jerry Schatzberg, le passé réuni. In: Positif (Paris), Nr. 339, Mai 1989, S. 2–14. – Michel Ciment: Expatriate / Visually Speaking. In: Film Comment (New York), Nr. 3, Mai/Juni 1989, S. 16–22. – Gérard Camy: Rencontre avec Jerry Schatzberg. In: Jeune Cinéma (Paris), Nr. 268, Mai/Juni 2001, S. 4–11.

folgenden Jahren dreht Schatzberg sieben Filme, darunter HONEYSUCKLE ROSE, an dessen Zustandekommen ▮ Sydney Pollack als *executive producer* beteiligt ist. Nach der französisch-deutsch-britischen Ko-Produktion L'AMI RETROUVE (REUNION), inszeniert nach einem Drehbuch von Harold Pinter, gelingt ihm erst zehn Jahre später die Realisierung eines neuen Filmprojekts. Im Jahr 2000 stellt Schatzberg auf dem Internationalen Filmfestival von Montreal seine bislang letzte Regiearbeit vor: THE DAY THE PONIES COME BACK. Für SCARECROW erhält Jerry Schatzberg 1973 die Goldene Palme in Cannes.

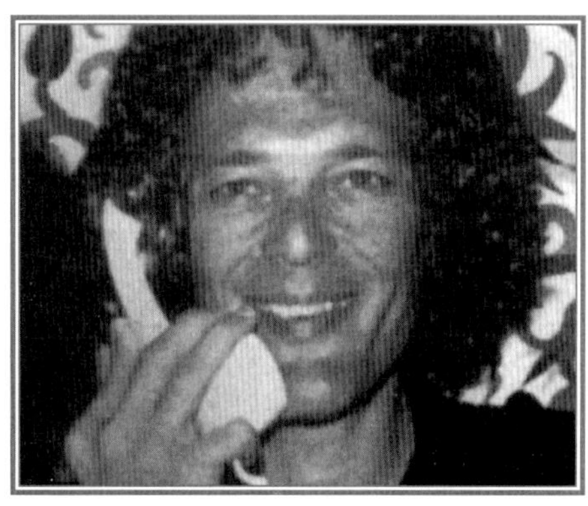

Bert Schneider

Wenn man sich unter „New Hollywood" einen großen, chaotischen, unvollendeten Roman vorstellt, ein Familienepos, das die Lunte an den Begriff der Familie legt und die Idee des Epos gleich mit in die Luft sprengen will, dann wäre Bert Schneider einer seiner schillerndsten Helden. Die offizielle Geschichtsschreibung hat ihm natürlich nur eine Nebenrolle zugewiesen, auch wenn David Thomson schon vor Jahren in seinem „Biographical Dictionary of Film" schrieb: „No one concerned with American cinema should underestimate the part Bert Schneider played from about 1968 to 1975."

Weil auch der Antifamilienroman den Sohn aus gutem Hause braucht, der das Klischee des schwarzen Schafs erfüllt, flog der Sohn eines Columbia-Managers von der Universität. Er hatte eine große Klappe, er hatte keine großen Pläne – und er fand einen Job bei der Columbia in New York. Er zog nach Los Angeles, und als er dort ankam, war er noch immer der smarte *all-American boy* mit dem Aussehen eines Filmstars und ziemlich konventionellen Ansichten. Er probierte alle möglichen Drogen aus und schlief mit ungezählten Frauen, er forderte ganz zeitgemäß das Establishment heraus, und auf einmal war sein Leben wie das so vieler von einer unheimlichen Beschleunigung erfaßt.

Bert Schneider,
Produzent; geboren 1933 (?) in New Rochelle, New York.
Als Sohn eines Managers bei Columbia Pictures wächst Bert Schneider in einer wohlhabenden Familie auf und

beginnt ein Studium an der Cornell University, die ihn jedoch aus disziplinarischen Gründen relegiert. Erste Berufserfahrungen bei Screen Gems, dem für TV-Produktionen zuständigen New Yorker Zweig von Columbia. Mitte der Sechziger zieht er nach Los Angeles und gründet mit seinem Freund ▮ Bob Rafelson zunächst die Raybert Productions, im Frühsommer 1969 dann zusammen mit Steve Blauner die Produktionsfirma BBS. Die Beatles-Ersatzband The Monkees sind die Stars seiner ersten kommerziell sehr erfolgreichen Fernsehserie gleichen Namens. Mit EASY RIDER etabliert er sich als einer der wichtigsten Produzenten „New Hollywoods", beendet jedoch seine Produzententätigkeit in den frühen Achtzigern. 1975 werden Bert Schneider und der Regisseur Peter Davis mit einem Oscar für die Dokumentation HEARTS AND MINDS ausgezeichnet.

Die Filme von BBS, der Firma, die Schneider mit ▮ Bob Rafelson und Steve Blauner gründete, sind zwar nicht durchgängig makellos; aber wie sie zustandekamen und wie sie ihre Geschichten erzählten, das war wegweisend. Ähnlich wie ▮ Coppola, der mit seinem American Zoetrope-Studio Hollywood mit dessen eigenen Waffen schlagen wollte, wollte Bert Schneider mit seinem Gespür für Deals und für die Krise des Systems dieses selbst umwälzen. Heute, wo die 68er bisweilen sogar über sich selbst aufgeklärt sind, ist dieses Verhaltensmuster so wenig überraschend wie Schneiders *radical chic,* das Engagement für Kuba, Black Panther und gegen den Vietnamkrieg, oder der Eifer, mit dem auch Schneider sich der sogenannten Befreiung der Sexualität und der Erweiterung des Bewußtseins verschrieb. Was von all dem bleibt, ist ein knappes Dutzend Filme, ohne die das Kino unendlich viel ärmer wäre. Schneider war, glaubt man all den redseligen Gesprächspartnern bei Peter Biskind, ein toleranter Produzent, ein beinharter Dealmaker und einer, der großzügig die Gewinne unter seine Mitarbeiter verteilte. Einer, der wußte, wie das Spiel gespielt wird, und der fast ein Jahrzehnt lang einer der besten in diesem Spiel war; der Michie Gleason bei BROKEN ENGLISH über den Tisch zog und seltsam konsequent mit diesem Film seine Karriere beendete, der kaum je zu sehen war; der sich ungerührt Feinde machte und auf seine Weise kämpfte für einen Film wie ▮ Terrence Malicks DAYS OF HEAVEN, während er sich zugleich mit Malick überwarf; der dieselbe Kampfeslust nicht aufbrachte für ▮ Monte Hellman, als dieser die Grundkonstellation von Godards PIERROT LE FOU (1965) unter dem Titel „Obsession" verfilmen wollte; der nach Ansehen der Muster nicht begriff, was ▮ Bogdanovich bei den Dreharbeiten zu THE LAST PICTURE SHOW tat, und der sich von seinem Freund und Partner Bob Rafelson erklären ließ, wie souverän Bogdanovich alles im Griff hatte; der in einem Akt von Hollywood-Dada mit Rafelson zusammen die Monkees erfand.

BBS war das *powerhouse,* der Ort, an dem alle möglichen Drogen und Drehbücher zirkulierten. Als Schneider das Firmengebäude an der La Brea Avenue verkaufte, war auch ein Schauplatz von „New Hollywood" Geschichte geworden. Was Bert Schneider seither getan hat, verliert sich im Ungefähren. Die Jahre, in denen er nicht mehr produziert hat, übertreffen seine aktive Zeit um das Doppelte, und vielleicht liegt darin eine Antwort: statt geschwätziger Memoiren ein Fragment zu hinterlassen, um sich später nicht vorrechnen lassen zu müssen, wie sehr man seine ursprünglichen Ideen verraten hat. Einfach schweigen, einfach nichts tun, einfach aus dem üblichen biografischen Muster verschwinden. Man muß sich vielleicht rückblickend daran gewöhnen, daß Pose und Pathos in jener Zeit nicht zu trennen waren, daß Schneiders Verlesung eines Grußworts der provisorischen Regierung von Vietnam bei der Oscar-Verleihung 1975 ein bis heute vielzitierter Publicity-Stunt und zugleich ein überzeugtes politisches Statement war. Und man kann sich daran erinnern, daß am Ende des Aufbegehrens, das aus so vielen Filmen von BBS sprach, der Tod, das Vergessen und die Auflösung der erzählerischen Ordnung lagen. Wie eine späte Fußnote liest es sich, wenn Peter Biskind eine Äußerung Schneiders aus dem Jahre 1992, aus der Zeit der *riots* in South Central kolportiert: „I wish they'd come up here and burn my house down." Der Mann, der ohne zu zögern sechsstellige Schecks für die Black Panther ausstellte, der dem von ihm idolisierten Aktivisten Huey Newton die Flucht nach Kuba ermöglichte, muß irgendwann das Interesse am Kino verloren haben. So verlor das Kino auch das Interesse an ihm. Und so lebte der „Hipster Mogul" (J. Hoberman) ein paar Jahre in rasend schnellem Rhythmus, starb als Produzent jung und hinterließ den Filmhistorikern einen gutaussehenden Leichnam, um als Bert Schneider, inzwischen um die Siebzig, weiterzuexistieren.

Peter Körte

Filme als (Ko-)Produzent

THE MONKEES (TV), Regie: ▮ Bob Rafelson, 1966; HEAD, Regie: ▮ Bob Rafelson, 1968 [▮ Jack Nicholson]; EASY RIDER, Regie: ▮ Dennis Hopper, 1969 [▮ Peter Fonda, ▮ Henry Jaglom, ▮ Jack Nicholson]; FIVE EASY PIECES, Regie: ▮ Bob Rafelson, 1970 [▮ Carole Eastman, ▮ Jack Nicholson]; DRIVE, HE SAID, Regie: ▮ Jack Nicholson, 1971 [▮ Henry Jaglom, ▮ Robert Towne]; A SAFE PLACE, Regie: ▮ Henry Jaglom, 1971 [▮ Jack Nicholson]; THE LAST PICTURE SHOW, Regie: ▮ Peter Bogdanovich, 1971 [▮ Bob Rafelson]; THE KING OF MARVIN GARDENS, Regie: ▮ Bob Rafelson, 1972 [▮ Jack Nicholson]; HEARTS AND MINDS (Dok.), Regie: Peter Davis, 1973/74; THE GENTLEMAN TRAMP (Dok.), Regie: Richard Patterson, 1975; TRACKS, Regie: ▮ Henry Jaglom, 1976 [▮ Dennis Hopper]; DAYS OF HEAVEN, Regie: ▮ Terrence Malick, 1978 [▮ Haskell Wexler]; BROKEN ENGLISH, Regie: Michie Gleason, 1981.

Literatur (Auswahl)

Mitchell S. Cohen: The Corporate Style of BBS, Seven Intricate Pieces. In: Take One (Vancouver), Nr. 12, November 1973, S. 19 ff. – Stephen Farber: The Man Who Brought Us Greetings from the Vietcong. In: New York Times, 4. 5. 1975. – o. A.: Schneider, Rafelson, Blauner and Col Appear Headed for Calif. Court Fight. In: Variety (Hollywood), 4. 8. 1977. – Teresa Grimes: BBS: Auspicious Beginnings, Open Endings. In: Movie (London), Nr. 31/32, 1986, S. 54 ff.

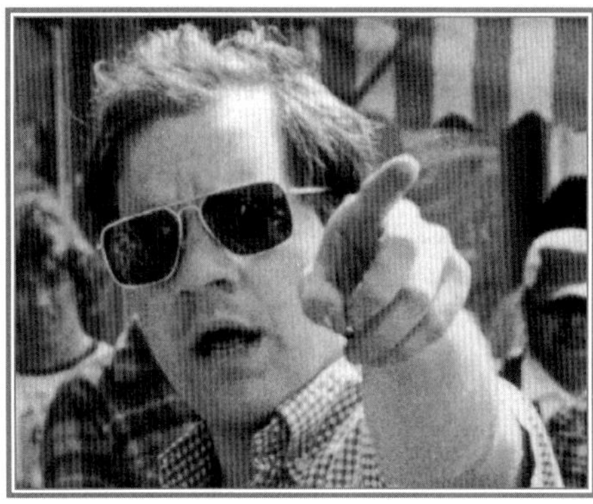

Paul Schrader

„TAXI DRIVER ist mehr als ein Film. Ein Mann versucht einen aussichtslosen Kampf gegen die Ratten der Großstadt." Wo der amerikanische Trailer von TAXI DRIVER Einblicke in das Innere eines Einzelgängers bewirbt, beschwört der deutsche offen die Lust an der Exploitation, die das Kino damals so ungebändigt zelebrierte. Der Außenseiter wird zum coolen Killer, krank ist nicht er, sondern die Gesellschaft. Die reißerische deutsche Ankündigung erinnert aber auch an die Verunsicherung, die der Film auslöste: Er stellte Fragen, auf die ich im gerade angebrochenen Teenie-Alter auch keine Antwort wußte. Fragen, von denen ich mir nicht sicher war, ob ich sie verstand. Ich war mir nicht einmal sicher, ob ich mich ihnen überhaupt stellen wollte.

Und nun sitzt mir also der Mann, der das Script dazu geschrieben hat, gegenüber – nach über 25 Jahren, im Herbst 2002. Seine Stimme klingt atemlos, gehetzt. Kurze, prägnante, genau abgezirkelte Sätze. Intellektuelle Statements, Akademikeräußerungen: So stellt man sich amerikanische High-School-Professoren vor, in Chinos und Poloshirt. Ein Eindruck, der durch eine Brille mit auffällig großem Gestell unterstützt wird, die man bereits auf *publicity shots* von HARDCORE oder CAT PEOPLE entdecken kann. Heute ist Schrader ganz Familienvater, ganz Establishment. Mittelstand auch in jenem Sinne, daß man bei ihm immer den Erfolg mitdenkt, den er im Gegensatz zu einem späteren Regiestar wie ▮ Martin Scorsese *nicht* hatte. Zu Zeiten von TAXI DRIVER und BLUE COLLAR sah er noch ganz anders aus: mit Machobart, entschlossen-rebellischem Blick, jede Pose testosterondurchtränkt. Die populäre Filmgeschichte erfindet gerne ihre eigenen Mythen, doch diesem jungen Mann, der einem da von den Aufnahmen entgegenblickt, glaubt man sofort, daß er stets eine Waffe auf seinem Nachttisch liegen habe und *gun crazy* sei, so sehr, daß angeblich selbst Waffen-*aficionado* ▮ John Milius sich ein wenig vor ihm gefürchtet habe.

Doch die selbstbewußt demonstrierte Lässigkeit jener Tage wird von den Helden seiner eigenen Filme als Fassade entlarvt. Sein erstes Drehbuch (nach Filmkritiken und seinem Buch „Transcendental Style in Film" von 1972, in dem er am Werk von Ozu, Bresson und Dreyer den Versuch, das Heilige filmisch zu inszenieren, untersucht und dabei transkulturelle Gemeinsamkeiten entdeckt) schrieb er in gut zwei Wochen wie in einem Rausch über einen Taxifahrer in New York, den er als „God's lonely man" charakterisiert: einen Getriebenen, einen Einsamen, der sich seiner Einsamkeit inmitten der Großstadt bewußt wird, in dessen Wahrnehmung die Metropole als ein Moloch erscheint, der von echtem und menschlichem Müll gesäubert werden muß. Schrader fühlte sich damals selbst als *loner:* von seiner Freundin getrennt und pleite, lebte er in seinem Auto und ging nachts, wenn die Filmtheater geschlossen hatten, ins Pornokino.

Das Echo dieses Films findet sich in vielen anderen, selbst noch in viel, viel späteren Geschichten Schraders: Die Schlaflosigkeit, die Travis Bickle (Robert De Niro) jede Nacht Taxi fahren läßt, quält auch John LeTour (Willem Dafoe), den Drogenkurier der gehobenen Gesellschaft, als „Light Sleeper", dessen Suche nach Erlösung zu einer Suche nach Gott wird. BRINGING OUT THE DEAD erzählt von einem anderen *night kid* in New York, einem anderen Einzelgänger, bloß bringt Frank Pierce (Nicolas Cage) als Fahrer eines Krankenwagen anders als Travis nicht den Tod, sondern das Leben. Vor allem blieb die beschädigte amerikanische Männerseele Schraders beherrschendes Thema. Der Verlust der Identität. Das Leben eines Mannes als ewiger Kampf gegen Lügen, Verpflichtungen, Sehnsüchte und Abhängigkeiten. Als nie abreißender Albtraum, ein Ringen um Verantwortung und Schuld und Sühne, so wie es ▮ Brian De Palma nach dem Schrader-Script „Obsession" inszenierte. (Der Calvinismus, nach dessen strikten Grundsätzen Paul Schrader erzogen wurde, sei eine Form permanenter milder Depression, hat einmal jemand festgestellt.)

In der allerersten Szene der allerersten Verfilmung eines Schrader-Drehbuchs, ▮ Sydney Pollacks THE YAKUZA, dagegen sind die männlichen Verhaltensmuster noch eindeutig kodiert. Die Begegnung von Mitgliedern unterschiedlicher Yakuza-Clans folgt einem streng festgelegten Muster von Ritualen, die dem westlichen Zuschauer vielleicht zunächst fremd erscheinen, in der vom Film gelieferten Interpretation aber klar, vorhersehbar und kalkulierbar sind. Robert Mitchum jedoch als Veteran des Zweiten Weltkrieges, der in Japan ermitteln soll, ist ein müder Held. Seine Geschichte muß nicht erzählt werden, sein Gesicht verrät so viel, wie wir wissen müssen. Und auch sein japanischer Gegenspieler, gespielt von Takakura Ken, ist ein einsamer Wolf. Zwei Männer in ihrem eigenen Universum aus Pflicht und Verzicht, in dem für die Liebe kein Platz ist.

Paul Schrader,
Autor, Regisseur; geboren am 22. Juli 1946 in Grand Rapids, Michigan.
Als Sohn strenggläubiger Calvinisten studiert Schrader bis 1968 Theologie am Calvin College in Grand Rapids, belegt aber bereits Sommerkurse in Film an der Columbia University in New York. Im Rahmen des UCLA-Graduiertenprogramms absolviert er eine Filmausbildung und beginnt, Kritiken zu schreiben. Schrader versucht sich auch als Drehbuchautor, kämpft jedoch immer wieder mit Alkoholproblemen und Depressionen. Sein Script zu ▮ Martin Scorseses TAXI DRIVER verrät die Verzweiflung des Autors. Der Erfolg des Films ermöglicht es ihm, mit HARDCORE seinen ersten eigenen Film zu inszenieren. Mit seinen Regiearbeiten AMERICAN GIGOLO und LIGHT SLEEPER knüpft er an TAXI DRIVER an: Schrader ist ein akribischer Protokollant männlicher Krisen.

THE YAKUZA erzählt eine Geschichte, deren Wurzeln im Zweiten Weltkrieg liegen, doch in der Frage nach der Schuld schwingt natürlich bereits das Vietnamtrauma mit, das Schrader in ROLLING THUNDER detaillierter bloßlegte: Einen Kriegsveteranen erwarten nach der Heimkehr Heldenehrung und ein Silberdollar für jeden Tag, den er in Gefangenschaft erlebte, aber auch Scheidung und Schlaflosigkeit (!). Als Gangster ihn überfallen und zum Krüppel prügeln, folgt er ihren Spuren bis Mexiko, um mit einem Blutbad Rache zu nehmen. Als ihn das Mädchen, das ihn begleitet und liebt, fragt, warum ausgerechnet sie immer an durchgeknallte Typen gerate, antwortet er: „Because they're the only ones left." Auch Travis Bickle tritt als Vietnamveteran auf (obwohl wir im Film dafür lediglich sein Wort haben), im ursprünglichen Script heißt es, er komme aus einem Land, in dem es immer kalt ist und die Menschen wenig reden.

„Marty was fully ready to make the film, De Niro was ready to make it. And the nation was ready to see it." Alles war plötzlich in Frage gestellt: Macht, Politik, Geld, Moral, Sex. Nicht nur Schrader fühlte wie Travis eine fast animalische, getriebene Einsamkeit. Neben der Verzweiflung und der verlorenen Identität, die sich in seinen Drehbüchern und Filmen manifestiert, war das Filmemachen in der Ära des „New Hollywood" für Schrader aber auch von großer Lust geprägt, dem Adrenalinrausch der Rebellion. Man mache Filme, meinte er, weil man geliebt werden wolle. „But our attitude was: we don't like you and we don't care if you like us. And the phantastic thing about it was that you could still make money with it."

Annette Kilzer

Filme als Regisseur (auch TV-Auswahl)

FOR US, CINEMA IS THE MOST IMPORTANT OF ARTS (Kurzfilm), 1970 (auch Autor, Produzent); BLUE COLLAR, 1978 (auch Autor); HARDCORE, 1979 (auch Autor) [▮ John Milius]; AMERICAN GIGOLO, 1980 (auch Autor); CAT PEOPLE, 1982; BOB DYLAN: TIGHT CONNECTION (Musik-Video), 1985 (auch Autor) [▮ Bob Dylan]; MISHIMA: A LIFE IN FOUR CHAPTERS, 1985 (auch Autor) [▮ Francis Ford Coppola, ▮ George Lucas]; LIGHT OF DAY, 1987 (auch Autor); PATTY HEARST, 1988; THE COMFORT OF STRANGERS, 1990; LIGHT SLEEPER, 1992 (auch Autor); WITCH HUNT (TV), 1994; TOUCH, 1997 (auch Autor); AFFLICTION, 1997 (auch Autor); FOREVER MINE, 1999 (auch Autor); AUTO FOCUS, 2002.

Filme als (Ko-)Autor

FOR US, CINEMA IS THE MOST IMPORTANT OF ARTS (Kurzfilm), Regie: Paul Schrader, 1970 (auch Produzent); TAXI DRIVER, Regie: ▮ Martin Scorsese, 1975 [▮ Julia Phillips]; THE YAKUZA, Regie: ▮ Sydney Pollack, 1975 [▮ Robert Towne]; OBSESSION, Regie: ▮ Brian De Palma, 1976; CLOSE ENCOUNTERS OF THE THIRD KIND, Regie: ▮ Steven Spielberg, 1977 [▮ Julia Phillips]; ROLLING THUNDER, Regie: John Flynn, 1977; BLUE COLLAR, Regie: Paul Schrader, 1978; HARDCORE, Regie: Paul Schrader, 1978 [▮ John Milius]; OLD BOYFRIENDS, Regie: Joan Tewkesbury, 1978 (auch Produzent); RAGING BULL, Regie: ▮ Martin Scorsese, 1979/80; AMERICAN GIGOLO, Regie: Paul Schrader, 1980; BOB DYLAN: TIGHT CONNECTION (Musik-Video), Regie: Paul Schrader, 1985 [▮ Bob Dylan]; MISHIMA: A LIFE IN FOUR CHAPTERS, Regie: Paul Schrader, 1985 [▮ Francis Ford Coppola, ▮ George Lucas]; THE MOSQUITO COAST, Regie: Peter Weir, 1986; LIGHT OF DAY, Regie: Paul Schrader, 1987; THE LAST TEMPTATION OF CHRIST, Regie: ▮ Martin Scorsese, 1987/88; SPECIAL EDITION OF CLOSE ENCOUNTERS OF THE THIRD KIND, Regie: ▮ Steven Spielberg, 1990 [▮ Julia Phillips]; LIGHT SLEEPER, Regie: Paul Schrader, 1992; CITY HALL, Regie: Harold Becker, 1996; AFFLICTION, Regie: Paul Schrader, 1997; TOUCH, Regie: Paul Schrader, 1997; BRINGING OUT THE DEAD, Regie: ▮ Martin Scorsese, 1999; FOREVER MINE, Regie: Paul Schrader, 1999.

Filme als (Ko-)Produzent

FOR US, CINEMA IS THE MOST IMPORTANT OF ARTS (Kurzfilm), Regie: Paul Schrader, 1970 (auch Autor); OLD BOYFRIENDS, Regie: Joan Tewkesbury, 1978 (auch Autor).

Auftritte in Filmen

DE WEG NAAR BRESSON (Dok.), Regie: Leo De Boer, Jurriën Rood, 1984; HOLLYWOOD MAVERICKS (Dok. des American Film Institute), 1988/89 [▮ Peter Bogdanovich, Martin Scorsese]; PRESTON STURGES. THE RISE AND FALL OF AN AMERICAN DREAMER (TV-Dok.), 1990; THE HOLLYWOOD FASHION MACHINE (TV), 1995; EASY RIDERS, RAGING BULLS (Dok.), Regie: Kenneth Bowser, 2003 [▮ Peter Bogdanovich, ▮ Roger Corman, ▮ Peter Fonda, ▮ Monte Hellman, ▮ Dennis Hopper, ▮ Henry Jaglom, ▮ John Milius, ▮ Julia Phillips, ▮ Rudy Wurlitzer].

Literatur (Auswahl)

Paul Schrader: Transcendental Style in Film. Ozu, Bresson, Dreyer. Berkeley: University of California 1972. – Paul Schrader: Notes on Film Noir. In: Film Comment (New York), Nr. 1, Frühjahr 1972, S. 8–13 (dt.: Notizen zum Film Noir. In: Filmkritik, München, Nr. 10, Oktober 1976, S. 462–477.) – Richard Thompson: Interview with

Paul Schrader. In: Film Comment (New York), Nr. 2, März/April 1976 (dt. in: Filmkritik, München, Nr. 10, Oktober 1976, S. 478ff.). - Paul Schrader: Robert Bresson, Possibly. In: Film Comment (New York), Nr. 5, September/Oktober 1977, S. 26ff. - Paul Schrader: Guilty Pleasures. In: Film Comment (New York), Nr. 1, Januar/Februar 1979, S. 61f. - John Brady: The Craft of the Screenwriter. New York: Simon and Schuster 1981 (Interview mit Paul Schrader, S. 248-311.). - Paul Schrader: Rencontre avec Martin Sorsese. In: Cahiers du Cinéma (Paris), Nr. 334/335, April 1982, S. 6ff. - Richard Gehr: Citizen Paul. In: American Film (Washington, D.C.), Nr. 10, 1988. - Paul Schrader: Dialogue on Film. In: American Film (Washington, D.C.), Nr. 9, Juli/August 1989, S. 16ff. - Kevin Jackson (Hg.): Schrader on Schrader. Boston, M.A./London: Faber and Faber 1990, S. 16ff. - Marli Feldvoss: Warum gehören Lust und Schmerz zusammen, Mister Schrader? (Interview). In: Frankfurter Allgemeine Magazin, Nr. 587, 31.5.1991. - Larry Clark, Paul Schrader: Babes in the Hood. In: Meteor (Wien), Nr. 1, Dezember 1995, S. 16ff. - Paul Schrader: The History of an Artist's Soul is a Very Sad History: Aleksandr Sokurov. In: Film Comment (New York), Nr. 6, November/Dezember 1997, S. 20ff. - Donald Ritchie, Paul Schrader: A Hundred Years of Japanese Film. Tokio: Kodansha International 2002.

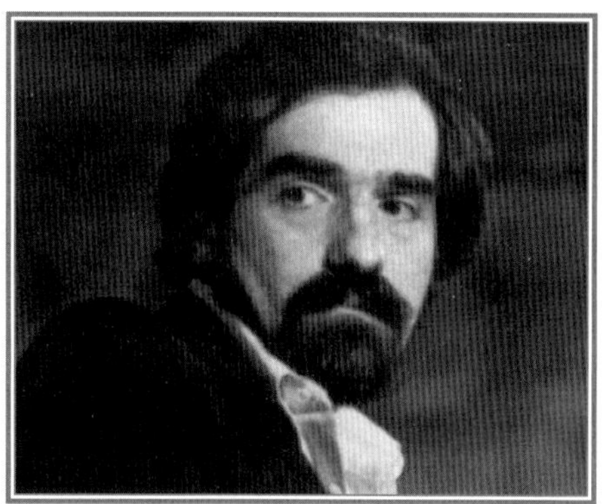

Martin Scorsese

Von Anfang an war er besessen vom Leben auf der großstädtischen Straße. „You don't make up for your sins in the church, you do it in the streets, you do it at home, the rest is bullshit - and you know it." So er selbst (mit eigener Stimme) zu Beginn von MEAN STREETS.

Die Straße als Purgatorium - ein Fegefeuer, das zu durchschreiten ist, um sich zu bewähren. Scorsese erzählt von der Kumpanei einiger Männer in ihrem Viertel (in WHO'S THAT KNOCKING AT MY DOOR?, MEAN STREETS, GOOD FELLAS, GANGS OF NEW YORK) oder rückt entwurzelte, vereinsamte Einzelgänger ins Zentrum seiner Geschichten (in TAXI DRIVER, THE KING OF COMEDY, BRINGING OUT THE DEAD) oder zeigt die Stadt als Paradies und Hölle zugleich (in NEW YORK, NEW YORK; RAGING BULL; AFTER HOURS; CASINO). All seine Filme durchzieht diese hektische, nervöse Energie, die das Geschehen häufig in Gewalt umschlagen läßt, die nichts Böses ist, auch nicht Ärgernis oder Skandalon, sondern integraler Bestandteil von Scorseses Sicht auf die Welt. Gewalt ist für ihn selbstverständlicher Teil des Lebens, sie entsteht aus dem Zwang, in der Welt zurechtzukommen.

In WHO'S THAT KNOCKING AT MY DOOR? geht es - in experimentellen Bildern und Rhythmen - um Männer auf den Straßen von New Yorks Little Italy, die voller Überdruß vor ihrem Zuhause fliehen und sich - locker, cool und smart - der wollüstigen Verführung ihrer Kumpanei hingeben. Umgeben sind sie dabei von Symbolen ihrer katholischen Bindung: von Heiligenbildern, Votivkerzen, Madonnastatuen und Christusfiguren am Kreuz. Sie saufen und zocken, schlagen und umarmen sich und sind zugleich gefesselt durch Herkunft und Religion.

Wichtig deshalb, von Anfang an: Scorseses italienische Familie und seine katholischen Wurzeln. In dem Viertel, in dem er aufgewachsen sei, bekannte er einmal, „gab es zwei Mächte: die harten Jungs auf der Straße - und die Kirche. Die Kriminellen grüßten den Priester und ließen ihre Autos und Haustiere segnen." Deshalb habe er auch Priester werden wollen, bis er seinen ersten Film drehte. Filmemachen als Mittel, den Dämonen der Kindheit zu entkommen und gleichzeitig den Zustand der Welt zu reflektieren.

Das Spannungsverhältnis von Identitätsfindung in der Gruppe einerseits und ethnischer und religiöser Verankerung andererseits charakterisiert Scorseses Arbeiten durchgängig. In MEAN STREETS wird die Suche nach freier Entfaltung draußen auf der Straße immer wieder begrenzt durch die Werte der katholischen Moral wie des italienischen Machismo, die Sehnsucht nach Liebe überlagert durch unverarbeitete Schuldgefühle, die Hoffnung auf Erlösung verdrängt durch den ewigen Kampf mit den eigenen Alb- und Wunschträumen. Charlie (Harvey Keitel), Tony (David Proval), Johnny Boy (Robert De Niro) und all die anderen, sie ersehnen ein Leben voller Geld und Glück, aber dann folgen sie doch wieder ihren dunklen Impulsen, die sie hineinziehen in einen Kreislauf aus Fehlverhalten und Schuld, Gewalt und Krieg.

In den Siebzigern ging es bei Scorsese stets um Typen mit besonderen Ecken und Kanten, die ein Lebensgefühl zum Ausdruck bringen: das der besessenen Jungs, denen die Straße zur Schule ihres Lebens wird - und die deshalb

Martin Scorsese,
Regisseur, Autor, Produzent; geboren am 17. November 1942 in Flushing, New York.
Als Enkel sizilianischer Einwanderer verlebt Scorsese einen Teil seiner Kindheit in Little Italy, Manhattans italienischem Viertel, und besucht dort zunächst eine katholische Schule, dann ein Priesterseminar. 1957 schreibt er sich an der New York University für Englisch ein, wechselt aber schnell in die Filmabteilung. Dort dreht er erste Kurzfilme, mit denen er Preise gewinnt. Nach dem Studienabschluß Bachelor of Sciences (B.S.) 1964 sammelt er einige Praxiserfahrungen als Cutter und Beleuchter, kehrt jedoch an die NYU zurück, um einen weiteren akademischen Grad (Magister Artium, M.A.) zu erwerben und selbst zu unterrichten. Scorseses erster Spielfilm WHO'S THAT KNOCKING AT MY

DOOR?, thematisiert, wie viele seiner späteren Filme, den italoamerikanischen Hintergrund des Regisseurs. Mit TAXI DRIVER, der in Cannes die Goldene Palme gewinnt, avancieren Martin Scorsese und seine beiden Lieblingsdarsteller Harvey Keitel und Robert De Niro zu Stars. Zwischen 1980 und 2003 wird Scorsese fünfmal für den Oscar in der Kategorie Beste Regie nominiert (zuletzt für GANGS OF NEW YORK). Scorsese hat eine eigene Produktionsfirma und ist außerdem engagierter Filmsammler, -historiker und -restaurator. 1995 ehrt ihn das Internationale Filmfestival in Venedig mit dem Goldenen Löwen für sein Lebenswerk, 1997 wird er mit dem Life Achievement Award des American Film Institute ausgezeichnet.

die Straße als offenen Raum für ihre Körper nutzen und die Konflikte als Arena für ihre gewalttätigen Phantasien. Im Zentrum der Filme, so Bernd Kiefer, stehen Männer, „die aus dem Gleichgewicht sind, die etwas umtreibt, die nicht schlafen können oder wollen, die steigen, um zu fallen, (...) die immer wieder in Spiegel blicken, um ein Bild von sich zu finden". In TAXI DRIVER beispielsweise, wenn Travis (Robert De Niro) den Rhythmus der Gesten und das Timbre der Stimme probt, die Effekte und Wirkungen, die ihn bereit machen fürs Überleben zwischen dem Dreck und dem Müll auf der Straße. „Are you talking to me?"

Scorsese ist ein intimer Kenner der Filmgeschichte. Seine Filme sind voller Zitate und Anspielungen (darin folgt er seinen Vorbildern der französischen Nouvelle Vague). Sie nehmen motivische und visuelle Anregungen auf und zeigen zugleich, wie und inwieweit sie dies tun. Seine frühen Straßenfilme reagieren auch auf die expressionistischen Effekte bei Grune, May und Rahn. Sein Psychodram ALICE DOESN'T LIVE HERE ANYMORE, das eine starke Frau zwischen Aufbruch und Ruhepause, Emanzipation und Resignation ins Zentrum rückt, steht in der Tradition des „Frauenfilms" der Vierziger, von Michael Curtiz' MILDRED PIERCE (1945), Curtis Bernhardts MY REPUTATION (1946) oder King Vidors BEYOND THE FOREST (1949). Sein musikalisches Melodram NEW YORK, NEW YORK spielt mit Vorbildern der Vierziger und Fünfziger, mit Charles Vidors COVER GIRL (1944) oder George Cukors A STAR IS BORN (1954). RAGING BULL hat direkte Bezüge zu den kritischen Boxerfilmen der Vierziger, zu Robert Rossens BODY AND SOUL (1947) oder Robert Wises THE SET-UP (1949). Und manche seiner Gangster sind beeinflußt durch die Klassiker der frühen Dreißiger, durch Mervyn LeRoys LITTLE CAESAR (1931) und Howard Hawks' SCARFACE (1931).

Scorsese ist ein neugieriger, experimentierfreudiger Filmemacher: Ihn interessieren die Variation konventioneller Genremuster und der Bruch mit üblichen Erzähltechniken, also ausgefallene Charaktere in extremen Situationen, originelle Arrangements in unübersichtlicher Umgebung und kontrastreichem Licht, das Spiel mit ungewöhnlichen Blicken und ruhelosen Bewegungen, mit expressiver Kadrage und fragmentarisierenden Schnitten. Für Robert Kolker gibt es in Scorsese stets das „Verlangen, alle Möglichkeiten seiner Kunst auszuschöpfen", und gleichzeitig die „Bereitschaft, der Realität die Kamera vors Gesicht zu halten, um dahinter ein realeres filmisches Gesicht samt Körper zu enthüllen, einen gewalttätigen (...) Körper, der in Räumen gefangen ist, die er kaum versteht, gegen die er dennoch weiterhin ankämpfen will."

In TAXI DRIVER akzentuiert er die Zerrissenheit großstädtischen Alltags, indem er mehrmals den Blick des Helden zum Gradmesser seiner Gemütslage konkretisiert. Immer wieder ist zu sehen, wie gebrochen Travis die Formen und Lichter der Stadt wahrnimmt, wenn er in seinem Taxi nach vorne durch die Windschutzscheibe alles sich nähern und gleichzeitig im Rückspiegel alles sich entfernen sieht. Ein ornamentales Bild aus Bewegung und Gegenbewegung. Vieles verschwimmt, vieles läuft ineinander: die Rasanz der Dinge, das grelle Funkeln der Laternen und Reklamelichter. Im Rückspiegel erkennt er, wie die Lichter der Fahrbewegung folgen, während er ober- und unterhalb dieses Spiegels den entgegengesetzten Effekt erfährt. Was die Sicht auf die Welt zerteilt – und den Menschen, der die Welt so wahrnehmen muß.

TAXI DRIVER ist ohne Zweifel Scorseses Meisterwerk der Siebziger, Porträtstudie und Dokument gleichermaßen. „Loneliness has followed me my whole life – everywhere. In bars, in cars, sidewalks, stores – everywhere. There's no escape. I'm God's lonely man." Auf der ersten Ebene ist dies bloß ein Gedanke, von ▮ Paul Schrader geschrieben. Auf der zweiten, der eigentlichen Ebene aber wird – durch De Niros gepreßte Modulation, den gedehnten Rhythmus, das heisere Timbre – Einblick ins Neurotisch-Übersteigerte einer Gefühlslage gewährt. Wenn Travis kurz darauf sich aufrüstet, mit einer 45er Magnum, einer 38er Stupsnase, einem 25er Colt und einer P 38, also die totale Mobilmachung für sich ausruft (und der smarte Waffendealer seine Ware anpreist, als verkaufe er Gummibärchen), ist die Visualisierung des Irrsinns zugleich ein stimmiges Bild einer aus den Fugen geratenen Zeit.

Norbert Grob

Filme als Regisseur (auch TV-Auswahl)

WHAT'S A NICE GIRL LIKE YOU DOING IN A PLACE LIKE THIS? (Kurzfilm), 1963 (auch Autor); IT'S NOT JUST YOU, MURRAY! (Kurzfilm), 1964 (auch Autor, Cutter, Darsteller); WHO'S THAT KNOCKING AT MY DOOR?, 1965–68 (auch Autor, Cutter, Darsteller); NEW YORK CITY ... MELTING POT (Dok.), 1966 (auch Autor, Cutter); THE BIG SHAVE (Kurzfilm), 1967 (auch Autor, Cutter, Produzent); STREET SCENES (Dok.), 1970 (auch Produzent); BOXCAR BERTHA, 1971/72 (auch Cutter, Darsteller) [▮ Roger Corman]; MEAN STREETS, 1972/73 (auch Autor, Cutter, Darsteller); ALICE DOESN'T LIVE HERE ANYMORE, 1974 (auch Autor, Darsteller); ITALIAN-AMERICAN, 1974 (auch Autor); TAXI DRIVER, 1975 (auch Darsteller) [▮ Julia Phillips, ▮ Paul Schrader]; NEW YORK, NEW YORK, 1976/77 (auch Autor) [▮ Julia Phillips]; THE LAST WALTZ (Dok.), 1976–78 (auch Darsteller) [▮ Bob Dylan]; AMERICAN BOY: A PROFILE OF STEVEN PRINCE (Dok.), 1977 (auch Autor, Darsteller); RAGING BULL, 1979/80 (auch Autor, Darsteller) [▮ Paul

Schrader]; THE KING OF COMEDY, 1981/82 (auch Darsteller); AFTER HOURS, 1984/85 (auch Darsteller); AMAZING STORIES: MIRROR, MIRROR (TV), 1986 [▮ Steven Spielberg]; THE COLOR OF MONEY, 1986 (auch Darsteller); MICHAEL JACKSON: BAD (Musik-Video), 1987; THE LAST TEMPTATION OF CHRIST, 1987/88 [▮ Paul Schrader]; ROBBIE ROBERTSON: SOME DOWN THE CRAZY RIVER (Musik-Video), 1988 (auch Autor); NEW YORK STORIES (Episode: LIFE LESSONS), 1989 (auch Darsteller) [▮ Francis Ford Coppola]; GOOD-FELLAS, 1990 (auch Autor); MADE IN MILAN (Dok.), 1990; CAPE FEAR, 1991; THE AGE OF INNOCENCE, 1993 (auch Autor); CASINO, 1994/95 (auch Autor); A PERSONAL JOURNEY WITH MARTIN SCORSESE THROUGH AMERICAN MOVIES (TV-Dok.), Ko-Regie: Michael Henry Wilson, 1995 (auch Autor, Auftritt) [▮ John Cassavetes, ▮ Francis Ford Coppola, ▮ Brian De Palma, ▮ George Lucas]; KUNDUN, 1997; BRINGING OUT THE DEAD, 1999 [▮ Paul Schrader]; IL MIO VIAGGIO IN ITALIA, 1999 (auch Autor); THE BLUES: FEEL LIKE GOING HOME (TV), 2002 (auch Produzent); GANGS OF NEW YORK, 2002.

Filme als (Ko-)Autor (auch TV-Auswahl)

WHAT'S A NICE GIRL LIKE YOU DOING IN A PLACE LIKE THIS? (Kurzfilm), Regie: Martin Scorsese, 1963; IT'S NOT JUST YOU, MURRAY! (Kurzfilm), Regie: Martin Scorsese, 1964 (auch Cutter, Darsteller); WHO'S THAT KNOCKING AT MY DOOR?, Regie: Martin Scorsese, 1965-68 (auch Cutter, Darsteller); NEW YORK CITY ... MELTING POT (Dok.), Regie: Martin Scorsese, 1966 (auch Cutter); THE BIG SHAVE (Kurzfilm), Regie: Martin Scorsese, 1967 (auch Cutter, Produzent); BEZETEN - HET GAT IN DE MUUR, Regie: Pim de la Parra, Wim Verstappen, 1968; MEAN STREETS, Regie: Martin Scorsese, 1972/73 (auch Cutter, Darsteller); ALICE DOESN'T LIVE HERE ANYMORE, Regie: Martin Scorsese, 1974 (uncredited; auch Darsteller); ITALIANAMERICAN, Regie: Martin Scorsese, 1974 (uncredited); NEW YORK, NEW YORK, Regie: Martin Scorsese, 1976/77 (uncredited) [▮ Julia Phillips]; AMERICAN BOY: A PROFILE OF STEVEN PRINCE (Dok.), 1977 (auch Darsteller); RAGING BULL, Regie: Martin Scorsese, 1979/80 (uncredited; auch Darsteller) [▮ Paul Schrader]; ROBBIE ROBERTSON: SOMEWHERE DOWN THE RIVER (Musik-Video), Regie: Martin Scorsese, 1988; GOODFELLAS, Regie: Martin Scorsese, 1990; THE AGE OF INNOCENCE, Regie: Martin Scorsese, 1993; CASINO, Regie: Martin Scorsese, 1994/95; A PERSONAL JOURNEY WITH MARTIN SCORSESE THROUGH AMERICAN MOVIES (TV-Dok.), Regie: Martin Scorsese, Michael Henry Wilson, 1995 (auch Auftritt) [▮ John Cassavetes, ▮ Francis Ford Coppola, ▮ Brian De Palma, ▮ George Lucas]; IL MIO VIAGGIO IN ITALIA, Regie: Martin Scorsese, 1999.

Filme als Cutter

IT'S NOT JUST YOU, MURRAY! (Kurzfilm), Regie: Martin Scorsese,1964 (uncredited; auch Autor, Darsteller); WHO'S THAT KNOCKING AT MY DOOR?, Regie: Martin Scorsese, 1965–68 (uncredited; auch Autor, Darsteller); NEW YORK CITY ... MELTING POT (Dok.), Regie: Martin Scorsese, 1966 (auch Autor); THE BIG SHAVE (Kurzfilm), Regie: Martin Scorsese, 1967 (auch Autor, Produzent); WOODSTOCK (Dok.), Regie: Michael Wadleigh, 1969; BOXCAR BERTHA, Regie: Martin Scorsese, 1971/72 (uncredited; auch Darsteller) [▮ Roger Corman]; MEDICINE BALL CARAVAN (Dok.), Regie: François Reichenbach, 1971 (uncredited; auch Produzent); MINNIE AND MOSKOWITZ, Regie: ▮ John Cassavetes, 1971; ELVIS ON TOUR (Dok.), Regie: Pierre Adidge, Robert Abel, 1972; UNHOLY ROLLERS, Regie: Vernon Zimmerman, 1972; MEAN STREETS, Regie: Martin Scorsese, 1972/73 (uncredited; auch Autor, Darsteller).

Filme als (Ko-)Produzent (auch TV-Auswahl)

THE BIG SHAVE (Kurzfilm), Regie: Martin Scorsese, 1967 (auch Autor, Cutter); STREET SCENES (Dok.), Regie: Martin Scorsese, 1970; MEDICINE BALL CARAVAN (Dok.), Regie: François Reichenbach, 1971 (auch Cutter); THE GRIFTERS, Regie: Stephen Frears, 1991; MAD DOG AND GLORY, Regie: John McNaughton, 1992/93; CLOCKERS, Regie: Spike Lee, 1995; KICKED IN THE HEAD, Regie: Matthew Harrison, 1997; THE HI-LO COUNTRY, Regie: Stephen Frears, 1998; YOU CAN COUNT ON ME, Regie: Kenneth Lonergan, 2000; RAIN, Regie: Katherine Lindberg, 2001; THE BLUES (TV), Regie: Charles Burnett, Clint Eastwood, Mike Figgis, Leslie Harris, Marc Levin, Richard Pearce, Martin Scorsese, Wim Wenders, 2002; DEUCES WILD, Regie: Scott Kalvert, 2002; THE SOUL OF A MAN (Dok.), Regie: Wim Wenders, 2003.

Filme als Darsteller (auch Auftritte, TV-Auswahl))

IT'S NOT JUST YOU, MURRAY! (Kurzfilm), Regie: Martin Scorsese, 1964 (auch Autor, Cutter); WHO'S THAT KNOCKING AT MY DOOR?, Regie: Martin Scorsese, 1965–68 (uncredited; auch Autor, Cutter); BOXCAR BERTHA, Regie: Martin Scorsese, 1971/72 (auch Cutter) [▮ Roger Corman]; MEAN STREETS, Regie: Martin Scorsese, 1972/73 (auch Autor, Cutter); ALICE DOESN'T LIVE HERE ANYMORE, Regie: Martin Scorsese, 1974 (auch Autor); TAXI DRIVER, Regie: Martin Scorsese, 1975 [▮ Julia Phillips, Paul Schrader]; CANNONBALL/CARQUAKE, Regie: Paul Bartel, 1976; THE LAST WALTZ

(Dok.), Regie: Martin Scorsese, 1976–78 [▮ Bob Dylan]; AMERICAN BOY: A PROFILE OF STEVEN PRINCE (Dok.), Regie: Martin Scorsese, 1977 (auch Autor); MOVIES ARE MY LIFE – A PROFILE OF MARTIN SCORSESE, Regie: Peter Hayden, 1977/78; RAGING BULL, Regie: Martin Scorsese, 1979/80 (auch Autor) [▮ Paul Schrader]; IL PAP'OCCHIO, Regie: Renzo Arbore, 1980; THE KING OF COMEDY, Regie: Martin Scorsese, 1981/82; BONJOUR MONSIEUR LEWIS (Dok. über Jerry Lewis), Regie: Robert Benayoun, 1982; PAVLOVA – A WOMAN OF ALL TIME, Regie: Emil Lotianou, 1983; AFTER HOURS, Regie: Martin Scorsese, 1984/85 (uncredited); 'ROUND MIDNIGHT, Regie: Bertrand Tavernier, 1985; THE COLOR OF MONEY, Regie: Martin Scorsese, 1986 (uncredited); HOLLYWOOD MAVERICKS (Dok. des American Film Institute), 1988/89 [▮ Peter Bogdanovich, Paul Schrader]; KONNA YUME WO MITA - AKIRA KUROSAWA'S DREAMS, Regie: Akira Kurosawa, Ishiro Honda 1988/89 [▮ Steven Spielberg]; NEW YORK STORIES (Episode: LIFE LESSONS), Regie: Martin Scorsese, 1989 (uncredited) [▮ Francis Ford Coppola]; WUNDERBARE VISIONEN AUF DEM WEG ZUR HÖLLE. DAS KINO UND DIE KÄMPFE DES MARTIN SCORSESE (TV), 1989; THE FUTURE OF MOVIES (TV-Dok.), 1990; GUILTY BY SUSPICION, Regie: Irwin Winkler, 1990; MARTIN SCORSESE DIRECTS (Dok.), Regie: Joel Sucher, Steven Fischler, 1990; THE SCORSESE MACHINE (TV), 1990; QUIZ SHOW, Regie: Robert Redford, 1993; JONAS IN THE DESERT, Regie: Peter Sempel, 1994; THE MOVIE MAKER (SEARCH AND DESTROY), Regie: David Salle, 1994; A PERSONAL JOURNEY WITH MARTIN SCORSESE THROUGH AMERICAN MOVIES (TV-Dok.), Regie: Martin Scorsese, Michael Henry Wilson, 1995 (auch Autor) [▮ John Cassavetes, ▮ Francis Ford Coppola, ▮ Brian De Palma, ▮ George Lucas]; THE TYPEWRITER, THE RIFLE, AND THE MOVIE CAMERA (Dok.), Regie: Adam Simon, 1995; WILD BILL: HOLLYWOOD MAVERICK (Dok.), Regie: Todd Robinson, 1995; THE RACE TO SAVE 100 YEARS (Dok.), Regie: Scott Benson, 1997; WITH FRIENDS LIKE THESE..., Regie: Philip Frank Messina, 1997; THE MUSE, Regie: Albert Brooks, 1999; STANLEY KUBRICK. A LIFE IN PICTURES, Regie: Jan Harlan, 2001 [▮ John Calley, ▮ Jack Nicholson, ▮ Sydney Pollack, ▮ Steven Spielberg]; BRIAN DE PALMA, L'INCORRUPTIBLE, Regie: Henri Behar, Karim Akadiri Soumaila, 2002 [▮ Brian De Palma, ▮ George Lucas, ▮ Steven Spielberg].

Literatur (Auswahl)

A. C. Bobrow: The Filming of MEAN STREETS (Interview). In: Filmakers Monthly / Newsletter (New York), Nr. 3, Januar 1974, S. 28ff. – Mark Patrick Carducci: Martin Scorsese, Now They're Knocking at His Door! (Interview). In: Millimeter (New York), Nr. 5, 1975, S. 12ff. – Paul Gardner: Martin Scorsese. In: Action (Hollywood), Nr. 3, Mai/Juni 1975, S. 31ff. – Marjorie Rosen: Martin Scorsese (Interview). In: Film Comment (New York), Nr. 2, März/April 1975, S. 42ff. – Louise Sweet, Richard Combs: American Boy (Interview). In: Sight and Sound (London), Nr. 1, Winter 1977/78, S. 27. – Martin Scorsese: Guilty Pleasures. In: Film Comment (New York), Nr. 5, September/Oktober 1978, S. 63ff. – Paul Schrader: Rencontre avec Martin Sorsese. In: Cahiers du Cinéma (Paris), Nr. 334/335, April 1982, S. 6ff. – Michel Cieutat: Martin Scorsese. Paris: Rivages 1986. – Peter W. Jansen, Wolfram Schütte (Hg.): Martin Scorsese. München: Hanser 1986. – Marion Weiss: Martin Scorsese. A Guide to References and Resources. Boston, M. A.: G. K. Hall 1987. – David Thompson: Mean Streets to Hollywood. In: Stills (London), Nr. 30, März 1987, S. 28ff. – Robert P. Kolker: A Cinema of Loneliness: Penn, Kubrick, Scorsese, Spielberg, Altman. New York: Oxford University 1988 (dt.: Allein im Licht. München: Diana 2001.). – David Thompson, Ian Christie (Hg.): Scorsese on Scorsese. London/Boston: Faber and Faber 1990; erweiterte Neuausgabe: 1996 (dt.: Scorsese über Scorsese. Frankfurt/M.: Filmverlag der Autoren 1996.). – Pat Mary Kelly: Martin Scorsese. A Journey. New York: Thunder's Mouth 1991. – Les Keyser: Martin Scorsese. New York: Twayne 1992. – Franz Everschor: Die Macht der Produzenten. Scorsese streitet für Rechte der Filmemacher. In: film-dienst (Köln), Nr. 6, 17. März 1992, S. 37. – Lesley Stern: The Scorsese Connection. Bloomington/London: Indiana University/BFI 1995. – Cahiers du Cinéma numéro 500 dirigé par Martin Scorsese. Cahiers du Cinéma, Nr. 500, März 1996 (darin von Martin Scorsese: Une authentique passion; De Niro et moi; Notre génération; New York, New York; Ma cinéphilie; About English Cinema; Entretien avec Martin Scorsese.). – Martin Scorsese: The Nitrate Past. In: Sight and Sound (London), Nr. 5, Mai 1996, S. 6. – Martin Scorsese, Michael Henry Wilson: A Personal Journey with Martin Scorsese Through American Movies. London: Faber and Faber 1997. – Andy Dougan: Martin Scorsese. The Making of his Movies. London: Orion 1997 (dt.: Nahaufnahme: Martin Scorsese. Reinbek: Rowohlt 1998.). – Michael Bliss: The Word Made Flesh. Catholicism and Conflict in the Films of Martin Scorsese. Lanham/Maryland/London: Scarecrow 1998. – Peter Brunette (Hg.): Martin Scorsese. Interviews. Jackson, M. S.: University of Mississippi 1999. – Georg Seeßlen: Martin Scorsese. Berlin: Bertz 2003. – Themenheft Martin Scorsese. film-dienst (Köln), Nr. 3, 28. 1. 2003 (darin u. a.: Bernd Kiefer: Vom Warten auf Erlösung, S. 6–10.).

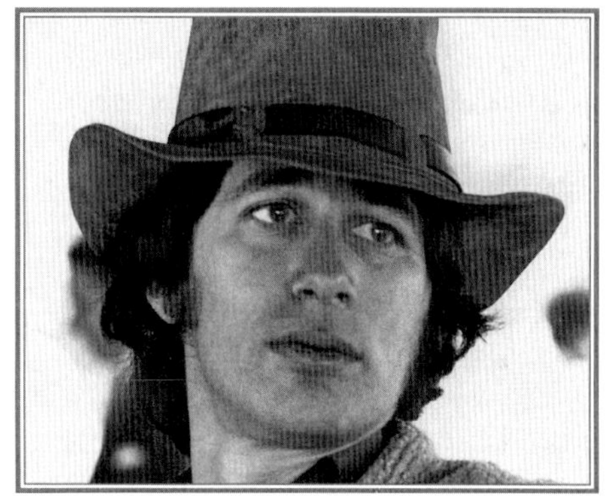

Steven Spielberg

Die Genrefilme, die Spielberg in den achtziger Jahren gedreht hat, sind zum Inbegriff des selbstreferentiellen Kinos der Postmoderne geworden. Aber im Gegensatz zu den meist intellektuelleren, akademisch geschulten Kollegen der „Wunderkind"-Generation haftete ihm stets das Image des *naturals* an. Die von ihm selbst gern erzählte Geschichte vom emotional vernachlässigten Jungen, der sich in ein phantastisches Universum flüchtete und buchstäblich in *frames* zu denken begann, hallt nicht nur motivisch in den kindlichen Welten seines Familienkinos nach, sondern prägte das Bild des Regisseurs Spielberg.

Dabei begann Spielberg seine eigentliche Laufbahn mit vergleichsweise erwachsenen Stoffen. Nach einer Reihe von Fernseharbeiten, aus denen der praktisch sprachlose, effizient inszenierte Highway-Thriller DUEL herausragt, gab er sein Kinodebüt mit THE SUGARLAND EXPRESS, einem Road Movie, das mit seiner Sympathie für randständige Figuren noch dem Kino der siebziger Jahre verpflichtet ist. Dann platzte DER WEISSE HAI auf die Leinwand, der bei einem Budget von achteinhalb Millionen Dollar in den USA mehr als 130 Millionen einspielte und die Ära der *megabuck movies* einleitete. Historisch betrachtet, vermittelt JAWS zwischen den zeittypischen, technikorientierten Katastrophenfilmen, den Erfolgsproduktionen des anderen „New Hollywood" – ▮ Francis Ford Coppolas THE GODFATHER, ▮ William Friedkins THE EXORCIST –, und dem Blockbusterkino der achtziger Jahre. Daß diese Mischung gelang, ist allerdings ein Verdienst von Spielbergs Inszenierungsstil. Seine Regie verwandelte einen mäßig funktionierenden mechanischen Hai in eine tödlich smarte Zeichenmaschine – vom Trieb bis zum Kapitalismus konnte dieser „leere Signifikant" praktisch alles repräsentieren. Spielbergs Regie war selbstbewußt genug, wie Georg Seeßlen bemerkt, Hitchcocks berühmtesten Trick, eine Kombination aus Zoom und gegenläufiger Fahrt, an eine Standardsituation zu verschwenden.

Das atmosphärische Science-Fiction-Drama CLOSE ENCOUNTERS OF THE THIRD KIND, ebenfalls ein Kassenerfolg, ließ mit seiner tröstlichen Perspektive auf das Genremotiv der außerirdischen Besucher die neue Linie ahnen. Gemeinsam mit seinem Freund ▮ George Lucas, der treibenden Kraft hinter der INDIANA JONES-Trilogie, dominierte Spielberg in den Achtzigern die Box-Office-Listen: „movies 'r' us". Filme wie RAIDERS OF THE LOST ARK, E. T. THE EXTRA-TERRESTRIAL oder der von Spielberg produzierte POLTERGEIST trugen einer veränderten Publikumsstruktur Rechnung – und machten ihren Schöpfer zum *very big player* in Hollywood. 1982, heißt es, soll Spielberg einige Wochen lang eine Million Dollar pro Tag verdient haben; mit seiner eigenen Firma Amblin Entertainment beförderte er die Karrieren von Don Bluth, Joe Dante und Robert Zemeckis.

Das am B-Picture geschulte, poppige *rollercoaster*-Kino von Spielberg und Lucas polarisierte zunächst die Rezeption in einer bis dahin unbekannten Weise. So wurden Spielbergs Filme regelmäßig für Oscars nominiert und ebenso regelmäßig übergangen. Aber der Hang zur Versöhnung ist ein grundlegendes Merkmal seiner Produktion. Und 1993 meldete er sich nach einer Reihe von unentschiedenen Filmen mit einem Doppelschlag zurück, der den Abschied von den dichotomischen Setzungen der klassischen ästhetischen Debatte dokumentierte: Die dramaturgisch nachlässige, aber mit bahnbrechender *computer generated imagery* ausgestattete Bestsellerverfilmung JURASSIC PARK bestätigte Spielbergs Ruf als Herr des Sensationskinos, während SCHINDLER'S LIST ihm endlich einen Oscar einbrachte.

Der Film, aus dem das große Dokumentationsprojekt der Shoah Foundation hervorging, erzählt die historisch verbürgte Geschichte eines deutschen Industriellen, der versucht, seine jüdischen Arbeiter vor dem Vernichtungslager zu bewahren. Zurückhaltend in Schwarzweiß fotografiert, schöpft SCHINDLER'S LIST die Möglichkeiten dessen aus, was innerhalb des amerikanischen Erzählkinos über das Grauen des Massenmords an den Juden gesagt werden kann – und liefert auf eine für Spielberg durchaus nicht untypische intuitive Weise einen Kommentar zum Weiterleben faschistischer Tendenzen unter den Bedingungen modernen Wirtschaftens.

Damit ist SCHINDLER'S LIST allerdings eine Ausnahmeerscheinung in Spielbergs Kino, das – namentlich seit AMISTAD, der ersten Produktion des von Spielberg, Jeffrey Katzenberg und David Geffen gegründeten DreamWorks-Studios – moralische und politische Einlassungen unweigerlich in eine spekulative oder kitschige visuelle Form überführt: ersteres etwa in den hysterischen Invasionsszenen des sonst konventionellen Kriegsfilms SAVING PRIVATE RYAN, letzteres im Mutter-Kind-Motiv des aus einem Kubrick-Projekt hervorgegangenen Science-Fiction-Films A. I. oder im oktroyierten Happy-End

Steven Spielberg,
Regisseur, Produzent, Autor; geboren am 18. Dezember 1947 in Cincinnati, Ohio.

Der Sohn eines Elektroingenieurs und einer Konzertpianistin ist von klein auf ein Filmenthusiast. Mit einer 8-mm-Kamera dreht er zunächst *home movies,* von 1960 an schreibt und inszeniert er kurze und längere Spielfilme. Spielberg studiert Film am California State College, bricht das Studium jedoch ab, als er Ende 1968 von Universal TV als Regisseur engagiert wird, nachdem einer der Produzenten seinen Kurzfilm AMBLIN' (so nennt Spielberg dann auch seine 1984 gegründete eigene Produktionsfirma) gesehen hat. Er inszeniert Folgen von Fernsehserien, 1971 den TV-Spielfilm DUEL, der in Cannes präsentiert wird und Spielberg in Europa bekannt macht. Mit der Bestsellerverfilmung JAWS gelingt ihm vier Jahre später der erste kommerzielle Erfolg. Daraufhin wird Spielberg mit immer größeren Produktionsbudgets ausgestattet und inszeniert weitere Blockbuster, hauptsächlich Science-Fiction- und Abenteuerfilme. Gleichzeitig verstärkt er seine Aktivitäten als Produzent. Für SCHINDLER'S LIST wird Spielberg 1994 mit zwei Oscars (Beste Regie, Bester Film) ausgezeichnet. Mit dem Gewinn aus SCHINDLER'S LIST gründet er die Survivors of the Shoa Visual History Foundation, die Erinnerungen von

Holocaustüberlebenden dokumentiert. 1999 erhält Spielberg einen weiteren Oscar (Beste Regie) für SAVING PRIVATE RYAN.

der Philip-K.-Dick-Adaption MINORITY REPORT. Die Kritik hat dem Regisseur den sentimentalen Gestus – stets mit der Musik seines Hauskomponisten John Williams im Ohr – nicht zu Unrecht vorgeworfen. Denn das Naive in Spielbergs Filmen hat etwas Beunruhigendes: Es ist das Korrelat jenes radikalen kulturindustriellen Modernisierungsschubs, den der Regisseur selbst repräsentiert wie kein anderer. Spielbergs Kunstfertigkeit und sein Gespür für die Verschiebungen in den populärkulturellen Codes sind deshalb immer dort am besten aufgehoben, wo es um nichts anderes als die formale Verfaßtheit des Publikumskinos geht. Nicht umsonst etwa wurde INDIANA JONES AND THE TEMPLE OF DOOM als „strukturaler" Film bezeichnet. Ähnlich wie die Postmoderne in der Architektur und im Design das Archetypische bestimmter Elemente betont hat, stellt Spielberg hier den Bausatz des Abenteuergenres aus: Der Apparat ist das Thema, die Form der Inhalt und „less a bore". Derart ungebremst, führt die Bewegung des Films – wie es im Abenteuerkino sein sollte – schließlich ins Freie: Fangt mich, wenn Ihr könnt!

Sabine Horst

Filme als Regisseur (auch TV-Auswahl)

FIRELIGHT, 1964 (auch Autor, Kamera); SLIPSTREAM (unvollendet), 1965; AMBLIN' (Kurzfilm), 1968; NIGHT GALLERY: EYES (TV), 1969; MARCUS WELBY, M. D.: THE DAREDEVIL GESTURE (TV), 1970; COLUMBO: MURDER BY THE BOOK (TV), 1971; DUEL (TV), 1971 (auch Darsteller); THE NAME OF THE GAME: LOS ANGELES 2017 (TV), 1971 (auch Darsteller); NIGHT GALLERY: MAKE ME LAUGH (TV), 1971; OWEN MARSHALL, COUNSELOR AT LAW: EULOGY FOR A WIDE RECEIVER (TV), 1971; THE PSYCHIATRIST: THE PRIVATE WORLD OF MARTIN DALTON (TV), 1971; THE PSYCHIATRIST: PAR FOR THE COURSE (TV), 1971; SOMETHING EVIL (TV), 1972 (auch Darsteller); SAVAGE, 1973; THE SUGARLAND EXPRESS, 1974 (auch Autor); JAWS, 1975 (auch Autor) [▮ John Milius]; CLOSE ENCOUNTERS OF THE THIRD KIND, 1977 (auch Autor) [▮ Julia Phillips, ▮ Paul Schrader]; 1941 / NINETEENHUNDREDFOURTYONE, 1979 [▮ John Milius]; RAIDERS OF THE LOST ARK, 1981 [▮ George Lucas]; E. T. THE EXTRA-TERRESTRIAL, 1982 (auch Produzent); TWILIGHT ZONE: THE MOVIE (Episode 2: KICK THE CAN), 1983 (auch Produzent); INDIANA JONES AND THE TEMPLE OF DOOM, 1984 (auch Darsteller) [▮ George Lucas]; STROKES OF GENIUS (TV-Reihe mit Künstler-Porträts), 1984; AMAZING STORIES: GHOST TRAIN (TV), 1985 (auch Produzent); AMAZING STORIES: THE MISSION (TV), 1985 (auch Produzent); THE COLOR PURPLE, 1985 (auch Produzent); AMAZING STORIES: THE MOVIE, 1987 (auch Produzent); EMPIRE OF THE SUN, 1987 (auch Produzent); ALWAYS, 1989 (auch Produzent); INDIANA JONES AND THE LAST CRUSADE, 1989 [▮ George Lucas]; SPECIAL EDITION OF CLOSE ENCOUNTERS OF THE THIRD KIND, 1990 (auch Autor) [▮ Julia Phillips, ▮ Paul Schrader]; HOOK, 1991; JURASSIC PARK, 1993; SCHINDLER'S LIST, 1993 (auch Produzent); AMISTAD, 1997 (auch Produzent); THE LOST WORLD: JURASSIC PARK, 1997 (auch Produzent, Darsteller); SAVING PRIVATE RYAN, 1998 (auch Produzent); THE UNFINISHED JOURNEY, 1999; A. I. – ARTIFICIAL INTELLIGENCE, 2001 (auch Autor, Produzent); CATCH ME IF YOU CAN, 2002 (auch Produzent); MINORITY REPORT, 2002.

Filme als (Ko-)Autor (auch TV-Auswahl)

FIRELIGHT, Regie: Steven Spielberg, 1964; ACE ELI AND RODGER OF THE SKIES, Regie: John Erman, 1973; THE SUGARLAND EXPRESS, Regie: Steven Spielberg, 1974; JAWS, Regie: Steven Spielberg, 1975 (uncredited) [▮ John Milius]; CLOSE ENCOUNTERS OF THE THIRD KIND, Regie: Steven Spielberg, 1977 [▮ Julia Phillips, ▮ Paul Schrader]; POLTERGEIST, Regie: Tobe Hooper, 1982 (auch Produzent); AMAZING STORIES: VANESSA IN THE GARDEN (TV), 1985; THE GOONIES, Regie: Richard Donner, 1985; AMAZING STORIES: GATHER YE ACORNS (TV), 1986 (auch Produzent); AMAZING STORIES: MIRROR, MIRROR (TV), Regie: ▮ Martin Scorsese, 1986 (auch Produzent); POLTERGEIST II: THE OTHER SIDE, Regie: Brian Gibson, 1986; POLTERGEIST III, Regie: Gary Sherman, 1988; SPECIAL EDITION OF CLOSE ENCOUNTERS OF THE THIRD KIND, Regie: Steven Spielberg, 1990 [▮ Julia Phillips, ▮ Paul Schrader]; ANIMANIACS (TV), 1993; A. I. – ARTIFICIAL INTELLIGENCE, Regie: Steven Spielberg, 2001 (auch Produzent).

Filme als (Ko-)Produzent (auch TV-Auswahl)

I WANNA HOLD YOUR HAND, Regie: Robert Zemeckis, 1978; USED CARS, Regie: Robert Zemeckis, 1980 [▮ John Milius]; CONTINENTAL DIVIDE, Regie: Michael Apted, 1981; E. T. THE EXTRA-TERRESTRIAL, Regie: Steven Spielberg, 1982; POLTERGEIST, Regie: Tobe Hooper, 1982 (auch Autor); TWILIGHT ZONE: THE MOVIE (Episode 2: KICK THE CAN), Regie: Steven Spielberg, 1983; GREMLINS, Regie: Joe Dante, 1984; AMAZING STORIES: GHOST TRAIN (TV), Regie: Steven Spielberg, 1985; AMAZING STORIES: THE MISSION (TV), Regie: Steven Spielberg, 1985; BACK TO THE FUTURE, Regie: Robert Zemeckis, 1985; THE COLOR PURPLE, Regie: Steven Spielberg, 1985; FANDANGO, Regie: Kevin Reynolds, 1985; THE GOONIES, Regie: Richard

Donner, 1985 (auch Autor); YOUNG SHERLOCK HOLMES, Regie: Barry Levinson, 1985; AMAZING STORIES: GATHER YE ACORNS (TV), 1986 (auch Autor); AMAZING STORIES: MIRROR, MIRROR (TV), Regie: ▮ Martin Scorsese, 1986 (auch Autor); AN AMERICAN TAIL (Animationsfilm), Regie: Don Bluth, 1986; THE MONEY PIT, Regie: Richard Benjamin, 1986; CITIZEN STEVE (TV-Dok.), 1986 (auch Auftritt); BATTERIES NOT INCLUDED, Regie: Matthew Robbins, 1987; EMPIRE OF THE SUN, Regie: Steven Spielberg, 1987; HARRY AND THE HENDERSONS, Regie: William Dear, 1987; INNER-SPACE, Regie: Joe Dante, 1987; THREE O'CLOCK HIGH, Regie: Phil Joanou, 1987; WHO FRAMED ROGER RABBIT, Regie: Robert Zemeckis, 1987; THE LAND BEFORE TIME (Animationsfilm), Regie: Don Bluth, 1988 [▮ George Lucas]; KONNA YUME WO MITA – AKIRA KUROSAWA'S DREAMS, Regie: Akira Kurosawa, Ishiro Honda, 1988/89 [▮ Martin Scorsese]; ALWAYS, Regie: Steven Spielberg, 1989; BACK TO THE FUTURE II, Regie: Robert Zemeckis, 1989; DAD, Regie: Gary David Goldberg, 1989; TUMMY TROUBLE, Regie: Rob Minkoff, 1989; ARACHNOPHOBIA, Regie: Frank Marshall, 1990; BACK TO THE FUTURE III, Regie: Robert Zemeckis, 1990; GREMLINS 2: THE NEW BATCH, Regie: Joe Dante, 1990; JOE VERSUS THE VOLCANO, Regie: John Patrick Shanley, 1990; ROLLER COASTER RABBIT, Regie: Rob Minkoff, 1990; TINY TOON ADVENTURES (TV, Animationsfilm), 1990; AN AMERICAN TAIL: FIEVEL GOES WEST (Animationsfilm), Regie: Phil Nibbelink, Simon Wells, 1991; A WISH FOR WINGS THAT WORK (TV), 1991; IT'S A WONDERFUL TINY TOONS CHRISTMAS SPECIAL (TV, Animationsfilm), 1992; TINY TOON ADVENTURES: HOW I SPENT MY VACATION (Video, Animationsfilm), Regie: Rich Arons, Ken Boyer, Kent Butterworth, Barry Caldwell, Alfred Gimeno, Art Leonardi, Byron Vaughns, 1992; THE WATER ENGINE (TV), 1992; ANIMANIACS (TV), 1993; CLASS OF '61 (TV), 1993; FAMILY DOG (TV), 1993; SCHINDLER'S LIST, Regie: Steven Spielberg, 1993; SEAQUEST DSV (TV), 1993; TRAIL MIX-UP, Regie: Barry Cook, 1993; WE'RE BACK! A DINOSAUR'S STORY, Regie: Phil Nibbelink, Simon Wells, Dick Zondag, Ralph Zondag, 1993; ER – EMERGENCY ROOM (TV), 1994; I'M MAD, Regie: Rich Arons, Dave Marshall, Audu Paden, 1994; YAKKO'S WORLD: AN ANIMANIACS SINGALONG (TV), 1994; BALTO (Animationsfilm), Regie: Simon Wells, 1995; CASPER, Regie: Brad Silberling, 1995; FREAKAZOID (TV), 1995; PINKY AND THE BRAIN (TV, Animationsfilm), 1995; A PINKY & THE BRAIN CHRISTMAS SPECIAL (TV, Animationsfilm), 1995; TINY TOON ADVENTURES: NIGHT GHOULERY (TV, Animationsfilm), 1995; THE BEST OF ROGER RABBIT (TV), 1996; HIGH INCIDENT (TV), 1996; SURVIVORS OF THE HOLOCAUST (TV-Dok.), 1996 (auch Auftritt); TWISTER, Regie: Jan de Bont, 1996; AMISTAD, Regie: Steven Spielberg, 1997; THE LOST WORLD: JURASSIC PARK, Regie: Steven Spielberg, 1997 (auch Darsteller); MEN IN BLACK, Regie: Barry Sonnenfeld, 1997; DEEP IMPACT, Regie: Mimi Leder, 1998; THE LAST DAYS (Dok.), Regie: James Moll, 1998; THE MASK OF ZORRO, Regie: Martin Campbell, 1998; PINKY, ELMYRA AND THE BRAIN (TV, Animationsfilm), 1998; SAVING PRIVATE RYAN, Regie: Steven Spielberg, 1998; TOONSYLVANIA (TV), 1998; BAND OF BROTHERS (TV), 1999; THE HAUNTING, Regie: Jan de Bont, 1999; A HOLOCAUST SZEMEI (Dok.), Regie: János Szász, 2000; SHOOTING WAR (TV-Dok.), 2000; A. I. – ARTIFICIAL INTELLIGENCE, Regie: Steven Spielberg, 2001 (auch Autor); EVOLUTION, Regie: Ivan Reitman, 2001; JURASSIC PARK III, Regie: Joe Johnston, 2001; PRICE FOR PEACE, Regie: James Moll, 2001; SEMPER FI (TV), 2001; SHREK, Regie: Andrew Adamson, Vicky Jenson, Scott Marshall, 2001; WE STAND ALONE TOGETHER (TV), 2001; BROKEN SILENCE (TV-Dok.), 2002; CATCH ME IF YOU CAN, Regie: Steven Spielberg, 2002; MEN IN BLACK II, Regie: Barry Sonnenfeld, 2002; TAKEN (TV), 2002.

Filme als Darsteller (auch Auftritte, TV-Auswahl)
JOURNEY TO THE UNKNOWN, Regie: Ernest G. Sauer, 1963, DUEL (TV), Regie: Steven Spielberg, 1971; SOMETHING EVIL (TV), Regie: Steven Spielberg, 1972; THE BLUES BROTHERS, Regie: John Landis, 1980; CHAMBRE 666 (Dok.), Regie: Wim Wenders, 1982 [▮ Monte Hellman]; GREMLINS, Regie: Joe Dante, 1984; INDIANA JONES AND THE TEMPLE OF DOOM, Regie: Steven Spielberg, 1984 [▮ George Lucas]; CITIZEN STEVE (TV-Dok.), 1986 (auch Produzent); THE TRACY ULLMAN SHOW: THE GATE (TV), 1989; THE FUTURE OF MOVIES (TV-Dok.), 1990; LISTEN UP: THE LIVES OF QUINCY JONES (Dok.), Regie: Ellen Weissbrod, 1990; HERE'S LOOKING AT YOU, WARNER BROS. (TV-Dok.), 1991; THE MAGICAL WORLD OF CHUCK JONES (Dok.), Regie: George Daugherty, 1992; AMERICAN CINEMA: THE FILMSCHOOL GENERATION (Dok.), Regie: Steve Jenkins, 1994; GEORGE LUCAS: HEROES, MYTHS AND MAGIC (Dok.), Regie: Jane Paley, Larry Price, 1993 [▮ Francis Ford Coppola, ▮ George Lucas]; THE AMERICAN FILM INSTITUTE SALUTE TO STEVEN SPIELBERG, Regie: Louis J. Horvitz, 1995; YOUR STUDIO AND YOU (Kurzfilm), Regie: Trey Parker, 1995; SURVIVORS OF THE HOLOCAUST (TV-Dok.), 1996 (auch Produzent); SURVIVORS OF THE SHOAH VISUAL HISTORY FOUNDATION (TV-Dok.), 1996; STEVEN SPIELBERG'S DIRECTOR'S CHAIR (Dok.), Regie: Roger Holzberg, 1996; THE LOST WORLD: JURASSIC PARK, Regie: Steven Spielberg, 1997

(uncredited; auch Produzent); SPIELBERGS TRAUM (TV), 1998; INSIDE ACTORS STUDIO: STEVEN SPIELBERG (TV), 1999; STANLEY KUBRICK. A LIFE IN PICTURES, Regie: Jan Harlan, 2001 [▮ John Calley, ▮ Jack Nicholson, ▮ Sydney Pollack, ▮ Martin Scorsese]; VANILLA SKY, Regie: Cameron Crowe, 2001 (uncredited); BRIAN DE PALMA, L'INCORRUPTIBLE, Regie: Henri Behar, Karim Akadiri Soumaila, 2002 [▮ Brian De Palma, ▮ George Lucas, ▮ Martin Scorsese].

Literatur (Auswahl)

M. Stettin: From Television to Features ... Steven Spielberg (Interview). In: Millimeter (New York), Nr. 3, März 1975, S. 20ff. – Mitch Tuchman: Close Encouter with Steven Spielberg. In: Film Comment (New York), Nr. 1, Januar/Februar 1978, S. 49ff. – Donald Chase: An Interview with Steven Spielberg. In: Millimeter (New York), Nr. 7, Juli 1982, S. 52ff. – Tony Crawley: The Steven Spielberg Story. London: Zomba 1983 (dt.: Steven Spielberg – Eine Erfolgsstory. München: Heyne 1989.). – Antje Goldau, Hans Helmut Prinzler: Spielberg: Filme als Spielzeug. München: Filmland 1985. – Helmut Korte, Werner Faulstich (Hg.): Action und Erzählkunst: Die Filme von Steven Spielberg. Frankfurt/M.: Fischer 1987. – Robert P. Kolker: A Cinema of Loneliness: Penn, Kubrick, Scorsese, Spielberg, Altman. New York: Oxford University 1988 (dt.: Allein im Licht. München: Diana 2001.). – Darren Slade: Supernatural Spielberg. London: Valis 1992. – Philip M. Taylor: Steven Spielberg. London: Batsford 1992. – Frank Schnelle: Die Spielberg-Factory. München: Heyne 1993. – Douglas Brode: The Films of Steven Spielberg. Secaucus, N.J.: Citadel/Carol 1995. – Andrew Yule: Steven Spielberg. Father of the Man. London: Little, Brown and Company 1996 (dt.: Steven Spielberg. Die Eroberung Hollywoods. München: Lichtenberg 1997.). – Roland Rust: Zions Pionierzeit im Film. In: film-dienst (Köln), Nr. 2, 16.1.1996, S. 8ff. – Joseph McBride: Steven Spielberg: A Biography. New York: Simon & Schuster 1997. – Daniel Däuber: Forever Young. Peter Pan und der Kindskopf im Manne. In: Zoom (Bern), Nr. 4, April 1997, S. 20ff. – Georg Seeßlen: Steven Spielberg und seine Filme. Marburg: Schüren 2001. – Roberto Francisco Daniel: Erinnerung als ethisches Projekt. Aufarbeitung der Vergangenheit im Filmwerk von Steven Spielberg. München: KoPäd 2001.

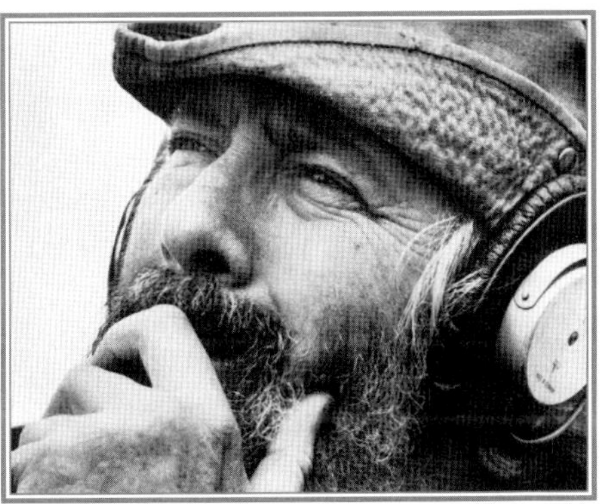

Robert Towne

Robert Towne, Autor, Regisseur, Darsteller, Produzent; geboren am 23. November 1936 in Los Angeles, Kalifornien. Robert Towne wächst in San Pedro auf und schreibt seine erste Kurzgeschichte mit sechs Jahren. Er studiert Philosophie am Pomona State College in Kalifornien und nimmt Schauspielunterricht – wie ▮ Jack Nicholson – bei Jeff Corey. Towne beginnt seine Karriere als Darsteller und Autor bei ▮ Roger Corman und arbeitet gleichzeitig fürs Fernsehen.

Die wichtigste Lektion für seinen späteren Beruf hat Robert Towne womöglich beim Schauspielunterricht gelernt, in der Klasse von Jeff Corey. Corey gab seinen Schülern Situationen vor, die sich konträr zu denen verhielten, die sie in ihren Textbüchern vorfanden. Eine Szene aus Jerome K. Jeromes Komödie „Three Men on a Horse" etwa mußten sie als gegenseitiges Umwerben eines Junkies und seines Dealers interpretieren. Sie durften über alles sprechen, nur nicht über die vorgegebene Situation. Towne hat in Interviews oft betont, wie sehr ihn die Improvisationen seines Klassenkameraden ▮ Jack Nicholson beeinflußt haben: das Umkreisen, die Verweigerung des Expliziten, die Lust am Gegenläufigen.

Der Szenarist Towne schätzt die erzählerische Kraft der Ellipse, die einen Subtext schafft, dessen Bedeutung vor allem in dem liegt, was zwischen den Zeilen gesagt wird. Damit eröffnet er in seinen Drehbüchern einen Freiraum der Ambivalenz, mit dem auch eine Vieldeutigkeit der Objekte korrespondiert, der Requisiten, die Towne unvergleichlich einfallsreich zirkulieren läßt und die im Verlauf der Geschichten mal falsche, mal triftige Fährten auslegen zum Rätsel der Figuren. In seinem filmischen Universum regiert das Doppeldeutige, seine Charaktere kann er nicht in die Gewißheit einer Katharsis oder eindeutiger Lösungen entlassen. Das erste Zusammentreffen seiner Hauptfiguren steht meist im Zeichen eines Mißverständnisses; sie täuschen sich in den Motiven der jeweils anderen. Für den Moralisten Towne behält indes der eigene Pessimismus nicht unweigerlich das letzte Wort: Er ringt ihm regelmäßig Charakterstudien ab, deren Überraschungsmoment in der Enthüllung der Ehrbarkeit einer Figur liegt.

Es sind nicht zuletzt die Lehren Coreys, die Towne zu einem derart begehrten *script doctor* haben werden lassen. Neben dem Gespür für den individuellen Rhythmus eines Films und dem Talent, Dialoge umzuschreiben, bis sie in einem intimen Zusammenhang mit der Persona eines Schauspielers stehen – so klingt dann etwa aus Nicholsons Mund jeder Satz wie eine Anzüglichkeit –, disponiert ihn dafür vor allem sein Faible für den gegenläufigen Entwurf. Eine Sterbeszene kann bei ihm von homerischem Gelächter gebrochen, eine Liebeserklärung mit einer Ohrfeige pariert werden. Als *script doctor* geht er mit einer unverstellten Perspektive an eine problematische Szene heran, mit dem Gespür für ihr unentdecktes Potential. Der Titel des *special consultant* bei BONNIE AND CLYDE war ein frühes Ruhmesblatt für ihn, ein karrierefönderndes Gerücht, das spätestens mit ▮ Francis Ford Coppolas ausdrücklichem Dank während seiner *acceptance speech* für den Drehbuch-Oscar für THE GODFATHER bestätigt wurde. Freundschaftsdienste für ▮ Warren Beatty, ▮ Robert Evans und Nicholson, die längst nicht immer entgolten werden mußten, machten Towne zur grauen Eminenz seines Berufstandes; er ist das zuverlässigste Alibi für besorgte Produzenten, die sich rühmen dürfen, nun alles Erdenkliche für einen Film getan zu haben. Bisweilen überarbeitet er nur ein, zwei Szenen, aber diese liegen stets an neuralgischen Punkten, sind Entscheidungsmomente, wie beispielsweise der Selbstmord des alternden Polizisten in THE NEW CENTURIONS. Auf diese Weise tragen die Filme, an denen er ohne Vorspann-Nennung mitarbeitete, ebensoviel zu seinem Ruf bei wie die Bücher, für die er in der ersten Hälfte der Siebziger als Autor verantwortlich zeichnete.

Tatsächlich wirkt Townes Werk Mitte des Jahrzehnts erstaunlich gerundet, nach einem Zyklus von Drehbüchern, die eine unverwechselbare Handschrift tragen und zugleich den Nerv der Zeit trafen (und dafür unter anderem mit drei Oscar-Nominierungen in Folge belohnt wurden; für CHINATOWN erhielt Towne schließlich die Trophäe). Seine Helden sind Außenseiter, Randfiguren, die mit der Moral und den Lebensentwürfen der etablierten Gesellschaft mehr verbindet, als sie sich eingestehen mögen. THE LAST DETAIL handelt von Ohnmacht und Entfremdung innerhalb der Institutionen. SHAMPOO ist ein Abgesang auf die Flower-Power-Ära und erzählt vom Ankommen im Establishment. CHINATOWN reflektiert, über den Umweg scharfsichtiger Nostalgie, das Klima der Desillusionierung in der ausgehenden Nixon-Ära. Eine skeptische Liebe zur pastellfarbenen Schönheit seiner südkalifornischen Heimat ist in diesen Büchern zu spüren, deren Zerstörung er in einer ursprünglich geplanten Trilogie um den Privatdetektiv J. J. Gittes systematisch nacherzählen wollte.

Towne zeichnet seine Charaktere in ihrer Doppelexistenz, in der Diskrepanz zwischen persönlichen Gefühlen und den Forderungen ihres Berufes. Dieser Konflikt zieht sich durch sein ganzes Werk, er bestimmt auch die legendäre Szene aus THE GODFATHER, in der der alte Pate (Marlon Brando) die Macht an seinen Sohn Michael (Al Pacino) weitergibt und ihm nur so seine Liebe zeigen kann. Selbst in MISSION: IMPOSSIBLE II, mithin in einem Genre, in dem sich die Handschrift eines Autors eigentlich selbsttätig vernichten müßte, ist er noch zu finden: als Klage des Agenten Ethan Hunt (Tom Cruise) über die eigene, unablässige Verfügbarkeit.

Wir dürfen uns dies durchaus als ein Lebensthema des Autors vorstellen, der entdecken mußte, wie sich seine Maxime „Mit Fremden macht man keine guten Filme“ mählich umkehrte: Seine engsten Freundschaften verwandelten sich in Arbeits- und Geschäftsbeziehungen. Er zog sich zeitweilig aus dem Filmgeschäft zurück; bis zu seinem Regiedebüt PERSONAL BEST im Jahr 1982 tauchte sein Name in keinem Vorspann auf. Die Tendenz, sich zu entziehen, zu verweigern, zeigt sich auch in seiner Neigung, Manuskripte notorisch spät abzuliefern. Und was sind die lukrativen Engagements eines *script doctor* anderes als Intermezzi mit beschränkter Verantwortung? Was Towne in der Zwischenzeit umtrieb, davon handelt eine Szene im Regiedebüt von Warren Beatty, HEAVEN CAN WAIT, die er vielleicht selbst geschrieben hat: Er vermittelte zwischen Thunfischfängern und Umweltschutzorganisationen, um versehentlich in die Netze geratende Tümmler zu retten.

Gerhard Midding

Filme als Regisseur

PERSONAL BEST, 1982 (auch Autor, Produzent, Darsteller); TEQUILA SUNRISE, 1988 (auch Autor); WITHOUT LIMITS, 1998 (auch Autor) [▮ William Friedkin].

Filme als (Ko-)Autor (auch TV-Auswahl)

LAST WOMAN ON EARTH, Regie: ▮ Roger Corman, 1959/60 (auch Darsteller) [▮ Monte Hellman]; MY DADDY CAN LICK YOUR DADDY (TV-Kurzfilm), Regie: ▮ John Cassavetes, 1962/63; BREAKING POINT (TV), 1963; THE OUTER LIMITS (TV), 1963; THE MAN FROM U.N.C.L.E. (TV), 1964 [▮ Michael Ritchie]; THE TOMB OF LIGEIA, Regie: ▮ Roger Corman, 1964; BONNIE AND CLYDE, Regie: Arthur Penn, 1967 (uncredited) [▮ Robert Benton, ▮ Warren Beatty]; VILLA RIDES, Regie: Buzz Kulik, 1968 [▮ Sam Peckinpah]; CISCO PIKE, Regie: Bill L. Norton, 1972 (uncredited); THE GODFATHER, Regie: ▮ Francis Ford Coppola, 1972 (uncredited) [▮ Robert Evans, ▮ Walter Murch]; THE NEW CENTURIONS, Regie: Richard Fleischer, 1972; THE LAST DETAIL, Regie: ▮ Hal Ashby, 1973 [▮ Jack Nicholson]; CHINATOWN, Regie: Roman Polanski, 1974 [▮ Robert Evans, ▮ Jack Nicholson]; THE PARALLAX VIEW, Regie: ▮ Alan J. Pakula, 1974 (uncredited) [▮ Warren Beatty]; THE YAKUZA, Regie: ▮ Sydney Pollack, 1974 [▮ Paul Schrader]; SHAMPOO, Regie: ▮ Hal Ashby, 1975 [▮ Warren Beatty]; MARATHON

Seine Mitarbeit am Drehbuch zu Arthur Penns BONNIE AND CLYDE, zu der er als *special consultant* im Auftrag ▮ Warren Beattys hinzugezogen wird, etabliert ihn als *script doctor,* so steuert er auch entscheidende Szenen zu THE GODFATHER bei, ohne in den Credits genannt zu werden. Kurz darauf schreibt er mit THE LAST DETAIL, CHINATOWN und SHAMPOO drei Oscar-nominierte Drehbücher, für CHINATOWN wird er mit der begehrten Statuette ausgezeichnet. Immer wieder ist er als *script doctor* an Hollywood-Erfolgen beteiligt, ohne daß sein Name genannt wird. 1982 inszeniert Towne mit PERSONAL BEST sein eigenes Buch, arbeitet weiterhin jedoch hauptsächlich als Drehbuchautor. 1997 ehrt ihn die Writers Guild of America für sein Lebenswerk.

MAN, Regie: John Schlesinger, 1976 (uncredited) [▮ Robert Evans]; THE MISSOURI BREAKS, Regie: Arthur Penn, 1976 (uncredited) [▮ Jack Nicholson]; MARIO PUZO'S THE GODFATHER (TV-Film aus THE GODFATHER I und II), Regie: ▮ Francis Ford Coppola, 1977 [▮ Roger Corman, ▮ Walter Murch]; ORCA, Regie: Michael Anderson, 1977; HEAVEN CAN WAIT, Regie: ▮ Warren Beatty, Buck Henry, 1978 (uncredited) [▮ Elaine May]; PERSONAL BEST, Regie: Robert Towne, 1982 (auch Produzent, Darsteller); GREYSTOKE: THE LEGEND OF TARZAN, LORD OF THE APES, Regie: Hugh Hudson, 1984 (als P. H. Vazak); THE NATURAL, Regie: Barry Levinson, 1984 (auch Produzent); SWING SHIFT, Regie: Jonathan Demme, 1984 (uncredited); 8 MILLION WAYS TO DIE, Regie: ▮ Hal Ashby, 1986 (uncredited); THE BEDROOM WINDOW, Regie: Curtis Hanson, 1987 (auch Produzent, Darsteller); FRANTIC, Regie: Roman Polanski, 1988 (uncredited); TEQUILA SUNRISE, Regie: Robert Towne, 1988; TOUGH GUYS DON'T DANCE, Regie: Norman Mailer, 1988 (uncredited) [▮ Francis Ford Coppola]; DAYS OF THUNDER, Regie: Tony Scott, 1990; THE TWO JAKES, Regie: ▮ Jack Nicholson, 1990 [▮ Robert Evans]; THE GODFATHER TRILOGY: 1901–1980 (TV), Regie: ▮ Francis Ford Coppola, 1992 [▮ Roger Corman, ▮ Walter Murch]; THE FIRM, Regie: ▮ Sydney Pollack, 1993; LOVE AFFAIR, Regie: Glenn Gordon Caron, 1994; MISSION: IMPOSSIBLE, Regie: ▮ Brian De Palma, 1996; WITHOUT LIMITS, Regie: Robert Towne, 1998 [▮ William Friedkin]; MISSION: IMPOSSIBLE II, Regie: John Woo, 2000.

Filme als (Ko-)Produzent (auch TV-Auswahl)
PERSONAL BEST, Regie: Robert Towne, 1982 (auch Autor, Darsteller); THE NATURAL, Regie: Barry Levinson, 1984 (auch Autor); THE PICK-UP ARTIST, Regie: James Toback, 1986/87 (auch Darsteller); THE BEDROOM WINDOW, Regie: Curtis Hanson, 1987 (auch Autor, Darsteller); IN THE COMPANY OF SPIES (TV), 1999.

Filme als Darsteller (auch Auftritte, TV-Auswahl)
LAST WOMAN ON EARTH, Regie: ▮ Roger Corman, 1960 (auch Autor) [▮ Monte Hellman]; CREATURE FROM THE HAUNTED SEA, Regie: ▮ Roger Corman, 1961 [▮ Monte Hellman]; DRIVE, HE SAID, Regie: ▮ Jack Nicholson, 1971 [▮ Henry Jaglom, ▮ Bert Schneider]; THE ZODIAC KILLER, Regie: Tom Hanson, 1971; PERSONAL BEST, Regie: Robert Towne, 1982 (auch Autor, Produzent); THE PICK-UP ARTIST, Regie: James Toback, 1986/87; THE BEDROOM WINDOW, Regie: Curtis Hanson, 1987 (auch Autor, Produzent); CADILLAC DESERT (TV), 1997; REEL RADICALS. THE SIXTIES REVOLUTION IN FILM (TV), 2002 [▮ Roger Corman, ▮ Dennis Hopper].

Literatur (Auswahl)
Robert Towne: Dialogue on Film (Interview). In: American Film (Washington, D.C.), Nr. 3, Dezember 1975, S. 33–48. – Philippe Carcassone, Jacques Fieschi: Robert Towne. In: Cinématographe (Paris), Nr. 45, März 1979. S. 11 ff. – John Brady: The Craft of the Screenwriter. New York: Simon and Schuster 1981, S. 366–432. – R. Stuart: PERSONAL BEST. In: Films in Review (New York), Nr. 3, März 1982, S. 173 f. – M. Richards: The Gay Deception. In: Film Comment (New York), Nr. 3, Mai/Juni 1982, S. 15 ff. – Linda Williams: PERSONAL BEST. Women in Love. In: Jump Cut (Chicago), Nr. 27, Juli 1982, 1 ff. – Robert Towne: o. T. In: Time Out (London), 1.–7. 7. 1983. – Sheila Johnston: PERSONAL BEST. In: Monthly Film Bulletin (London), Nr. 594, Juli 1983, S. 193. – Ann Lloyd: PERSONAL BEST. In: Films and Filming (London), Nr. 346, Juli 1983, S. 35. – P. Averill: Runners. In: Stills (London), Nr. 8, September/Oktober 1983, S. 85. – E. Ellsworth: Illicit Pleasures. Feminist Spectators and PERSONAL BEST. In: Wide Angle (Athens), Nr. 2, 1986, S. 45 ff. – Richard Trainor: L. A. Gift. Robert Towne and the Stalled CHINATOWN sequel. In: Sight and Sound (London), Nr. 4, Herbst 1986, S. 223 f. – M. D. Shiller: Triangles of Mistrust in TEQUILA SUNRISE (Interview mit Townes Kameramann Conrad Hall). In: American Cinematographer (Hollywood), Nr. 1, Januar 1989, S. 48 ff. – Michael Sragow: Darkness at the Edge of Towne. In: American Film (Washington, D. C.), Nr. 4, Januar/Februar 1989, S. 40 ff. – C. M. Fiorillo: TEQUILA SUNRISE. In: Films in Review (New York), Nr. 4, April 1989, S. 233 f. – Richard Combs: TEQUILA SUNRISE. In: Monthly Film Bulletin (London), Nr. 664, Mai 1989, S. 152 ff. – M. Horowitz: Fault Lines. In: Film Comment (New York), Nr. 6, November/Dezember 1990, S. 52 ff. – Robert Towne: On Moving Pictures. In: Scenario (Rockville), Nr. 1, Winter 1995, S. 6 ff. – Mark Cousins: Robert Towne. On Writing (Interview); Ginnie Atkinson: Robert Towne. On Directing (Interview). In: John Boorman, Walter Donohue (Hg.): Projections 6. Film-makers on Film-making. London: Faber and Faber 1996, S. 109 ff.; 123 ff. – Robert Towne: CHINATOWN. London: Faber and Faber 1998. – Caleb Deschanel, David E. Williams: Leader of the Pack (Interview mit Townes Kameramann Conrad Hall). In: American Cinematographer (Hollywood), Nr. 9, September 1998, S. 34 ff. – Hadani Ditmars: I Wanna Make It like Real Life. In: Sight and Sound (London), Nr. 2, Februar 1999, S. 58 f. – Edward Lawrenson: WITHOUT LIMITS. In: Sight and Sound (London), Nr. 7, Juli 1999, S. 57. – Lawrence Grobel, Robert Towne: Endangered Species. Writers Talk about their Craft, their Mission, their Lives. New York: Da Capo 2001.

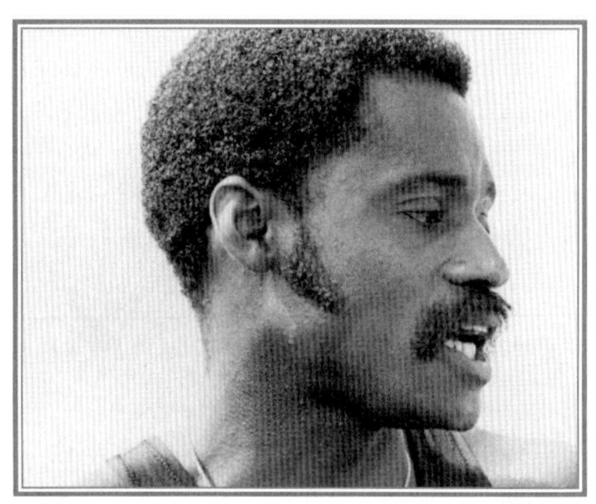

Melvin Van Peebles

Der Film mit dem unaussprechlichen Namen hinkt seiner Legende längst hinterher. Zitiert, beschworen und äußerst selten zu sehen: SWEET SWEETBACK'S BAADASSSSS SONG *starring* Melvin Van Peebles als Sweet Sweetback. Dieser Film und das Wort Blaxploitation werden in einem Atemzug genannt. Dabei hat Van Peebles ein Kino gemacht, das den SHAFTs und FOXY BROWNs und COFFYs trotz und mit aller Pam-Grier-*sexyness* weitaus überlegen ist. Verrückter, im Sinne von komplexer, ausgelassener, radikaler. Vielleicht ist SWEET SWEETBACK auch einfach ein langer Videoclip, eine Ton- und Bilderorgie, geschleust durch ein Dekonstruktionsseminar, wie Derrida es sich nicht hätte ausdenken können. Ziehvater von Darius James' „Negrophobia". Rassistische Stereotypen auf den Kopf gestellt und durch den Loop-Kanal geschickt. Eine Odyssee, eine atemlose Hetzjagd, ein Stinkefinger, ein Trip. Und wenn jemand nach der *storyline* fragen sollte: Ein junger Black Panther, von der Polizei verfolgt, wird von Genossen versteckt. Gefunden, verhauen, verfolgt, gedemütigt. Und flieht. Dazwischen Alltagsszenen wie die Schuhputzsituation *black and white* in Farbe. Der Zeitung lesende, sitzende Weiße und der Schuhe rubbelnde, kniende Schwarze. Der jedoch die Schuhe dieses Weißen mit seinem Arsch poliert, swingt und dabei lacht. So lange, bis auch sein Kunde lacht. Wenngleich die beiden nicht über denselben Witz lachen.

Oder aber, ein Schritt zurück: THE WATERMELON MAN. Lange nicht so überhitzt, so rezipiert, so unbekannt bekannt. Ein strukturalistischer Witz. Erweckt durch einen Albtraum. Ein Mann, Vater zweier Kinder, Bewohner eines gutbürgerlichen, weißen Vororts, Versicherungsvertreter, hat einen merkwürdigen Tick. Jeden Morgen nimmt er den Wettlauf mit dem Linienbus auf. In einem Laufschritt, den er sich von Tati abgeschaut haben könnte, rennt er an vier oder fünf Haltestellen vorbei, bis er schließlich, scheinbar entspannt, mit übergeschlagenen Beinen auf der Bank hockend, auf den Bus wartet. Auch die Morgenrituale im Büro übt er mit jener übertriebenen Gestik aus, die ihn wie einen Komiker aussehen lassen, über den die Kollegen längst entnervt milde lächeln. Bis er eines Nachts aufwacht und in ein Gesicht schaut, das seine gesamte Existenz in Frage stellt: in ein schwarzes Gesicht. Da helfen weder Schrubben noch ein Milchbad, weder Gips noch Bleichcreme. Und nun dekliniert Van Peebles mit seinem Hauptdarsteller Godfrey Cambridge all die Momente durch, die das simple Auftauchen einer differierenden Hautfarbe so bewirkt. Plötzlich gibt es ein „Wir", mit dem der „Watermelon Man" nichts zu tun haben will. Das „Wir" mit dem Busfahrer, dem Müllmann, dem Liftboy. Gleichzeitig waren das „Wir" und das „Du-Nicht" immer schon da, hinter der Fassade einer umgekehrten Minstrel-Show *(blackface playing white face),* des *well educated blackman,* der aussieht, als wäre er der Bill-Cosby-Show entlaufen, lange bevor sie erfunden wurde. Seine liberale weiße Gattin interessiert sich für *race issues,* verfolgt im Fernsehen die Black-Panther-Aufstände und -Straßenschlachten und plädiert beim Frühstück für die *equal rights*.

Was hier nur en passant, als Zeitreferenz über den Fernsehschirm flackert, wird 25 Jahre später zum Titel eines epischen Films, den Melvin Van Peebles zusammen mit seinem Sohn Mario geschrieben und produziert hat: PANTHER. Von der experimentellen Struktur eines SWEET SWEETBACK oder der Komik eines WATERMELON MAN ist da nichts mehr zu sehen. Zum *high noon* des Black-Panther-Aktivismus antwortete Van Peebles auf deren symbolische Militanz mit überdreht-klugen kinematographischen Mitteln, denen die politischen Realitäten nur hinterherhinken konnten. Huey Newton wiederum widmete SWEET SWEETBACK eine ganze Ausgabe der Zeitschrift „Black Panther Black Community Service". 25 Jahre später geht es nun genau darum, den Glamour jener symbolischen Militanz, des neuen Selbstbewußtseins und der schwarzen Lederjacketts in Szene zu setzen und detailliertes Wissen und Erfahrung auf 35 mm zu bannen – ohne pathetisch zu werden. Mit der Ästhetik des jungen populären Black Cinema erzählt das Vater-Sohn-Autodidaktenteam von den magischen, euphorisierenden Anfängen der Black Panther, über Gruppenzwist und größenwahnsinnige Entscheidungen eines Eldridge Cleaver, bis hin zur Drogencoup-These, die CIA habe die schwarzen Viertel mit Kokain überschwemmt.

Aber Melvin Van Peebles gibt sich weder mit der Rolle des Geschichtslehrers noch mit der des experimentellen Filmemachers noch mit konventionellen Erzählmethoden zufrieden. Die Strategie, alle möglichen Ebenen (Ökonomie, Kunst, Pop, Politik, Avantgarde) gleichzeitig zu bespielen, hat er von Anbeginn seiner Karriere verfolgt. LE CONTE DU VENTRE PLEIN zeigt, daß Van Peebles mit der Digi-Kamera noch immer jene schnellen, durchgedrehten

Melvin Van Peebles,
Regisseur, Autor, Komponist, Produzent, Darsteller; geboren am 21. August 1932 in Chicago, Illinois. Studium an der Ohio Wesleyan University, anschließend drei Jahre als *navigator/bombardier* bei der U. S. Air Force. Nach dem Militärdienst versucht sich Van Peebles als Maler und Filmemacher, zieht nach San Francisco, in die Niederlande und schließlich nach Paris. Hier beginnt er zu schreiben, zunächst auf Englisch, dann auch auf Französisch. Er veröffentlicht mehrere Romane, darunter „La Permission", auf dem sein Filmdebüt gleichen Titels basiert, das er 1967 in Frankreich dreht. Der Film läuft als französischer Beitrag beim San Francisco Film Festival und öffnet dem Afroamerikaner Van Peebles die Türen in Hollywood. Zurück in den USA, inszeniert er die Komödie THE WATERMELON MAN. Nach einem eigenen Drehbuch realisiert er seinen nächsten Film SWEET SWEETBACK'S BAADASSSSS SONG, in dem er auch selbst auftritt und außerdem für Produktion, Musik und Schnitt verantwortlich ist. Der Film fällt bei der Kritik durch, ist aber kommerziell erfolgreich, vor allem beim afroamerikanischen Publikum. Van Peebles komponiert und inszeniert ein Musical am Broadway, schreibt für TV-Serien, bei denen er auch Regie führt. Seit den achtziger Jahren tritt Van Peebles häufiger als Schauspie-

ler auf und arbeitet regelmäßig mit seinem Sohn, dem Schauspieler und Regisseur Mario Van Peebles.

kleinen Geschichten erzählen kann, neben denen der Sohn sich alt vorkommen müßte.

Soll man sich von so jemandem die Geheimnisse der Börse erklären lassen? „Bold Money: A New Way to Play the Options Market" heißt das Buch, das Melvin Van Peebles geschrieben hat und das kurzfristig, Ende der achtziger Jahre, zum Bestseller in Ökonomenkreisen avancierte. Und ist es tatsächlich ein Zufall, daß Manager-Handbücher inzwischen Titel haben wie „Guerrilla-Marketing"? Von Melvin Van Peebles lernen heißt, die richtigen Fragen zu stellen. So unterschiedlich die Antworten auch sein mögen.

Annett Busch

Filme als Regisseur (auch TV-Auswahl)

THREE PICKUP MEN FOR HERRICK (Kurzfilm), 1957 (auch Autor, Komponist); SUNLIGHT (Kurzfilm), 1957 (auch Autor, Komponist, Produzent); LES CINQ CENT BALLES (TV-Kurzfilm), 1963 (auch Autor, Komponist); LA PERMISSION (THE STORY OF A THREE-DAY PASS) (TV), 1967/68 (auch Autor, Komponist); THE WATERMELON MAN, 1970 (auch Komponist, Darsteller); SWEET SWEETBACK'S BAADASSSSS SONG, 1971 (auch Autor, Komponist, Produzent, Cutter, Darsteller); DON'T PLAY US CHEAP, 1973 (auch Autor, Komponist); IDENTITY CRISIS, 1989 (auch Cutter, Produzent, Darsteller); THE OUTER LIMITS (TV), 1995; EROTIC TALES – DIE SCHÖNSTE SACHE DER WELT: VROOOM VROOM VROOOOM (TV), 1993/96 (auch Autor, Cutter, Komponist, Produzent); GANG IN BLUE, Ko-Regie: Mario Van Peebles, 1996 (auch Produzent, Darsteller); LE CONTE DU VENTRE PLEIN, 2000 (auch Autor, Komponist, Produzent).

Filme als (Ko-)Autor (auch TV-Auswahl)

THREE PICKUP MEN FOR HERRICK (Kurzfilm), Regie: Melvin Van Peebles, 1957 (auch Komponist); SUNLIGHT (Kurzfilm), Regie: Melvin Van Peebles, 1957 (auch Komponist, Produzent); LES CINQ CENT BALLES (TV-Kurzfilm), Regie: Melvin Van Peebles, 1963 (auch Komponist); LA PERMISSION (THE STORY OF A THREE-DAY PASS) (TV), Regie: Melvin Van Peebles, 1967/68 (auch Komponist); SLOGAN, Regie: Pierre Grimblat, 1969; SWEET SWEETBACK'S BAADASSSSS SONG, Regie: Melvin Van Peebles, 1971 (auch Cutter, Komponist, Produzent, Darsteller); DON'T PLAY US CHEAP, Regie: Melvin Van Peebles, 1973 (auch Komponist); JUST AN OLD SWEET SONG (TV), 1976; GREASED LIGHTNING, Regie: Michael Schultz, 1977; THE SOPHISTICATED GENTS (TV), 1981 (auch Komponist, Produzent, Darsteller); THE DAY THEY CAME TO ARREST THE BOOK (TV), 1987; EROTIC TALES – DIE SCHÖNSTE SACHE DER WELT: VROOOM VROOM VROOOOM (TV), Regie: Melvin Van Peebles, 1993/96 (auch Cutter, Komponist, Produzent); PANTHER, Regie: Mario Van Peebles, 1995 (auch Produzent, Darsteller); CLASSIFIED X. (TV-Dok.), 1997 (auch Produzent, Auftritt); LE CONTE DU VENTRE PLEIN, Regie: Melvin Van Peebles, 2000 (auch Komponist, Produzent).

Filme als (Ko-)Komponist (auch TV-Auswahl)

THREE PICKUP MEN FOR HERRICK (Kurzfilm), Regie: Melvin Van Peebles, 1957 (auch Autor); SUNLIGHT (Kurzfilm), Regie: Melvin Van Peebles, 1957 (auch Autor, Produzent); LES CINQ CENT BALLES (TV-Kurzfilm), Regie: Melvin Van Peebles, 1963 (auch Autor); LA PERMISSION (THE STORY OF A THREE-DAY PASS) (TV), Regie: Melvin Van Peebles, 1967/68 (auch Autor); THE WATERMELON MAN, Regie: Melvin Van Peebles, 1970 (auch Darsteller); SWEET SWEETBACK'S BAADASSSSS SONG, Regie: Melvin Van Peebles, 1971 (auch Autor, Cutter, Produzent, Darsteller); DON'T PLAY US CHEAP, Regie: Melvin Van Peebles, 1973 (auch Autor); JUST AN OLD SWEET SONG (TV), 1976; THE SOPHISTICATED GENTS (TV), 1981 (auch Autor, Produzent, Darsteller); EROTIC TALES – DIE SCHÖNSTE SACHE DER WELT: VROOOM VROOM VROOOOM (TV), Regie: Melvin Van Peebles, 1993/96 (auch Autor, Cutter, Produzent); LE CONTE DU VENTRE PLEIN, Regie: Melvin Van Peebles, 2000 (auch Autor, Produzent).

Filme als (Ko-)Produzent

SUNLIGHT (Kurzfilm), Regie: Melvin Van Peebles, 1957 (auch Autor, Komponist); SWEET SWEETBACK'S BAADASSSSS SONG, Regie: Melvin Van Peebles, 1971 (auch Autor, Cutter, Komponist, Darsteller); IDENTITY CRISIS, Regie: Melvin Van Peebles, 1989 (auch Cutter, Darsteller); THE SOPHISTICATED GENTS (TV), 1981 (auch Autor, Komponist, Darsteller); EROTIC TALES – DIE SCHÖNSTE SACHE DER WELT: VROOOM VROOM VROOOOM (TV), Regie: Melvin Van Peebles, 1993/96 (auch Autor, Cutter, Komponist); PANTHER, Regie: Mario Van Peebles, 1995 (auch Autor, Darsteller); GANG IN BLUE, Regie: Mario Van Peebles, Melvin Van Peebles, 1996 (auch Darsteller); CLASSIFIED X. (TV-Dok.), 1997 (auch Autor, Auftritt); L'HOMME QUI COURT (TV-Dok. über Melvin Van Peebles), 1997 (auch Auftritt); LE CONTE DU VENTRE PLEIN, Regie: Melvin Van Peebles, 2000 (auch Autor, Komponist).

Filme als Darsteller (auch Auftritte, TV-Auswahl)

THE WATERMELON MAN, Regie: Melvin Van Peebles, 1970 (auch Komponist); SWEET SWEETBACK'S BAAD-

ASSSSS SONG, Regie: Melvin Van Peebles, 1971 (auch Autor, Cutter, Komponist, Produzent); THE SOPHISTICATED GENTS (TV), 1981 (auch Autor, Komponist, Produzent); O.C. AND STIGGS, Regie: ▮ Robert Altman, 1985 [▮ Dennis Hopper]; AMERICA, Regie: Robert Downey Sen., 1986 [▮ Rudy Wurlitzer]; JAWS: THE REVENGE, Regie: Joseph Sargent, 1987; TAKING CARE OF TERRIFIC (TV), 1987; SONNY SPOON (TV), 1988; IDENTITY CRISIS, Regie: Melvin Van Peebles, 1989 (auch Cutter, Produzent); TRUE IDENTITY, Regie: Charles Lane, 1991; BOOMERANG, Regie: Reginald Hudlin, 1992; POSSE, Regie: Mario Van Peebles, 1993; LAST ACTION HERO, Regie: John McTiernan, 1993; TERMINAL VELOCITY, Regie: Deran Sarafian, 1994; FIST OF THE NORTH STAR, Regie: Tony Randel, 1995; PANTHER, Regie: Mario Van Peebles, 1995 (auch Autor, Produzent); CALM AT SUNSET (TV), 1996; GANG IN BLUE, Regie: Mario Van Peebles, Melvin Van Peebles, 1996 (auch Produzent): CLASSIFIED X. (TV-Dok.), 1997 (auch Autor, Produzent); L'HOMME QUI COURT (TV-Dok. über Melvin Van Peebles), 1997 (auch Produzent); THE SHINING (TV), 1997; RIOT (TV), 1997; LOVE KILLS, Regie: Mario Van Peebles 1998; TIME OF HER TIME, Regie: Francis Delia, 1999; SMUT, Regie: David Wendell, 1999; ANTILLES SUR SEINE, Regie: Pascal Légitimus, 2000; JIM BROWN ALL AMERICAN (Dok.), Regie: Spike Lee, 2002; THE HEBREW HAMMER, Regie: Jonathan Kesselman, 2003.

Literatur (Auswahl)

Melvin Van Peebles: The Big Heart. San Francisco: Fearon 1950. – Melvin Van Peebles: Un Ours pour le FBI. Paris: Buchet-Chastel 1964 (am.: A Bear for the FBI. New York: Trident 1968.). – Melvin Van Peebles: Un Américain en enfer. Paris: Denoël 1965. – Melvin Van Peebles: Le Chinois du XIVe. Paris: Jérôme Martineau 1966. – Melvin Van Peebles: La Permission. Paris: Jérôme Martineau 1967. – Melvin Van Peebles: La Fête à Harlem. Paris: Jérôme Martineau 1967 (engl.: Don't Play us Cheap. A Harlem Party. Toronto, New York: Bantam 1973.). – Melvin Van Peebles: The Making of SWEET SWEETBACK'S BAADASSSSS SONG. New York: Lancer 1971 (britische Wiederveröffentlichung mit Soundtrack-CD. Edinburgh: Payback 1996). – Melvin Van Peebles: Ain't Supposed to Die a Natural Death. Toronto / New York: Bantam 1973. – Melvin Van Peebles: Bold Money. A New Way to Play the Options Market. New York: Warner 1986. – Melvin Van Peebles, Mario Van Peebles: No Identity Crisis: A Father and Son's own Story of Working Together. New York: Fireside 1990. – Brian Case: Dynamic Tension. In: Time Out (London), Nr. 1314, Oktober 1995, S. 22f. – Melvin Van Peebles: Panther. A Novel. Edinburgh: Payback 1995. – Hans-Peter Metzler: By Any Means Necessary: Self-empowerment. Zu PANTHER und anderen Filmen von Mario und Melvin Van Peebles. In: film-dienst (Köln), Nr. 1, 2.1.1996, S. 34ff.

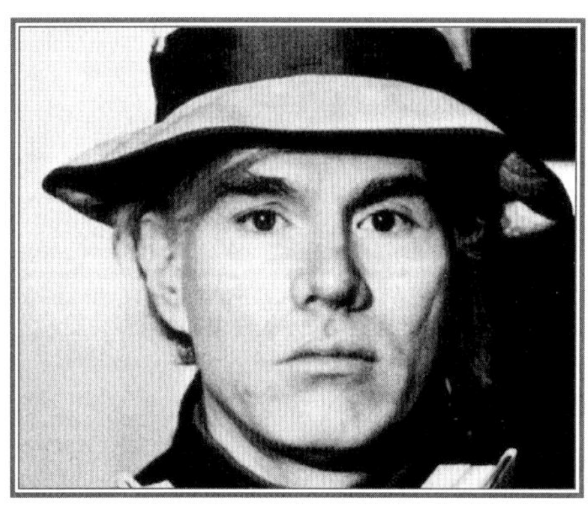

Andy Warhol

Andy Warhol,
Künstler, Regisseur, Produzent; geboren am 6. August 1928 in Pittsburgh, Ohio, gestorben am 22. Februar 1987 in New York City. Malerei- und Designstudium am Carnegie Institute of Technology, Abschluß 1949 Bachelor of Fine Arts (B.F.A.). Warhol zieht nach New York,

Zwar ist es nicht verbürgt, daß Andy Warhol seine entscheidende Kinoidee der Lektüre von Walter Benjamins Aufsatz „Das Kunstwerk im Zeitalter seiner technischen Reproduzierbarkeit" verdankt, aber seine Serie von SCREEN TESTs, die er 1965 durchführte, scheinen an Benjamins Bemerkung anzuknüpfen, im Kino werde die Leistung des Darstellers „einer Reihe von optischen Tests unterworfen". „Zum ersten Mal", fährt Benjamin fort, und das sei das Werk des Films, „kommt der Mensch in die Lage, zwar mit seiner gesamten lebenden Person, aber unter Verzicht auf deren Aura wirken zu müssen." Nichts hat Warhol am Film mehr interessiert als dieser Umstand. Wie gehen Menschen mit dieser Präsenz ohne Präsenz um?

In seiner Umgebung, unter den Selbstdarstellern und Hipstern der New Yorker Kulturszene, entdeckte Warhol immer wieder Menschen, die ihn faszinierten. Viele frühe Filme sind nichts als Serien von deren Porträts: THE THIRTEEN MOST BEAUTIFUL WOMEN, THE THIRTEEN MOST BEAUTIFUL BOYS, FIFTY FANTASTICS AND FIFTY PERSONALITIES. Sein Ziel war es, daß diese Menschen so authentisch wie möglich ihr faszinierendes Leben vor der Kamera lebten: Es würde so einerseits dokumentiert und erhalten werden, ganz im Sinne der *time capsules,* in denen er später jeweils einem Tag zugeordnete Alltagsobjekte aufbewahren sollte. Andererseits aber müßten diese Aufnahmen den perfekten Film ergeben, denn seine Lieblingspersonen erschienen ihm als natürliche Stars. Bald stellte sich aber heraus, daß erst die Kamera, erst der *screen test* die Fähigkeiten und Faszinosa hervorbrachte, die Warhol so liebte. Dafür durften nicht irgendwelche

arbeitet als Illustrator für „Glamour Magazine“, „Vogue“ und „Harper's Bazaar“ und als freier Werbegrafiker. Er entwirft Bühnenbilder für Theatergruppen der Lower Eastside und hat erste Einzelausstellungen. Warhol avanciert mit seinen Siebdruckserien – Campbell-Suppendosen, Dollarnoten, Marilyn Monroe-Porträts – zum Liebling der New Yorker Kunstszene, zum Hohepriester der Pop-art. Anfang der Sechziger erste filmische Experimente mit den *regulars* seiner *factory:* In Teamarbeit entstehen mehr als achtzig Filme mit griffigen Titeln – KISS, EAT, SLEEP –, bei denen Warhols Name wie ein Label funktioniert und eher für einen bestimmten Stil steht als für seine direkte Beteiligung. Warhol nutzt geschickt seine enorme Publicity und seine Rolle als tonangebende Figur der Popkultur, um unbekannte Künstler zu fördern. So produziert er beispielsweise das Debütalbum der Band The Velvet Underground: Auf dem Cover ist eine knallgelbe Warhol-Banane abgebildet – „peel slowly and see“. In ▮ Emile de Antonios PAINTERS PAINTING ist New Yorks Künstlerszene versammelt: Neben Willem de Kooning, Jasper Johns, Jackson Pollock und Robert Rauschenberg ist auch Andy Warhol zu sehen.

Sicherheiten, Darstellungsroutinen oder gar Handlungen vom Wesentlichen ablenken, dem permanenten *screen test,* der Konfrontation der Kamera mit dem Star. Am besten und gleichzeitig schockierendsten sind diejenigen Filme und *screen tests*, bei denen jemand aus dem Off den Darstellern sagt, was sie tun sollen, und versucht, sie gezielt zu verunsichern oder zu provozieren: So wie es Ronald Tavel in SCREEN TEST #1 mit Mario Montez macht oder Chuck Wein mit Edie Sedgewick in BEAUTY #2. Die Off-Sprecher verhinderten, daß die Darsteller sich wieder routiniert an ihr übliches Publikum wendeten – und bildeten so ein zweites Publikum im Studio, eine Art Stimme des Apparats.

Ronald Tavel war es auch, der in der Folge Handlungen und Abläufe für Warhol erfand, die dessen Lieblingsversuchsanordnung entsprachen – Konfrontation von Kamera und Person – und trotzdem darüber hinausgingen. Tavels Leistung ist vor allem in HEDY oder THE LIFE OF JUANITA CASTRO zu bewundern: In HEDY spricht der Drehbuchautor jeden Satz vor, der Darsteller wiederholt ihn, wenig lenkt ab von der Betrachtung dieser beeindruckenden Darstellerleistung. Bei THE LIFE OF JUANITA CASTRO sind die Elemente des Ridiculous Theatre schon recht deutlich, das Tavel und John Vaccaro im selben Jahr gründeten und bei dem viele der Warhol-Darsteller der ersten Generation mitmachen sollten: Taylor Mead, Mary Woronov, Jack Smith, Ondine.

CAMP schraubt dann wieder die Handlung und den Ablauf auf den *screen test* runter: Ein Haufen von *factory regulars* führt der Reihe nach etwas vor, die anderen schauen zu und applaudieren. Nur ein hochtheatralischer Jack Smith hält sich nicht an die Regeln, verläßt das Bild und zwingt – zu Warhols Vergnügen – die Kamera, sich zu bewegen.

Benjamin hat „das Befremden des Darstellers vor der Apparatur“ mit dem „Befremden des Menschen vor seiner Erscheinung im Spiegel“ verglichen. Warhol schilderte, wie Billy Name die ganze Factory mit Spiegeln gepflastert hat: „The mirrors weren't just decoration. They got used a lot by everybody.” Die unendlich vielen – Warhol sagte einmal „wöchentlich“ – gedrehten Filme der Jahre 1965 bis 1966 sind in diesem Sinne alle Reflexionen über den dem Apparat ausgesetzten Darsteller: Aber so wie er durch die Technik die Aura verliert, verliert er bei Warhol auch alles andere, woran sich Darsteller normalerweise halten, und gewinnt, in einer Steigerung dessen, was Benjamin mit Pirandello Darstellung „im Exil“ nennt, eine Aura ganz anderer Art: Er flieht den Apparat nicht mehr, er wird ein Superstar.

Während Mitte der sechziger Jahre die Cineasten für die Anerkennung als *auteurs* streiten, formuliert Warhol eine Theorie des Kinodarstellers: der Superstar als irreduzible Größe in der Filmindustrie. Der Regisseur, er selbst, wird dagegen dem Apparat so ähnlich wie möglich und trägt so wenig wie möglich bei. Eine Maschine zu sein, war ja eh einer von Warhols meistpublizierten Wünschen.

1966 änderte Warhol seine Filmpolitik und interessierte sich nun für neue ehrgeizige Großprojekte wie die musikalisierte Mehrfachprojektion bei THE CHELSEA GIRLS oder das nahezu unbekannt gebliebene Riesenprojekt ****(FOUR STARS). Danach übergab er die Regie an Paul Morrissey und reduzierte seinen Beitrag auf das immer bedingungslosere Zurverfügungstellen seines Namens.

Diedrich Diederichsen

Andy Warhol's Factory Films (Auswahl)

BLOW JOB, 1963; EAT, 1963; HAIRCUT, 1963; KISS, 1963; SALOME AND DELILAH, 1963; SLEEP, 1963; TARZAN AND JANE REGAINED ... SORT OF, 1963 [▮ Dennis Hopper]; ANDY WARHOL FILMS JACK SMIGHT FILMING „NORMAL LOVE“, 1963/64; DANCE MOVIE, 1963/64; BATMAN DRACULA, 1964; COUCH, 1964; EMPIRE, 1964; THE END OF DAWN, 1964; HARLOT, 1964; HENRY GELDZAHLER, 1964; THE LESTER PERSKY STORY, 1964; MARIO BANANA, 1964; NAOMI AND RUFUS KISS, 1964; SHOULDER, 1964; SOAP OPERA, 1964; TAYLOR MEAD'S ASS, 1964; THE THIRTEEN MOST BEAUTIFUL WOMEN, 1964; AFTERNOON, 1965; BEAUTY #2, 1965; BITCH, 1965; CAMP, 1965; THE CLOSET, 1965; DRUNK, 1965 [▮ Emile de Antonio]; EVETTE, 1965; FACE, 1965; FIFTY FANTASTICS AND FIFTY PERSONALITIES, 1965; HEDY, 1965; HORSE, 1965; IVY AND JOHN, 1965; THE LIFE OF JUANITA CASTRO, 1965; LUPE, 1965; MORE MILK YVETTE, 1965; OUTER AND INNER SPACE, 1965; PAUL SWAN, 1965; POOR LITTLE RICH GIRL, 1965; PRISON, 1965; RESTAURANT, 1965; SCREEN TEST #1, 1965; SCREEN TEST #2, 1965; SPACE, 1965; SUICIDE, 1965; THE THIRTEEN MOST BEAUTIFUL BOYS, 1965; VINYL, 1965; BUFFERIN, 1966; THE CHELSEA GIRLS, 1966; EATING TOO FAST, 1966; KITCHEN, 1966; MY HUSTLER, 1966; THE VELVET UNDERGROUND AND NICO, 1966; **** (FOUR STARS), 1966/67; BIKE BOY, 1967; I, A MAN, 1967; THE LOVES OF ONDINE, 1967; NUDE RESTAURANT, 1967; BLUE MOVIE, 1968; CANDY DARLING, 1968; FLESH, 1968; LONESOME COWBOYS, 1968; TRASH, 1970; HEAT, 1972; WOMEN IN REVOLT, 1972; L'AMOUR, 1973; ANDY WARHOL'S DRACULA, 1974; ANDY WARHOL'S FRANKENSTEIN, 1974; ANDY WARHOL'S BAD, 1977.

Literatur (Auswahl)

David Ehrenstein: An Interview with Andy Warhol. In: Film Culture (New York), Nr. 40, 1966 (dt. in: Gottfried Schlemmer [Hg.]: Avantgardistischer Film 1951–1971. München: Hanser 1973, S. 54–57). – John Coplans (Hg.): Andy Warhol. London: Thames and Hudson 1970. – Joseph Gelmis: The Director as Superstar. Garden City, N. Y.: Doubleday & Company 1970 (darin: Andy Warhol-Interview, S. 65 ff.). – David Bourdon: Warhol as Filmmaker. In: Art in America (New York), Mai/Juni 1971. – Peter Gidal: Andy Warhol. Films and Paintings. London: Studio Vista 1971. – Enno Patalas (Hg.): Andy Warhol und seine Filme. München: Heyne 1971. – Stephen Koch: Stargazer. Andy Warhol's World and his Films. New York: Praeger 1973. – Andy Warhol, Pat Hackett: POPism – The Warhol '60s. New York: Harcourt Brace Jovanovich 1980. – Patrick S. Smith: Andy Warhol's Art and Films. Ann Arbor, Michigan: UMI Research 1986. – Fred Lawrence Guiles: Loner at the Ball: The Life of Andy Warhol. London: Bantam 1989. – Michael O'Pray (Hg.): Andy Warhol. Film Factory. London: BFI 1989. – Andy Warhol, Cinema. Paris: Editions du Centre Georges Pompidou / Editions Carré 1990. – Andy Warhol, Heiner Bastian (Hg.): Silkscreens from the Sixties. München: Schirmer/Mosel 1990. – Stefana Sabin: Andy Warhol. Mit Selbstzeugnissen und Bilddokumenten. Reinbek: Rowohlt 1992. – Debra Miller: Billy Name. Stills from the Warhol-Films. München, New York: Prestel 1994. – Colin MacCabe (Hg.): Who Is Andy Warhol? London: BFI 1997.

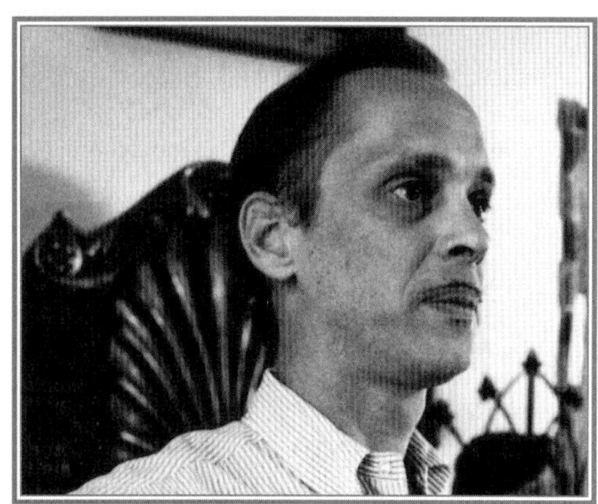

John Waters

Der dürre Mann mit dem extradünnen Oberlippenbart sieht nicht nur aus wie einer, der über die Jahrzehnte Blick und Geschmack an sich ausgebildet hat, der rare kulturelle Phänomene sehr zu schätzen gelernt hat; John Waters ist ein Connaisseur, wenn auch das weite Assoziationsfeld seiner Vorlieben nicht jedermanns Sache sein dürfte: Waters liebt, nach eigenem Bekunden, elektrische Stühle und billige Horrorfilme, Mörder und Körperbehinderungen, Patty Hearst und Pia Zadora. Nur zum Beispiel. Als Filmemacher ist John Waters aus Baltimore, auch deshalb, ein genuiner *auteur:* Konsequent folgt er, seit Jahrzehnten, seiner Liebe zu Dingen und Personen, die andere für abstoßend halten, konsequent entwickelt er daraus seine bizarren Themen und Stile. Nicht ohne Grund wird er von denen, die ihn verehren, in durchaus tiefem Respekt als „Prince of Puke" bezeichnet.

Man muß den Schock, den seine Filme um 1970 in ahnungslosen Kinogängern ausgelöst haben, an jenem messen, den diese Arbeiten selbst heute noch zu provozieren imstande sind. Die Rohheit und scheinbare Kunstlosigkeit der Werke Waters', das „Dokumentarische" seiner morbiden frühen Komödien verstören, wenn man sie heute wiedersieht, genau wie einst; nichts ist milder geworden an ihnen, nichts weniger pervers. Ein singuläres Werk wie dieses kann sich ganz ohne erzieherische Beihilfe nicht entwickeln: Der katholische Haushalt, in den Waters 1946 geboren wird, spielt als Negativfolie, als Antithese der Ideen seiner Filme ganz sicher eine Rolle. Schon als Teenager jedenfalls beginnt Waters mit der Inszenierung von Schmalspur-Exploitation-Filmen, die feine Titel wie HAG IN A BLACK LEATHER JACKET oder EAT YOUR MAKEUP tragen. Der junge John Waters dreht grundsätzlich nur mit Freunden; ein Ensemble bildet sich heraus, in deren Zentrum eine Entertainerin steht, die Waters wenig später nicht nur berüchtigt, sondern tatsächlich berühmt machen wird: Der Koloß Divine, fleischgewordener amerikanischer Albtraum, beherrscht die monströse Eifersuchtstragikomödie MULTIPLE MANIACS ebenso wie das Kleinbürgerzerrbild PINK FLAMINGOS, das in jener notorischen Szene kulminiert, in der ein kleiner Hund sich erst auf der Straße erleichtert und Superstar Divine gleich anschließend (ungeschnitten!) dessen Hinterlassenschaft verzehrt.

Glamour gerade dort zu finden, wo er gemeinhin am wenigsten erwartet wird (im mittellosen Leben, im physischen Defekt, im Sadismus), das ist Waters' Programm. Die Geschmacklosigkeit ist in diesem Zusammenhang entscheidend, sie ist hier unabdingbar. Auf Form und Finesse kommt es allerdings an: Das vielzitierte Waters-Diktum vom *good bad taste,* der sich eben gewaltig vom gemeinen *bad bad taste* unterscheide, bringt dieses Kino auf den Punkt. In FEMALE TROUBLE koppelt Waters erneut Verbrechen und Showbiz, in DESPERATE LIVING erweist er sich als seriöser Frauenregisseur: Sein Kino kreist um denkwürdige Gestalten, um Leute wie die wilde Edith Massey, um Mink Stole und Mary Vivian Pearce. Ihnen ord-

John Waters,
Regisseur, Autor, Produzent, Darsteller, Kameramann; geboren am 22. April 1946 in Baltimore, Maryland.
Waters wächst in einer katholischen Mittelschichtfamilie auf und beginnt schon als Schüler, Kurzfilme mit der 8-mm-Kamera zu drehen. Mit Freunden aus der High School, unter ihnen der später als Divine bekannt gewordene Transvestit Harris Glenn Milstead, inszeniert er bald Spielfilme wie MONDO TRASHO und PINK FLAMINGOS, mit denen er sich als Regisseur von Geschmacklosigkeiten einführt und zum Kultstar der Underground-Kinos avanciert. Seine nächsten Filme sind Satiren auf den Lebensstil der *suburban middle class.* 1981 führt er mit POLYESTER das Odorama-Verfahren ein: Kinobesu-

cher erhalten Rubbel- und Riechkarten, die sie gemäß in den Film eingeblendeten Anweisungen benutzen sollen. Seit dem Musical HAIRSPRAY sind Waters' Angriffe auf die *family values* hollywoodtauglich, besetzt mit Stars wie Kathleen Turner oder Melanie Griffith. Das Chicago Underground Film Festival ehrt John Waters 1997 für sein Lebenswerk.

net Waters – und man mag auch darin seine Intelligenz als Regisseur bewiesen sehen – sowohl seine blühende Phantasie als auch sich selbst jederzeit unter.

Nach der Geruchskino-Groteske POLYESTER (mit „Odorama"-Rubbelkarte an der Kinokasse) legt Waters 1981, erst 35 Jahre alt, Pause ein, als wolle er sich sammeln, als sei, was nunmehr vorliegt, erst einmal hinreichend: ein schmales, dabei überaus erfinderisches Werk, das sich selbst genügt, genügen muß, das als in sich geschlossen betrachtet werden kann. In gewisser Weise, das muß man heute, 23 Jahre später, sagen, war das richtig. Der Rest der Regiekarriere Waters' scheint ein Nachsatz zu sein, eine anhaltende Coda voller hübscher, abgründiger Ideen und betont milder, fast schon familienfreundlicher Anarchie. Die Rock 'n' Roll-Burlesken HAIRSPRAY und CRY-BABY, die Mörderkomödie SERIAL MOM mit Kathleen Turner, die Terrorsympathisanten-Operette CECIL B. DEMENTED: All diese Filme runden das Bild eher nur ab, haben der Bedeutung ihres Schöpfers aber nichts Wesentliches hinzuzufügen. Daß Waters seine Ideen verschleudere, kann dennoch niemand behaupten: Nicht einmal ein Dutzend abendfüllender Filme hat er bislang, in vier Jahrzehnten filmemacherischer Arbeit, hergestellt. Seit geraumer Zeit stellt der umtriebige Waters übrigens auch Bilder, Installationen und Objekte für den musealen Raum, für den Kunstbetrieb her: Daß er auch damit sich und seinem privaten Obsessionenfundus vollkommen treu bleibt, muß man nicht noch betonen.

Stefan Grissemann

Filme als Regisseur (auch TV-Auswahl)

HAG IN A BLACK LEATHER JACKET (Kurzfilm), 1964 (auch Kamera, Cutter, Produzent, Darsteller); ROMAN CANDLES (Kurzfilm-Trilogie), 1966 (auch Kamera, Cutter, Produzent, Darsteller); EAT YOUR MAKEUP (Kurzfilm), 1968 (auch Kamera, Cutter, Produzent, Darsteller); THE DIANE LINKLETTER STORY, 1969 (auch Kamera, Cutter, Darsteller); MONDO TRASHO, 1969 (auch Kamera, Cutter, Produzent, Darsteller); MULTIPLE MANIACS, 1970 (auch Kamera, Cutter, Darsteller); PINK FLAMINGOS – AN EXERCISE IN POOR TASTE, 1972 (auch Kamera, Cutter, Produzent, Darsteller); FEMALE TROUBLE, 1974 (auch Kamera, Cutter, Produzent); DESPERATE LIVING, 1977 (auch Kamera, Produzent); POLYESTER, 1981 (auch Autor, Produzent); HAIRSPRAY, 1988 (auch Autor, Produzent, Darsteller); CRY-BABY, 1990 (auch Autor); SERIAL MOM, 1994 (auch Autor, Darsteller); PECKER, 1998 (auch Autor); CECIL B. DEMENTED, 2000 (auch Autor, Darsteller); THE 2001 IFP/WEST INDEPENDENT SPIRIT AWARDS (TV), 2001.

Filme als (Ko-)Autor

POLYESTER, Regie: John Waters, 1981 (auch Produzent); HAIRSPRAY, Regie: John Waters, 1988 (auch Produzent, Darsteller); CRY-BABY, Regie: John Waters, 1990; SERIAL MOM, Regie: John Waters, 1994 (auch Darsteller); PECKER, Regie: John Waters, 1998; CECIL B. DEMENTED, Regie: John Waters, 2000 (auch Darsteller).

Filme als Kameramann

HAG IN A BLACK LEATHER JACKET (Kurzfilm), Regie: John Waters, 1964 (auch Cutter, Produzent, Darsteller); ROMAN CANDLES (Kurzfilm-Trilogie), Regie: John Waters, 1966 (auch Cutter, Produzent, Darsteller); EAT YOUR MAKEUP (Kurzfilm), Regie: John Waters, 1968 (auch Cutter, Produzent, Darsteller); THE DIANE LINKLETTER STORY, Regie: John Waters, 1969 (auch Cutter, Darsteller); MONDO TRASHO, Regie: John Waters, 1969 (auch Cutter, Produzent, Darsteller); MULTIPLE MANIACS, Regie: John Waters, 1970 (auch Cutter, Darsteller); PINK FLAMINGOS, Regie: John Waters, 1972 (auch Cutter, Produzent, Darsteller); FEMALE TROUBLE, Regie: John Waters, 1974 (auch Cutter, Produzent); DESPERATE LIVING, Regie: John Waters, 1977 (auch Produzent).

Filme als Cutter

HAG IN A BLACK LEATHER JACKET (Kurzfilm), Regie: John Waters, 1964 (auch Kamera, Produzent, Darsteller); ROMAN CANDLES (Kurzfilm-Trilogie), Regie: John Waters, 1966 (auch Kamera, Produzent, Darsteller); EAT YOUR MAKEUP (Kurzfilm), Regie: John Waters, 1968 (auch Kamera, Produzent, Darsteller); THE DIANE LINKLETTER STORY, Regie: John Waters, 1969 (auch Kamera, Darsteller); MONDO TRASHO, Regie: John Waters, 1969 (auch Kamera, Produzent, Darsteller); MULTIPLE MANIACS, Regie: John Waters, 1970 (auch Kamera, Darsteller); PINK FLAMINGOS, Regie: John Waters, 1972 (auch Kamera, Produzent, Darsteller); FEMALE TROUBLE, Regie: John Waters, 1974 (auch Kamera, Produzent).

Filme als (Ko-)Produzent

HAG IN A BLACK LEATHER JACKET, Regie: John Waters, 1964 (auch Kamera, Cutter, Darsteller); ROMAN CANDLES, Regie: John Waters, 1966 (auch Kamera, Cutter, Darsteller); EAT YOUR MAKEUP, Regie: John Waters, 1968 (auch Kamera, Cutter, Darsteller); MONDO TRASHO, Regie: John Waters, 1969 (auch Kamera, Cutter, Darsteller); PINK FLAMINGOS, Regie: John Waters, 1972 (auch Kamera, Cutter, Darsteller); FEMALE TROUBLE, Regie: John Waters, 1974 (auch Kamera, Cutter); DESPERATE LIVING, Regie:

John Waters, 1977 (auch Kamera); POLYESTER, Regie: John Waters, 1981 (auch Autor); HAIRSPRAY, Regie: John Waters, 1988 (auch Autor, Darsteller).

Filme als Darsteller (auch Auftritte, TV-Auswahl)
HAG IN A BLACK LEATHER JACKET (Kurzfilm), Regie: John Waters, 1964 (auch Kamera, Cutter, Produzent); ROMAN CANDLES (Kurzfilm-Trilogie), Regie: John Waters, 1966 (auch Kamera, Cutter, Produzent); EAT YOUR MAKEUP (Kurzfilm), Regie: John Waters, 1968 (auch Kamera, Cutter, Produzent); THE DIANE LINKLETTER STORY, Regie: John Waters, 1969 (auch Kamera, Cutter); MONDO TRASHO, Regie: John Waters, 1969 (auch Kamera, Cutter, Produzent); MULTIPLE MANIACS, Regie: John Waters, 1970 (auch Kamera, Cutter); PINK FLAMINGOS, Regie: John Waters, 1972 (auch Kamera, Cutter, Produzent); SOMETHING WILD, Regie: Jonathan Demme, 1987; HAIRSPRAY, Regie: John Waters, 1988 (auch Autor); HOMER AND EDDIE, Regie: Andrei Konchalovsky, 1989; SERIAL MOM, Regie: John Waters, 1994 (auch Autor); ANTHEM (Dok.), Regie: Shainee Gabel, Kristin Hahn, 1995/97; HOME MOVIE ON JOHN WATERS (Kurzfilm, Dok.), Regie: Alessandra Populin, 1998; FOREVER HOLLYWOOD (TV-Dok.), 1998/99 [▮ Dennis Hopper]; DIVINE. THE E! TRUE HOLLYWOOD STORY (TV-Dok.), 1999; CHAMELEON II: DEATH MATCH (TV), 1999; SWEET AND LOWDOWN, Regie: Woody Allen, 1999; BAD TASTE (Dok.), Regie: Steve Yeager, 2000; CECIL B. DEMENTED, Regie: John Waters, 2000 (auch Autor); PIE IN THE SKY. THE BRIDGET BERLIN STORY (Dok.), Regie: Shelly Dunn Fremont, Vincent Fremont, 2000; INDIE SEX: TABOOS (TV-Dok.), 2001; THE COCKETTES (Dok.), Regie: Bill Weber, David Weissman, 2002; BLOOD FEAST 2: ALL U CAN EAT, Regie: Herschell Gordon Lewis, 2002; EACH TIME I KILL, Regie: Doris Wishman, 2002; HOLLYWOOD HIGH (TV), 2003.

Literatur (Auswahl)
John Waters: Shock Value. New York: Delta 1981. – Wolf Donner: Meister des schlechten Geschmacks. In: Zeitmagazin (Hamburg), Nr. 4, 22.1.1982. – Jim Hoberman, Jonathan Rosenbaum: Midnight Movies. New York: Harper & Row 1983 (dt.: Midnight Movies. St. Andrä-Wördern: Hannibal 1998, darin: John Waters präsentiert The Filthiest People Alive, S. 130–163.). – John Waters: How to Make a Movie. In: American Film (Washington, D.C.), Nr. 9, Juli/August 1986, S. 35 ff. – John Waters: Crackpot. The Obsessions of John Waters. New York: Macmillan 1986 (dt.: John Waters: Abartig. Meine Obsessionen. Frankfurt/M.: Ullstein 1989). – John Waters-Interview. In: Inter/View (New York), Dezember 1986. – Mike Quarles: Down and Dirty. Hollywood's Exploitation Filmmakers and their Movies. Jefferson: McFarland 1993 (darin: John Waters. They Used to Call Him „The Prince of Puke", S. 57–66.). – Mark Kermode: Immer schön an der Grenze (Interview). In: Die Tageszeitung (Berlin), 3.1.1996. – John Waters: Director's Cut. Zürich/Berlin/New York: Scalo 1997 (Fotobuch mit einem engl.-dt. Nachwort von John Waters). – John Waters: Zukunft ... des Tabus. In: Süddeutsche Zeitung Magazin (München), Nr. 32, 8.8.1997. – Jenni Zylka: Schockwellen mit abnehmender Wirkung. In: Süddeutsche Zeitung (München), 14.10.2000. – Harald Fricke: „Und, gefällt's dir?" (Interview). In: Die Tageszeitung (Berlin), 26.10.2000.

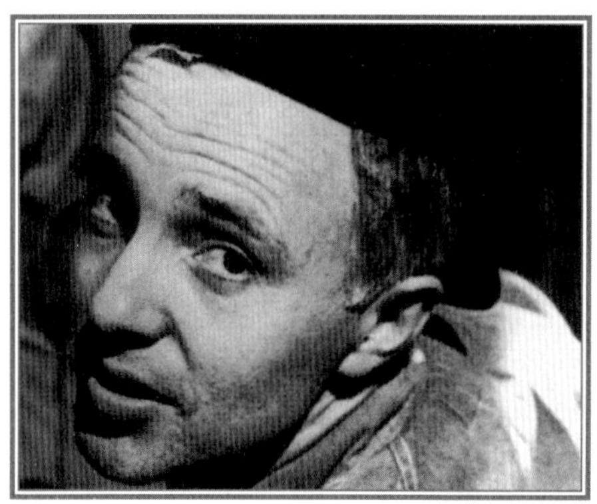

Haskell Wexler

Haskell Wexler, Kameramann, Regisseur; geboren am 6. Februar 1926 in Chicago, Illinois.

„I use filmmaking as a way to explore life", sagte Haskell Wexler 1974 in einem Interview. Statt die Vorgaben des Drehbuchs nur umzusetzen, suchte er immer nach Möglichkeiten, die Wirklichkeit in die Kunstwelten des Kinos sickern zu lassen. Unablässig kratzt er bis heute an den perfekten Oberflächen der Studioproduktionen des klassischen Hollywood, um Schlupflöcher für die Realität der sechziger Jahre zu schaffen: „Too many filmmakers get their ideas of the world from other films", kritisiert er: „They work in a vacuum, alienated from true experience." Entsprechend orientiert er sich auch nicht an den etablierten Meistern des amerikanischen Kinos, sondern an den europäischen Abenteurern des italienischen Neorealismus und der französischen Nouvelle Vague.

Angefangen hatte Wexler in den fünfziger Jahren mit dokumentarischen Arbeiten, und die Sensibilität, die er dabei entwickelte, prägt seine ganze Arbeit. Nicht nur der visuelle Stil, sondern auch die Inhalte sind in Wexlers Œuvre dem dokumentarischen Ansatz verbunden, denn neben den zahlreichen Dokumentationen unter anderem

Studium an der University of California; Einstieg ins Berufsleben mit Dokumentar- und Lehrfilmen. Ab Mitte der fünfziger Jahre Kameraarbeit bei Spielfilmen von Joshua Logan (PICNIC), Elia Kazan (WILD RIVER), Irving Kershner (THE HOODLUM PRIEST). Haskell Wexlers erste Regiearbeit ist seine Dokumentation über eine Aktivistengruppe, die von San Francisco nach Washington fährt, um dort an einer Menschenrechtsdemonstration teilzunehmen: THE BUS. Spielfilmdebüt mit MEDIUM COOL, bei dem Wexler auch für Drehbuch, Kamera und Produktion verantwortlich zeichnet. Zusammen mit ▮ Emile de Antonio und Mary Lampson inszeniert er UNDERGROUND – „a film, the FBI didn't want you to see" –, eine Semidokumentation über die Weathermen. Mitte der Siebziger gründet er zusammen mit seinem Kollegen Conrad Hall die Wexler Hall Inc. Für seine Kameraarbeit wird Haskell Wexler mehrfach für einen Oscar nominiert – für Milos Formans ONE FLEW OVER THE CUCKOO'S NEST, John Sayles' MATEWAN, Ron Sheltons BLAZE – und wird zweimal ausgezeichnet: für Mike Nichols' WHO'S AFRAID OF VIRGINIA WOOLF? und ▮ Hal Ashbys BOUND FOR GLORY. Sein Dokumentarfilm INTERVIEWS WITH MY LAI VETERANS (Ko-Regie: Joseph Strick) wird 1970 mit einem Oscar ausgezeichnet. Die American Society of Cinematographers ehrt Haskell Wexler 1993 mit dem Lifetime Achievement Award für sein Lebenswerk.

über den Terror in Brasilien, über Allende oder die Vietnamveteranen haben nahezu auch alle Spielfilme, bei denen er die Kamera geführt hat, einen gesellschaftlichen, politischen Anspruch: So kreist IN THE HEAT OF THE NIGHT um den Rassismus in den Südstaaten, ONE FLEW OVER THE CUCKOO'S NEST prangert die Methoden der Psychiatrie an, BOUND FOR GLORY erzählt über die Biografie des Countrysängers Woody Guthrie auch vom Kampf um den Schutz der Arbeiter und die Gründung der Gewerkschaften, und COMING HOME ist der erste explizit kritische Film zum Vietnamkrieg.

Wexlers Wachsamkeit gehört den wahrhaftigen Momenten des Lebens: „I know that real people in real situations do things which the most brilliant director couldn't tell a person to do." Um den Atem der Wirklichkeit durch seine Bilder wehen zu lassen, bricht er die ehernen Regeln der Studioproduktionen. Er setzte Handkameras ein, um den Schauspielern mehr Freiheit für Improvisationen zu geben. Statt Fahrten mit einer Attrappe zu simulieren, arbeitete er aus dem fahrenden Auto. Er filmte die Statisten auch in den Drehpausen, um für Kazans AMERICA, AMERICA authentischere Bilder zu bekommen. Den inszenierten Banküberfall in THE THOMAS CROWN AFFAIR löste er aus der hermetischen Studioatmosphäre, verpflanzte ihn in die reale Stadtsituation und nahm mit vier versteckten Kameras nicht nur die Arbeit der Schauspieler, sondern auch die spontanen Reaktionen verstörter Passanten auf. In ONE FLEW OVER THE CUCKOO'S NEST filmte Wexler die Therapiesitzungen mit mehreren Kameras, um auch Gesprächsüberlappungen einbeziehen zu können. Und immer wieder plazierte er Hindernisse im Blickfeld, um die steril geordnete Perfektion der Bilder zu stören. Seine Experimente und Improvisationen sorgten für Unruhe im etablierten amerikanischen Kinogeschäft, entsprechend besorgt war Richard Burton, daß in WHO'S AFRAID OF VIRGINIA WOOLF? im Licht eines Dokumentaristen seine Pockennarben allzu realistisch ins Bild gesetzt würden. Doch Wexler schlug Funken aus der Verbindung von Realität und Fiktion, er liebte das Cross-over, das er in seinem Spielfilmdebüt MEDIUM COOL auf die Spitze trieb. Eigentlich hatte er die Verfilmung von Jack Couffers Roman „The Concrete Wilderness" geplant. Als er jedoch die Vibrationen der Unruhen auf den Straßen von Chicago spürte, die in den tumultartigen Protesten vor der Bundesversammlung der Demokraten kulminierten, forderte der Chronist in seinem Herzen den Tribut vom Geschichtenerzähler. Spontan entschloß er sich, die Wirklichkeit als Kulisse zu nutzen und darin einen dünnen Faden der Fiktion auszulegen. Indem er den Fernsehkameramann John (Robert Forster) losschickt, um die Proteste zu filmen, thematisiert Wexler die fragile Grenze zwischen Schein und Sein, zwischen Inszenierung und Authentizität. Gleichzeitig stellt er die Moral des Bildermachens und damit auch seinen eigenen Beruf zur Diskussion. Schnell wird dabei auch deutlich, in welchem Maße die von den Unruhen der ausgehenden Sechziger (dem Widerstand gegen den Vietnamkrieg, der sexuellen Revolution, der Ermordung von Martin Luther King und Robert Kennedy) aufgewühlte Erde zum fruchtbaren Boden für das Kino des „New Hollywood" wurde.

Irritierend sprunghaft wirken die ersten Bilder von MEDIUM COOL, für einen Kameramann, dessen Arbeit sonst auf uneitle Weise unauffällig und fließend ist. Ganz bewußt verweigert Wexler die Orientierung und fordert den Zuschauer damit heraus, die Bilder immer wieder aufs Neue zu hinterfragen. Ganz langsam nur löst sich aus der aufgeladenen Atmosphäre unter den sensationshungrigen Journalisten, dem aufmarschierenden Polizeiaufgebot und den marodierenden Demonstranten eine zarte, inszenierte Liebesgeschichte, zwischen John und einer jungen Vietnamwitwe (Verna Bloom) und ihrem Sohn. Am Ende des Films suchen die beiden Erwachsenen den Jungen, der in einem Anfall von Eifersucht ausgerissen ist. Mit dem Team müssen sich da auch die Schauspieler einen Weg durch das unkontrollierte und gefährliche Chaos auf den Straßen Chicagos bahnen. Verna Bloom ist in dieser Szene durch ein knallgelbes Kleid gleichsam markiert, damit sie in den Tumulten nicht verlorengeht. Mit dem leuchtenden Blau der Polizeiwagen und dem knalligen Rot von Verkehrszeichen und Fahnen werden diese Szenen aber auch zu einer Hommage an Godard und seine Primärfarbdramaturgie. Das tragische Finale in einem Unfallauto im Park bezieht sich dann ganz offen auf das Ende von Godards LE MEPRIS (1963), der etwas früher auch in einem Fernsehausschnitt zu sehen ist.

Die raffinierte Verstrickung von Inszeniertem und Authentischem in diesem Film verdichtet sich in einem hektisch aus dem Off gesprochenen Satz: „Watch out Haskell, it's real", heißt es da, um den Kameramann vor dem Tränengas der Polizisten zu warnen. Die Ironie des Moments liegt darin, daß dieser Einbruch der Realität in die Illusion des Kinos ein Fake ist, denn Wexler hat die Worte nachträglich von seinem Sohn auf die Tonspur sprechen lassen, um die Stimmung einzufangen.

Anke Sterneborg

Filme als Regisseur

THE LIVING CITY (Dok., Kurzfilm), Ko-Regie: John Barnes, 1955 (auch Kamera); THE BUS (Dok.), 1965 (auch Kamera, Autor); MEDIUM COOL, 1968/69 (auch Autor, Kamera, Produzent, Darsteller) [▮ Robert Evans]; INTERVIEWS WITH MY LAI VETERANS (Dok.), Ko-Regie: Joseph Strick, 1970 (auch Kamera); BRAZIL: A REPORT

ON TORTURE (Dok.), Ko-Regie: Saul Landau, 1971; CONVERSATION WITH ALLENDE (Dok.), Ko-Regie: Saul Landau, 1971; INTRODUCTION TO THE ENEMY (Dok.), Ko-Regie: Jane Fonda, Christine Burden, Bill Yahraus, Tom Hayden, 1974; UNDERGROUND, Ko-Regie: ▮ Emile de Antonio, Mary Lampson, 1976 (auch Kamera, Produzent) [▮ Bob Dylan]; WAR WITHOUT WINNERS, 1978; BUS II (Dok.), 1983; LATINO, 1985 (auch Autor) [▮ George Lucas]; BUS RIDER'S UNION (Dok.), 1999 (auch Kamera, Produzent).

Filme als (Ko-)Autor

THE BUS (Dok.), Regie: Haskell Wexler, 1965 (auch Kamera); MEDIUM COOL, Regie: Haskell Wexler, 1968/69 (auch Kamera, Produzent, Darsteller) [▮ Robert Evans]; LATINO, Regie: Haskell Wexler, 1985 [▮ George Lucas].

Filme als Kameramann (auch TV-Auswahl)

THE LIVING CITY (Dok., Kurzfilm), Regie: John Barnes, Haskell Wexler, 1955; PICNIC, Regie: Joshua Logan, 1955; STAKEOUT ON DOPE STREET, Regie: Irvin Kershner, 1958 (uncredited) [▮ Roger Corman]; FIVE BOLD WOMEN, Regie: Jorge López Portillo, 1960; THE SAVAGE EYE, Regie: Ben Maddow, Sidney Meyers, Joseph Strick, 1960; STUDS LONIGAN, Regie: Irving Lerner, 1960; WILD RIVER, Regie: Elia Kazan, 1960 (uncredited) [▮ Barbara Loden]; ANGEL BABY, Regie: Paul Wendkos, Hubert Cornfield, 1960/61; THE HOODLUM PRIEST, Regie: Irvin Kershner, 1961; FACE IN THE RAIN, Regie: Irvin Kershner, 1962/63; AMERICA, AMERICA, Regie: Elia Kazan, 1963; LONNIE, Regie: William Hale, 1963; THE BEST MAN, Regie: Franklin J. Schaffner, 1964; THE BUS (Dok.), Regie: Haskell Wexler, 1965 (auch Autor); THE LOVED ONE, Regie: Tony Richardson, 1965 (auch Produzent); WHO'S AFRAID OF VIRGINIA WOOLF?, Regie: Mike Nichols, 1966; IN THE HEAT OF THE NIGHT, Regie: Norman Jewison, 1967 [▮ Hal Ashby]; THE THOMAS CROWN AFFAIR, Regie: Norman Jewison, 1968 [▮ Hal Ashby, ▮ Frederick Wiseman]; MEDIUM COOL, Regie: Haskell Wexler, 1968/69 (auch Autor, Produzent, Darsteller) [▮ Robert Evans]; GIMME SHELTER (Dok.), Regie: Albert Maysles, David Maysles, Charlotte Zwerin, 1969/70 [▮ George Lucas, ▮ Walter Murch]; INTERVIEWS WITH MY LAI VETERANS (Dok., Kurzfilm), Regie: Joseph Strick, Haskell Wexler, 1970; THE TRIAL OF THE CATONSVILLE NINE, Regie: Gordon Davidson, 1972; AMERICAN GRAFFITI, Regie: ▮ George Lucas, 1973 [▮ Francis Ford Coppola, ▮ Walter Murch]; ONE FLEW OVER THE CUCKOO'S NEST, Regie: Milos Forman, 1975 [▮ Jack Nicholson]; BOUND FOR GLORY, Regie: ▮ Hal Ashby, 1976; UNDERGROUND, Regie: ▮ Emile de Antonio, Mary Lampson, Haskell Wexler, 1976 (auch Produzent) [▮ Bob Dylan]; COMING HOME, Regie: ▮ Hal Ashby, 1978 [▮ Rudy Wurlitzer]; DAYS OF HEAVEN, Regie: ▮ Terrence Malick, 1978 [▮ Bert Schneider]; THE CIA CASE OFFICER, Regie: Saul Landau, 1978; PAUL JACOBS AND THE NUCLEAR GANG (Dok.), Regie: Jack Willis, Saul Landau, 1979; NO NUKES (Dok.), Regie: Daniel Goldberg, Anthony Potenza, Julian Schlossberg, 1980; SECOND HAND HEARTS, Regie: ▮ Hal Ashby, 1981; THE KID FROM NOWHERE (TV), 1982; LOOKIN' TO GET OUT, Regie: ▮ Hal Ashby, 1982; RICHARD PRYOR LIVE ON THE SUNSET STRIP, Regie: Joe Layton, 1982; THE MAN WHO LOVED WOMEN, Regie: Blake Edwards, 1983; MATEWAN, Regie: John Sayles, 1987; UNCLE MEAT, Regie: Frank Zappa, 1987 (auch Auftritt); COLORS, Regie: ▮ Dennis Hopper, 1988; BLAZE, Regie: Ron Shelton, 1989; THREE FUGITIVES, Regie: Francis Veber, 1989; TO THE MOON, ALICE (TV), 1990; OTHER PEOPLE'S MONEY, Regie: Norman Jewison, 1991; ROLLING STONES: LIVE AT THE MAX (Dok.), Regie: Noel Archambault, David Douglas, 1991; THE BABE, Regie: Arthur Hiller, 1992; THE SECRET OF ROAN INISH, Regie: John Sayles, 1994; CANADIAN BACON, Regie: Michael Moore, 1995; STEAL BIG, STEAL LITTLE, Regie: Andrew Davis, 1995; THE SIXTH SUN: MAYAN UPRISING IN CHIAPAS (Dok.), Regie: Saul Landau, 1995; MULHOLLAND FALLS, Regie: Lee Tamahori, 1996; THE RICH MAN'S WIFE, Regie: Amy Holden-Jones, 1996; BUS RIDER'S UNION, Regie: Haskell Wexler, 1999 (auch Produzent); LIMBO, Regie: John Sayles, 1999; GOOD KURDS, BAD KURDS, Regie: Kevin McKiernan, 2000; THE MAN ON LINCOLN'S NOSE (Dok.), Regie: Daniel Raim, 2000; 61* (TV), 2001.

Filme als (Ko-)Produzent

THE LOVED ONE, Regie: Tony Richardson, 1965 (auch Kamera); MEDIUM COOL, Regie: Haskell Wexler, 1968/69 (auch Autor, Kamera, Darsteller) [▮ Robert Evans]; UNDERGROUND, Regie: ▮ Emile de Antonio, Mary Lampson, Haskell Wexler, 1976 (auch Kamera) [▮ Bob Dylan]; BUS RIDER'S UNION, Regie: Haskell Wexler, 1999 (auch Kamera).

Filme als Darsteller (auch Auftritte, TV-Auswahl)

MEDIUM COOL, Regie: Haskell Wexler, 1968/69 (auch Autor, Kamera, Produzent) [▮ Robert Evans]; UNCLE MEAT, Regie: Frank Zappa, 1987 (auch Kamera); VISIONS OF LIGHT. THE ART OF CINEMATOGRAPHY (Dok.), Regie: Arnold Glassmann, Todd McCarthy, 1992; THE REALITY TRIP (TV-Dok.), 1997; STEVE MCQUEEN. THE KING OF COOL (Dok.), Regie: Robert Katz, 1998; HOLLYWOOD, D.C. (TV), 2000 [▮ Sydney Pollack];

LOOKOUT HASKELL, IT'S REAL. MAKING OF MEDIUM COOL (TV), 2001; OUT OF THESE ROOMS, Regie: Harri James, 2002; ROSY-FINGERED DAWN. A FILM ON TERRENCE MALICK, Regie: Luciano Barcaroli, Carlo Hintermann, Gerardo Panichi, Daniele Villa, 2002 [▮ Terrence Malick].

Literatur (Auswahl)
Ernest Callenbach, Albert Johnson: The Danger Is Seduction (Interview). In: Film Quarterly (Berkeley), Frühjahr 1968. – M. Shedlin: Haskell Wexler. In: Take One (Vancouver), Nr. 6, Oktober 1972, S. 15–18. – Renée Epstein: An Interview with Haskell Wexler. In: Sight and Sound (London), Nr. 1, Winter 1975/76, S. 46–49. – Carlos Bustamente: Haskell Wexler. Teilnehmer und Beobachter (Interview). In: Filme (Berlin), Nr. 6, 1980, S. 33–37. – Dennis Schaefer, Larry Salvato: Masters of Light. Conversations with Contemporary Cinematographers. Berkeley / Los Angeles / London: University of California 1984 (darin: Porträt Haskell Wexler, S. 247–266). – Haskell Wexler: Dialogue on Film. In: American Film (Washington, D. C.), Nr. 1, Oktober 1988, S. 14ff. – Haskell Wexler: Artists and Social Conscience. In: American Cinematographer (Hollywood), Nr. 6, Juni 1996, S. 151. – Lars-Olav Beier: Der beste Mann für die Sechziger. In: Filmbulletin (Winterthur), Nr. 224, Oktober 1999, S. 38ff. – Daniela Sannwald: Eine Begegnung mit dem Kameramann Haskell Wexler: Zwischen Underground und Hollywood. In: epd Film (Frankfurt/M.), Nr. 9, September 1999, S. 20ff. – Paul Cronin: Midsummer Mavericks. In: Sight and Sound (London), Nr. 9, September 2001, S. 24ff.

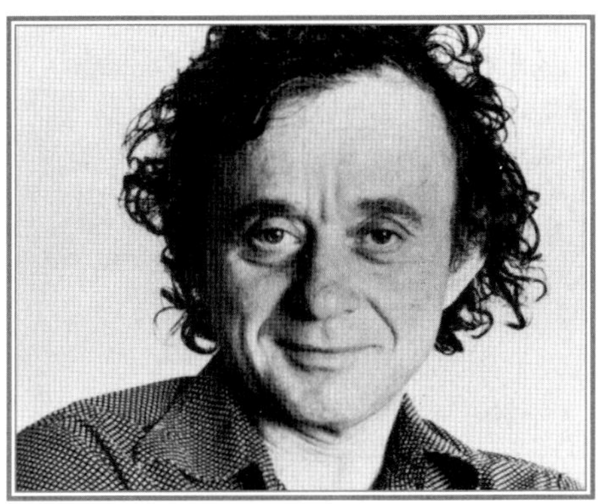

Frederick Wiseman

Frederick Wiseman, Dokumentarfilmer; geboren am 1. Januar 1930 in Boston, Massachusetts.
Besuch des Williams College, Jurastudium an der Yale Law School und Harvard University. Von 1956 bis 1958 ist Wiseman als Rechtsanwalt in Paris tätig, dort realisiert er auch erste Filmexperimente auf 8 mm. Wiseman kehrt in die USA zurück und unterrichtet für zwei Jahre an der Boston University Law School. 1963 produziert er ▮ Shirley Clarkes THE COOL WORLD, einen Film über das Bandenleben in Harlem. Regiedebüt 1966 mit TITICUT FOLLIES, der auf der Internationalen Filmwoche in Mannheim ausgezeichnet wird. Ende der sechziger Jahre erregen seine Dokumentationen bei ihren Fernseh-

Als *realitiy fiction* bezeichnet Frederick Wiseman hinterlistig seine Filme, denn er weiß, daß die Idee unmanipulierter Wirklichkeit eine Illusion ist. Mit jedem seiner rund 35 Filme taucht er in den Alltag einer amerikanischen Institution ein: ein Schulbetrieb in HIGH SCHOOL, eine Polizeistation in LAW AND ORDER, ein Krankenhaus in HOSPITAL, ein Ausbildungscamp für die Vorbereitung der Soldaten auf den Einsatz in Vietnam in BASIC TRAINING, ein Jugendgericht in JUVENILE COURT, ein Primatenforschungszentrum in PRIMATE, ein Sozialamt in WELFARE, eine Schlachterei in MEAT ...

Der Steuerzahler habe ein Recht darauf, zu wissen, wohin seine Gelder fließen, sagt Wiseman. Er studierte Jura, praktizierte in Paris und arbeitete anschließend in Amerika mit Studenten, denen er Gefängnisse und psychiatrische Anstalten zeigte, damit sie sich ein Bild davon machten, wohin sie die Straftäter schicken. Aus diesem Ansatz entstand 1966 der erste Film TITICUT FOLLIES, über das Bridgewater State Hospital for the Criminally Insane: „I wanted to get away from what I consider the typical documentary, where you follow one charming person around", sagt Frederick Wiseman. „I want to make films where the institution is the star, but which also reflects larger issues in general society."

Modernes empfindlicheres Filmmaterial und die leichtere, beweglichere Technik, die in den sechziger Jahren die Voraussetzung für den Befreiungsschlag des „New Hollywood" waren, ermöglichten Wiseman, sich unauffällig und flexibel in den Institutionen zu bewegen. Dabei nimmt der Regisseur selbst nur den Ton auf, um seinen Blick nicht durch den Ausschnitt des Suchers zu verengen. Der Überblick gibt ihm größere Freiheiten der Auswahl, über die er den ihm vertrauten Kameramann via Zeichensprache instruiert. Vier bis sechs Wochen filmt er vor Ort, mit der Kamera in Augenhöhe. Die eigentliche Arbeit beginnt im Schneideraum, wo er in vier bis acht Monaten aus der Fülle des Materials (Drehverhältnis bis zu 1:40) den Film komponiert. Den Schnitt beschreibt er als einen Prozeß, in dem das Überflüssige langsam weggeschnitten wird, um den Film entstehen zu lassen, in ähnlicher Weise wie Michaelangelo aus rohem Stein eine Skulptur erschuf. Dabei setzt er sich über die Chronologie der Ereignisse hinweg, unterbricht die einzelnen Handlungsabläufe aber nicht mit erklärenden oder kontrastierenden Zwischenschnitten. Es gibt keinen Off-Kommentar und keine Zwischenfragen, die dem Zuschauer die Arbeit des Sortierens und Verarbeitens, des Denkens abnehmen würden. Statt Sicherheiten bietet er nur ein Wechselbad der Gefühle zwischen Abscheu und Scham. Er setzt Opfer und Täter in gleicher Weise den Blicken aus und provoziert damit, daß auch der Zuschauer unablässig schlingert zwischen seiner Rolle als Opfer und als Täter, daß er zugleich Schuld zuweist und Scham empfindet. Wiseman reißt in seinen Filmen Gräben auf. Die Hilflosigkeit und die bürokratische Pedanterie von Ärzten und Sozialbeamten prallen in HOSPITAL und WELFARE hart auf die existentiellen Nöte von Patienten und Antragstellern. Ohne Vorwarnung kollidiert in PRIMATE die Komik mit dem Horror, der allzu menschliche Umgang mit den Versuchsaffen mit der Unmenschlichkeit einer Vivisektion.

Die mosaikartige Struktur bei Wiseman breitet sich über die Grenzen der einzelnen Filme aus, es stellen sich Analogien her – zwischen den Forschern, die in PRIMATE das Gehirn eines Äffchens in Scheiben schneiden, und den Ärzten, die in HOSPITAL ein menschliches Gehirn untersuchen, zwischen den sozial Bedürftigen in HOSPITAL und in WELFARE, zwischen der künstlichen Ernährung eines nackten Gefangenen in TITICUT FOLLIES und den Versuchen an den Affen in PRIMATE. Aus der nüchternen Abfolge von Ereignissen im Arbeitsalltag der Institutionen werden auf diskrete Weise Paradoxe und Absurditäten und wiederkehrende Muster des (un-)menschlichen Verhaltens destilliert. Auf dem Seziertisch seiner Filme legt Wiseman Widersprüche und Dilemmata der *condition humaine* frei und hinterfragt Geschlechterrollen, Sozialverhalten, Vorurteile, Rassismus. Dabei fügen sich seine Bestandsaufnahmen zu einer Topographie des amerikanischen Lebens, die über das Amerikanische hinaus das menschliche Wesen schlechthin auf die Probe stellt.

Ohne Einführung und ohne Fazit stürzt Wiseman sich – und damit auch den Zuschauer – mitten hinein ins Geschehen, in das Alltagsgeschehen in seinem Leerlauf und seiner Banalität. Doch immer wenn sich Langeweile einzustellen droht, geschieht etwas Unerwartetes, Unerhörtes, Aufwühlendes. Gerade weil sich der Regisseur jedem didaktischen Ansatz entzieht, weil er nicht drängt und fordert, wie beispielsweise seine Kollegen Erroll Morris und Michael Moore, treten die Absurditäten und Widersprüche zwischen Anspruch und Ausführung, zwischen den Regeln und ihrer Umsetzung in den Institutionen umso deutlicher zutage. Statt intensive Vorarbeit zu leisten, begreift Wiseman die Dreharbeiten selbst als Recherche und ist dadurch genauso offen und verwundbar wie der Zuschauer. So gibt er beispielsweise zu, daß er am Anfang der Dreharbeiten zu LAW AND ORDER (der kurz nach den Unruhen um die Democratical Convention in Chicago entstand, um die auch MEDIUM COOL von ▮ Haskell Wexler kreist) darauf aus war, „die Schweine zu kriegen", in ihrem Verlauf aber merken mußte, daß es schweinisches Verhalten beileibe nicht nur unter Polizisten gibt: „I think my films are fair, I think they are fair to the experience that I had in making the film. They are not objective, because someone else might take the film differently." Das feine Gespür für Momente und für Gesten, die eine Aussage in der Großaufnahme verdichten, für eine Choreographie der Szenen, die vielfältige Verbindungen herstellt, macht diese Filme zu Seismographen des menschlichen Verhaltens. Auf frappierende Weise sind sie Zeitdokumente, die zugleich zeitlos sind, in ihrer Entstehungszeit verwurzelt und doch weit darüber hinausweisend.

Anke Sterneborg

Filme als Regisseur, Cutter, (Ko-)Produzent

TITICUT FOLLIES, 1966; HIGH SCHOOL, 1968; LAW AND ORDER, 1968; HOSPITAL, 1969; BASIC TRAINING, 1970; ESSENE, 1971; JUVENILE COURT, 1972; PRIMATE, 1973; WELFARE, 1974; MEAT, 1974; CANAL ZONE, 1976; SINAI FIELD MISSION, 1977; MANŒUVRE, 1978; MODEL, 1979; RACETRACK, 1981; SERAPHITA'S DIARY (Spielfilm), 1981 (auch Autor); THE STORE, 1982; ADJUSTMENT AND WORK, 1984; BLIND, 1984; DEAF, 1984; MULTI-HANDICAPPED, 1984; MISSILE, 1986; CENTRAL PARK, 1989 (auch Autor); NEAR DEATH, 1989; ASPEN, 1991; ZOO, 1993; HIGH SCHOOL II, 1994; BALLET, 1995; LA COMEDIE-FRANCAISE OU L'AMOUR JOUE, 1996; PUBLIC HOUSING, 1997; BELFAST, MAINE, 1999; DOMESTIC VIOLENCE, 2001; LA DERNIERE LETTRE, 2002 (auch Autor); DOMESTIC VIOLENCE 2, 2002 (auch Autor).

Filme als (Ko-)Autor

THE THOMAS CROWN AFFAIR, Regie: Norman Jewison, 1968 (uncredited) [▮ Hal Ashby, ▮ Haskell Wexler]; SERAPHITA'S DIARY (Spielfilm), Regie: Frederick Wiseman, 1981 (auch Cutter, Produzent); CENTRAL PARK, Regie: Frederick Wiseman, 1989 (auch Cutter, Produzent); LA DERNIERE LETTRE, Regie: Frederick Wiseman, 2002 (auch Cutter, Produzent); DOMESTIC VIOLENCE 2, Regie: Frederick Wiseman, 2002 (auch Cutter, Produzent).

Filme als (Ko-)Produzent

THE COOL WORLD (Dok.), Regie: ▮ Shirley Clarke, 1963; alle eigenen Filme (s. o.).

Auftritte in Filmen

TO RENDER A LIFE (Dok.), Regie: Ross Spears, 1992; CINEMA VERITE. DEFINING THE MOMENT (Dok.), Regie: Peter Wintonick, 1999.

Literatur (Auswahl)

Frederick Wiseman: Reminiscences of a Filmmaker. In: Police Chief, Nr. 9, September 1969, S. 32–35. – Frederick Wiseman: TV Mailbag. In: The New York Times, 1.3.1970, S. 21f. – Stephen Mamber: The New Documentaries of Frederick Wiseman. In: Cinema (Beverly Hills), Summer 1970. – Donald E. McWilliams: Frederick

ausstrahlungen großes Aufsehen. Wisemans Filme (bis heute über dreißig, darunter ein Spielfilm: SERAPHITA'S DIARY) behandeln soziale, politische und gesellschaftliche Fragen, ethnische Konflikte und menschliche Schicksale. Seine Dokumentationen werden mit zahlreichen Preisen ausgezeichnet, darunter drei Emmy Awards: einer für LAW AND ORDER (Beste Dokumentation) und zwei für HOSPITAL (Beste Dokumentation und Beste Regie).

Wiseman. In: Film Quarterly (Berkeley), Nr. 1, Herbst 1970, S. 17–26. – Stephen Mamber: Cinéma Vérité in America: Studies in Uncontrolled Documentary. Cambridge: MIT 1974, S. 216–249. – Thomas R. Atkins (Hg.): Frederick Wiseman. New York: Monarch 1976. – Lizz Ellsworth: Frederick Wiseman: A Guide to References and Resources. Boston: Hall 1979. – Brigitte Hervo: Frederick Wiseman und die Institutionen der USA (Interview). In: Filmfaust (Frankfurt/M.), Nr. 14, Juni/Juli 1979, S. 28–33. – Thomas W. Benson, Carolyn Anderson: Reality Fictions. The Films of Frederick Wiseman. Carbondale/Edwardsville: Southern Illinois University 1989. – Barry Keith Grant: Voyages of Discovery: The Cinema of Frederick Wiseman. Urbana/Chicago: University of Illinois 1992. – G. Ferguson: The Unflinching Eye of Frederick Wiseman (Interview). In: American Cinematographer (Hollywood), Nr. 1, Januar 1994, S. 75–77.

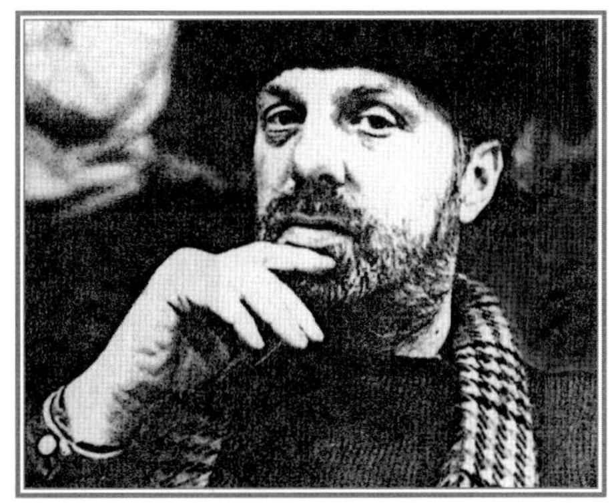

Rudy (Rudolph) Wurlitzer

Rudy (Rudolph) Wurlitzer, Autor, Regisseur; geb. 1937 in Cincinnati, Ohio.
Nach seiner Schulausbildung in New York studiert er an der Milton Academy in der Nähe Bostons sowie am Columbia College Englische und Amerikanische Literatur und an der Université Aix-en-Provence Französische Literatur. In den sechziger Jahren reist Wurlitzer durch Europa, die Türkei und Indien, ist nahezu zehn Jahre unterwegs, bis er in die USA zurückkehrt. In New York lernt er den Komponisten Philip Glass und den Künstler Richard Serra kennen, produziert die zweiteilige Dokumentation BIRTH OF THE FLAG I & II über Happenings des Aktionskünstlers und Malers Claes Oldenburg und veröffentlicht seinen ersten Roman „Nog". In den Siebzigern schreibt Wurlitzer neben seinen Romanen auch Drehbücher für Monte Hellman, Jim McBride, Sam Peckinpah und Hal Ashby. Eine enge Arbeitsbeziehung verbindet ihn mit dem Fotografen und Filmemacher Robert Frank, mit

Er hat nicht sonderlich viele Drehbücher (mit)geschrieben, aber jeder Film, der nach einem seiner Scripts in den siebziger und achtziger Jahren realisiert wurde, ist ein Meisterwerk. Welcher Autor kann das schon von sich behaupten? Aus den neunziger Jahren, als seine Arbeit von europäischen Kinokünstlern mißbraucht wurde – wobei sowohl Schlöndorffs HOMO FABER als auch Bertoluccis LITTLE BUDDHA vom Potential her durchaus wurlitzeresk waren –, bleibt allerdings allein der wunderschöne, ein wenig mißglückte WIND von Carroll Ballard in Erinnerung. Nach meinem Votum (wie hoffentlich im cinephilen Gesamtbewußtsein) jedenfalls endet die Karriere von Rudy Wurlitzer vorläufig im Jahre 1987 mit zweien der besten Filme, die diese ansonsten so arme Dekade hervorbracht hat, nämlich CANDY MOUNTAIN, den er gemeinsam mit Robert Frank inszenierte, und Alex Cox' WALKER, dem *80s-film maudit* schlechthin.

Bevor Wurlitzer Drehbücher verfaßte, schrieb er Romane mit knappen, gern kryptischen Titeln – „Nog", „Flats", „Quake", „Slow Fade": alle *anti-great-American-novel*-schlank, bestehend aus Stakkati ständig abbrechender Anfänge, kurzen Sätzen an der Grenze zum Fragment, Ein-Satz-Absätzen, kompakt wie ein Koan des Zen-Buddhismus, nur ganz ohne Meditationsraum, mehr Ellipse als konkreter Inhalt, auf den man ständig wartet in der Bewegung des Beginnens und Beginnens – bis man merkt, daß es genau das ist, worum es geht. Der Klappentext der britischen Neuauflage des Romans „Nog" beschreibt das so: „‚Nog' is a man riding through American space, space that is vast and silent, space that one fills with obsessive monologues, disintegrating memories, hoped-for horizons, buried myths, paranoid plans. He rides through this space because that is what we do, that is the great and original promise, the central fact. ‚Nog' tries to define it, to embrace it, to settle it, to get through it, to be a witness to it. The road is brutal and energetic, frantic, sometimes funny, and certainly insanely fast."

Dieser Abriß liest sich gleichzeitig wie eine tastend-beschreibende Annäherung an Jim McBrides Film GLEN AND RANDA, der wie ein Bastard aus „Nog" und „Flats" wirkt. Sogar wenn man berücksichtigt, daß Wurlitzer bei dieser Produktion bloß einen letzten Feinschliff beigetragen hat, und geneigt ist, eine gewisse Zärtlichkeit des Films – ein Gefühl, das es so in Wurlitzers Romanen und Drehbüchern einfach nicht gibt – eher McBride zuzuschreiben. Die „Nog"-Synopsis wäre auch eine gute Beschreibung für den PAT GARRETT AND BILLY THE KID, den Monte Hellman und Rudy Wurlitzer ursprünglich machen wollten. Sam Peckinpah brachte dann aber andere Seiten Wurlitzers zum Vorschein, die später auch für Alex Cox' Punk-Pamphlet WALKER wichtig wurden.

Vor allem jedoch ist dieser Klappentext eine nahezu perfekte Beschreibung von Monte Hellmans TWO-LANE BLACKTOP, wenn man mal das „sometimes funny" vergißt, denn der Film ist alles mögliche, nur das nicht. Und auch hier kommt man nicht an einem gewissen grübelnden Spekulieren vorbei, wenn man weiß, daß Hellman zuerst ein „Rivette auf Rädern" (statt Bühnenbrettern) vorgeschwebt hat, er aber gezwungen wurde, ein rund Dreieinhalb-Stunden-Epos der Verschleifung in ein Anderthalb-Stunden-Opus des Leerlaufs zu verdichten. Selbst seine einzige abendfüllende Regiearbeit gibt nur bedingt Aufschluß über den „wahren" Wurlitzer, schließlich ist CANDY MOUNTAIN gemeinsam mit dem Fotografen und Autorenfilmer Robert Frank entstanden, mit dem er schon seit mehr als einer Dekade gelegentlich zusammengearbeitet hatte, was CANDY MOUNTAIN zum Produkt einer veritablen Symbiose macht.

Wer auch nur zwei dieser Filme gesehen hat, weiß, wofür Rudy Wurlitzer steht: für jenes Moment, in dem nahezu en passant – präziser: *on the road* – Existentialismus und Buddhismus ineinander aufgehen, in eine Bewegung, die allein in sich wie aus sich sinnstiftend ist, wie ein Gefühl des Aufbegehrens, das Beat ist und gleichzeitig Punk, voller Verachtung für die Besitzenden, die gebunden sind durch Dinge, die ihnen meist weder gehören noch zustehen. Die Apokalypse ist bei Wurlitzer immer nahe: Weisgesagt wird das Zersplittern aller Bilder in der Welt.

Olaf Möller

Filme als Regisseur

KEEP BUSY, Ko-Regie: Robert Frank, 1975 (auch Autor); ENERGY AND HOW TO GET IT, Ko-Regie: Robert Frank, Gary Hill, 1981 (auch Autor); CANDY MOUNTAIN, Ko-Regie: Robert Frank, 1987 (auch Autor).

Filme als (Ko-)Autor (auch TV-Auswahl)

TWO-LANE BLACKTOP, Regie: ▮ Monte Hellman, 1971 (auch Darsteller); GLEN AND RANDA, Regie: ▮ Jim McBride, 1971; PAT GARRETT AND BILLY THE KID, Regie: ▮ Sam Peckinpah, 1973 (auch Darsteller) [▮ Bob Dylan]; KEEP BUSY, Regie: Robert Frank, Rudy Wurlitzer, 1975; COMING HOME, Regie: ▮ Hal Ashby, 1978 (uncredited) [▮ Haskell Wexler]; ENERGY AND HOW TO GET IT, Regie: Robert Frank, Rudy Wurlitzer, Gary Hill, 1981; WALKER, Regie: Alex Cox, 1987; CANDY MOUNTAIN, Regie: Robert Frank, Rudy Wurlitzer, 1987; HOMO FABER, Regie: Volker Schlöndorff, 1991; WIND, Regie: Carroll Ballard, 1992 [▮ Francis Ford Coppola]; SHADOW OF THE WOLF, Regie: Jacques Dorfmann, Pierre Magny, 1992; LITTLE BUDDHA, Regie: Bernardo Bertolucci, 1993; 100 CENTRE STREET (Episoden: DAUGHTERS; GIVE UP OR FIGHT; IT'S ABOUT LOVE; KIDS, Part 2) (TV), 2001; TANTO PER STARE INSIEME / JUST TO BE TOGETHER, Regie: Michelangelo Antonioni, 2001.

Film als (Ko-)Produzent

BIRTH OF THE FLAG I & II (Dok.), Regie: Stan Vanderbeek, Diane Rochlin, Sheldon Rochlin, 1969.

Filme als Darsteller (auch Auftritte, TV-Auswahl)

AMERICA, Regie: Robert Downey Sen., 1986 [▮ Melvin Van Peebles]; TWO-LANE BLACKTOP, Regie: ▮ Monte Hellman, 1971 (auch Autor); PAT GARRETT AND BILLY THE KID, Regie: ▮ Sam Peckinpah, 1973 (auch Autor) [▮ Bob Dylan]; RUDY WURLITZER (TV-Dok.), 1994; EASY RIDERS, RAGING BULLS (Dok.), Regie: Kenneth Bowser, 2003 [▮ Peter Bogdanovich, ▮ Roger Corman, ▮ Peter Fonda, ▮ Monte Hellman, ▮ Dennis Hopper, ▮ Henry Jaglom, ▮ John Milius, ▮ Julia Phillips, ▮ Paul Schrader].

Literatur (Auswahl)

Rudy Wurlitzer: Nog. New York: Random House 1968. – Rudolph Wurlitzer: For Philip Glass. In: Marcia Tucker, James Monte (Hg.): Anti-Illusion. Procedures/Materials. New York: Whitney Museum of Modern Art 1969, S. 14. – Rudy Wurlitzer: Flats. New York: Dutton 1970. – Rudolph Wurlitzer, Will Cory: TWO-LANE BLACKTOP. Screenplay. New York: Award 1971. – Rudy Wurlitzer: Quake. New York: Dutton 1972. – Rudy Wurlitzer: PAT GARRETT AND BILLY THE KID. New York: New American Library 1973. – Rudy Wurlitzer: Slow Fade. New York: Knopf 1984. – Paul Taylor: Not Fade Away (Interview). In: Monthly Film Bulletin (London), Nr. 620, September 1985. – Rudy Wurlitzer: WALKER. The True Story of the First American Invasion of Nicaragua. New York: Harper & Row 1987. – David Seed: Rudolph Wurlitzer, American Novelist and Screenwriter. Lewiston, N. Y.: E. Mellen 1991. – Rudolph Wurlitzer: Hard Travel to Sacred Places. Boston, London: Shambhala 1994. – Jonathan Rosenbaum: The Writer's Œuvre: Rudy Wurlitzer. In: Written By (Los Angeles), Nr. 11, November 1998. – Rudolph Wurlitzer: Introduction. In: Lynn Davis: Monument. Santa Fe, N. M.: Arena 1999.

dem er verschiedene Filmprojekte – auch als Ko-Regisseur – realisiert. In seinem bislang letzten Buch „Hard Travel to Sacred Places" beschreibt er eine Reise nach Südostasien.

Von Biskind bis Monaco

Auswahlliteratur

A DECADE UNDER THE INFLUENCE (Dok.), Regie: Ted Demme, Richard LaGravenese, 2003 [Interviews mit ▮Robert Altman, ▮John G. Avildsen, ▮Peter Bogdanovich, ▮John Calley, ▮John Cassavetes, ▮Francis Ford Coppola, ▮Roger Corman, ▮Peter Fonda, ▮William Friedkin, ▮Monte Hellman, ▮Dennis Hopper, ▮Sydney Pollack, ▮Jerry Schatzberg, ▮Paul Schrader, ▮Martin Scorsese, ▮Robert Towne, und anderen].

Joseph Gelmis: The Film Director as Superstar. Garden City, N. Y.: Double Day & Company 1970. – Edwin Miller: Interviews. Film Stars and Superstars. London: Macmillan 1970. – Bob Thomas (Hg.): Directors in Action. Indianapolis/New York: Bobbs-Merrill 1973. – Le Cinéma américain des années soixante (Themenheft). Cinema 73 (Paris), Nr. 178–179, Juli/August 1973. – Radical American Film (Themenheft). Cinéaste (New York), Nr. 4, 1973. – Théodore Louis, Jean Pigeon: Le Cinéma américain d'aujourd'hui. Paris: Seghers 1975. – Axel Madsen: The New Hollywood. American Movies in the '70s. New York: Crowell 1975. – Julian Smith: Looking Away. Hollywood and Vietnam. New York: Scribners 1975. – Peter W. Jansen, Wolfram Schütte (Hg.): New Hollywood. München/Wien: Hanser 1976. – Diane Jacobs: Hollywood Renaissance. South Brunswick and New York / London: Barnes/Tantivy 1977. – Winfried Fluck: Die New Hollywood-Produktion. Authentischere und kritischere Versionen Amerikas? In: Edmund Nierlich (Hg.): Fremdsprachliche Literaturwissenschaft und Massenmedien. Meisenheim am Glan: Hain 1978, S. 107 ff. – James Monaco: American Film Now. The People, the Power, the Money, the Movies. New York: Oxford University 1979 (dt.: American Film Now. München/Wien: Hanser 1985.). – Michael Pye, Lynda Myles: The Movie Brats. How the Film Generation Took Over Hollywood. London/Boston: Faber and Faber 1979. – Thomas Schatz: Old Hollywood / New Hollywood. Ritual, Art, and Industry. Ann Arbor: UMI Research 1983. – Ulli Weiss: Das neue Hollywood. Francis Ford Coppola, Steven Spielberg, Martin Scorsese. München: Heyne 1986. – Robin Wood: Hollywood from Vietnam to Reagan. New York: Columbia University 1986. – William J. Palmer: The Films of the Seventies. A Social History. Metuchen, N. J./London: Scarecrow 1987. – Albert Auster, Leonard Quart: How the War Was Remembered. Hollywood and Vietnam. New York / London: Praeger 1988. – Michael Ryan, Douglas Kellner: Camera Politica. The Politics and Ideology of Contemporary Hollywood Film. Bloomington/Indianapolis: Indiana University 1988. – Linda Dittmar, Gene Michaud (Hg.): From Hanoi to Hollywood. The Vietnam War in American Film. New Brunswick / London: Rutgers University 1990. – Ethan Mordden: Medium Cool. The Movies of the 1960s. New York: Knopf 1990. – James Bernardoni: The New Hollywood. What the Movies Did with the New Freedoms of the Seventies. Jefferson, N. C./London: McFarland 1991. – Timothy Corrigan: A Cinema without Walls. Movies and Culture After Vietnam. New Brunswick, N. J./London: Rutgers University 1991. – Gebhard Hölzl, Matthias Peipp: Fahr zur Hölle, Charlie! Der Vietnamkrieg im amerikanischen Film. München: Heyne 1991. – Les Rebelles de Hollywood (Themenheft). Positif (Paris), Hors-Série, Januar 1991. – Stefan Reinecke: Hollywood Goes Vietnam. Der Vietnamkrieg im US-amerikanischen Film. Marburg: Hitzeroth 1993. – Seth Cagin, Philip Dray: Born to Be Wild. Hollywood and the Sixties Generation. Boca Raton: Coyote 1994. – Gary Crowdus (Hg.): Political Companion to American Film. o. O.: Lakeview 1994. – Glenn Man: Radical Visions. American Film Renaissance, 1967–1976. Westport, Connecticut/ London: Greenwood 1994. – Alexander Horwath (Hg.): The Last Great American Picture Show. New Hollywood 1967–1976. Wien: Viennale/Wespennest 1995 (erw. engl. Neuausgabe, hrsg. von Thomas Elsaesser, Alexander Horwath, Noel King. Amsterdam: University of Amsterdam 2003.). – Peter Biskind: Easy Riders, Raging Bulls. How the Sex-Drugs-and-Rock 'n' Roll Generation Saved Hollywood. New York: Simon & Schuster 1998 (dt.: Easy Riders, Raging Bulls. Wie die Sex & Drugs & Rock 'n' Roll-Generation Hollywood rettete. Hamburg: Rogner & Bernhard 2000.). – Jon Lewis (Hg.): The New American Cinema. Durham/ London: Duke University 1998. – John Orr: Contemporary Cinema. Edinburgh: Edinburgh University 1998 (darin: American Reveries: Altman, Lynch, Malick, Scorsese, S. 162–187.). – David A. Cook: Lost Illusions. American Cinema in the Shadow of Watergate and Vietnam, 1970–1979. Berkeley: University of California 2000. – Peter Lev: American Films of the '70s. Conflicting Visions. Austin: University of Texas 2000. – Greg Merritt: Celluloid Mavericks. The History of American Independent Film. New York: Thunder's Mouth 2000. – Geoff(rey) King: New Hollywood Cinema. An Introduction. London / New York: I. B. Tauris / Columbia University 2002. – Andrew Schroeder: Strategies of Cinema, Cultural Politics in the New Hollywood, 1967–1981. New York: New York University 2002 (Diss.). – Ryan Gilbey: It Don't Worry Me. London / New York: Faber and Faber 2003. – Renate Hehr: New Hollywood. Der amerikanische Film nach 1968. Stuttgart/London: Edition Axel Menges 2003. – Gérard Naziri: Paranoia im amerikanischen Kino. Die 70er Jahre und die Folgen. Sankt Augustin: Gardez! 2003.

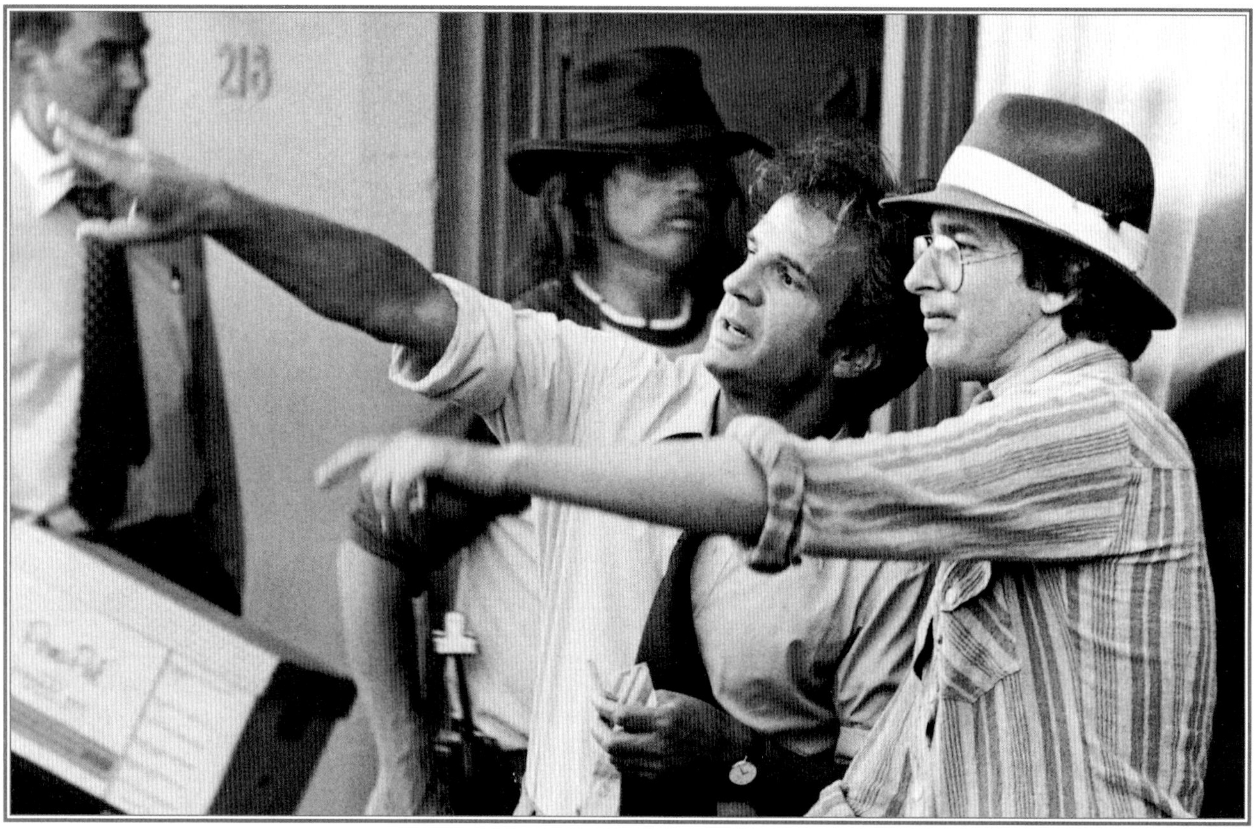

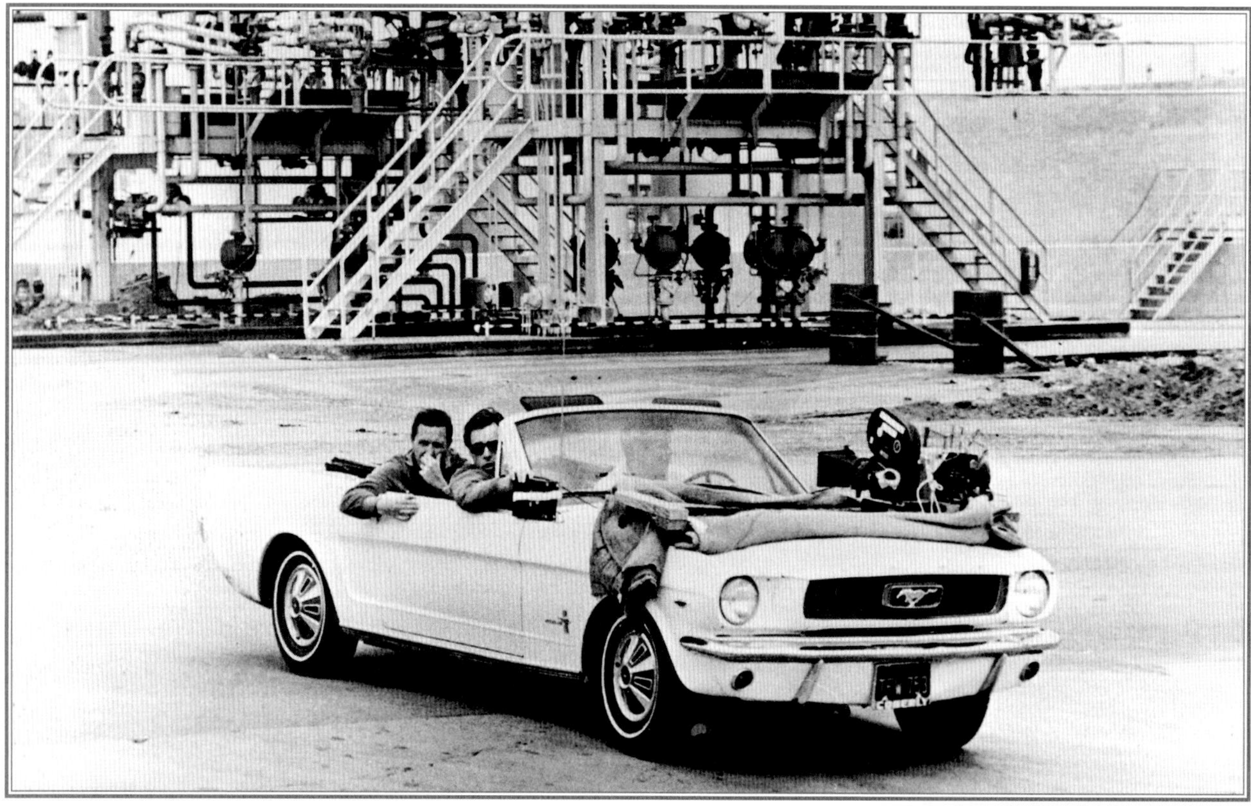

Hinweise
Dank, Autoren, Fotos

Dank

Für großzügige Kooperation, hilfreiche Unterstützung und anregende Gespräche danken wir vielen Menschen. Sie haben das Buchprojekt mit wertvollen Hinweisen befördert, Fotografien und Dokumente aus ihren Archiven zur Verfügung gestellt und uns bei der Suche nach spielbaren Kopien tatkräftig unterstützt. Zahlreiche Archive öffneten uns ihre Kataloge und liehen die Filme, Rechteinhaber gaben ihr freundliches Einverständnis zur Vorführung.

Dafür bedanken wir uns bei folgenden Institutionen und Personen: Academy of Motion Picture Arts and Sciences, Center for Motion Picture Study, Margaret Herrick Library, Beverly Hills: Barbara Hall; Academy Film Archive, Beverly Hills: Michael Pogorzelski; Alamode Film, München; Nancy de Antonio, New York; Frank Arnold, Berlin; Jane Balfour Services, London: Charles Balfour; Blind Dog Films, Somerville, Massachusetts: Amalie R. Rothschild; British Film Institute - National Film and Television Archive, London: Bryony Dixon; Cappa Productions, New York: Raffaele Donato; Cinémathèque Française, Paris: Gaëlle Vidalie; Cinémathèque Royale, Bruxelles: Jean-Paul Dorchain; Cinémathèque Suisse, Lausanne: André Chevailler, Hervé Dumont, Bernard Uhlmann; Ciné Tamaris, Paris: Cecilia Rose; Columbia Tristar Film GmbH, Berlin: Martin Bachmann; Content Films, New York: Ed Pressman; Martha Coolidge, Sun Valley, Kalifornien; Peter Davis, Castine, Maine; Carole Eastman, Los Angeles; Easy Rider Productions, Los Angeles: Dennis Hopper, Braden Kulman; Thomas Elsaesser, Amsterdam; Faces Distribution: Al Ruban; Filmmuseum München: Stefan Drößler; Robert Fischer, Vaterstetten; Freunde der Deutschen Kinemathek, Berlin: Ulrich Gregor, Karl Winter, Gerd Mittelberg; Gartenberg Media Enterprises, New York: Jon Gartenberg; Gemini Films, Paris; Ronald Grant Archive, London: Martin Humphries; William Greaves Productions, New York: William Greaves, Louise Arthur; Hollywood Classics, London: Melanie Tebb, Mandy Rosencrown; Harvard Film Archive, Cambridge, Massachusetts: Bruce Jenkins; Internationale Münchner Filmwochen, München: Marlies Messinger; IWF Wissen und Medien GmbH, Göttingen: Paul Feindt; Alfred Kamenz, Berlin; Julia Köhne, Berlin; Martin Koerber, Berlin; Erica Kramer, Paris; Los Angeles County Museum of Art, Film Department, Los Angeles: Ian Birnie; Norman Mailer und Judith McNally, Brooklyn, New York; Terrence Malick, Los Angeles; Frank Mazzola, Los Angeles; Jim McBride, Los Angeles; Isabelle Münch, Berlin; MGM Studios, Los Angeles: John Kirk; Gerhard Midding, Berlin; Museum of Modern Art, New York: Mary Lea Bandy, Anne Morra; Neue Visionen, Berlin: Wulf Sörgel; Paramount Pictures Corp., Los Angeles: Sherry Lansing, Nancy Kirkpatrick, Jody Timmerman; peripher Filmverleih, Berlin; Maryann Redpath, Berlin; Pacific Film Archive, Berkeley, Kalifornien: Mona Nagay; Monika Rohloff, Berlin; Sandcastle 5 Productions, New York: Tim McDowell; Jerry Schatzberg, New York; Sony Pictures Entertainment, Culver City, Kalifornien: Grover Crisp; Stadtkino Wien: Franz Schwartz; Ken Stovitz, Los Angeles; Third World Newsreel, New York: Dan Fernandez; Torino Film Festival, Turin: Luca Andreotti; Twentieth Century-Fox, Film Preservation, Beverly Hills: Schawn Belston; UCLA Film and Television Archive, Los Angeles: Jennifer Teefy, Ross Lipman; United International Pictures, Frankfurt am Main: Doris Wolf, Frau Daum; Universal Studios, Archives & Collections, Universal City, Kalifornien: Bob O'Neil; Vega Film, Zürich: Ruth Waldburger, Frau Wegmann; Melvin Van Peebles, Los Angeles; Viennale, Wien: Katja Wiederspahn; Warner Bros. Pictures Germany, Hamburg: Günter Backes; Warner Bros. / Turner Entertainment, Burbank, Kalifornien: Richard May; Werkstattkino, München: Wolfgang Bihlmeir; Haskell Wexler, Los Angeles; Zipporah Films, Cambridge, Massachusetts: Karen Konicek.

Ein recht herzlicher Dank gilt allen Kolleginnen und Kollegen vom Filmmuseum Berlin – Deutsche Kinemathek für großzügige Unterstützung und kooperative Hilfeleistungen, ganz besonders danken wir: Heidemarie Albrecht, Inga Beutler, Wolfgang Hassenstein, Paul Klimpel, Peter Latta, Annemarie Lorenz-Tröstrum, Eva Orbanz, Uta Orluc, Jean Pichard, Marieta Prahl, Silke Ronneburg, Susanne Ruppelt, Christa Schahbaz, Werner Sudendorf, Nils Warnecke, Thorid Zänker und Heidi Berit Zapke.

Dem Team der Internationalen Filmfestspiele Berlin, vor allem Dieter Kosslick und Johannes Wachs, Dagmar Forelle, Frauke Greiner, Karin Hoffinger und Werner Gondolf, gilt auch in diesem Jahr unser Dank für die gute Zusammenarbeit und das leidenschaftliche Engagement, mit dem wir tatkräftig unterstützt wurden.

Last but not least danken wir Alexander Horwath und Regina Schlagnitweit vom Österreichischen Filmmuseum, Wien, die mit ihrem ansteckenden Enthusiasmus und inspirierenden Wissen zu wunderbaren Kooperationspartnern für diese Retrospektive geworden sind.

Dreharbeiten CLOSE ENCOUNTERS OF THE THIRD KIND: François Truffaut, Steven Spielberg

Dreharbeiten TARGETS: Peter Bogdanovich

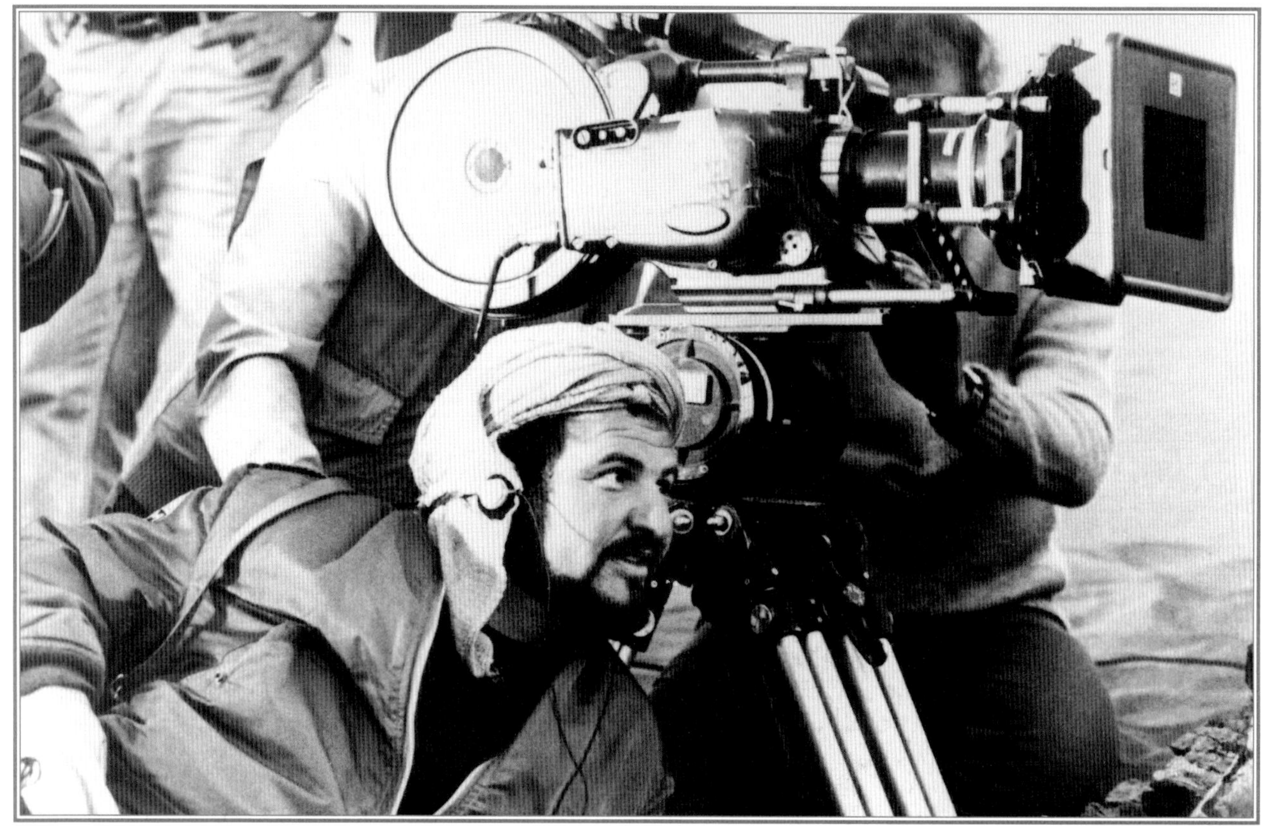

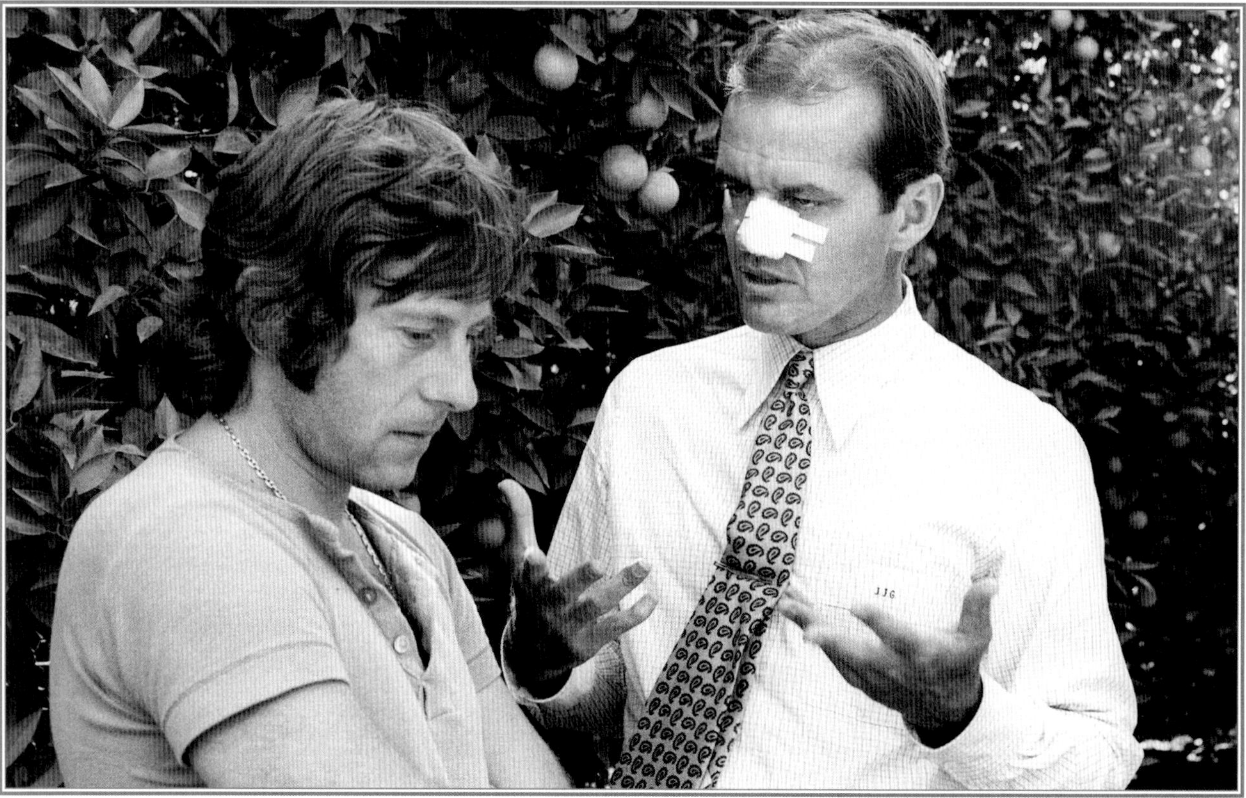
JJG

Herausgeber und Redaktion

Hans Helmut Prinzler, geb. 1938, Direktor des Filmmuseums Berlin – Deutsche Kinemathek

Gabriele Jatho, geb. 1959, Redakteurin am Filmmuseum Berlin – Deutsche Kinemathek

Autorinnen und Autoren

Georg Alexander, geb. 1942, Filmjournalist, ehemaliger Leiter des Programmbereichs Spielfilm beim ZDF, lebt in Berlin

Michael Althen, geb. 1962, Autor, Filmredakteur der „Frankfurter Allgemeinen Zeitung", lebt in Berlin

Frank Arnold, geb. 1954, Filmkritiker und -historiker, lebt in Berlin

Lars-Olav Beier, geb. 1965, Autor, Filmredakteur des Nachrichtenmagazins „Der Spiegel", lebt in Berlin und Hamburg

Elisabeth Bronfen, geb. 1958, Professorin am Englischen Seminar der Universität Zürich, lebt in Zürich

Annett Busch, geb. 1969, Filmjournalistin, lebt in München

Diedrich Diederichsen, geb. 1957, Kulturjournalist, Professor an der Merz Akademie, Stuttgart, lebt in Berlin

Fritz Göttler, geb. 1954, Filmautor, Filmredakteur der „Süddeutschen Zeitung", lebt in München

Dominik Graf, geb. 1952, Regisseur, lebt in München

Stefan Grissemann, geb. 1964, Filmkritiker, Ressortleiter Kultur des Nachrichtenmagazins „profil", lebt in Wien

Norbert Grob, geb. 1949, Professor für Mediendramaturgie, lebt in Mainz und Berlin

Sabine Horst, geb. 1960, Filmkritikerin, Redakteurin der Zeitschrift „epd Film", lebt in Offenbach am Main

Annette Kilzer, geb. 1966, Filmautorin, lebt in Berlin und London

Peter Körte, geb. 1958, Autor, Stellvertretender Ressortleiter im Feuilleton der „Frankfurter Allgemeinen Sonntagszeitung", lebt in Berlin

Daniel Kothenschulte, geb. 1971, Filmkritiker, lebt in Köln

Gerhard Midding, geb. 1961, Filmjournalist, lebt in Berlin

Olaf Möller, geb. 1971, Filmjournalist, lebt in Köln

Christian Petzold, geb. 1960, Regisseur, lebt in Berlin

Bert Rebhandl, geb. 1964, freier Journalist und Autor, lebt in Berlin

Daniela Sannwald, geb. 1957, Filmhistorikerin, lebt in Berlin

Hans Schifferle, geb. 1957, Autor und Filmkritiker, lebt in München

Nicolaus Schröder, geb. 1958, freier Journalist und Autor, lebt in Berlin

Jan Schütte, geb. 1957, Regisseur, lebt in Berlin

Anke Sterneborg, geb. 1960, Filmkritikerin und -historikerin, lebt in Berlin

Susan Vahabzadeh, Filmkritikerin der „Süddeutschen Zeitung", lebt in München

Fotos

Trotz intensiver Recherchen war es uns nicht in allen Fällen möglich, die Rechteinhaber der Abbildungen ausfindig zu machen. Berechtigte Ansprüche werden selbstverständlich im Rahmen der üblichen Vereinbarungen abgegolten.

Soweit nicht anders vermerkt, stammen sämtliche Abbildungen aus dem Fotoarchiv und den Sammlungen des Filmmuseums Berlin – Deutsche Kinemathek. Der Nachweis im einzelnen: Academy of Motion Picture Arts and Scienes, Center for Motion Picture Study, Margaret Herrick Library, Beverly Hills: S. 99 (John G. Avildsen), S. 110 (John Calley), S. 174 (Julia Phillips), S. 197 (Robert Towne). – Cinémathèque Royale, Bruxelles: S. 117 (Shirley Clarke), S. 129 (Emile de Antonio). – Cinémathèque Suisse, Lausanne: S. 6 (The Shooting), S. 16 (Days of Heaven), S. 36 (Two-Lane Blacktop), S. 40 (Medium Cool), S. 47 (Two-Lane Blacktop, The King of Marvin Gardens), S. 58 (Alex in Wonderland, Cisco Pike), S. 60 (Easy Rider), S. 62 (Easy Rider), S. 63 (Two-Lane Blacktop), S. 73 (Medium Cool), S. 75 (Easy Rider), S. 78 (Easy Rider), S. 79 (Wanda), S. 80 (Wanda), S. 84 (The King of Marvin Gardens), S. 115 (Michael Cimino), S. 124 (Roger Corman), S. 136 (Robert Evans), S. 143 (Monte Hellman), S. 152 (Barbara Loden), S. 153 (George Lucas), S. 159 (Elaine May), S. 163 (John Milius), S. 180 (Michael Ritchie), S. 200 (Melvin Van Peeples), S. 218 (Dreharbeiten Straw Dogs, Dreharbeiten Paper Moon). – Piet Goethals, Gent: S. 161 (Jim McBride). – Internationale Filmfestspiele Berlin: S. 103 (Robert Benton), S. 176 (Sydney Pollack), S. 188 (Paul Schrader), S. 209 (Frederick Wiseman), S. 224 (Dreharbeiten Hardcore). – Österreichisches Filmmuseum, Wien: S. 36 (Medium Cool), S. 48 (Cisco Pike), S. 68 (Deliverance). – Ekko von Schwichow, Berlin: S. 178 (Bob Rafelson).

Dreharbeiten CONAN THE BARBARIAN: John Milius

Dreharbeiten CHINATOWN: Roman Polanski, Jack Nicholson

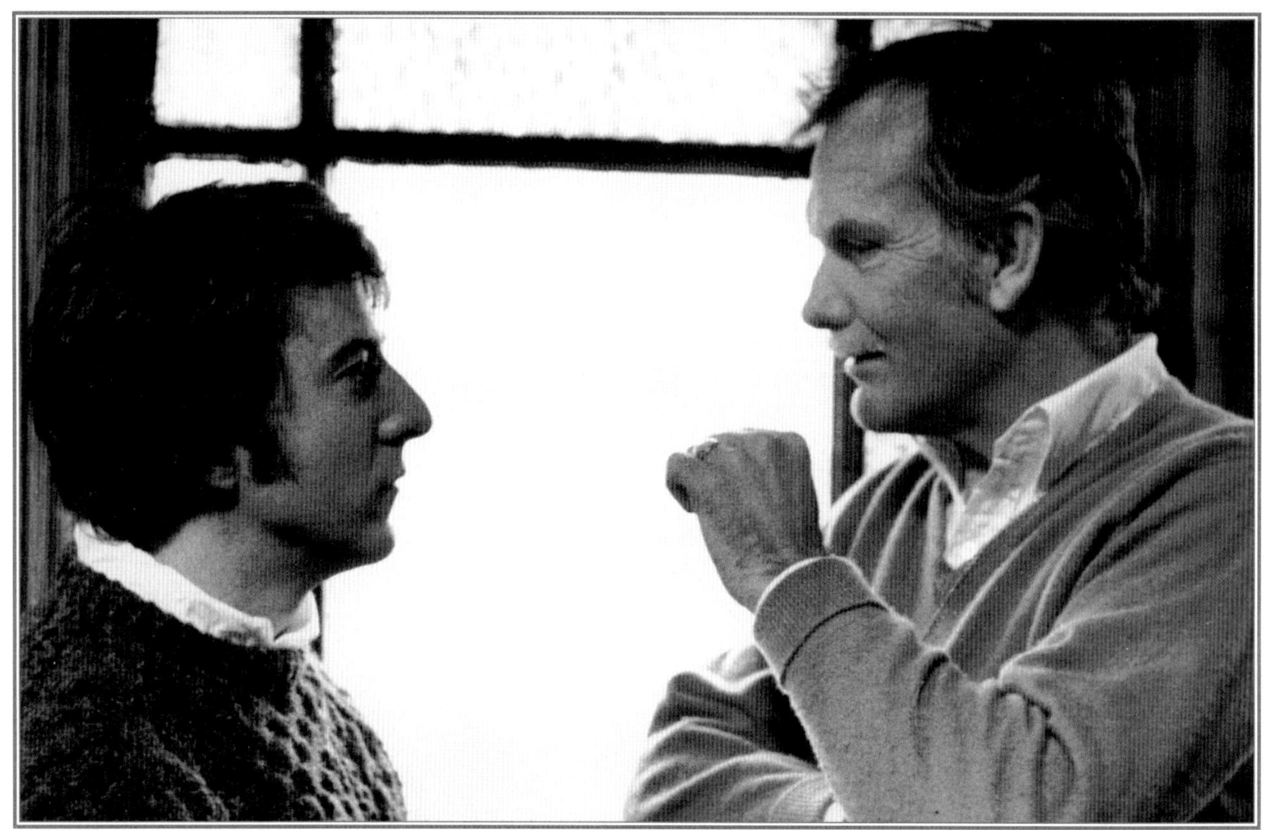

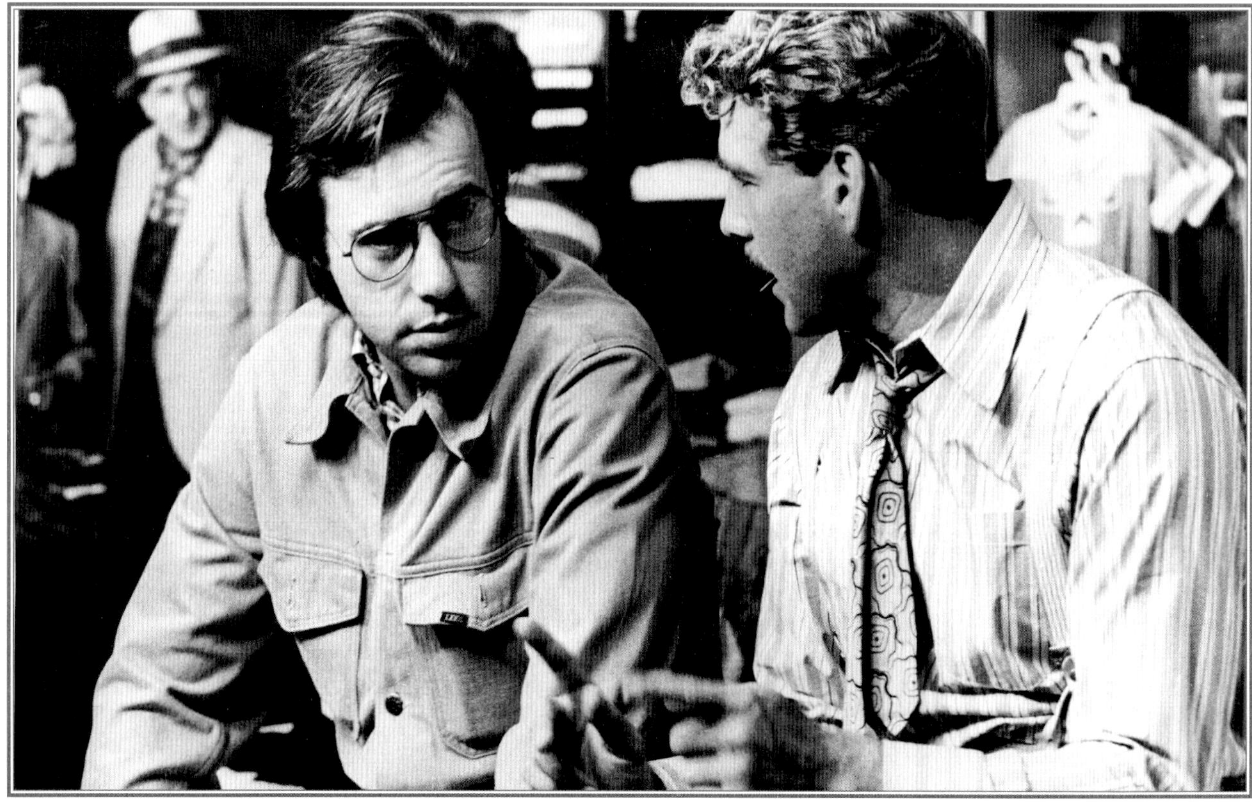

Register
Filme, Personen

Filme

F = Foto
Fg. = Filmografie
Bibl. = Bibliografie

Dreharbeiten STRAW DOGS: Dustin Hoffman, Sam Peckinpah

Dreharbeiten PAPER MOON: Peter Bogdanovich, Ryan O'Neal

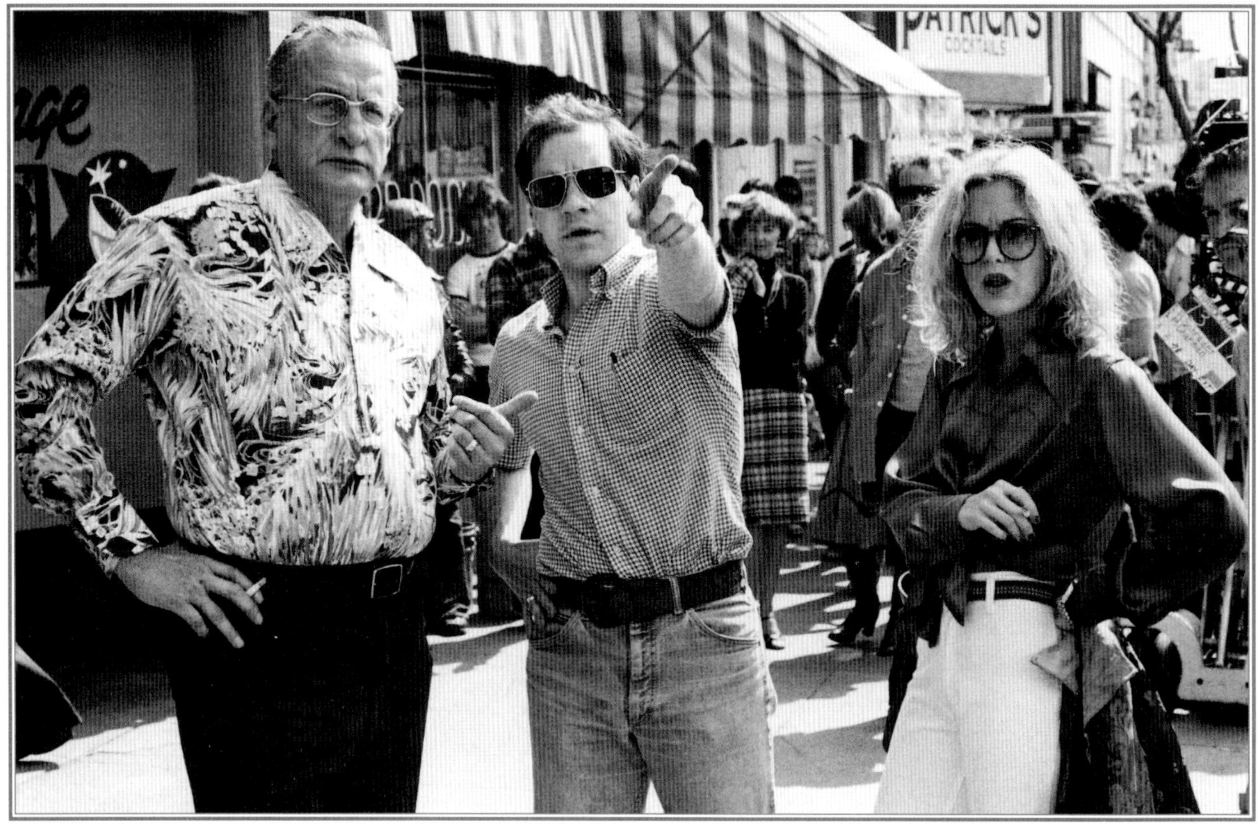
PATRICK'S
COCKTAILS

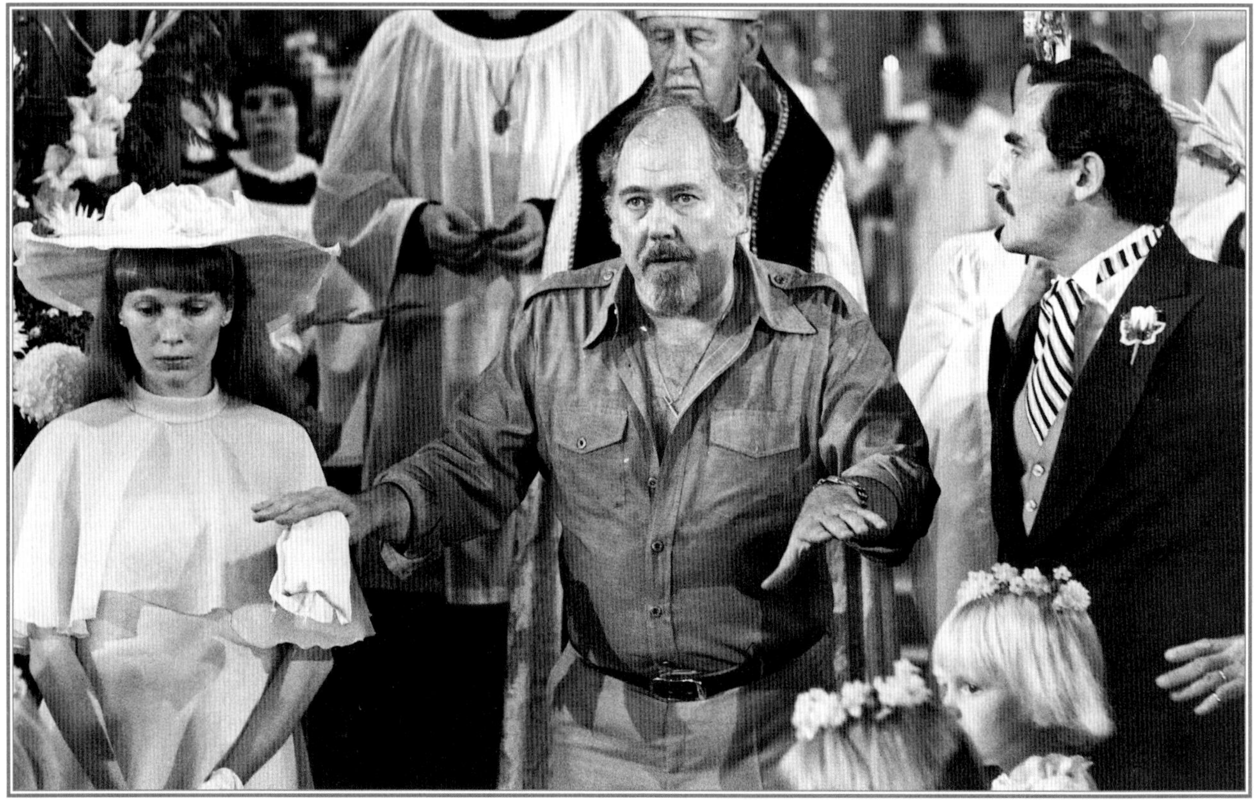

Personen

Dreharbeiten HARDCORE: George C. Scott, Paul Schrader, Season Hubley

Dreharbeiten A WEDDING: Mia Farrow, Robert Altman, Vittorio Gassman

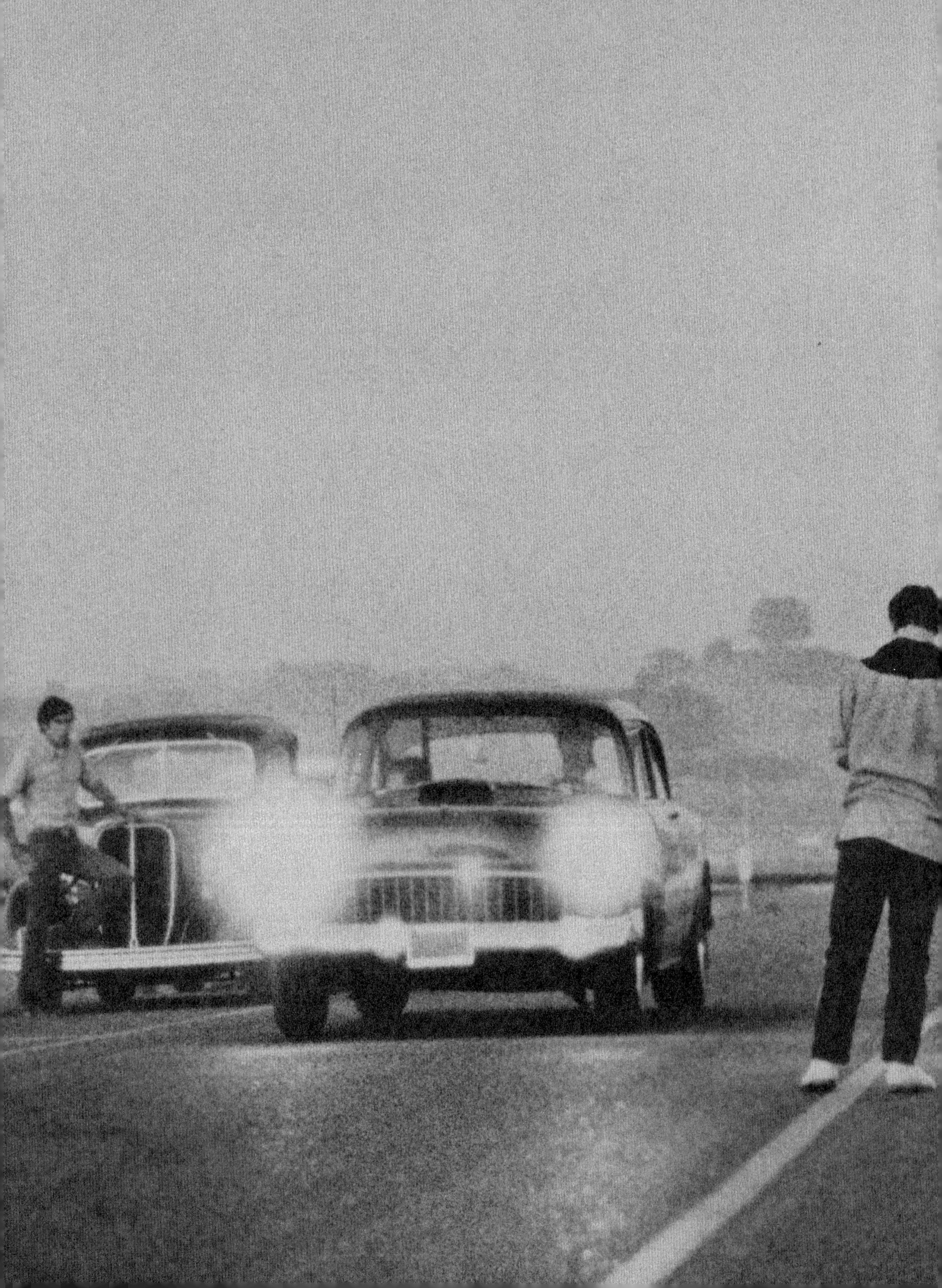